Fundamentals of Engineering Economics

Second Edition

공학경제개론

Fundamentals of Engineering Economics

박찬석 최성호

도서출판 청람

■ 개정판에 즈음하여 ■

2014년 공학경제 첫 출판 후, 많은 교수님들과 독자 여러분들의 성원과 조언에 우선 감사드린다. 이에 부응하여 독자들의 본 교재에 대한 이해도를 보다 제고하기 위하여 개정판을 출판하는 바, 앞으로도 독자 여러분과 강의를 담당하는 교수님들의 많은 조언을 기대한다.

2016년 2월

저자 씀

■ 머리말 ■

이 책은 필자가 미국에서 출간한 공학경제학*(Fundamentals of Enginee-ring Economics, 3rd ed., Chan S. Park, Prentice Hall, Pearson, 2013)의 내용을 기반으로 하여, 핵심적인 공학경제학의 기법들을 한국 실정에 맞게 소개하는 데 역점을 두었다. 또한, 필자가 30여 년간의 강의 경험과, 실제로 많은 기업이 당면한 경제성 관련 문제들을 해결하는 과정에서 얻은 지식을 체계적으로 정리한 것이다. 이 책은 주로 공과대학 학부학생들을 대상으로 하는 필수과목의 교재로 사용하는 것을 염두에 두고 저술한 것이지만, 실제 현장의 투자분석 실무자, 혹은 경영자의 참고도서로도 적절하게 이용될 수 있도록 내용을 보강하였다.

공학경제학이 필요한 이유

현대의 산업사회는 날로 그 구조가 복잡해지고, 여기에 응용되는 공학분야의 전문기술이 가속적으로 발전하고 있다. 뿐만 아니라, 그 규모가 커지고 자본화되어, 이제 그 실용적 상품화의 성공은 한 기업이 시장에서 선도적 역할을 하는데 결정적인 기여를 할 수도 있지만, 반대로 실패하는 경우에는 기업의 생존에까지도 영향을 미칠 수 있는 단계에 이르고 있다. 그러므로, 이러한 기술의 실용화 혹은 상품화 이전의 철저한 경제성분석은 이제는 필수조건이라고 할 수 있을 것이다. 다시 말하면, 공학적 의사결정 혹은 생산되는 제품의 경제성을 고려하는 경제적 의사결정은 제품의 시장성 혹은 더 나아가 기업의 경쟁력을 가늠할 수 있는 가장 중요한 과정인 것이다. 더구나, 한국 정부에서 최근에 추진하는 창조경제(Creative Economy)는 산업화시대, 정보화시대, 지식기반의 경제를 잇는 새로운 경제 패러다임을 표방하는 바, 올바른 경제성 분석이 그 어느 때보다도 절실히 요구된다는 것은 누구라도 공감하는 사실일 것이다.

10년 전에 재계 10위 내에 들었던 기업들 가운데, 현재에도 그 위치를 유지하고 있는 기업은 30~40% 정도에 지나지 않는다. 이 사실은 기업에 있어서

---

* "Engineering Economics"는 공학경제, 경제성공학, 공업경제학, 공업경영학 등의 많은 이름으로 불려 왔으나, 이 책에서는 "공학경제학"로 통칭하기로 한다.

미래에 대한 올바른 경제적 의사결정이 얼마나 중요한지를 단적으로 말해 준다고 할 수 있다. 그러므로, 이제 모든 기업들은 중요한 미래의 의사결정을 단순히 몇몇 경영자나 투자의사결정부서에 의존하지 않고, 전체 구성원들의 참여를 기대하고 있다고 해도 지나친 말이 아닐 것이다.

특히, 기업의 부가가치를 창출하는 원천인 엔지니어들이 자신의 전문분야에서 마주치는 제반의 경제성 문제를 스스로 평가할 수 있는 능력을 갖추는 것은 현대 산업사회에서 절대적으로 요구되는 부분이 되었다. 그러므로 공학의 모든 분야에서 다루어야 할 경제성 문제에 대한 이론과 기법에 대한 전반적인 이해는 물론, 기업의 재무적 상황 또한 스스로 판단할 수 있는 능력을 갖추어야 할 것이다.

아무리 탁월한 아이디어나 기술로 고안된 제품이라 하여도, 경제성과 위험부담에 대한 충분한 검토 없이 곧바로 생산에 임한다면, 많은 경우 막대한 투자 손실을 초래하거나, 심지어 기업의 운명도 좌우할 수 있다는 것을 재차 강조할 필요는 없을 것이다. 그러므로, 엔지니어는 제반 문제의 해결에 있어 기술적 측면에 대한 신중한 검토도 중요하지만, 경제성을 동시에 고려하지 않으면 상품성이 전혀 없는 결과를 초래할 수 있다는 사실을 항상 염두에 두어야 한다.

이 책의 목적

이 책의 목적은 정확하고 포괄적인 공학경제학의 기법들을 다룰 뿐만 아니라, 실제 기업에서 경험할 수 있는 문제를 간단명료하게 독자들에게 소개함으로써 제반 기법의 실질적인 응용성을 제시하는 데 있다. 특히, 산업공학 또는 공업경영학을 전공하지 않는 학생들도 경제성분석의 기법들을 배우기에 아무 어려움이 없도록 상세한 설명과 많은 예제들로 구성되어 있다. 아울러, 다양한 산업분야의 사례를 예제 혹은 사례분석을 통해 소개함으로써 생산 현장의 실무자들에게도 유용한 지침서 역할을 할 수 있도록 배려하였다. 이 책에 서술된 내용을 요약하면 다음과 같다.

- 정확한 이론과 경제 개념을 통한 투자 프로젝트 분석 방법 제시
- 복잡한 경제성분석 문제를 신속히 이해하고 해결할 수 있는 해법 제시
- 엑셀(Excel)을 통한 현대적 투자 및 경제성 분석기법의 소개
- 제조산업은 물론 서비스산업의 경제성 문제를 포괄적으로 소개 – 개념의 이해를 위한 예제에서부터 보다 복잡한 경제성분석에 대한 예제까지, 단계적인 예제를 통하여 기본 개념의 이해는 물론 응용력 향상 도모
- 현실적으로 직면하는 투자의 불확실성을 보정하기 위한 민감도분석과 확

률분석의 소개

• 한국기업의 경제환경에 올바른 적용이 가능하도록 국내 세법과 감가상각을 설명함과 동시에 미국과 중국의 감가상각법도 소개함으로써 글로벌기업의 해외투자 분석의 비교 가능

효율적 교재사용 방법

본 교재는 많은 공과대학이 필수 교양과목으로 지정하는 공학경제학의 교재로, 기본이론과 응용을 분할하여 학습과정을 구성할 수 있도록 충분한 분량을 다루고 있다. 그러므로, 할당된 학점에 맞춰 필요한 장을 선택하거나, 사례연구와 같은 부교재물을 사용하여 특정한 분야를 보다 심도 있게 다룰 수 있도록 구성되어 있다.

장	2학점 한학기	3학점 한학기
1	√	√
2	√	√
3	√	√
4	√	√
5	√	√
6	√	√
7	√	√
8	√	√
9	√	√
10	√	√
11		√
12		√
13		√

본 교재는 상기의 목적에 맞추어 내용이 충실하도록 최선의 노력을 기울였으나, 각 분야의 지속적인 기술발전에 따라 보충되어야 할 내용도 있을 것으로 생각된다. 향후, 더욱 훌륭한 교재로 발전하기 위하여 독자 여러분과 강의를 담당하실 교수님들의 많은 조언를 기대한다.

2014년 1월

저자 씀

■ 감사의 말씀 ■

우선 이 책의 출판에 도움을 주신 여러분께 감사의 뜻을 전하고자 한다. 특히 출판에 적극 도와주신 도서출판 청람의 대표 이수영 사장님께 감사드린다. 아울러 한국의 공학경제학의 발전을 위하여 수고하시는 경제성공학회원 여러분께 사의를 표하는 바이다. 무엇보다도 늘 뒤에서 오랜 시간 관심을 가지고 격려를 해준 가족, 그리고 이 책의 공저자 최성호 교수의 가족들에게 고마운 마음을 보내고 싶다.

Auburn에서
박찬석

무엇보다도 국내외적으로 아주 어려운 경제상황을 지나고 있는 이 시기에 본 교재를 출간하게 되는 바, 많은 공학도들과 관련 부서에 근무하는 엔지니어들이 이 교재를 통하여 경제성분석에 대한 혜안을 갖게 되는 초석이 되었으면 하는 바람을 갖는다. 아울러, 이 책을 완성하기까지 관심을 가지고 도움을 주신 많은 분들에게 감사의 뜻을 전한다. 특히, 집필에 헌신적인 노력을 아끼지 않으신 박찬석 교수님, 도서출판 청람의 이수영 사장님과 임직원 여러분께 감사드리며, 고마운 아내와 잘 자라고 있는 두 딸 문정, 유빈에게도 감사와 사랑을 전하고 싶다.

작은 연구실에서
최성호

■ 차 례 ■

제 1 부

돈과 그 운용에 대한 이해

Fundamentals of Engineering Economics

제 1 장 공학분야의 경제적 의사결정

페이스북: 대학생에서 온라인의 선구자에 이르기까지

2004년 2월, 대학생이었던 마크 주커버그(Mark Zuckerberg)가 처음 개설한 페이스북이라는 소셜네트워킹 사이트는 현재 10억 명이라는 개인 사용자가 이용하고 있는 거대한 비즈니스로 성장하였다. 페이스북은 최초에는 하버드대학교의 학생들을 위한 네트워크 사이트로 시작되었으나, 그 후 사용범위와 기능적인 면에서의 빠른 성장을 거두며 전 세계 사람들의 비즈니스를 위한 의사소통의 핵심도구로 진화하여 왔음은 물론, 현재에도 꾸준히 다른 경쟁업체들을 압도하며 여러 나라에서 가장 우수한 소셜네트워킹 사이트로 자리매김하고 있다.

페이스북은 기존의 방법인 추상적인 자료나 측정기준 또는 검색용어들의 규칙적인 사용에 의존하지 않고, 콘텐츠 공유와 추천, 리뷰(평가) 등을 통해 온라인상에서의 개인적이고 전문적인 관계형성에 중점을 두었다. 페이스북 자체의 틀 안에서 사용자들이 어떤 것을 "좋아한다"라고 할 수 있게 하면서 다른 웹사이트 속으로 페이스북을 보급시켰다, 그 결과로 현재 인터넷 광고, 판매는 물론 소비자 사생활 측면에까지 새로운 영역을 개척해 나아가고 있다.

페이스북이 기존에 시장을 지배하고 있었던 구글(Google)과 경쟁하여 지속적으로 성장할 수 있었던 이유는 그동안 구글에서 얻을 수 있었던 알고리즘에 기초한 검색결과보다 페이스북 환경에서 활용되는 추천에 의한 기준이 개인적인 선택에 더욱 큰 영향을 미칠 수 있었기 때문이다. 더욱이, 페이스북은 사용자 수의 증가와 함께 그 가치의 측면에서도 유일하게 성장세를 이어갔다. 2011년 초에 골드만삭스와 익명의 러시아 투자자의 투자로 인해 페이스북의 가치는 500억달러에 육박했고, 그 후 2012년 5월 18일에 뉴욕증시에 상장함으로써, 상장 1년 만에 시장가치 6,700억달러(2013년 1월)의 공기업으로서 면모를 갖추게 된다. 이는 인터넷 거물업체인 구글이 제공하는 일반적인 검색에 기초한 방식을 압도하는 위협적인 것이었다.

물론, 구글도 페이스북이 그들의 핵심 사업모델(예를 들어 광고 배너들을 클릭할 때마다 돈을 지불하는 사업)을 잠식해 오는 것을 관망하고만 있는 것은 아니다. 구글 또한, 과거 소셜네트워킹 영역에서의 실수를 만회하기 위해서 구글플러스(Google+)라는 고유의 소셜네트워킹 사이트를 개발하고, 서비스를 시작하여 단 2년 만에 4억 명 이상의 사용자를 확보하고 있다. 이를 볼 때, 앞으로 이 분야에 어떠한 변화가 일어날 것인지는 아무도 예측할 수는 없겠지만, 주커버그는 기술적인 측면뿐만 아니라 광고산업의 측면에서도 페이스북의 주목할만한 경쟁 대안이 될 수도 있는 구글플러스를 면밀히 주시해야 할 것이다.

이 이야기는 단지 한 대학생 신분이었던 마크 주커버그가 어떻게 현재의 페이스북을 만들게 되었는지 그리고 이것을 수억 달러의 사업으로 성장시킬 수 있었는지만을 말하고자 하는 것이 아니다. 델(Dell), 마이크로소프트(Microsoft), 야후(Yahoo)와 같은 유명한 컴퓨터 관련 회사들도 현재 수억 달러의 시장가치를 가지고 있지만, 초기에는 마크 주커버그와 같이 높은 성취의식을 지닌 젊은 대학생들에 의해 시작되었다는 사실에 한 번 주목해보자.

위에서 언급된 모든 성공적인 사업들에서 우리는 한 가지 공통점을 찾을 수 있다. 그것은 이들 사업의 한가운데에는 자본을 효과적으로 투자할 수 있는 사업아이디어를 개발하고, 이를 잘 운용하여, 성공적인 결과를 지속적으로 얻어낼 수 있는 유능하고 창의적인 엔지니어들이 있었기 때문이다. 그렇다면 이러한 성공적인 사업적 의사결정에 있어서 엔지니어의 역할은 구체적으로 무엇일까? 다시 말하면, "우리 엔지니어들은 이를 위하여 구체적으로 어떠한 일들을 담당해야 하는가?" 혹은 "이러한 자본투자에 대한 의사결정을 위하여 어떠한 수단과 기법들을 활용할 수 있는가?"

우리는 본 교재에서 사업적 투자문제는 물론 개인적인 투자문제를 포함하는 여러 종류의 투자상황에 대해 고려해 볼 것이다. 다만, 개인적 투자상황보다는 기업이 직면하는 투자상황에서 볼 수 있는 공학 프로젝트에 대한 객관적 평가에 보다 중점을 두고자 한다.

1.1 논리적 의사결정과정

개인이거나 법인이거나 관계없이, 우리는 일상생활에서 끊임없이 수많은 의사결정을 하며 살아가고 있다. 이러한 수많은 의사결정의 대부분은 복잡하고 논리적인 사고를 요구하지 않는 경우이며, 어떤 경우에는 의식하지도 못하는 가운데 자동적으로 의사결정을 해버리기도 한다. 그러나 중요한 사안에 대해서는, 많은 단계의 복잡한 의사결정과정을 반드시 거쳐야만 하는 경우가 있다. 이러한 의사결정을 '**논리적 의사결정**(rational decision-making)' 이라 한다. 이를 좀 더 구체적으로 설명하기 위하여 두 명의 엔지니어가 그들에게 주어진 의사결정문제를 어떻게 공학적으로, 그리고 경제적으로 접근해 가는지를 소개하고자 한다.

이 두 가지의 사례를 살펴봄으로써 우리는 어떠한 합리적 의사결정과정에서도 공통적으로 필요한 요소들이 있음을 쉽게 확인할 수 있다. 첫 번째 사례는 구매할 자동차의 선택이라는 문제에 직면하여 두 대안 중에서 하나를 선택하는 과정을 보여주며, 두 번째 사례는 설계문제에 대한 의사결정으로서 논리적인 분석방법을 따라서 문제해결에 어떻게 접근하는지를 보여준다.

1.1.1 개인적 의사결정은 어떻게 이루어지는가?

졸업을 앞둔 최지애는 취직과 더불어 그동안 타고 다녔던 자신의 자동차를 신형 소형자동차로 교체하려고 한다. 그녀가 교체를 생각하는 이유는 현재 소유하고 있는 H사의 2005년형 소나타는 이미 150,000km 주행으로, 장거리여행에 안전을 보장하기 어렵고 지속적으로 증가하는 운용비용에 부담을 느끼기 때문이다. 그러나 막상 교체를 결심한 후, 교체비용을 생각할 때, '구입'과 '임대' 가운데 어떠한 방법을 선택할 것인지를 두고 고민하던 중, 최근 다양한 임대상품이 개발되어 이를 잘 선택하면 구매보다 더 효과적일지도 모르겠다는 판단을 하게 되었다. 임대의 장점으로 적어도 부담스러운 할부계약금을 내지 않아도 되고, 큰 고장에 대한 수리문제도 걱정할 필요가 없기 때문이다. 그러나 통상 연간 12,000km로 운행거리가 제한되고, 추가로 운행하게 되면 km당 200원, 혹은 그 이상의 추가비용을 내야 하는 단점도 고려해야 한다. 성능이 좋은 차를 선택하는 것도 중요하지만 경제적인 문제 또한 차를 운영하는 데 아주 중요한 사항임을 알고 있기 때문에, 과연 자동차를 구매하는 대신에 임대를 선택해야 하는지는 아직 확신하지 못하고 있다.

목표 혹은 목적을 정하라

최지애는 먼저 지역신문과 인터넷에서 최근 자동차 임대 프로그램과 할부판매에 관한 정보, 그리고 특판상품 등을 조사해보았다. 그녀의 경제적 능력에서 보면 소형승용차가 적당할 것으로 판단하여, H사의 2013년형 RG-525X

와 S사의 2013년형 MS-570V, 두 신형 모델이 스타일, 가격, 옵션 등의 측면에서 가장 눈에 띄었다. 그녀는 자동차의 외형뿐만 아니라 기능적인 측면도 면밀히 조사해보는 것이 중요하다고 생각하고, 마지막으로 자동차 판매상을 방문하여 실제로 두 모델을 보고 시운전도 해보았지만 두 모델 모두 만족스러웠다. 이로써 그녀는 이 두 모델은 신뢰성, 안전도, 품질 면에서 모두 동일하다는 결론을 내렸다.

가능한 대안을 평가하라

현재 최지애가 소유하고 있는 2005년형 자동차를 현재 200만원에 팔 수 있고, 이는 임대에 필요한 계약금을 지불하기에 충분하다. 또한 그녀는 임대를 결정할 경우, 개방형(open-end)과 폐쇄형(close-end), 두 가지의 임대 종류가 있다는 사실도 알게 되었다. 대부분의 경우 폐쇄형 임대방식을 선택하는데, 이는 개방형을 선택하면 자동차가 예상보다 빠르게 그 가치가 하락하게 될 때, 임대기간 말에 소비자가 예상보다 훨씬 많은 지불금을 낼 수 있는 가능성이 있기 때문이다. 이에 반하여 폐쇄형 임대는 임대기간 말에 자동차를 정해진 가격에 반납할 수 있기 때문에 다른 자동차를 구매하거나 임대하는데 훨씬 수월하다는 장점을 가진다. 물론, 초과운행과 파손에 대한 지불책임은

표 1.1 ▌ 자동차 임대에 대한 비용 비교: RG-525X**와** MS-570V (단위: 천원)

자동차 임대	RG-525X	MS-570V	차이
1. 소비자가격	14,205	13,775	430
2. 임대기간	36개월	36개월	
3. 계약마일리지	36,000km	36,000km	
4. 임대료	189/월	200/월	−11
5. 초과운행비용(36,000km부터)	0.20/km	0.15/km	+0.05
6. 청산금(임대기간 말)	0	250	−250
7. 계약시점 소요비용			
• 첫 달 임대료	189	200	
• 계약금	1,100	1,600	
• 수수료	495	0	
• 보증금(환불가능)	200	200	
계약시점 소요비용 합계	1,984	2,000	−16

* 청산금: 임대 자동차를 재판매하기 위해 소요되는 수수료

두 임대방법 모두에게 동일하다. 그녀는 자신이 운전을 조심하면, 임대기간 말의 지불금에 대한 걱정은 하지 않아도 된다고 판단하였다.

다음에는 임대를 할 경우 가장 경제적인 계약을 하기 위해서는 각 자동차의 딜러들이 제시하는 조건들을 검토할 필요가 있었다. 그녀는 이 조건들로부터 초기의 계약금에서 마지막 청산금까지 전 임대과정 동안 발생할 비용을 전부 합산해 보았다. 이들 총비용은 오일교환이나 다른 유지비용 등과 같은 일상적인 항목은 포함하지 않는다. H사의 RG-525X가 임대과정상의 비용(35 ×11,000원+16,000원)과 마지막 청산금(250,000원)을 포함해 총 651,000원을 절감할 수 있는 것으로 계산되었다(제2장에서 설명하겠지만, 이러한 합산방법은 돈의 시간가치를 고려하지 않기 때문에 옳은 방법은 아니지만, 의사결정과정의 설명이 주목적이기 때문에 여기서는 그대로 인정하기로 한다). 그러나 계약된 주행거리 이상의 차를 운행하는 경우, 그 절감액은 추가 운행 km당 50원씩 감소하게 되어, 계약된 주행거리에 추가로 13,020km를 더 운행하게 되면 절감효과는 전혀 없다는 계산이 나온다. 향후 얼마나 더 자동차를 운행하게 될지를 알 수 없는 상황에서 그녀는 초과운행에 대한 비용이 상대적으로 더 싼 S사의 MS-570V를 임대하는 것이 더 효과적일지도 모르겠다고 판단하였다. 금전적인 절감도 중요하지만 미래의 자동차 운행수요에 대하여 여유를 두는 것이 더욱 중요하다고 생각했기 때문이다.

다른 기회에 대한 고려

현재 최지애는 자동차 구매에 대해서는 크게 관심을 갖고 있지는 않지만, 경우에 따라서는 구매옵션을 신중히 고려해보는 것이 더 효과적일 수도 있다. 임대와 구매를 비교하기 위해서는 이 두 방법을 선택하였을 때, 언제 얼마만큼의 비용이 발생하는지 알 수 있어야 한다. 만일 임대 대신에 차를 구매하여 소유하게 된다면, 나중에 자동차를 판매하여 회수되는 자금의 영향을 고려하여야 할 것이다. 물론, 경제적인 문제만을 생각한다면 임대와 구매의 직접적인 효과만으로 국한하여 의사결정을 하겠지만, 그렇지 않다면 경제적 문제외의 개인적인 선호에 따른 긍정적인 면과 부정적인 면을 모두 고려할 필요가 있다. 임대를 하게 되면, 마지막 할부금을 갚을 때 가질 수 있는 즐거움을 느낄 수는 없겠지만, 매 3년마다 새로운 차를 탈 수 있는 즐거움을 얻을 수 있다는 것 등이 그것 중에 하나라고 할 수 있다.

의사결정과정의 재검토

이제 좀 더 체계화된 의사결정과정에 대하여 살펴보기로 하자. 의사결정과정을 구성하고 있는 논리적인 단계들을 엄밀히 따로 분리할 수는 없지만, 대략 다음과 같은 단계들을 생각해볼 수 있다(그림 1.1 참조).

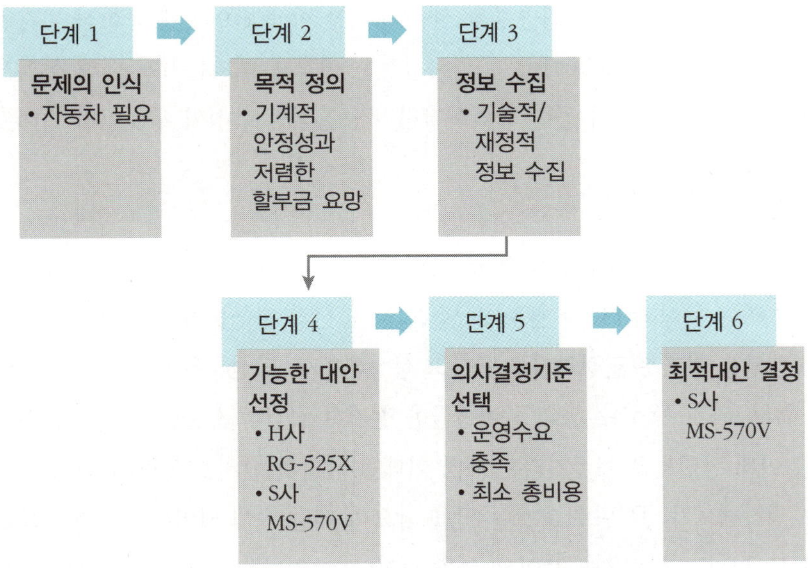

그림 1.1 | 자동차 임대 의사결정의 논리적 단계

일반적으로 합리적인 의사결정을 내리기 위해서는 위에 소개한 6단계의 과정을 거쳐야 한다. 그러나 모든 의사결정문제를 해결하는데 이와 같은 과정을 항상 거쳐야 할 필요는 없다. 어떤 문제들은 의사결정을 하는데 시간과 노력이 훨씬 적게 소요될 수도 있다. 많은 경우에 우리는 이성적인 판단보다는 즉흥적이고 감정적인 이유에 근거하여 의사결정을 하게 된다. 그러나 대부분의 복잡한 경제적 의사결정문제는 위에서 언급한 바와 같은 체계적인 의사결정 틀을 따르는 것이 훨씬 효과적일 것이다.

1.1.2 공학적 디자인 의사결정문제는 어떻게 접근해야 할까?

모든 제품개발에 있어서 해당제품에 대한 제조비용의 대부분이 공학적 디자인 단계에서 어떠한 의사결정을 하느냐에 따라 좌우된다. 이 때문에 제품 디자인과 제조과정이 복잡해짐에 따라 엔지니어들은 의사결정을 할 때, 경제적 사항을 더욱 신중히 고려하게 된다. 본 절에서는 엔지니어들이 어떤 과정을 거쳐 공학적인 아이디어를 제품화하여 가는지를 사례를 들어 설명하고자 한다. 아래의 사례에서 전기공학을 전공하는 한 학생이 어떻게 공학적 디자인 문제를 접근하고, 그에 따르는 의사결정을 어떻게 해가는지에 대해 살펴보자. 이 과정을 통하여 공학적 의사결정의 근본적인 특성이 무엇인지 이해할 수 있을 것이다.

아이디어 획득: 필요는 발명의 어머니

몹시 찌는 듯이 무더운 8월 어느 날 오후, 당신과 친구들이 그동안 계획해왔던 캠핑을 가기로 결정하기로 했다고 상상해보자. 당신들은 담요, 라디오, 샌드위치, 과자, 음료수 등의 준비물들을 철저히 점검하고 출발하였을 것이다. 자! 이제 당신들은 이글거리는 태양 아래를 걷다가 잠시 그늘에서 쉬고 있다고 생각해보자. 목 뒤로 흐르는 땀을 닦으며 배낭 속에 넣어두었던 청량음료 한 모금으로 타는 목을 축이고 싶을 것이다. 그러나, 당신이 마신 것은 갈증을 없앨 수 있는 시원한 음료수가 아니라, 30°C에 가까운 뜨듯한 단물일 뿐일 것이다. 이것이 새로운 아이디어의 시작이다.

어느 계절이든 대부분의 사람들은 미지근한 청량음료를 좋아하지 않는다. 특히 아주 더운 여름날에 미적지근한 청량음료를 마시고 싶어하는 사람은 아마 하나도 없을 것이다. 이때는 정말 입안이 얼얼할 정도의 시원한 음료를 먹고 싶은 마음이 간절할 것이다. 과거의 역사를 돌아보면, 인간사회에서는 이러한 절실한 필요가 필연적으로 발명을 낳게 하였다. 이런 더위에 여행을 하는 사람이라면 언제 어디서라도 시원한 음료를 마실 수 있기를 원할 것이다. 그렇다면 저절로 냉각이 되는 음료캔을 만들어 낼 수는 없을까? 이와 같은 경험 때문에 미국 존스홉킨스(Johns Hopkins)대학의 전자공학과 학생이었던 소냐(Sonya Talton)는 자기냉각 음료캔(self-chilling soda can)이라는 혁신적인 아이디어를 생각해내었다.

디자인 목표 설정

소냐는 이러한 경험을 바탕으로 '공학 그래픽 및 디자인'이라는 과목의 기말 과제로 '자기냉각 음료캔'을 주제로 선택하였다. 담당교수는 학생들로 하여금 혁신적인 사고를 강조하고 통상적이지 않고 참신한 아이디어를 생각하도록 지도하였다. 소냐가 최우선으로 해야 할 일은 프로젝트의 목표를 설정하는 것이다.

- 가능한 한 짧은 시간에 음료수를 차갑게 할 것.
- 용기(캔)의 디자인은 간단하게 할 것.
- 보통 음료캔과 비교하여 크기와 무게를 비슷하게 할 것.
  (음료회사가 기존의 자판기와 저장장비를 활용할 수 있게 해야 함)
- 생산비용을 저렴하게 유지할 수 있도록 할 것.
- 공해가 발생하지 않는 자연친화적인 제품을 만들 것.

디자인 대안 결정

소냐는 이러한 목표를 갖고 캔을 냉각시킬 수 있는 실제적이고 혁신적인 방법을 찾아보았다. 얼음을 활용하는 것이 확실한 방법이기는 했지만 혁신적이지 못했다. 궁리를 계속하던 그녀는 화학적 재료를 이용한 얼음주머니를 활용하는 아이디어를 생각해냈다. 그렇다면 무엇을 그 주머니에 넣어야 할 것인가? 그 대답은 질산암모늄(NH_4NO_3)과 물주머니였다. 적당한 압력을 가하면 물주머니가 터지면서 질산암모늄과 섞이게 되고, 이때 열을 흡수하는 흡

그림 1.2 | '자기냉각 음료캔'의 개념적 디자인

열반응이 생기게 된다. 이러한 반응으로 음료로부터 열을 빼앗아 음료를 냉각시키게 되는 원리이다.

그렇다면 이 반응을 위하여 과연 얼마나 많은 물이 필요할까? 소냐는 화학 방정식을 통하여 135ml의 물이 필요하다는 것을 알았다. 또한, 몇 번에 걸친 실험 과정을 통하여 그녀는 27°C의 음료캔의 온도를 9°C 정도로 낮추는 데 약 3분 정도의 시간이 걸린다는 사실도 알아내었다. 냉장고에 이틀 동안 저장된 음료캔의 온도가 5°C 정도이므로 소냐의 아이디어는 충분히 활용가능성이 있었다. 이제 다음으로 해결할 문제는 "경제적으로 과연 시장성이 있겠는가?"이다.

제품의 비용과 가격추산

소냐의 수업에서 중요한 강의주제는 "경제적인 타당성이 공학적 디자인과정에서 얼마나 중요한 역할을 하는가?"이다. 담당교수는 제품의 시장성을 측정하는 방법으로 시장조사와 비용/혜택분석의 중요성을 강조하였다. 소냐는 약 80명 정도를 대상으로 다음과 같은 두 가지 질문을 해보았다. 그들의 나이와 자기냉각음료 제품에 얼마나 지불할 의사가 있는지가 그 질문이었다. 그 결과 평균적으로 21세 이하의 그룹에서는 최대 840원, 40대는 680원을 지불할 의사가 있다고 대답하였다. 전체적으로 조사결과는 대략 780원의 지불의사가 있는 것으로 파악되었다. 이 조사는 과학적인 시장조사는 아니었지만, 소냐에게 이 제품의 적절한 가격이 얼마나 되는지를 가늠하게 하는 기준이 되었다.

다음 문제는 이 자기냉각 음료캔의 생산비용을 알아보는 것이다. "과연 자기냉각 음료캔을 만드는 데 얼마나 추가비용이 들까?" "경제성은 있을까?" 그녀는 도서관에서 생산에 필요한 화학물질과 자재의 비용을 찾아 개당 생산비용을 산출하여 보았다. 그 결과 유통비용을 포함하여 개당 생산비용이 120원밖에 되지 않는다는 것을 알게 되었다. 자기냉각 음료캔을 만드는 데 단지 20~30원의 추가비용이 소요되는 것이다. 평균 소비자들이 자기냉각 음료캔에 250원을 더 지불할 용의가 있다는 것을 고려할 때, 이는 아주 괜찮은 결과였다.

환경문제에 대한 고려

남은 문제는 화학적 오염과 재활용에 관한 것이다. 이론적으로 캔으로부터 폐용액을 뽑아내어 정제할 수 있는 기계를 만들 수 있으므로 용기와 질산암모늄은 다시 자기냉각 음료캔을 만드는 데 재활용될 수 있다. 이제 마지막으로 남은 과제는 화학적 오염에 대한 문제를 해결하는 것이다. 불행하게도 냉각에 사용되는 화학물질과 음료가 캔 내에서 절대로 섞이지 못하게 할 확실한 방법은 아무리 찾아도 찾을 수가 없었다. 그래서 소냐는 이러한 불안을 제거하기 위하여 만일 이와 같은 일이 발생할 경우 소비자들이 오염을 인지할 수 있도록 색깔이나 냄새표시기를 추가하면 되겠다고 생각했다.

위의 과정을 통하여 소냐는 자기냉각 음료캔은 혁신적인 기술개발로 생각되며, 제품화될 경우 해변, 피크닉, 운동회 등 야외 여가활동에 편리하게 사용될 수 있고, 디자인은 환경을 고려함과 동시에 혁신적이지만 비싸지 않은 경제성 또한 가진다는 결론을 얻었다.

1.1.3 공학적 의사결정과 경제적 의사결정의 차이점

경제적 의사결정은 흔히 디자인에서 고려되는 통상적인 의사결정과는 근본적으로 다른 과정을 거친다. 디자인 단계에서 엔지니어들은 재료의 특성은 물론, 화학 또는 물리학의 원칙을 적용한 최적의 디자인이 무엇인지를 판단하는 의사결정을 한다. 만약 이러한 판단이 옳았고, 공학적 계산이 정확하다면, 향후 기술적인 발전이 없다고 가정할 때, 이 디자인에 대한 의사결정은 시간이 지나도 변하지 말아야 한다. 다시 말하면, 특정한 수요에 맞는 공학적 디자인이 현재, 내년, 혹은 10년 후에 완성되었다고 하여도, 결국 그 디자인은 새로운 수정이 필요 없을 것이다.

그러나, 경제적 의사결정은 고려하는 대안의 투자가치를 측정함으로써 이루어질 수 있다. 이러한 측정 또는 평가를 위해서는 앞으로 5년, 10년, 혹은 25년 동안 발생할 제품의 판매량, 판매가격, 그리고 여러 가지 비용들에 대한 예측 또는 추정이 필요하다. 모든 예측은 공통적으로 다음의 두 가지 사항을 전제로 한다.

- 첫째는 미래에 실제로 실현되는 값들과 예측한 값을 비교할 때 정확히 맞는 경우는 거의 존재하지 않는다는 사실이고
- 둘째는 추정값이나 예측치는 어느 시점에서 하느냐에 따라 그 값이 달라질 수도 있다는 것이다.

즉, 미래는 항상 변할 수 있다는 관점에서 보면, 현재의 경제적 의사결정은 항상 다시 검토되어야 하고 때로는 변경될 수도 있다는 의미이다. 그러므로, 공학적 디자인과는 다르게 경제적인 평가를 통하여 도달되는 결론은 시간이 흘러도 불변하는 것이 아니다. 그러므로 경제적 의사결정은 의사결정 시점에서 활용할 수 있는 최선의 정보를 근거로 이루어져야 하며, 예측 데이터에 대한 불확실성을 충분히 고려하여 이루어져야 한다. 그리고 새로운 정보가 얻어질 때마다, 경제적 평가를 시도하여 그 이전에 이루어진 경제적 의사결정에 변화를 요구하는지를 확인하여야 한다.

1.2 비즈니스에서 엔지니어의 역할

기업 내에서 엔지니어의 역할은 무엇인가? 엔지니어들은 어떠한 업무를 담당하게 되는가? 그리고, 기업이윤을 극대화하기 위해 활용할 수 있는 도구와 기술은 어떠한 것이 있는가? 엔지니어는 제조에서부터 마케팅 및 재무에 이르기까지 기업 내의 다양한 의사결정과정에 참여하게 되지만, 본 교재에서는 주로 프로젝트와 관련된 다양한 경제적 의사결정으로 그 범위를 한정하겠다. 이러한 의사결정을 우리는 '**공학분야의 경제적 의사결정**(engineering economic decisions)' 이라고 한다.

1.2.1 자본지출에 관한 의사결정

제조과정에서 엔지니어는 제품의 생산에 관한 세세한 부분에 참여하게 되는데, 그 범위는 개념적인 디자인 단계에서부터 운송에 이르기까지 다양하다.

이 과정에서 공학적 의사결정은 생산비용의 대부분(85% 이상이라고 생각하기도 함)을 차지하게 된다. 그러므로 엔지니어는 건물과 기계와 같은 자산의 효율적인 활용에 대해 신중하게 고려해야 한다. 엔지니어의 가장 중요한 역할 중의 하나는 기업으로 하여금 경제적으로 제품에 대한 디자인과 생산을 가능하게 하는데 필요한 **고정자산에 대한 투자계획(자본지출**, capital expenditure)을 수립하는 것이다(그림 1.3 참조).

그림 1.3 | 엔지니어 역할: 자본지출 의사결정

장비와 같은 고정자산을 구매하는 경우, 그 자산의 구매로 말미암아 발생하는 이윤(정확히 말하면 현금흐름)을 추정할 필요가 있다. 다시 말하면, 미래에 관한 예측을 기반으로 자본지출에 관한 의사결정을 해야 한다는 의미이다. 가령, 당신이 어떤 기어 연결장치의 생산에 사용되는 허브와 슬리브에 대한 수요를 예측하고, 이를 생산하기 위해 공작기계를 구입하고자 한다고 가정하자. 이 기계를 향후 10년간 사용할 예정이라면, 이러한 구매의사결정은 향후 10년 동안의 기어 연결장치의 판매량에 대한 예측을 기반으로 한다. 즉, 실제로 당신이 이 구매계획이 경제성을 갖는지를 정확히 알 수 있기까지는 아주 오랜 기간이 지나야 한다는 의미이다.

만일 필요한 자산에 대한 추정이 정확하지 못했다면, 이는 아주 심각한 결과를 초래할 수도 있다. 자산에 과도한 투자를 했다면, 불필요한 비용이 많이 발생하게 될 것이다. 반면, 고정자산에 너무 적게 투자를 하는 것 또한 기업 활동에 해를 끼치게 된다. 이는 기업의 장비가 너무 빨리 노후화되어 경쟁력 있는 생산활동을 할 수 없게 되거나, 혹은 적은 생산용량으로 수요에 적절히 대응하지 못함으로써 경쟁기업에게 시장을 빼앗길 수도 있다. 한 번 잃은 고객을 다시 찾기 위해서는 더욱 적극적인 마케팅활동, 품질향상, 그리고 가격인하 등과 같은 많은 비용이 요구되는 노력이 필요하기 때문에 이러한 손실은 기업에게는 치명적일 수도 있다.

1.2.2 대규모 공학적 프로젝트의 경제적 의사결정

엔지니어가 사업과정에서 행하는 경제적 의사결정은 규모의 차이를 제외하면, 이미 소개한 소냐의 의사결정과정과 크게 다를 것이 없다. 이제 좀 큰 규모의 실제적인 공학적 의사결정문제를 고려해보자.

지금 이 시대를 사는 사람들은 대기공해문제의 해결에 많은 관심을 갖고 있고, 이 문제를 해결하기 위해서는 도시공해의 가장 큰 요인인 자동차 배기가스를 획기적으로 줄여야 한다고 생각하고 있다. 이에 따라 자동차 생산업체들은 오래 전부터 배기가스를 제거할 수 있는 전기자동차의 생산을 다각도로 연구해 왔다. GM의 경우 최근 세비볼트(Chevy Volt)라 불리는 전기자동차를 생산하고 있지만, 현재까지의 배터리 기술로는 한 번 충전할 때마다 약 60km 정도의 주행이 가능하며 이를 보완하기 위하여 소형 가솔린엔진을 부착시켜 필요할 때 교대로 주행할 수 있도록 하는 이른바 하이브리드(hybrid) 기술을 병행하고 있다.

결국, 전기자동차의 개발에 있어서 가장 큰 문제는 적절한 용량의 배터리이다. 이에 배터리 기술개발의 일환으로 GM은 최근 엔비아시스템(Envia Systems)이라는 벤처회사에 약 7백만 달러의 투자를 하여, 한 번 충전에 주행거리 160km가 가능한 배터리를 개발하였다. 현재 실험 중인 이 배터리를 장착한다면, 세비볼트의 월간 운용비는 기존 가솔린자동차의 50% 정도로 절감할 수 있을 것으로 예측된다. 또한, 세비볼트는 공해물질을 전혀 배출하지 않기 때문에, 정부의 공해물질 배출규격이 강화되고 소비자들이 환경에 대한 관심이 고조된다면 조만간 경제성뿐만 아니라 친환경성을 모두 만족시키는 제품으로 발전시킬 수 있을 것으로 GM은 예상하고 있다.

GM의 엔지니어들은 엔비아시스템에서 개발한 배터리를 장착한 세비볼트가 시장에 출시되려면 앞으로도 약 2년의 기간이 필요할 것으로 추정하고 있다. 이제 GM의 주요 관심은 세비볼트의 본격 생산이 경제성을 갖기 위해서는 연간 판매량이 얼마나 되어야 하는가에 쏠리고 있다.

물론, 이러한 수준의 의사결정은 어느 생산공정에 필요한 새로운 기계의 구매 여부를 결정하는 경우보다 훨씬 더 복잡하고 기업에 미치는 영향이 클 것이다. 또한, 이와 같은 프로젝트는 오랜 기간 동안의 현금흐름을 갖기 때문에 이 기간 동안의 시장수요를 정확히 예측하는 것은 매우 어려운 일이 될 것이며, 이때 시장수요의 잘못된 예측은 심각한 결과를 가져올 수 있다. 만일 시장수요를 너무 크게 예측하여 생산시설 등을 과대하게 확장하게 되면, 불필요한 비용을 사용되지도 않은 자재와 완성품 등에 소요되게 할 것이다. 반대로 시장수요를 너무 적게 예측하여 생산시설이 부족하게 되면, 소비자에게 만족할 만한 서비스를 제공하지 못하게 되고, 결국 소비자를 영원히 잃는 결과를 얻게 될 가능성이 크다. 세비볼트의 경우, 만일 성능이 개선된 배터리를 기대할 수 없다면, 이 프로젝트를 정당화시킬 만한 시장수요가 생기지 않을 것이며 투자회수에 대한 위험부담은 급증할 것이다.

그림 1.4 | 대규모 공학적 프로젝트: GM의 세비볼트 프로젝트

1.2.3 공학적 프로젝트가 재무제표에 미치는 영향

엔지니어는 주요 의사결정이 이루어지는 기업의 사업환경을 반드시 이해하고 있어야 한다. 프로젝트에서는 이익을 창출하는 것이 무엇보다도 중요하지만, 기업의 재정적인 경쟁성을 강화하는 것 또한 매우 중요하기 때문이다. 그렇다면, 과연 세비볼트 프로젝트의 성공을 어떻게 측정할 것인가? 예를 들면, 이 환경친화적인 프로젝트가 GM의 주요 수입원이 될 만큼 충분히 세비볼트

의 판매가 이루어질 것인가? 그 답은 세비볼트 프로젝트가 소비자들에게 편안하고, 내구성 있는 전기자동차를 낮은 비용으로 공급함으로써, 장기적으로 기업의 수입원 역할을 수행할 수 있는가에 달려 있다.

모든 기업들은 매 회계연도(통상 1년) 말에 기본적인 재무제표를 작성한다. 이러한 재무제표는 미래 투자분석의 기초자료가 된다. 그림 1.5에서 보는 바와 같이, 실제로 기업의 재정 경쟁력을 고려하여 세비볼트 프로젝트를 생각해야 하기 때문에, 해당 프로젝트의 경제적 타당성만을 고려하여 투자의사결정을 할 수는 없다.

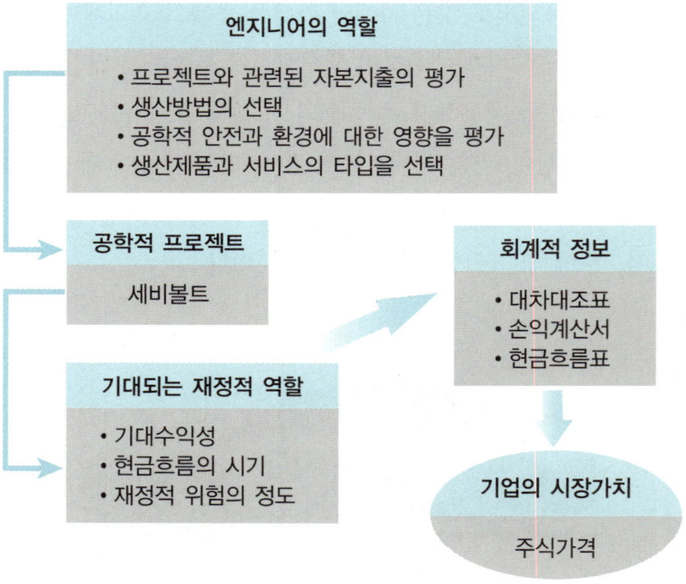

그림 1.5 | 공학적 프로젝트가 기업의 시장가치에 미치는 영향

당신이 GM의 사장이라고 생각해보자. 당신은 GM의 주식을 소유하고 있을 것이고, 이로써 당신은 회사의 많은 소유주 중 한 사람이 될 것이다. 그렇다면 당신은 회사를 위해서 어떠한 목적을 세우겠는가? 기업의 시장가치를 높이는 것이 최우선의 목적이 될 것이다. 모든 기업이 이익을 창출하고자 사업을 추진하지만, 이익이 기업의 시장가치를 전적으로 결정하는 것은 아니다. 실제로 기업의 시장가치를 결정하는 것은 이익이 아니고 현금흐름이라고 할 수 있다. 이는 가용할 수 있는 현금이 미래의 투자와 기업의 성장을 결정

하게 되기 때문이다. 기업의 가치를 표현하는 지표로서 회사주식의 시장가격(market value)을 들 수 있다. 물론, 그 외에도 현재와 미래에 기대되는 수익, 이러한 수익의 실현시기와 기간, 그리고 이와 관련된 위험 등 많은 요인들이 기업의 가치에 영향을 미친다. 그러나 무엇보다도 투자의사결정이 좋은 결과를 초래한다면, 기업의 시장가치를 높일 것이고 이는 주식가격에 반영될 것이다. 그러므로 주식가격은 기업의 재정적 건실도를 반영하는 훌륭한 지표일 뿐만 아니라, 회사가 건실한 투자를 통하여 지속적으로 어떠한 이윤을 창출할 수 있는가에 대한 기대지표이기도 하다.

GM의 경우, 일반투자자들이 세비볼트 전기자동차에 관심을 갖는다면, 이는 GM주식에 대한 수요의 증가로 나타날 것이다. 이 영향은 주식가격에 영향을 줄 것이고, 결과적으로 주식소유자의 부를 증가하게 할 것이다. 만약 세비볼트 프로젝트가 성공적인 투자로 인식된다면, 시장에서 주식가격을 더욱 상승시킬 것이고 장기적인 성공을 유도할 것이다. 그러므로, 대규모 프로젝트의 최종적인 경제적 의사결정에서는 고려되는 프로젝트가 기업의 시장가치에 어떠한 영향을 미칠 수 있는지를 반드시 염두에 두어야 한다(이러한 맥락에서 엔지니어들은 회사의 재무제표를 이해할 수 있는 능력이 필요하며, 본 교재에서는 이 문제를 제13장에서 다루기로 한다).

1.3 공학경제에서 전략적 의사결정의 유형

세비볼트와 같은 프로젝트 아이디어는 회사 조직 내의 어느 부서에서나 제안될 수 있다. 그러나 아이디어에 따라 좋고 나쁜 것을 가려내야 하기 때문에, 프로젝트를 선별하는 과정이 필요하다. 이 때문에 많은 대기업들은 새로운 아이디어, 프로젝트, 사업기회 등을 적극적으로 찾아서 분석하는 전문 프로젝트 분석부서를 두고 이러한 평가를 신중하게 하고 있다. 일반적으로 제안되는 사업 아이디어들은 다음의 다섯 가지 유형으로 분류된다.

- 서비스와 품질의 개선
- 신제품개발 및 생산확대

- 장비 또는 공정의 선택
- 비용절감
- 설비대체

이러한 분류방법은 관리자로 하여금 각 분류에 따라 필요한 핵심적인 사항을 점검할 수 있게 한다. 예를 들면, "기존의 공장이 신제품을 생산하는 데 활용될 수 있는가? 회사가 새로운 투자를 수행할 수 있는 기술 및 지식을 가지고 있는가? 새로운 프로젝트를 위해 요구되는 신규 기술인력의 확보가 보장되는가?" 등이 있다. 이러한 질문에 대한 답을 찾는 중에 현재 기업이 확보한 자원으로는 수행 불가능한 제안들을 선별할 수 있게 된다.

세비볼트 프로젝트는 최고경영층 및 이사회의 승인을 필요로 하는 복잡한 공학적 의사결정과정의 대표적인 예이다. 실제로 모든 대규모 기업들은 이러한 규모의 의사결정에 직면하게 된다. 일반적으로 투자규모가 커질수록, 이에 필요한 비용을 지원하기 위해서는 좀 더 자세한 분석이 요구된다. 예를 들면, 기존제품의 생산을 증가시키고자 할 때나, 신제품을 생산할 때에는 매우 상세한 경제적 타당성 검사가 필요할 것이다. 신제품의 결정이나 마케팅에 관한 최종 의사결정은 일반적으로 회사의 최고경영층에 의해 이루어진다. 반면에, 장비의 수리와 같은 의사결정은 생산현장과 같은 하부조직에서 이루어질 수도 있다. 본 절에서는 여러 유형의 공학분야의 경제적 의사결정사례를 들어보기로 한다. 본 절의 목적은 각 사례의 해답을 제시하고자 하는 것이 아니라, 엔지니어들이 실제로 직면하는 전형적인 의사결정문제를 소개하는데 그 초점을 맞추기로 한다. 앞으로 취급할 장들은 결국 이러한 의사결정문제에 대한 해결을 제시하는 데 그 목적이 있다.

서비스와 품질의 개선을 위한 투자

금융, 의료, 부동산과 같은 서비스 부분에서 생산성 혹은 품질의 향상, 소비자만족도 향상을 위한 활동들이 이러한 유형의 투자에 해당된다. 국내 경제에서 서비스산업은 국민총생산과 고용의 측면에서 볼 때, 그 비중이 점점 높아지고 있을 뿐만 아니라 가장 빠르게 성장하는 부분이라고 볼 수 있다. 또한 기업의 측면에서도 생산성 향상을 위한 다양한 기회를 가지는 산업분야이기도 하다.

가령 청바지를 만드는 회사를 생각해보자. 소비자의 의견조사에 의하면 여성고객이 자기 몸에 맞는 바지를 찾는 것이 매우 힘들다고 한다. 이러한 소비자의 요구에 부응하기 위하여 미국 유명한 청바지 메이커, 리바이스(Levi's) 회사는 각 매장에 설치된 새로운 컴퓨터시스템에 여성고객으로 하여금 자신의 체형과 취향에 맞는 맞춤바지를 신청할 수 있도록 하는 한편, 공장에서는 이 특별주문을 처리하기 위하여 재단로봇 설치와 필요한 생산요원을 늘리는 방안을 고려하고 있다. 이런 경우 재단로봇의 도입비용을 정당화할 수 있으려면 얼마나 많은 맞춤바지를 판매하여야 하겠는가?

신제품개발 및 생산확대를 위한 투자

이러한 유형의 투자는 생산을 늘렸을 때 수익이 증가는 경우이다. 생산확대 의사결정에 있어 다음 두 가지의 통상적인 유형을 생각해볼 수 있다.

- 첫째는 기존의 생산설비로 증가된 제품수요에 대응하는 것이 불가능할 때, 필요한 자본지출에 대한 문제이다. 이러한 경우, "새로운 생산설비에 얼마만큼의 자금을 투자할 것인가?"라는 기본적인 의문이 제기된다. 이러한 유형의 투자에서 기대되는 미래의 현금흐름은 새로운 설비를 통해 생산되는 제품이나 서비스로부터 생기는 수익이다.
- 두 번째 유형은 신상품을 생산하거나 새로운 지역으로 사업을 확장하는데 필요한 자본지출에 대한 문제이다. 이러한 프로젝트는 일반적으로 장기간에 걸쳐 많은 양의 자본 투입이 요구된다. 예를 들면, 삼성전자가 중국에 새로운 반도체공장 설립을 고려한다면 막대한 투자가 필요하다. 이러한 해외투자의 경제성평가에서는 중국시장에서 발생되는 연간 수익이 얼마나 지속적으로 발생해서 투자한 금액을 회수하고 경제이윤을 창출하는지가 목적이 된다.

장비와 공정의 선택에 따른 투자

공학적 의사결정의 또 다른 유형은 프로젝트의 요구를 충족시킬 수 있는 여러 장비나 공정 중에서 최적의 대안을 선택하는 문제이다. 이러한 선택의 문제는 어떤 대안이 가장 많은 비용감소(혹은 수익의 증가)를 가져올 것으로 기대되는가의 문제로 귀결된다. 많은 요인들을 고려하여 자재를 선택하고, 최종적으로 선택된 자재에 맞추어 필요한 제조공정이 완성된다. 그러므로 엔지니어는 기계와 장비, 도구, 노동, 자재 등과 같은 주요 비용요소들을 종합적으로 고려해야 한다. 그 외에 고려해야 할 요소들로는 완성품과 재공품, 필요한 도구의 수, 여러 공정의 사이클타임 등이 있다.

비용절감을 위한 투자

비용절감 프로젝트는 기업의 운영비용을 낮추기 위한 시도이다. 현재 수작업으로 진행 중인 작업을 대체할 새로운 설비를 구입해야 할 것인가와 같은 문제나 미래에 발생할 비용을 절감하기 위하여 현재 자금을 투자할 것인가와 같은 문제가 전형적인 경우라 하겠다. 일반적으로 이러한 투자로 인해 발생하는 미래에 예상되는 혜택은 운용비용의 감소로 나타나게 된다.

설비대체에 따른 투자

이 유형의 투자의사결정은 낡거나 오래된 설비에 대한 교체 요구에 의해 자본지출이 필요할 때 고려하게 된다. 예를 들면, 10년 동안 금속 부품을 생산하기 위하여 10개의 대형 압연기를 구입한 기업을 생각해보자. 이 기업은 5년 후에 그 부품을 플라스틱으로 대체하게 되어 계획보다 빠르게 압연기를 플라스틱 성형기계로 바꾸어야 하는 상황에 처할 수도 있다. 또한, 이 기업이 경쟁력을 강화하기 위하여 더 크고 정확한 부품을 필요로 하게 된다면 구입한 기계를 예정보다 빨리 교체하게 되는 경우도 있을 수 있다. 이와 같은 복잡한 상황에서 기존의 설비를 새로운 설비로 교체할 것인지 여부를 결정하는 것은 현재의 운영상태를 유지하는 것뿐만 아니라, 미래의 경쟁력 유지에도 매우 중요한 영향을 미치게 된다. 이러한 형태의 문제는 근본적으로 다음과 같은 질문에 답을 찾기 위함이다.

- 기존의 기계를 바꿔야 할 시기가 지금인가?
- 그렇지 않다면, 언제 교체하는 것이 가장 경제적인가?

1.4 공학경제의 근본원칙

본 교재는 경제적 의사결정을 위한 원칙과 방법을 찾는 데 중점을 두고 있다. 공학경제를 처음 대하는 독자들은 여기에서 논의될 돈과 관련된 내용들이 다른 공학분야 주제와는 매우 다르다고 느껴질지도 모르지만, 차츰 문제해결을 위한 의사결정의 원칙은 다른 공학분야와 매우 흡사하다는 사실을 알게 될 것이다. 아래에는 공학분야의 경제적 의사결정에서 따라야 할 기본적인 4가지 원칙들을 서술하였다. 이 원칙들은 본 교재에서 제시될 개념 및 기법들과 연관되어 있으므로, 공학경제의 근간을 이루는 논리들을 이해할 수 있도록 도움을 줄 것이다.

■ **원칙 1: 지금의 1,000원은 미래의 1,000원보다 더 큰 가치를 가질 수 있다**

공학경제의 근본 개념 중 하나는 돈의 시간적 가치(time value of money)이다. 일반적으로 현재 소유하고 있는 돈은 다른 곳에 투자하면 이자를 발생시키므로 같은 금액이라면 지금 받는 것이 나중에 받는 것보다 더 가치가 있는 것이다. 이 개념은 모든 공학적 프로젝트 평가에 있어서 가장 근본적인 개념이 된다.

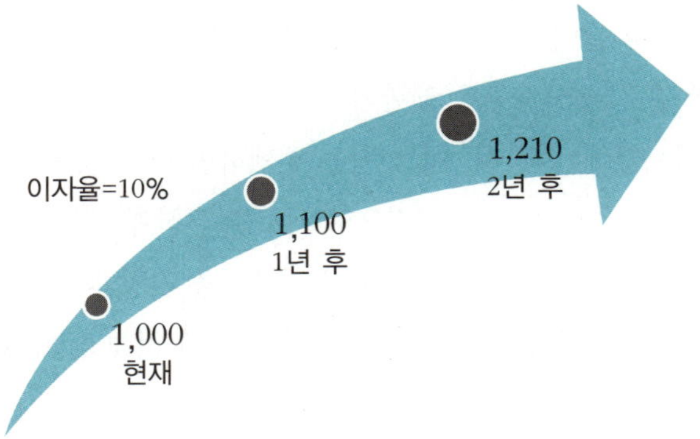

그림 1.6 | 돈의 시간적 가치

■ 원칙 2: 경제적 선택 시 고려해야 하는 것은 대안들의 차이이다

모든 경제적 의사결정은 고려되는 대안들의 차이를 근거로 수행되어야 한다. 대안 상호 간에 존재하는 공통요소는 경제적 의사결정에 전혀 영향을 미치지 않기 때문이다. 경제적 의사결정은 제한된 자원의 활용효과를 극대화하기 위하여 여러 대안들을 대상으로 수행되어야 하므로 한 가지 선택이 이루어지면, 반드시 포기해야 하는 것이 있게 마련이다. 이때 선택에 대한 기회비용은 포기된 대안 가운데 가장 높은 대안의 가치로 정의된다. 그림 1.7에서는 우리가 자동차를 구매와 임대의 두 방법으로 할 경우, 매월 지출되는 연료비용과 운용비용은 동일하므로 대안의 비교에서 고려할 필요가 없음을 보여준다.

옵션	연료비용/월	운용비용/월	계약금	월할부금	3년말 처분가치
구매	960	550	6,500	350	9,000
임대	960	550	2,400	550	0

의사결정과 무관한 정보

그림 1.7 I 구매와 임대의 비교

■ 원칙 3: 한계수익은 한계비용을 반드시 초과해야 한다

앞서 언급한 바와 같이, 재화나 서비스를 만들 때 필요한 천연자원, 인력자원, 자본재와 같은 생산자원은 제한되어 있으므로, 원하는 재화와 서비스를 모두 가질 수는 없다. 따라서, 어느 것을 선택하면 다른 것은 포기해야 하는 것이다. 이 때문에 대안들을 경제적으로 서로 비교하게 되는데, 이를 위해서는 그보다 먼저 각 대안 스스로가 경제적 정당성을 인정받아야 한다. 다시 말하면, 효과적인 의사결정을 위해서 각 대안에 대해 **한계비용**(marginal cost)과 **한계수익**(marginal revenue)을 비교해야 하며, 모든 대안들은 한계수익이 한계비용을 초과해야 한다는 경제적 근본원칙을 근거로 하여 그 타당성이 확보되어야 한다는 의미이다. 여기서 한계수익은 경제활동이 한 단위(혹은 아주 작은 단위) 증가할 때 추가되는 수익을 말하며, 한계비용은 동일한 상황에서 추가되는 비용을 말한다.

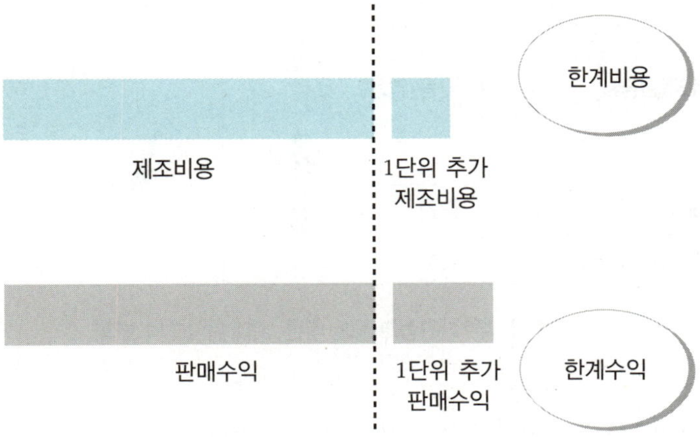

그림 1.8 | 이윤극대화 조건: 한계수익이 한계비용을 초과

■ 원칙 4: 추가위험에 대한 부담 없이 추가수익은 없다

투자자들은 자신의 소비를 늦추는 것에 대한 최소한의 보답으로 적어도 예상되는 인플레이션과 그 밖에 감수해야 하는 여러 재정위험 부담에 대한 보상으로 보다 더 큰 수익을 요구한다. 만일 그러한 수익을 보장받지 못한다면, 투자자들은 지금 원하는 재화를 구매하여 소비해 버리거나 인플레이션과 그 밖의 위험으로 인한 손실을 보전해 줄 수 있는 다른 대안에 투자하게 될 것이다. 한 예로 보통 개인이 일반적으로 접할 수 있는 동산투자기회는 세 가지 유형이 있다. (1) 은행에 예금하는 경우, (2) 회사의 채권을 사는 경우, 그리고 (3) 주식에 투자하는 경우이다(물론 부동산에 투자할 경우 동산투자와 다른 위험과 수익률을 기대할수 있다). 은행예금은 전반적으로 정부가 은행이 부도가 났을 경우 예금자를 보호하는 정책으로 인하여 안심하고 투자할 수 있으나 이자율은 매우 낮고, 반면 주식에 투자할 경우 회사의 운용에 따른 위험부담이 많지만 기대수익률은 은행예금보다 훨씬 높은 것이 이를 잘 설명해주고 있다.

투자분류	잠재적 위험	기대수익
예금(현금)	낮음/없음	1.5%
채권(부채)	중간	4.8%
주식(자기자본)	높음	11.5%

그림 1.9 | 투자 위험부담에 따른 기대수익률의 변화

위에서 언급된 4가지 원칙들은 본 교재에서 설명될 내용들의 근간을 이루기 때문에, 경제적 의사결정에 있어서 우선 이 원칙들의 함축된 의미를 이해하려는 노력이 필요하다. 본 교재를 진행하면서, 각 장마다 다루어지는 주제는 달라지겠지만, 그것을 다루는 논리는 똑같으며, 항상 이 4가지 원칙에 근거를 둔다는 것을 명심하기 바란다.

1.5 요 약

- 본 장에서는 사업환경에서 일반적으로 경험할 수 있는 공학분야의 다양한 경제적 문제에 대하여 논의해 보고, 기업에서 엔지니어의 역할을 살펴보았다. 특히, 본 장에서 언급된 전기자동차의 개발을 목적으로 하는 세비볼트 프로젝트의 사례는 기업조직 내에서 엔지니어가 수행해야 할 역할이 무엇인지를 잘 보여주는 좋은 예라고 할 수 있다. 일반적으로 엔지니어는 디자인 단계에서부터 마케팅에 이르기까지 여러 가지 전략적인 경영의사결정에 참여하는 것이 그 역할이라고 할 수 있다.
- 공학분야의 경제적 의사결정은 공학적 프로젝트와 관련된 모든 투자의사결정을 포함한다. 엔지니어의 관점에서 가장 관심을 갖는 경제적 의사결정분야는 자본투자와 관련된 비용과 혜택에 대한 경제성평가이다.
- 공학분야의 경제적 의사결정의 5가지 주요 유형은 다음과 같다. (1) 서비스 개선(예 : 전자상거래), (2) 신상품개발과 생산확대, (3) 장비 및 공

정 선택, (4) 비용절감, (5) 설비대체

- 불확실성과 시간은 투자 프로젝트의 특성을 결정짓는 주요 요소이다. 공학경제는 이 두 요소를 고려하여 가장 경제적인 의사결정을 다루는 학문이다.

연습문제

1.1 다음 중 올바르지 못한 항목은 무엇인가?

(ㄱ) 경제적 의사결정은 그 의사결정 시기와 무관하게 일정하다.

(ㄴ) 시간과 위험은 어떠한 투자평가에서도 가장 중요한 요소이다.

(ㄷ) 대규모 공학프로젝트의 경우, 공학자들은 프로젝트의 수행이 회사의 재정상태에 미치는 영향을 반드시 고려해야 한다.

(ㄹ) 엔지니어의 핵심역할 중의 하나는 자본지출 의사결정이다.

1.2 대규모 공학프로젝트를 평가할 때, 아래 항목 중 중요한 것은 어떤 것들인가?

(ㄱ) 기대이윤(혹은 수익률)

(ㄴ) 현금흐름의 발생시기

(ㄷ) 재무적 위기의 정도

(ㄹ) 위 항목 전부

1.3 아래 항목 중에 공학적 의사결정의 개념을 가장 적절히 정의한 항목은 어느 것인가?

(ㄱ) 공학자들에 의해 수행된 경제적 의사결정

(ㄴ) 금융자산들과 관련된 경제적 의사결정

(ㄷ) 주로 공학프로젝트에서 고려되는 실물자산과 서비스에 대한 경제적 의사결정

(ㄹ) 돈의 시간적 가치를 고려한 모든 경제적 의사결정

1.4 다음 중 공학경제의 4가지 근본원칙에 해당되지 않는 항목은 어느 것인가?

(ㄱ) 지금 받을 수 있는 100원은 미래에 받을 100원의 가치보다 크다.

(ㄴ) 높은 수익을 기대하기 위해서는 그만큼 높은 위험을 감수해야 한다.

(ㄷ) 추가생산이 경제적으로 타당하려면, 반드시 한계수익이 한계비용을 초과하여야 한다.

(ㄹ) 서로 다른 대안을 경제적으로 비교할 때, 대안들의 차이점만을 비교하는 것은 옳지 않다.

1.5 경제신문을 일주일 이상 검토하여 기업의 투자에 관련된 뉴스들을 수집하고, 다음 5가지 부류로 분류하라. (1) 신제품생산 혹은 확장, (2) 장비/공정의 선택, (3) 비용절감 (4) 설비대체, (5) 서비스 혹은 품질향상

1.6 기업경영과 관련된 서적들을 읽어보고, 공학경제의 4가지 근본원칙이 묘사된 사례들을 찾아 정리하라.

제 2 장 돈의 시간적 가치

957억원의 로또에 당첨된 뉴욕의 한인여성

미국 뉴욕시에 사는 한국인 교포 여성이 8,500만달러(약 957억원)짜리 복권에 당첨되었다. 뉴욕시 스테이튼 아일랜드에 사는 최씨는 집을 방문한 친구를 접대하기 위하여 근처의 한국 식품점에서 식료품을 사면서 함께 구입한 '메가 밀리언스' 복권이 당첨되어 '행운의 주인공'이 되었다. 그녀는 8,500만달러를 25년 동안(매년 340만달러, 38.38억원) 나누어 받는 선택을 포기하고, 일시불 수령으로 64,880,596달러(약 730억원) 중 세금을 제한 40,426,259달러(약 455억원)를 받았다.

우리나라의 로또와 비슷한 '메가 밀리언스'는 뉴욕·뉴저지 등 34개 주와 워싱턴 DC에서 판매되는데, 1~56까지 번호 중 5개, 1~46까지 '메가볼' 중 1개를 선택하는 방식으로 그녀는 3, 4, 24, 36, 52, 45의 숫자를 골라 1등에 당첨됐다. 1등에 당첨될 확률은 175,711,536분의 1로 한국인이 당첨된 것은 이번이 처음이다.

만일 당신이 이 로또게임의 당첨자라면, 지금 730억원을 일시금으로 받는 방법과 957억원을 25년 동안(매년 38.38억원) 나누어 받는 방법 중에 어떤 방법을 선택하겠는가? 최씨처럼 일시에 받는 것을 선택했다면, 그 방법이 경제적인 관점에서 과연 최선의 선택을 한 것일까?

우리는 먼저 "혹시, 25년 동안 나누어 받는 957억원이 일시금 730억원보다 현명하지 않을까?" 하는 의문을 가질 수도 있다. 본 장의 목적은 이자의 운용과 돈의 시간적 가치에 대한 원칙을 이해함으로써, 이와 같은 질문에 쉽게 답할 수 있음을 보여주고자 함이다.

이전에도 언급한 바와 같이, 일반적으로 투자자들은 지금 받은 1,000원을 10년 후에 받을 1,000원보다 훨씬 더 가치있게 생각한다. 그렇다면 어떻게 그 차이를 설명할 수 있을까? 위에서 언급한 로또게임의 예에서는 지금의 1,000원과 10년 후의 1,000원과 같은 두 종류의 일시금이 아닌 좀 더 복잡한 문제를 보여주고 있다. 즉 로또 당첨자는 지금 730억원을 받는 일시금과 매년 38.38억원씩 25년 동안 받는 자금열의 두 대안 중에 하나를 선택해야 하는 의사결정에 직면해 있다. 우선 투자에 익숙한 대부분의 사람들은 지금의 730억원이 25년 동안 957억원을 나누어 받는 것보다 더 경제적으로 유익할 것이라고 충고할지도 모른다.

사실 이러한 충고를 정확히 이해하려면, 본 장에서 언급하게 될 원칙들에 근거하여 25년간 매년 38.38억원씩 받기로 한 약속에 대한 실제 금융시장에서의 현재가치를 구할 수 있다는 가정 하에 730억원을 일시금으로 받기로 한 대안과 경제적인 비교가 가능해야 한다. 물론 여기에 인플레이션의 영향을 고려한다면 문제는 더 복잡해진다. 이렇게 복잡한 분석이 필요한 이유는 돈이 **시간적 가치**를 지니기 때문이다. 예를 들어 설명한다면, 은행에 적립한 자금의 경우 그 이자의 크기는 시간에 비례하기 때문에, 먼저 받은 돈의 가치는 나중에 받을 동일한 액수의 돈의 가치보다 더 크게 되는 것과 같은 이치이다.

시간에 대한 모든 현금흐름의 가치는 반드시 이자의 영향을 고려해야 할 필요가 있기 때문에 본 장에서 논의할 원칙들은 모든 투자 프로젝트의 분석에 기초가 된다. 여기서 논의할 이자계산식을 이용하면, 각기 다른 시점에서 발생하는 현금흐름을 동일한 시점으로 바꾸어 비교하는 것이 가능하게 된다. 또한 강조하고 싶은 것은 모든 경제성분석은 본 장에서 소개된 원칙들을 기반으로 하게 되므로 올바른 경제성분석을 위해서는 먼저 이 원칙들에 대한 철저한 이해가 필요하다는 것이다.

2.1 이자의 개념: 돈의 사용비용

우리는 이자의 개념에 상당히 익숙하다. 저축성 계좌에 적립되어 있는 돈이 시간이 지나면 그 잔고가 원금보다 더 많아질 것도 알고 있고, 차를 사기 위해 빌린 돈을 장기간에 걸쳐 갚으려면 이자가 포함되기 때문에 원래 빌렸던 돈보다 더 많은 돈을 갚아야 함도 익히 알고 있다. 이와 같이 금융시장에서의 유통되는 돈은 실제로 사고 파는 다른 물건과 같은 일종의 상품이므로, 어떠한 경우라도 돈의 사용에 대한 비용(the cost of money)이 발생하는 것은 당연하며, 이는 은행의 이자 개념과 동일하다.

돈의 사용비용은 **이자율**(interest rate)로 측정되는데, 이자율이란 일정한 기간에 정기적으로 계산되어 원금에 더해지는 이자의 원금에 대한 비율이다. 다시 말하면, 돈을 빌렸을 때, 지불하는 이자는 채권자의 자산을 사용하기 위한 채무자의 비용이고, 반대로 돈을 빌려주거나 투자를 했을 때 받게 되는 이자는 다른 사람에게 물건(여기서는 돈을 의미함)을 빌려준 대가인 것이다. 결국, **이자**(interest)란 남의 돈을 사용했을 때 지불하는 비용인 셈이다. 본 절에서는 이자의 작용과정을 소개한다. 이것은 본 장의 후반에 나오는 더 복잡한 이자관계를 이해하는 기초가 될 것이다.

2.1.1 돈의 시간적 가치

돈의 시간적 가치(time value of money)는 어떻게 보면 추상적인 개념인 것 같지만, 사실 일상생활에서 매일 우리가 직면하는 흔한 문제들이다. 예를 들면 "지금 가지고 있는 돈으로 오늘 필요한 물건을 구매해야 하는가? 아니면, 저축해 두었다가 나중에 구매하는 것이 좋을까?"라는 질문에 당신은 어떻게 대답을 할 것인가? 이 경우 당신의 구매행동에 따른 여러 결과의 예를 한번

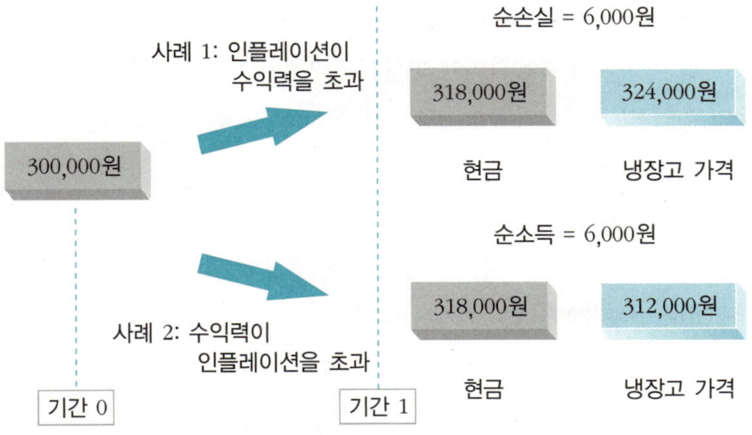

그림 2.1 | 소비연기에 의한 소득과 손실

살펴보자.

가령 지금 30만원을 가지고 있는데, 이 돈으로 기숙사에서 사용할 냉장고를 사려 한다고 생각해보자. 지금 냉장고를 사면 당신의 수중에는 현금이 하나도 남지 않는다. 그러나 냉장고를 사지 않고 6%의 이자를 주는 은행에 저축한다면, 1년 후에 똑같은 냉장고와 함께 18,000원의 현금을 더 가질 수 있게 된다. 그러나 이는 냉장고 가격이 1년 후에도 똑같다는 가정이 있을 때의 경우이다(이 경우, 최종 선택은 현재 기숙사에서 공동으로 사용하는 공용 냉장고를 사용하기로 하고, 1년간 구매를 연기할 때에 따르는 불편함이 1년 후에 얻는 18,000원으로 보상된다면 구매 연기를 정당화할 수 있다고 가정한다).

만일, 인플레이션의 영향으로 냉장고 가격이 1년 후에 8% 오른다면, 오히려 1년 후에 냉장고를 사는데 6,000원이 부족하게 될 것이다(그림 2.1의 사례 1 참조). 이 경우에는 지금 냉장고를 구매하는 것이 더 경제적이라 할 수 있다. 또 인플레이션이 4%라고 하면, 이번에는 반대로 6,000원이 남을 것이다(그림 2.1의 사례 2 참조).

구매를 연기하는 것이 경제적으로 유리하려면 반드시 수익률이 인플레이션율보다 높아야 한다. 좀 더 구체적으로 말하면, 인플레이션 상황에서는 구매를 연기할수록 구매력이 떨어지게 되기 때문에, 구매력 감소로 인한 손실을 보전하기 위해서는 구매 연기로 인한 수익력이 예상되는 인플레이션율보다 높아야 한다. 즉, 시간도 돈과 같은 유한한 자원(24시간/일)이기 때문에 시간 역시 잘 배분되어 활용되어야 한다는 의미이다. 위의 예제를 통하여 우리는 돈의 수익력(earning power)과 구매력(purchasing power)을 시간의 개념과 연계하여 고려해야 함을 알 수 있다.

앞서 언급한 바와 같이, 이자를 계산하기 위해서는 돈이 갖고 있는 시간적 가치가 반드시 반영되어야 한다. 이 때문에 이자의 크기는 고려되는 시간의 길이에 의해 영향을 받는다. 이자율이 일반적으로 1년이란 기간에 대한 백분율로 표시되는 것은 바로 이와 같은 이유 때문이다. 돈의 시간적 가치에 대한 원칙은 다음과 같이 설명될 수 있다. 돈의 경제적 가치는 그 돈을 받은 시점에 의해 좌우된다. 이는 빨리 받을수록 돈은 시간이 지나면 소유자에게 더 많은 돈을 갖게 해주는 수익력이 있기 때문이다. 이는 오늘 받은 돈 1,000원이 나중에 받을 돈 1,000원보다 더 많은 가치를 갖게 되는 이치와도 같은 맥락이라 볼 수 있다.

2.1.2 시장이자율

돈의 액수가 클수록, 이자율이 높을수록, 또는 고려되는 시간이 길수록 시간이 흐르면 변하는 돈의 총가치는 더욱 커진다. 예를 들면, 연이자율이 10%인 경우 100만원은 1년에 10만원의 이자가 발생한다. 1년을 기다린 후에 100만원을 받는다는 것은 혹시 못 받을지도 모르는 커다란 위험을 감수하는 것이므로, 이러한 위험 감수에 대한 보상도 연이자율 10%에 포함된다. 우리가 비교하여 선택해야 하는 대안들은 여러 시점에서 발생하는 서로 다른 현금흐름(유입 혹은 유출)들로 표현된다. 이를 타당하게 평가하기 위해서는 돈의 시간적 가치를 반드시 고려하는 이자의 계산이 필요하다.

시장에서 인용되는 대부이자율(lending interest rates) 또는 차용이자율(borrowing interest rates)은 인플레이션으로 인한 구매력 감소에 대한 보전뿐만 아니라 기대하는 이익까지도 포함한다. 인플레이션을 감안한 이러한 이자율은 시장자금의 수요와 공급의 양에 의해 등락을 거듭한다. 이와 같은 이자율의 변동은 현재와 미래에 사용될 제한된 자원의 배분에도 영향을 미치게 된다.

본 교재에서 사용될 이자율은 **시장이자율**(market interest rate)이다. 시장이자율은 인플레이션의 효과와 수익력을 동시에 고려한 이자율이다. 또한, 본 교재의 현금흐름들은 특별한 언급이 없는 한 인플레이션 영향이 이미 반영된 현금흐름을 가정한다.

2.1.3 이자계산을 위한 공통요소

돈을 빌리거나 투자를 할 때, 혹은 신용으로 기계를 구입할 때와 같은 대부분의 거래에는 이자가 발생한다. 이러한 거래에는 아래와 같은 공통요소들이 존재한다.

1. **원금**(principal): 차용이나 투자와 같은 거래에서 계약 당시 발생하는 초기 금액을 말한다.
2. **이자율**(interest rate): 일정한 기간당 백분율로 표시된 돈의 가치나 비용을 의미한다.
3. **이자계산기간**(interest period): 이자계산을 위한 일정 단위시간으로써 이자계산의 빈도수를 결정한다. 흔히 1년을 단위로 하지만, 일반 신용대부의 경우 더 짧은 기간(즉, 매월 혹은 매분기)이 통용된다. 이에 대한 자세한 내용은 제3장에서 다룬다.
4. **이자계산횟수**(number of interest period): 상환계획기한 내에 포함된 총 이자계산기간의 수를 말한다.
5. **상환방법**(plan for receipts or disbursements): 원금을 상환계획기한 내에 상환하는 방법을 의미한다(예: 대부금의 월할부상환의 경우에 매달 일정한 금액을 지불하기로 하는 것을 말한다).
6. **미래액**(a future amount of money): 여러 이자계산기간을 거쳐 이자의 효과가 누적되어 있는 미래 일정시점의 총 금액을 말한다. 정기예금인 경우 만기일에 지불되는 금액을 말한다.

이자가 포함된 거래의 예

위에서 정의된 요소들이 실제상황에서 어떻게 사용되는지를 다음 예를 통하여 알아보자. 가령, 한 전자회사가 2,500만원의 기계를 구입하기 위해 이자율 연 9%로 은행에서 2,000만원을 빌렸다고 하자. 이 회사는 은행의 대부계약이 체결될 때, 20만원을 수수료로 지불해야 한다. 은행에서는 표 2.1에 요약되어 있는 바와 같이 두 가지 상환방법을 제시하였다. 한 방법은 앞으로 5년간 매년 말 동일액으로 상환하는 것이고, 다른 방법은 계약기간 말에 일시금으로 상환하는 것이다.

표 2.1 ▌ 은행이 제시한 두 가지 상환방법

(단위: 만원)

연말	차용액	상환액	
		방법 1	방법 2
0	2,000.000	20.000	20.000
1		514.185	0
2		514.185	0
3		514.185	0
4		514.185	0
5		514.185	3,077.248
P = 2,000, A = 514.185, F = 3,077.248			

- 방법 1에서 원금(P)은 2,000만원이고, 이자율(i)은 연 9%이다. 이자계산기간은 1년이므로 계획기간 동안 5번의 이자계산을 하게 된다(N=5). 일반적으로 이자계산기간은 1년이지만, 이와 다르게 반년별, 분기별, 월별, 일별 등의 이자계산기간을 사용하기도 한다. 이러한 이유 때문에 이자율을 말할 때, 연(year)보다는 기간(period)이라는 용어가 더 적절한 표현이라고 할 수 있다. 방법 1은 계약기간 동안 매년 말에 일정한 금액(A), 514.185만원을 지불하는 방법이다. 여기서 제시된 금액이 514.185만원의 계산방법은 나중에 설명하기로 하고, 여기서 일단 받아들이기로 하자.
- 방법 2는 5년 후에 일시금(F), 3,077.248만원을 지불하는 것으로 매년

말 동일액을 지불하는 방법 1과 비교할 때 그 차액은 무려 506.323만원이나 된다. 그러나 추후에 설명하겠지만, 두 가지 상환방법은 돈의 시간적 가치를 고려할 때 동일한 것이다.

현금흐름도

돈의 시간적 가치가 포함된 문제들은 그림 2.2와 같이 **현금흐름도**(cash flow diagrams)를 사용하면 편리하다. 이 현금흐름도에서 수평선은 이자계산기간들을 표시하여 시간의 흐름을 나타낸다. 이 시간축의 특정한 시점에서 발생한 돈의 흐름을 화살표로 표시한다. 양의 현금흐름(현금유입)은 시간축 위로 향한 화살표로, 음의 현금흐름(현금유출)은 시간축 아래로 향한 화살표로 표시한다. 만일 한 시점에서 지출과 수입이 동시에 발생하게 되면, 이와 관련된 현금흐름을 하나의 화살표로 표시하며, 이 화살표는 그 시점의 **순현금흐름**(net cash flow)을 나타낸다. 예를 들면, 동일한 기간에 2,000만원을 받고 20만원을 지불했다면, 화살표는 위로 그려지며 1,980만원의 양의 현금흐름(순현금흐름)을 나타내게 된다. 화살표의 길이는 금액의 크기를 상대적으로 표현한다.

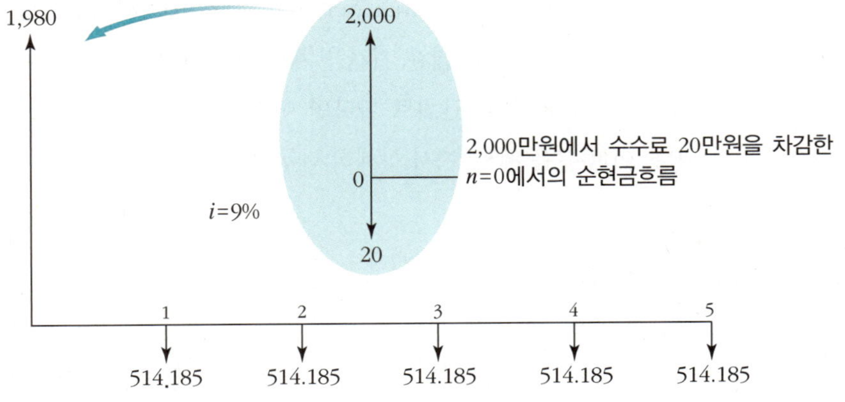

그림 2.2 | 현금흐름도(방법 1) (단위: 만원)

많은 엔지니어들이 자주 사용하는 개념도나 회로도와 같이 현금흐름도는 어떤 문제와 관련된 중요한 변수들의 관계를 한눈에 알아볼 수 있게 해주므로 분석에 매우 유용하다. 본 교재에서도 현금흐름도를 자주 이용할 것이므로, 독자들도 현금흐름 문제와 관련된 정보가 요약되어 있는 현금흐름도에 익숙해지기 바란다. 물론 표 2.1과 같은 현금흐름표를 사용하여도 현금흐름에 관한 정보를 요약하는 데 도움이 될 수 있을 것이다.

기간 말의 관례

사실 현금흐름은 이자계산기간의 시작이나 끝뿐만 아니라, 그 기간 중 어느 때라도 발생할 수 있다. 그러나, 금융기관이나 경제성분석에서는 단순화를 위해 모든 현금흐름을 이자계산기간 말에 발생하는 것으로 가정한다. 물론, 이는 이자계산기간 중에 발생하는 현금흐름의 효과를 고려하지 않음으로써 발생하는 오차가 있을 수 있음을 인정해야 한다. 그러므로, 많은 금융기관들은 이 오차를 가능한 최소화하기 위하여 이자기간을 단축하는 방법을 선택하고 있다.

가령 이자율이 연 10%이고 이자계산기간이 1년 단위인 경우, 은행계좌에 그 해의 1월 말에 1억원을 입금했다면, 기간 말의 가정 때문에 이 돈은 그 해 연말에 입금된 것으로 처리되어 거의 1,000만원의 이자소득의 손실이 발생하게 된다. 이것은 기간 말의 관례로 인하여 1억원이 11개월 먼저 예금된 것인데도 불구하고 그 해 말에 예금된 것으로 인식되기 때문이다. 이러한 차이 때문에 비록 금융기관들이 연이율(annual percentage)을 공식적으로 인용하면서도 이자계산기간은 1년보다 짧은 기간을 채택하는 것이다. 즉 은행이 이자계산기간을 연 단위 대신 월 단위로 한다면 이러한 이자소득의 손실을 최소화할 수 있다. 이 부분은 제3장에서 상세히 다루기로 한다.

2.1.4 이자 계산법

돈을 빌리거나 갚을 때, 그 방법이 다양한 만큼 이자도 여러 유형으로 계산된다. 일반적으로, 이자는 매 이자계산기간 말에 미리 정한 이자율과 원금에 따라 계산된다. 이자는 계산하는 방법에 따라 **단순이자**(simple interest)와 **복합이자**(compound interest)로 나뉜다. 경제성분석에서는 거의 모든 경우 복합이자를 사용한다. 여기서 단순이자를 언급하는 것은 단지 복합이자와 비교하기 위함이다.

단순이자(단리, simple interest)

매 이자계산기간에 원금에 대해서만 이자가 발생되는 것이 단순이자계산법이다. 즉, 매 이자계산기간에 발생하는 이자를 은행에서 인출하지 않았다고 하더라도, 다음 이자계산기간에 원금에 대해서만 이자가 계산되는 것이다. 일반적으로, 원금 P원을 단순이자율 i로 N기간 동안 맡겼다면, 총 이자수입 I는

$$I = (iP)N \tag{2.1}$$

N기간 말의 미래 누적액 F는

$$F = P + I = P(1 + iN) \tag{2.2}$$

실제 금융시장에서 단순이자는 선수이자대부(add-on loan) 혹은 채권이자(bond interest) 계산에 사용되기도 한다.

복합이자(복리, compound interest)

복합이자는 매 이자계산기간의 이자를 직전기간 말에 누적된 총액에 기초하여 계산한다. 이 누적 총액은 계약할 때의 원금과 그때까지 계좌에 누적되어 온 이자의 합계액을 말한다. 이런 경우에는 누적된 이자가 원금과 함께, 이자계산기간이 경과되면 이자를 또 발생하게 된다. 이자율 i로 P원을 맡기면, 첫 번째 이자계산기간 말에는 $P + iP = P(1 + i)$원을 받게 된다. 이 금액 전부를 동일한 이자율로 다시 한 기간 더 투자하면, 두 번째 기간 말에는

$$\begin{aligned} P(1+i) + i[P(1+i)] &= P(1+i)(1+i) \\ &= P(1+i)^2 \end{aligned}$$

위와 같은 이자계산을 반복하면, 세 번째 기간 말에는

$$P(1+i)^2 + i[P(1+i)^2] = P(1+i)^3$$

이를 계속 반복하여 N기간 말의 원금과 이자가 누적된 총 미래가치(F)는 다음과 같다.

$$F = P(1+i)^N \tag{2.3}$$

예제 2.1 | 단순이자와 복합이자의 비교

가령 연 8%의 이자율을 지불하는 은행의 예금계좌에 1,000만원을 맡겨 놓고, 매년 말에 얻어지는 이자를 인출하지 않고 계속 계좌에 적립한다고 가정해보자. (a) 단순이자를 가정하면, 3년 말에 얼마를 찾을 수 있겠는가? (b) 복합이자를 가정한다면, 얼마를 찾을 수 있겠는가?

문제분석

■ **조건**: $P = 1{,}000$(만원), $N = 3$년, $i =$ 연 8%

■ **탐색**: F

분석방법

식 (2.2)와 (2.3)을 사용하여 누적된 이자를 계산한다.

풀이

(a) 단순이자

$$F = 1{,}000[1 + 3(0.08)] = 1{,}240\ (\text{만원})$$

(단위: 만원)

연말	연초잔고	발생이자	연말잔액
0			1,000
1	1,000	80	1,080
2	1,080	80	1,160
3	1,160	80	1,240

(b) 복합이자

$N = 3$년과 $i = 8\%$를 식 (2.3)에 적용하면,

$$F = 1{,}000(1 + 0.08)^3 = 1{,}259.71\ (\text{만원})$$

총 이자수입은 259.71만원이고, 이것은 단순이자를 누적한 금액보다 19.71만원이 더 많음을 알 수 있다. 이자의 누적 과정을 좀 더 자세히 살펴보면 다음과 같다.

(단위: 만원)

연말	연초잔고	발생이자	연말잔액
0			1,000.00
1	1,000.00	80.00	1,080.00
2	1,080.00	86.40	1,166.40
3	1,166.40	93.31	1,259.71

해설 1년 말에는 원금 1,000만원과 이자 80만원을 합쳐서 누적금액(계좌금액)은 1,080만원이 된다. 그 이듬해 말에는 이자수입이 0.08(1,080)(만원) = 86.4만원이 되어, 이 기간 말에 계좌잔액은 1,080만원 + 86.40만원 = 1,166.40만원이 된다. 이 금액이 3년 초에 재투자되므로 이 기간 말에 발생하는 이자는 0.08(1,166.4)(만원) = 93.31만원이다. 따라서 마지막 기간 말의 미래 누적액은 2년말 누적금액 1,166.40만원과 3년차 발생이자 93.31만원을 합친 1,259.71만원이 된다.

2.2 경제적 등가

돈이 시간적 가치를 갖는다는 사실은 우리에게 다음과 같은 의문을 갖게 한다. 만일 지금 받는 1,000원의 가치와 미래의 어느 시점에서 받게 되는 1,000원의 가치가 다르다면, 다양한 현금흐름을 어떻게 측정하고 비교할 수 있을까? 예를 들어, 다음의 두 가지 대안을 생각해보자.

- 대안 1: 당장 2억원을 받고, 10년 후에 5억원을 받는다.
- 대안 2: 앞으로 10년간 매년 말 8,000만원씩을 받는다.

- 경제적 등가는 동일한 경제적 효과를 가짐으로써 서로 교환될 수 있는 현금흐름들 간에 존재한다
- 현금흐름의 양과 발생시점이 다를지라도 적당한 이자율을 사용하면 이들을 경제적으로 동일하게 만들 수 있다

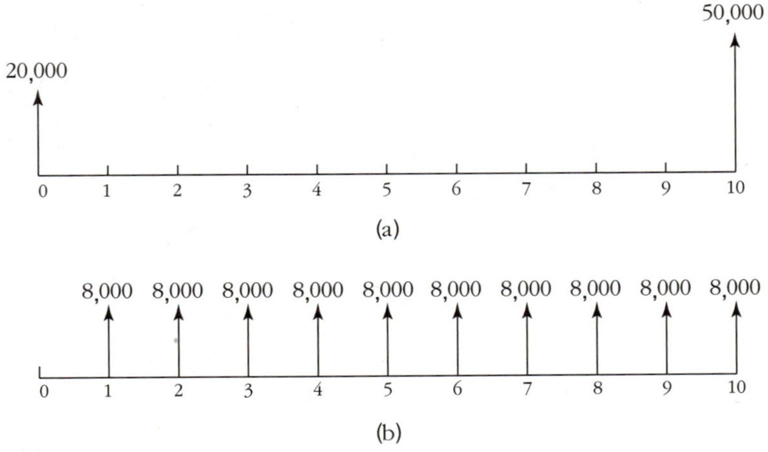

(a) 현재 20,000(만원)과 10년 후 50,000(만원) (b) 10년간 매년 8,000(만원)

그림 2.3 | 경제적 등가의 개념 (단위: 만원)

과연 이 대안들 가운데 어느 것이 더 경제적인 대안으로 선택이 될 수 있을까(그림 2.3 참조)? 본 절에서는 이러한 현금흐름들을 서로 비교할 수 있는 기본적인 분석방법들을 소개하고자 한다. 그리고 2.3절에서는 이것을 이용하여 다양한 현금흐름에 대한 계산을 간단히 해주는 여러 이자계산식들도 아울러 소개하겠다.

2.2.1 경제적 등가의 개념

여러 대안 중에서 최선의 대안을 하나 선택하기 위해서는 각 대안들의 경제적 가치의 상호비교가 가능해야 한다. 이때, 만일 돈의 시간적 가치를 고려할 필요가 없다면 문제는 아주 간단하다. 들어오는 돈은 양의 현금흐름으로 하고, 나가는 돈은 음의 현금흐름으로 하여 모두 단순히 합산하여 비교하면 되기 때문이다. 그러나 실제로는 어떠한 경우라도 돈의 시간적 가치는 고려되어야 하기 때문에, 그 가치를 계산하는 것이 무엇보다도 중요한 문제가 된다. 이와 같은 다양한 현금흐름의 경제적 효과를 계산하기 위해서는 본 절에서 설명하게 될 경제적 등가의 개념이 반드시 기반이 되어야 한다.

경제적 등가(economic equivalence)는 동일한 경제적 효과를 갖기 때문에 금융시장에서 서로 교환이 가능한 다양한 현금흐름들 사이에 존재한다. 쉽게 설명하자면, 외국여행을 할 경우, 여행국에 도착하면 제일 먼저 우리 돈을 여행국의 돈으로 환전할 필요가 있다. 이때 환전의 기준이 되는 환율은 우리 돈과 여행국 돈의 가치에 대한 비율을 말하며, 이 환율을 기준으로 환전을 하면, 환전하기 전의 가지고 있던 우리 돈과 환전한 후에 받은 여행국의 돈은 경제적으로 등가라고 할 수 있다.

마찬가지로 경제적 등가의 개념을 돈의 시간적 가치에 적용하면, 어떠한 형태의 현금흐름을 다른 시점에서 경제적으로 동일한 가치를 갖는 현금흐름으로 바꿀 수 있다. 이러한 현금흐름들은 한 시점에서만 발생하는 일시금이나 여러 시점에서 발생하는 자금열 등이 있을 수 있다. '미래 현금흐름의 현재가치'는 경제적으로 동일한 가치를 가지는 현재의 일시금을 말한다. 바꾸어 말하면, 지금 가지고 있는 현재의 일시금을 특정 이자율로 투자하면 위에서 언급한 미래의 현금흐름으로 바꾸어 가질 수 있다는 것을 의미하기도 한다.

한 현금흐름을 다른 형태의 현금흐름으로 변환시킬 수 있게 하는 경제적 등가의 개념을 이용하면, 여러 대안들의 경제적인 비교도 가능하다. 예를 들면, 특정한 두 대안에 대하여 각각 동일한 시점에서 경제적 등가를 구함으로써 두 대안의 가치를 비교할 수 있을 것이다. 서로 다르게 보이는 대안들이라도 똑같은 금전적인 가치를 가진다면 그것들 중에 어떤 것을 선택해도 경제적 효과는 동일하므로, 이 대안들 사이에는 경제적으로 무차별한(econo-

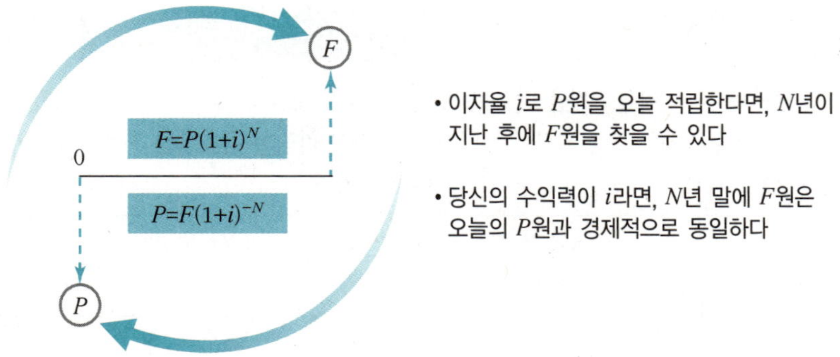

그림 2.4 I 경제적 등가: 복리가 적용될 때

mically indifferent) 관계가 성립한다(그림 2.4 참조).

은행이 빌려준 돈을 다양한 방법으로 회수하는 것은 경제적 등가와 무차별의 개념을 잘 보여주는 예라고 할 수 있다. 표 2.1은 2,000만원을 5년간 연 9%의 이자율로 빌렸을 때, 서로 다른 두 가지 상환방법을 보여주고 있다. 두 방법의 상환방식과 상환액수 등은 다르지만, 돈의 시간적 가치 때문에 서로 경제적으로 동일하다. 결과적으로, 은행은 고객이 어떠한 상환방법을 선택하더라도 경제적으로 무차별하다는 의미이다. 다음에서 소개되는 등가이론을 적용하면, 왜 이 두 가지 상환방법이 은행으로서는 동일한지를 쉽게 알 수 있을 것이다. 우선 경제적 등가관계를 성립시키는 방법에 대해서 살펴보자.

간단한 등가 계산

여기서의 등가 계산은 2.1절에서 소개한 복리의 응용이라고 생각하면 된다. 가령, 5년간 이자율 연 12%로 1,000만원을 투자한다고 하자. N회의 이자계산기간과 이자율 i에서 현재액 P와 등가가 되는 미래액 F와의 관계식은 $F = P(1 + i)^N$으로 표현된다. 그러므로 투자기간 말의 총액은 아래와 같다.

$$1{,}000(1 + 0.12)^5 = 1{,}762.34(\text{만원})$$

따라서 이자율이 12%라면, 지금 1,000만원을 받는 것과 5년 후에 1,762.34만원을 받는 것은 경제적으로 등가라고 할 수 있다. 다시 말하면, 지금 1,000만원을 받는 것은 5년 후에 1,762.34만원을 받게 되는 약속과 교환이 가능하다고 할 수 있다. 예제 2.2에서 이런 기본적인 방법을 응용해보자.

예제 2.2 | 경제적 등가

만약 5년 후에 확실히 3,000만원을 받거나, 지금 P원을 받을 수 있는 두 가지 대안이 있다고 가정하자. 만일 지금 P원을 받을 경우, 연 8%의 이자율을 갖는 은행계좌에 적립할 수 있다고 가정한다면, 5년 후에 3,000만원을 받을 수 있는 약속과 지금 P원이 동일하게 되는 P값은 얼마여야 하는가?

문제분석

연간 8%의 투자수익이 예상된다면, 5년 후의 3,000만원과 경제적으로 등가가 되는 현재 금액을 구해야 한다. 이 문제는 당신이 지금 받은 돈(P원)을 8%에 적립함으로써 5년 후에 정확히 3,000만원을 모을 수 있다는 의미이다, 이것은 연 8%의 이자율이 적용되는 시장에서 5년 후의 현금흐름과 지금 받는 P와 직접 교환될 수 있다는 것을 의미한다.

분석방법

식 (2.3), $F = P(1+i)^N$

■ **조건**: F = 3,000(만원), N = 5년, i = 연 8%

■ **탐색**: P

풀이

P에 관하여 식을 다시 정리하면 다음과 같다.

$$P = F/(1+i)^N$$

여기에 조건값들을 대입하면,

$$P = 3{,}000/(1+0.08)^5 = 2{,}042(\text{만원})$$

이 문제를 요약하면 그림 2.5와 같다.

• 단계 1
기준시점을 결정한다(0년 말)
• 단계 2
사용할 이자율을 정한다
• 단계 3
등가가치를 계산한다

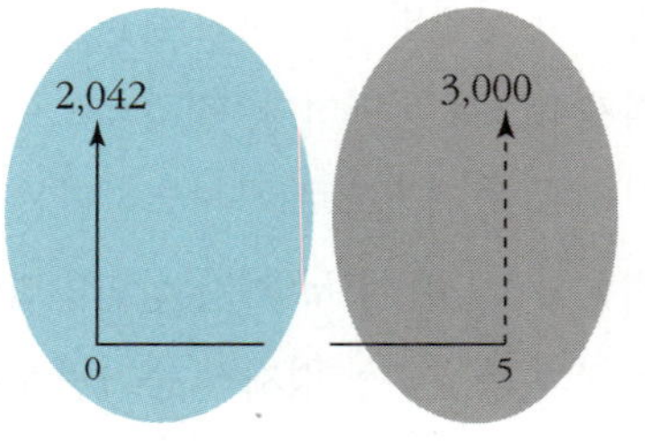

i=6%, P=3,000/(1+0.06)^5=2.242
i=8%, P=3,000/(1+0.08)^5=2.042
i=10%, P=3,000/(1+0.10)^5=1.863

그림 2.5 | 경제적 등가의 계산 (단위: 만원)

해설 본 예제에서 P가 2,042만원보다 적다면, 당신은 지금 P원보다 5년 후의 3,000만원을 더 선호할 것이다. 이와 반대로 P가 2,042만원보다 크다면 지금 P원을 선택할 것이다. 또, 이자율이 지금보다 낮다면 미래의 일시금(3,000만원)과 등가가 되기 위해서는 현재의 P원은 더 커져야 할 것이다. 예를 들면, 이자율 i가 연 4%라면 P는 2,466만원이 되어야 한다.

2.2.2 동일한 시간기준에 의한 등가 비교

수학에서 분수의 합을 구할 때, 서로 다른 분모를 공통분모로 변환해야 하는 것과 같이, 대안들의 경제적 가치를 비교하기 위해서는 현금흐름도 공통기준으로 변환하여야 한다. 이러한 기준의 하나는 대안의 등가 계산을 위해 특정한 한 시점(base period)을 선택하는 것이다. 예제 2.3에서 각 현금흐름들의 크기가 주어지고, 그것들이 경제적으로 등가인지를 알아보고자 할 때, 주어진 이자율을 이용하여 특정한 한 시점(기준시점)에서 각 현금흐름들의 경제적 등가가치를 구해야 한다.

대안들의 현금흐름을 비교하기 위한 기준시점을 선택할 때, 일반적으로 현재시점 또는 어떤 특정한 미래시점을 사용한다. 이때 현재시점으로 등가변환한 가치를 **현재가치**(present worth), 특정 미래시점으로 변환한 가치를 **미래가치**(future worth)라고 한다. 예제 2.2에서 $n = 5$의 3,000만원을 $n = 0$의 등가가치로 환원하여 현재가치로 대안의 비교가 가능하였다. 반대로 $n = 0$의 2,042만원을 $n = 5$의 등가가치로 변환하여 미래가치로 비교한다 해도 동일한 결론을 얻을 것이다.

물론, 기준시점의 선정은 각 의사결정의 상황에 따라 결정되기도 하지만, 일반적으로 계산상의 편의에 의해 결정된다. 예를 들어, 세 가지의 대안이 있는데 이 가운데 두 대안의 현재가치를 알고 있다고 하면, 계산상의 편의를 위해 나머지 한 대안의 현재가치만 구하여 모든 대안을 비교하는 것이다. 그러나 여기서 꼭 기억해야 할 것은 대안의 선택이 기준시점을 어떻게 정하느냐에 따라 바뀌지 않는다는 점이다. 예제 2.3을 통하여 이를 다시 한 번 살펴보자.

예제 2.3 임의로 선택한 시점에서의 경제적 등가 계산

그림 2.6의 현금흐름열을 생각해보자. 이자율이 연 10%일 때, $n = 0$와 $n = 3$에서의 등가가치를 각각 계산하라.

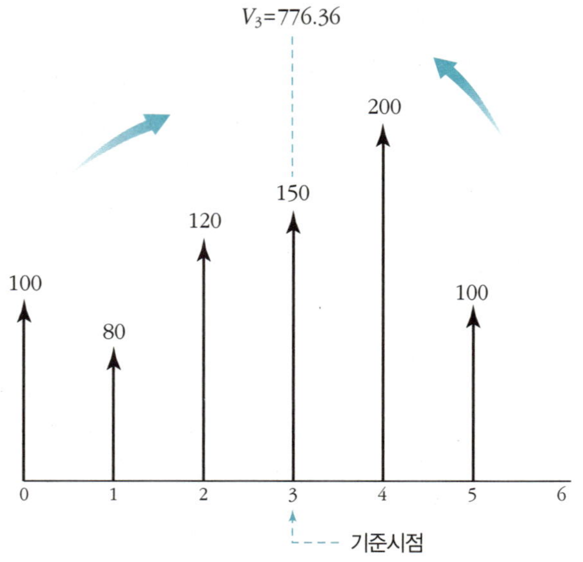

그림 2.6 | $n = 3$의 등가가치 계산 (단위: 만원)

문제분석

■ **조건**: 그림 2.6의 현금흐름, 연이자율 $i = 10\%$

■ **탐색**: (a) V_0, (b) V_3(또는 $n = 0$, $n = 3$의 등가가치)

분석방법

$n = 3$에서의 등가가치를 구하기 위해서는 먼저, 단계 1에서 $n = 3$ 이전에 발생한 모든 현금흐름에 대하여 $n = 3$에서의 미래 등가가치를 10% 복리이자율을 적용하여 계산하고, 단계 2에서는 $n = 3$ 이후에 발생한 모든 현금흐름에 대하여 $n = 3$에서의 현재등가가치를 10% 할인율을 적용하여 계산한다.

풀이

(a) $n = 0$: 매년 현금흐름액을 현재가치로 환산하여 합한 금액

$$\begin{aligned} V_0 &= 100 + 80(1 + 0.10)^{-1} + 120(1 + 0.10)^{-2} + 150(1 + 0.10)^{-3} \\ &\quad + 200(1 + 0.10)^{-4} + 100(1 + 0.10)^{-5} \\ &= 583.29(\text{만원}) \end{aligned}$$

(b) $n = 3$:

단계 1: 초기 4개의 현금흐름에 대한 $n = 3$의 경제적 미래등가액($V_{3,1}$)을 구한다.

$$\begin{aligned} V_{3,1} &= 100(1 + 0.10)^3 + 80(1 + 0.10)^2 + 120(1 + 0.10)^1 + 150 \\ &= 511.90\text{만원} \end{aligned}$$

단계 2: 나머지 두 개의 현금흐름에 대한 $n = 3$의 경제적 현재등가액($V_{3,2}$)을 구한다.

$$\begin{aligned} V_{3,2} &= 200(1 + 0.10)^{-1} + 100(1 + 0.10)^{-2} \\ &= 264.46\text{만원} \end{aligned}$$

단계 3: 총등가액(V_3)을 구한다.

$$V = V_{3,1} + V_{3,2} = 776.36(\text{만원})$$

결국, 그림 2.6에서와 같은 5년간의 자금흐름은 $n = 0$의 일시금 583.29만원과, 일시금 776.36만원은 상호 교환이 가능하다는 뜻이다. $n = 3$의 776.36만원을 10%의 이자율로 $n = 0$의 현재가치로 환산하면,

$$776.36(1 + 0.10)^{-3} = 583.29$$

즉, 이 두 금액은 경제적으로 동일한 가치를 갖는다는 것을 알 수 있다.

2.3 단일현금흐름의 이자계산식

이제까지 우리는 주어진 시점에 대한 현금흐름의 경제적 등가가치를 어떻게 계산하는지를 설명하였다. 그러나 현금흐름의 형태는 다양하기 때문에 등가가치 계산이 복잡하고 지루한 과정이 되기도 한다. 본 절에서는 이를 보다 효율적이고 간편하게 계산하는 데 유용한 이자계산식을 소개하고자 한다. 먼저 가장 간단한 현금흐름의 형태인 단일현금흐름(single payment)의 이자 계산식에 대해 살펴보자.

2.3.1 복리할증계수

현재액 P를 이자율 i로 N회의 이자계산기간 동안 투자한다면, N번째 이자계산기간 말에 총누적액(F)은 얼마일까? 그림 2.7은 이러한 현금흐름의 과정을 보여주고 있다(시간척도는 $n = 0$에서 시작하여 $n = N$에서 끝나는 일반적인 경우에 따른다).

이 상황은 먼저 복리의 개념을 설명할 때와 동일하므로, 이 미래의 누적액(F)을 계산하기 위하여 식 (2.3)을 사용한다.

$$F = P(1 + i)^N$$

이 복리계산의 기본이 되는 계수 $(1 + i)^N$을 **복리할증계수**(compound

amount factor)라고 한다. 이 계수는 경제적 등가의 개념과 같이 경제성분석의 중요한 토대로서, 이 계수로부터 분석에 필요한 모든 이자계산식들이 유도된다. 또한, 미래가치(F)를 구하는 과정을 흔히 **복리할증과정**(compounding process)이라 한다.

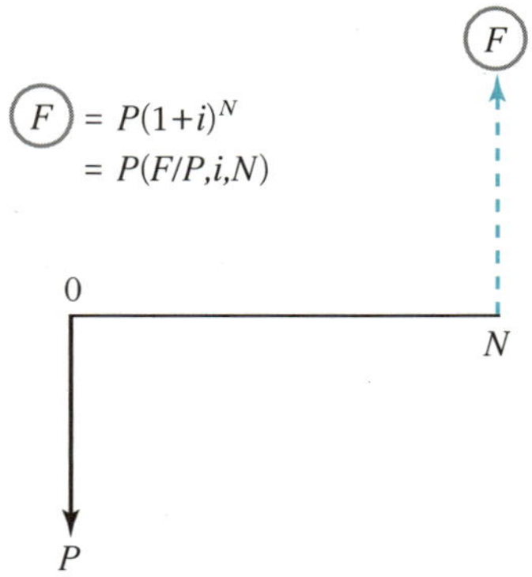

그림 2.7 | 복리할증과정: P, i, N 이 주어졌을 때 F?

이자계수표

복리할증계수 ($F = P(1+i)^N$)와 같은 이자계산식을 이용하면, 다양한 상황에서 알고 있는 변수의 값을 대입하여 미지의 변수에 대한 값을 쉽게 구할 수 있다. 물론 이 계산을 위하여 엑셀을 이용할 수도 있으나, 간단한 등가계산을 손쉽게 할 수 있도록 정해진 이자율과 이자계산기간에 따라 미리 복잡한 복합이자에 대한 값을 구하여 표로 만든 것이 이자계수표(interest table)이다. 독자들의 이자계산 편의를 위하여 본 교재의 부록 B에 이자계수표를 수록하여 두었다. 아래의 식은 현재액(P)을 알고 있을 때 미래가치(F)를 구하는 식이다. 이자율 12%와 이자계산기간이 15일 때, 현재금액 2,000만원의 미래가치를 구하는 이자계수를 이자계수표를 이용하여 찾아보면 다음과 같다.

$$F = 2{,}000\underbrace{(1+0.12)^{15}}_{5.4736} = 10{,}947.2$$

계수기호법

다음 절에서 다양한 이자계산식들을 소개하겠지만, 복잡한 이자계산식을 간편하게 표현해주는 유용한 기호들을 먼저 설명하기로 한다. 앞에서 소개한 복리할증계수 $F = P(1+i)^N$를 예로 들어보자. 이 이자계수는 함수식으로 **($F/P, i, N$)**으로 표현된다. 이 기호를 "P, i, N을 알 때, F를 구함"이라고 읽기로 한다. 이 계수를 **일시금 복리할증계수**(single-payment compound amount factor)라고 한다. 이자계산식과 계수기호를 정리하면 다음과 같다.

$$F = P(1+i)^N = P(F/P, i, N)$$

위의 예에서 $F = 2{,}000$만원$(1.12)^{15}$의 식은 $F = 2{,}000$만원$(F/P, 12\%, 15)$으로 바꾸어 써도 똑같은 의미를 갖는다. 부록 B의 12% 이자계수표에서 F/P 열과 $N = 15$행이 만나는 칸의 계수를 찾으면, 우리가 찾는 이자계수값(5.4736)을 얻을 수 있다. 앞에서도 언급한 바와 같이 이자계수표를 사용하는 것이 때로는 다른 방법을 사용하는 것보다 훨씬 더 편리할 수 있으므로, 앞으로 유도될 다른 이자계산식도 이런 기호법을 사용할 것이다.

예제 2.4 | 일시금 P, i, N을 알고, F를 구함

연이자율 7%로 지금 1,000만원을 투자하면, 8년 후에 그 가치는 얼마가 되겠는가?(그림 2.8 참조)

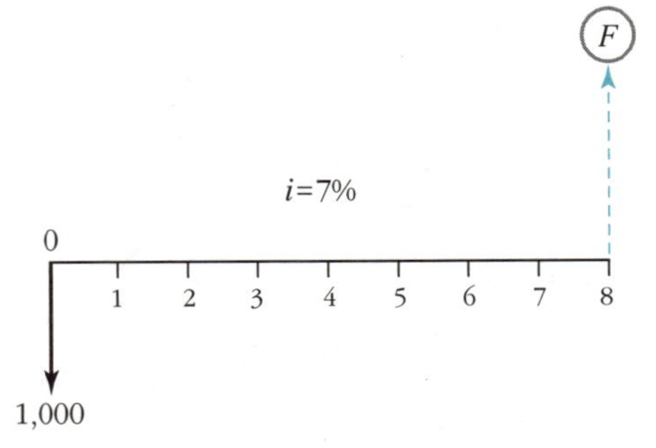

그림 2.8 | 현금흐름도: P, i, N이 주어졌을 때 F? (단위: 만원)

문제분석	■ **조건**: $P = 1{,}000$만원, $i =$ 연 7%, $N = 8$년 ■ **탐색**: F
분석방법 방법 1: 전자계산기 이용 방법 2: 이자계수표 이용 방법 3: 엑셀워크시트 이용	

풀이

1. 전자계산기 이용: 전자계산기로 $(1+i)^N$을 간단히 계산할 수 있다(미래가치를 계산해주는 함수가 내장된 상업용 계산기도 있다).

$$
\begin{aligned}
F &= 1{,}000\,(1+0.07)^8 \\
&= 1{,}718.19(\text{만원})
\end{aligned}
$$

2. 이자계수표 이용: 부록 B의 이자계수표에서 이자율 $i = 10\%$, 그리고 이자계산기간 $N = 8$인 계수를 찾아서 이자계산식에 대입하여 구한다.

$$F = 1,000\,(F/P, 7\%, 8) = 1,000\,(1.71819) = 1,718.19(\text{만원})$$

이 결과는 일시금의 복리할증계수를 이용하여 직접 계산한 것과 같다. 이때 나타나는 약간의 오차는 반올림의 결과이다.

3. 엑셀워크시트 이용: 복리이자 계산문제의 해결을 위해 개발된 소프트웨어들을 이용한다. 부록 A에 요약한 바와 같이, 엑셀(Excel)을 이용하면 다양한 이자계산을 위한 금융함수들을 접할 수 있다. 엑셀의 미래가치를 계산하는 함수를 이용하면 아래와 같다.

$$F = \mathbf{FV}\,(7\%, 8, 0, -1000)$$

표 2.2는 엑셀을 이용하여 미래가치를 계산한 예이다. 이와 같이 엑셀을 이용하면, 1,000만원을 은행에 적립하였을 경우 이자와 계좌잔고가 어떻게 늘어나는지 과정을 표와 그림으로 쉽게 설명하여 줄 수 있는 장점이 있다.

표 2.2 | 엑셀을 이용한 단일현금의 미래가치 계산

	A	B	C	D	E	F	G	H
1	단일 현금흐름의 미래가치							(단위: 만원)
2					=FV(C4,C5,,-C3,0)			
3	(P)현재가치		1,000		(F)미래가치			1,718.19
4	(i)이자율		7%					
5	(N)기간		8					
6								
7	기간(n)	적립액	계좌잔고					
8	0	1,000.00	1,000.00					
9	1		1,070.00					
10	2		1,144.90					
11	3		1,225.04					
12	4		1,310.80					
13	5		1,402.55					
14	6		1,500.73					
15	7		1,605.78					
16	8		1,718.19					
17								

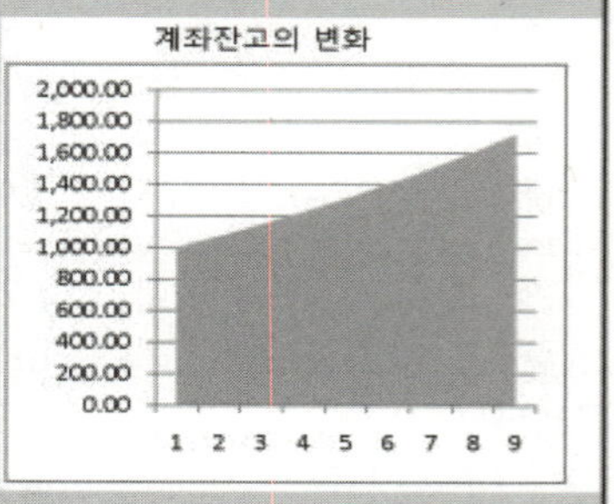

2.3.2 복리할인계수

미래액(F)의 현재가치(P)를 구하는 것은 복리할증과정을 단순히 거꾸로 진행하는 과정이다. 이 과정을 **복리할인과정**(discounting process)이라 한다(그림 2.9 참조). 식 (2.3)에서 미래금액(F)을 알고 현재가치(P)를 구하려면, 이 식을 현재가치에 대해 정리하면 된다.

$$P = F\left[\frac{1}{(1+i)^N}\right] = F(P/F, i, N) \tag{2.4}$$

계수 $1/(1+i)^N$을 **일시금 복리할인계수**(single-payment discount amount factor)라고 하며, $(P/F, i, N)$로 표현한다. 다양한 범위의 i와 N에 대하여 각각의 복리할인계수(P/F)들이 이자계수표에 정리되어 있다. 여기서 이자율 i를 **할인율**(discount rate), P/F계수를 간단히 **할인계수**(discounting factor)라고도 한다.

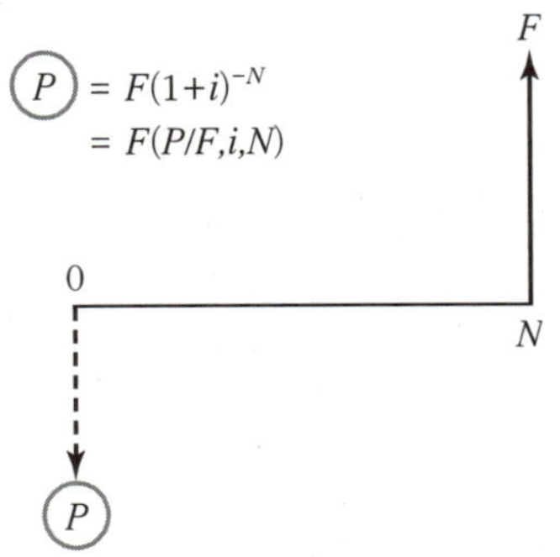

그림 2.9 | 복리할인과정: F, i, N이 주어졌을 때, P?

예제 2.5 | 일시금 F, i, N이 주어졌을 때, P를 구함

보통 채권(bond)은 매년 혹은 반년마다 정해진 이자율에 따라 이자가 지불된다. 좀 특수한 채권으로 정기적인 이자를 받지 않고, 액면가를 할인한 금액으로 구입하는 채권(a zero-coupon bond)을 생각해보자. 만일 이자율이 6%라면, 액면가가 1,000만원인 8년 만기의 채권의 시장가격은 얼마이겠는가?

문제분석
이 채권의 특징은 다른 유형의 채권과 달리 투자자는 만기일까지 이자를 받을 수 없고, 채권이 만기가 되었을 때 액면가 1,000만원을 받을 뿐이다. 이자를 받는 대신, 이 채권을 할인하여 구매할 수 있다. 문제는 "이 투자를 통하여 6%의 수익률을 실현하기 위하여 얼마에 구매하여야 하겠는가?"이다(그림 2.10 참조). 이 문제는 결국 6%의 이자율을 감안할 때, 8년 후 수령할 1,000만원의 현재가치는 얼마인가를 구하는 것과 같다.

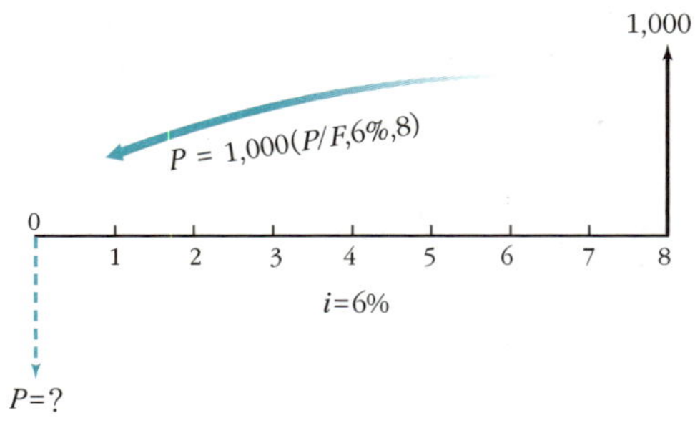

그림 2.10 | 현금흐름도: F, i, N이 주어졌을 때, P? (단위: 만원)

분석방법
간단한 계산은 전자계산기를 사용하는 것이 가장 편리하다. 8년 후의 액면가 1,000만원의 현재가치를 할인율 연 6%로 계산한다.

■ **조건**: $F = 1{,}000$만원, $i =$ 연 6%, $N = 8$년
■ **탐색**: P

풀이
전자계산기를 사용하면, 현재가치는 다음과 같이 계산된다.

$$P = 1{,}000\,(1 + 0.06)^{-8} = 1{,}000\,(0.6274)$$
$$= 627.40\,(\text{만원})$$

물론, 이자계수표를 사용할 수도 있다. 이 경우, P 값은

$$P = 1{,}000\,\overbrace{(P/F, 6\%, 8)}^{(0.6274)} = 627.40(\text{만원})$$

또한 엑셀금융함수를 이용하면 현재가치는 다음과 같이 구할 수 있다.

$$P = \mathbf{PV}\,(6\%, 8, 0, -1000) = 627.40(\text{만원})$$

2.3.3 시간과 이자율의 계산

이미 언급한 바와 같이 복리할증과정과 할인과정은 서로 역의 관계가 있다.

$$\text{미래가치 계산: } F = P\,(1 + i)^N$$
$$\text{현재가치 계산: } P = F\,(1 + i)^{-N}$$

이 계산식들 안에는 P,F,N, 그리고 i의 4가지 변수가 있다. 이 가운데 3가지 변수의 값을 알면, 나머지 하나의 값은 알아낼 수 있다. 지금까지 제시되었던 예제에서도 이자율(i), 이자계산기간(N)은 고정으로 주어지고, 현재액

(P)이나 미래액(F) 중에 하나를 알려주었다. 그러나 경우에 따라서는 이자율 (i)이나 이자계산기간(N)을 구해야 할 필요가 있을 때가 있다. 다음의 예제에서는 이러한 상황을 생각해보자.

예제 2.6 | 이자율(i) 구하기

가령 당신이 10,000원에 주식 한 주를 사고 이를 20,000원에 팔았다면, 10,000원의 이익을 얻는다. 이러한 일들이 1년 동안에 일어났다면, 당신의 수익률은 100%(10,000원/10,000원 = 1)이다. 그런데 5년이 걸렸다면 당신의 수익률은 얼마가 되겠는가(그림 2.11 참조)?

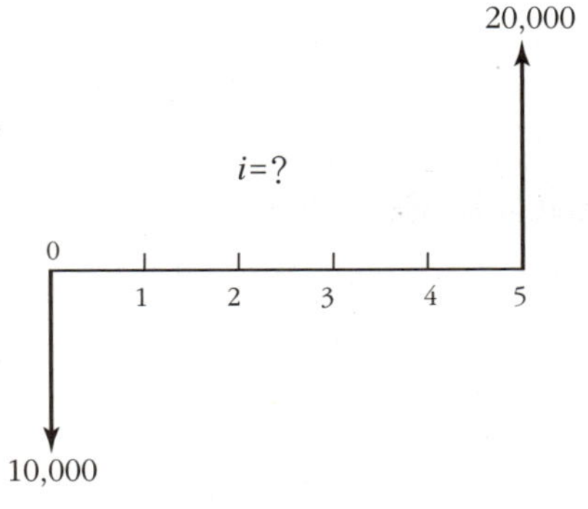

그림 2.11 | 현금흐름도: F, P, N이 주어졌을 때, i? (단위: 원)

문제분석

P, F, N을 알고 있고, 투자를 통해 얻을 수 있는 수익률(i)을 찾아야 한다. 일시금의 투자와 회수만 나타나는 현금흐름 형태이므로 수학적 계산으로 찾는 것이 가능하다.

분석방법

수익률(i)은 다음과 같은 식에 수치를 대입하여 계산한다.

$$F = P(1+i)^N$$
$$20{,}000 = 10{,}000(1+i)^5$$

계산방법은 (1) 시행착오법, (2) 이자계수표, (3) 엑셀함수 등이 있다.

- **조건**: P = 10,000원, F = 20,000원, $N = 5$
- **탐색**: 이자율 i

풀이

- **방법 1**: 시행착오법(a trial-and-error method)을 이용한다. 위 식에 서로 다른 값 i를 연속적으로 넣어 미래액 20,000원이 되는 i를 찾는 방법이다. 이러한 과정을 반복하면 답(i = 14.87%)을 찾을 수 있다. 시행착오법은 쉽게 이용할 수는 있지만, 매우 비능률적이고 시간이 많이 소모되기 때문에 실제로는 그리 많이 사용되지는 않는다.
- **방법 2**: 부록 B의 이자계수표를 이용한다. 각 이자율에 대한 (F/P, i, 5)의 값이 2가 되는 이자율을 찾는다.

$$20{,}000 = 10{,}000(1+i)^5$$
$$2 = (1+i)^5 = (F/P, i, 5)$$

15%의 이자계수표에서 (F/P,15%,5)의 값이 2.0114로 2와 가장 가까운 값을 찾을 수 있다. 즉, 10,000원이 5년 동안 20,000원이 되는 가장 가까운 이자율은 15%이다. 이자계수표는 모든 이자율에 대해

값을 구해 놓은 것이 아니고, 한정된 이자계산기간만을 구해 놓았기 때문에 정확한 값을 구하는 것이 어려울 때가 많다. 따라서, 이 경우에는 보간법(linear interpolation)을 이용하여 근사값을 구하기도 한다.

- **방법 3**: 가장 효과적인 방법은 엑셀과 같은 응용프로그램이나 금융함수가 내장되어 있는 전자계산기를 이용하는 것이다. RATE(*N*,0,*P*,*F*)와 같은 금융함수 RATE를 이용하여 찾고자 하는 이자율을 간단히 계산할 수 있다. 한 가지 유의할 점은 엑셀의 함수를 이용하려면, 현재가치(*P*)의 현금유출을 음수로 표기해야 한다.

$$=\mathbf{RATE}(5, 0, -10, 20) = 14.87\%$$

예제 2.7 | 일시금 P, F, i를 알고 N을 구함

가령 주식 1,000주를 주당 30,000원에 구매하였다고 하자. 이 주식이 주식시장에서 두 배로 오르면 팔 계획이다. 만일 이 주식의 가격이 매년 12%씩 상승한다고 한다면, 팔 때까지 얼마나 기다려야 하겠는가?(그림 2.12 참조)

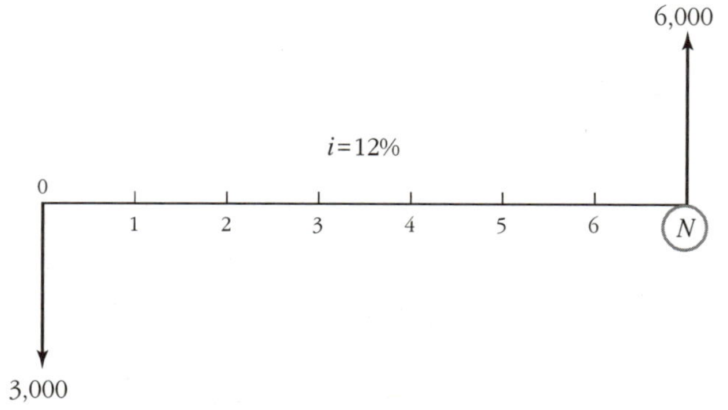

그림 2.12 | 현금흐름도: F, i, P가 주어졌을 때, N? (단위: 만원)

문제분석

- **조건**: P=3,000만원, F=6,000만원, i=연 12%
- **탐색**: N(년)

분석방법

일시금의 복리할증계수를 이용하면 다음과 같이 식을 정리할 수 있다.

$$F = P(1+i)^N = P(F/P, i, N)$$
$$6{,}000 = 3{,}000(1+0.12)^N = 3{,}000(F/P, 12\%, N)$$
$$2 = (1.12)^N = (F/P, 12\%, N)$$

풀이

1. 전자계산기 이용: $\log 2 = N \log 1.12$

$$N = \frac{\log 2}{\log 1.12} = 6.12 \approx 6\text{년}$$

필요한 기간 N을 구하기 위하여 전자계산기 혹은 엑셀 금융함수를 이용할 수 있다.

2. 엑셀금융함수 이용: 엑셀의 금융함수 **NPER**(i,0,P,F)을 이용하여 투자액(P)이 매 이자계산기간에 고정된 이자율(i)로 증가하여 미래가치(F)가 되는데 필요한 기간(N)을 구할 수 있다.

=**NPER**(12%, 0, −3000, 6000)
=6.116

해설 "72법칙(Rule of 72)"이라고 하는 경험적인 법칙을 이용하면, 투자액이 두 배가 되는 데까지 걸리는 시간을 개략적으로 알 수 있다. 현재액이 두 배가 되는데 소요되는 기간은 72를 이자율(%)로 나누어 구한다. 앞의 이자율이 12%이므로, 본 예제에 이 법칙을 적용하면, 대략 6년(72/12 = 6)이 걸린다는 것을 알 수 있다. 본 예제에서 보는 바와 같이 이는 실제값에 상당히 근접한 값을 얻을 수 있기 때문에 많이 이용되고 있다.

2.4 불규칙 자금열

지금까지는 일시적으로 한 번의 현금흐름만이 발생하는 예를 들었으나, 실제로는 현금흐름이 정기적으로 일어나는 경우도 번번히 발생한다. 자동차 할부구입이나 보험료 등과 같이 일정한 기간마다 동일액을 지불하는 형태로 현금흐름(자금열)이 발생하기도 하지만, 어느 경우에는 자금열이 일정한 규칙성을 갖지 않을 때도 있다. 우리는 이러한 현금흐름을 **불규칙 자금열**(uneven cash-flow series)이라 한다.

불규칙 자금열에 대한 현재가치를 구하려면, 각각의 현금흐름을 현재가치로 할인하여 모두 합해야 한다. 이러한 과정을 통하여 현재가치가 계산되면 앞에서 언급한 이자계수를 이용하여 미래가치와 같은 다른 현금흐름 형태로 바꾸는 것이 가능하다.

예제 2.8 | 불규칙 자금열의 현재가치 계산

(주)한국보험은 향후 4년간 고객이 각종 스마트폰으로 모든 보험업무를 다양하게 접할 수 있도록 고객지원부를 전산화할 계획이다. 이를 위해 앞으로 소요될 자금을 금년도 영업이익에서 이자율이 10%인 계좌에 예치해두고, 자금은 필요할 때마다 계좌에서 인출할 예정이며, 향후 4년간 필요한 자금은 아래와 같다고 한다.

첫 해: 컴퓨터와 고객지원용 데이터베이스 소프트웨어를 25,000만원에 구입

둘째 해: 시스템 사용증가에 대비한 기억장치 확장을 위해 3,000만원 지출
셋째 해: 지출 없음
넷째 해: 소프트웨어 업그레이드비용 5,000만원 지출

향후 4년간 예상되는 전산화사업에 필요한 경비를 감당하려면, 지금 얼마를 예치해야 하는가?

문제분석

향후 예상되는 지출액(25,000만원, 3,000만원, 0원, 5,000만원)을 충당할 현재가치 P를 구해야 한다.

■ **조건**: 그림 2.13의 불규칙 현금흐름, i = 연 10%

■ **탐색**: P

분석방법

이러한 불규칙 자금열의 현재가치를 구하려면, 그림 2.13과 같이 각각의 현금흐름을 분리하여 현재가치로 바꾼 후에 모두 합한다.

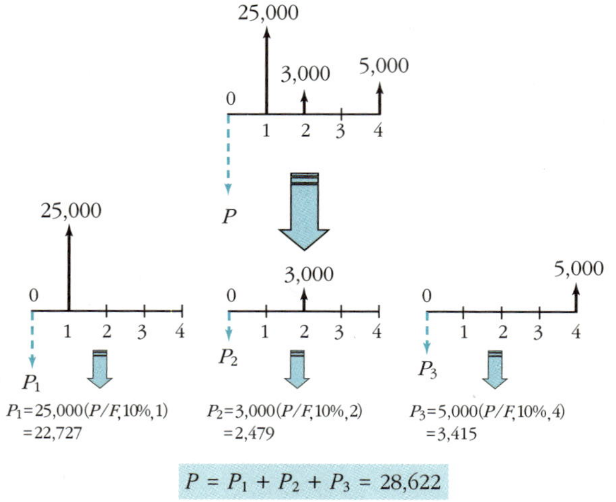

그림 2.13 | 불규칙 현금흐름의 분할 (단위: 만원)

풀이

$$P = 25,000(P/F,10\%,1) + 3,000(P/F,10\%,2) + 5,000(P/F,10\%,4) = 28,622\text{(만원)}$$

해설 28,622만원이 사업자금으로 충분한지 확인하기 위하여 매년 말의 계좌잔고를 계산해보자. 지금 28,622만원을 적립하면, 1년 후에는 잔고가 31,484만원 = (1.10)(28,622만원)으로 늘어난다. 이 잔고에서 25,000만원을 지출하고 나면, 잔고는 6,484만원으로 줄어든다. 다시 1년이 지난 2년 말에는 잔고가 7,132만원 = (1.10)(6,484만원)이 되고, 여기에 2차년도 지출액인 3,000만원을 제하면, 2년 말에는 잔고가 4,132만원이 남는다. 3차년도에는 지출이 없기 때문에 3년 말에는 잔고가 5,000만원 = $(1.10)^2$(4,132만원)이 되고 마지막 해의 지출액이 5,000만원이므로 4년 말에는 잔고가 0원이 된다.

2.5 동일자금열

예제 2.8에서 본 바와 같이, 미래의 현금흐름들의 현재가치는 각각의 현금흐름을 현재가치로 바꾸고 이 현재가치들을 모두 합하여 구했다. 그러나 자금열의 형태가 동일하다면, 이 동일한 자금열의 현재가치를 구하는 보다 쉬운 방법이 있다. 이와 같은 **동일자금열**(equal payment series)을 갖는 거래는 임대차 상환액, 채권이자 상환액, 각종 할부금 등의 예가 있다. 본 절에서는 그림 2.14에서 보는 바와 같이 동일자금열의 현재가치 혹은 미래가치를 찾아보기로 하자.

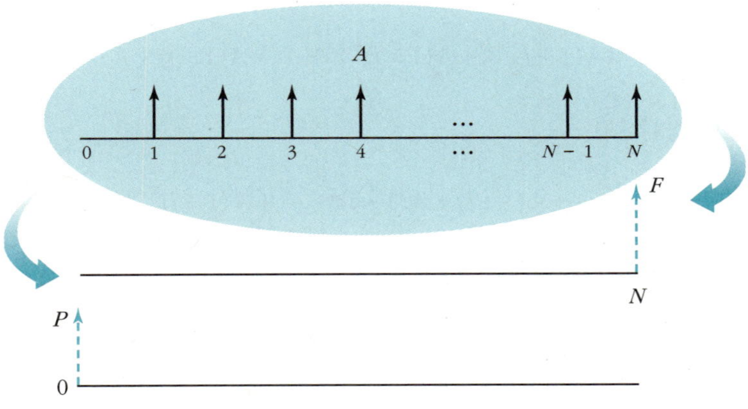

그림 2.14 | 동일자금열: 경제적 등가 P 혹은 F?

2.5.1 미래가치계수: A, i, N을 알고 F를 구함

매기간 A원씩 적립되고 기간당 i의 비율로 이자가 발생하는 기금의 미래의 등가액(F)을 알고 싶다고 하자. 돈은 향후 N기간 동안 매기간 말에 적립된다. 여기서 기억해야 할 것은 첫 적립금은 첫 기간 말에, 그리고 F값은 마지막 적립한 직후에 계산한다는 가정이다. 이 거래를 도표화하면 그림 2.15와 같다. N기간 동안 매기간 말에 투자한 A를 각각 미래가치로 바꾸어 모두 합하면 미래가치(F)를 구할 수 있다.

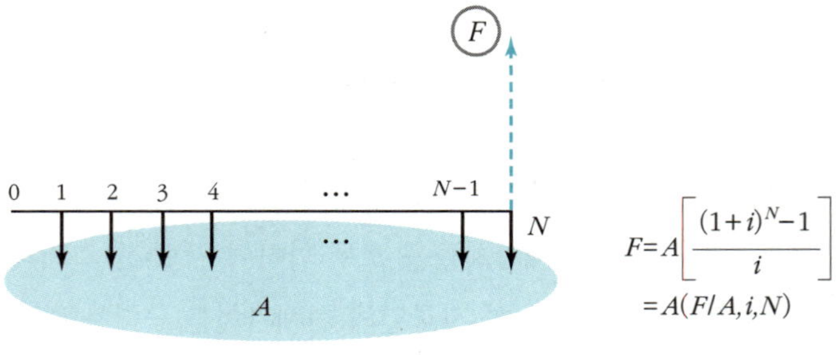

그림 2.15 | 현금흐름도: A와 F의 관계

그림 2.15에서 보는 바와 같이, 첫 기간 말의 A는 N기간 말에는 $A(1+i)^{N-1}$이 되며, 이후의 적립금도 이런 방법에 따른다. 마지막으로 N기간 말에 적립되는 A는 이자 계산이 없으므로 그냥 A이다. 이를 정리하면 다음과 같다.

$$F = A(1+i)^{N-1} + A(1+i)^{N-2} + \cdots + A(1+i) + A$$

바꾸어 정리하면,

$$F = A + A(1+i) + A(1+i)^2 + \cdots + A(1+i)^{N-1} \qquad (2.5)$$

식 (2.5)에 $(1+i)$를 곱하면,

$$(1+i)F = A(1+i) + A(1+i)^2 + \cdots + A(1+i)^N \qquad (2.6)$$

식 (2.6)에서 식 (2.5)를 빼고 정리하면,

$$F(1+i) - F = -A + A(1+i)^N$$

다시 F에 대해 정리하면

$$F = A\left[\frac{(1+i)^N - 1}{i}\right] = A(F/A, i, N) \qquad (2.7)$$

식 (2.7)의 괄호 속에 있는 항을 **동일자금열**(equal payment series) 혹은 균등자금열(uniform series)의 **미래가치계수**(future worth factor)라고 하며, $(F/A, i, N)$로 표시한다. 다양한 i와 N의 조합에 따른이자계수의 값은 부록 B에 정리되어 있다.

예제 2.9 | 동일자금열 i, A, N을 알고 F를 구함

지금부터 5년 동안 매년 말 5,000만원씩을 예금계좌에 적립하기로 하였다. 만일 이 예금계좌의 이자율이 연 6%라고 하면, 5년 말에는 얼마를 찾을 수 있겠는가?(그림 2.16 참조)

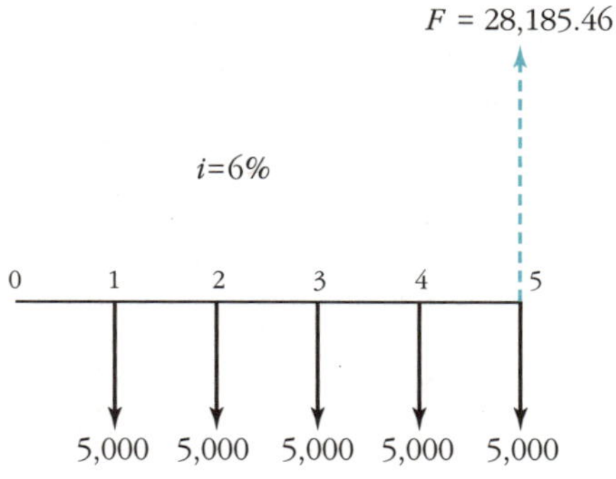

그림 2.16 | 현금흐름도: i, A, N이 주어졌을 때 F? (단위: 만원)

문제분석

■ **조건**: $A = 5{,}000$(만원), $N = 5$년, $i =$ 연 6%
■ **탐색**: F

분석방법

미래가치계수 혹은 엑셀 금융함수를 이용한다.

풀이

동일자금열의 미래가치계수 $(F/A, i, N)$을 이용하여,

$$\begin{aligned} F &= 5{,}000\,(F/A, 6\%, 5) \\ &= 5{,}000\,(5.6371) \\ &= 28{,}185.46\,(\text{만원}) \end{aligned}$$

매년 말 잔액이 증가하는 과정을 추적해 보면 다음과 같다.

(단위: 만원)

기간(년)	1	2	3	4	5
연초잔액	0	5,000.00	10,300.00	15,918.00	21,873.08
이자	0	300.00	618.00	955.08	1,312.38
적립금	5,000.00	5,000.00	5,000.00	5,000.00	5,000.00
연말잔액	5,000.00	10,300.00	15,918.00	21,873.08	28,185.46

엑셀의 금융함수를 이용하면 미래가치의 계산함수는 다음과 같다.

=**FV** (6%, 5, −5000, 0)

표 2.3은 엑셀의 다양한 기능을 이용하여 예금계좌의 매년 잔고 변화를 도표화한 것이다.

표 2.3 | 엑셀을 이용한 동일자금열의 미래가치 계산

	A	B	C	D	E	F	G	H
1	동일자금열의 미래가치				=FV(C4,C5,-C3)			(단위: 만원)
2								
3	(P)현재가치		5,000		(F)미래가치			28,185.46
4	(i)이자율		6%					
5	(N)기간		5					
6								
7	기간(n)	적립액	계좌잔고					
8	0		0.00					
9	1	5,000.00	5,000.00					
10	2	5,000.00	10,300.00					
11	3	5,000.00	15,918.00					
12	4	5,000.00	21,873.08					
13	5	5,000.00	28,185.46					
14								
15								
16								
17								

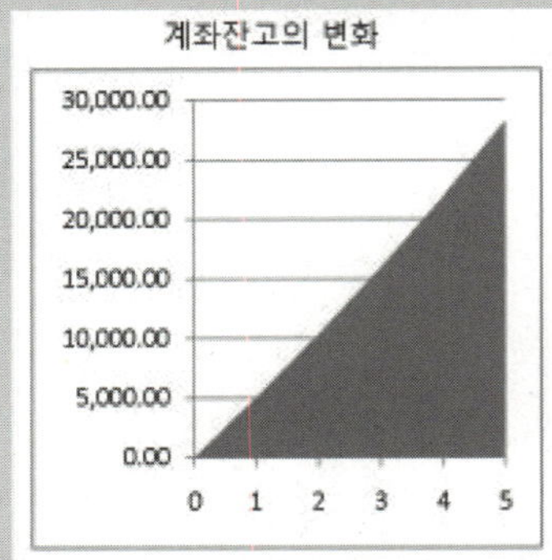

예제 2.10 | 동일자금열에서 시간축의 변동

예제 2.9에서 5회의 적립금들은 첫 번째 적립이 1년 말에 입금되는 것을 시작으로 각각 매년 말에 입금된다. 만일 이와 달리 이 적립금들이 매년 초에 입금된다면, 5년 후에 미래가치는 어떻게 계산해야 하는가? 이 문제에 있어 총 적립하는 수는 5번으로 동일하나 단순히 기간 말이 아니라 기간 초에 적립한다는 점이 다를 뿐이다.

문제분석

그림 2.17을 그림 2.16과 비교하면, 입금이 항상 1년 먼저 발생한다. 따라서 각 입금액들은 한 기간 더 이자를 받는 복리계산이 고려되어야 한다. 매년 말 불입방식으로는 계약기간 말의 잔액(F)이 28,185.46만원이었다. 그러나 매년 초 불입방식의 경우에는 4년 말의 계좌잔액이 이와 일치하고, 이 잔액에 대해 1년간 이자수입이 더 발생하게 된다.

- **조건**: 그림 2.17의 현금흐름, i = 연 6%
- **탐색**: F

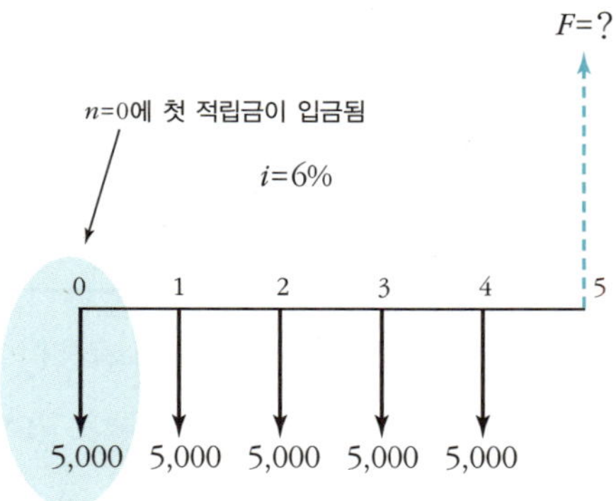

그림 2.17 | 현금흐름도: 연초적립의 경우 (단위: 만원)

분석방법	풀이
엑셀의 미래가치함수(FV)를 이용하면 보다 쉽게 구할 수 있다.	5년 말의 계좌잔액은 다음과 같이 계산된다. $F_5 = 28,185.46(1.06) = 29,876.59$(만원) 엑셀의 금융함수를 사용하면 좀 더 쉽게 구할 수 있다. 금융함수 "= FV(…)"에서 마지막 입력값을 "1"로 입력하면 엑셀은 자동적으로 기간 초 적립을 간주하여 계산한다. =**FV** (6%, 5, −5000, 0, 1)

해설 두 적립방식에 대한 현금흐름 형태를 비교하여 다른 방법으로 기간 말 계좌잔액을 구할 수도 있다. 시점 0에서 5,000만원을 더하고, 시점 5에서 5,000만원을 빼주면, 본 예제의 현금흐름도를 얻을 수 있으므로, 계좌잔액은 아래와 같이 계산하여 29,876.59만원을 구할 수도 있다.

$$F_5 = 28,185.46 + 5,000(F/P, 6\%, 5) - 5,000 = 29,876.59(\text{만원})$$

2.5.2 감채기금계수: F, i, N 을 알고 A를 구함

식 (2.7)을 A에 대해 풀면 다음과 같은 식을 얻을 수 있다.

$$A = F\left[\frac{i}{(1+i)^N - 1}\right] = F(A/F, i, N) \tag{2.8}$$

이때, 대괄호 안의 항을 **감채기금계수**(equal payment series sinking-fund factor, sinking-fund factor)라 하고, 이를 기호로 **$(A/F, i, N)$**으로 나타낸다. 감채기금(sinking fund)이란 미래의 특정한 시점에 필요한 자금을 마련하기 위해, 매 이자계산기간마다 적립하는 일정한 금액을 말한다. 일반적으로 채권의 상환자원이나 고정자산을 교체할 자금을 확보할 목적으로 적립한다.

예제 2.11 | 학자금 저축계획: F, N, i을 알고 A를 구함

어느 학부모가 지금 딸의 대학 등록금을 마련하기 위하여 미리 학자금 저축계획을 세우고 있다. 딸은 지금 10살이고 18살이 되는 해에 대학에 입학할 예정이다. 대학 입학을 위해 적어도 1억원의 돈이 필요할 것으로 생각된다. 이자율이 연 7%라고 하면, 딸이 대학에 입학할 때 충분한 자금을 적립하기 위해서는 지금부터 매년 말 얼마씩 저축해야 하는가?

문제분석	
	■ **조건**: 그림 2.18의 현금흐름, i = 연 7%, N = 8년 ■ **탐색**: A

분석방법

방법 1: 감채기금계수

방법 2: 엑셀금융함수(PMT)

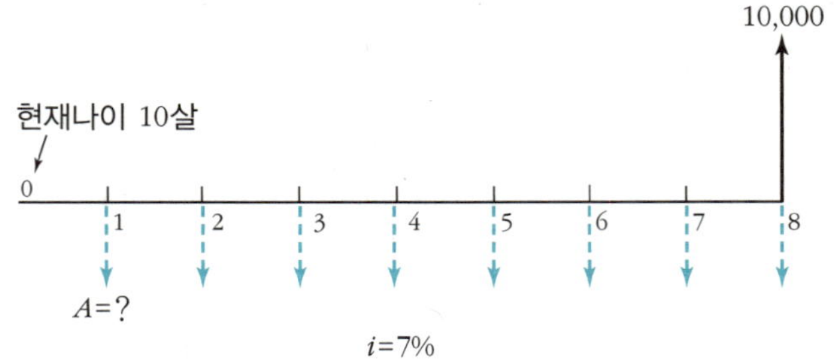

그림 2.18 | 현금흐름도: i, F, N이 주어졌을 때 A? (단위: 만원)

풀이

감채기금계수를 이용하면,

$$A = 10{,}000\,(A/F, 7\%, 8)$$
$$= 974.68\,(\text{만원})$$

엑셀금융함수(PMT)를 이용해도 동일한 결과를 얻을 수 있다.

$$A = \textbf{PMT}\,(7\%, 8, 0, 10000)$$
$$= -974.68\,(\text{만원})$$

해설 표 2.4에서 매년 974.68만원씩 적립하여 어떻게 8년 후에 1억원이 되는지 그 과정을 보여주고 있다. 1년 말의 계좌잔액은 처음 적립되는 974.68만원이 이자계산 없이 적립되지만, 2년 말의 계좌잔액은 다음 두 가지 요소의 합이 된다. 즉, 1년 말의 적립된 금액은 1년 동안의 이자가 계산되어 974.68(1+0.07) = 1,042.90만원이 되고, 이는 2년 말에 새로 적립된 974.68만원과 합하여 2년 말 계좌잔액은 2,017.58만원이 된다. 이러한 과정은 5년 말까지 반복되어 마지막 해의 계좌잔액은 정확이 10,000만원이 된다.

표 2.4 | 엑셀을 이용한 감채기금 계산

	A	B	C	D	E	F	G	H
1	감채기금의 계산(학자금 저축계획)					=PMT(C4,C5,,-C3,0)		(단위: 만원)
2								
3	(F)미래가치		10,000		(A)연간등가			974.68
4	(i)이자율		7%					
5	(N)기간		8					
6								
7	기간(n)	적립액	계좌잔고					
8	0	0.00	0.00					
9	1	974.68	974.68					
10	2	974.68	2,017.58					
11	3	974.68	3,133.49					
12	4	974.68	4,327.51					
13	5	974.68	5,605.12					
14	6	974.68	6,972.15					
15	7	974.68	8,434.88					
16	8	974.68	10,000.00					
17								

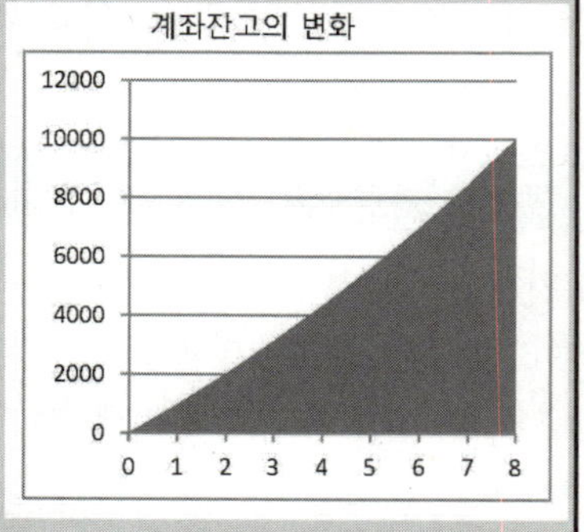

2.5.3 자본회수계수(연금계수): P, i, N을 알고 A를 구함

현재액(P), 이자율(i), 계약기간(N)을 알면, 매기간 동일액(A)을 구할 수 있다. 현재액(P)과 동일액(A)의 관계식을 구하기 전에 식 (2.3)에서 P와 F 사이에 $F = P(1+i)^N$의 관계를 이용하여 식 (2.8)의 F를 $P(1+i)^N$로 대치하면 다음과 같다.

$$A = P(1+i)^N\left[\frac{i}{(1+i)^N - 1}\right]$$

이를 정리하면 아래와 같다.

$$A = P\left[\frac{i(1+i)^N}{(1+i)^N - 1}\right] = P(A/P, i, N) \tag{2.9}$$

이 식은 현재액(P)이 주어졌을 때, 매기간 말에 지급되는 동일액(A)을 계산하는 계산식이다. 괄호 안의 부분을 동일자금열의 **자본회수계수**(equal payment series capital recovery factor 또는 capital recovery factor)라고 한다. 계수기호는 **$(A/P, i, N)$**로 표시된다. 금융 분야에서는 자본회수계수(A/P)를 정해진 기간 동안 동일한 자금열을 의미하는 연금계수(annuity factor)라고도 한다.

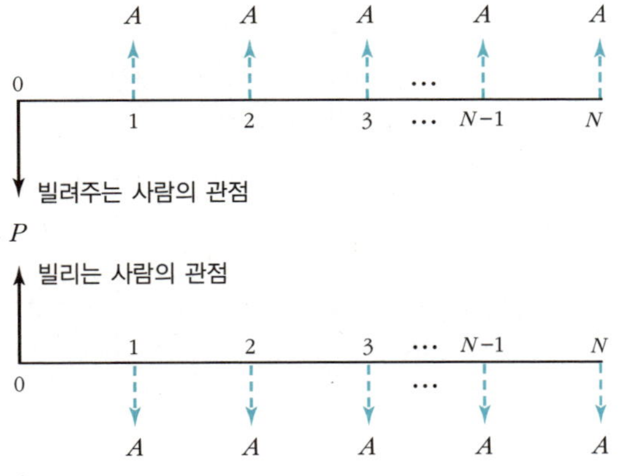

그림 2.19 | 현금흐름도: P와 A의 관계

예제 2.12 | 사업융자금의 상환: P, i, N을 알고 A를 구함

J씨는 대학졸업 후에 작은 벤처사업에 필요한 자금을 충당하기 위해 은행으로부터 21,061.82만원을 빌렸다. 이 대부금은 연 6%의 이자율로 향후 5년간, 매년 말 동일액으로 상환하기로 하였다. 대출은 졸업년도 초기에 빌렸고, 그로부터 1년 후에 첫 번째 상환을 할 예정이라고 하고, 연간상환금(A)을 계산하라(그림 2.20).

문제분석

- **조건**: P = 21,061.82만원, i = 연 6%, N = 5년
- **탐색**: A

분석방법

자본회수계수를 이용한다.

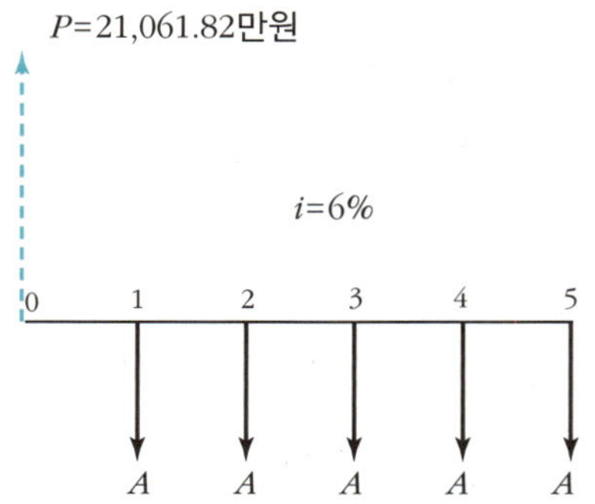

그림 2.20 | 현금흐름도: i, P, N이 주어졌을 때 A?

풀이

자본회수계수를 이용하면,

$$\begin{aligned} A &= 21{,}061.82\,(A/P, 6\%, 5) \\ &= 21{,}061.82\,(0.2374) \\ &= 5{,}000\,(\text{만원}) \end{aligned}$$

엑셀금융함수를 사용한 풀이는 아래와 같다.

=**PMT** (i, N, P)
=**PMT** (6%, 5,21061.82)
=−5,000 (만원)

아래 표를 보면, 매년 5,000만원으로 5년 동안 대부금이 어떻게 상환되어 가는지를 볼 수 있다.

(단위: 만원)

기간(연)	1	2	3	4	5
연초잔액	21,061.82	17,325.53	13,365.06	9,166.96	4,716.98
이자	1,263.71	1,039.53	801.90	550.02	283.02
상환액	−5,000.00	−5,000.00	−5,000.00	−5,000.00	−5,000.00
연말잔액	17,325.53	13,365.06	9,166.96	4,716.98	.00

예제 2.13 | 연기된 대출의 상환

예제 2.12에서 재정적 어려움이 예상되어 은행과 협의하에 첫 번째 상환을 2년 말로 연기하기로 했다고 가정해보자. 그러나 연 6%의 이자율과 5번의 동일액 상환조건은 변화가 없다. 은행의 입장에서 예제 2.12와 동일한 수익을 얻고자 한다면, 1년 연기에 따른 연간 상환액은 얼마가 되어야 하겠는가?(그림 2.21 참조)

문제분석

첫 상환시점을 1년 연기함으로써, 은행은 원금에 1년 동안의 이자를 추가할 것이다. 즉, 1년 말에 21,061.82만원과 등가인 금액 P'을 구해야 한다.

분석방법

P'의 등가를 계산한다.

■ **조건**: $P = 21{,}061.82$만원, $i =$ 연 6%, $N = 5$년, 첫 번째 상환은 2년 말

■ **탐색**: A'

풀이

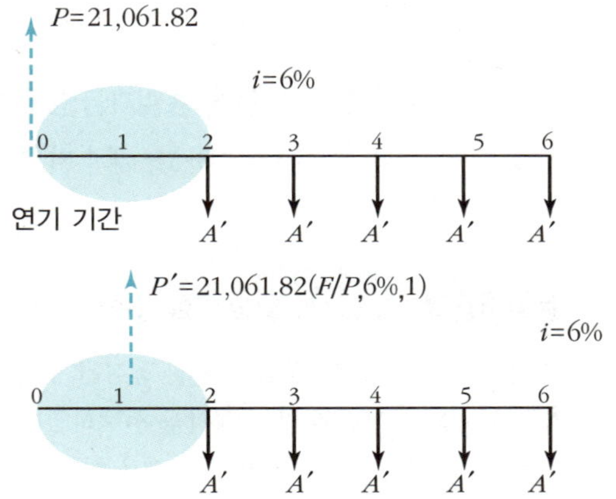

$$P' = 21{,}061.82\,(F/P, 6\%, 1) = 22{,}325.53\,(\text{만원})$$

그림 2.21 | 현금흐름도: 상환이 연기된 경우 (단위: 만원)

즉, 지불이 연기된 현금흐름은 22,325.53만원을 1년 말부터 5년간 빌리는 것과 같은 것이다. 그러므로 5번의 동일액 상환으로 대출거래가 완료되려면 연기된 동일지급액(A')을 다음과 같이 다시 구해야 한다.

$$A' = 22{,}325.53\,(A/P, 6\%, 5) = 5{,}300\,(\text{만원})$$

결국, 첫 상환을 1년 연기하는 대신 추가로 매년 300만원씩을 더 상환하여야 한다.

2.5.4 현재가치계수: A, i, N을 알고 P를 구함

향후 N기간 동안 매기간 말에 A를 인출하려면 지금 얼마를 적립해두어야 할까? 이것은 동일자금열의 자본회수계수와 반대의 개념이다. 즉, A를 알고 P를 결정해야 한다. 자본회수계수를 계산하는 식 (2.9)를 P에 대해 풀면 다음과 같다.

$$P = A\left[\frac{(1+i)^N - 1}{i(1+i)^N}\right] = A(P/A, i, N) \qquad (2.10)$$

괄호 안의 부분을 **동일자금열 현재가치계수**(equal payment series present worth factor)라고 하고, 계수기호로 **$(P/A, i, N)$**와 같이 표시한다.

예제 2.14 동일자금열: A, i, N을 알고 P를 구함

어느 부부가 198억원 상당의 로또에 당첨되였다. 당첨된 부부는 25년간 매년 7.92억원을 받는 대안을 포기하고, 지금 104억원 현금을 한꺼번에 받는 대안을 선택하였다. 만일 이들이 연간 8%의 수익을 올릴 수 있는 곳에 이 돈을 투자할 수 있다면, 이들은 올바른 선택을 한 것인가?

문제분석

이 부부가 연간 8%의 수익을 올릴 수 있는 곳에 이 돈을 투자한다면, 25년 동안의 7.92억원의 현재가치를 계산하여 104억원과 비교한다(그림 2.22 참조).

분석방법

방법 1: 현재가치계수 이용

방법 2: 엑셀금융함수(PV) 이용

- **조건**: $i =$ 연 8%, $A = 7.92$(억원), $N = 25$년
- **탐색**: P

풀이

$$P = 7.92(P/A, 8\%, 25) = 7.92(10.6748)$$
$$= 84.54\text{(억원)}$$
$$= \mathbf{PV}(8\%, 25, -7.92, 0) = 84.54\text{(억원)}$$

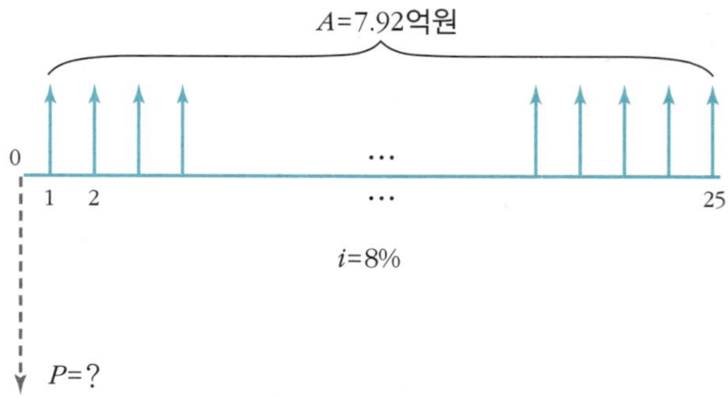

그림 2.22 | 현금흐름도: i, A, N이 주어졌을 때 P?

해설 이들 부부가 연 8%의 수익을 얻을 수 있다면, 매년 7.92억원씩을 받는 것을 포기하고, 한꺼번에 104억원을 받기로 한 선택이 현명한 선택임이 분명하다. 그렇다면 생각을 바꾸어서, 어느 정도의 이자율까지 그들이 선택한 대안이 더 현명한 선택이 될까? 이것은 P = 104억원, N = 25, A = 7.92억원 일 때, 이자율 i를 구함으로써 알 수 있다.
현금흐름과 그 현금흐름의 현재가치(혹은 미래가치)를 알면, 이 두 현금흐름이 경제적으로 등가가 되게 하는 이자율을 구할 수 있다. 이 경우에는 $(P/A,i,25)$ = (104억원/7.92억원) = 13.1313와 일치하는 P/A 계수를 찾아야 한다. 그 과정은 다음과 같다.

- 금융계산기(Financial Calucaltor)를 이용하면, N = 25, **PV** = 104, **PMT** = 7.92를 입력하고 i키를 누르면, i = 5.7195%를 바로 구할 수 있다.
- 엑셀금융함수를 이용해도 손쉽게 원하는 이자율을 구할 수 있다.

  =**RATE**(*N*, *A*, *P*, *F*, *type*, *guess*)
  =**RATE**(25, − 7.92, 104, 0, 0, 0.5%)
  =5.7195%
- 보간법(linear interpolation)을 사용하여 근사값을 구할 수도 있다. 먼저 104 = 7.92$(P/A,i,25)$을 이용하여 $(P/A,i,25)$ = 13.1313을 계산하고, 이자계수표를 통하여 $(P/A,6\%,25)$ = 12.7834와 $(P/A,5\%,25)$ = 14.0939을 찾을 수 있다. 이를 통하여 찾고자 하는 이자율이 5% 와 6% 사이에 있음을 알 수 있고, 보간법을 이용하여 i를 구하면 다음과 같다.

$$i \cong 5\% + (6\% - 5\%)\frac{14.0939 - 13.1313}{14.0939 - 12.7834}$$
$$= 5.7345\%$$

  그러나, 보간법은 이제는 금융계산기나 엑셀로 손쉽게 보다 정확한 값을 구할 수 있기 때문에 사용빈도가 점차로 줄어들고 있다.

위 로또 문제에서, 이 부부가 이자율이 연 5.7195% 이상인 곳에 투자할 기회가 있다면, 한꺼번에 104억원을 받는 대안을 선택하는 것이 더 경제적이다. 따라서 현재 수익률이 8%이므로 그들의 선택은 옳은 선택이라고 볼 수 있다.

예제 2.15 | 저축의 시작 시기: $(F/P, i, N)$와 $(F/A, i, N)$을 모두 요구하는 혼합 자금열

한 유망기업으로부터 취업통지서를 받은 21세가 된 한 학생이 지금부터 10년 후에는 결혼할 계획인데, 지금부터 노후에 대비한 자금적립 계획을 세우려고 한다. 그는 다음 두 가지 유형의 옵션을 고려하고 있다.

- **옵션 1**: 결혼 전 자금의 여유가 있는 10년 동안 매년 말 200만원씩 적립한다. 그 후로부터는 더 이상의 적립은 없으나, 이때까지 적립된 금액을 65세가 될 때까지 계속 적립하여 둔다. 첫 적립은 22세가 되는 해의 초에 이루어진다.
- **옵션 2**: 처음 10년 동안은 적립하지 않고, 그 후부터 65세까지 200만원씩을 적립한다. 32세가 되는 해의 초에 첫 적립을 시작한다. 그 이유는 결혼 전 여유돈을 본인 라이프스타일 향상에 투자하고 10년 후 급여의 인상을 고려할 때 200만원을 더 오랜 기간 적립하는 것이 용이하다는 생각 때문이다.

계획기간 동안 이자율이 연 8%일 때, 65세가 되면 어느 옵션의 계좌에 더 많은 돈이 적립되겠는가?

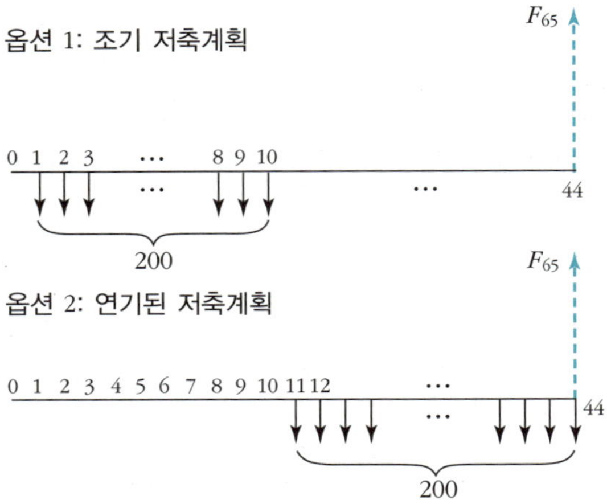

그림 2.23 | 현금흐름도: 두 가지 다른 저축계획 (단위: 만원)

문제분석	■ **조건**: i = 연 8%, 그림 2.23의 현금흐름 ■ **탐색**: F_{65}
분석방법 $(F/A,i,N)$와 $(F/P,i,N)$를 이용하여, 옵션 1과 옵션 2의 미래가치(F_{65})를 계산한다.	풀이 • 옵션 1: 다음의 두 단계를 통해 최종 잔액을 계산한다. 우선, 10년 말(31세가 되는 해의 초)의 누적잔액(F_{31})을 $(F/A,i,N)$을 이용하여 구한다. 그리고, 이 잔액을 그 후 34년 동안 재투자한 금액을 $(F/P,i,N)$을 사용하여 계산한다. $F_{31} = 200(F/A, 8\%, 10) = 2,897.3$ (만원) $F_{65} = 2,897.3(F/P, 8\%, 34) = 39,664.4$ (만원) • 옵션 2: 34년의 투자만 존재하므로 최종 누적잔액은 다음과 같다. $F_{65} = 200(F/A, 8\%, 34) = 31,725.3$ (만원) 조기 저축계획의 최종 누적잔액(F_{65})이 7,939.1만원 더 많음을 알 수 있다. 물론 최종 누적잔액만을 고려할 때, 옵션 1이 경제적인 선택이지만, 결혼 전에 본인 라이프스타일 향상에 따른 만족도를 65세가 되어 더 받게 되는 7,939.1만원으로 대치할 수 없다면, 옵션 2를 고려해 볼 수도 있을 것이다.

해설 본 예제에서는 이자율 8%를 가정하였다. 그렇다면 "과연 이자율이 몇 %일 때, 두 대안이 경제적으로 동일하겠는가?" 하는 의문이 생길 수 있다. 엑셀의 "목표값 찾기(Goal Seek)" 기능을 사용하면 손쉽게 그 이자율을 찾을 수 있다. 표 2.5에서 보는 바와 같이, B열과 C열에 44년 동안의 적립금을 입력하고, 셀F7과 셀F9는 각각의 옵션에 대한 미래가치를, 셀F11은 두 옵션의 미래가치의 차액을 구하는 식을 입력한다. 이 기능을 사용하기 위해서는, 엑셀 메뉴에서 "목표값 찾기"를 선택하여,[1] 목표값 찾기 팝업창에서 "수식 셀"에 셀F11(= $F$7−$F$9)을 입력하고, "찾는 값"은 0을, "값을 바꿀 셀"에는 셀F5를 입력한다. 팝업창의 "확인"을 클릭하면, 엑셀 프로그램은 셀F5의 이자율을 변경하면서 수식 셀의 값이 "0"이 되는 이자율을 찾는다. 이 과정을 통하여 6.538%의 손익분기이자율을 손쉽게 찾을 수 있다. 이는 6.538% 이상의 투자수익률이 가능하다면 옵션 1이 더 경제적임을 의미한다.

1) 엑셀 2012 버전의 경우, 워크시트의 상단 메뉴에서 "데이터/가상분석/목표값 찾기"를 선택한다.

표 2.5 ▎ 엑셀을 활용한 손익분기이자율 계산

F5 f_x 6.53836066548963%

	A	B	C	D	E	F
1	예제 2.15 엑셀을 이용한 손익분기이자율 찾기					
2	연도	옵션 1	옵션 2	목표값 찾기		
3	0					
4	1	-200				
5	2	-200			이자율	6.538%
6	3	-200				
7	4	-200			옵션 1의 FV	23,290
8	5	-200				
9	6	-200			옵션 2의 FV	23,290
10	7	-200				
11	8	-200			설정셀	0
12	9	-200				
13	10	-200				
14	11		-200			
15	12		-200			
16	13		-200			
17	14		-200			
18	15		-200			
19	16		-200			
20	17		-200			
21	18		-200			
22	19		-200			
23	20		-200			
……						
41	38		-200			
42	39		-200			
43	40		-200			
44	41		-200			
45	42		-200			
46	43		-200			
47	44		-200			

=FV(F5,10,-200)*(1+F5)^(34)

=FV(F5,34,-200)

=F7-F9

목표값 찾기
수식 셀(E): $F$11
찾는 값(V): 0
값을 바꿀 셀(C): $F$5
확인 취소

2.5.5 영구적 현금흐름의 현재가치

무한이 계속되는 동일한 현금흐름을 영구적 현금흐름이라고 한다. 정해진 기간마다(일반적으로 분기마다) 고정적인 현금배당을 하고 만기가 없는 우선주가 그 좋은 예라 할 수 있다. 영구적 연금(perpetual annuity)은 현금흐름이 무한대로 계속되기 때문에 미래가치를 구할 수는 없겠지만, 그 현재가치는 구할 수 있다. 그렇다면, 영구적 현금흐름의 현재가치는 얼마일까? 식 (2.10)을 응용하면, 무한대의 동일자금열에 대한 현재가치를 계산할 수 있다. 이 식에서 $N \to \infty$의 극한치를 구하면, 아래와 같은 정형화된 식을 얻게 된다.

$$P = \lim_{N \to \infty} A \left[\frac{(1+i)^N - 1}{i(1+i)^N} \right] = \frac{A}{i} \tag{2.11}$$

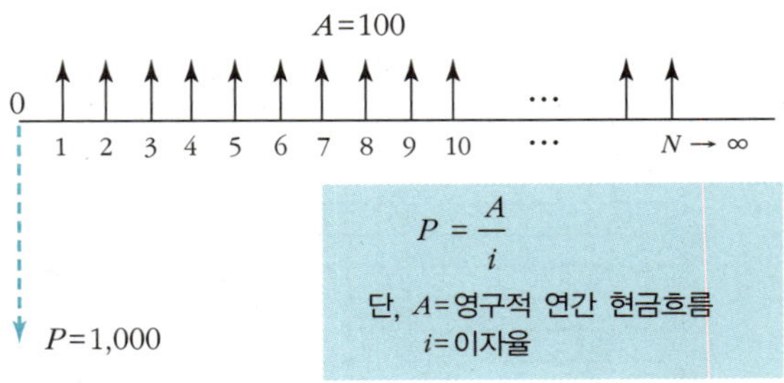

그림 2.24 | 영구적 동일자금열의 현재가치 (단위: 만원)

그림 2.24에서 보는 바와 같이 매년 100만원의 영구적인 현금흐름을 고려해보자. 이자율이 연 10%라고 하면 이 자금열의 현재가치는 1,000만원(=100만원/0.1)이다. 매년 100만원씩 영구적으로 인출하기 위하여, 연 10%의 이자율을 갖는 은행계좌에 왜 1,000만원의 돈을 적립해야 하는지를 생각해보자. 1,000만원을 지금 입금한다면, 첫 해 말에 계좌에는 원금과 이자를 합쳐서 1,100만원이 적립될 것이다. 이때 100만원을 인출하면 잔고는 다시 1,000만원이 남게 된다. 그러므로 이자율이 연 10%로 유지된다면, 원금 1,000만원을 그대로 유지하면서 영구적으로 매년 100만원씩을 인출할 수 있을 것이다.

2.6 등차자금열과 등비자금열

경제성분석 과정에서, 한 기간의 현금흐름이 이전 기간의 현금흐름보다 일정한 금액(G)만큼씩 오르거나 내리는 자금열의 형태를 엔지니어들은 흔히 경험하게 된다. 이러한 형태의 현금흐름에 대한 등가계산을 손쉽게 할 수 있는 이자계산식을 생각해보자. 엑셀과 같은 응용 소프트웨어들도 이러한 유형의 현금흐름에 대한 등가가치들을 계산하는 실용적인 도구들을 제공하고 있으므로, 이들을 이용해도 손쉽게 원하는 값들을 얻을 수 있을 것이다.

2.6.1 등차자금열의 계산

엔지니어들이 경험하는 현금흐름들은 어떤 규칙적인 형태를 갖고 변화하는 경우가 많다. 그 중에 한 가지가 각각의 현금흐름이 일정한 액수(G)만큼 상승하거나 감소하는 형태의 자금열이다. 이러한 특징을 이용하면 산술적 등차급수와 특정 현금흐름을 연관시켜 경제적 등가계산이 가능한 계수를 개발할 수 있다. 그림 2.25는 **등차자금열**(strict gradient series), $A_n = (n-1)G$의 기본 형태이다. 등차자금열의 기본 형태는 첫 번째 기간 말에는 현금흐름이 "0"인 점에 주의해야 한다. 이때, 등차 G는 양수 또는 음수가 될 수 있다. $G > 0$이면 증가하는 등차자금열이고, $G < 0$이면 감소하는 등차자금열이다.

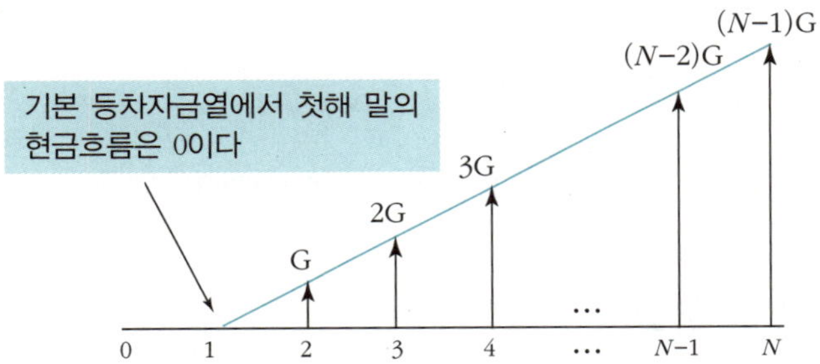

그림 2.25 ❙ 등차자금열의 현금흐름도

등차자금열의 현재가치계수: G, N, i을 알고 P를 구함

그림 2.26과 같이 등차로 증가하는 현금흐름을 인출하기 위해서는 지금 얼마를 적립해야 하겠는가? 이 자금열의 각각의 현금흐름에 대해 복리할인계수 (P/F)를 적용하여 현재가치 P를 구하면 다음과 같다.

$$P = 0 + G/(1+i)^2 + 2G/(1+i)^3 + \cdots + (N-1)G/(1+i)^N$$

이를 요약하면,

$$P = \sum_{n=1}^{N} (n-1) G (1+i)^{-n} \tag{2.12}$$

다시 정리하면,

$$P = G\left[\frac{(1+i)^N - iN - 1}{i^2(1+i)^N}\right] = G(P/G, i, N) \tag{2.13}$$

위의 식에서 대괄호 안의 계수를 **등차자금열의 현재가치계수**(gradient series present worth factor)라고 하고, 기호로 $(P/G, i, N)$로 표현한다.

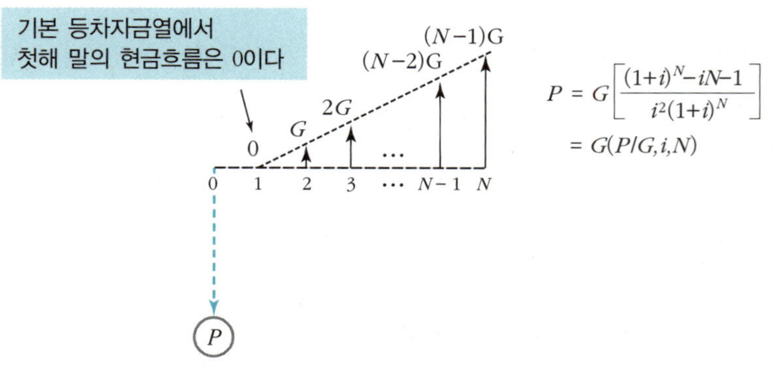

그림 2.26 | 등차자금열의 현재가치

복합적인 등차자금열

그림 2.26의 형태와는 달리, 현실에서 접하는 대부분의 등차자금열의 형태는 그림 2.27에서 보는 바와 같이, 첫 번째 기간에 초기 현금흐름이 존재하고, 그 후 남은 기간 동안 매년 등차(G)만큼의 증가가 일어난다. 그림 2.26의 기본 등차자금열의 형태는 첫 번째 기간에 현금흐름이 없고 두 번째 기간에 현금흐름(G)이 발생한다는 점에서 차이가 있다.

기본 등차자금열을 이용하여 일반적인 등차자금열의 경제적 등가를 계산하려면, 그림 2.27에서와 같이 현금흐름을 두 종류의 자금열이 합해진 **복합자금열**(composite series)로 간주하는 것이다. 다시 말하면, 첫 번째 자금열은 매기간 A_1씩 N기간 동안 발생하는 동일자금열이고, 두 번째 자금열은 등차가 G인 등차자금열로 나누어 생각한다. 각각의 자금열은 이미 알려진 계산식에 의해 쉽게 원하는 값을 구할 수 있을 것이다.

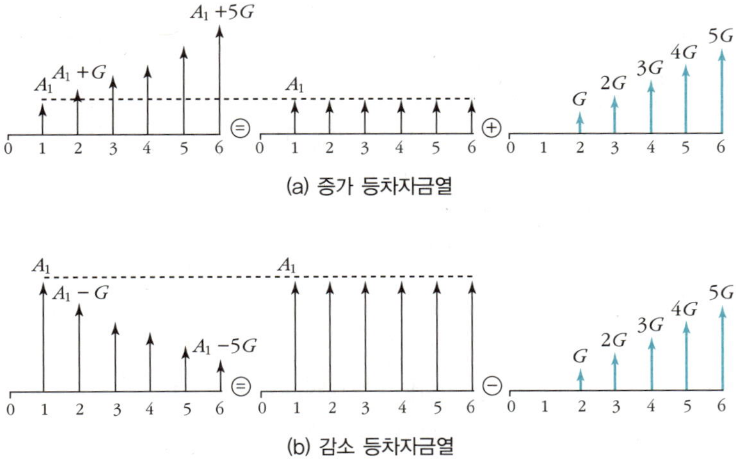

(a) 증가 등차자금열

(b) 감소 등차자금열

그림 2.27 | 복합 등차자금열의 분해: 동일자금열과 등차자금열

예제 2.16 | 등차자금열의 현재가치

가령, 은행으로부터 10,000만원을 이자율 연 10%에 5년 동안 상환하는 조건으로 융자를 받았다고 가정하자. 첫 해의 상환금액은 1,500만원으로 은행과 약정을 하고, 그 다음 해부터는 바로 이전 상환액에 G원만큼을 매년 더한 금액을 지불하기로 했다. 5년 후 모든 융자금을 갚기 위해서는 G가 얼마가 되어야 하겠는가?

문제분석

이자율이 10%일 때, 동일자금열(1,500만원)과 등차자금열(G)의 현재가치를 각각 계산하여 합한 금액이 10,000만원이라 하고, 등차(G)를 계산한다(그림 2.28 참조).

분석방법

동일자금열과 등차자금열의 현재가치계수를 이용한다.

- **조건**: $P = 10{,}000$, $A_1 = 1{,}500$, $i =$ 연 10%, $N = 5$년, 그림 2.28의 현금흐름
- **탐색**: G

풀이

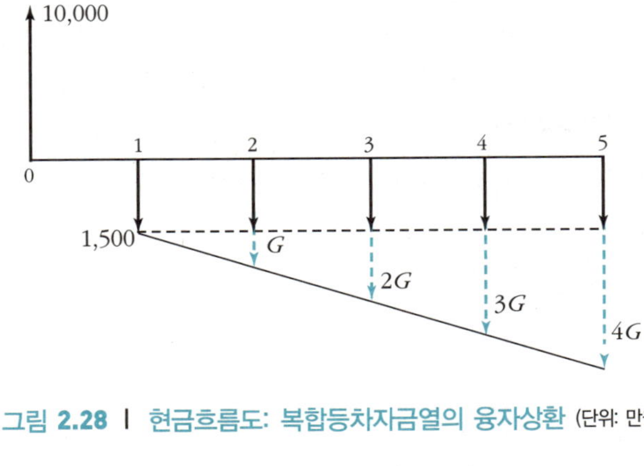

그림 2.28 | 현금흐름도: 복합등차자금열의 융자상환 (단위: 만원)

그림 2.28과 같이 전체 현금흐름을 (1) 1,500만원의 동일자금열, (2) 등차자금열(등차 G)로 나누고, 각각의 현재가치를 계산하여 그 합을 10,000과 같다고 한다.

$$\begin{aligned} 10,000 &= 1,500\,(P/A, 10\%, 5) + G\,(P/G, 10\%, 5) \\ &= 5,686.18 + 6.8618G \\ 6.8618G &= 4,313.82 \\ G &= 628.67 \end{aligned}$$

일단, G금액을 알면 매년 상환 액수는 다음과 같이 구해진다.

$$\begin{aligned} n = 1&:\ 1,500 \\ n = 2&:\ 1,500 + 628.67 = 2,128.67 \\ n = 3&:\ 1,500 + 1,257.34 = 2,757.34 \\ n = 4&:\ 1,500 + 1,886.01 = 3,386.01 \\ n = 5&:\ 1,500 + 2,514.69 = 4,014.69 \end{aligned}$$

예제 2.17 엑셀을 이용한 등차자금열의 현재가치

이번에는 다른 로또 문제를 생각해보자. 만일 당신이 로또 6개의 숫자를 모두 맞추는 행운을 잡았다고 상상을 한 번 해보자. 정신이 아득해지도록 기쁘겠지만, 당신은 곧 중요한 의사결정에 직면하게 될 것이다. 총 70억원의 당첨금을 수령하는 두 가지 방법 중에 한 가지를 선택해야 하기 때문이다. 한 방법은 26년 동안 매년 일정액을 받는 것이고, 다른 방법은 지금 일시금으로 한꺼번에 받는 것이다. 그러나 한꺼번에 받게 되면 발표된 당첨금보다 훨씬 적게 받을 수밖에 없다. 좀 더 구체적으로 설명하면 다음과 같다.

- **현금지급 옵션**: 현재가치로 할인한 당첨금이 지금 지급된다. 당첨자에게는 당첨금의 49.14%인 34.4억원이 지급된다. 이 현재가치는 국채의 연간 이자율 5.3383%를 기초로 계산되었다.
- **연간지급 옵션**: 26년 동안 매년 누진적으로 지급된다. 첫 해에 당첨금의 2.5%인 1.75억원이, 두 번째 해에는 1.89억원이 지급되고, 그 후 남은 24년 동안 매년 0.07억원씩 증가하여 마지막 해에는 3.57억원이 지급된다(그림 2.29 참조).

만약 로또가 당첨된 시점에 국채수익률이 5.338%에서 4.5%로 낮아졌다면, 이 로또 당첨금의 현재가치는 얼마가 되겠는가?

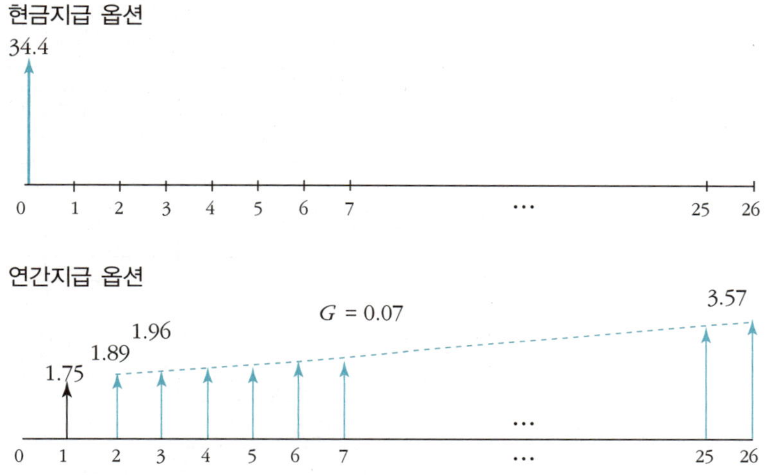

그림 2.29 | 현금흐름도: 로또 문제 (단위: 억원)

문제분석

이자율이 4.5%이 적용될 때, 그림 2.29의 연간 현금흐름의 현재가치를 구하는 문제이다.

분석방법

- 방법 1: 두 단계($n = 1$, $n = 0$)로 현재가치를 구한다.
- 방법 2: 엑셀워크시트를 이용한다.

■ **조건**: A_1 = 1.75 억원, A_2 = 1.89 억원, G = 0.07 억원(3년부터 26년까지), i = 연 4.5%, N = 26 년, 그림 2.29의 현금흐름

■ **탐색**: P

풀이

- 방법 1: 2년 말에 등차자금열이 시작되므로, 두 단계를 통하여 현재가치를 구한다. 우선, $n = 1$일 때의 가치를 구하여 이를 $n = 0$ 시점으로 할인한다.

$$\begin{aligned} P &= [1.75 + 1.89\,(P/A, 4.5\%, 25) \\ &\quad + 0.07\,(P/G, 4.5\%, 25)](P/F, 4.5\%, 1) \\ &= 38.2\,(\text{억원}) \end{aligned}$$

- 방법 2:

엑셀을 사용해도 위와 같은 결과를 얻을 수 있다. 표 2.6의 C열에서 매년도의 현금흐름은 이전 연도의 현금흐름에 0.07억원을 더하여 구한다. 예를 들면, 셀 C12는 "=C11+$C$6"를 해당 셀에 입력하여 얻을 수 있고, 셀 C13은 "=C12+$C$6"를 입력하여 구한다. 이러한 과정을 반복하여 C열을 쉽게 얻을 수 있다.

위 자금열의 현재가치는 34.4억원에서 38.2억원으로 증가하였다. 다시 말하면, 현재 일시불로 제시된 34.4억원을 받는 것보다 26년 동안 매년 지급받는 대안을 선택하는 것이 더 경제적으로 유리하다. 이는 기존에 고려된 이자율(5.338%)보다 시중 수익률이 4.5%로 낮아져서 미래액의 현재가치가 상대적으로 높아졌기 때문이다.

표 2.6 | 엑셀을 이용한 등차자금열의 분석

	A	B	C	D	E
1	등차자금열의 현재가치 계산				(단위: 억원)
2					
3	총 당첨금		70.00		
4	이자율(%)		4.50%		
5	초기금액		1.89		
6	등차액		0.07		
7	연도	지급계획 (총 당첨금의 %)	세전 연간 지급액	할인율 (연 4.5%)	현재가치
8	1	2.50%	1.75	0.9569	1.674641
9	2	2.70%	1.89	0.9157	1.730730
10	3	2.80%	1.96	0.8763	1.717541
11	4	2.90%	2.03	0.8386	1.702280
12	5	3.00%	2.10	0.8025	1.685147
13	6	3.10%	2.17	0.7679	1.666334
14	7	3.20%	2.24	0.7348	1.646016
15	8	3.30%	2.31	0.7032	1.624358
16	9	3.40%	2.38	0.6729	1.601513
17	10	3.50%	2.45	0.6439	1.577623
18	11	3.60%	2.52	0.6162	1.552821
19	12	3.70%	2.59	0.5897	1.527229
20	13	3.80%	2.66	0.5643	1.500963
21	14	3.90%	2.73	0.5400	1.474126
22	15	4.00%	2.80	0.5167	1.446817
23	16	4.10%	2.87	0.4945	1.419127
24	17	4.20%	2.94	0.4732	1.391139
25	18	4.30%	3.01	0.4528	1.362929
26	19	4.40%	3.08	0.4333	1.334570
27	20	4.50%	3.15	0.4146	1.306125
28	21	4.60%	3.22	0.3968	1.277656
29	22	4.70%	3.29	0.3797	1.249216
30	23	4.80%	3.36	0.3634	1.220856
31	24	4.90%	3.43	0.3477	1.192623
32	25	5.00%	3.50	0.3327	1.164557
33	26	5.10%	3.57	0.3184	1.136697
34	합계	100.00%	70.00		38.183631
35	=B31+0.1%				
36		=$C$3*B33	=(1+0.045)^(-A33)		=SUM(E8:E33)
37					
38				=C33*D33	
39					

2.6.2 등비자금열의 계산

경제성분석에서 자주 고려되는 다른 종류의 비례자금열로, 고정된 액수만큼 매기간 증감하는 것이 아니라, 보통 백분율로 표시되는 고정된 비율(%)로 증감하는 현금흐름열인 **등비자금열**(geometric gradient series)이 있다. 건설비용이나 유지비용 등과 관련된 비용들의 현금흐름은 시간이 지남에 따라 동일한 비율로 증가하거나 감소하는 형태를 보이게 된다. 또한, 인플레이션에 의

한 가격변화도 등비자금열의 좋은 예라고 할 수 있다.

좀 더 구체적으로 설명하자면, 매년 g의 비율로 현금흐름이 증가할 때, n년 말의 현금흐름 A_n을 1년 말의 현금흐름 A_1으로 표현하면 다음과 같다.

$$A_n = A_1(1+g)^{n-1}, \quad n = 1, 2, \cdots, N \tag{2.14}$$

여기서 g는 현금흐름의 형태에 따라 양수 혹은 음수가 될 수 있다. $g > 0$이면 증가하는 자금열, $g < 0$이면 감소하는 자금열이 된다. 그림 2.30의 현금흐름도는 일반적인 증감 형태의 등비자금열을 보여주고 있다.

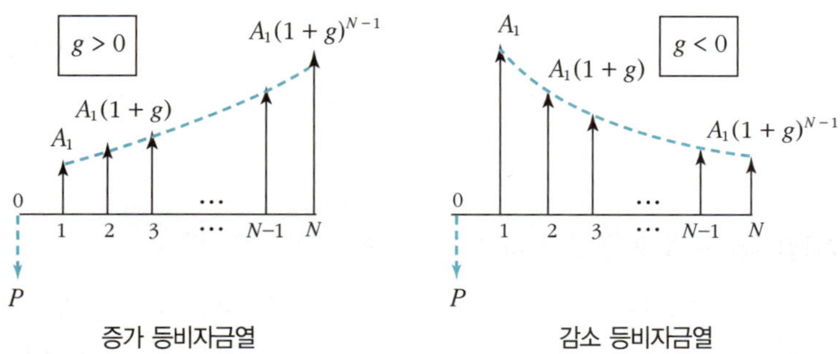

$$P = \begin{cases} A_1\left[\dfrac{1-(1+g)^N(1+i)^{-N}}{i-g}\right] & \text{if } i \neq g \\ A_1\dfrac{N}{(1+i)} & \text{if } i = g \end{cases}$$

그림 2.30 | 증가 혹은 감소하는 등비자금열

등비자금열의 현재가치계수: A_1, g, i, N을 알고 P를 구함

이자율이 i일 때, 매기간(n) 말의 현금흐름(A_n)과 A_n의 현재가치(P_n)는 다음과 같다.

$$A_n = A_1(1+g)^{n-1}$$
$$P_n = A_n(1+i)^{-n} = A_1(1+g)^{n-1}(1+i)^{-n}$$

자금열의 모든 현금흐름에 대한 현재가치의 합, P는 각각의 현금흐름에 현재가치계수를 적용하여 구할 수 있다.

$$P = \sum_{n=1}^{N} A_1 (1+g)^{n-1}(1+i)^{-n} \tag{2.15}$$

식 (2.15)는 아래와 같은 정형화된 식으로 표현된다.

$$P = \begin{cases} A_1\left[\dfrac{1-(1+g)^N(1+i)^{-N}}{i-g}\right] & \text{if } i \neq g \\ \dfrac{NA_1}{(1+i)} & \text{if } i = g \end{cases} \tag{2.16}$$

$$= A_1(P/A_1, g, i, N)$$

위 식에서 대괄호 안의 계수를 **등비자금열의 현재가치계수**(geometric-gradientseries present worth factor)라고 하며, 기호로 $(P/A_1,g,i,N)$로 표현한다. $i = g$인 특별한 경우에는 식 (2.16)은 $P = [N \cdot A_1/(1+i)]$이 된다.

예제 2.18 | 은퇴 후 생활비 충당을 위해 필요한 자금

가령 당신이 은퇴한 첫 해의 연금이 5,000만원이라고 하고, 이 금액은 첫 해의 필요한 생활비용과 동일한 액수라고 하자. 그러나 은퇴 후 생활비용은 인플레이션의 영향으로 매년 5%씩 증가할 것으로 기대된다. 만일 은퇴연금만으로 생활비가 부족하다면, 은퇴연금 외에 다른 저축계좌에서 충당하여야 한다. 당신의 저축계좌가 연 7%의 수익률을 가진다면, 은퇴 후 25년 동안 생활비용의 증가를 충당하기 위해 얼마를 적립해두어야 하는가?

문제분석

- **조건**: $A_1 = 5{,}000$만원, $g = 5\%$, $i = 7\%$, $N = 25$년, 그림 2.31의 현금흐름 참조
- **탐색**: P

분석방법

- 방법 1: 등비자금열의 현재가치계수 이용
- 방법 2: 엑셀워크시트 이용

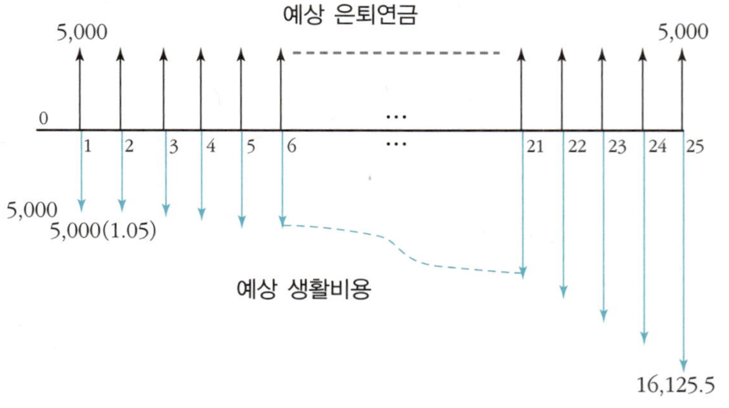

그림 2.31 | 은퇴 후의 현금흐름도 (단위: 만원)

풀이

우선 25년 동안 연금수령액의 총현재가치를 구하면 다음과 같다.

$$\begin{aligned} P_{\text{연금수령}} &= 5{,}000\,(P/A, 7\%, 25) \\ &= 58{,}267.9\,(\text{만원}) \end{aligned}$$

인플레이션을 고려한 25년간의 총생활비용을 현재가치로 환산한다면, 식 (2.16)을 사용하여 P를 구한다.

$$\begin{aligned} P_{\text{생활비용}} &= 5{,}000\,(P/A_1, 5\%, 7\%, 25) \\ &= 94{,}016.7\,(\text{만원}) \end{aligned}$$

총생활비용의 현재가치($P_{\text{생활비용}}$)가 연금수령액의 현재가치($P_{\text{연금수령}}$)보다 크므로, 연금수령액만으로는 증가하는 미래의 생활비용을 충당할 수 없다. 은퇴시점에서 이를 충당하기 위해 필요한 저축액($\varDelta P$)은 다음과 같다.

$$\begin{aligned} \varDelta P &= 94{,}016.7 - 58{,}267.9 \\ &= 35{,}748.8\,(\text{만원}) \end{aligned}$$

표 2.7은 엑셀을 이용하여 필요한 생활비용의 현재가치(P)를 구하는 방법을 보여준다.

표 2.7 | 엑셀을 이용한 등비자금열의 현재가치 계산

B14 　 f_x =$C$3*(1+$C$4)^(A14-1)

	A	B	C	D
1	예제 2.18 등비자금열의 현재가치			
2				
3		초기금액(A_1)	5,000.00	
4		등비(g)	5.00%	
5		이자율(i)	7.00%	
6		지급기간	25	
7	기간(n)	필요한 생활비용	할인율(7%)	현재가치
8	0			
9	1	5000.00	0.9346	4,672.90
10	2	5250.00	0.8734	4,585.55
11	3	5512.50	0.8163	4,499.84
12	4	5788.13	0.7629	4,415.73
13	5	6077.53	0.7130	4,333.20
14	6	6381.41	0.6663	4,252.20
15	7	6700.48	0.6227	4,172.72
16	8	7035.50	0.5820	4,094.73
17	9	7387.28	0.5439	4,018.19
18	10	7756.64	0.5083	3,943.08
19	11	8144.47	0.4751	3,869.38
20	12	8551.70	0.4440	3,797.06
21	13	8979.28	0.4150	3,726.08
22	14	9428.25	0.3878	3,656.44
23	15	9899.66	0.3624	3,588.09
24	16	10394.64	0.3387	3,521.02
25	17	10914.37	0.3166	3,455.21
26	18	11460.09	0.2959	3,390.63
27	19	12033.10	0.2765	3,327.25
28	20	12634.75	0.2584	3,265.06
29	21	13266.49	0.2415	3,204.03
30	22	13929.81	0.2257	3,144.14
31	23	14626.30	0.2109	3,085.37
32	24	15357.62	0.1971	3,027.70
33	25	16125.50	0.1842	2,971.11
34			총 필요한 생활비용의 현재가치	**94,016.72**

표 2.8에는 본 절에서 소개된 모든 이자계산식들과 활용될 수 있는 현금흐름의 상황에 대한 내용을 정리한 것이다. 다시 강조하고 싶은 것은 본 절에서 언급된 "이자계산식들은 이자계산기간(interest compounding period)과 지불기간(payment period)이 동일한 경우에만 적용이 가능하다"는 것을 유의해야 한다. 예를 들면, 현금흐름도 연말에만 발생하고 이자도 연간복리로 계산하는 경우가 이에 해당한다. 또한 표 2.8에는 몇 가지 유용한 엑셀 이자계산식도 정리하여 포함하였다.

표 2.8 | 단속적 지불과 단속적 복리에 대한 이자계산식 요약

현금흐름 유형	구분(계수기호)	이자계산식	엑셀금융함수	현금흐름도
단일 현금흐름 (일시금)	복리할증 $(F/P, i, N)$	$F = P(1+i)^N$	=FV $(i, N, 0, P)$	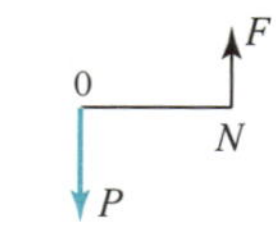
	복리할인 $(P/F, i, N)$	$P = F(1+i)^{-N}$	=PV $(i, N, 0, F)$	
동일 자금열	미래가치 $(F/A, i, N)$	$F = A\left[\frac{(1+i)^N - 1}{i}\right]$	=FV (i, N, A)	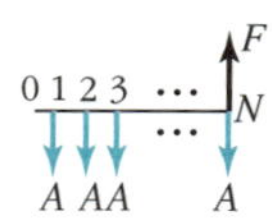
	감채기금 $(A/F, i, N)$	$A = F\left[\frac{i}{(1+i)^N - 1}\right]$	=PMT $(i, N, 0, F)$	
	현재가치 $(P/A, i, N)$	$P = A\left[\frac{(1+i)^N - 1}{i(1+i)^N}\right]$	=PV (i, N, A)	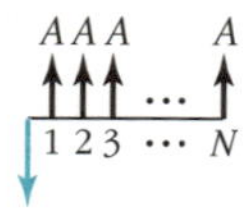
	자본회수 $(A/P, i, N)$	$A = P\left[\frac{i(1+i)^N}{(1+i)^N - 1}\right]$	=PMT (i, N, P)	
비례 자금열	등차자금열 현재가치 $(P/G, i, N)$	$P = G\left[\frac{(1+i)^N - iN - 1}{i^2(1+i)^N}\right]$		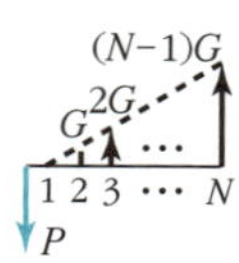
	연간등가 $(A/G, i, N)$	$A = G\left[\frac{(1+i)^N - iN - 1}{i(1+i)^N - i}\right]$		
	등비자금열 현재가치 $(P/A_1, g, i, N)$	$P = \begin{cases} A_1\left[\frac{1-(1+g)^N(1+i)^{-N}}{i-g}\right] \\ A_1\left(\frac{N}{1+i}\right), (\text{if } i = g) \end{cases}$		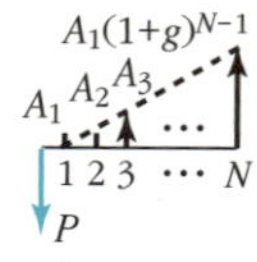

2.7 요약

- 돈은 시간이 지나면 더 많은 돈을 얻는 시간적 가치(time value of money)를 가진다. 본 장에서는 돈의 시간적 가치를 포함하는 아래와 같은 많은 용어들을 소개하였다.
- 이자는 돈을 사용한 대가(비용)이다. 좀 더 정확히 표현하면, 이자는 빌려오거나 빌려주는 원금에 대하여 임차자(borrower)에게는 비용이고 임대자(lender)에게는 수익이다.
- 이자율(interest rate)은 이자를 계산하기 위해 정기적으로 총액에 대해 적용되는 비율(백분율)이다.
- 단순이자(simple interest)는 원금에 대해서만 이자율이 적용되어 발생하는 비용(또는 수익)이다.
- 복합이자(복리, compound interest)는 원금과 이전에 발생된 이자가 인출되지 않고 원금에 누적되어 있는 잔액들에 대해 이자율을 적용하여 발생하는 비용(또는 수익)이다. 복합이자(복리)는 실제 거래에서 주로 사용되고 있다.
- 경제적 등가(economic equivalence)는 일시적 현금흐름이나 일정한 유형을 가지는 현금흐름열(자금열)들 사이에 존재하는 개념이다. 현금흐름의 크기나 발생하는 시점이 다르다고 하더라도 적절한 이자율을 사용하여 경제적 등가를 찾을 수 있다.
- 복리할증계수(compound interest factor)는 모든 이자계산식에 기본이 되는 가장 근본적인 계산식이다.

$$F = P(1+i)^N$$

  여기서 P는 현재액, i는 이자율, N은 이자계산기간, 그리고 F는 구하고자 하는 미래가치이다. 다른 이자계산식들은 모두 이 계수로부터 유도된다.
- 현금흐름도(cash flow diagram)는 시간축에 따라 현금의 유입과 유출을 그림으로 표시한 것이다. 현금흐름도는 본 절에서 논의된 5가지 현금

흐름 유형 중에 어떤 것을 적용할 것인지를 분석하는 데 아주 유용하게 사용된다. 현금흐름의 다섯 가지 유형은 다음과 같다.

1. 일시금(single payment): 하나의 현재(혹은 미래) 현금흐름
2. 동일자금열(equal-payment series): 일정한 간격으로 동일한 현금흐름의 자금열.
3. 등차자금열(linear-gradient series): 일정한 간격으로 고정된 금액만큼 증가 혹은 감소하는 자금열. 엑셀이 이러한 유형의 자금열을 계산하는데 가장 유용한 도구가 된다.
4. 등비자금열(geometric-gradientseries): 일정한 간격으로 고정된 비율(백분율)만큼 증가 혹은 감소하는 자금열. 이 자금열도 엑셀을 사용하는 것이 편리하다.
5. 불규칙 자금열(irregular series): 전반적인 유형이 없는 자금흐름. 그러나 이 자금열 내에 기존의 유형이 존재할 수 있다.

• 현금흐름의 유형은 등가계산을 효율적으로 할 수 있는 이자계산식들을 유도하는 데 매우 중요하다. 표 2.8에 경제성분석에서 다루게 될 많은 분석들의 기초가 되는 중요한 이자계산식들을 요약하였다.

연습문제

이자계산과 경제적 등가

2.1 지금부터 10년 뒤에 1,000만원을 가지려면, 연복리 8%의 저축계좌에 지금 얼마를 적립해두어야 하는가?

2.2 500만원을 10년 동안 다음의 이자율이 적용되는 은행계좌에 적립한다면, 5년 후에 불어난 이자는 얼마인가?

(ㄱ) 연복리 5%

(ㄴ) 연단리 5%

2.3 어느 은행계좌에 지금 1,000만원을 적립하고 적용되는 이자율이 아래와 같다면, 은행계좌에 잔액이 2,000만원 이상이 되려면 적어도 몇 년이 걸리겠는가?

(ㄱ) 연단리 8%

(ㄴ) 연복리 7%

2.4 연단리 10%가 적용되는 저축상품(A)과 연복리 9.5%가 적용되는 저축상품(B)이 있다. 여기에 1,000만원을 저축하려고 한다. 원금과 이자는 5년 말까지 인출하지 않는 것으로 가정할 때, 5년 후에 어느 저축상품이 얼마나 더 많은 잔액(F)을 보유하고 있겠는가?

2.5 복권에 당첨된 어느 회사원이 당첨금을 지금 받거나, 아니면 5년 뒤에 5억원을 받을 수 있다고 한다. 5년 후에 지급이 보장된 5억원과 경제적으로 동일한 금액을 지금 받으려면 얼마를 받아야 하겠는가? 단, 이 사람은 지금 받는 당첨금은 연복리 5%의 저축계좌에 적립할 계획이다.

2.6 대학 졸업반인 A군은 장학금으로 받은 250만원을 등록금이 부족해 고민하는 친구에게 빌려주기로 하였다. 취업이 이미 확정된 이 친구는 지금부터 2년 후에 돌려주기로 약속하였다. 만일, A군이 이 장학금을 연복리 8% 은행계좌에 적립할 수 있었다면, 2년 뒤에 친구로부터 얼마 이상의 금액을 받아야 경제적으로 손해를 입지 않겠는가?

2.7 현재 100만원을 받는 것과 5년 뒤에 170만원을 받는 것이 경제적으로 동일하려면 연복리 이자율이 몇 %이어야 하겠는가?

2.8 5년 후에 1억원을 받는 방법과 지금 P원을 받는 방법 가운데 하나를 선택해야 한다. 지금 받는다면, 받은 P원을 연복리 6%의 예금계좌에 적립하려고 한다. 두 가지 방법이 경제적으로 무차별하려면 지금 받는 P가 얼마여야 하는가?

단일현금흐름(P/F 또는 F/P 계수를 이용)

2.9 지금 1,000만원(P)을 연복리 4.5%인 저축계좌에 적립한다면 5년 후에 계좌잔액(F)은 얼마이겠는가?

2.10 7년 후에 8,000만원(F)을 찾기 위해, 연복리 10%의 은행계좌에 지금 얼마(P)를 적립해두어야 하겠는가?

2.11 어느 주식투자자가 A사의 주식을 100만원에 사서 3년 후에 120만원에 팔았다면, 이 투자자의 3년간 수익률은 얼마인가? 또, 연간 수익률은 얼마인가?

2.12 다음 현재가치(P)와 경제적 등가가 되는 미래가치(F)를 구하라.

(ㄱ) 연복리 4.7%일 때, 500만원의 8년 후 미래가치
(ㄴ) 연복리 5%일 때, 2,500만원의 4년 후 미래가치
(ㄷ) 연복리 9%일 때, 4,000만원의 20년 후 미래가치
(ㄹ) 연복리 10%일 때, 1.2억원의 5년 후 미래가치

2.13 다음 미래가치(F)와 경제적 등가가 되는 현재가치(P)를 구하라.
(ㄱ) 연복리 8%일 때, 3년 후 2,300만원의 현재가치
(ㄴ) 연복리 6%일 때, 7년 후 5,000만원의 현재가치
(ㄷ) 연복리 4.95%일 때, 5년 후 2.8억원의 현재가치
(ㄹ) 연복리 10%일 때, 10년 후 10,000만원의 현재가치

2.14 연복리 7%를 적용할 때, 원금의 3배가 적립되려면 적어도 몇 년이 걸리겠는가?

2.15 만일 지금 내가 주당 140만원인 S전자 주식을 100주 소유하고 있고, 이 주식의 연평균 주가상승률이 7%라면, 투자금액의 두 배를 얻기까지 적어도 몇 년이 소요되겠는가?

2.16 지금, 그리고 2년 말, 4년 말, 6년 말, 8년 말에 각각 500만원씩을 연복리 6%인 은행계좌에 적립하기로 했다면, 9년 말에 그 계좌에 적립된 금액은 얼마인가? (단위: 만원)

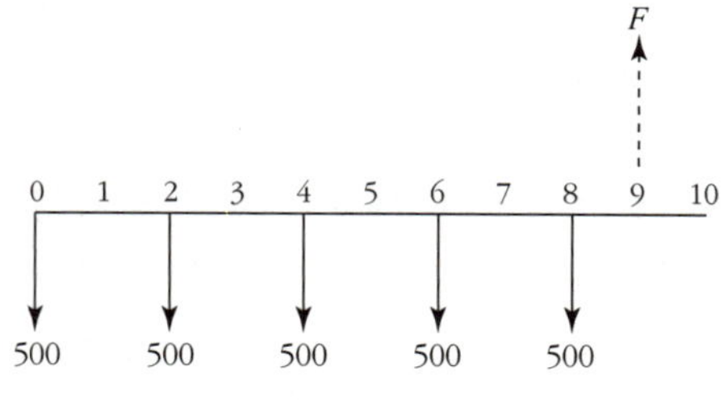

불규칙 자금열

2.17 어떤 투자프로젝트의 현금흐름이 2년 말에 1,500만원, 4년 말에 2,000만원, 5년 말에 4,500만원의 수익을 발생할 것으로 기대된다. 연복리 10%의 수익률이 적용되어 경제적으로 타당하려면, 지금 투자할 수 있는 최대 투자액(P)은 얼마인가?

2.18 지금 1,000만원, 3년 후에 2,000만원, 4년 후에 4,500만원을 투자하는 프로젝트의 수익률이 연복리로 8%라고 하면 10년 말의 수익(F)이 얼마가 되어야 경제적으로 타당하겠는가?

2.19 지금부터 2년 후 4,000만원, 5년 후 3,000만원, 7년 후 6,000만원을 인출하고자 한다면 연복리 5%가 적용되는 저축계좌에 지금 얼마를 적립해두어야 하는가?

2.20 다음의 현금흐름도에서 현금흐름과 현금유입이 경제적으로 등가가 되는 3년 전 현금흐름 X는 얼마인가? 단, 각 연도별로 적용되는 이자율은 5%, 7%, 8%, 10%이다. (단위: 만원)

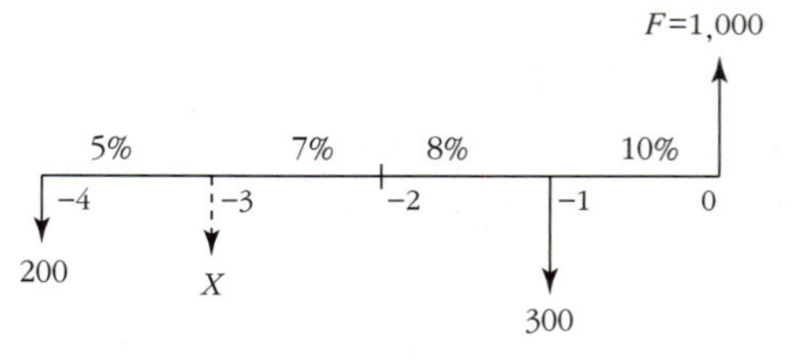

2.21 지금부터 5년 후에 16,000만원의 비용으로 동해 바닷가에 별장을 구입하고자 연복리 6%의 저축계좌에 (1) 지금 2,000만원, (2) 2년 후에 2,400만원 (3) 3년 후에 X원을 적립하고자 계획을 세웠다. 5년 후에 별장을 구입하기 위해, 3년 말에 적립해야 하는 금액(X)을 구하여라.

2.22 커피 자동판매기를 구매하여 구내 버스정류장 옆에 10대를 설치할 계획이다. 이 사업으로 기대되는 수익은 1년 말에 4,000만원, 2년 말에 5,600만원, 3년 말에 5,500만원, 4년 말에 6,000만원, 5년 말에 4,500만원을 예상하고 있다. 만일 이 수익이 운영비와 재료비 등의 연간비용을 차감한 수익이라고 하고 이 사업이 경제적으로 타당하려면, 초기 자동판매기(10대)를

구매하는 비용은 최대 얼마까지 고려할 수 있겠는가? 단, 구매비용은 연복리 7%로 은행에서 융자하기로 하였다.

2.23 신입사원 최예지는 이번에 근무하는 회사에서 특별 보너스로 받은 100만원으로 최근 이슈가 되고 있는 보안솔루션 관련 회사의 주식을 구매하여 4년간 보유하기로 하였다. 4년 동안의 매년 말 예상 배당금은 아래 그림과 같다. 그녀가 이번에 구매한 주식으로 연복리 8%의 수익을 올리려면, 4년이 지난 후 주식의 처분가격의 최소값은 얼마인가? (단위: 만원)

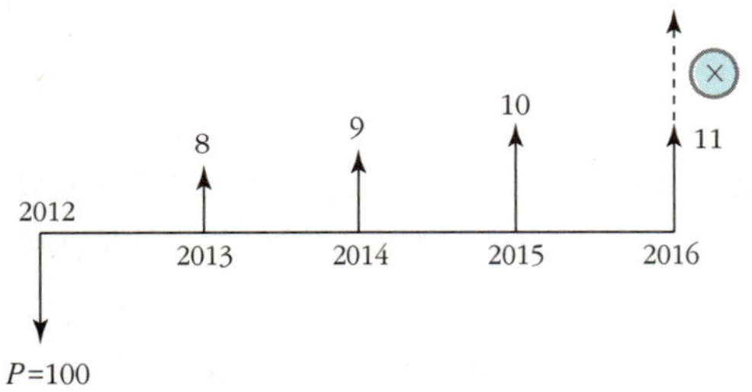

동일자금열

2.24 연복리 4%의 저축계좌에 각각 아래와 같은 조건으로 매년 100만원씩 10년간 적립한다면 10년 후의 미래가치는 얼마인가?

(ㄱ) 모든 적립금을 매년 말에 적립한다.
(ㄴ) 모든 적립금을 매년 초에 적립한다.

2.25 아래의 동일자금열(A)의 현재가치(P) 혹은 미래가치(F)를 구하시오.

(ㄱ) 연복리 4.85%일 때, 6년 동안 매년 말 500만원 자금열의 현재가치
(ㄴ) 연복리 7%일 때, 10년 동안 매년 말 70만원 자금열의 현재가치
(ㄷ) 연복리 5%일 때, 20년 동안 매년 말 1,500만원 자금열의 미래가치
(ㄹ) 연복리 9%일 때, 15년 동안 매년 말 700만원 자금열의 미래가치

2.26 아래 일시금의 연간등가(A)를 구하시오.

(ㄱ) 연복리 7.25%일 때, 현재 15,000만원에 대한 10년간의 연간등가
(ㄴ) 연복리 8%일 때, 현재 7,000만원에 대한 7년간의 연간등가
(ㄷ) 연복리 9%일 때, 20년 말 27,000만원에 대한 20년간의 연간등가
(ㄹ) 연복리 6%일 때, 12년 말 13,000만원에 대한 12년간의 연간등가

2.27 ㈜MJ는 최근 장학재단을 설립하여 인근 자매학교에 매년 5,000만원의 장학금을 향후 20년간 지원하기로 하였다. 이를 위하여 현재 적립해두어야 하는 장학기금은 얼마인가? 이 회사는 이 장학기금을 연복리 5%의 은행계좌에 적립하기로 하였다.

2.28 ㈜YB통운은 지금부터 5년 후에 발생할 화물트럭의 교체비용으로 20억원이 필요하다. 이를 위하여 지금부터 매년 말 일정한 금액을 연복리 6%의 저축계좌에 적립하기로 하였다. 5년 후 화물트럭 교체를 위해 매년 말 적립해야 할 금액은 얼마인가?

2.29 소형 픽업트럭으로 개인화물사업을 하는 B씨는 향후 픽업트럭의 교체비용을 마련하기 위하여 수입 중의 일정 금액을 적립하기로 하였다. 매년 말 수입금 중 300만원씩을 적립할 수 있다면, 4,500만원의 새 픽업트럭을 구입하기 위하여 최소한 몇 년 동안 지금의 픽업트럭을 활용할 수 있어야 하겠는가? 단, 적립금은 연복리 6%의 저축계좌에 적립하기로 한다.

2.30 연복리 4%가 적용되는 저축계좌에 지금 1,000만원, 그 후 5년 동안은 1,500만원씩, 또 그 이후 5년 동안은 2,000만원씩을 매년 말 적립한다면, 10년 후의 미래가치는 얼마인가?

2.31 지금 시중의 한 은행으로부터 2억원을 빌려 연복리 7%로 향후 10년 동안 매년 말 동일액으로 상환한

다면, 여섯 번째 상환액 가운데 이자상환액은 얼마인가?

2.32 ㈜21세기정밀은 운영비용 절감을 위해 그동안 사용했던 공작기계의 대체를 검토하고 있다. 새로운 공작기계는 구매와 설치비용이 39,000만원이고 10년 후 잔존가치는 없으며, 매년 운영비용을 6,000만원씩 절감해줄 것으로 기대된다. 만일 회사의 기대수익률이 연복리 10%라고 한다면, 지금 새로운 공작기계로 대체해야 하는가? 단, 현재 사용하는 공작기계의 처분가치는 없다고 가정한다.

2.33 보간법을 이용하여 다음 계수들에 대한 값을 구하라. 그 결과를 자본회수계수(A/P)와 현재가치계수(P/A)의 이자계산식에서 계산된 값과 비교하여라.

(ㄱ) 이자율 6.25%로 36기간에 대한 자본회수계수(A/P)

(ㄴ) 이자율 9.25%로 125기간의 동일자금열에 대한 현재가치 계수(P/A)

등차자금열

2.34 연복리 6%를 가정할 때, 다음 현금흐름의 현재가치(P)와 6년간의 연간등가(A)는 얼마인가?

(단위: 만원)

연도	0	1	2	3	4	5	6
현금흐름	0	200	250	300	350	400	450

2.35 연복리 10%가 적용되는 계좌에 지금부터 5년 동안 1년 말 1,000만원을 적립하고 매년 말 100만원씩 줄여서 적립한다면, 5년 말 마지막 적립을 하고 난 후 계좌에 적립되어 있는 금액은 얼마이겠는가?

2.36 ㈜재연섬유는 최근 도입된 대형 방적기의 대당 운영비용이 금년도 말에 6,000만원을 시작으로 매년 말 1,200만원씩 증가할 것으로 예상하고 있다. 만일 이 방적기를 8년 동안 사용할 수 있다면, 8년 동안의 대당 운영비용의 현재가치는 얼마가 되겠는가?, 단 연복리 9%가 적용된다고 가정한다.

2.37 연복리 9%를 가정할 때, 아래의 현금흐름도에서 현금흐름의 유입과 유출이 경제적으로 등가가 되는 C는 얼마인가? (단위: 만원)

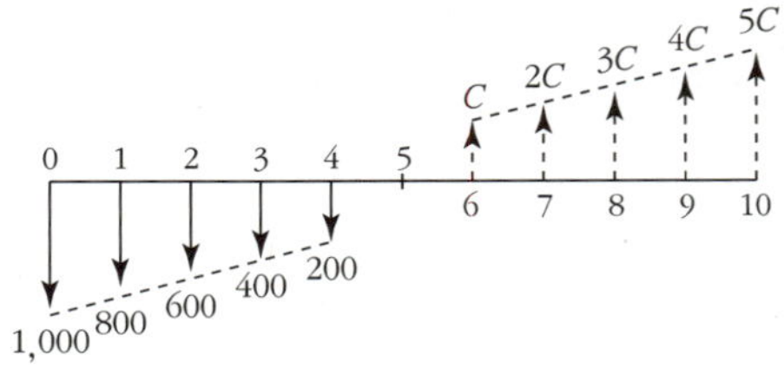

2.38 연복리 8%를 가정할 때, 지금부터 10년 동안 매년 말 동일액(A)을 적립하고, 11년 말에 300만원, 그 후로 전년 대비 매년 6%씩 증가하는 금액을 5년 동안 인출하려면 적립해야 하는 동일액(A)은 얼마여야 하는가?

2.39 최근 대학을 졸업하고 취업한 A씨는 첫 해에 연봉 3,000만원을 받기로 하였다. 이 회사는 매년 5%의 연봉 인상이 보장되며, 지금 만 27세인 A씨는 만 57세까지는 근무할 수 있을 것으로 기대하고 있다. A씨는 퇴임 후를 대비하여 지금부터 매년 말 그의 연봉 중에 10%를 연복리 7%의 연금저축에 적립하기로 하였다면, 퇴임하는 해의 연말에 그가 일시금으로 받을 수 있는 연금은 얼마이겠는가?

2.40 최근 국내 한 정유회사는 한국석유공사와 함께 중동의 한 유전을 공동으로 개발하고 있다. 3년 후 개발이 완료되어 생산을 시작한다고 가정하며, 생산 첫 년도에 100만 배럴의 원유를 생산할 수 있고, 이는 매년 전년도 생산량에서 10%씩 감소하여 7년간 생산할 수 있을 것으로 기대된다.

(ㄱ) 만일 원유가격이 배럴당 100달러로 향후 7년간 유지된다면, 연복리 12%를 적용할 때 이 유전 개

발로 인한 수익의 현재가치는 얼마인가?

(ㄴ) 만일 원유가격이 첫 년도 배럴당 100달러를 시작으로 매년 전년 대비 5%씩 증가한다면, 연복리 12%를 적용할 때 이 유전 개발로 인한 수익의 현재가치는 얼마인가?

(ㄷ) 원유가격의 변동을 (ㄴ)과 같다고 가정할 때, 생산을 시작한 후 2년 뒤에 이를 매도하기로 한다면, 나머지 5년의 생산을 근거로 하여 판매가격을 결정하여라.

2.41 현재 기획되고 있는 도시고속도로의 20년간 통행료 수익은 아래의 수식에 의해 추정될 수 있다고 한다.

$$A_n = (200\text{억원})(n)(1.06)^{n-1},\ n = 1, 2, \cdots, 20$$

시청에서는 이 도시고속도로를 채권을 발행하여 건설하려고 계획하고 있고, 이를 위해 발행할 채권 총액을 결정하여야 한다. 이 채권 총액을 통행료 수익을 기반으로 한다면, 20년 동안의 통행료 수익에 대한 현금흐름의 현재가치는 얼마인가? 단, 시청이 적용하는 수익률은 연복리 6%이다.

2.42 G씨는 지금부터 은퇴할 때까지 은퇴자금으로 30년 동안 10억원을 모으기로 했다. 은퇴 후 20년 동안 이 자금을 연복리 6%의 은행계좌에 적립해두고, 인플레이션을 고려하여 매년 3%씩 늘려가며 생활비를 인출하고자 한다면, 은퇴 후 첫해 말에 인출할 금액은 얼마인가?

경제적 등가 계산

2.43 연복리 10%가 적용될 때, 3개 이하의 복리계수를 사용하여 아래 현금흐름의 현재가치(P)를 구하는 식을 구성하고 값을 구하여라. (단위: 만원)

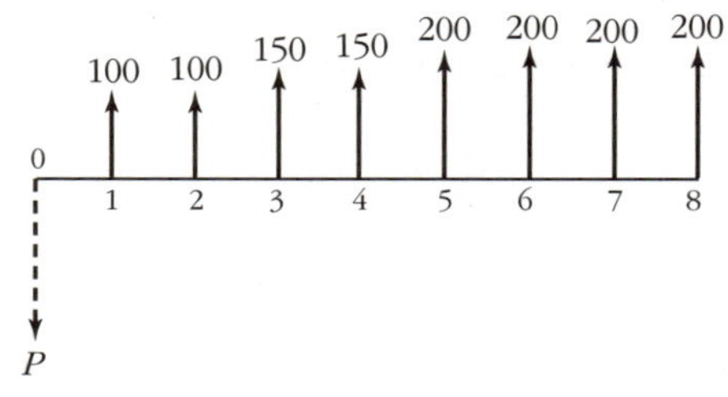

2.44 연복리 10%를 가정할 때, 아래 두 현금흐름이 경제적 등가가 되려면, C는 얼마여야 하는가? (단위: 만원)

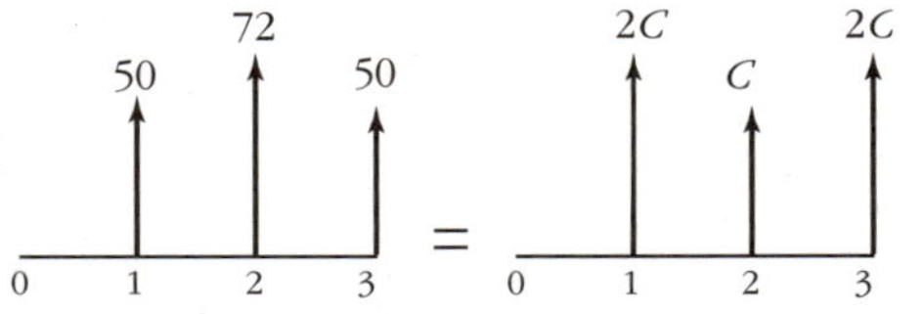

2.45 10%의 연간복리가 적용될 때, 다음 두 현금흐름을 등가로 하는 A는 얼마인지 구하여라. (단위: 만원)

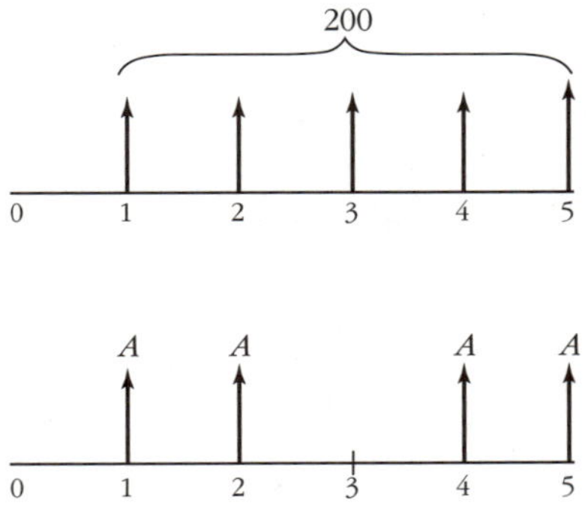

2.46 아래 현금흐름도에 보이는 거래는 9%의 연간복리가 적용될 때 등가이다. C를 구하라. (단위: 만원)

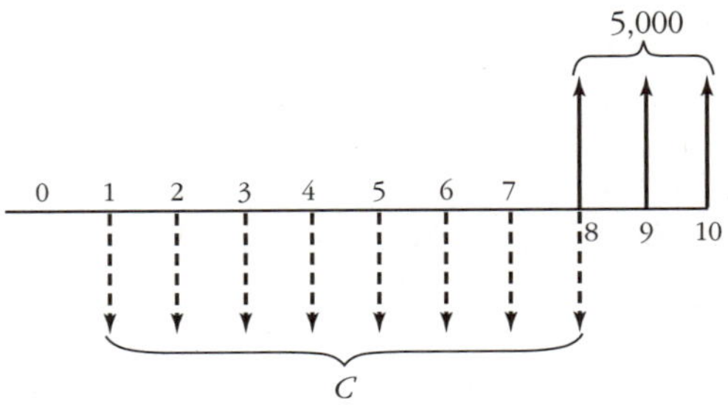

2.47 10%의 연간복리가 적용될 때, 다음 현금흐름의 현재가치를 2개의 이자계수만으로 구하라. (단위: 만원)

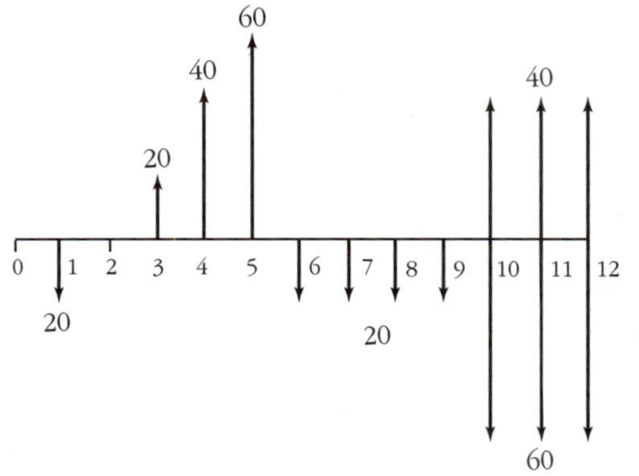

2.48 어느 저축계좌에 지금부터 4년 전에 200만원, 3년 전과 2년 전에 각각 X원, 작년에 300만원을 적립하였는데, 지금 계좌잔고를 확인해보니 1,000만원이 적립되어 있다면, 2년과 3년 전에 적립한 X원은 얼마이겠는가? 단, 이자율은 매년 아래 그림과 같이 변동하였다고 가정한다. (단위: 만원)

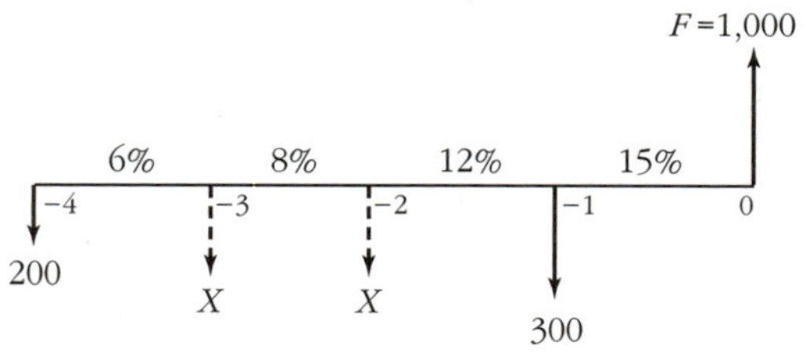

2.49 다음 식은 어떤 현금흐름을 $N = 10$인 동일자금열과 등가가 되도록 바꾸는 것이다. 원래의 현금흐름도를 그리면 어떻게 되겠는지 구하여라.

$$A = [800 + 20(A/G, 6\%, 7)](P/A, 6\%, 7)(A/P, 6\%, 10) + [300(F/A, 6\%, 3) - 500](A/F, 6\%, 10)$$

2.50 다음 현금흐름도에서 이자율이 12%일 때 유입되는 자금열과 유출되는 자금열이 등가가 되도록 C를 구하라. (단위: 만원)

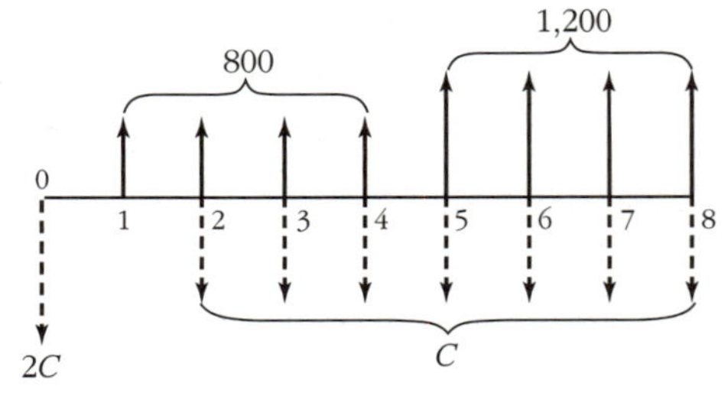

2.51 최근 국내 유명 프로야구선수가 구단과 50억원에 10년의 다년 계약을 체결하였다. 구체적으로는 계약금으로 10억원을 받고 처음 5년간 매년 말 3억 5천만원씩, 그 후 나머지 5년간은 매년 말 4억 5천만원을 받은 조건이다. 연복리 7%의 이자율이 적용된다면, 이 계약의 현재가치(P)는 얼마인가?

2.52 지금 막 군대를 제대한 D씨는 남은 2년간의 대학 학자금 충당을 위해 은행으로부터 2,000만원을 융자하였다. 은행이 제시한 상환조건은 "연복리 5%, 3년 거치, 10년 동일액 상환"이었다. 이는 거치기간 3년 동안은 원금에 대한 이자만 지불하고, 나머지 10년 동안 원금과 이자를 동일액으로 상환하는 방식을 말한다. 이에 대한 현금흐름도를 그리고, 연간 상환액(A)과 처음 3년 동안의 지불이자를 계산하라.

제 3 장 자금관리의 이해

매달 월급 받는 직장인, 차 살 땐 이렇게 사세요

(주: 본 내용은 2012년 9월 10일 중앙일보 인터넷판에 게재된 것을 일부 인용하였다. 본 장에서 논의할 자금관리의 이해를 한다면 어떤 방법으로 차를 구입하는 것이 가장 경제적인가를 알 수 있을 것이다)

자동차를 살 때 어떤 차를 고를 것인가와 마찬가지로 어떤 방식으로 구입할 것인가도 큰 고민거리가 된다. 원하는 차를 고른 뒤엔 숫자와의 싸움이 시작된다. "일시불이 나을까, 할부가 좋을까" "요즘엔 개인도 리스와 장기 렌터카를 많이 이용한다던데…." 각자의 자금 사정과 라이프스타일에 따라 자동차를 구매하는 방법도 다양하다.

현금 · 할부 구입시 비용 비교

현대차 소나타 브릴리언트 스타일(자동변속)

구분	일시불	할부
선납금	없음	선납금(20%) 442만원
월납금	없음	월 55만 3,619원×36개월(할부기간) =1,993만원
총비용	2,210만원	2,435만원
비고	이자 · 수수료 없음	36개월간 나눠내면서 할부원금에 이자 수수료 추가

※ 통합취득세 · 자동차세 및 기타 등록비용불포함 조건 자료: 현대자동차

BMW 520d MY12(자동변속)

구분	일시불	할부
선납금	없음	선납금(30%) 1,878만원
월납금	없음	월 133만 2,493원×36개월(할부기간) = 4,796만원
총비용	6,260만원	6,674만원
비고	이자 · 수수료 없음	36개월간 나눠내면서 할부원금에 이자 수수료 추가

※ 통합취득세 · 자동차세 및 기타 등록비용불포함 조건 자료: BMW

현금구매: 현금 일시불로 구입하면 이자나 수수료를 지불하지 않아도 되는 편리함이 있다. 하지만 거액을 한꺼번에 내놓게 되면, 이 돈을 굴려서 얻을 수 있는 이자수익을 놓칠 수 있다. 다시 말하면, 다른 곳에 투자해 얻을 수 있는 수익보다 할부 프로그램을 이용할 때 지불하는 이자비용이 더 크다면 일시불 선택이 훨씬 유리하다. 일반적으로 자동차 가격이 쌀수록 일시불 구매비중이 더 크다.

할부구매: 할부는 차를 사기 위해 대출을 받는 것이다. 차 가격의 일부를 선납하고 나머지 금액에 대해 원금과 이자를 매달 나누어 갚는 방식이다. 매달 상환금을 균등하게 내는 만큼 월급을 받는 직장인이나 고정수입이 있는 이들에게 적합하다. 할부 프로그램엔 다양한 유형이 있지만, 대부분 초기 부담이나 월 상환액을 줄이는 데 초점이 맞춰져 있다. 할부는 목돈이 없어도 차를 살 수 있다는 장점이 있지만, 차를 소유하는 데 드는 총 금액은 일시불보다 많다.

임대(리스): 리스는 차량을 구입하는 대신 사용료를 내고 빌려 타는 개념이다. 운전자가 타고 싶은 차를 택하면, 리스회사가 회사 명의로 차를 구입한 뒤 매월 임대료를 받고 대여한다. 운전자는 임대료를 비용으로 처리할 수 있어 법인이나 개인사업자가 선호한다. 계약기간이 끝나면 차를 반납하거나, 사거나 혹은 일정기간 다시 임대할 수도 있다. 리스는 초기비용을 아낄 수 있다는 장점이 있다. 차량 취득과 관련된 등록세 · 취득세 · 공채 등 초기비용을 모두 월 임대료에 포함시킬 수 있기 때문이다. 그러나, 이런 금융서비스에 대한 수수료를 리스회사가 챙기기 때문에 총 지불금액은 현금이나 할부구매보다 더 많아질 가능성이 높다.

이 신문기사에서는 자동차를 할부로 살 경우 지불할 이자율에 대한 정보를 제시하지는 않았지만, 우리는 연이율(annual percentage rate: APR)이 7.95%임을 알 수 있다. 그렇다면, 은행에서 제시하는 연이율 7.95%는 어떤 의미를 가지고 있을까? 어떻게 우리는 이 이자율을 산출할 수 있었는가? 또, 이렇게 다양한 구입대안들을 어떻게 비교 · 분석하여 최선의 선택을 할 수 있을까?

본 장에서 자금의 관리를 위한 몇 가지 중요한 개념을 생각해보자. 제2장에서 우리는 이미 돈의 시간적 가치와 이를 측정하기 위한 이자계산식을 유도하였다. 여기서는 이러한 기본 이자계산식을 이용하여, 많은 금융계약에서 사용되는 다양하고 복잡한 이자율의 개념을 명확히 하기 위하여 경제적 등가의 개념을 확장하고자 한다. 또한, 본 장의 후반부에서는 실제 대부거래에 존재하는 여러 종류의 사례를 살펴보기로 한다. 많은 대부거래들은 1년에 한 번 이상(반년, 월, 분기, 일, …) 이자가 복리로 계산된다. 이와 같이 이자가 1년 안에 여러 번 복리로 계산되는 경우의 효과를 고려하려면, 우선 **명목이자율**(nominal interest rate)과 **실질이자율**(effective interest rate)의 개념을 먼저 이해해야 한다.

3.1 시장이자율

제2장에서 간단히 언급한 바와 같이, 시장이자율은 은행이나 금융기관 등과 같은 금융시장에서 유통되는 이자율로 정의된다. 이 이자율은 시장경제에서 인플레이션에 따른 구매력이나 투자에 대한 수익력의 변화에 의해 결정된다. 본 절에서는 이 시장이자율에 대하여 좀 더 자세히 알아보자.

3.1.1 명목이자율

신용카드 청구서나 혹은 새 자동차를 구입할 때 작성된 대출계약서를 한 번 살펴보자. 이 계약서에는 분명히 미납대금에 대하여 어떠한 이자율을 적용하는지에 대한 설명을 찾을 수 있을 것이다. 이때, 특이한 사실은 금융기관이 실제 이자계산을 할 때 월이나 분기와 같이 연단위가 아닌 다른 이자계산기간을 사용한다고 하더라도, 청구서류의 이자율은 **연단위**(annual basis)로 명기한다는 것이다. 실제로 많은 금융기관들은 신용카드나 각종 대부서비스에 대하여 다음과 같은 방법으로 이자율을 표시한다.

'18% 월복리'

이것은 은행이 미납대금에 대해 1.5%의 이자율을 매월 적용하여 이자를 부과하겠다는 의미이다. 여기서 우리는 명시된 18%를 명목이자율(nominal interest rate) 혹은 **연이율**(annual percentage rate: APR)이라 한다. 그리고, 이자계산기간은 월단위로 1년에 12회 복리계산한다는 의미이다. 그림 3.1에서와 같이 복리기간당 월이자율을 구하려면 연이율 18%를 12로 나눈 값(1.5%)이다.

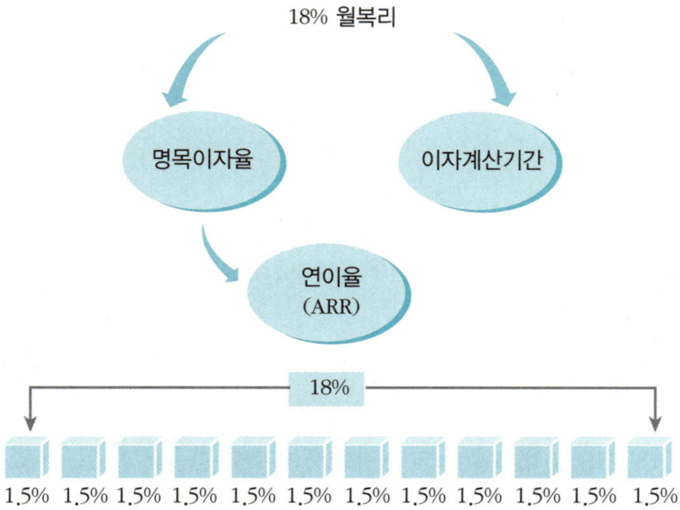

그림 3.1 | 명목이자율(APR)과 이자계산 기간의 관계

금융기관들이 관례상 연이율(APR)을 사용하지만, 우리가 주지할 사항은 이자계산기간이 1년에 한 번 이상으로 빈번하게 이루어진다면 이러한 연이율과 실제로 얻게 되는 실질수익률(혹은 실질이자율)과는 상당한 차이가 있다는 것이다. 빈번한 복리계산이 연간 총이자에 미치는 실질적인 영향을 알아보기 위해서는 실질수익률의 개념을 이해해야 한다.

3.1.2 연간 실질수익률

연간 실질수익률(annual effective yield) 또는 **연간 실질이자율**(effective annual interest rate)이란 1년 동안 혹은 어느 일정기간 동안 실제로 발생한 이자율을 말한다. 앞에서의 예를 다시 생각해보면, 은행은 채무자의 미납대부 잔액에 대하여 실질적으로 매월 말에 1.5%의 이자율을 적용하게 되므로, 이자율 1.5%는 월간 실질수익률이라 말할 수 있다. 연단위의 실질수익률을 찾고자 한다면, 1.5%의 월간 실질수익률이 12번 누적되어 복리계산된 누적이자율을 구해야 한다. 이 누적이자율이 미납대부 잔액에 대한 연간 실질이자율이다.

식 (2.3)을 활용하면 대부금 1,000만원에 대한 총 연간이자를 계산할 수 있다. $P = 1{,}000$만원, $i = 1.5\%$, $N = 12$이므로 다음과 같이 연말에 지불해야 할 금액을 구할 수 있다.

$$\begin{aligned} F &= P(1+i)^N \\ &= 1{,}000(1+0.015)^{12} \\ &= 1{,}195.62\,(\text{만원}) \end{aligned}$$

실제로 은행은 대부금에 대해 1년에 18%에 대한 이자 180만원보다 더 많은 이자수익 195.62만원을 얻게 되는 것이다. 즉, 연 18%의 이자율이 아닌 연 19.5618%(195.618/1,000)의 이자율로 대부를 받은 것을 알 수 있을 것이다. 원금에 대한 백분율로 연간 실질수익률(i_a)을 표시하면 다음과 같다.

$$i_a = 195.62/1{,}000 = 0.19562 \text{ 또는 } 19.562\%$$

다시 말하면, 매월 1.5%의 이자율로 12번을 지불하는 것은 연말에 19.562%로 한 번 지불하는 것과 동일하다는 의미이다. 그림 3.2는 이 관계를 설명하고 있다.

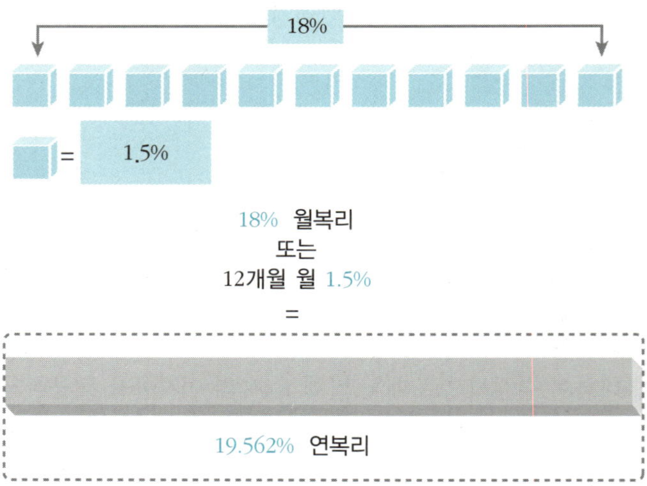

그림 3.2 | 명목이자율과 실질수익률의 관계

표 3.1은 명목이자율 4%와 12% 사이의 이자율에 대해 각각 다른 이자계산기간을 적용하여 계산된 연간 실질수익률을 보여주고 있다. 이 표를 살펴보면, 복리계산의 빈도수에 따라 실질수익률과 명목이자율의 사이에 차이가 있음을 알 수 있다. 그러므로 금융기관들은 고객에게 대부를 하거나 예금을 받을 때에는 반드시 명목이자율과 이자계산기간, 다시 말하면 연간 실질수익률에 관한 정보를 알려주어야 한다.

표 3.1 ▎ 이자계산기간에 따른 연간 실질수익률

(단위: %)

명목이자율	연간	반년	분기	월간	일간
4	4.00	4.04	4.06	4.07	4.08
5	5.00	5.06	5.09	5.12	5.13
6	6.00	6.09	6.14	6.17	6.18
7	7.00	7.12	7.19	7.23	7.25
8	8.00	8.16	8.24	8.30	8.33
9	9.00	9.20	9.31	9.38	9.42
10	10.00	10.25	10.38	10.47	10.52
11	11.00	11.30	11.46	11.57	11.62
12	12.00	12.36	12.55	12.68	12.74

분명한 사실은 명목이자율이 같다고 하더라도 보다 자주 복리계산을 하게 되면 실질적으로 지불되는 이자액은 증가한다는 것이다. 명목이자율(r)과 연간 복리계산횟수(M)를 알면, 연간 실질수익률은 아래와 같은 식을 이용하여 쉽게 계산할 수 있다.

$$i_a = (1 + r/M)^M - 1 \tag{3.1}$$

$M = 1$인 특수한 경우에는 식 (3.1)이 $i_a = r$로 간단해진다. 이러한 경우는 1년에 이자가 한 번만 계산되어 실질수익률과 명목이자율이 같아지게 된다. 그러므로, 제2장의 예제에서 적용된 모든 이자율들은 결국 연간 실질수익률임을 알 수 있다.

예제 3.1 연간 명목이자율과 실질수익률의 산정

본 장 서문에서 소개한 현대 소나타의 할부융자를 다시 고려해보자. 현대자동차의 소나타 브릴리언트(가격 2,210만원)를 36개월 할부로 살 경우, 선수금 20%(442만원)를 내면 36개월 동안 매월 553,619원을 지불해야 한다.

- 총구입비용: 2,210만원
- 월 할부금: 553,619원
- 선수금: 442만원
- 융자기간: 36개월

이 경우 할부구입자에게 적용되는 명목이자율과 연간 실질수익률을 산정하여라.

문제분석	■ **조건**: P = 17,680,000원(=22,100,000 − 4,420,000), A = 553,619원, N = 36개월 ■ **탐색**: 명목이자율(r), 연간 실질이자율(i_a)
분석방법 시행착오방법을 이용한다.	**풀이** 우선 월복리를 가정할 때, 다음의 등가관계를 생각할 수 있다. $17{,}680{,}000 = 553{,}619\left(P/A, \frac{r}{12}, 36\right)$ $r = 7.95\%$ $i_a = \left(1 + \frac{0.0795}{12}\right)^{12} - 1$ $= 8.25\%$ 시행착오를 통하여 r = 7.95%라는 것을 알 수 있다. 따라서, 월복리 이자율은 0.6625%(=7.95%/12)이고, 연간 실질수익률은 8.25%가 된다.

3.2 기간 실질수익률

식 (3.1)을 일반화하면, 어떠한 이자계산기간이라도 실질수익률을 계산할 수 있다. 다음에 논의되겠지만, 실질수익률은 **지불기간**(payment period)을 기준으로 계산된다. 여기서 지불기간이라 함은 현금흐름이 발생하는 간격을 말한다. 아래에서는 (1) 단속적 복리계산과 (2) 연속적 복리계산의 경우를 각각 나누어 살펴본다.

3.2.1 단속적 복리계산

예를 들어, 현금흐름이 분기마다 발생하지만 이자계산은 월 단위로 이루어진다면, 보통 분기 단위로 실질수익률을 계산하는 것이 효과적이다. 식 (3.1)을 다시 정리하면 다음과 같다.

$$
\begin{aligned}
i &= (1 + r/M)^C - 1 \\
&= (1 + r/CK)^C - 1
\end{aligned}
\qquad (3.2)
$$

여기서, M = 연간 이자계산횟수
C = 지불기간당 이자계산횟수
K = 연간 지불기간횟수

또, 식 (3.2)에서 $M = CK$이다.

예제 3.2 ㅣ 지불기간당 실질수익률의 계산

가령, 한 저축계좌에 연 8% 월복리로 분기마다 적립을 하고 있다고 가정하고, 분기 실질수익률(i_q)을 계산하라.

문제분석

■ **조건**: $r = 8\%$, $C = 3$(분기당 3회 이자계산), $K = 4$(연간 4번의 적립), $M = 12$(연간 12번 이자계산)

■ **탐색**: 분기 실질수익률(i_q)

분석방법

지불기간을 기준으로 한 실질수익률을 계산

풀이

식 (3.2)를 사용하여, 분기 실질수익률을 다음과 같이 계산할 수 있다.

$$
\begin{aligned}
i_q &= (1 + 0.08/12)^3 - 1 \\
&= 2.013\%
\end{aligned}
$$

사례 1: 8% 월복리
지불기간 = 분기
이자계산기간 = 월간

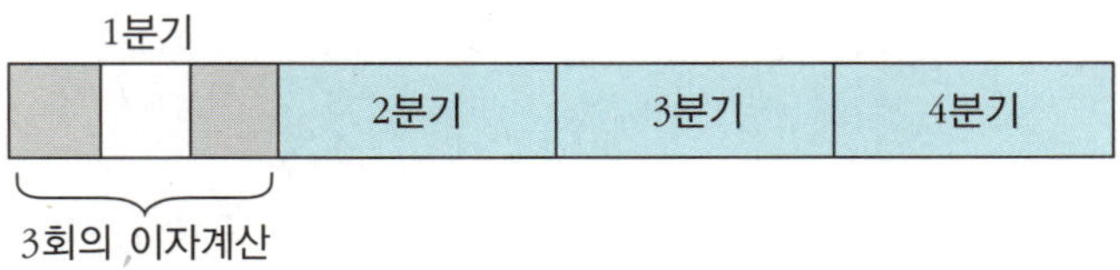

조건, $r = 8\%$
K = 4회/년
C = 3회/분기
M = 12회/년

$$
\begin{aligned}
i_q &= [1 + r/CK]^C - 1 \\
&= [1 + 0.08/(3)(4)]^3 - 1 \\
&= 2.013\% / \text{분기}
\end{aligned}
$$

그림 3.3 ㅣ 분기 실질수익률의 계산

해설 연간 실질수익률(i_a)은 $i_a = (1 + 0.02013)^4 - 1 = 8.30\%$이다. 연 1회 복리계산과 연 1회 현금흐름이 발생하는 특수한 경우에는 $C = M$, $K = 1$이 되므로, $i_a = r$이 된다. 그림 3.3은 명목이자율과 지불기간당 실질수익률의 관계를 보여준다.

3.2.2 연속적 복리계산

금융기관들은 많은 고객을 유치하고 금융시장에서 경쟁력을 확보하기 위하여, 매우 빈번한 복리계산을 허용하는 금융상품을 출시하기도 한다. 복리계산횟수(M)가 커질수록, 이자계산기간당 이자율(r/M)은 점점 작아진다. 만일 복리계산횟수(M)를 무한대로 늘리면 r/M은 "0"에 근접하게 되는데, 이러한 복리계산방식을 **연속복리**(continuous compounding)라고 한다. 즉 매 순간마다 이자를 지불하거나 수익을 발생하는 경우를 말한다.

식 (3.2)의 양변에 극한값을 취하여 지불기간당 실질수익률을 구하면 다음과 같다.

$$
\begin{aligned}
i &= \lim_{CK \to \infty}\left[\left(1 + \frac{r}{CK}\right)^{C} - 1\right] \\
&= \lim_{CK \to \infty}\left(1 + \frac{r}{CK}\right)^{C} - 1 \\
&= (e^{r})^{1/K} - 1
\end{aligned}
$$

그러므로,

$$i = e^{r/k} - 1 \tag{3.3}$$

연속복리계산에서 연간 실질수익률을 계산하기 위해 K를 1로 놓으면, 그 결과는 아래와 같다.

$$i_a = e^{r} - 1 \tag{3.4}$$

예를 들어, 이자율 연 12%가 연속복리일 경우, 연간 실질수익률을 구하면 다음과 같다.

$$i_a = e^{0.12} - 1 = 12.7497\%$$

예제 3.3 | 지불기간당 실질수익률

명목이자율이 8%이고 복리계산기간이 (a) 주간, (b) 일간, (c) 연속인 경우, 분기 실질수익률을 구해보자.

문제분석

■ **조건**: $r = 8\%$, $K = 4$회/년

■ **탐색**: 분기 실질수익률 i_q

분석방법

지불기간에 따른 실질수익률을 계산한다.

풀이

(a) 주복리:

$r = 8\%$, $M = 52$, $C = 13$회/분기

$$i_q = (1 + 0.08/52)^{13} - 1 = 2.0186\%/\text{분기}$$

(b) 일복리:

$r = 8\%$, $M = 365$, $C = 91.25$일/분기

$$i_q = (1 + 0.08/365)^{91.25} - 1 = 2.0199\%/\text{분기}$$

(c) 연속복리:

$r = 8\%$, $M \to \infty$, $C \to \infty$, $K = 4$; 식 (3.3) 이용

$$i_q = e^{0.08/4} - 1 = 2.0201\%/\text{분기}$$

사례 2: 8% 주복리

지불기간 = 분기

이자계산기간 = 주간

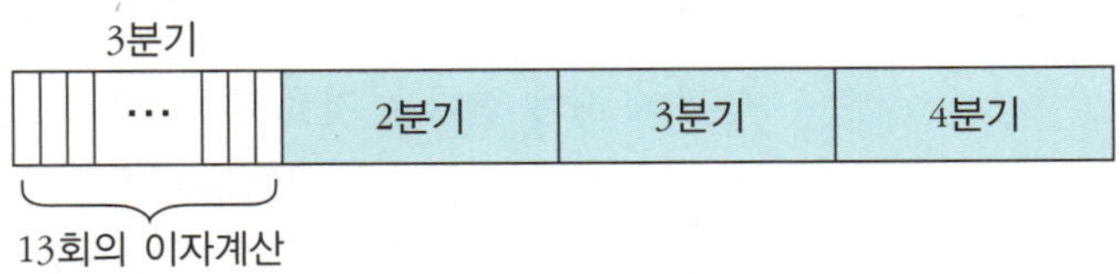

조건, $r = 8\%$

$K = 4$회/년

$C = 13$회/분기

$M = 52$회/년

$$i_q = [1 + r/CK]^C - 1$$
$$= [1 + 0.08/(13)(4)]^{13} - 1$$
$$= 2.0186\%/\text{분기}$$

그림 3.4 | 지불기간당 실질수익률: 주복리와 분기별 지불기간

해설 일복리와 연속복리에 대한 계산결과의 차이는 무시할 수 있을 정도로 작다. 금융기관들이 많은 고객을 유치하기 위해 연속복리 이자계산법을 제시하기는 하지만, 이 계산방식의 혜택은 일복리와 비교할 때 생각보다는 크지 않음을 알 수 있다. 그림 3.5는 다양한 이자계산 빈도에 따른 지불기간당 실질수익률의 변화를 요약하고 있다.

분기 실질이자율

사례 0	사례 1	사례 2	사례 3	사례 4
8% 분기복리	8% 월복리	8% 주복리	8% 일복리	8% 연속복리
지불기간 분기	지불기간 분기	지불기간 분기	지불기간 분기	지불기간 분기
2.000% /분기	2.013% /분기	2.0186% /분기	2.0199% /분기	2.0201% /분기

그림 3.5 | 지불기간당 실질수익률

3.3 실질수익률에 의한 등가계산

이제, 우리는 경제적 등가를 계산하고자 할 때, 지불기간과 이자계산기간을 명확히 해야 한다는 것을 알 수 있다. 만일 현금흐름이 발생하는 간격(이를 지불기간이라 함)과 복리계산이 되는 간격이 다르면, 등가계산을 위해서 우선 지불기간에 상응하는 실질수익률을 구해야 한다. 다음에서 몇 가지 예를 들어 알아보자.

3.3.1 지불기간과 이자계산기간이 동일할 때

모든 제2장의 예제들은 지불기간과 이자계산기간이 연단위로 동일하다고 가정한 것이다. 이자계산기간과 지불기간이 연단위 또는 다른 시간단위라고 하더라도 두 기간이 일치하는 경우($M = K$)에는 아래와 같은 방법으로 경제적 등가를 계산한다.

1. 연간 복리계산(혹은 현금흐름)의 횟수($M = K$)를 확인한다.

2. 지불기간당 실질수익률($i = r/M$)을 계산한다.

3. 총현금흐름 발생횟수(즉 지불기간 수, $N = M \times$ 연수)를 결정한다.

예제 3.4 | 자동차 할부금의 계산

가령 당신이 신형 자동차를 한 대 구입하기 위해 자동차 가격에 대한 정보를 찾던 중에 어느 일간지에 게재된 아래와 같은 자동차 판매광고를 보았다고 가정하자.

- 연이자율 8.5%!
- 48개월 할부판매
- 모든 차종 즉시 인도 가능!
- 판매가 2,160만원
- 부가세 외 판매비의 1%에 해당하는 운송비만 추가로 부담하면 차량등록과 면허세 등 모든 비용을 당사에서 지불함.
- 4% 부가세 = 86.4만원
- 1% 운송비 = 21.6만원
- 총구입비용 = 2,268만원

그림 3.6 | 자동차 판매광고

초기 인도금으로 268만원만 지불하면, 나머지 금액 2,000만원에 대해서는 융자를 받을 수 있다고 가정하자.
(a) 이 경우 자동차 월할부금은 얼마나 되겠는가?
(b) 25번째 월할부금을 지불한 후, 나머지 잔금을 한 번에 지불하고 싶다면 얼마를 지불해야 하는가?

문제분석

위 광고에서는 이자계산기간이 명시되어 있지 않다. 그러나 자동차 할부의 경우, 이자계산기간과 지불기간은 일반적으로 월 단위이기 때문에 특별한 설명이 있지 않는 한, 모든 거래에서 지불기간이 복리계산기간으로 간주하기로 한다. 그러므로, 이자율 연 8.5%는 이자가 월 복리로 계산된다는 것을 의미한다.

분석방법

- 단계 1: 월간 실질이자율 8.5%를 적용하여 월할부금 계산한다.
- 단계 2: 25번째 할부금 지불 후

■ **조건**: $P = 2{,}000$ 만원, $r = 8.5\%/$년, $K = 12$회/년, $N = 48$개월, $M = 12$회/년

■ **탐색**: (a) 월할부금 A, (b) 25번째 할부금 지불 후 잔액 B_{25}

풀이

(a) 월할부금 계산: 식 (2.9)를 사용하면, 손쉽게 월할부금을 계산할 수 있다.

$$i = 8.5\%/12 = 0.7083\%/\text{월}$$
$$N = (12)(4) = 48\text{개월}$$

그러므로

$$A = 2{,}000\,(A/P, 0.7083\%, 48) = 49.297(\text{만원})$$

의 남은 23개월의 할부금에 대한 25개월 말의 현재가치를 계산한다.

지불기간 = 이자계산기간

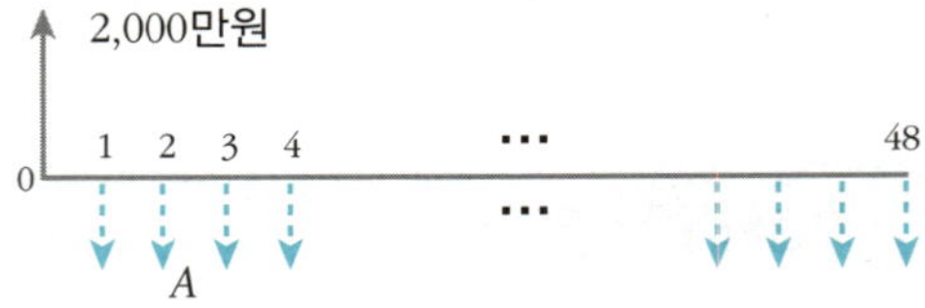

조건: P = 2000만원
r = 8.5%/년
K = 12회/년
N = 48기간(개월)

탐색: A

단계 1: $M = 12$

단계 2: $i = r/M = 8.5\%/12 = 0.7083\%$/월

단계 3: $N = (12)(4) = 48$개월

단계 4: $A = 2{,}000\,(A/P, 0.7083\%, 48) = 49.297$(만원)

그림 3.7 | 현금흐름도

(b) 25번째 할부금 지불 후 잔액: 25번째 할부금 지불 후의 남은 대부금 잔액을 계산하려면, 25개월 이후 남은 23개월의 할부금에 대한 25개월 말의 일시불 등가가치를 계산함으로써 얻을 수 있다.

$$B_{25} = 49.297\,(P/A, 0.7083\%, 23) = 1{,}042.896\text{(만원)}$$

다시 말하면, 25번째 지불 후, 바로 나머지 대부금 잔액을 전부 상환하고자 한다면, 1,042.896만원을 지불해야 한다.

25번째 할부금 지불 후, 바로 대부금 잔액을 모두 상환하려 한다. 이 잔액은 얼마이겠는가?

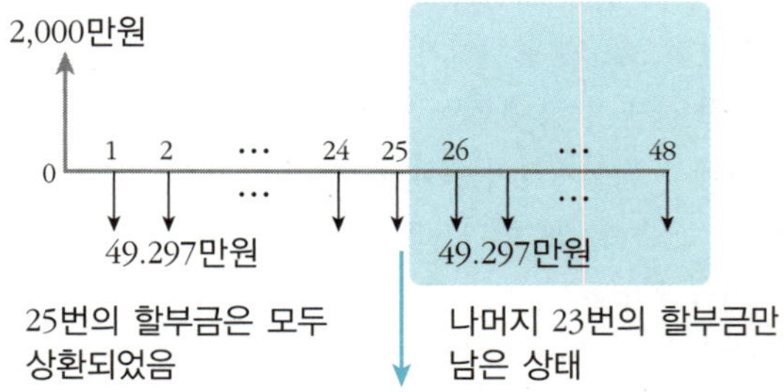

$$P = 49.297\,(P/A, 0.7083\%, 23) = 1{,}042.896\text{만원}$$

그림 3.8 | 자동차 할부금 잔액의 계산과정

3.3.2 지불횟수와 이자계산횟수가 다를 때

지불기간과 이자계산기간에 대한 계산과정은 다음과 같다.

1. 연간 이자계산횟수(M), 연간 현금흐름횟수(지불횟수, K),
   그리고 지불기간당 복리계산횟수(C)를 확인한다.
2. 지불기간당 실질이자율을 구한다.
   - 단속복리의 경우

$$i = (1 + r/M)^{c} - 1$$

   - 연속복리의 경우

$$i = e^{r/K} - 1$$

3. 총지불횟수를 구한다.

$$N = K \times (\text{연수})$$

4. 표 2.8에서 적당한 이자계산식을 찾아 i와 N값을 대입한다.

예제 3.5 | 지불횟수보다 많은 이자계산횟수

이자율 연 12%의 월복리로 계산되는 은행의 저축계좌에 분기마다 1,000만원씩을 적립한다고 가정해보자. 3년 후 계좌의 잔액를 구하여라.

단속복리 사례: 분기적립과 월복리의 경우

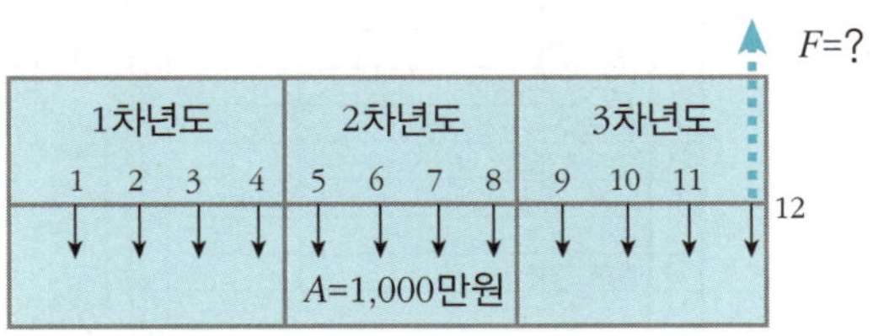

단계 1: $M = 12$회/년
$K = 4$회/년
$C = 3$회/분기

단계 2: $i = [1 + 0.12/(3)(4)]^3 - 1$
$= 3.030\%$

단계 3: $N = 4(3) = 12$

단계 4: $F = 1{,}000\,(F/A, 3.030\%, 12)$
$= 14.216.32$(만원)

그림 3.9 | 현금흐름도: 월복리와 분기적립

문제분석	
	■ **조건**: A = 1,000 만원/분기, r = 12%/년, M = 12회/년, N = 12분기, 그림 3.9의 현금흐름도 참조 ■ **탐색**: 미래가치 F

분석방법

- **방법 1**: 위에서 논의한 지불기간과 이자계산기간이 일치하지 않는 경우의 계산과정을 따른다.
- **방법 2**: 엑셀워크시트 이용

풀이

- **방법 1**:

1. M, K, C의 값을 확인한다.
   M = 12, 연간 12번의 복리계산횟수
   K = 4, 연간 4번의 지불횟수
   C = 3, 지불기간당 3번의 이자계산

2. 식 (3.1)을 사용하여 분기 실질수익률(i_q)을 구한다.

$$i_q = (1 + 0.12/12)^3 - 1$$
$$= 3.030\%/분기$$

3. 총지불기간의 횟수(지불횟수) N을 구한다.

$$N = K(연수) = 4(3) = 12분기$$

4. 등가계산에 적합한 이자계산식을 사용하여 i와 N을 대입한다.

$$F = 1{,}000(F/A, 3.030\%, 12) = 14{,}216.32(만원)$$

- **방법 2**: 표 3.2는 엑셀을 이용하여 미래가치를 계산하는 과정을 도표와 함께 보여준다.

표 3.2 ▌ 엑셀을 이용한 동일자금열의 미래가치 계산

	A	B	C	D	E	F	G	H	I
1	동일자금열의 미래가치					=FV(D9,D10,-D3)			(단위: 만원)
2									
3	(*A*)분기 적립금			1,000		(*F*) 미래가치			14,216.32
4	(*r*)연이율(%)			12%					
5	(*K*)연간 지불회수			4					
6	(*M*)연간 이자계산회수			12					
7	(*C*)지불기간당 이자계산회수			3		=(1+D4/D6)^D7-1			
8									
9	(*i*)지불기간당 실질이자율			3.03%					
10	(*N*)총 지불회수			12					
11									
12	기간(*n*)		적립액	계좌잔고					
13	0		0.00						
14	1		1,000.00	1,000.00					
15	2		1,000.00	2,030.30					
16	3		1,000.00	3,091.82					
17	4		1,000.00	4,185.51					
18	5		1,000.00	5,312.33					
19	6		1,000.00	6,473.30					
20	7		1,000.00	7,669.45					
21	8		1,000.00	8,901.84					
22	9		1,000.00	10,171.57					
23	10		1,000.00	11,479.78					
24	11		1,000.00	12,827.63					
25	12		1,000.00	14,216.32					

계좌잔고의 변화

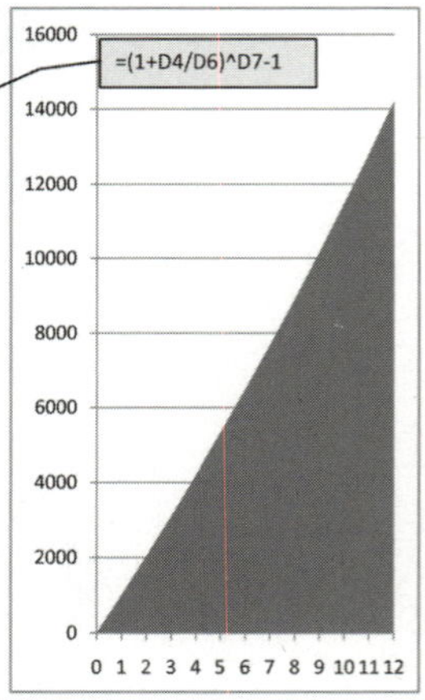

해설 $F = 1{,}000\,(F/A, 3.030\%, 12)$는 $F = 1{,}000(A/F, 1\%, 3)(F/A, 1\%, 36)$의 식으로 변형하면 이자계산표를 활용하여 계산을 할 수 있다. 이 식의 첫 번째 복리계수는 분기당 적립액 1,000만원의 월간 등가지불액을 찾기 위한 것이고, 두 번째 복리계수는 36개월(12분기) 동안의 월간 등가지불액을 미래의 등가가치로 바꾸기 위한 것이다. 연속복리를 가정한다면 누적 미래가치는 14,228.73만원이 된다. 이 액수는 월복리로 계산한 미래가치보다 약 12.41만원 정도 많다(그림 3.10 참조).

연속복리 사례: 분기적립과 연속복리의 경우

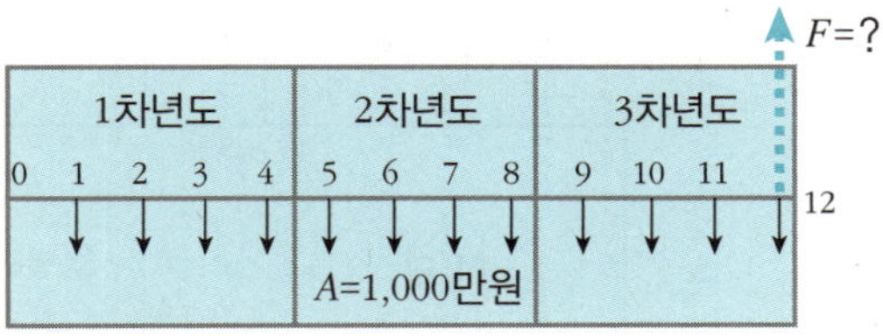

단계 1: $K = 4$회/년
$C = \infty$/분기
단계 2: $i_q = e^{0.12/4} - 1 = 3.045\%$/분기
단계 3: $N = 4(3) = 12$
단계 4: $F = 1{,}000\,(F/A, 3.045\%, 12)$
$= 14{,}228.73$(만원)

그림 3.10 | 연속복리의 등가계산

예제 3.6 | 지불횟수보다 적은 이자계산횟수

50대 한인 남성이 평생 매주 5,000달러씩 상금을 받는 즉석복권에 당첨되어 화제이다.[1] 행운의 주인공인 뉴욕 퀸즈의 플러싱에 거주하는 김씨는 뉴욕주가 발행하는 즉석복권 "셋 포 라이프(Set for Life)"의 1등에 당첨되어 매주 5,000달러씩 본인이 사망할 때까지 받게 되는데, 이를 한국 남성 평균수명(77세)까지 받는 것으로 계산하면 총 702만 달러를 받게 되며, 만약 100세까지 산다고 가정하면 무려 1,300만 달러를 받을 수 있는 것이다.

복권국에 따르면, 이 복권의 1등 당첨확률은 630만분의 1에 불과한 것으로 알려져 있다. 가령 김씨의 은행이자율이 월 0.5%라면($r = 6\%$), 이 복권의 현재가치는 얼마나 될까?

문제분석	■ **조건**: $A = 5{,}000$/주, $i = 0.5\%$/월, $M = 52$회/년, $N = \infty$주기, 그림 3.11의 현금흐름도 참조 ■ **탐색**: 현재가치 P
분석방법 이 문제는 지불횟수(매주)가 이자계산횟수(매월)보다 빈번한 경우에는	**풀이** 이자계산기간 중간에 발생한 현금흐름들을 매월 말로 합산해서 처리해야 하므로, 매주 5,000달러씩 받을 것을 매월 말에 20,000달

1) http://www.lottopeople6.net/news.php?m=r&no=2158

이자계산기간 중간에 받는 금액들에 대해서 이자를 얻지 못한다는 가정 하에서 이자계산기간 중간에 발생한 현금흐름들은 매월 말로 합산해서 처리한다.

러를 받은 것으로 간주한다. 이 가정 하에서의 현재가치는

$$P = 20,000\,(P/A, 0.5\%, \infty) = \frac{20,000}{0.005} = 4,000,000$$

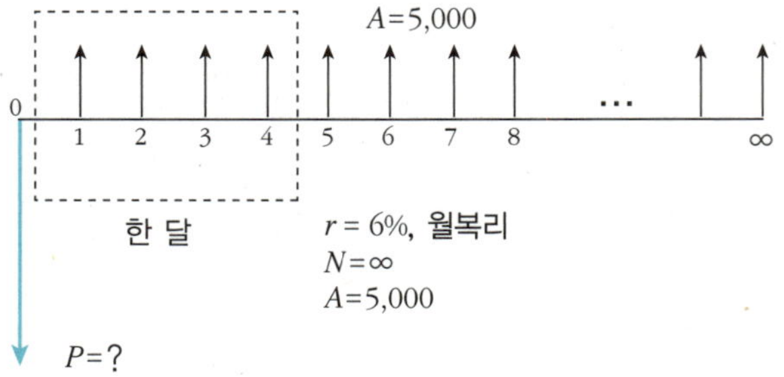

그림 3.11 | 현금흐름도: 복권당첨금(단위: 달러)

그러나 이 복권은 당첨자가 사망 시, 다른 사람에게 양도가 되지 않는 점을 고려할 때, 실질적 현재가치는 당첨자의 잔여 기대수명(25년)을 기준으로 계산하면 다음과 같다.

$$P = 20,000\,(P/A, 0.5\%, 25 \times 12) = 3,104,137(\text{달러})$$

해설 좀 더 정확한 등가계산을 적용한다면, 지불기간을 그대로 두고 그 기간에 해당하는 주간 실질수익률을 구하는 방법이 있다. 즉 월 0.5% 이자율은 주당 얼마의 수익을 얻는 것과 동일한지를 산출한다.

$$i_w = (1 + 0.005)^{1/4} - 1 = 0.1248\%$$

앞으로 25년 동안 매주 5,000달러의 수령액을 주간 실질수익률 0.1248%로 현재가치를 구하면 다음과 같다.

$$P = 5,000\,(A/P, 0.1248\%, 25 \times 52) = 3,214,647\text{달러}$$

확실히 이 금액은 매달 20,000달러 수령액으로 계산한 현재등가 금액과 차이가 있음을 알 수 있다.

3.4 대부금 관리

현대사회에는 실로 다양한 형태의 대부거래들이 존재하고, 이러한 모든 대부거래는 이자의 개념이 포함된 금융거래들이다. 그 가운데 여기서는 개인적으로 혹은 업무상으로 가장 빈번하게 사용되는 신용카드(credit card)와 같은

일반적인 대부거래를 중심으로 살펴보도록 하겠다. 많은 독자들은 언제나 안전하고 높은 수익률을 보장하는 투자대상을 찾고자 노력하지만, 현재의 신용사회에서는 무엇보다 먼저 가장 안전하고 현명한 신용카드 이용방법을 체득하는 것이야말로 모든 금융거래의 기본이 된다는 사실을 본 장을 통하여 강조하고자 한다.

3.4.1 신용카드를 사용한 대출

1959년에 신용카드가 처음 도입되면서, 사람들은 지금까지의 사금융의 관행을 혁신적으로 변화시킬 수 있었다. 소비자의 관점에서 보면, 신용카드를 사용하면 물건을 사기 전에 은행으로 입금되는 월급을 기다릴 필요가 없어졌을 뿐만 아니라, 신용카드가 가지고 있는 리볼빙(revolving) 서비스는 당신이 신용으로 빌릴 수 있는 금액의 한계를 정해 놓고 그 안에서 개인의 지불능력에 준하는 만큼 매달 상환하는 것을 가능하게 하였기 때문이다. 우리가 매달 받고 있는 신용카드 고지서는 매달 신용카드 비용을 얼마나 지불하고 있는지에 대한 모든 정보를 담고 있다. 연회비, 금융비용, 상환기간, 이자율 계산방법 등의 4가지 요소가 신용카드 비용에 영향을 미친다. 이자비용을 계산하는 방법은 수정잔액법, 일평균잔액법, 이전잔액법의 세 가지 종류가 있다.

예제 3.7 | 리볼빙 서비스

가령, 우리가 연이율 18%의 신용카드에 2,000만원의 부채가 있고, 이 부채에 대해 매달 최소한 잔액의 10%, 또는 20만원(최소 지불금)을 지불해야 한다면, 부채를 전부 상환하는 데 기간이 얼마나 걸리겠는가? 은행은 이자를 계산할 때, 매달 초의 잔액에서 상환한 금액만큼을 차감한 부분에 대해서만 이자를 부과하는 수정잔액(adjusted balance) 기준을 적용한다고 가정하자.

문제분석	■ **조건**: 연이율 18%(혹은 월간 실질이율 1.5%), 초기잔액 = 2,000만원, 월 불입금 = 수정잔액의 10%와 20만원 중에 큰 금액 ■ **탐색**: 상환기간 중에 신용카드를 사용하여 구매하지 않는다면, 전액을 상환하는 데 걸리는 기간
분석방법 엑셀워크시트를 활용하여 상환기간을 계산한다.	

풀이

초기잔액, 2,000만원($n = 0$)에 대한 첫 달의 이자는 30만원(= 0.015×2,000만원)이므로, 당신은 첫 달 말이 되면 2,030만원의 부채를 지게 된다. 따라서 이때 상환해야 할 금액은 203만원(수정잔액의 10%)이 되고, 이를 상환한 후 잔액은 1,827만원이다. 둘째 달 말에는 다시 이 잔액 1,827만원에 대한 이자 27.41만원이 더해져서 둘째 달 말의 잔액은 1,854.41만원이 될 것이고, 185.44만원(수정잔액의 10%)을 상환하면 1,668.96만원이 남게 된다. 이 과정을 26번 반복한 후, 27번째 상환부터는 수정잔액의 10%가 최소지불금(20만원)보다 적게 되어, 최소지불금을 지불하게 된다. 표 3.3에서 보는 바와 같이, 37개월을 상환하면 2,000만원의 부채를 전부 상환하게 되며, 이때 지불한 이자의 총액은 330.42만원이다.

표 3.3 ▌ 대출상환계획표

(단위: 만원)

기간	기초잔액	이자	상환액	기말잔액
0				2,000.00
1	2,000.00	30.00	203.00	1,827.00
2	1,827.00	27.41	185.44	1,668.96
3	1,668.96	25.03	169.40	1,524.60
4	1,524.60	22.87	154.75	1,392.72
5	1,392.72	20.89	141.36	1,272.25
6	1,272.25	19.08	129.13	1,162.20
7	1,162.20	17.43	117.96	1,061.67
8	1,061.67	15.93	107.76	969.84
9	969.84	14.55	98.44	885.95
10	885.95	13.29	89.92	809.31
11	809.31	12.14	82.15	739.31
12	739.31	11.09	75.04	675.36
13	675.36	10.13	68.55	616.94
14	616.94	9.25	62.62	563.57
15	563.57	8.45	57.20	514.82
16	514.82	7.72	52.25	470.29
17	470.29	7.05	47.73	429.61
18	429.61	6.44	43.61	392.45
19	392.45	5.89	39.83	358.50
20	358.50	5.38	36.39	327.49

21	327.49	4.91	33.24	299.16
22	299.16	4.49	30.37	273.29
23	273.29	4.10	27.74	249.65
24	249.65	3.74	25.34	228.05
25	228.05	3.42	23.15	208.33
26	208.33	3.12	21.15	190.31
27	190.31	2.85	20.00	173.16
28	173.16	2.60	20.00	155.76
29	155.76	2.34	20.00	138.09
30	138.09	2.07	20.00	120.17
31	120.17	1.80	20.00	101.97
32	101.97	1.53	20.00	83.50
33	83.50	1.25	20.00	64.75
34	64.75	0.97	20.00	45.72
35	45.72	0.69	20.00	26.41
36	26.41	0.40	20.00	6.80
37	6.80	0.10	6.91	–
	합계	330.42	2,330.42	

해설 만일 은행이 일정기간 동안의 일간 부채에 대한 평균, 즉 평균잔액(average daily balance) 기준을 적용한다면, 부채를 전부 상환하기 위한 기간이 좀 더 길어질 것이다.

3.4.2 시중 대부거래 – 원금과 이자의 계산

복리의 개념이 응용되는 대표적인 사례가 빌린 원금을 정해진 기간 동안 일정한 시간 간격으로 상환하는 대부거래(installment loan)일 것이다. 이와 같이 정해진 기간 동안 월별, 분기별 혹은 연 단위 등과 같은 동일한 간격으로 대부금을 상환하는 대부의 형태를 감채상환대부(amortized loan)라 한다. 자동차할부, 주택담보대출 또는 기업의 대부분의 부채 등이 그 좋은 예라고 할 수 있다.

대부분의 시중 대부거래들은 이자계산을 월 단위로 하고 있다. 시중은행이나 자동차 판매상들은 자동차 구매에 필요한 대금을 미리 지불해 주고, 대부

원금과 이자를 보통 3년에서 5년에 걸쳐서 매달 동일한 금액으로 상환하게 한다. 이때, 차를 담보로 하기 때문에 만일 할부금 상환을 계속하지 못한다면 채권자는 채무자의 차를 압류하거나 강제매각하여 남은 할부금을 확보하게 된다.

이자율과 대부기간

일반적으로 대부거래에서는 이자율과 대부기간, 이 두 요소가 대부거래의 비용을 결정한다. 무조건 낮은 할부금이 가장 값싼 대부거래라고 생각하는 것은 옳지 않다. 이자율은 물론 대부 수수료와 돈을 갚아야 하는 기간인 계약기간 등을 반영한 총 대부비용을 고려해야 한다. 이자율이나 수수료 등을 거래은행과 조정할 수 있는 입장이 아니라면, 좀 더 짧은 기간에 상환하여 이자의 지불을 줄이도록 하는 방안을 모색하려는 노력이 필요할 것이다.

지금까지 우리는 현재가치(혹은 미래가치) 또는 할부금을 계산해야 하는 감채상환대부의 예를 살펴보았다. 감채상환대부에서 우리가 관심을 가져야 할 또 다른 한 측면은 매기간 별로 상환하는 할부금 중에 원금상환액(principal repayment)과 이자상환액(interest payment)을 분리하여 계산할 수 있다는 것이다. 제9장에서 좀 더 자세히 논의되겠지만, 대부거래에서 발생하는 이자는 과세대상 금액을 계산하는 데 중요한 비용요소로써 기업의 순이익을 계산하는 데 큰 영향을 미치게 된다.

다음에는 엑셀금융함수를 이용하여 매 기간의 할부금에 대한 원금상환액과 이자상환액을 계산하는 방법을 소개하겠다. 표 3.3에서 보는 바와 같이, 특정 기간에 발생하는 이자는 기간 초의 대부잔액(remaining balance)을 기초로 계산된다.

예제 3.8 | 대부잔액 – 엑셀을 이용한 원금과 이자계산

당신은 한 시중은행으로부터 주택수리를 위한 대부를 신청하여 5,000만원을 빌렸다고 하자. 대부 관계자는 당신이 갚아야 할 월상환액을 다음과 같이 제시하였다.

- 대부금 = 5,000만원
- 계약기간 = 24 개월
- 이자율(APR) = 12%
- 월 상환액 = 235.37만원

그림 3.12는 이 대부거래의 현금흐름도이다. 각 기간 말의 잔액 및 계약기간 동안 각 기간 말의 원금과 이자 상환액을 계산하여 상환계획을 수립하라.

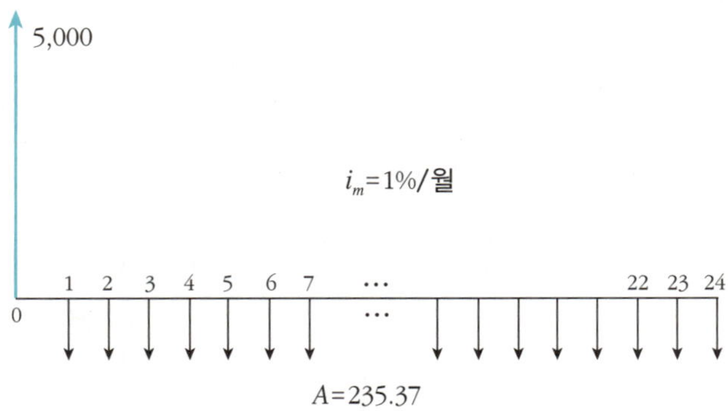

그림 3.12 | 현금흐름도: 대부금 상환 (단위: 만원)

문제분석

- **조건**: P = 5,000만원, A = 235.37만원/월, r = 12%/년, M = 12회/년, N = 24개월
- **탐색**: 기간 말 잔액 B_n, 기간 말 발생이자 I_n
  $n = 1, 2, 3, \cdots, 24$

분석방법

이자계산표를 이용하면 은행이 어떻게 월상환액 235.37만원을 계산했는지 알 수 있다.

풀이

(a) 이자계산표 이용:

지불기간당 실질수익률이 월 1%이므로, 다음과 같은 등가식을 구성할 수 있다.

$$235.37(\text{만원})(P/A, 1\%, 24) = 235.37(\text{만원})(21.2434)$$
$$= 5,000(\text{만원})$$

표 3.4의 대부금 상환계획을 보면,

- 첫째 달(n = 1)의 발생이자는 50만원(= 0.01 × 5,000만원)이다. 따라서 첫째 달 월 상환액 235.37만원에서 발생이자 50만원을 뺀 185.37만원이 원

금상환액이 되고, 월말잔고는 원금 5,000만원에서 상환된 원금 185.37만원을 뺀 4,814.63만원이 된다. 그러므로,

- 두 번째 달의 지불이자는 원금잔액 4,814.63만원의 1%인 48.15만원이고, 이 달의 원금상환액은 187.22만원(= 235.37만원 − 48.15만원), 월말잔액은 4,627.41만원(= 4,814.63만원 − 187.22만원)이 된다.
- 이 과정을 반복하여, 마지막 상환액 235.37만원으로 마지막 달에 발생한 이자와 남은 원금을 모두 상환하게 된다. 이때, 마지막 달의 잔액이 정확히 0원이 아닌 것은 컴퓨터의 계산의 한계에 의한 오차에서 비롯된 것이다.

(b) 엑셀금융함수 이용

엑셀을 이용하여 각 기간의 월상환액이나 원금상환액 또는 지불이자들을 계산할 때, 전형적인 대부거래의 분석에서 이용할 수 있는 몇 가지 금융함수를 알아보자.

함수기능	엑셀함수
1. 월상환액(*A*) 계산	= **PMT**(*i*,*N*,*P*,*F*,*type*)
2. *n*기간 말의 이자상환액 계산	= **IPMT**(*i*,*n*,*N*,*P*,*F*,*type*)
3. 두 기간 사이에 발생한 누적이자 계산	= **CUMIPMT**(*i*,*N*,*P*,시작시점,종료시점,*type*)
4. *n*기간 말의 원금상환액 계산	= *PPMT*(*i*,*n*,*N*,*P*,*F*,*type*)
5. 두 기간 사이의 누적 원금상환액 계산	= **CUMPRINC**(*i*,*N*,*P*,시작시점,종료시점,*type*)

i: 이자율
N: 총지불기간횟수
P: 현재가치
F: 미래가치
시작시점은 계산의 첫 시점(지불기간은 1부터 시작)
종료시점 계산은 마지막 시점
Type: 지불시점(기간 말 지불이면 *Type*이 "0"이고, 기간 초 지불이면 "1"이다)

예를 들면, *n* = 20시점에서 원금과 이자를 계산하려면, 아래의 엑셀함수를 이용해야 한다.

- 이자상환액(*n* = 20): = **IPMT**(1%,20,24,5000,0) = (11.42)
- 원금상환액(*n* = 20): = **PPMT**(1%,20,24,5000,0) = (223.94)
- *n* = 1과 *n* = 24 사이의 총이자지불액:
  = **CUMIPMT**(1%,24,5000,1,24,0) = (648.82)

표 3.4 | 엑셀을 이용한 대부금 상환계획

	A	B	C	D	E
1	대부금 상환계획				(단위: 만원)
2					
3	대부원금	5,000		총 지불액	5,648.82
4	계약기간	24개월		총 이자지불액	648.82
5	연이율	12%			
6	월 할부금	235.37 ←	=PMT($B$5/12,24,-$B$3)		
7					
8	기간(월)	월 할부금	원금 상환액	이자 상환액	대출 잔액
9	0				5,000.00
10	1	235.37	185.37	50.00	4,814.63
11	2	235.37	187.22	48.15	4,627.41
12	3	235.37	189.09	46.27	4,438.32
13	4	235.37	190.98	44.38	4,247.33
14	5	235.37	192.89	42.47	4,054.44
15	6	235.37	194.82	40.54	3,859.62
16	7	235.37	196.77	38.60	3,662.85
17	8	235.37	198.74	36.63	3,464.11
18	9	235.37	200.73	34.64	3,263.38
19	10	235.37	202.73	32.63	3,060.65
20	11	235.37	204.76	30.61	2,855.89
21	12	235.37	206.81	28.56	2,649.08
22	13	235.37	208.88	26.49	2,440.20
23	14	235.37	210.97	24.40	2,229.24
24	15	235.37	213.08	22.29	2,016.16
25	16	235.37	215.21	20.16	1,800.96
26	17	235.37	217.36	18.01	1,583.60
27	18	235.37	219.53	15.84	1,364.07
28	19	235.37	221.73	13.64	1,142.34
29	20	235.37	223.94	11.42	918.40
30	21	235.37	226.18	9.18	692.21
31	22	235.37	228.45	6.92	463.77
32	23	235.37	230.73	4.64	233.04
33	24	235.37	233.04	2.33	0.00
34					
35	=PPMT($B$5/12,A32,$B$4,-$B$3,0)				
36		=IPMT($B$5/12,A32,$B$4,-$B$3,0)		=E31-C32	
37					

해설 컴퓨터를 사용하지 않는다면, 표 3.4와 같은 대부금 상환계획을 작성하는 것은 많은 계산과정이 필요하기 때문에 시간이 많이 소요되는 작업이다. 통상적인 대부거래와 관련된 문제는 엑셀워크시트를 이용하여 간편하게 해결할 수 있을 것이다.

3.4.3 금융옵션들의 비교

자동차 구매의 예를 다시 생각해보자. 이때 우리는 할부구매방법 외에도 다른 여러 방법을 생각해볼 수 있다. 여기서는 현금구매, 할부구매, 그리고 임대(Lease) 등 세 종류의 구매방법을 고려해 보기로 하자. 위의 세 가지 방법 중에 한 가지를 선택할 때는 경제적인 요소뿐만 아니라 개인적 요소들도 큰 영향을 미친다. 임대는 당신이 계약기간 동안 자동차의 감가상각 대상액과 임대비용, 세금, 수수료 등을 포함한 비용을 지불하고, 그 기간 동안 자동차를 빌려 사용하는 방법이다. 예를 들면 2,000만원의 자동차를 3년 동안 임대하고자 하는데, 3년 후에 그 자동차의 가치(처분가치)가 900만원으로 예상된다면 감가상각 대상액은 1,100만원이다.

- 차를 구매할 자금이 충분하다면, 현금을 주고 바로 구매할 수도 있을 것이다. 그러나 현금으로 구매한다면, 구매자금을 다른 곳에 투자하여 이자를 얻을 수 있는 기회를 포기한 것이 된다. 만일 이러한 투자기회가 보다 높은 수익을 보장한다면, 현금구매 의사결정은 바람직하지 않은 것일 수도 있다.
- 할부금융을 이용한다면, 월 할부금은 자동차의 구매가격 2,000만원을 기준으로 계산될 것이다. 대부거래가 완료되는 시점과 관계없이 자동차를 실질적으로 소유할 수 있지만, 대부거래로 인한 지불이자는 실질적인 자동차 구매비용을 상승시키는 역할을 하게 된다.
- 임대하는 방법을 선택한다면, 임대기간 동안의 자동차 감가상각 대상액(위의 예에서 1,100만원)을 기준으로 월 임대료가 결정된다. 임대를 하게 되면, 계약과 함께 자동차 임대기간, 월 임대료, 허용 마일리지 등의 조건이 사용자에게 요구된다. 임대의 최대 장점은 초기에 낮은 비용이 소요된다는 점이다. 통상 임대 초기에 임대수수료, 월 임대료, 계약기간 말 상환되는 예치금 등이 요구된다. 또한 임대계약 조건에는 허용 마일리지가 포함되므로, 사용자는 허용 마일리지 이상으로 자동차를 사용하면 추가비용을 지불해야 한다.

금융옵션들을 비교할 때 이자율의 선택

또 다른 중요한 문제로서 "서로 다른 금융옵션을 비교할 때 어떤 이자율을 선택해야 하는가?"의 문제가 있다. 자동차 판매상(또는 은행)의 이자율은 판매상(또는 은행)에 대한 "돈의 시간적 가치"를 반영하여 월 할부금 계산에 이용되는 것이다. 그러나, 이 비교분석에 사용되어야 할 이자율은 분석의 주체인 당신의 수익기회를 반영한 이자율이 되어야 한다. 대부분의 경우, 이 이자율은 개개인의 저축계좌의 금리(이자율)를 사용하는 경우가 많다. 여기서는 이해를 돕기 위하여 두 가지 예제를 살펴보겠다. 예제 3.9에서는 자동차를 구매할 때 두 가지 다른 금융옵션을 비교하고, 예제 3.10에서는 자동차의 임대 대안과 구매 대안을 비교해본다.

예제 3.9 | 현금구매와 할부구매

자동차 판매상은 다음과 같은 두 옵션을 제시하였다.

- 옵션 A: 정상가격 2,620만원으로 자동차를 구매하고, 지불은 연 1.9%, 월복리로 36개월 동안 매달 동일액을 상환한다.
- 옵션 B: 할인가 2,404.8만원으로 즉시 현금구매한다. 구매자금은 연 5% 월복리의 수익을 내는 저축계좌에서 인출하여 사용한다.

어느 옵션이 경제적으로 더 유리한가?

문제분석

자동차의 구매비용을 계산할 때, 지불되는 할부금에 대해 어떤 이자율을 적용할 것인지를 먼저 결정해야 한다. 연 1.9%의 이자율은 판매상이 월 할부금을 계산할 때 사용한 판매상의 이자율이다. 따라서, 연 1.9% 월복리의 이자율에 의해 월 할부금이 $A = 2{,}620$만원$(A/P, 1.9\%/12, 36) = 74.929$만원으로 결정된다. 반면, 연 5%는 당신의 수익기회에 대한 이자율이다. 당신이 차를 구매하지 않았으면, 연 5%의 이자율로 계속 수익을 낼 수 있었을 것이다. 이 5%의 이자율은 자동차를 구매함으로써 발생한 기회비용이다. 그렇다면, 이 분석에서 어떤 이자율을 사용해야 하겠는가? 분석의 주체가 당신이므로, 연 5%의 이자율을 사용하여 비교하는 것이 타당할 것이다.

- **조건**: 그림 3.13의 대부금 상환 자금열, $r = 5\%$, 지불기간 = 월, 이자계산기간 = 월
- **탐색**: 경제적 대안

풀이

- 옵션 A(할부구매):

  총 대부상환액의 현재가치

  $$P_A = 74.929(P/A, 5\%/12, 36) = 2{,}500\text{ (만원)}$$

- 옵션 B(현금구매):

  $$P_B = 2{,}404.8\text{ (만원)}$$

현금구매 방법이 현재가치로 약 95.2만원만

분석방법

각 옵션에 대하여 $n = 0$시점의 등가 비용을 구해야 한다. 월별로 상환이 발생하므로, 월간 실질수익률(= 5%/12)을 구해야 한다.

큼 적은 비용이 소요되므로, 더 경제적인 대안이라고 할 수 있다.

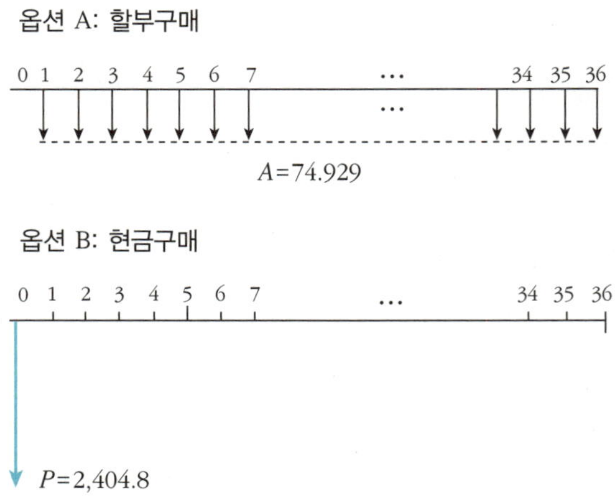

그림 3.13 | 현금흐름도: 현금구매와 할부구매 (단위: 만원)

예제 3.10 | 구매와 임대(리스)

대우자동차는 2013년도형 신형 자동차에 대하여 아래의 두 종류의 옵션을 제시하였다.

구매와 임대

(단위: 만원)

	옵션 1: 할부금융	옵션 2: 임대금융
가격	1,469.5	1,496.5
계약금(초기납입금)	200	0
이자율(APR)	3.6%	
할부금	37.255	23.645
계약기간	36개월	36개월
수수료		49.5
계약만기 수수료		30
임대완료시 구매옵션		867.31
계약시 초기비용	200	73.145

임대옵션의 경우, 임차인은 계약시점에서 73.145만원을 지급해야 한다. 초기비용은 첫 달 임대료 23.645만원과 임대수수료 49.5만원을 포함한다. 예치금은 없으나, 임대의 경우 계약만료 시점에 수수료 30만원을 지

급해야 한다. 계약만료 시, 임차인은 867.31만원의 비용으로 사용하던 자동차를 구매할 수 있는 권리가 부여된다. 또한, 임차인은 과도한 사용이나 비정상적인 마모에 대한 비용을 지불해야 할 의무가 있다. 각 옵션에 대하여 세금, 등록비용, 보험 등의 비용은 별도이다. 당신의 수익률이 연 6%로 매월 복리계산 된다면, 어떤 옵션이 더 경제적인 대안인가?

문제분석

임대의 경우, 당신이 자동차를 사용한 만큼 비용을 지불하는 것이다. 임대 만료 시, 자동차를 반환하고 계약시점에서 동의한 계약만기 수수료만 지불하면 된다. 그러나 전통적인 할부금융에서는 월 할부금이 자동차 구매대금 1,469.5만원을 기초로 결정되고, 할부계약 기간이 완료할 때까지 그 자동차를 소유하게 된다. 향후 3년 동안을 비교분석기간으로 정한다면, 3년 후 자동차를 사용하지 않은 부분(잔여가치 혹은 재판매가격)을 고려해야 한다. 다시 말하면, 분석기간인 3년 동안 자동차를 소유하는 순비용을 계산하기 위해서 자동차 재판매 가격을 추정해야 한다는 의미이다. 임대 옵션에서 판매상이 제시한 3년 후 자동차 가치 867.31만원을 사용할 수도 있을 것이다. 그러나 3년이 지나고 난 후에 판매상이 제시한 가격이 합당한지를 스스로 자문해서 판단해야 한다.

분석방법

각 옵션에 대하여 $n = 0$시점의 등가비용을 구해야 한다. 월별로 상환이 발생하므로, 월간 실질수익률(= 6%/12)을 구하고, 이를 이용하여 할부금융과 임대금융의 현재가치를 비교한다.

- **조건**: 그림 3.14의 월 임대료 자금열, $r = 6\%$, 지불기간 = 월, 이자계산기간 = 월
- **탐색**: 3년 말에 자동차를 867.31만원에 판매한다는 가정 하에서 가장 경제적인 옵션

풀이

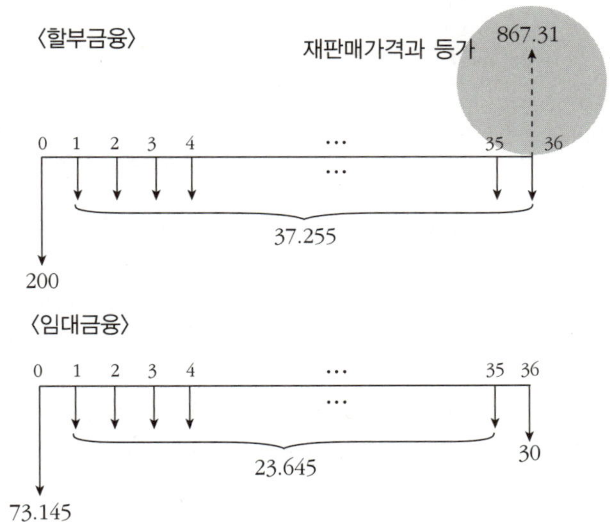

그림 3.14 | 현금흐름도: 할부금융과 임대금융 (단위: 만원)

각 옵션에 대하여 $n = 0$시점에서 등가비용을 계산한다. 할부금이 월별로 지불되므로, 월간 실질수익률 0.5%를 사용한다.

〈할부금융〉

- 할부금 총액의 현재등가:

$$P_1 = 200 + 37.255(P/A, 0.5\%, 36)$$
$$= 1{,}424.61\ (\text{만원})$$

- 3년 후 자동차 재판매의 현재등가:

$$P_2 = 867.310(P/F, 0.5\%, 36) = 724.763\ (\text{만원})$$

• 할부비용의 현재가치:

$$P = 1{,}424.610 - 724.763$$
$$= 699.847(\text{만원})$$

〈임대금융〉

• 임대료 총액의 현재등가:

$$P_1 = 73.145 + 23.645\,(P/A, 0.5\%, 35)$$
$$= 73.145 + 757.476$$

• 처분수수료의 현재등가:

$$P_2 = 30\,(P/F, 0.5\%, 36) = 25.069(\text{만원})$$

• 임대비용의 현재가치:

$$P = 830.621 + 25.069$$
$$= 855.691(\text{만원})$$

연 6%의 이자율이 월복리로 계산된다면, 할부금융이 경제적으로 유리하다는 것을 알 수 있다.

해설 자동차의 3년 후 처분가치(S)를 변화시킴으로써, 할부금융과 임대금융이 경제적으로 동일하게 되는 처분가치, 즉 손익분기 처분가치를 찾을 수 있다.

$$855.691 = 1{,}424.610 - S\,(P/F, 0.5\%, 36)$$
$$S = (1{,}424.610 - 855.691)/\,0.8356$$
$$= 680.815\,(\text{만원})$$

자동차 재판매 가치가 680.815만원보다 더 크면, 할부금융이 경제적으로 더 유리한 대안이다.

3.5 요약

• 금융기관에서 주로 연이율(annual percentage rate: APR)을 고지하고 있다. 그러나 일반적으로 1년에 여러 번의 이자계산을 하기 때문에, 이 명목이자율은 복리효과를 적절히 반영하지 못한다. 이 때문에 명목이자율과 실질수익률을 구분하여 이해해야 할 필요가 있다.

• 명목이자율은 주어진 기간(통상 1년)에 대하여 명시된 이자율이다.

• 실질수익률은 주어진 기간 동안 누적된 총 이자액을 설명하여 줄 수 있는

실질이자율을 말한다.

$$i = (1 + r/M)^M - 1$$

단, r = APR
M = 복리계산횟수
i = 실질수익률

- 경제적 등가계산에 이용되는 이자율은 지불기간당 실질수익률이다.

$$i = [1 + r/(CK)]^C - 1$$

단, C = 지불기간당 복리계산횟수
K = 연간 지불기간횟수
r/K = 지불기간당 명목이자율

- 연속복리의 경우 실질수익률을 구하는 계산식은 다음과 같다.

$$i = e^{r/k} - 1$$

연속복리와 일복리의 경우 그 누적된 이자의 차이는 상대적으로 매우 적다.

- 대부거래의 비용은 대부금액의 크기, 대부기간, 지불빈도, 수수료, 그리고 이자율과 같은 요인들에 의해 달라진다.
- 서로 다른 금융옵션을 비교할 때, 사용하는 이자율은 금융기관에서 고지한 이자율이 아니라, 의사결정의 주체에 대한 돈의 시간적 가치를 반영하는 이자율이 되어야 한다.

연습문제

시장이자율(명목이자율)과 실질수익률

3.1 다음 제시된 두 저축상품의 이자율에 대한 옳지 못한 것은 어느 것인가?

- 상품 A: 5.2%, 분기복리
- 상품 B: 5.1%, 연속복리

(ㄱ) 상품 A의 연간 실질이자율은 5.30%이다.
(ㄴ) 상품 B의 연간 실질이자율은 5.23%이다.
(ㄷ) 상품 B의 명목이자율은 5.1%이다.
(ㄹ) 상품 B가 상품 A보다 더 좋은 조건을 제시하고 있다.

3.2 다음의 각 명목이자율로 해당 실질이자율을 구하라.

(ㄱ) 10% 월복리의 월간 실질이자율
(ㄴ) 12% 월복리의 연간 실질이자율
(ㄷ) 8% 분기복리의 반년 실질이자율
(ㄹ) 10% 연속복리의 분기 실질이자율
(ㅁ) 12% 일복리의 분기 실질이자율
(ㅂ) 9% 분기복리의 월간 실질이자율

3.3 어느 신용카드회사가 제공하는 신용카드 현금서비스에 대한 월복리 이자율은 2.25%라고 한다. 이 현금서비스의 명목이자율과 연간 실질이자율은 얼마인가?

3.4 대부의 한 형태인 일수는 보통 선이자율과 상환기간이 정해진다. 예를 들어, 선이자율 연 20%이고 상환기간이 365일의 조건에서 100만원을 대부하는 경우, 대부시점에 대부금의 20%인 20만원을 선이자로 제외한 80만원만을 실제로 대부하고, 365일 동안 매일 2,740원씩을(=100만원/365일)을 갚는 것을 의미한다. 여기서 의미하는 선이자율 연 20%의 연간실질 이자율은 얼마이겠는가?

3.5 어느 대학 내에 있는 은행은 재학생들을 대상으로 한 금융상품을 개발하였다. 한 학생이 100만원을 빌리고 20주 동안 매주 말에 5.3만원씩을 상환하기로 하였다면, 여기에 적용된 (1) 주간 실질이자율, (2) 명목이자율, (3) 연간 실질이자율을 각각 구하여라.

3.6 D씨는 3,700만원 하는 최신형 중형 승용차를 할부로 구매하기로 하고, 500만원은 계약금으로 지불하고 나머지는 자동차판매상이 제공하는 36개월 할부금융을 이용하였다. 매월 할부금이 135.56만원이라면, 이 할부금융의 명목이자율과 연간 실질이자율은 각각 얼마인가?

3.7 각각의 주어진 이자율에서 현금흐름과 경제적 등가가 되는 미래가치를 구하여라.

(ㄱ) 8% 분기복리, 현재가치(P) 700만원의 10년 후 미래가치(F)
(ㄴ) 5% 월복리, 현재가치(P) 1,200만원의 7년 후 미래가치(F)
(ㄷ) 12% 분기복리, 지금부터 5년 동안의 매분기 동일자금열(A) 100만원의 미래가치(F)
(ㄹ) 12% 일복리, 지금부터 2주 동안의 매일 동일자금열(A) 12만원의 미래가치(F)

3.8 각각의 주어진 이자율에서 현금흐름과 경제적 등가가 되는 동일자금열 혹은 현재가치를 구하여라.

(ㄱ) 6% 반년복리, 현재가치(P) 10,000만원의 10년 동안의 매반년 동일자금열(A)
(ㄴ) 7.5% 월복리, 3년 후 미래가치(F) 5,500만원의 매

월 동일자금열(A)

(ㄷ) 8% 분기복리, 3년 동안의 매분기 150만원 동일자금열(A)의 현재가치(P)

(ㄹ) 10% 월복리, 8년 동안의 매분기 350만원 동일자금열(A)의 현재가치(P)

3.9 아래 문항들은 12% 월복리가 적용되는 계좌에 매 분기당 50만원씩 3년 동안 적립할 때, 이 동일자금열의 3년 후 미래가치를 구하는 식이다. 맞는 식은 어느 것인가?

(ㄱ) F = 4(50만원)(F/A,12%,3)

(ㄴ) F = 50만원(F/A,3%,12)

(ㄷ) F = 50만원(F/A,1%,12)

(ㄹ) F = 50만원(F/A,3.03%,12)

3.10 9% 월복리가 적용될 때 매분기 말 100만원씩 5년 동안 적립하는 동일자금열을 같은 이자율이 적용되는 연간등가(매년 말 동일자금열)로 변환하고자 한다면 이때 연간등가를 구하는 식으로 적당한 것은 어느 것인가?

(ㄱ) A = [100만원(F/A,2.25%,20)] × (A/F,9%,5)

(ㄴ) A = 400만원(F/A,9%,5)

(ㄷ) A = 100만원(F/A,9%/12,20) × (A/F,9%,5)

(ㄹ) 위 문항 중 답 없음

3.11 아래 현금흐름도에서 현금유입과 경제적으로 등가가 되는 8분기 동안의 동일자금열 C를 구하라. 단, 이자율은 8% 분기복리가 적용된다.

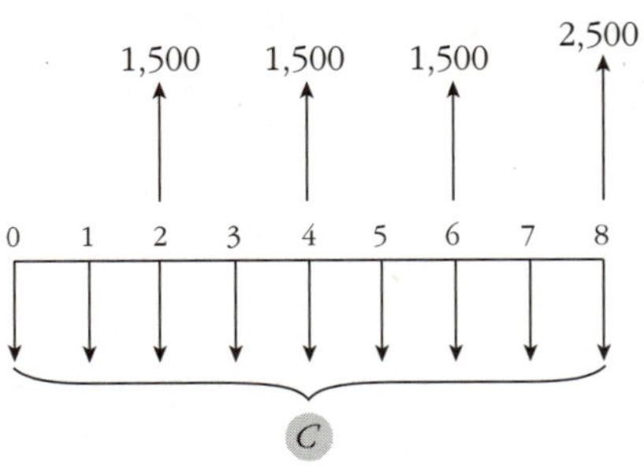

3.12 자동차를 구매하기 위하여 2,400만원의 대금을 48개월 동안 58.366만원씩 매월 말 상환하기로 하고 대출하였다. 이 대부거래의 연간 실질수익률이 얼마인지 구하라.

3.13 지금부터 3년 후에 집을 계약하기 위한 계약금을 마련하기 위하여 어느 부부는 매월 말 일정액을 이자율 5.4% 월복리의 저축계좌에 3년 동안 적립하기로 하였다. 추정되는 집값은 4억 5천만원이며, 이 가운데 10%가 계약금으로 매매계약 시 필요하다고 한다. 매월 말 불입액(A)을 얼마로 하여야 3년 후 계약금을 마련할 수 있을까?

3.14 정년퇴직을 25년 앞두고 있는 M씨는 정년퇴임 1년 후부터 매년 4,000만원씩 10년 동안 받을 수 있는 노후자금을 준비하려고 한다. 그는 급여에 보너스가 추가되는 매 3개월마다 적립하려고 한다. 8% 분기복리가 적용된다면, 적립금은 얼마가 되어야 하는가?

3.15 6% 분기복리가 적용된다고 할 때, 다음 현금흐름도의 현금유입과 경제적 등가가 되는 연간등가 C는 얼마이겠는가?

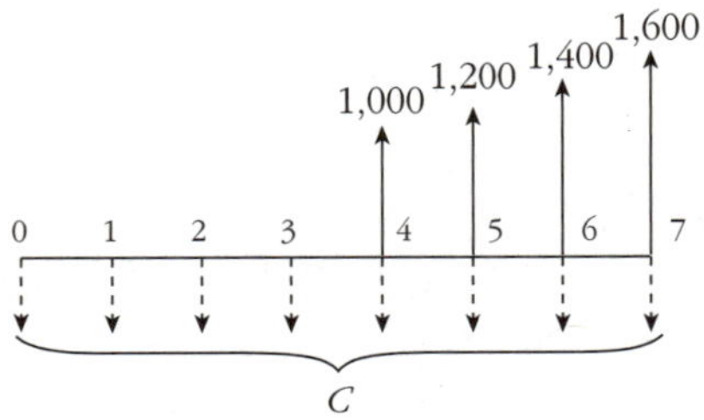

3.16 A씨는 주택담보대출로 그동안 매월 일정금액을 상환하고 있었으나, 경제적인 어려움으로 한동안 상환하지 못하였다. 은행에서는 담보주택을 통한 미상환금의 회수 대신에 다음과 같은 새로운 상환계획을 제시하였다. 이는 월복리 0.5%를 적용하여 매월 말 160만원씩 상환하라는 것이다. 현재 미상환금액이 2억 5천만원이라면 A씨는 앞으로 몇 개월 동안 상환을 해야

하는가?

3.17 B씨는 지금 다니고 있는 직장에서 만 65세가 되는 해의 연말에 은퇴하게 된다. 노후자금으로 은퇴 후 20년 동안 매년 말 5,000만원씩을 받기 위하여 지금부터 은퇴하는 해까지 매월 말 적립해야 하는 적립액이 100만원이라면, B씨는 지금 만 몇 살인가? 단, 이자율은 $r = 5\%$ 월복리이다.

3.18 U씨는 지금 1억원을 빌려 8% 월복리로 36개월 동안 동일액을 상환하고 있다. 12번째 상환을 하고 난 직후 상환방법을 변경하기로 하여 남은 원금을 8번의 동일액 분기상환으로 변경하였다. 만일 이자율 조건이 이전과 동일하다면, 새로운 상환방법에서 분기별 상환금은 얼마이겠는가?

3.19 L씨는 이자율 6% 월복리의 예금계좌에 지금 500만원을 저축하고, 3년 후에 400만원, 그 2년 후에 다시 300만원을 저축하였다. 300만원 저축 직후에 이 계좌의 총 잔액 중에 절반을 인출하여 8% 분기복리가 적용되는 다른 예금계좌에 적립하였다. 이로부터 6년 후 두 계좌의 예금잔액의 합은 얼마이겠는가?

3.20 K씨는 작년에 도심의 아파트에서 전원주택으로 이사하여 살고 있다. 그런데, 이전에 살던 아파트보다 냉난방비가 많이 들어 고민하던 중, 현재 살고 있는 주택의 벽과 천정에 새로운 단열재를 보강하면 냉난방비 절감효과를 기대할 수 있다는 것을 알았다. 이를 자세히 알아본 결과, 단열재 보강이 현재 여름철 3개월은 매달 평균 16만원의 냉방비와 겨울철 3개월은 매달 평균 10만원의 난방비를 절감할 수 있을 것으로 기대된다. 이 단열재 효과의 지속기간은 5년이라고 한다. 단열재 보강에 따른 냉난방비 절감이 경제적이려면, 이에 대한 초기비용을 최대 얼마까지 지불할 수 있겠는가? 단, 봄과 가을에는 냉난방이 필요 없고, 9% 월복리가 적용된다고 한다.

3.21 S씨의 현재 연봉은 3,500만원이며, 이는 매년 300만원씩 증가할 것으로 기대된다. 그는 지금부터 30년이 지나면 은퇴할 예정이라, 지금부터 8% 월복리가 적용되는 계좌에 매년 말 연봉의 10%씩을 적립하려고 한다. 30년 뒤 그가 은퇴하는 해의 연말에 그는 얼마를 한꺼번에 돌려받을 수 있겠는가?

3.22 9%의 명목이자율을 가정할 때, 다음의 복리조건의 경우 원금의 3배가 되는 데 최소한 몇 년이 걸리겠는가?

(ㄱ) 분기복리

(ㄴ) 월복리

(ㄷ) 연속복리

3.23 명목이자율 10%를 가정할 때, 다음 조건의 경우 5년간 매분기 20만원의 동일자금열의 미래가치는 얼마이겠는가?

(ㄱ) 분기복리

(ㄴ) 월복리

(ㄷ) 연속복리

3.24 8% 연속복리를 가정할 때, 현재 2,000만원의 원금에 대한 10년 동안의 매분기 동일상환액은 얼마이겠는가?

3.25 지금부터 15년 동안 매월 50만원의 동일자금열의 20년 말 미래가치는 얼마이겠는가? 단, 이자율은 8% 연속복리를 가정한다.

3.26 5년 동안 매분기마다 100만원씩 지불하는 자금열이 있다. 연 9.75%의 연속복리를 적용할 때, 이 현금흐름의 현재가치는 얼마인지 구하라.

일반 대부거래

3.27 W씨는 시세 1,800만원 하는 중고 자동차를 구매하기 위하여, 계약금 400만원은 자기 돈으로 지불하

고, 나머지는 9% 월복리의 금융대출을 활용하기로 하였다. 이 대출금을 2년 동안 매월 동일액을 상환하기로 하였다면, 다음 질문에 맞는 답을 선택하여라.

(ㄱ) 매월 상환해야 하는 금액(A)은?

① A = 1,400만원$(A/P, 0.75\%, 24)$

② A = 1,400만원$(A/P, 9\%, 2)/12$

③ A = 1,400만원$(A/F, 0.75\%, 24)$

④ A = 1,400만원$(A/F, 9\%, 2)/12$

(ㄴ) 12번째 상환금을 지급한 직후, 나머지 상환액을 모두 한 번에 지불하려면 얼마를 지불해야 하는가?

① $B_{12} = 12\text{A}$

② $B_{12} = \text{A}(P/A, 9\%, 1)/12$

③ $B_{12} = \text{A}(P/A, 0.75\%, 12)$

④ $B_{12} = 1{,}000 - 12\text{A}$

3.28 자동차를 구매하기 위해 자동차 대금의 일부를 딜러가 제공하는 할부금융을 이용하였다. 12% 월복리가 적용되는 이 할부금융에서 1,500만원을 융자하여, 48개월 동일액으로 상환한다면, 다음 물음에 답하라.

(ㄱ) 월간 실질이자율은 얼마인가?

(ㄴ) 매월 상환금은 얼마인가?

(ㄷ) 20번째 상환금 가운데 이자상환은 얼마이겠는가?

(ㄹ) 이 상환계획 중에 이자로 상환한 금액은 전부 얼마인가?

3.29 지금 9% 월복리로 15,000만원을 빌리고, 매달 말 동일액으로 36개월 동안 상환하기로 하였다면, (1) 매달 상환액은 얼마인가? 또, (2) 처음 6개월 동안의 상환내역에 관한 다음 표를 완성하여라.

(단위: 만원)

월말	이자상환액	원금상환액	원금잔액
0			15,000.00
1			14,635.51
2		367.23	
3		369.99	
4	104.24		
5	101.44		
6			12,771.58

3.30 이자율이 매 5년마다 변동하는 변동금리로 은행에서 처음 명목이자율 9% 월복리로 1억 5천만원을 빌려서 30년 동안 매월 말 동일액으로 상환하기로 하였다.

(ㄱ) 매달 상환액은 얼마인가?

(ㄴ) 5년 후 명목이자율이 9.75% 월복리로 변동하였다면, 남은 기간 동안 모두 상환하기 위하여 새롭게 책정된 월상환액은 얼마인가?

3.31 시세 3억 5천만원의 주택을 구입하기 위하여 시중은행에서 이자율 12% 월복리로 20년 동안 매달 말 동일액 상환조건의 담보대출을 받기로 하였다면, (1) 매월 상환액(A)은 얼마이겠는가? 또, (2) 처음 5년 동안 상환한 원금의 합과 이자의 합을 계산하여라.

3.32 최근 A씨는 투자를 목적으로 1억 8천만원의 비용을 들여 동해안의 콘도를 매입하였다. 구매비용으로 3,000만원은 자기 돈으로 지불하고, 나머지 1억 5천만원은 9% 월복리의 30년 동안 매월 말 동일액 상환조건의 은행대출을 이용하였다. 만일, 구매 5년 후에 이 콘도를 2억 5백만원에 매도하였다면, 이 투자를 통하여 얻은 이익의 현재가치는 얼마인가? 단, 세금은 고려하지 않고, 매도 직후에 은행대출의 원금은 한 번에 모두 상환하는 것으로 가정한다. A씨의 은행이자율은 월 0.5%이다.

3.33 5년 전, 시내에 유명한 한정식 음식점을 운영하는 D씨는 최근 밀려드는 손님들의 편의를 위하여 주차장을 확장하고자 근처의 부지를 매입하였다. 이를 위하여 한 시중은행으로부터 매년 상환이자율이 변동하는 변동금리 담보대출상품에서 매년 동일액 상환을 조건으로 2억 5천만원을 대출하고, 지금까지 5년 동안 모두 상환하였다. 이때, 5년 동안의 이자율은 1차년도 5%, 2차년도 7.5%, 3차년도 10%, 4차년도 12.5%, 5차년도 15%로 각각 변동하였다.

(ㄱ) 이 대출상품의 연간 실질이자율은 얼마인가?

(ㄴ) 5년 동안 D씨가 지불한 이자는 모두 얼마인가?

3.34 O씨는 최신형 요트를 구매하기 위한 비용 960만원을 마련하기 위해, A은행 대출상품을 이용하기로 하였다. 은행은 처음 6개월 동안은 상환을 연기해주고 (대출원금에 대한 이자는 적용됨), 그 후 36개월 동안 대출금 960만원을 매월 말 12% 월복리로 상환하는 조건을 제시하였다. O씨는 이에 따라 16개월 동안은 상환금을 매달 상환하였으나, 개인적인 재정문제로 인하여 다른 금융기관인 B은행의 대출상품을 이용하여 매달 상환금을 낮추어보기로 하였다. B은행은 A은행의 대출잔액을 O씨에게 대출해주고, 다시 36개월 동안 매월 20.8만원씩 상환하라는 조건을 제시하였다. 이때, B은행에서 적용한 월간 실질이자율은 얼마인가?

3.35 한 은행에서 1억 8천만원을 대출하는 조건으로 24개월 동안 동일액으로 상환하기로 하였는데, 첫 12개월 동안은 8% 월복리를 적용하고, 1년 후 잔여 원금에 대해 나머지 12개월 동안 9% 월복리를 적용하였다. 이를 24개월 동안 동일액(A)으로 갚는다면 얼마이겠는가?

3.36 자동차 판매상이 제시하는 구매조건이 1,800만원의 신형 소형 자동차에 대해 180만원을 계약금으로 하고, 나머지 금액은 매달 말 42.185만원씩을 48개월 동안 동일액 상환하는 할부금융이라고 한다. 다음 질문에 답하라.

(ㄱ) 만일, 시중은행에서 180만원의 계약금을 제외한 나머지 금액에 대한 대출조건이 "11.75% 월복리를 적용하는 48개월 매월 말 동일액 상환"이라면, 이때 매월 상환금(A)은 얼마인가?

(ㄴ) 이 구매조건에서 자동차 판매상이 제시하는 할부금융의 월간 실질이자율은 얼마인가?

3.37 시세 8억 5천만원의 상가를 구매하고자 한다. 현재 1억 7천만원을 가지고 있고, 나머지는 다음의 두 가지 옵션을 고려하고 있다.

- 옵션 1: 이자율 4.5% 월복리로 30년 동안 매월 말 상환조건의 새로운 은행 주택담보대출을 이용한다.
- 옵션 2: 매도자가 이미 이자율 4.0% 월복리의 30년 매월 말 상환의 주택담보대출을 하여 현재 25년이 남은 상태이며, 남은 원금은 45,578만원이고, 매월 상환금은 240.58만원이며, 이 담보대출을 승계하고, 남은 주택매입자금 22,422만원은 신용조합에서 6.5% 월복리로 10년 매월 말 동일액 상환조건의 금융대출을 활용한다.

(ㄱ) 옵션 2의 월간 실질이자율은 얼마인가?

(ㄴ) 각 옵션의 상환기간 동안 월상환액을 구하여라.

(ㄷ) 각 옵션의 지불되는 이자총액을 구하여라.

(ㄹ) 두 옵션이 경제적 등가가 되게 하는 주택구매자의 이자율은 얼마인가?

제 4 장 인플레이션과 경제적 등가

역대 마스터 골프대회 상금비교

미국의 유명한 골프선수 잭 니클라우스(Jack Nicklaus)가 마스터스 골프대회에서 1963년 첫 우승을 하였을 때 상금은 2만달러였다. 그 후 50년이 지난 2013년 대회 우승자 애담 스캇(Adam Scott)이 받은 상금은 144만달러로 무려 70배 이상이나 많다. 물론, 이는 대회에 참가하는 관중의 수나 TV수입 등이 1963년에 비해 많이 늘어나 우승상금이 인상된 이유도 있겠지만, 1963년도 화폐가치와 2013년도 화폐가치의 차이에도 그 큰 이유가 있음을 고려할 때, 실제 상금의 인상은 70배까지는 되지 않을 것이라고 추측할 수 있을 것이다. 그렇다면 실제 상금의 인상은 얼마나 될까?

결국 이 질문은, "잭 니클라우스가 1963년에 받은 상금이 2013년도의 화폐가치를 기준으로 얼마만한 구매력을 가지는가?"라는 질문으로 귀결된다. 이와 같은 구매력의 변화는 시장에서 우리가 경험하는 인플레이션의 영향으로 결정된다. 그렇다면, 1963년과 2013년 사이에 소비자들의 구매력은 어떻게 변화하였을까? 미국 노동부에 의하면 지난 50년 동안 연 4.14%의 평균인플레이션율이 존재했다고 한다. 즉, 이 기간 동안 소비자는 매년 같은 양의 물품을 구입할 때 4.14% 증가된 금액을 지불했다는 의미이다. 결국 잭 니클라우스가 1963년도에 받은 20,000달러는 2013년도에는 7.6배가 되는 152,022달러 정도의 구매력을 갖는다는 의미이다. 그러므로, 실제 상금의 인상은 70배가 아니라 약 9.5배라고 판단할 수 있다.

좀 다르게 질문하면, 잭 니클라우스가 1963년에 받은 상금을 주식시장이나 혹은 어떤 금융기관에 투자했을 경우, 애담 스캇의 상금과 동일한 금액을 얻으려면 그 연평균 수익률은 얼마나 되겠는가? 우리가 제2장에서 배운 등가계산방법을 적용하면 약 연 8.93%라는 답이 나올 것이다.

우리는 제3장까지 "구매력의 변화가 없는 경제상황 하에서 어떻게 경제적 등가를 구할 수 있겠는가?"를 생각해보았다. 즉, 오랜 기간 동안 물가의 변화가 없는 상태를 가정한 것이다. 그러나 우리는 이러한 이상적인 상황은 극히 비현실적이라는 것을 살아온 경험으로 잘 알고 있다. 본 장에서는 현실에 보다 가깝게 접근하기 위해 구매력의 감소, 즉 인플레이션(inflation)을 정의하고, 그 측정방법을 알아본다. 또, 이러한 인플레이션의 영향을 경제적 등가분석에 어떻게 적용시키는지를 살펴보기로 한다.

4.1 인플레이션의 의미와 측정방법

인플레이션(inflation)이란 시간이 지남에 따라 화폐의 구매력이 감소하는 현상을 의미한다. 다시 말하면, 인플레이션은 시간이 지남에 따라 제품을 구매하는 데 소요되는 비용이 증가하거나 또는 동일한 금액으로 구매할 수 있는 제품의 양이 감소하는 현상이다. 반면, **디플레이션**(deflation)이란 인플레이션의 반대되는 개념으로 제품의 가격이 시간이 지남에 따라 감소하여 화폐구매력이 증가하는 현상을 말한다. 현실적으로는 디플레이션보다는 인플레이션이 더 일반적인 현상이기 때문에, 본 장에서는 경제성분석에서 인플레이션의 역할을 주로 생각해보기로 한다.

일반적으로 물가수준은 어떻게 측정되는가? 수없이 많은 재화의 가격이 존재하고, 또한 이들 가격이 지속적으로 변화하고 있으므로, 전체적으로 물가가 어느 쪽으로 얼마만큼 변화하는지를 파악하는 것은 쉽지 않다. 따라서, 일반적인 물가수준은 여러 가지 재화와 용역의 가격을 일정 연도(기준연도)를 기준으로 가중치를 부여하여 만든 **물가지수**(price index)로 측정한다. 물가지수의 측정에서 기준연도를 기점(기준연도의 지수 = 100)으로 하는 이유는 물가지수가 다양한 재화를 대상으로 하므로 절대적인 수준을 알 수 없기 때문이다. 인플레이션의 측정을 위해 쓰이는 대표적인 물가지수로는 소비자물가지수(consumer price index: CPI)가 있다. 물가지수의 종류는 측정하는 상품묶음이 무엇이냐에 따라 달라진다. 참고로 생활물가지수는 소비자물가지수보다 품목의 수가 적지만 생활에 밀접한 연관이 있는 상품묶음을 기준으로 하고 있다.

4.1.1 소비자물가지수

인플레이션의 개념을 등가계산에 도입하기 전에, 먼저 인플레이션의 효과를 분리하고 측정하는 방법에 관해 살펴볼 필요가 있다. 소비자들은 화폐구매력의 감소 정도를 정확히는 감지하지는 못하더라도, 매년 식료품, 의류, 교통, 주택 등에 소비하면서 상대적인 물가변동을 경험적으로 느낀다. 경제학자들은 평균적인 일반 소비자가 필요로 하는 제품과 서비스를 포함하고 있는 **장바구니**(market basket)라는 개념을 가지고 **소비자물가지수**(consumer price index: CPI)를 측정하는 방법을 고안하였다. 이 장바구니는 일반적으로 일상생활에 중요한 8가지 주요 품목들로 구성된다. (1) 식료품과 주류, (2) 주택, (3) 의류, (4) 교통, (5) 의료, (6) 오락, (7) 개인 일용품, 그리고 (8) 그 외 다른 제품과 서비스이다.

CPI는 당월의 제품 혹은 서비스의 가격을 한 달, 1년, 혹은 10년 전의 가격과 비교하여 계산된 지수이다. 현재가격과 비교되는 과거의 시점을 **기준시점**(base period)이라 하고, 이때 기준시점의 지수를 100으로 정한다. 예를 들면, 2010년에 가격이 100원인 장바구니를 2013년에 구입하려면 105.9원을 지불해야 한다고 가정하자. 여기서 2013년의 CPI는 기준시점의 가격에 대한 현재가격의 비율에 100을 곱하여 계산한다. 즉, 물가지수는 (105.9/100) 100 = 105.9이다. 이것은 2013년도 장바구니의 가격이 평균적으로 기준시점의 가격보다 5.90% 인상되었다는 의미이다.

한국의 소비자물가지수

우리나라의 경우, 통계청에서 산출하는 소비자물가지수(CPI)는 일반소비자가 소비생활을 영위하기 위하여 구입하는 재화와 용역으로 2010년을 100으로 481개 조사항목을 가중평균하여 매월 지수를 산출하여 발표한다. 가격변동을 종합적으로 측정하기 위하여 작성되는 물가지수의 계산에서 전체 지출

중에서 차지하는 지출의 비중을 그 품목의 가중치로 잡는다. 소비재의 경우 어떤 재화의 경제적 중요성이란 일정기간 동안의 총 소비지출에서 그 재화에 지출된 금액의 비중을 의미한다. 일반 소비자물가지수와 별도로 **근원물가**(core price) 그리고 **생활물가**(living cost)를 동시에 산출하기도 한다. 여기서 근원물가란 조사품목 중 곡물 이외의 농산물과 석유류와 같은 외부충격 등에 취약한 품목들을 제외하고 산출한 물가지수이다. 생활물가란 소득증감에 관계없이 소비지출이 필요한 생활필수품을 대상으로 산출한 물가지수를 말한다. 표 4.1과 그림 4.1은 통계청에서 발표하는 월별 소비자물가, 근원물가, 생활물가 상승의 한 예를 보여준다.

간단한 예로 소비품목으로 쌀을 생각해보자. 쌀의 가중치는 일정기간에서의 총 소비지출에서 쌀에 대한 지출의 비중이다. 이런 방식으로 대상 소비재(481품목)에 대하여 계산한 것을 합하면 각 연도, 각 분기, 또는 매월의 소비자물가지수를 구할 수 있다. 여기서 명심해야 할 것은 물가지수는 항상 기준연도를 중심으로 하여 계산되므로 물가지수를 비교할 때는 항상 기준연도를 염두에 두어야 한다.

표 4.1 | 소비자물가상승률(2006년~2012년) (단위: 전년 동월 대비, %)

	2006	2007	2008	2009	2010	2011	2012 10월
소비자물가	2.2	2.5	4.7	2.68	3	4	2.1
근원물가	1.8	2.3	4.3	3.6	1.8	3.2	1.5
생활물가	3.1	3.2	5.3	2.1	3.4	4.4	1.9

출처: 통계청「소비자물가지수」
2010년을 100으로 481개 조사항목을 가중평균하여 매월 지수를 산출 발표

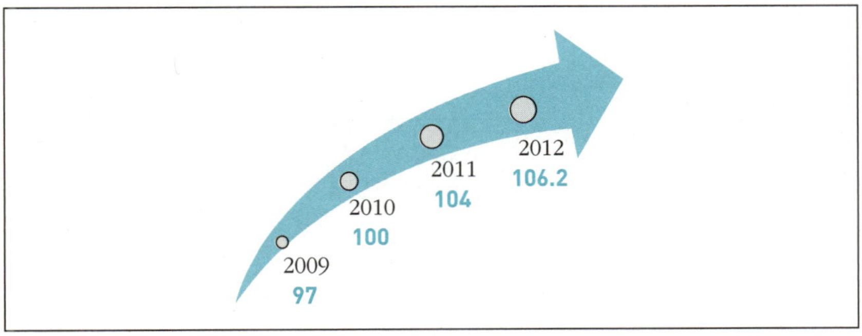

그림 4.1 | CPI기준의 인플레이션율 측정(2010년 기준)

4.1.2 생산자물가지수

소비자물가지수는 일반 소비품목의 가격변동을 효과적으로 측정할 수는 있지만, 산업물가의 변동을 측정하는 지수로서는 적합하지 않다. 현실적으로 투자 프로젝트의 경제성분석을 수행하려면 원자재, 완제품, 운용비용 등의 가격상승을 적절하게 측정할 수 있는 물가지수에 대한 정보가 필요하다. **생산자물가지수**(producer price index: PPI)는 국내생산자가 공급하는 모든 재화 및 일부 서비스의 가격수준의 변동을 측정하는 통계로서 한국은행에서 보통 기업 상호 간의 거래가격의 변동을 조사하여 매월 발표하고 있다. 한국은행은 2005년을 기준시점의 지표를 100으로 정하고 있으며, 표 4.2는 매월 발표하는 생산자물가지수 등락률의 예를 보여준다.

표 4.2 생산자물가지수 등락률(2012년 10월)

	가중치	전월 대비				전년 동월 대비			
		12.7월	8월	9월	10월	12.7월	8월	9월	10월
총지수	100.0	−0.5	0.7	0.7	−0.7	−0.1	0.3	1.0	0.2
농림수산품	43.6	0.2	5.5	5.9	−8.8	−3.4	−2.9	7.4	3.3
곡물	11.0	0.0	−0.2	−1.0	0.1	5.8	5.7	4.7	5.4
채소	7.4	9.5	13.4	29.5	−22.5	2.5	−3.4	30.2	18.3
과실	5.3	−4.6	11.2	2.2	−1.4	9.3	16.9	30.5	32.1
축산물	12.0	−2.9	0.9	−3.6	−7.9	−12.6	−11.8	−10.2	−12.0
수산식품	5.3	0.5	0.9	2.1	−2.5	−12.5	−12.7	−4.2	−6.6
공산품	644.8	−0.8	0.6	0.7	−0.6	−0.7	−0.2	0.0	−0.7
석유제품	59.7	−2.5	3.2	3.6	−1.4	−0.8	2.7	5.2	2.4
화학제품	55.2	−1.7	1.8	2.3	−0.1	−2.8	−1.7	−1.0	−0.8
1차금속제품	65.6	−1.7	−0.8	0.6	−2.0	−6.7	−7.5	−6.4	−7.1
전자부품 · 컴퓨터 · 영상음향 · 통신장비	93.7	−0.9	−0.5	−0.9	−11	−0.2	−0.5	−2.1	−3.1
전력 · 수도 · 가스	44.5	0.1	2.7	−0.1	−0.1	7.5	7.8	7.5	4.9
서비스	264.4	0.2	0.1	0.1	0.2	0.7	1.0	1.3	1.2
운수	61.6	0.5	0.1	−0.7	0.7	2.5	2.3	1.5	1.6
통신	48.6	0.1	0.0	0.0	0.1	−0.9	−0.9	−0.4	−0.2
금융	27.4	0.0	0.9	1.4	−0.2	−7.1	−2.8	0.1	−0.8
전문서비스	43.3	−0.2	−0.1	0.5	−0.1	2.1	2.1	2.4	2.3

표 4.2에서 2011년 11월 1일부터 2012년 10월 31일(만 1년) 사이의 석유 제품의 인플레이션율은 2.4%로 총생산자지수 0.2%에 비해 12배나 되는 것을 알 수 있다.

4.1.3 평균인플레이션율

여러 해 동안에 걸쳐 변화하는 연간 인플레이션율의 효과를 설명하기 위해서 **평균인플레이션율**(average inflation rate)을 계산할 필요가 있다. 인플레이션율은 전년도 인플레이션율을 기준으로 계산되기 때문에, 각 연도 인플레이션율은 복리와 같은 효과를 갖게 된다. 예를 들어, 2년에 걸친 인플레이션율의 평균인플레이션율을 계산한다고 하면, 기준가격은 100원, 1차년도 인플레이션율은 4%, 2차년도 인플레이션율은 8%이다.

- **단계** 1: 복리 계산과정과 동일하게 2차년도 말의 가격을 구한다.

$$\underbrace{\overbrace{100(1+0.04)}^{\text{1차년도}}(1+0.08)}_{\text{2차년도}} = 112.32\,(\text{원})$$

- **단계** 2: 평균인플레이션율(f)을 구하기 위하여 아래와 같은 등식을 사용한다.

$$100\text{원}\,(1+f)^2 = 112.32\text{원}, \quad \text{또는}\ 100\text{원}\,(F/P, f, 2) = 112.32\text{원}$$

이를 f에 대하여 풀면 다음과 같다.

$$f = 5.98\%$$

위의 결과로부터 지난 2년 동안의 물가상승률은 연평균 5.98%였다는 사실을 알 수 있다. 이러한 평균값이 여러 해에 걸친 기하평균(산술평균이 아님)임을 기억하기 바란다. 우리가 과거의 인플레이션율을 계산한다면 굳이 연평균 인플레이션율을 계산할 필요는 없지만, 미래의 인플레이션율을 매 연도마다 예측하기는 거의 불가능하기 때문에 단일 평균인플레이션율을 사용함으로써 투자분석과정에서 예상되는 운용비의 지출이나 총매출액을 예측하는데 적용할 수 있다.

예제 4.1 평균인플레이션율

아래 표에 열거된 5품목은 소비자물가에 대한 11년 동안의 가격변동을 조사한 것이다. 이 표를 이용하여 평균인플레이션율이 어떻게 계산되는지를 설명하라.

(단위: 원)

품목	2011년 가격	2000년 가격	평균인플레이션율
연간자동차보험료	872,000	687,000	2.19%
자동차	22,590,000	21,000,000	0.67%
휘발유	1,820	780	8.01%
연간대학등록금	2,729,300	1,551,800	5.27%
영화관입장료	7,500	5,390	3.05%
소비자물가지수(CPI)	223.47	171.20	2.45%

문제분석

어느 품목이라도 2000년과 2011년의 물가를 알고 있기 때문에 복리할증계수를 이용하여 평균인플레이션율을 계산할 수 있다.

분석방법

각 품목의 평균인플레이션율을 구한다.

■ **조건**: $P = 780$, $F = 1{,}820$, $N = 2011 - 2000 = 11$

■ **탐색**: 평균인플레이션율(f)

풀이

세 번째 품목인 휘발유가격의 평균인플레이션율을 구해보자. 2000년과 2011년의 물가를 복리할증계수에 적용하여 계산을 한다.

$$F = P(1+f)^N$$

$$1{,}820 = 780(1+f)^{11}$$

$$f = \sqrt[11]{\frac{1{,}820}{780}} - 1$$

$$= 8.01\%$$

같은 방법으로 나머지 품목들의 평균인플레이션율을 구하면 위의 표에서 보는 바와 같다.

해설 위의 도표를 참조하면, 품목들 가운데 휘발유가격이 이 기간 동안 가장 많이 인상되었음을 알 수 있다. 또한, 자동차보험료와 자동차가격이 소비자물가지수를 이용하여 평균인플레이션율을 구한 2.45%보다 낮은 가격인상률을 나타내고 있음을 알 수 있다. 같은 요령으로 국내 소비자물가의 평균인플레이션율을 구할 수 있다.

4.1.4 일반인플레이션율($\bar{f}$)과 특정인플레이션율(f_j)

CPI를 사용하여 구한 평균인플레이션율을 우리는 일반인플레이션율(general inflation rate: $\bar{f}$)이라고 부른다. 특정한 품목에 대한 평균인플레이션율과 일반인플레이션율을 혼동하지 않도록 조심하여야 한다. 다시 정리하면,

- **일반인플레이션율**(general inflation rate: $\bar{f}$) 장바구니를 기준으로 한 CPI를 토대로 계산되는 평균인플레이션율이다. 시장이자율(market interest rate)은 일반 인플레이션율을 반영한다. 예 4.1에서 2.45%가 여기에 해당한다. 즉 2000과 2011년 사이의 연평균 일반인플레이션율은 2.45%라는 뜻이다.
- **특정인플레이션율**(specific inflation rate: f_j) 이 비율은 특정한 품목(j)의 가격변동을 파악하기 위한 지수이다. 예를 들면, 노동, 자재, 주택, 연료 등과 같은 특정 품목에 대한 미래 비용을 예측할 필요가 있을 때 사용된다. 한 품목에 대한 평균인플레이션율만을 구하는 경우, 편의를 위하여 첨자(j)를 생략하기도 한다.

CPI를 이용하여 아래와 같이 일반인플레이션율을 정의한다

$$CPI_n = CPI_0(1+\bar{f})^n \tag{4.1}$$

혹은

$$\bar{f} = \left[\frac{CPI_n}{CPI_0}\right]^{1/n} - 1 \tag{4.2}$$

단, $\bar{f}$ = 일반인플레이션율
CPI_n = n년도 소비자물가지수
CPI_0 = 기준년도 소비자물가지수

연속 2년 동안의 CPI 값들을 알면, 일반인플레이션율은 다음과 같이 계산할 수 있다.

$$\bar{f}_n = \frac{CPI_n - CPI_{n-1}}{CPI_{n-1}} \tag{4.3}$$

단, $\bar{f}_n$ = n년도 일반인플레이션율

예를 들면, $CPI_{2011} = 104$이고 $CPI_{2012} = 106.2$일 경우, 2012년도 일반인플레이션율을 계산하면 다음과 같다.

$$\frac{106.2 - 104.0}{104.0} = 0.0212 = 2.12\%$$

예제 4.2 | 연간 인플레이션율과 평균인플레이션율

옆 표는 신규 주택단지개발 사업장에 일정량의 전기를 공급하는 회사의 비용자료이다. 이 자료로 작성된 물가지수는 이 회사가 속한 전기사업 분야에만 국한된 물가지수이다. 기준시점은 0년도라고 하자.

(a) 각 연도의 연간 인플레이션율과 3년 동안의 평균인플레이션율을 구하라.

(b) 4차년도의 공사비용을 추정하여라.

(단위: 만원)

연도	공사비용
0	504,000
1	538,400
2	577,000
3	629,500
4	?

문제분석

■ **조건**: 비용 자료

■ **탐색**: (a) 연간 인플레이션율(f_n), (b) 3년간의 평균인플레이션율(f), 그리고 (c) 4차년도의 공사비용 추정

분석방법

각 연도의 공사비용을 이용하여 (1) 연도별 인플레이션율과 (2) 평균인플레이션율을 구한다.

풀이

(a)

• 1차년도의 인플레이션율(f_1):

$$(538,400 - 504,000)/ 504,000 = 6.83\%$$

• 2차년도의 인플레이션율(f_2):

$$(577,000 - 538,400)/ 538,400 = 7.17\%$$

• 3차년도의 인플레이션율(f_3):

$$(629,500 - 577,000)/ 577,000 = 9.10\%$$

• 3년간의 평균인플레이션율(f):

$$f = \left(\frac{629{,}500}{504{,}000}\right)^{1/3} - 1 = 0.0769 = 7.69\%$$

3년간의 평균인플레이션율이 7.69%라고 해도, 어느 연간 인플레이션율도 이 평균인플레이션율과 같지 않다는 점에 유의하기 바란다. 또한 여기서 구한 평균인플레이션율은 공익사업체(전기, 전화, 수도 등)에 국한된 비용을 기준으로 계산된 것이기 때문에 특정인플레이션율이라고 부른다.

(b) 4차년도 공사비용 추정치: 매년 평균 7.69%의 공사비용이 증가하므로, 4년차의 비용은 3년차의 비용이 7.69% 인상된 금액으로 추정할 수 있다.

$$629{,}500\,(1 + 0.0769)^1 = 677{,}909\ (\text{만원})$$

이와 같이 평균인플레이션율은 미래의 가격 추정에 적용할 수 있다.

해설 위 (b)의 경우, 0차년도를 기준으로 4차년도의 공사비용을 구할 수도 있다.

$$504{,}000\,(1 + 0.0769)^4 = 677{,}848$$

이 값은 3차년도를 기준으로 계산한 결과와 동일하다. 계산결과가 조금 다른 것은 반올림오차에 의한 것이다.

4.2 명목화폐가치와 기준화폐가치

인플레이션 효과를 고려하여 투자 프로젝트의 경제성분석을 실행하기 위해 먼저 인플레이션에 관련된 용어들의 정의를 알아보자.

- **명목화폐가치(A_n)**: 인플레이션이나 디플레이션 영향으로 인하여 예상되는 화폐가치의 변화량을 n년도 현금흐름 추정치로 환산한 값을 **명목화폐가치**(actual dollar)라고 한다. 일반적으로 이 변화량은 인플레이션을 기준연도의 화폐가치 추정값에 적용함으로써 결정된다. 우리가 물건을 사고 팔거나, 아니면 모든 재무거래에 사용되는 현금흐름은 일반적으로 모두 명목화폐가치로 표현된다.

- 기준화폐가치(A'_n): 기준화폐가치(constant dollar)는 시간 경과와는 상관없이 동일한 구매력을 나타낸다. 인플레이션이나 디플레이션 효과들을 가정하고 현금흐름이 추정되었다면, 이러한 추정치에서 일반인플레이션율 혹은 디플레이션율을 제거하여 기준연도의 화폐가치로 전환할 수 있다. 특별한 기준연도가 명시되어 있지 않다면 기준연도는 '0' 시점으로 하거나 경제성분석을 하는 시점으로 한다.

4.2.1 기준화폐가치를 명목화폐가치로 변환

기준화폐가치는 기준연도의 구매력으로 표시되는 화폐가치의 양을 나타내므로, 일반인플레이션율($\bar{f}$)을 기준화폐가치에 적용하여 n년도의 명목화폐가치를 구할 수 있다.

$$A_n = A'_n(1+\bar{f})^n = A'_n(F/P, \bar{f}, n) \tag{4.4}$$

단, A'_n = 기준화폐가치로 표현된 n년 말 현금흐름
A_n = 명목화폐가치로 표현된 n년 말 현금흐름

만일 특정한 현금흐름요소(j)가 일반인플레이션율을 따르지 않는다면, 일반인플레이션율($\bar{f}$) 대신에 이 현금흐름 요소에 적용되는 특정인플레이션율(f_j)을 사용하여야 한다.

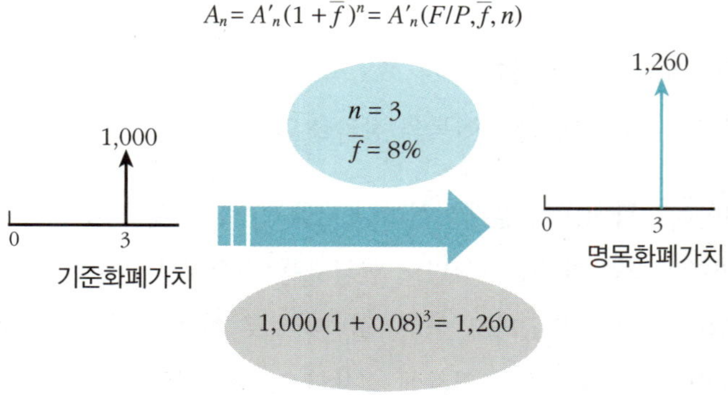

그림 4.2 | 기준화폐가치의 명목화폐가치 변환: 이 예제에서 기준화폐가치는 '0' 시점의 구매력으로 표현된다

예제 4.3 | 기준화폐가치를 명목화폐가치로 변환

㈜드랜스코는 새로 건설되는 세종시에 컴퓨터로 조정되는 교통신호 변환기를 제조하여 공급할 계획을 가지고 있다. 이 회사는 기존 변환기의 노후로 인한 대체 필요성과 새로운 도로건설에 관한 자료를 분석함으로써 새 변환기의 시장성을 조사하였다. 이 회사에서 제조한 새 변환기의 제품당 현재가격은 55만원이고 납세 전 제조원가는 45만원이다. 초기 투자비용은 25,000만원이고, 예측된 판매량과 기준화폐가치로 측정된 세전 현금흐름은 다음과 같다.

연도	판매량	기준화폐가치 현금흐름
0		−25,000만원
1	1,000개	10,000만원
2	1,100개	11,000만원
3	1,200개	12,000만원
4	1,300개	13,000만원
5	1,200개	12,000만원

제품판매가와 제조단가는 연 5%로 추정된 일반인플레이션율에 따른다고 가정하자. 이 프로젝트의 세전 현금흐름을 등가의 명목화폐가치로 변환하여라.

문제분석

- **조건**: 표의 자료, 연간 인플레이션율 = 5%
- **탐색**: 기간별 명목화폐가치 현금흐름

분석방법

복리할증계수(전환계수)를 이용하여 기간별 명목화폐가치 현금흐름을 구한다.

풀이

먼저 기준화폐가치를 명목화폐가치의 현금흐름으로 전환한다. 식 (4.4)를 이용하여 아래와 같이 값을 구할 수 있다. 시점 0의 현금흐름은 인플레이션의 영향이 없다.

(단위: 만원)

기간	기준화폐가치 현금흐름	전환계수	명목화폐가치 현금흐름
0	−25,000	$(1 + 0.05)^0$	25,000.0
1	10,000	$(1 + 0.05)^1$	10,500.0
2	11,000	$(1 + 0.05)^2$	12,127.5
3	12,000	$(1 + 0.05)^3$	13,891.5
4	13,000	$(1 + 0.05)^4$	15,801.6
5	12,000	$(1 + 0.05)^5$	15,315.4

그림 4.3은 이 과정을 그림으로 보여준다.

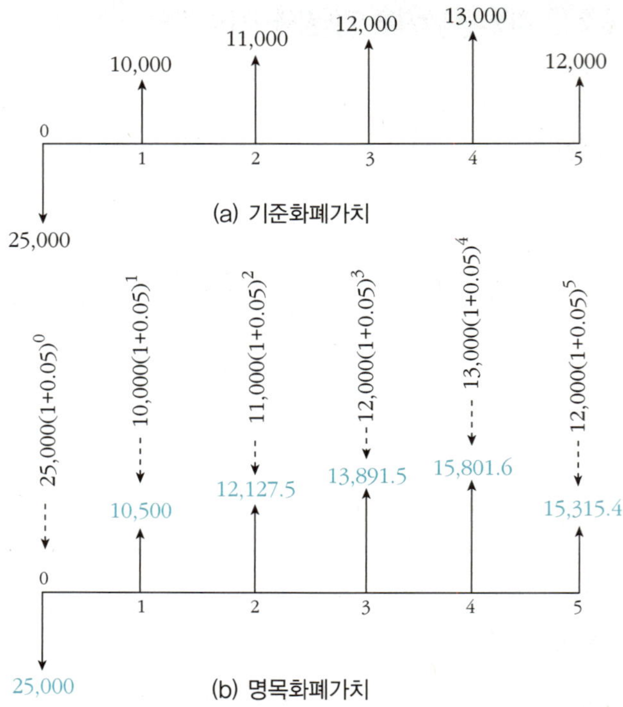

그림 4.3 | 기준 및 명목화폐가치로 표현된 프로젝트 현금흐름 (단위: 만원)

4.2.2 명목화폐가치를 기준화폐가치로 변환

이 과정은 기준화폐가치를 명목화폐가치로 변환하는 과정과 정반대이다. 여기서는 복리할증계수를 사용하지 않고 복리할인계수를 사용한다.

$$A'_n = \frac{A_n}{(1+\bar{f})^n} = A_n(P/F, \bar{f}, n) \tag{4.5}$$

만일 일반인플레이션율을 따르지 않는 품목이라면, 일반인플레이션율($\bar{f}$)이 아닌 특정인플레이션율(f_j)을 사용해야 할 것이다.

예제 4.4 | 명목화폐가치를 기준화폐가치로 변환

㈜VM은 어류 양식을 위하여 5,000평방미터의 부지를 5년 동안 사용하기 위하여 부지 소유자와 협의 중이다. 계약조건에 명시된 비용은 2,000만원인데, 이는 5년 동안 매년 초에 지불해야 한다. 일반인플레이션율($\bar{f}$)이 5%라고 가정하고 각 연도의 기준화폐가치 등가비용을 구하여라.

문제분석

연간 비용이 2,000만원으로 일정하다고 해도, 이 비용들은 기준화폐가치가 아니다. 인플레이션과 관련된 문구가 계약서에 언급되지 않았다면, 여기에 명시된 현금흐름들은 모두 명목화폐가치로 간주해야 한다.

분석방법

복리할인계수(전환계수)를 이용하여 연도별 기준화폐가치 현금흐름을 구한다.

- **조건**: 표의 자료, 일반인플레이션율($\bar{f}$) = 연 5%
- **탐색**: 각 연도의 기준화폐가치 등가비용

풀이

식 (4.5)를 사용하여 아래와 같은 명목화폐가치를 기준화폐가치로 변환시킬 수 있다.

(단위: 만원)

기간	명목화폐가치 현금흐름	전환계수	기준화폐가치 현금흐름	구매력 손실
0	2,000	$(1+0.05)^{0}$	2,000.0	0.00%
1	2,000	$(1+0.05)^{-1}$	1,904.8	4.76%
2	2,000	$(1+0.05)^{-2}$	1,814.1	9.30%
3	2,000	$(1+0.05)^{-3}$	1,727.7	13.62%
4	2,000	$(1+0.05)^{-4}$	1,645.4	17.73%

연 5%의 인플레이션을 예상한다면, 5년째 임대료는 첫 임대료의 82.27%의 가치밖에 갖지 못함을 알 수 있다.

4.3 인플레이션 하에서의 등가계산

앞 장에서는 경제적 등가분석을 할 때, **화폐수익력**(earning power of money, **이자의 효과**)에 의한 변화만을 고려했었다. 그러나, **화폐구매력**의 변화, 즉 인플레이션을 함께 고려하려면 (1) 기준화폐가치분석이나 (2) 명목화폐가치분석을 사용하여야 한다. 이 두 가지 방법 중 어느 방법을 사용하더라도 결과는 동일하다. 각각의 방법에 적용되는 이자율과 그 계산과정은 다음 절에서 설명하기로 한다.

4.3.1 시장이자율과 무인플레이션이자율

인플레이션을 고려한 경제적 등가계산에는 어떤 이자율을 사용해야 하는가? 다시 말하자면 (1) 시장이자율(market interest rate)과 (2) 무인플레이션이자율(inflation-free interest rate or real interest rate) 중 어느 것을 선택할 것인가? 이를 위해서는 두 이자율의 정확한 의미를 알고 있어야 한다.

- **시장이자율**(i): 화폐의 수익력과 예상되는 구매력의 변화를 모두 고려한 이자율이다. 금융기관들이 예금계좌나 대출금에 명시하는 모든 이자율들은 시장이자율이다. 또한, 대부분의 기업들은 **시장이자율**(또는 인플레이션이 고려된 이자율)을 사용하여 투자 프로젝트를 평가한다.
- **무인플레이션이자율**(i'): 인플레이션 효과가 제거되어 본질적인 화폐의 수익력만을 반영한 이자율이다. 이 이자율을 일반적으로 **근원이자율**(real interest rate)이라 하고, 인플레이션율과 시장이자율이 주어지면 쉽게 계산할 수 있다. 본 장의 후반에서 다시 논의하겠지만, 인플레이션이 존재하지 않는 경우에는 시장이자율과 무인플레이션이자율은 동일하다.

그러므로 정확한 등가계산을 하기 위해서는, 현금흐름을 추정하기 위해 설정된 가정들을 검토하여 두 가지 이자율 가운데 합당한 것을 선택하여 사용하여야 한다.

현금흐름의 등가계산을 하기에 앞서, 현금흐름의 특성을 알아볼 필요가 있다. 현금흐름의 특성은 다음과 같은 3종류로 분류할 수 있다.

- **경우 1** : 모든 현금흐름이 기준화폐가치로 추정됨.
- **경우 2** : 모든 현금흐름이 명목화폐가치로 추정됨.
- **경우 3** : 현금흐름이 부분적으로 명목화폐가치와 기준화폐가치로 나누어 추정됨.

경우 3의 현금흐름을 분석할 때에는 모든 현금흐름 요소들은 모두 기준화폐가치로 변환하거나, 아니면 모두 명목화폐가치로 변환하여야 한다. 모든 현금을 기준화폐가치로 환산하였다면, 기준화폐가치 분석방법(경우 1)을 채택하고, 반대로 모든 현금흐름을 명목가치로 환산했다면 명목화폐가치 분석방법(경우 2)을 택하여 분석한다. 다음 절에서는 경우 1과 경우 2의 계산절차에 관해서 알아보겠다.

4.3.2 기준화폐가치분석

모든 현금흐름 요소들이 이미 기준화폐가치로 주어져 있고, 평가자가 n년도에 발생한 기준화폐가치 현금흐름(A'_n)의 현재가치를 구하려고 한다고 가정하자. 인플레이션의 영향을 이미 배제하였기 때문에, 평가자는 현재가치 계산을 위해 화폐수익력만을 반영하는 무인플레이션이자율(i')을 사용해야 한다. 이 이자율(i')을 사용하여 기준화폐가치의 현재가치를 구하려면 다음과 같은 식을 사용한다.

$$P_n = \frac{A'_n}{(1+i')^n} \tag{4.6}$$

기준화폐가치분석은 장기간 공공 프로젝트의 분석에 일반적으로 사용된다. 이는 정부가 주체가 되므로 세금을 고려할 필요가 없기 때문이다. 제9장에서 다시 설명하겠지만, 통상적으로 세금은 명목화폐가치를 기준으로 계산되는 과세표준(과세대상소득)에 의해 부과된다.

예제 4.5 | 기준화폐가치 현금흐름의 등가계산

예제 4.3에서 이번에는 주어진 현금흐름이 기준화폐가치로 추정되었다고 생각해보자. ㈜드랜스코의 관리자들이 세전 연 12%의 무인플레이션수익률(i')을 얻고자 한다면, 이 프로젝트의 현재가치는 얼마나 되어야 하겠는가?

문제분석

모든 현금흐름이 기준화폐가치로 표시되었기 때문에, 무인플레이션이자율을 사용할 수 있다.

■ **조건**: 예제 4.3의 자료, 무인플레이션수익률(i') = 연 12%

■ **탐색**: 현금흐름의 현재가치

풀이

무인플레이션이자율(연 12%)로 현금흐름을 할인하면 다음과 같다.

분석방법
제2장에서 개발한 이자계수식들을 이용한다.

$$P = -25,000 + 10,000\,(P/A, 12\%, 5) + 1,000\,(P/G, 12\%, 5) - 2,000\,(P/F, 12\%, 5) = 16,309.9\,(\text{만원})$$

유입되는 현금흐름의 현재가치가 투자금액을 초과하므로, 이 프로젝트의 세전 수익성은 경제적 타당성을 가진다고 할 수 있다.

4.3.3 명목화폐가치분석

이제 모든 현금흐름들이 명목화폐가치로 추정되었다고 가정한다. n년도 명목화폐가치 현금흐름(A_n)의 현재가치를 구하려면, 직접 시장이자율을 적용하여 현재가치를 계산한다. 디플레이션 방법이나 수정할인 방법을 사용할 수 있다.

명목화폐가치분석

- **방법 1: 디플레이션 방법**
  - 단계 1: 구매력이 일정해지도록 모든 현금흐름을 변환
  - 단계 2: 수익력을 고려하여 현재가치를 구함
- **방법 2: 수정할인 방법**
  - 단계 1과 2를 하나의 단계로 합침

디플레이션 방법

디플레이션 방법(deflation method)으로 명목화폐가치의 현금흐름을 현재가치로 전환하기 위해서는 두 단계를 거쳐야 한다. 첫 번째 단계는 인플레이션의 효과를 제거하는 단계이다. 즉, 일반인플레이션율(혹은 f_j)로 현금흐름을 할인하여 명목화폐가치를 기준화폐가치로 변환한다. 두 번째는 무인플레이션이자율(i')을 사용하여 현재가치를 구한다.

예제 4.6 | 명목화폐가치 현금흐름의 경제적 등가계산: 디플레이션 방법

전자제품을 주문생산하는 중소 제조업체인 ㈜맥슨은 건조과일을 생산하는 회사로부터 감지기와 제어시스템을 주문받아 생산을 고려하고 있다. 이 프로젝트는 5년 후에 종료되는 독점계약이며, 생산하려면 약간의 추가적인 투자가 필요하다. 추정된 현금흐름은 명목화폐가치로 아래 표에서 보여지는 바와 같다.

(단위: 만원)

	현금흐름(명목화폐가치)
0	−75,000
1	32,000
2	35,700
3	32,800
4	29,000
5	58,000

(a) 단계 1: 연간 일반인플레이션율($\overline{f}$)이 5%라면, 각 년도별 현금흐름을 0년도 기준의 화폐가치로 변환하여라.
(b) 단계 2: 무인플레이션이자율(i') = 10%일 때, 이들 현금흐름의 현재가치를 계산하라.

문제분석

■ **조건**: 표의 현금흐름, 연간 일반인플레이션율($\overline{f}$) = 5%, 무인플레이션이자율(i') = 10%

■ **탐색**: (a) 연도별 기준화폐가치 현금흐름, (b) 현금흐름의 현재가치

분석방법

(1) 먼저 연간 일반인플레이션율($\overline{f}$)을 이용하여 명목화폐가치 현금흐름을 기준화폐가치로 전환한다.
(2) 무인플레이션이자율(i')을 구해진 기준화폐가치 현금흐름에 적용하여 현재가치를 구한다.

풀이

(a) 명목화폐가치로 주어진 현금흐름을 디플레이션계수(5%)로 할인하여 기준화폐가치로 변환한다. 기준화폐가치로 변환된 현금흐름에 무인플레이션이자율(i')을 적용하여 현재가치를 구한다. 그림 4.4는 디플레이션 방법의 적용과정을 그림으로 보여주고 있다. 아래 그림과 같이 명목화폐가치를 기준화폐가치로 변환한다.

단계 1: 명목화폐가치를 기준화폐가치로 변환

(단위: 만원)

연도	명목화폐가치의 현금흐름	디플레이션 계수	기준화폐가치의 현금흐름
0	−75,000	1	−75,000
1	32,000	$(1+0.05)^{-1}$	30,476
2	35,700	$(1+0.05)^{-2}$	32,381
3	32,800	$(1+0.05)^{-3}$	28,334
4	29,000	$(1+0.05)^{-4}$	23,858
5	58,000	$(1+0.05)^{-5}$	45,445

(b) i'= 10%에서 기준화폐가치의 현재가치 계산은 아래와 같다.

단계 2: 기준화폐가치의 현재가치

(단위: 만원)

연도	기준화폐가치의 현금흐름	할인계수	현재가치
0	−75,000	1	−75,000
1	30,476	$(1+0.10)^{-1}$	27,706
2	32,381	$(1+0.10)^{-2}$	26,761
3	28,334	$(1+0.10)^{-3}$	21,288
4	23,858	$(1+0.10)^{-4}$	16,295
5	45,445	$(1+0.10)^{-5}$	28,218
			45,268

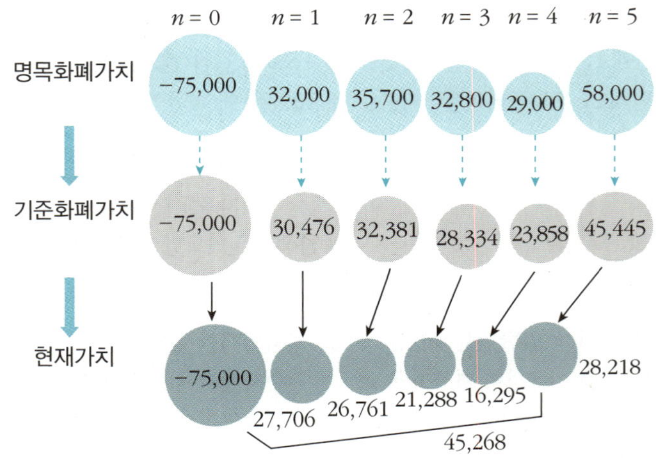

그림 4.4 | 디플레이션 방법: 명목화폐가치를 기준화폐가치로 변환 후, 현재가치로 변환

수정할인 방법

수정할인 방법(adjusted-discount method)은 디플레이션(deflation)과 현금흐름할인(discounting)을 한 단계로 묶어서 계산하기 때문에, 예제 4.6에서의 두 단계 방법을 간소화한 방법이라 볼 수 있다. 수학적으로 디플레이션 방법의 두 단계를 다음과 같이 하나로 통합할 수 있다.

$$P_n = \frac{\dfrac{A_n}{(1+\bar{f})^n}}{(1+i')^n} = \frac{A_n}{(1+\bar{f})^n(1+i')^n} = \frac{A_n}{\left[(1+\bar{f})(1+i')\right]^n} \quad (4.7)$$

시장이자율(i)은 수익력과 구매력을 동시에 반영하기 때문에, 아래와 같은 관계식이 성립된다.

$$P_n = \frac{A_n}{(1+i)^n} \quad (4.8)$$

식 (4.7)과 식 (4.8)의 가치는 시점 0에서 동일해야 한다. 그러므로,

$$\frac{A_n}{(1+i)^n} = \frac{A_n}{\left[(1+\bar{f})(1+i')\right]^n}$$

위 식으로부터 일반인플레이션율($\bar{f}$), 무인플레이션이자율(i'), 시장이자율(i) 간의 관계식을 유도하면 다음과 같다.

$$(1+i) = (1+\bar{f})(1+i')$$

이 식을 정리하면 다음과 같다.

$$i = i' + \bar{f} + i'\bar{f} \quad (4.9)$$

위 식으로부터 시장이자율(i)은 무인플레이션이자율(i')과 일반인플레이션율($\bar{f}$)의 함수라는 사실을 알 수 있다.

단계 1

$$P_n = \frac{\dfrac{A_n}{(1+\bar{f})^n}}{(1+i')^n}$$

단계 2

$$= \frac{A_n}{(1+\bar{f})^n (1+i')^n}$$

$$= \frac{A_n}{\left[(1+\bar{f})(1+i')\right]^n}$$

$$P_n = \frac{A_n}{(1+i)^n}$$

$$\frac{A_n}{(1+i)^n} = \frac{A_n}{\left[(1+\bar{f})(1+i')\right]^n}$$

$$(1+i) = (1+\bar{f})(1+i') = 1 + i' + \bar{f} + i'\bar{f}$$

$$i = i' + \bar{f} + i'\bar{f}$$

그림 4.5 | 수정할인 방법

시장이자율, 평균인플레이션율, 무인플레이션이자율의 관계

만일 인플레이션 효과가 없다면, 시장이자율(i)과 무인플레이션이자율(i')은 동일하게 되고($\bar{f} = 0 \rightarrow i = i'$), 무인플레이션이자율($i'$)이나 일반인플레이션율($\bar{f}$)이 증가하면, 시장이자율($i$)도 역시 증가한다는 사실을 알 수 있다. 예를 들면, 인플레이션으로 물가가 상승할 경우, 채권이자율도 오르는 것을 볼 수 있는데, 그 이유는 채권이나 은행예금증서(CD)에 투자하는 투자자들이 자신들의 자산에 대한 화폐가치가 인플레이션으로 인하여 잠식되는 것을 방지하기 위하여 더 높은 이자율을 요구하기 때문이다.

인플레이션이 연 3%의 비율로 계속된다면, 채권투자자는 표면이자율이 7%인 채권에 투자하여 만족할 수도 있다. 이는 채권수익률이 인플레이션율보다 훨씬 높기 때문이다. 그러나 인플레이션율이 10%로 높아지면, 아무도 표면이자율 7%의 채권을 구입하지는 않을 것이다. 오히려 이보다 훨씬 높은 14%의 수익률을 요구할지도 모른다. 반대로, 가격이 하락하는 경우라면(혹은 최소한 일정하게 유지되고 있다면), 투자자들은 그들이 투자한 금액에 대한 구매력 감소를 염려할 필요가 없게 된다. 이 때문에 투자자들은 더 낮은 이자율에 대한 투자로도 만족할 수 있다.

현실에서는 식 (4.9)에서 ($i'\bar{f}$)항을 무시하고, 단순히 일반인플레이션율($\bar{f}$)과 무인플레이션이자율(i')을 더해서 시장이자율(i)을 근사적으로 구하기도 한다.

예제 4.7 | 명목화폐가치 현금흐름의 등가계산: 수정할인 방법

예제 4.6의 현금흐름은 명목화폐가치로 표현된 것이다. 수정할인 방법을 이용하여 현금흐름의 현재가치를 계산하여라.

문제분석

■ **조건**: 예제 4.6의 자료, 일반인플레이션율($\bar{f}$) = 5%, 무인플레이션이자율(i') = 10%

■ **탐색**: 예제 4.6 현금흐름의 현재가치

분석방법

먼저, 일반인플레이션율($\bar{f}$)과 무인플레이션이자율(i')을 이용하여 시장이자율(i)을 계산하고, 이를 명목화폐가치 현금흐름에 직접 적용하여 현재가치를 구한다.

풀이

먼저, $\bar{f}$ = 5%와 i = 10%를 이용하여 시장이자율(i)을 구한다.

$$
\begin{aligned}
i &= i' + \bar{f} + i'\bar{f} \\
&= 0.10 + 0.05 + (0.10)(0.05) \\
&= 15.5\%
\end{aligned}
$$

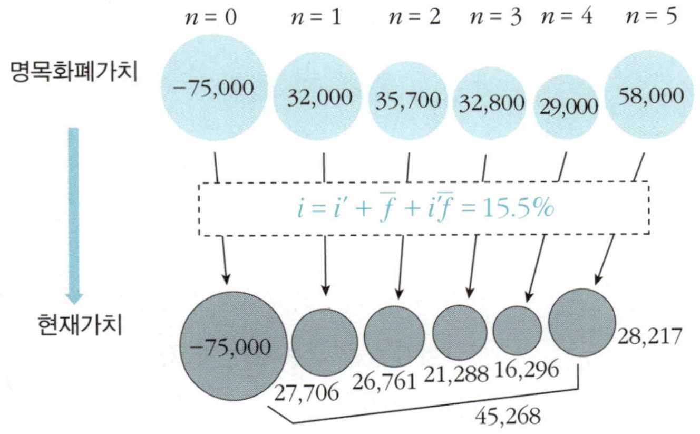

그림 4.6 | 명목화폐가치의 변환과정: 수정할인 방법 (단위: 만원)

그림 4.6에서 수정할인 방법(i = 15.5%)을 사용하여 구한 현재가치가 예제 4.6의 결과와 동일함을 알 수 있다.

수정할인 방법

$$i = i' + \bar{f} + i'\bar{f}$$
$$= 0.10 + 0.05 + (0.10)(0.05)$$
$$= 15.5\%$$

(단위: 만원)

연도	실제화폐가치의 현금흐름	할인계수	현재가치
0	−75,000	1	−75,000
1	32,000	$(1+0.155)^{-1}$	27,706
2	35,700	$(1+0.155)^{-2}$	26,761
3	32,800	$(1+0.155)^{-3}$	21,288
4	29,000	$(1+0.155)^{-4}$	16,296
5	58,000	$(1+0.155)^{-5}$	28,217
			45,268

4.3.4 혼합형 화폐가치분석

이제 현금흐름요소들 가운데 명목화폐가치와 기준화폐가치가 혼합되어 표시된 경우를 살펴보기로 하자. 이러한 경우, 모든 현금흐름요소들을 명목화폐가치 혹은 기준화폐가치로 변환하여야 한다. 명목화폐가치로 변환하였으면 시장이자율을 적용해야 하고, 기준화폐가치로 변환하였으면 무인플레이션이자율을 적용하여야 한다. 예제 4.8을 통하여 혼합형 화폐가치의 현금흐름에 대한 분석과정을 자세히 알아보자.

예제 4.8 | 혼합형 현금흐름요소의 등가계산

5살 된 아이를 둔 부부가 이 아이의 대학 등록금을 준비하기 위해 어떤 은행에 저축계좌를 개설하려고 한다. 이 계좌에 적용되는 이자율은 연 8%로 분기마다 복리로 계산된다. 이 아이는 18세가 되는 해에 대학에 입학하게 되고, 대학 4년 동안 지금의 화폐가치로 연간 3,000만원의 등록금이 들 것이며, 이 등록금은 매년 6%씩 증가할 것으로 예상된다. 이 아이의 부모는 매 분기마다 얼마씩 적립하여야 대학 4년간의 등록금을 마련할 수 있겠는가?
단, 첫 번째 예금은 첫 분기 말에 이루어지고, 17세가 되면 예금을 더 이상 하지 않고, 첫 번째 대학 등록금 인출은 대학 1학년(18세가 되는 해 초)에 이루어진다고 가정하자.

혼합현금흐름의 등가계산

방법: 기준화폐가치의 현금흐름을 명목화폐가치로 변환하고,
시장이자율을 적용하여 현재가치를 구함

(단위: 만원)

나이	대학 등록금 (기준화폐가치)	대학 등록금 (명목화폐가치)
18(1학년)	3,000	$3{,}000(F/P,6\%,13) = 6{,}398.8$
19(2학년)	3,000	$3{,}000(F/P,6\%,14) = 6{,}782.7$
20(3학년)	3,000	$3{,}000(F/P,6\%,15) = 7{,}189.7$
21(4학년)	3,000	$3{,}000(F/P,6\%,16) = 7{,}621.1$

문제분석

이 문제에서 대학 등록금은 기준화폐가치로 표시되는 반면, 분기별 적립액은 명목화폐가치로 표시된다. 저축계좌에 적용된 이자율은 시장이자율이기 때문에 대학 등록금을 명목화폐가치로 변환할 필요가 있다.

분석방법

그림 4.7은 분기별 적립액과 명목화폐가치로 변환한 연도별 대학 등록금의 현금흐름을 보여주고 있다. n = 12(17세)를 등가계산의 기준시점으로 하고, 매분기 이자율 2%로 4년간의 등록금에 기준시점에 대한 가치를 구한다. 또한 12년 동안 분기별로 적립이 이루어지므로 총 48번 적립이 발생한다. 이 두 현금흐름의 기준시점(n = 12, 17세) 가치를 동일하게 하여 분기별 적립액을 구한다.

- **조건**: 비용 자료
- **탐색**: 분기별 적립액(C)

풀이

먼저 분기별 적립액을 C라고 하고, 이 적립액을 12년 후(17세)의 화폐가치로 계산하면 다음과 같다.

$$V_1 = C(F/A, 2\%, 48) = 79.3535C$$

그리고, 4년간의 대학 등록금을 기준시점(n = 12, 17세)의 가치로 계산하면,

$$\begin{aligned} V_2 &= 6{,}398.8(P/F, 2\%, 4) + 6{,}782.7(P/F, 2\%, 8) \\ &\quad + 7{,}189.7(P/F, 2\%, 12) + 7{,}621.1(P/F, 2\%, 16) \\ &= 22{,}921.1(\text{만원}) \end{aligned}$$

$V_1 = V_2$ 으로 놓고, C에 관하여 풀면

$$79.3535C = 22{,}921.1$$
$$C = 288.848(\text{만원/분기})$$

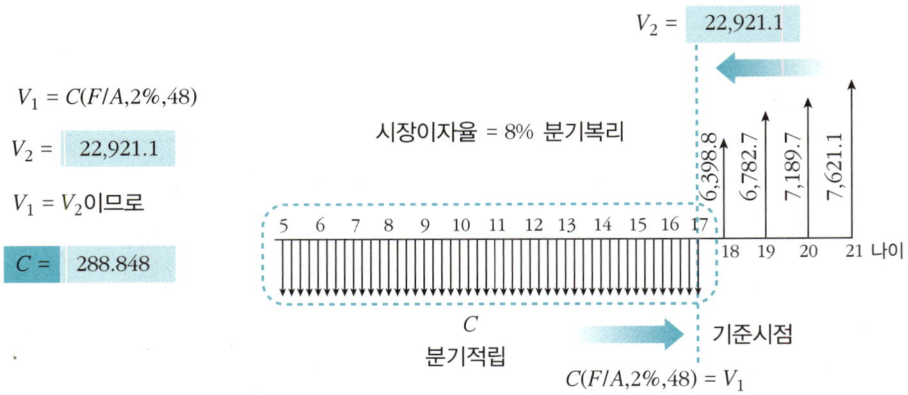

그림 4.7 | 인플레이션 하에서 등록금 마련 계획

해설 이 문제는 엑셀 프로그램이 제공하는 민감도분석에 대해 알아보기 위한 좋은 예제이다. 인플레이션율을 변화시킴에 따라 분기마다 적립해야 하는 금액은 어떻게 변하게 될까? 이 질문의 답을 얻기 위하여 엑셀을 사용할 수 있다. 표 4.3에서 우선 매달 적립금을 1원으로 적어넣고, "목표값 찾기" 기능을 이용하여 정확한 적립금을 찾는다. 이 과정에서, 셀 E58을 설정셀로 정하고, 이 셀에서 17세 말(48분기 말)까지 누적 적립액과 대학 등록금 할인액의 차이를 비교한다. 이 셀의 숫자(차이)가 "0(찾는 값)"이 될 때까지 이 과정을 반복하여 "목표값 찾기" 기능은 매 분기 적립금을 288.848만원(값을 바꿀 셀, E55)을 찾게 된다.

미래의 대학 등록금에 대한 인플레이션율을 6%가 아닌 4%로 추정하면, "목표값 찾기" 기능은 매 분기 적립금을 219.296만원으로 수정하여 줄 것이다. 이는 6%의 경우보다 69.551만원이 적은 금액이다. 이와 같이 엑셀을 활용하면, 인플레이션율이나 수익률을 어떤 비율로 변화시키더라도 그때마다 정확한 분기별 적립금을 쉽게 구할 수 있을 것이다.

수익률을 매분기 2%로 고정하고 인플레이션율을 변화시켰을 때		인플레이션율을 6%로 고정하고, 분기별수익률을 변화시켰을 때	
2%	165.7	1%	413.1
4%	219.3	1.5%	345.9
6%	288.8	2.0%	288.8
8%	378.6	2.5%	240.4
10%	494.1	3.0%	199.5

표 4.3 ▌ 엑셀을 이용한 분기별 적립액 계산

	A	B	C	D	E
1					
2	분기	적립	인출	**입력 자료**	(단위: 만원)
3					
4	0			연간 수업료	3,000.00
5	1	(288.85)		인플레이션율	6.00%
6	2	(288.85)		분기당 이자율	2.00%
7	3	(288.85)			
8	4	(288.85)			
9	5	(288.85)			
42	38	(288.85)			
43	39	(288.85)			
44	40	(288.85)		연간수업료(명목화폐가치)	
45	41	(288.85)		18년(1학년)	6,398.78
46	42	(288.85)		19년(2학년)	6,782.71
47	43	(288.85)		20년(3학년)	7,189.67
48	44	(288.85)		21년(4학년)	7,621.06
49	45	(288.85)			
50	46	(288.85)		=FV($E$5,16,,-$E$4)	
51	47	(288.85)			
52	48	(288.85)			
53	49		기준 기간	**출력자료**	
54	50				
55	51			분기 적립액	288.85
56	52		6,398.78	적립액의 미래가치(V1)	22,921.00
57	53			등록금의 현재가치(V2)	22,921.00
58	54			목표값	0.00
59	55				
60	56		6,782.71	=FV($E$6,48,-E55)	
61	57			=PV($E$6,4,,-C56)	
62	58			+PV($E$6,8,,-C60)	
63	59			+PV($E$6,12,,-C64)	
64	60		7,189.67	+PV($E$6,16,,-C68)	
65	61				
66	62			=E56-E57	
67	63				
68	64		7,621.06		
70	주: 6분기부터 37분기까지는 생략됨.				

4.4 요약

- **소비자물가지수**(Consumer Price Index: CPI)는 도시 소비자들이 소비하는 서비스나 물품 가격의 시간에 따른 변화를 통계적으로 측정한 값이다. 주요 항목으로는 식품, 주택, 의류, 교통, 의료 등이다. CPI는 특정한 시점의 서비스나 물품의 장바구니(market basket) 비용을 기준시점(base period)의 장바구니 비용과 비교한 상대적인 값이다.
- **인플레이션**(Inflation)이란 물가가 상승하여 화폐의 구매력(purchasing power)이 감소되는 상태를 표현하는 용어이다.
- **디플레이션**(Deflation)은 인플레이션과 반대되는 개념으로 물가가 하락함으로써 화폐의 구매력이 증가되는 상태를 표현하는 용어이다.
- **일반인플레이션율**(general inflation rate: $\bar{f}$)은 소비자물가지수(CPI)를 이용하여 계산된 평균인플레이션율이다. 연간인플레이션율($\bar{f}$)은 다음과 같이 계산된다.

$$\bar{f}_n = \frac{CPI_n - CPI_{n-1}}{CPI_{n-1}}$$

- 일반인플레이션율을 따르지 않는 제품들도 있을 수 있다. 이러한 경우 특정한 상품의 가격에 관한 기록을 알고 있으면, 이 제품의 평균인플레이션율(average inflation rate)을 구할 수 있다.
- 프로젝트의 현금흐름은 다음의 두 가지 형태 중 하나로 표현된다.
  - **명목화폐가치**(A_n): 인플레이션이나 디플레이션율이 반영된 화폐가치
  - **기준화폐가치**(A'_n): 기준시점의 화폐가치(보통 0년도)
- 프로젝트 평가에는 다음의 두 가지 이자율 중 하나를 선택하여 사용한다.
  - **시장이자율**(i): 수익률와 인플레이션 효과를 결합한 이자율이다. 이 이자율은 현금흐름이 명목화폐가치로 표현되었을 때 사용한다. 앞으로 본 교재에서 명시적으로 언급하지 않는다면, 이자율은 시장이자율을 의미한다.
  - **무인플레이션이자율**(i'): 인플레이션 효과가 제거된 이자율로서 기준화폐

가치로 현금흐름이 표현되었을 때 사용된다.

- 명목화폐가치의 현재가 계산을 위해서 다음의 두 방법 중 하나를 선택하여 사용할 수 있다.
  - 디플레이션 방법: 두 단계
    1. 일반인플레이션율($\overline{f}$)로 명목화폐가치의 현금흐름을 할인하여 기준화폐가치로 변환한다.
    2. 기준화폐가치로 변환된 현금흐름을 무인플레이션이자율(i')로 할인하여 현재가치를 구한다.
  - 수정할인 방법: 한 단계(시장이자율 사용)

$$P_n = \frac{A_n}{\left((1+\overline{f})(1+i')\right)^n} = \frac{A_n}{(1+i)^n}$$

이 등식을 i에 대해 풀면, 시장이자율(i)을 구할 수 있다.

$$i = i' + \overline{f} + i'\overline{f}$$

이를 명목화폐가치의 현금흐름에 적용하여 현재가치를 구한다.

연습문제

주의: 본 장의 문제에서 사용되는 "시장이자율(market interest rate)"이란 인플레이션을 고려하여 수정한 이자율을 의미하거나, 금융기관의 대부거래에 인용하는 연이율(Annual Percentage Rate : APR)을 의미한다. 만일 다른 언급이 없다면, 여기서의 이자율은 연간복리가 적용된다.

인플레이션의 측정

4.1 연간 인플레이션율이 6%이고, 이러한 추세가 앞으로도 계속된다고 가정할 때, 원화의 구매력이 절반으로 떨어지는데 최소한 몇 년이 걸리겠는가?

4.2 직장인 K씨의 연봉은 2007년 5,500만원이었는데, 2012년 현재는 7,000만원으로 상승하였다. 그런데, 그가 소속된 직장의 임금정책은 직원들이 항상 일정한 소비수준을 유지하게 하기 위해 인플레이션의 효과를 정확히 감안하여 매년 임금을 조정한다고 한다. 2007~2012년의 평균인플레이션율은 얼마인가?

4.3 시내 무연휘발유의 평균가격은 2012년 10월 20일 현재 리터당 2,079원이다. 만일 1997년의 가격(가격지수 = 100)을 기준으로 하고, 이 당시의 가격이 리터당 1,385원이었다면,

(ㄱ) 무연휘발유의 2012년 가격지수는 얼마이겠는가?

(ㄴ) 무연휘발유의 1997~2012년 평균인플레이션율은 얼마인가?

4.4 다음 표는 1987년을 기준연도로 했을 때의 철강가격에 대한 가격지수를 조사한 것이다.

연도	가격지수
2001	139.5
2012	187.6

(ㄱ) 2001년을 기준연도로 정한다면, 2001~2012년의 평균인플레이션율은 얼마인가?

(ㄴ) 이러한 인플레이션 추세가 동일하게 지속된다면, 2015년의 가격지수는 얼마이겠는가?

(ㄷ) 과거 3년 동안의 인플레이션율이 5%, 8%, 11%였다면, 3년 동안의 평균인플레이션율은 얼마인가?

4.5 다음은 한 섬유공장의 연간 전력소비량을 4년간 조사한 것이다.

(단위: 만원)

연도	비용
0	50,400
1	53,840
2	57,700
3	62,950

만일 이 공장의 4년 동안의 전력소비량이 동일했다면, 0년도를 기준연도로 했을 때 (1) 매 년도 인플레이션율은 각각 얼마인가? (2) 또, 3년 동안의 평균인플레이션율은 얼마인가?

기준화폐가치와 명목화폐가치

4.6 2011년 현재 교육공무원으로 일하고 있는 K씨의 평균 월급은 420.3만원이다. 1976년 당시 역시 교육공무원으로 일하셨던 K씨 아버지의 평균 월급은 26.2만원이었다고 한다. 1976년과 2011년 소비자물가지수(CPI)가 각각 24.54, 287.24라면, K씨의 1976년 기준화폐가치로 얼마의 월급을 받고 있는 것인가?

4.7 평균인플레이션율이 3%일 때 당신이 원하는 투자수익률이 5%(무인플레이션이자율)라고 한다면, 시장이자율로 8%의 수익을 보장하는 투자기회에 투자할

가치가 있겠는가?

4.8 이자율 4% 월복리의 저축계좌에 지금 5,000만원을 5년 동안 적립해두었다. 만일 이 기간 동안 평균인플레이션율이 5%라고 하면, 5년 전의 기준화폐가치로 얼마의 손해를 본 셈이 되는가?

4.9 웹포털 기업인 ㈜EJ는 최근 늘어나는 가입자의 웹스토리지 수요에 대응하기 위해 대용량 저장장치를 설치하려고 한다. 이로 인해 발생하는 연간 유지비용이 지금의 화폐가치(기준화폐가치)로 향후 5년 동안 매년 말 4,500만원, 4,800만원, 5,200만원, 5,500만원, 5,800만원이 발생할 것으로 예상된다. 이 기간 동안 일반인플레이션율은 연 3%로 추정되고, 회사의 수익률이 10%라고 하면, 이 저장장치의 유지비용을 5년 동안의 연간등가(명목화폐가치)로 환산하면 얼마인가?

4.10 다음 표의 현금흐름(명목화폐가치)을 0년도 기준의 현금흐름(기준화폐가치)으로 환산하여라. 단, 연간 평균인플레이션율은 3%라고 한다.

연도	현금흐름(명목화폐가치)
0	20,500만원
4	41,500만원
5	36,500만원
7	55,500만원

4.11 다음 그림은 일반인플레이션율($\bar{f}$) = 3.8%, 시장이자율 (i)= 9%를 가정하고 기준화폐가치인 현금흐름(b)을 명목화폐가치인 현금흐름(a)으로 전환한 것이다. 명목화폐가치인 $A = 1{,}000$와 동일한 기준화폐가치 등가액 A'를 구하여라.

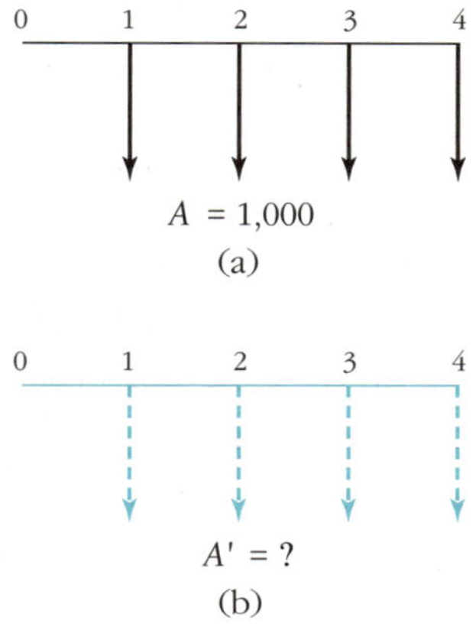

4.12 공장에서 사용할 소형 발전기를 구매하기 위하여 1,200만원을 융자하여, 9% 월복리로 4년 동안 매달 말 동일액으로 상환하기로 하였다. 일반인플레이션율이 연 6%로 월단위로 계산된다면, 15번째 상환금을 명목화폐가치와 기준화폐가치로 각각 구하여라.

인플레이션 하에서 등가계산

4.13 현재를 기준연도로 할 때, 1년도 말에 기준화폐가치로 2,000만원에서 시작하여 4년 동안 매년 8%씩 증가하는 현금흐름열이 있다. 시장이자율이 연복리 13%이고, 일반인플레이션율이 연 7%라고 한다면, 다음 방법으로 이 현금흐름열의 현재가치를 구하여라.

(ㄱ) 기준화폐가치분석

(ㄴ) 명목화폐가치분석

4.14 연복리 9%, 일반인플레이션율 연 3.8%를 가정할 때, 기준화폐가치로 표현된 3년 동안 매년 말 1,000만원의 현금흐름열을 명목화폐가치로 표현된 3년간의 연간등가(A)로 바꾸면 A는 얼마인가?

4.15 액면가 1,000만원짜리 채권이 있다. 이 채권은 만기일인 10년 후에 액면가 1,000만원을 받을 수 있으며, 만기일까지 표면이자율 연 9%로 반년마다 복리로 지불된다면, 이 채권의 12번째 지불이자를 명목화폐가

치와 기준화폐가치로 각각 구하여라. 단, 일반인플레이션율은 연 5%로 반년 단위로 계산된다.

4.16 연 10%로 반년마다 복리로 지불되는 기업채권이 있다. 이 채권의 만기일은 지금부터 5년 후이며, 액면가는 1,000만원이다. 즉, 이 채권을 만기일까지 가지고 있으면 매 반년마다 50만원씩 이자가 지불되며, 5년 후 만기가 되면 액면가 1,000만원이 지불된다는 의미이다.

(ㄱ) 연간 실질이자율로 계산된 무인플레이션이자율이 8%라면, 인플레이션을 고려하지 않을 때 이 채권의 현재가치는 얼마인가?

(ㄴ) 일반인플레이션율이 향후 5년 동안 연 3%(반년 1.5%)라고 가정한다면, 이 채권의 현재가치는 얼마가 되겠는가?

4.17 시장이자율 9% 월복리로 6억원을 빌려서, 5년 동안 매월 말 2,372.46만원씩 동일액으로 상환하기로 하였다. 만일 일반인플레이션율이 월 0.5%라고 한다면, 기준화폐가치로 매월 말 동일액 상환액(A')은 얼마이겠는가?

4.18 어느 폐기물처리장에서 폐기물 처리를 위해 사용되는 연료는 연간 2억원(기준화폐가치)이고, 향후 5년 동안 시장이자율이 연 11.3%, 일반인플레이션율이 연 5%로 추정된다. 이 폐기물 처리시설의 잔여수명이 5년이라고 하면, 이 폐기물처리장의 연료비용의 현재가치를 기준화폐가치분석을 사용하여 구하여라.

4.19 L씨는 오늘 1,200만원을 주고 중고차 한 대를 구매하였다. 이를 위하여 L씨는 시중의 한 은행에서 9% 월복리로 1,000만원을 빌리고, 2년 동안 매월 말 45.685만원씩 상환하기로 하였다. 일반인플레이션율이 앞으로 2년 동안 매월 0.5%라고 할 때, 다음 물음에 답하시오.

(ㄱ) 은행에서 제시한 연간 무인플레이션이자율은 얼마인가?

(ㄴ) 향후 2년 동안 명목화폐가치로 표기된 동일 상환액(45.685만원, A)을 기준화폐가치의 동일 상환액(A')으로 전환한다면 얼마인가?

4.20 지금부터 20년 후의 은퇴를 대비하기 위하여 6% 월복리가 적용되는 예금계좌에 매월 일정금액을 적립하고자 한다. 향후 일반인플레이션율이 연 3%가 될 것이라고 예상된다면, 은퇴 후 15년 동안 현재의 기준화폐가치로 매년 말 4,000만원씩 인출하고자 한다면, 지금부터 은퇴할 때까지 매월 말 얼마씩을 저축해야 하겠는가?

4.21 이제 막 취업한 한 직장여성은 미리 은퇴를 준비하기 위하여 6% 분기복리의 예금계좌에 만 23세가 되는 생일인 지금부터 정년이 되는 만 63세가 되는 생일까지 분기 말마다 동일액을 꾸준히 저축을 하여, 현재의 화폐가치로 현금 7억원을 모으려고 한다. 일반인플레이션이 연 3%라고 하고, 다음 질문에 답하여라.

(ㄱ) 매분기 말 동일 적립액은 명목화폐가치로 얼마인가?

(ㄴ) 만일 매분기 말에 저축하는 대신, 100만원(명목화폐가치)씩 적립액을 증가하면서 매년 말 적립할 계획을 세운다면, 명목화폐가치로 첫 년도 말에 적립할 금액(A_1)은 얼마인가?

4.22 지금부터 8년 후(9년 초)에 명목화폐가치 5,000만원을 시작으로 4년 동안 매년 초에 200만원씩 증가하는 등차자금열의 자금소요가 예상된다. 향후 15년간 일반인플레이션율이 연 6%, 무인플레이션이자율이 연 5%로 추정된다. 다음 물음에 답하여라.

(ㄱ) 시장이자율은 얼마인가?

(ㄴ) 이 자금소요에 대비하기 위하여 지금부터 8년 동안 매년 말 일정액(A, 명목화폐가치)을 적립한다면, 그 일정액(A)은 얼마이겠는가?

4.23 자녀의 대학 등록금을 마련하기 위해 지금부터 15년 동안 매월 말 일정금액을 적립하려고 한다. 16년

초를 시작으로 연간 등록금은 현재의 화폐가치로 1,000만원씩 4년 동안 연초에 필요할 것으로 예상하고 있다. 향후 20년간 일반인플레이션율은 연 3%일 것으로 추정되고, 적립하려고 하는 예금계좌의 이자율은 6% 월복리이다. 다음 물음에 답하여라.

(ㄱ) 대학 1학년부터 4학년까지 명목화폐가치로 표현된 현금흐름열을 구하여라.

(ㄴ) 자녀의 대학 학자금 마련을 위해 지금부터 15년 동안 얼마의 적립금(A)을 매월 말 적립해야 하는가?

4.24 아래 표는 지금부터 3년 동안의 명목화폐가치 예상 현금흐름과 연간 일반인플레이션율이다.

(단위: 만원)

연도말	예상현금흐름 (명목화폐가치)	일반 인플레이션율
0	−65,000	
1	43,000	3.2%
2	42,000	4.1%
3	37,000	4.3%

(ㄱ) 이 기간 동안의 평균인플레이션율은 얼마인가?

(ㄴ) 기준연도를 0년도 말로 하여 명목화폐가치로 표현된 현금흐름을 기준화폐가치 현금흐름으로 바꾸어라.

(ㄷ) 무인플레이션율이 연 5%라고 하면, 이 현금흐름의 현재가치는 얼마이겠는가?

제2부

경영 또는 공학적 자산의 평가

제5장 순현재가치분석

제6장 연간등가분석

제7장 수익률분석

제8장 편익-비용분석

제 5 장 순현재가치분석

코닝사에게 큰 기회를 보여준 중국시장

미국의 코닝(Corning)회사는 해외수출을 위한 시장확보의 일환으로 아시아에서 소비시장이 가장 큰 중국시장에 LCD(Liquid Crystal Display)유리 및 Gorilla(강화)유리 제조사업을 확장하기로 하고, 이에 대한 자본지출을 이사회에서 승인하였다고 발표하였다. 현재 날로 상승하는 LCD TV수요에 대처하기 위해 코닝사는 중국현지에 투자자금 10억달러를 들여 회사 최초의 LCD용 유리 용해시설을 설립하고 경량기판 제조사업을 확장할 계획이다.

코닝사가 10억달러를 투자하기로 결정한 것은 중국 내의 LCD 매출이 이미 2010년에 8억달러를 초과하였고, 2011년에는 무려 12억달러를, 그리고 2014년까지는 20억달러에 이를 것이라는 예측이 결정적인 요인으로 작용한 것으로 판단된다. 중국의 LCD TV 시장이 전 세계의 20% 이상을 차지한다는 점 때문에, 한국의 ㈜삼성전자를 포함한 많은 LCD패널 제조업자들이 지난 수년간 중국 기반의 제조를 위해 서로 앞다투어 가며 투자를 하고 있는 상황에서, 코닝사도 자사의 LCD유리 제조역량을 급증하는 시장수요를 맞출 수 있도록 하려면 상당한 투자를 할 수밖에 없다고 판단하고 있는 것이다.

중국시장의 진출은 코닝사에게 LCD TV분야 이외에도 다양한 사업성장의 기회를 제공하고 있다. 중국은 최근 광섬유에 있어 코닝사의 가장 큰 시장이 되어 왔으며, 앞으로도 수년에 걸쳐 국가적 무선망, FTTH(Fiber-to-the-home)와 사업망 설계에 중대한 투자가 계속될 것으로 코닝사는 기대하고 있다. 코닝사의 한 관계자는 "우리는 2014년까지 중국 각 가정 내의 광네트워크(FTTH) 이용자가 연간 150% 이상의 성장을 계속할 것이며 데이터센터 내의 광솔루션이 연간 20%씩 성장할 것으로 기대한다"고 밝혔다.

이 사례는 새로운 시장진출 프로젝트의 한 예이며, 여기서 우리의 주요 관심사는 "과연, 10억달러란 방대한 투자를 충분히 충당할 수 있는 연간 수익이 발생할 수 있겠는가?"이다. 그 밖에도 "중국이라는 새로운 시장에서 초기 투자비용을 회복하려면 그 기간이 얼마나 걸리겠는가?" 혹은 "만일, 가까운 미래에 더욱 우수한 LCD제조기술이 등장하여 심각한 경쟁에 처한다면 막대한 시설투자에 대한 재정적 손실은 사업경영에 얼마나 큰 영향을 미치겠는가?" 등에 관한 의문점들은 투자프로젝트의 의사결정의 과정에서 반드시 생각해봐야 하는 필수적인 것들이다. 이와 같이, 경영의사결정의 관점에서 재정적 위험(financial risk)은 언제나 가장 심각한 고려요소가 되므로, 본 장에서는 이러한 사업투자분석을 위한 대표적인 방법으로 순현재가치분석(Net Present Worth Analysis)을 먼저 알아보고자 한다.

오늘날 기업을 성공적으로 이끄는 중요한 요소는 "기업이 얼마나 현명한 **투자**(investment)를 하느냐?"에 달려 있다. 투자 프로젝트에 대한 아이디어는 기업 조직의 모든 분야에서 제안될 수 있다. 이렇게 제안된 아이디어 가운데 어떤 것은 훌륭하고, 또 어떤 것은 바람직하지 않은 것이 있으므로, 각각의 프로젝트를 선별할 수 있는 체계를 세워야 할 필요가 있다. 많은 대기업들은 전문적인 프로젝트 분석을 위해 담당부서를 두고 이들로 하여금 새로운 아이디어, 프로젝트, 벤처 등을 적극적으로 제안하고 평가하는 임무를 수행하고 있다. 그러나, 새로운 투자 프로젝트에 대한 제안과 그 평가는 기업의 사활이 걸린 매우 중대한 문제이기 때문에, 모든 조직의 구성원, 즉 모든 경영자와 엔지니어의 영구적인 책임이라 할 수 있다. 이 과정에서 가장 중요한 핵심은 역시 투자 프로젝트에 대한 재무적 평가(financial evaluation)라 할 수 있다.

투자가치를 측정하는 구체적인 방법들은 앞으로 여러 장에 걸쳐서 논의하게 된다. 제5장에서는 초기 투자프로젝트 평가에 사용되는 선별방법으로 회수기간(payback period)을 알아보고, 현금흐름 경제적 등가의 개념을 기반으로 하는 순현재가치분석(net present worth analysis)을 설명한다. 제6장에서 논의하게 될 연간등가분석(annual equivalence analysis)은 단위당 비용 혹은 이익의 추정과 같은 사업분석에 있어 유용한 방법을 제시한다. 제7장에서는 수익률(yield)을 기반으로 하는 투자가치 측정방법으로 수익률분석

(rate of return analysis)을 소개한다.

5.1 대부와 프로젝트 현금흐름

프로젝트에 투자된 자본은 자금을 빌려주는 은행대부와 그 형태가 유사하다. 이 두 가지의 중요한 공통점은 오늘 투자하거나 빌려주는 자금에 대하여 미래에 수입의 형태로 회수된다는 점이다. 은행대부인 경우는 원금과 이자의 형태로 자금이 회수된다. 이를 '**대부 현금흐름**(loan cash flows)' 이라 한다. 프로젝트에 투자된 자본은 고정자산의 생산적인 이용으로 발생한 미래수익의 형태로 자금이 회수된다. 이를 '**프로젝트 현금흐름**(project cash flows)' 이라 한다. '프로젝트 현금흐름' 은 자본의 소비에 의한 미래수익과 연간비용(임금, 재료비, 운용비, 유지보수비 및 소득세)을 함께 표시한다. 두 종류의 현금흐름 사이의 위와 같은 유사점을 이용하면, 앞 장에서 설명한 등가가치의 개념을 그대로 이용하여 프로젝트 현금흐름의 경제적 가치를 측정할 수 있다.

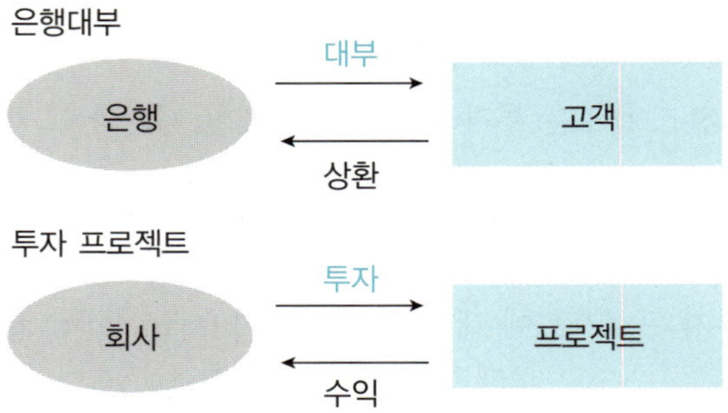

그림 5.1 | 대부와 프로젝트 현금흐름

우리는 제2장에서 제4장까지 돈의 시간적 가치의 개념을 고려하여 복리계수를 사용하는 현금흐름 등가계산방법 등을 알아보았다. 이러한 등가의 개념들은 프로젝트의 경제성평가, 즉 자본투자에 대한 의사결정을 위한 분석에 그대로 적용할 수 있다. 본 장에서는 투자대안의 비교를 통한 채택 혹은 기각에 대한 의사결정을 논의할 것이다. 또한, 이를 통하여 동일한 기반에서 대안들을 비교하는 방법을 제시하고, 경제적 관점에서 가장 현명한 대안을 어떻게 선택할지를 설명한다.

투자분석 문제를 해결하는 데 있어서 제일 중요한 과제는 관련된 현금흐름을 추정하는 것이다. 그러나 본 장을 비롯한 제6장과 제7장의 모든 예제에서의 현금흐름은 세전가치(before-tax values)이거나, 혹은 세금효과가 이미 계산된 세후가치(after-tax values)로 추정되어 상정된 프로젝트를 가정하고 경제성분석에만 초점을 맞춰 논의하기로 한다. 이러한 세전 현금흐름분석은 세금을 고려하지 않아도 되는 정부나 비영리단체와 같은 기관의 경제성 평가에 적용된다. 세금이 고려되는 상황에서의 세후 순현금흐름에 대한 분석은 제3부에서 논의될 것이다. 본 교재의 모든 현금흐름은 특별히 다른 언급이 되지 않는다면, 인플레이션을 고려한 명목화폐가치(actual dollars)로 추정된 것이며, 분석에 사용되는 이자율은 시장이자율(market interest rate)로 가정한다.

5.2 초기 프로젝트 선별방법: 회수기간법

투자대안에 대한 선별을 위하여 통상적으로 활용되어온 간단한 방법 한 가지를 먼저 살펴보자. 투자자의 가장 중요한 관심사항 중에 하나는 "투자된 자본을 회수할 수 있겠는가?"이고 "만약 회수할 수 있다면, 얼마나 빨리 회수할 수 있는가?"이다. **회수기간법**(payback method)은 투자된 원금과 동일한 수입이 회수되는 데 걸리는 기간을 기준으로 프로젝트를 선별하는 방법이다.

수학적으로 회수기간은 매년 발생할 것으로 예상되는 현금흐름을 더하여 이 합계가 '0'이 되는 기간까지를 말한다. 누적 현금흐름이 '0'이 되는 것은 현금유입과 현금유출이 정확하게 일치하며, 이는 회수지점(payback period)에 도달하였다는 것을 의미한다. 결국, 누적 현금흐름이 '0'을 초과한 이후부터는 이윤이 발생하게 된다.

회수기간의 계산은 돈의 시간적 가치를 고려하지 않는 **일반회수기간법**(conventional payback method)과 이를 고려하는 **할인회수기간법**(discounted payback method)으로 나뉜다. 프로젝트의 선택 여부에 대한 의사결정의 일반적 기준으로 특정한 기간(기준회수기간, 이러한 기간은 일반적으로 경영정책에 의해 결정됨)을 정하는데, 이 기준회수기간보다 해당 프로젝트의 회수기간이 더 길다면 더 이상 고려할 필요가 없다.

예를 들면, 컴퓨터 칩을 생산하는 첨단기술 기업제품의 경우 진부화의 속도가 매우 빠르기 때문에 기준회수기간을 짧게 잡을 것이다. 만일, 회수기간이 기준회수기간보다 짧다면, 이후에 논의하게 될 순현재가치분석 등과 같은 좀 더 구체적인 프로젝트 평가를 하게 된다. 여기서 중요한 것은 회수기간법에 의한 선별이 그 자체로서 완결되는 것이 아니고, 철저한 분석을 하기 전에 먼저 경영정책기준을 명백히 벗어나는 대안들을 선별해내는 예비적 방법임을 명심해야 한다.

예제 5.1 처분가치를 갖는 투자대안에 대한 일반회수기간 계산

㈜KW전자는 2억원의 비용을 들여 새로운 회로검사기를 구매하여 그동안 생산된 제품의 성능검사에 사용하던 검사기를 교체하였다. 기존 검사기의 처분가치는 2,000만원이었다. 순투자금액 18,000만원을 회수하는 데 기간이 얼마나 소요되는지를 구하여라.

(단위: 만원)

기간	현금흐름	누적현금흐름
0	−20,000 + 2,000	−18,000
1	4,540	−13,460
2	6,810	−6,650
3	9,080	2,430
4	9,080	11,510
5	9,080	20,590
6	9,080	29,670
7	12,680	42,350

문제분석

교체되는 기존 기계의 처분가치가 평가분석의 중요한 고려사항이 된다. 본 예제에서 기계를 교체하기로 이미 결정하였으므로, 기존 기계의 처분가치를 새로운 기계의 구

- **조건**: 초기투자 = 18,000(만원), 그림 5.2(a)의 현금흐름열
- **탐색**: 일반회수기간

풀이

그림 5.2(b)의 누적현금흐름도와 같이, 총투자비용이 모두 회수되는 시점은 3년째 기간 중이다. 그러므로, 일반회수기간법에 의한 회수기간은 3년이다. 만일, 회사의 기준 회수기간을 2년으로 책정하였다

입가격에서 차감함으로써 전체 투자비용을 절감하는 효과가 있다. 위 표를 보면, 성능향상으로 인한 연간 세후 비용절감은 투자비용을 초과하는 것을 알 수 있다.

분석방법

그림 5.2 참조

면 이 프로젝트는 초기 선별단계에서 제외된다.

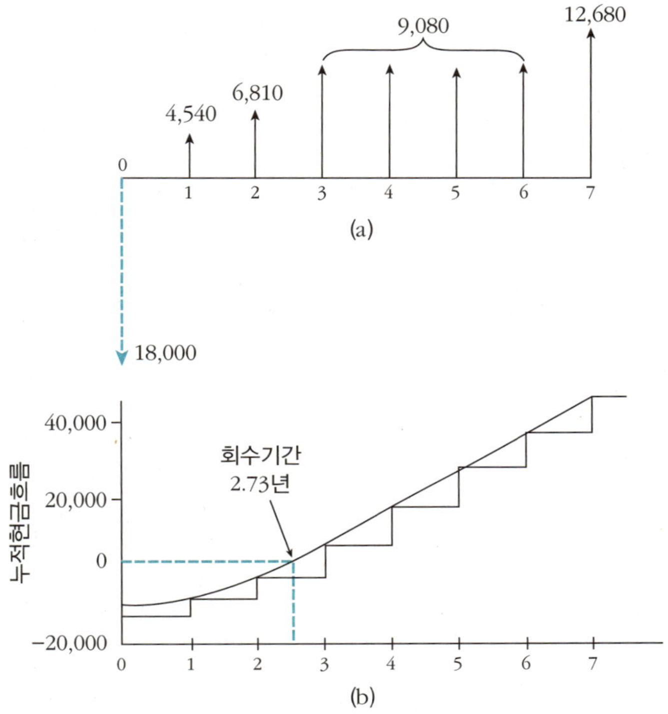

그림 5.2 | 일반회수기간: (a) 연간현금흐름, (b) 누적현금흐름

해설 예제 5.1에서 모든 현금흐름은 매년 말에 한 번만 일어난다고 가정하였다. 만일 현금흐름이 연간 연속적으로 일정하게 일어난다고 하면, 회수기간 계산에 대한 약간의 조정이 필요하다. 3차년도 초기에(2년말) 6,650만원이 미회수 잔액으로 남아 있는 상태에서, 3차년도의 현금유입의 형태는 9,080만원의 자금이 연속적으로 일정하게 유입될 것으로 기대하고 있다면, 총투자자금은 3차년도의 약 3/4시점(6,650만원/9,080만원)에서 회수된다. 이러한 상황에서 회수기간은 2.73년이 된다.

5.2.1 회수기간 선별방법의 장 · 단점

회수기간법의 가장 큰 이점은 단순하여 이해가 쉽다는 점이다. 회수기간법에 의해 선별되는 프로젝트는 회수기간만을 기준으로 평가하므로 기업이 수집할 정보의 양을 크게 줄일 수 있다. 또한 투자회수기간이 오래 걸리는 일부 투자대안들을 사전에 제거함으로써 추가분석에 투입될 노력을 줄일 수 있는 것도 장점이다. 그러나 선별방법으로 회수기간법만을 전적으로 사용하게 되면, 여러 가지 부작용에 직면하게 된다.

회수기간법의 가장 근본적인 문제는 수익성을 계산할 수 없다는 것이다. 즉, 투자회수기간에는 수익이 없다는 점이다. 단순히 초기 투자비용을 회수하는 데 걸리는 기간을 계산하는 것만으로 그 대안의 전체적 수익능력을 파악할 수는 없다. 다시 말하면, 기계 구입을 위해 사용된 자금이 은행에서 연 12%의 이자를 지급하며 빌려온 돈이라 한다면, 이 회수기간법을 통해서는 투자자본에 대해 발생하는 이자비용을 전혀 고려할 수 없다. 현금흐름 발생 시점의 차이를 무시하기 때문에, 현재와 미래의 돈의 가치에 대한 차이도 파악할 수도 없다. 예를 들면, 회수기간이 동일한 투자대안이라고 하여도 실제로는 초기에 투자자금이 더 많이 회수되는 대안이 그렇지 못한 대안보다 더 유리하다는 점을 무시한다는 것이다. 또한, 회수기간법은 회수기간 이후의 현금흐름을 모두 무시하므로, 긴 수명을 가지는 프로젝트에서 추후에 발생하는 현금흐름을 반영하지 못한다는 단점도 있다.

5.2.2 할인회수기간법

앞에서 언급한 회수기간법의 단점을 보완하기 위하여 돈의 시간적 가치, 즉 프로젝트에 투자된 자본비용(이자)을 함께 고려하는 방법을 생각할 수 있다. 이렇게 수정된 방법으로 계산된 회수기간을 **할인회수기간**(discounted payback period)이라 한다. 정리하면, 할인된 현금흐름으로부터 투자자금을 회수하는 데 소요되는 기간으로 할인회수기간을 정의한다.

예제 5.2 | 할인회수기간

예제 5.1을 다시 고려해보자. 기업의 자본비용을 연 15%라 하고, 할인회수기간을 계산하라.

문제분석	■ **조건**: $i = 15$, 예제 5.1의 현금흐름 자료 ■ **탐색**: 할인회수기간

분석방법

표 5.1 참조

풀이

예제 5.1에서 연 15%의 이자율을 적용하여 투자원금과 이에 대한 자본비용을 회수하는 데 필요한 기간을 구하기 위하여, 프로젝트기간 동안의 발생하는 현금흐름과 자본비용을 보여주는 표 5.1을 작성하였다.

표 5.1 | 자본비용을 고려한 할인회수기간 계산

(단위: 만원)

기간	현금흐름	자본비용(15%)	누적현금흐름
0	−18,000	0	−18,000
1	4,540	−18,000(0.15) = −2,700	−16,160
2	6,810	−16,160 (0.15) = −2,424	−11,774
3	9,080	−11,774 (0.15) = −1,766	−4,460
4	9,080	−4,460 (0.15) = −669	3,951
5	9,080	3,951(0.15) = 593	13,624
6	9,080	13,624 (0.15) = 2,044	24,747
7	12,680	24,747(0.15) = 3,712	41,139

연도별로 발생하는 자본비용을 생각해보자.

- 1년 초에 투입된 자금 18,000만원에 대하여 1년 동안 2,700만원(18,000만원×0.15)의 이자가 발생할 것이다. 그러므로 1년 말의 총 누적된 투자잔액은 20,700만원으로 늘어난다. 그러나 1년 말에 4,540만원의 현금유입이 발생하므로 순투자잔액은 16,160만원이 남는다.
- 같은 이유로 2년 말의 자본비용은 2,424만원(16,160만원×0.15)이 되지만, 프로젝트로부터 6,810만원의 현금유입이 발생하므로 순투자잔액은 11,774만원으로 줄어들게 된다.
- 이러한 과정을 프로젝트기간 말까지 반복하면, 4년째 되는 해에 프로젝트 투자금액이 모두 회수된다는 사실을 알 수 있다.
- 현금흐름에 대한 가정에 따라, 이 프로젝트는 투자원금과 투자에 의해 발생하는 자본비용을 모두 회수하기 위해서는 약 3.53년(연속 현금흐름을 가정할 때), 혹은 4년(연말 현금흐름을 가정할 때) 동안은 반드시 계속되어야 한다.

해설 회수기간법에서 돈의 시간적 가치를 고려하면 회수기간이 늘 더 늘어나게 된다. 본 예제에서는 약 0.80년(9.60개월) 정도의 기간이 더 늘어났다. 수정된 회수기간법이 더 보완된 방법이기는 하지만, 그럼에도 여전히 회수기간 이후의 현금흐름을 고려하지 않기 때문에 전체적인 프로젝트의 수익성을 보여주지는 못한다는 큰 단점이 아직 남는다.

5.3 순현재가치분석

1950년대까지는 많은 기업들은 회수기간법을 투자의사결정의 수단으로 광범위하게 사용하였다. 그러나, 앞서 언급한 바와 같은 이 방법의 단점이 알려짐에 따라 그 개선을 위한 많은 노력을 기울였고, 그 결과 돈의 시간적 가치를 고려하는 **할인현금흐름기법**(discounted cash flow techniques: DCF)을 개발하게 되었다. 이 중 하나가 **순현재가치법**(net present worth(value) method: NPW 또는 NPV)이다.

어느 경우에나 자본투자의 핵심은 투자된 자금보다 많은 수입을 올릴 수 있는지를 결정하는 것이다. NPW 기준을 설명하기 위하여 제2장에서 논의한 현금흐름의 경제적 등가의 개념을 사용하게 된다. 등가의 계산은 어느 시점을 기준으로 택하여도 동일한 결과를 갖지만, 일반적으로 시점 '0'에서 현금흐름 등가를 구하는 것이 가장 보편적이다.

NPW 기준에서는 투자 프로젝트에서 발생하는 모든 수입(현금유입)과 지출(현금유출)을 비교한다. **순현재가치**(net present worth: NPW)는 이 수입과 지출의 현재가치의 차이를 말하고, 이것이 투자의 타당성 여부를 결정하는 기준이 된다. 두 가지 이상의 여러 대안이 비교되는 경우에도, 최선의 대안을 선정하기 위하여 순현재가치분석을 이용할 수 있다. 한 가지 순현재가치를 표현할 때 우리는 NPW를 사용하나, 계산수식의 기호로는 PW(i)를 사용함을 미리 알려둔다.

5.3.1 순현재가치(NPW) 기준

단일 프로젝트의 평가 혹은 여러 대안을 비교하는 투자분석에 순현재가치(NPW) 기준을 적용하는 기본적인 절차를 정리하면 아래와 같다.

단일 프로젝트의 평가

- **단계 1**: 회사가 투자를 통해 기대하는 투자수익률을 결정한다. 투자수익률(이자율, interest rate)의 개념은 "회사가 언제라도 여유자금이 있다

면 다른 곳에 투자하여 이 이자율의 수익을 얻을 수 있다"는 의미이다. 그러므로 이 수익률을 **요구수익률**(required rate of return) 혹은 **최소요구수익률**(minimum attractive rate of return: MARR)이라고 부른다. 일반적으로 최소요구수익률(MARR)의 선택은 재무담당 최고경영층의 정책으로 결정된다. 최소요구수익률(MARR)은 프로젝트 기간 동안 변할 수 있지만, 여기서 NPW를 구할 때는 일정하다고 가정하겠다.

- **단계** 2: 프로젝트의 수명을 추정한다.
- **단계** 3: 수명기간 동안 매 기간별 현금유입(수입)을 추정한다.
- **단계** 4: 수명기간 동안 매 기간별 현금유출(지출)을 추정한다.
- **단계** 5: 순현금흐름(=현금유입 − 현금유출)을 구한다.
- **단계** 6: 최저요구수익률(MARR)을 적용하여 각 순현금흐름의 현재가치를 계산하고, 이들의 합을 구한다. 이 합계가 NPW로 정의된다.

$$
\begin{aligned}
\text{PW}(i) &= \frac{A_0}{(1+i)^0} + \frac{A_1}{(1+i)^1} + \frac{A_2}{(1+i)^2} + \cdots + \frac{A_N}{(1+i)^N} \\
&= \sum_{n=0}^{N} \frac{A_n}{(1+i)^n} \qquad (5.1) \\
&= \sum_{n=0}^{N} A_n(P/F, i, n)
\end{aligned}
$$

단, PW(i) = 이자율 i일 때 순현재가치(NPW)
A_n = n년 말의 순현금흐름
i = MARR(또는 자본비용, Cost of Capital)
N = 프로젝트 수명

A_n값이 양수이면, n기간 말의 순현금흐름이 유입(+), 음수이면 유출(−)이다.

- **단계** 7: NPW 값이 양수이면 모든 현금유입의 현재가치가 모든 현금유출의 현재가치보다 더 크다는 의미이므로, 이 프로젝트에 투자하면 모든 투자금액과 그 금액에 대한 이자를 환수하고도 이익을 낼 수 있다는 의미이다. 즉, 단일 프로젝트의 경우 PW(i)가 양수이면 채택되고, 음수이면 기각되어야 한다. 그림 5.3은 아래의 NPW 의사결정규칙을 적용하는 절차를 보여준다.

PW(i) > 0이면, 투자프로젝트 채택

PW(i) = 0이면, 의사결정 유보

PW(i) < 0이면, 투자프로젝트 기각

순현재가치 측정

- **원칙**: 이자율이 i일 때, n=0시점의 순현재가치를 구함
- **의사결정규칙**: 순현재가치가 양수이면 프로젝트 채택

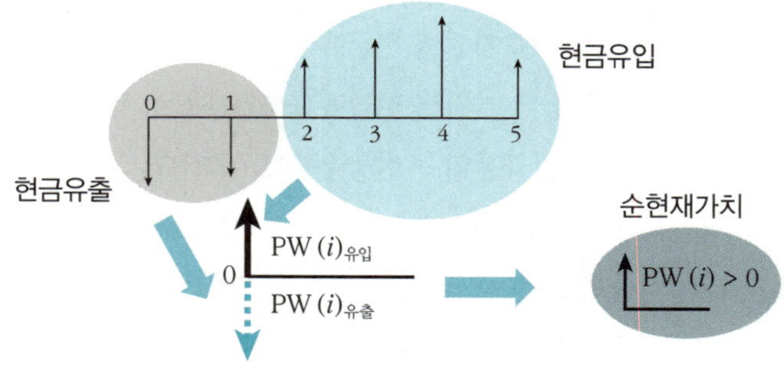

그림 5.3 | NPW에 의한 투자의사결정 절차

상호 배타적 대안들의 비교

위에서 설명한 방법은 수익과 비용을 추정할 수 있는 단일 프로젝트의 경제성 평가에 적용된다는 것을 기억하기 바란다. NPW기준을 적용하여 여러 대안 중에 최선의 대안을 선택할 때는

- 비교되는 대안들이 모두 같은 수명을 가지고 있다면, 가장 높은 NPW를 가지는 대안을 선택한다. 대안들이 동일하지 않은 수명을 가진다면, 추가적인 가정이 필요하다. 이에 대해서는 5.4절에서 알아보기로 한다.
- 동일한 수익을 갖는 **상호 배타적 대안**(mutually exclusive alternatives)들을 비교한다면, 비용분석만으로 비교가 가능하다. 이 경우는 목적이 이익 극대화가 아니라 비용 최소화이므로, 가장 작은 비용의 현재가치(PW) 혹은 최소의 NPW를 갖는 대안을 채택해야 한다.

우선 단일 프로젝트를 평가하는 데 초점을 맞추어 생각해보자. 여러 대안을 비교하는 방법은 5.4절에서 자세히 논의될 것이다.

예제 5.3 | 순현재가치: 불규칙 현금흐름

공작기계를 생산하는 ㈜21세기는 새로운 밀링머신의 구입을 고려하고 있다. 초기 투자비용은 7,500만원이며, 설치 후 3년간의 수명 동안 현금흐름은 아래와 같다. 만일 당신이 이 회사의 사장으로부터 본 구매에 대한 경제적 혜택을 평가해달라는 요청을 받았다고 하면 어떠한 답변을 주겠는가? 이 회사의 MARR은 연 15%라고 한다.

(단위: 만원)

연말	순현금흐름
0	−7,500
1	2,440
2	2,734
3	5,576

문제분석

- **조건**: 표의 현금흐름, MARR = 연 15%
- **탐색**: NPW

분석방법

현금유입과 현금유출을 바탕으로 프로젝트의 NPW를 구한다.

풀이

그림 5.4에서 보는 바와 같이, 시점 0으로 모든 현금흐름을 환산하면 다음과 같다.

$$
\begin{aligned}
PW(15\%) &= -7{,}500 + 2{,}440(P/F, 15\%, 1) + 2{,}734(P/F, 15\%, 2) \\
&\quad + 5{,}576(P/F, 15\%, 3) \\
&= 355.3\,(\text{만원})
\end{aligned}
$$

NPW가 355.3만원이므로, 공작기계의 구입은 타당하다고 할 수 있다. 다른 말로 표현한다면, 이 프로젝트에 투자된 7,500만원은 최저수익률 15%를 초과한다는 의미이다.

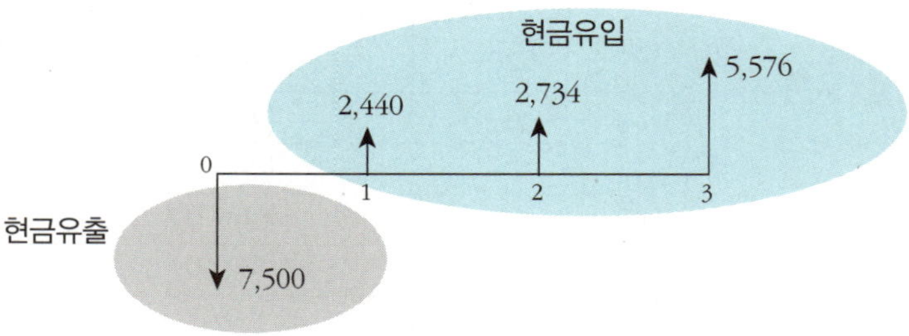

$$
\begin{aligned}
PW(15\%)_{\text{유입}} &= 2{,}440(P/F,15\%,1) + 2{,}734(P/F,15\%,2) \\
&\quad + 5{,}576(P/F,15\%,3) \\
&= 7{,}855.3\,(\text{만원})
\end{aligned}
$$

$$PW(15\%)_{\text{유출}} = 7{,}500\,(\text{만원})$$

$$
\begin{aligned}
PW(15\%) &= 7{,}855.3 - 7{,}500 \\
&= 355.3\,(\text{만원}) > 0,\ \text{채택}
\end{aligned}
$$

그림 5.4 | 순현재가치(NPW) 계산

순현재가치의 변화

예제 5.3에서 연 15%의 고정이자율에서 프로젝트의 NPW를 계산하였다. 만약 이자율을 변화시키면서 NPW를 계산한다면, 표 5.2와 같은 결과를 얻을 것이다. 그림 5.5는 이자율의 변화에 따른 NPW의 변동을 보여주고 있다. 그림 5.5에서 보는 바와 같이 이자율이 17.45% 이하이면 투자 프로젝트는 양의 NPW를 갖고, 이자율이 17.45%보다 크면 음의 NPW를 갖는다.

제7장에서 다시 논의되겠지만, 본 예제의 **손익분기이자율**(breakeven interest rate) 17.45%는 **내부수익률**(internal rate of return: IRR)이라는 용어로 더 잘 알려져 있다. 만일 회사의 MARR이 15%라면, NPW가 355.3만원이 되어 채택이 된다. 여기서 355.3만원은 이 프로젝트를 채택함으로써 얻을 수 있는 순현재가치를 나타낸다. 다시 말하면, 이 프로젝트를 택할 경우 이 회사의 자산가치가 355.3만원 증가한다는 의미이다. 그것은 결국 회사의 시장가치(market value)를 향상시키므로 금융시장에서 회사주식의 시세를 올리는 주요 원인으로 작용할 것이다.

표 5.2 ▎ 이자율 변동에 따른 NPW 변동 (단위: 만원)

i(%)	PW(i)	i(%)	PW(i)
0	3,250.0	20	−341.2
2	2,774.3	22	−592.4
4	2,330.9	24	−829.6
6	1,916.9	26	−1,053.9
8	1,529.6	28	−1,266.2
10	1,167.0	30	−1,467.3
12	827.0	32	−1,658.0
14	507.7	34	−1,836.0
16	207.6	36	−2,011.0
17.45*	0	38	−2,174.5
18	−75.1	40	−2,330.2

* 손익분기이자율

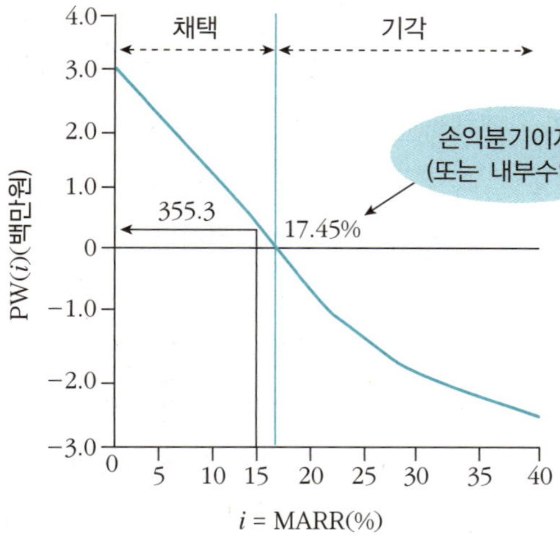

그림 5.5 | 이자율 변화에 따른 순현재가치 변동

만일 MARR이 20%라면, PW(20%)가 −341.2만원이 되어 회사는 이 프로젝트를 선택하지 않을 것이다. 이로부터 프로젝트의 채택 여부는 MARR의 선택에 의해 크게 영향을 받는다는 중요한 사실을 알 수 있다. 그러므로 MARR을 올바르게 결정하는 것은 정확한 분석을 위해 매우 중요한 일이다. 다음에는 프로젝트 평가를 위한 이자율 설정을 위하여 고려되어야 할 요소들에 대해 간략히 알아보자.

5.3.2 최소요구수익률(MARR) 결정기준

수익(return)은 투자된 자금과 관련하여 돌아오는 이익을 말한다. 또한, **수익률(rate of return: ROR)**은 금융자산이나 프로젝트에 투자된 자금의 상호관계 또는 투자성과를 평가하는 방법 중의 하나이다. 여기서는 이러한 수익률을 결정하는 방법에 대해 살펴보자. 개념적으로 투자에 대해 기대하는 수익률은 다음 세 가지 요소의 함수로 표현된다.

- 무위험 근원수익(risk-free real return)
- 인플레이션 요소(inflation factor)
- 위험할증 요소(risk premiums)

가령 우리가 주식에 투자하고자 한다면, 우선 투자하는 동안 이 자금을 사용할 수 없게 되는 것에 대한 보상을 원할 것이다. 또한, 투자하는 중에 발생하는 인플레이션에 따른 구매력 감소에 대한 보상과 마지막으로 투자된 자금을 회수하지 못할 가능성, 혹은 투자기간 중에 그 가치가 감소될 수 있는 위험에 대한 추가적인 보상이 필요하다고 생각할 것이다.

예를 들어, 우리가 무위험 국공채에 1년 동안 100만원을 투자한다면, 2%의 근원수익률(real interest race)을 기대할 수 있다고 하자. 국가가 수익을 보장하므로 위험할증률은 '0' 이고, 투자기간 동안 인플레이션율이 4%일 것으로 예상한다면, 이 투자기간 동안의 총수익률은 2%의 근원수익률과 4%의 인플레이션율, 그리고 0%의 위험할증률을 더한 6%가 될 것으로 예상할 수 있다(그림 5.6 참조).

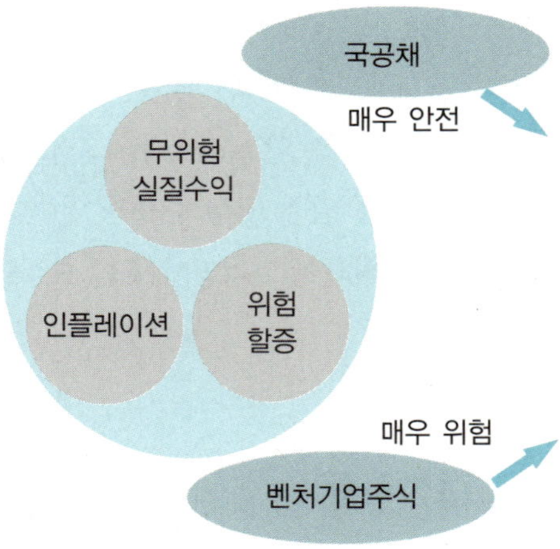

근원수익률	2%
인플레이션율	4%
위험할증률	0%
총기대수익률	6%

근원수익률	2%
인플레이션율	4%
위험할증률	20%
총기대수익률	26%

그림 5.6 I 기대수익률의 결정과정

그렇다면, 벤처기업과 같은 위험부담이 큰 투자대안은 수익률이 어떻게 결정이 되겠는가? 주식가치의 등락이 크다고 생각한다면 우리는 '2% 근원수익률, 4% 인플레이션율, 그리고 20% 위험할증률' 과 같이 위험할증률을 크게 올리고자 할 것이다. 결국 26% 이상의 연간 수익을 올릴 수 있는 가망이 없다면, 우리는 이 벤처기업의 투자에 관심이 없을 것이다. 물론, 투자자 개개인마다 위험부담을 감당할 능력이 다를 수 있기 때문에 위험할증률 20%는 고정된 수치가 아니다. 이러한 개념은 프로젝트 평가의 수익률을 선택할 때도 그대로 적용된다. 제11장에서 이러한 문제를 좀 더 자세히 논의하겠지만, 본 교재에서는 기업이 프로젝트를 평가할 때 관련된 모든 위험요소를 고려한 수익률만을 사용하여 프로젝트의 가치를 측정한다고 가정한다.

5.3.3 순현재가치의 의미

예제 5.3에서 계산된 순현재가치(355.3만원)는 무엇을 의미하는가? 이에 대한 설명은 다음의 두 가지 관점에서 접근할 수 있다. 첫째는 투자풀(investment pool) 개념이고, 둘째는 차입자본(borrowed funds)의 개념이다.

투자풀의 개념

가령 기업이 여유자금이 있다면, 이 자금을 어디에 어떻게 투자할 것인가가 우선 생각할 문제이다. **투자풀**(investment pool)이란, 모든 자금의 거래가 기업의 관리자에 의해 통제되는 기업의 가상적인 금고와 같은 개념이다. 기업은 투자를 위해 이 투자풀에서 자금을 인출하고, 투자에서 회수하는 현금수입은 모두 이 투자풀에 다시 입금하여 재투자하는 것을 원칙으로 한다. 만일 자금이 투자풀에 남게 되면, 이 자금은 항상 다른 곳에 투자되어 적어도 앞에서 언급한 최저요구수익률(MARR)만큼의 이익(이자)을 창출한다고 보는 것이다. 따라서 투자분석의 순현금흐름은 이 투자풀과 관계되는 상대적인 현금흐름을 말한다. 투자풀의 개념을 설명하기 위하여 7,500만원의 투자가 요구되는 예제 5.3의 프로젝트를 다시 고려해보자.

만일 기업이 프로젝트에 투자하지 않고, 투자풀에 자금을 놓아둔다면, 3년 후에 이자(최저요구수익률)를 포함하여 그 자금은 다음과 같이 불어날 것이다.

$$7{,}500\,(F/P, 15\%, 3) = 11{,}406.6\,(\text{만원})$$

예제 5.3의 프로젝트에 7,500만원을 투자하기로 했다면, 그 후 3년 동안 기업은 다음 현금흐름표와 같은 수익을 얻을 것이다.

(단위: 만원)

기간(n)	순현금흐름(A_n)
1	2,440
2	2,734
3	5,576

투자풀에서 얻을 수 있는 수익률이 15%이므로, 이 투자를 통해 얻는 수익을 비교해봄으로써 우리는 두 가지 투자방법 가운데 더 바람직한 방법을 선택할 수 있다. 매년 말의 수익을 재투자하여 3년 말에 얻을 수 있는 잔고를 계산하면 다음과 같다. 즉 1년 말에 프로젝트에서 발생한 2,440만원을 2년 동안 15%로 재투자하면 3,226.9만원이 되며, 마찬가지 방법으로 나머지 유입자금을 재투자하면 다음과 같다.

$$2{,}440(F/P,15\%,2) = 3{,}226.9(\text{만원})$$
$$2{,}734(F/P,15\%,1) = 3{,}144.1(\text{만원})$$
$$5{,}576(F/P,15\%,0) = \underline{5{,}576.0}(\text{만원})$$
$$\text{합계} \quad 11{,}947.0(\text{만원})$$

수익의 총계는 11,947만원이다. 그러므로 3년 후에 이 프로젝트에 투자를 통해 얻을 수 있는 추가 수익은 아래와 같다.

$$11{,}947.0 - 11{,}406.6 = 540.4(\text{만원})$$

이 540.4만원을 프로젝트 종료시점의 **순미래가치**(net future worth: NFW)라 한다. 다시, 여기서 얻은 순미래가치를 시점 0의 현재가치로 환산하면 다음과 같다.

$$540.4(P/F, 15\%, 3) = 355.3(\text{만원})$$

이 결과는 식 (5.1)에 의해 계산된 NPW와 정확히 일치한다. 양의 NPW의 의미는 새로운 기계에 투자하는 대안이 분명히 MARR의 투자풀에 자금을 남겨두는 것보다 더 유리하다는 것을 말해준다. 그러므로 순현재가치분석은 고려된 투자가 MARR의 수익을 올릴 수 있는지의 여부를 판단하는 것이라고도 볼 수 있다. 프로젝트 종료시점의 총투자수익이 MARR에 의한 수익보다 많다는 것은 PW(MARR) > 0을 의미한다. 그림 5.7은 기업의 투자풀과 관계된 재투자의 개념을 요약하여 보여주고 있다.

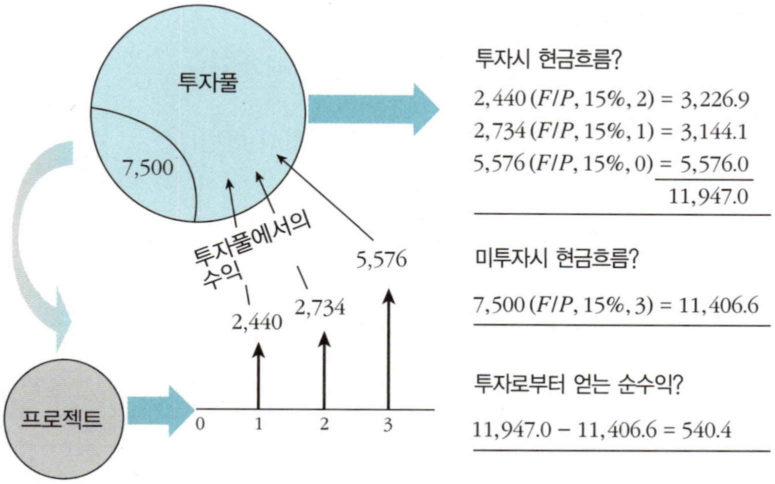

그림 5.7 | 투자풀 개념: 회사(lender)와 프로젝트(borrower)의 관계 (단위: 만원)

차입자본의 개념

차입자본(borrowed funds)의 개념은 반대로 투자에 가용할 자금이 없을 때, 자본시장으로부터 자금을 빌린다고 생각할 경우이다. 사실 기업이 투자풀과 같은 것을 항상 갖고 있는 것은 아니다. 기업이 투자자금 7,500만원을 은행에서 연 15%의 이자율로 자금을 빌려서 투자하고, 프로젝트에서 발생하는 수익으로 원금과 이자를 상환하고자 한다고 가정하자. 이 경우에는 프로젝트 완료시점에 얼마나 순수익이 남게 될 것인가?

1년 말에 빌린 자금에 대해 발생한 이자는 1,125만원(= 7,500(0.15))이 되고, 이자와 차입원금을 합한 총 여신은 8,625만원(= 7,500(1.15))으로 늘어날 것이다. 그러나 1년 말에 2,440만원의 수익이 프로젝트로부터 발생하게 되고 이를 은행에 상환하면 1년 말의 총 여신잔액은 다음과 같다.

$$-7{,}500\,(1+0.15)+2{,}440=-6{,}185\,(\text{만원})$$

표 5.3에 요약된 바와 같이, 이 잔액은 2년 초의 순차입 원금이 된다. 이 잔액을 **프로젝트 잔고**(project balance)라고 한다. 2년 말에 은행의 잔액은

7,112.8만원(= 6,185(1.15))으로 불어나지만, 2,734만원의 수익이 프로젝트로부터 발생하여 프로젝트 잔고는 다음과 같이 줄어들게 된다.

$$-6{,}185.0\,(1.15) + 2{,}734.0 = -4{,}378.8(\text{만원})$$

비슷한 방법으로 3년 말의 프로젝트 잔고는 아래와 같다.

$$-4{,}378.8\,(1.15) + 5{,}576 = 540.4\,(\text{만원})$$

표 5.3 | 프로젝트 잔고 계산: 차입자본의 개념

(단위: 만원)

n	0	1	2	3
초기 잔고		−7,500.0	−6,185.0	−4,378.8
발생 이자		−1,125.0	−927.8	−656.8
지불	−7,500.0	+2,440.0	+2,734.0	+5,576.0
프로젝트 잔고	−7,500.0	−6,185.0	−4,378.8	+540.4

순미래가치, FW(15%)

FW(15%) = 540.4(P/F,15%, 3) = 355.3(만원)

마지막 해의 5,576만원의 수익을 올린 후에는 기업은 은행으로 빌린 자금을 모두 갚고 540.4만원의 잉여(순수익)를 올릴 수 있다. 앞서 언급한 바와 같이이 종료시점의 프로젝트 잔고를 프로젝트의 **순미래가치**(NFW)라 한다. 다시 말하면, 기업은 3년 말에 은행 대출금과 이자를 모두 상환하고, 540.4만원의 이익을 남길 수 있다. 시점 0의 순현재가치를 구하면 다음과 같다.

$$\text{PW}\,(15\%) = 540.4\,(P/F, 15\%, 3) = 355.3(\text{만원})$$

이는 예제 5.3에서 본 바와 같이 15%의 이자율로 프로젝트의 NPW를 직접 구했을 때의 결과와 동일하다.

표 5.4는 엑셀을 이용하여 작성한 기간별 프로젝트 잔고의 변화를 보여준다. 음의 프로젝트 잔고는 아직 상환해야 할 대출금(또는 회수해야 하는 투자금액)이 남아 있음을 의미한다. 결국, 순현재가치는 두 가지 해석으로도 동일한 결과를 얻을 수 있음을 알 수 있다.

표 5.4 ▎ 엑셀을 이용한 투자기간별 프로젝트 잔고 계산

	A	B	C	D	E	F	G	H	I
1	투자기간별 프로젝트 잔고					=NPV(D3,B8:B10)+B7)			(단위: 만원)
2									
3	(*i*)MARR			15%		(P)현재가치			355.3
4	(*N*)프로젝트 기간			3		(F)미래가치			540.4
5									
6	기간(n)	현금흐름	이자	계좌잔고					
7	0	(7,500.0)		(7,500.0)					
8	1	2,440.0	(1,125.0)	(6,185.0)					
9	2	2,734.0	(927.8)	(4,378.8)					
10	3	5,576.0	(656.8)	540.4					
11									
12									
13									
14									
15									
16									

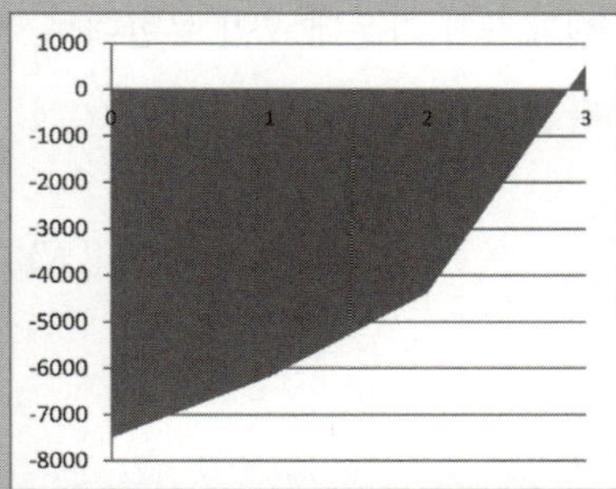

5.3.4 자본화등가가치

순현재가치 기준의 특수한 경우로서 프로젝트 수명이 영구적이거나 기간이 아주 길 때(40년 이상) 이용할 수 있는 유용한 방법이 있다. 교량, 운하, 관개, 수력댐 등과 같은 많은 공공 프로젝트들은 아주 긴 기간(혹은 영구적으로) 동안 혜택을 창출한다. 본 절에서는 이러한 프로젝트를 평가하는 방법으로서 **자본화등가가치**(capitalized equivalent: CE(i)) 방법을 논의해 보고자 한다.

영구적 서비스수명

그림 5.8과 같은 현금흐름도를 생각해보자. 영구적으로 발생하는 동일 현금흐름이나, 영구적으로 반복되는 현금흐름열의 현재가치(PW)를 어떻게 계산하겠는가?

원칙: 매년 A의 수익이 무한대로 발생하는 프로젝트의 현재가치(PW)

계산식: $CE(i) = A(P/A, i, \infty) = A/i$

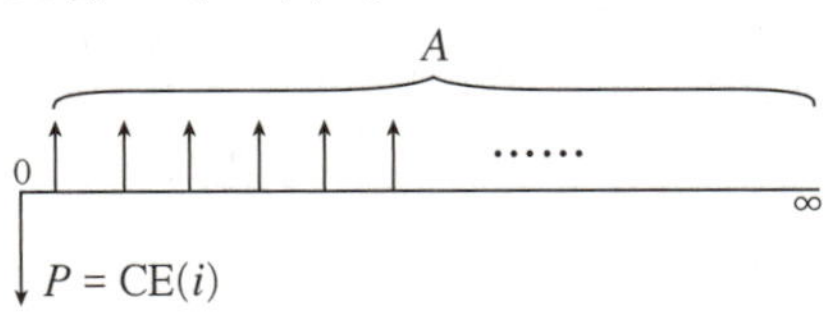

그림 5.8 ▎ 자본화등가가치: 무한 수명

무한한 자금열의 현재가치를 계산하는 과정을 프로젝트 비용의 자본화(capitalization)라 하고, 이 비용을 **자본화비용**(capitalized cost)이라 한다. 반대로 자본화비용은 수익률이 일정할 때, 영구적으로 매 기간 일정한 수익금(A)을 발생시키기 위하여 지금 투자해야 하는 금액을 말한다. 일정 자금열의 현재가치 가운데 N이 무한대로 커질 때, 현재가치(P)의 수렴한계를 찾으면 다음과 같다.

$$P = \lim_{N\to\infty}(P/A, i, N) = \lim_{N\to\infty}\left[\frac{(1+i)^N - 1}{i(1+i)^N}\right] = \frac{1}{i}$$

따라서

$$\text{CE}(i) = \text{PW}(i) = A(P/A, i, N\to\infty) = \frac{A}{i} \tag{5.2}$$

식 (5.2)는 2.5.5절에서 본 결과와 동일하다. 다른 방법으로 살펴본다면, 현재의 CE(i)를 투자한다면 얼마만큼의 일정한 수익(A)을 영구적으로 보장하는가를 묻는 것과 동일하다고 볼 수 있다. 그 해답은 $A = i \cdot \text{CE}(i)$이다. 만일 인출액이 A를 초과하면, 결국 원금이 줄어들기 시작하므로 궁극적으로 영구적 인출은 가능하지 않게 된다.

예제 5.4 | 자본화비용

한 공과대학에서 50억원의 새로운 공학용 연구시설의 설치를 완료하고, 이 시설의 연간 유지보수비용으로 매년 소요될 2억원의 자금을 마련하기 위하여 동창회를 중심으로 기금마련 운동을 시작하려고 한다. 매년 2억원 이상 소요되는 예상할 수 없는 추가비용은 수업료를 인상하여 충당한다고 가정한다. 또한 학교에서 기금으로 모금한 돈은 투자신탁은행으로부터 연 8%의 이자를 받을 수 있다고 가정하면, 얼마의 기금을 조성하여 신탁을 해야 연간 유지보수비용 2억원을 영구적으로 충당할 수 있을까?

문제분석

- **조건**: A = 2억원, i = 연 8%, $N = \infty$
- **탐색**: CE(8%)

분석방법

자본화비용을 계산한다.

풀이

자본화비용은 다음과 같이 계산된다.

$$\text{CE}(i) = \frac{A}{i}$$

조건에 주어진 수치를 식에 대입하면,

$$CE(8\%) = 20{,}000/0.08$$
$$= 250{,}000\,(\text{만원})$$

해설 가령 대학이 25억원을 은행에 연 8%의 이자율로 예치했다고 가정하면, 1년 말에 이에 대한 이자가 8%(25억원) = 2억원이 발생하고 이를 인출하여 비용으로 사용하면, 다시 원금 25억원이 은행잔고에 남게 된다. 2년 말에도 8%(25억원) = 2억원의 이자가 발생한다. 이와 같이 2억원씩 매년 영구적으로 인출하여도 조성된 기금은 계속 25억원을 유지된다.

5.4 상호 배타적 대안의 비교

지금까지는 우리의 관심사는 단일 프로젝트에 대한 투자 여부를 검토하는 것이었다. 그러나, 실제로는 하나의 사업목표를 달성하는 데 필요한 투자는 여러 개의 대안(alternatives)을 고려할 수 있다. 곧 논의되겠지만, 단일 프로젝트의 경우에도 실제로는 두 개의 대안이 비교되는 것임을 알 수 있다. 즉 '어느 대안도 선택하지 않음(무선택, do-nothing)' 이라는 대안이 의사결정 과정에 묵시적으로 내재되어 있는 것이다.

본 절에서는 현재의 평가기법을 상호 배타적인 여러 프로젝트를 비교할 때로 확장하고자 한다. 이 경우 프로젝트의 수명이나 분석기간이 서로 같지 않을 수도 있다. 이와 같이 여러 프로젝트들을 비교할 때는 이러한 상이점에 대한 충분한 고려가 반드시 필요하다. 본 절에서는 여러 대안의 평가에 있어서 중요한 고려사항으로 분석기간의 개념과 상이한 대안수명을 어떻게 취급할지에 대해 논의하고자 한다. 본 장의 초기에는 모든 대안들이 동일한 수명을 가지고 있다고 가정하지만, 5.4.4절에서 상이한 수명을 갖는 대안의 비교에 대해 논의한다.

앞에서 간단히 언급하였지만, '**상호 배타적**(mutually exclusive)' 이라는 것은 여러 대안 가운데 어느 대안이라도 사업 목적의 제반 요구조건을 만족시키지만, 특정 대안 하나를 선정하면 자동적으로 다른 대안들은 제외되는 것을 의미한다. 예를 들면, 사업용 자동차에 대한 '구매' 와 '임대' 라는 두 가지 대안 중에서 임대 대안을 궁극적으로 선택하게 되면 구매 대안은 제외됨을 말한다. 본 교재에서 **대안**(alternative)과 **프로젝트**(project)라는 용어를 자주 사용하게 되는데, 의사결정문제에서 대안과 프로젝트는 동일한 의미로 사용된다. 상호 배타적인 대안들을 비교하기 위한 기본적인 원칙 중 하나는 "모든 비교 대안들은 동일한 분석기간을 기준으로 비교되어야 한다"는 것이다.

이를 좀 더 구체적으로 논의 하려면 투자상황에 따라 (1) **분석기간**(analysis period)과 **프로젝트 수명**(project lives)이 동일한 경우와 (2) 분석기간과 프로젝트 수명이 다른 경우를 분리해서 생각해야 한다. 물론, 각 경우에 따라 요구되는 가정이 다를 수도 있기 때문에 우선 '무선택 대안(do-nothing alternative)' 그리고 '수익 또는 서비스 프로젝트(revenue or service projects)' 와 같은 몇 가지 용어에 대해서도 정확한 이해가 필요하다.

5.4.1 '무선택' 도 하나의 의사결정 대안이다

주어진 사업목적에 따른 대안에 대한 투자를 고려할 때, 그 내용들이 기존의 자산이나 시스템을 교체하고자 하거나, 아니면 새로운 방향의 사업추진을 의미한다. 앞 절에서 소개했듯이, 이러한 경우에는 항상 '아무것도 하지 않음'이라는 대안을 수반한다. 본 교재에서는 이 대안을 **'무선택(do-nothing) 대안'** 이라 정의한다. 만일 어떤 공정이나 시스템이 이미 설치되어 사업목적을 충분히 달성하고 있는데, 이에 대해 새로운 대안들이 제기되었다면 이 대안들에 대한 경제성분석을 통한 의사결정이 필요하다. 만일 대안들 중 어느 것도 효과적이지 않다면, 우리는 무선택 대안을 선택할 것이다. 반면, 현재의 시스템으로 사업목표 달성이 불가능하다면, 제안된 대안들 가운데 하나를 반드시 선택해야 한다. 이러한 경우에는 무선택 대안은 고려대상에서 제외된다.

기존의 자산이나 시스템을 대체하기 위한 제안이 상정되었을 경우, 우리는 이 자산이나 시스템을 그대로 유지하는 옵션(무선택 대안), 혹은 대체하는 옵션 중 하나를 선택하게 될 것이다. 이를 평가하는 방법으로는 다음의 두 가지 방법이 있다.

- 무선택 대안의 현금흐름을 직접 고려하여, 새로운 대안의 현금흐름과 직접 비교하는 방법이다. 이 방법은 제12장의 대체분석(replacement analysis)에서 자세히 다루기로 한다.

• 무선택 대안의 현금흐름과 관련되는 새로운 대안의 현금흐름을 비교해서 새로운 대안의 증분비용(incremental costs) 또는 증분수익(incremental savings or revenues)만을 경제성분석에 사용한다. 즉, 증분수익의 현재가치가 증분비용의 현재가치를 초과한다면 새로운 대안을 선택하고, 그 반대의 경우라면 무선택 대안을 선택한다. 무선택 대안의 현금흐름이 모두 '0' 일 경우, 증분현금흐름은 실제 대안의 현금흐름과 동일하다.

본 장의 목적이 상호 배타적 대안의 비교와 평가이기 때문에 대부분의 문제는 하나의 대안을 선택하기 위함이다. 그러므로 특별한 언급이 없다면 무선택 대안은 고려되지 않고, 비용과 수익은 무선택 대안에 대한 증분비용으로 가정한다.

5.4.2 서비스 프로젝트와 수익 프로젝트

상호 배타적인 대안을 비교할 때, 고려되는 투자 프로젝트를 서비스 프로젝트와 수익 프로젝트로 구분할 필요가 있다.

서비스 프로젝트

서비스 프로젝트(service projects)는 수익의 흐름이 모두 동일하기 때문에 프로젝트 선정 여부와 수익이 무관하다. 이러한 경우에는 최소한의 자료인 비용만으로 대안을 선택할 수 있다. 예를 들어, 여름이나 겨울철의 순간 최대 전력수요(peak load demand)에 대비하기 위한 발전소 건설을 생각하고 있다고 하자. 대안으로 '화력발전소 건설'과 '연료전지의 설치'를 고려하고 있다. 어느 대안을 선택하더라도 소비자로부터 얻는 수익은 동일하다. 두 대안의 유일한 차이는 전력생산을 위한 비용이다. 이러한 서비스 프로젝트를 비교할 때는, 어느 대안이 더 저렴하게 전기를 생산할 수 있는가에 관심을 가져야 한다. NPW 기준으로 대안을 비교한다면, 서비스 수명기간 동안 생산비용의 현재가치가 가장 낮은 대안을 선택하게 될 것이다.

수익 프로젝트

수익 프로젝트(revenue projects)는 어느 대안을 선택하느냐에 따라 수익의 현금흐름이 다른 경우를 말한다. 그러므로 수익과 비용을 모두 함께 고려한 순수익(net gains)을 기준으로 의사결정을 해야 한다. 예를 들어, 한 자동차 제조회사에서 두 종류의 차량(승용차와 화물트럭)에 대한 판매전략을 수립하고 있으나, 현재의 생산능력으로는 한 종류만 생산이 가능하다고 하자. 두 모델은 생산공정이 전혀 다르므로 생산비용이 다르고, 시장가격 그리고 판매량도 전혀 다르기 때문에 수익 또한 전혀 다를 것이다. 이러한 상황에서 NPW 기준을 사용하면, 최대 NPW를 갖는 대안을 선정해야 한다.

5.4.3 분석기간과 프로젝트 수명이 동일한 경우

우선 분석기간과 프로젝트 수명이 동일한 가장 간단한 상황을 고려해보자. 이 경우에는 각 프로젝트의 NPW를 계산하고, 수익 프로젝트인 경우 가장 큰 NPW를 갖는 대안을 선택한다. 반대로 서비스 프로젝트인 경우, NPW비용이 가장 낮은 대안을 선택한다.

예제 5.5 | 상호 배타적인 두 대안의 비교

의료기구를 제조하는 ㈜안셀은 파이프의 압축공기를 이용하여 각종 기계의 스위치를 작동하고 있다. 그동안 수많은 설비배치의 변경이 있었고, 이러한 변경 때마다 기계의 배치에 맞추어 압축공기 배송을 위한 추가적인 파이프가 계속 설치해 왔다. 사용되지 않는 파이프는 막아두거나 제거하였기 때문에 현재의 압축공기 배송시스템은 비효율적이고 압축공기가 누출이 되는 현상이 일어나고 있다. 현 시스템의 누출로 인하여 압축펌프가 향후 1년간의 공장 가동시간의 약 70% 작동할 것으로 예상된다. 이 압축펌프는 시간당 260kWh의 전력을 요구한다. 단, 단위당 전력비용은 50(원)/kWh이고, 이 공장은 연간 250일, 하루 24시간 가동한다.

- **옵션** 1 – 현재 장비를 그대로 사용: ㈜안셀이 현재의 배송시스템을 그대로 사용한다면, 누출의 악화로 인해 향후 5년 동안 압축펌프의 가동시간이 매년 7%씩 증가할 것이다(5년 후에는 현 시스템이 공장의 압축공기 요건을 맞출 수 없기 때문에 다른 장비로 대체되어야 한다).
- **옵션** 2 – 오래된 파이프를 대체한다: ㈜안셀이 모든 노후화된 파이프를 교체하기로 한다면, 그 비용이 2,857만원에 달할 것으로 예측된다. 압축펌프의 연간 총 가동일은 동일하지만, 압축력 손실이 제거됨으로 인해 매일 가동시간이 23% 정도 줄어들게 된다. 다시 말하면 일간 공장가동시간의 (70%(1 – 0.23) =

53.9%)만 가동하면 된다.

㈜안셀의 MARR이 연 12%라면, 지금 교체할 가치가 있는가?

문제분석

■ **조건**: 현재의 전력소비량, $g = 7\%$, $i =$ 연 12%, $N = 5$년

■ **탐색**: A_1과 P

분석방법

(1) 현 시스템의 첫 년도 전력비용을 계산하고, 향후 5년 동안 증가되는 비용을 계산하여 그 현재가치를 구한다. (2) 새 시스템의 전력비용의 현재가치를 계산하여 비교한다.

풀이

• **단계 1**: 현 시스템에서 첫 년도 동안의 전력비용을 계산한다. 전력비용은 다음과 같이 계산된다.

전력비용 = 일간 운용률
× 연간 운용일수
× 24시간/일
× 시간당 요구전력량(kWh) × kWh당 전력요금(원/kWh)
= (70%) × (250일/년) × (24시간/일)
× (260kWh/시간) × (0.005만원/kWh)
= 5,460(만원)

• **단계 2**: 매년 연간 전력비용이 전년도 비용 대비 7%씩 증가한다. 5년 동안 예상되는 전력비용은 그림 5.9에 요약되어 있다. 이자율 12%, 등비(g) 7%의 등비자금열에 대한 현재가치는 다음과 같이 계산된다.

$$\begin{aligned} PW(12\%)_1 &= 5{,}460\,(P/A_1, 7\%, 12\%, 5) \\ &= 5{,}460\left[\frac{1-(1+0.07)^5(1+0.12)^{-5}}{0.12-0.07}\right] \\ &= 22{,}293.7\,(\text{만원}) \end{aligned}$$

• 옵션 1:

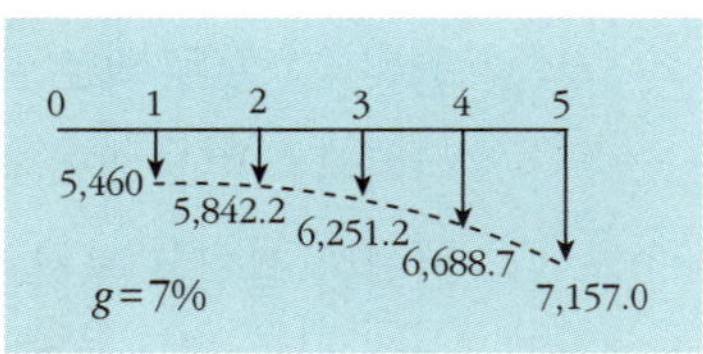

• 옵션 2:

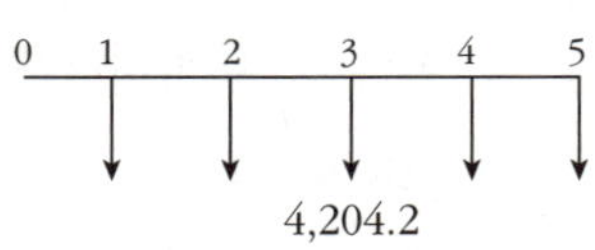

그림 5.9 | 상호 배타적인 두 대안의 비교 (단위: 만원)

• **단계** 3: ㈜안셀이 현재의 배송시스템을 교체한다면, 매년 전력비용은 첫 년도에 23% 감소하고 그 후로 5년 동안 그 수준이 유지될 것이다. 이자율이 12%일 때 이 현금흐름의 순현재가치는 다음과 같다.

$$\begin{aligned} PW(12\%)_2 &= 5,460(1-0.23)(P/A,12\%,5) \\ &= 4,204.2(3.6048) \\ &= 15,155.3(\text{만원}) \end{aligned}$$

• **단계** 4: 현 장비를 그대로 유지했을 때 순비용은 7,138.4만원(=22,293.7 −15,155.3)이다. 새로운 시스템의 비용이 2,857만원이므로 교체는 지금 이루어져야 한다.

5.4.4 분석기간과 프로젝트 수명이 다를 경우

예제 5.5에서는 상호 배타적인 프로젝트의 분석 중에서 가장 단순한 경우인 대안의 유효수명이 서로 같고 분석기간도 같은 경우를 가정하였다. 그러나 실제로 이러한 경우는 아주 드물다. 대안의 수명들은 일반적으로 서로 다를 뿐만 아니라 분석기간과도 일치하지 않는 경우가 대부분이다. 예를 들면, 두 종류의 기계가 동일한 성능을 갖지만, 각각의 수명이 다르고 또한 짧은 수명을 갖는 대안도 분석기간보다는 길다고 가정해보자. 다음에는 이러한 복잡한 경우를 분석하는 방법에 대해 논의해본다.

경우 I: 프로젝트 수명이 분석기간보다 길 때

여기서는 프로젝트 수명이 분석기간보다 긴 경우를 먼저 생각해보자. 가령, 기업이 설정한 분석기간은 5년이고 모든 기계(대안)의 수명이 7년인 경우를 생각해보자. 이 경우에는 모든 대안을 요구되는 분석기간인 5년 동안만 분석한다. 기계의 미사용분(여기서는 2년)은 처분가치에 포함하여 취급한다. **처분가치**(salvage value)는 프로젝트에서 사용하고 난 후 판매할 때의 가격이나 유효한 잔존성능에 대한 가격을 말한다.

분석기간보다 긴 프로젝트 수명의 예는 건설 분야에서 많이 발생한다. 건설 프로젝트는 상대적으로 공사기간(수명)이 짧고, 반면에 이를 위해 구매되는 건설장비는 훨씬 더 긴 수명을 갖기 때문이다.

예제 5.6 | 현재가치의 비교: 프로젝트 수명이 분석기간보다 길 때

㈜우성은 방사능 폐기물에 의해 오염된 물질을 정부 소유의 땅에서 파내어 방사능 매립지로 옮기는 계약을 따내었다. 이를 위하여 오염물질을 파내어 트럭까지 옮겨 싣는 특수 불도저가 필요하다. 3년 동안 약 400,000톤 가량의 오염물질을 옮겨야 한다.

- **모델 A**: 10,250만원의 구매비용이 드는데 중대한 수리가 필요할 때까지 약 10,000시간을 사용할 수 있다. 3년 이내에 모든 오염물질을 제거하는데 2대가 필요할 것으로 예상되며, 매년 2,000시간 운용에 연 대당 2,500만원의 운용비용이 소요된다. 위와 같은 조건으로 사용된다면, 5년 정도 사용이 가능할 것으로 예상되며, 5년 후 잔존가치는 대당 3,750만원이 될 것으로 추정된다.
- **모델 B**: 효율성이 모델 A보다 높으나, 대당 13,750만원의 구매비용이 들고, 중대한 수리가 필요할 때까지 14,000시간을 사용할 수 있다. 3년 내에 작업을 완료하는데 2대가 필요하며, 연간 2,000시간을 운용했을 때 연간 운용비는 대당 1,625만원이 소요될 것으로 예상된다. 7년 후 잔존가치는 4,750만원으로 추정된다.

두 모델의 수명이 3년의 분석기간(그림 5.10)보다 길기 때문에, ㈜우성은 분석기간 후에 프로젝트에 사용되었던 장비에 대한 가정이 필요하다. ㈜우성의 엔지니어들은 3년 후 모델 A는 6,500만원에, 모델 B는 대당 9,000만원에 팔 수 있다고 추정하였다. 세금의 영향을 고려한 후에 각 대안의 현금흐름은 다음의 표와 같다.

(단위: 만원)

기간	모델 A		모델 B	
0		−20,500		−27,500
1		−5,000		−3,250
2		−5,000		−3,250
3	[13,000]	−5,000	[18,000]	−3,250
4		−5,000		−3,250
5	7,500	−5,000		−3,250
6				−3,250
7			9,500	−3,250

위 표에서 박스 안에 있는 수치는 분석기간 후(3년 말)의 추정 처분가치를 나타낸다. 기업의 MARR이 15%라고 가정하면 어떤 대안을 선정하겠는가?

문제분석
이 대안들은 수익이 동일한 서비스 프로젝트이다. 3년의 분석기간 후에 각 자산의 처분가치를 명시적으로 추정하였으므

- **조건**: 두 대안의 현금흐름, i = 연 15%
- **탐색**: 각 대안의 NPW와 최적대안 선택

풀이
각 대안에 대한 비용의 현재가치를 구한다.

로 두 대안을 직접 비교할 수 있다. 수익(폐기물 처리가격)이 동일하기 때문에 비용만 고려한다.

$$
\begin{aligned}
PW(15\%)_A &= -20{,}500 - 5{,}000(P/A,15\%,3) \\
&\quad + 13{,}000(P/F,15\%,3) \\
&= -23{,}368.4(\text{만원}) \\
PW(15\%)_B &= -27{,}500 - 3{,}250(P/A,15\%,3) \\
&\quad + 18{,}000(P/F,15\%,3) \\
&= -23{,}085.2(\text{만원})
\end{aligned}
$$

모델 B가 더 적은 비용의 현재가치를 가지고 있으므로 이 대안을 선택한다.

분석방법

분석기간 동안 두 대안의 현금흐름의 순현재가치를 비교한다. 이때, 유의할 점은 분석기간 이후의 현금흐름은 고려하지 않는다는 것이다. 두 모델의 잔여가치(3년 후)는 이미 3년 말의 추정 처분가치에 포함되기 때문이다.

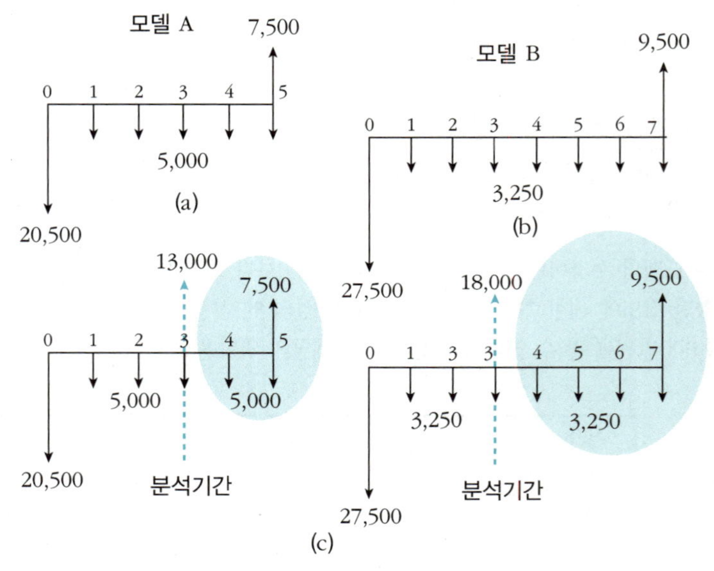

그림 5.10 | 상이한 수명을 갖는 서비스 프로젝트의 비교: (a) (b) 모델 A, B의 현금흐름, (c) 분석기간이 프로젝트 수명보다 짧을 때

경우 Ⅱ: 프로젝트 수명이 분석기간보다 짧을 때

프로젝트 수명이 분석기간보다 짧을 때에는 프로젝트 수명이 끝난 후의 잔여기간 동안을 어떻게 처리할 것인가를 결정해야 한다. 이 경우에는 본 프로젝트의 유효수명이 끝났을 때, 남은 분석기간을 충족시킬 수 있는 대체 프로젝트(replacement projects)가 필요하다.

분석을 용이하게 하기 위하여, 대체 프로젝트가 본 프로젝트와 수입 및 비용의 형태가 동일하다고 가정하기도 한다. 무한대로 계속된다고 가정하는 이러한 프로젝트의 경우, 일반적으로 고려되는 대안수명의 최소공배수를 적용하여 유한한 분석기간을 정한다. 예를 들어 3년의 유효수명을 갖는 대안 A와 4년의 유효수명을 갖는 대안 B를 비교한다면, 두 대안 유효수명의 최소공배수인 12년을 분석기간으로 정한다(이에 대해서는 6.3.2절에서 자세히 다루기로 한다). 그러나 이러한 가정은 현실적이지 못한 경우가 많다. 예를 들면, 장비나 자재 혹은 공정 등에서 보다 발전된 기술을 대체 프로젝트로 결정할 수도 있기 때문이다. 어떠한 경우라도 대체프로젝트의 수명이 분석기간과 동일한 경우는 드물다. 따라서, 프로젝트 수명이 분석기간보다 긴 경우와 마찬가지로 사용되지 않은 기간의 처분가치를 고려해야만 한다. 다른 방법으로 잔여기간을 필요한 장비를 임대(혹은 하청)하여 처리할 수도 있다. 이러한 경우에는 처분가치를 추정할 필요가 없다는 장점이 있다.

어떠한 경우이든, 투자시점에서 어떻게 프로젝트를 완결할 것인지에 대한 충분한 고려와 대안이 필요하다. 물론, 나중에 처음에 계획했던 방법을 수정하여 다른 대체 프로젝트를 이용할 수도 있다. 경제성분석은 우리가 얻을 수 있는 정보 가운데 가장 신뢰성 있는 최신의 정보를 사용하여야 하므로 이러한 계획의 수정은 바람직한 것이다.

예제 5.7 | 현재가치 비교: 프로젝트수명이 분석기간보다 짧을 때

㈜신일정밀은 자동차 부품 생산기업으로 제품이 완성된 후 품질관리 검사장으로 옮기는 방법으로 다음 두 가지 대안을 생각하고 있다. 두 시스템은 디자인은 다르지만 처리용량은 동일하다. ㈜신일정밀은 앞으로 10년간은 현재의 공장시설을 이용하고, 그 이후는 다른 곳에 새로운 시설투자를 계획하고 있다.

- **자동 컨베이어시스템**: 완성된 제품을 컨베이어벨트를 통해 검사장으로 옮기는 방안으로 68,000만원의 투자와 연간 운용비용으로 13,000만원이 예상된다. 기대수명은 8년이고 그때 시스템의 잔존가치는 5,000만원으로 추정된다.
- **리프트트럭**: 생산된 제품을 리프트트럭으로 검사장에 옮기는 방안으로 기대수명은 6년으로 보고 있다. 초기 투자금액은 40,000만원이고, 연간 운영비용은 15,000만원으로 예상된다. 6년 사용 후 처분가치는 4,000만원 정도로 추정되고 있다.

초기투자비용, 유지비용, 처분가치 등을 포함하는 두 대안의 예상 현금흐름은 다음과 같다.

(단위: 만원)

기간	컨베이어시스템	리프트트럭
0	−68,000	−40,000
1	−13,000	−15,000
2	−13,000	−15,000
3	−13,000	−15,000
4	−13,000	−15,000
5	−13,000	−15,000
6	−13,000	−15,000 + 4,000
7	−13,000	
8	−13,000 + 5,000	

이와 같은 상황에서 어느 대안을 선택하는 것이 유리하겠는가? 단, MARR = 연 12%

문제분석

■ **조건**: 두 대안의 현금흐름(그림 5.11), 분석기간 = 10년, i = 12%
■ **탐색**: 각 대안의 NPW와 대안 선택

분석방법

우선 각 옵션을 선택했을 경우, 잔여기간을 채울 최선의 대안을 고려한다. 여기에 따른 두 대안의 현금흐름의 순현재가치를 각각 구하여 비교한다.

풀이

두 대안 모두 분석기간(10년)보다 짧은 수명을 가지고 있기 때문에, 어떻게 잔여 서비스기간을 만족시킬 것인가를 결정하여야 한다.

- 자동 컨베이어시스템을 설치할 경우, 8년 말에 18,000만원의 투자로 필요한 잔여기간 2년의 수명을 연장시키는 방안을 고려하고 있다. 잔여기간 동안 연간 운용비용은 13,000만원이며, 10년 말의 추정 처분가치는 6,000만원이다.
- 한편 리프트트럭의 경우, 동일한 모델로 임대하여 잔여기간을 충족하는 방안을 강구하고 있다. 이 경우, 임대비용은 관례상 매년 초에 8,000만원을 지불하며 잔여기간의 연간 운용비용은 15,000만원이다.

그림 5.11의 현금흐름은 이 가정들을 고려하여 작성된 것이다.
이러한 잔여기간의 대체 프로젝트 보완으로, 두 대안은 모두 10년 요구 서비스기간을 충족하므로 다음과 같이 순현재가치분석을 할 수 있다.

$$\begin{aligned} PW(12\%)_1 &= -68{,}000 - 13{,}000(P/A,12\%,10) \\ &\quad -18{,}000(P/F,12\%,8) \\ &\quad +6{,}000(P/F,12\%,10) \\ &= -146{,}791\,(\text{만원}) \end{aligned}$$

$$
\begin{aligned}
PW(12\%)_2 &= -40{,}000 - 15{,}000(P/A,12\%,10) \\
&\quad -8{,}000(P/A,12\%,4)(P/F,12\%,5) \\
&\quad +4{,}000(P/F,12\%,6) \\
&= -136{,}515(\text{만원})
\end{aligned}
$$

두 대안은 모두 서비스 프로젝트이므로, 리프트트럭 옵션이 선택된다. 표 5.5는 엑셀을 이용하여 상이한 수명을 가진 두 서비스 프로젝트들을 분석하는 순현재가치 계산과정을 보여준다.

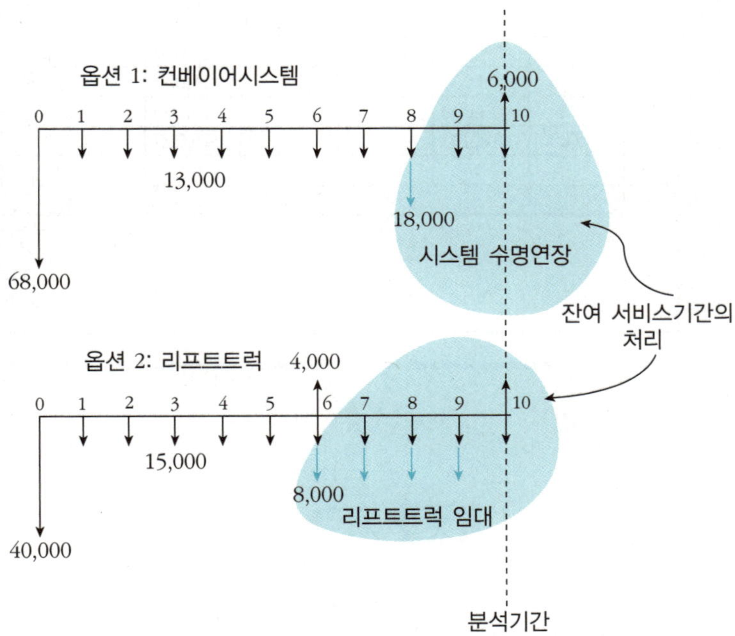

그림 5.11 | 상이한 수명을 갖는 서비스 프로젝트의 비교: 분석기간이 서비스기간보다 길 때

표 5.5 ▌ 엑셀을 이용한 서비스프로젝트 대안의 비교

	A	B	C	D	E	F	G	H	I	J	K
1	현금흐름						(단위: 만원)		순현금흐름		
2	기간	컨베이어 시스템			리프트 트럭				기간	컨베이어	리프트
3		투자비용	운영비용	연장비용	투자비용	운영비용	임대비용			시스템	트럭
4	0	68,000			40,000				0	(68,000)	(40,000)
5	1		13,000			15,000			1	(13,000)	(15,000)
6	2		13,000			15,000			2	(13,000)	(15,000)
7	3		13,000			15,000			3	(13,000)	(15,000)
8	4		13,000			15,000			4	(13,000)	(15,000)
9	5		13,000			15,000			5	(13,000)	(15,000)
10	6		13,000		(4,000)	15,000	8,000		6	(13,000)	(19,000)
11	7		13,000			15,000	8,000		7	(13,000)	(23,000)
12	8		13,000	18,000		15,000	8,000		8	(31,000)	(23,000)
13	9		13,000			15,000	8,000		9	(13,000)	(23,000)
14	10	(6,000)	13,000			15,000			10	(7,000)	(15,000)
15									PW(12%)	(146,791)	(136,515)
16											
17											
18											
19											
20											

=NPV(12%,J5:J14)+J4

=NPV(12%,K5:K14)+K4

5.5 요약

본 장에서는 분석기간 동안의 현금흐름을 바탕으로 순현재가치분석의 개념을 알아보았다. 이를 요약하면 다음과 같다.

- **순현재가치**(net present worth: NPW)**분석**은 프로젝트의 현금흐름을 하나의 현재가치로 할인하여 계산하는 분석방법으로 경제적인 기준에서 프로젝트의 타당성을 결정하는 데 사용되는 가장 효율적이고 널리 사용되는 방법이다. 제6장과 제7장에서 논의할 다른 방법들도 현재가치에 대한 충분한 이해를 기반으로 시작된다.
- **최소요구수익률**(minimum attractive rate of return: MARR)은 기업이 어느 때라도 빌리거나 여유자금을 다른 곳에 투자하여 벌어들일 수 있는 이자율이다. 이 이자율은 일반적으로 경영층에 의하여 결정되며, 기회

비용의 개념으로 NPW를 계산하는 데 사용된다.

- **수익 프로젝트**(revenue projects)는 수익이 선정되는 대안에 따라 달라지는 프로젝트이고, **서비스 프로젝트**(service projects)는 어떤 대안이 선택되더라도 수익은 동일한 프로젝트를 말한다.
- **상호 배타적**(mutually exclusive)이란, 고려하고 있는 대안 모두가 요구조건을 만족시키지만, 어느 것 하나를 선택하게 되면 다른 대안들은 제외되어야 하는 것을 의미한다.
- 상호 배타적인 대안들을 비교할 때 사용되는 분석기간이 경영진이나 회사 정책으로 명시되지 않으면, 분석 담당자가 적절한 기간을 선택하여 사용할 수도 있다. 분석기간을 선정할 때, 효과적인 여러 가지 방법이 있을 수 있으나, 일반적으로는 **요구서비스기간**(required service period)을 충족시키는 기간을 선정한다.

연습문제

주: 별도로 명시하지 않은 한 모든 현금흐름은 세금효과를 고려한 명목화폐가치로 표기된다. 이자율(MARR) 또한 세금효과와 인플레이션의 영향을 고려한 시장이자율을 의미하고, 연복리를 가정한다.

현금의 유입과 유출

5.1 ㈜YB농장은 화훼사업을 시작하기로 하고 최신형 펌프를 1억 5천만원에 구매하였다. 이 펌프를 활용하면, 매년 6,500만원의 수익을 기대하고 있다. 이외에 화훼를 위한 연간비용으로 직접비용이 2,200만원, 장비와 기계 등의 고정비용은 800만원, 그 외 운용 및 유지비용으로 450만원이 소요된다. 또한, 각종 소득세를 포함한 각종 세금으로 580만원이 발생할 것으로 예상하고 있다. 이 화훼사업은 10년을 예상하고 있으며, 10년 후에 펌프는 1억원에 처분할 수 있다고 한다. 이 프로젝트의 10년간 현금흐름의 유입과 유출을 현금흐름표로 작성하여라.

5.2 ㈜MJ일렉트로닉스는 최근 도입하려고 하는 생산라인의 생산용량을 다음과 같이 설계하려고 한다. 처음 설치할 때, 연간 6백만개를 생산용량으로 설계하지만, 매년 수요량이 전년 대비 10%씩 증가할 것을 기대하고 있다. 그래서 연간 수요량이 생산용량의 80%에 도달할 때마다, 생산용량을 다음 해에는 두 배로 늘릴 것을 계획하고 있다. 이 미래수요에 대응하기 위한 비용과 재무정보는 아래와 같다.

- 생산용량의 함수로 표현된 생산시스템의 설치비용: 150만원 + 0.4(생산용량)$^{0.6}$
- 초기수요: 연간 3백만개(1년도)
- 프로젝트 수명: 14년
- 연간수익: n년도 수요 × (5)$^{1.05}$
- 연간비용: 120만원 + n년도 수요 × (2)$^{1.08}$

프로젝트 기간 동안의 현금유입과 유출을 추정하라.

회수기간분석

5.3 한 투자프로젝트의 초기비용이 1.8억원이고, 이로 인한 순수익이 5년 동안 매년 6,000만원이다. 다음 물음의 답을 소수 첫째 자리까지 구하여라.

(ㄱ) 자본회수기간은 몇 년인가?

(ㄴ) 이자율 연복리 10%가 적용된다면, 할인자본회수기간은 몇 년인가?

5.4 아래 표의 4개의 각기 다른 프로젝트의 현금흐름을 고려해보자.

(단위: 만원)

기간	A	B	C	D
0	−5,000	−12,000	−26,000	−29,000
1	1,200	5,000	6,000	12,000
2	1,000	2,000	8,000	18,000
3	1,000	3,000	10,000	−8,000
4	1,400	1,000	12,000	10,000
5	1,600	1,000	14,000	2,000
6	800	3,000		4,000
7	800			6,000
8	800			

(ㄱ) 각 프로젝트의 자본회수기간을 구하여라.

(ㄴ) 위에서 구한 프로젝트 D의 자본회수기간이 의미가 있는지를 판단하여라.

(ㄷ) 연복리 10%의 이자율을 고려할 때, 각 프로젝트의 할인자본회수기간을 구하여라.

5.5 5년 수명의 어떤 투자프로젝트의 초기 투자액이 20억원이라고 한다. 만일 연복리 10%를 가정할 때, 이 투자프로젝트의 할인자본회수기간이 정확히 5년 말이라고 하면, 이 투자프로젝트의 순미래가치(NFW)는 얼마이겠는가?

순현재가치 기준

5.6 ㈜YJ투자는 최근 서울 외곽지역에 초대형 쇼핑몰을 구상하고, 이를 위하여 400억원을 투자할 계획이다. 이 쇼핑몰이 성공적으로 자리를 잡게 되면, 향후 10년 동안 매년 90억원의 수익이 발생할 것으로 기대하고 있다. 만일 이 회사가 이번 투자로 기대하는 수익률이 15%라고 한다면, 이 쇼핑몰 건설에 투자할 가치가 있겠는가? 단, 10년이 지나고 나면 이 회사는 이 쇼핑몰을 초기투자비용의 80%를 받고 처분할 수 있을 것으로 예상하고 있다.

5.7 자동차용 배선케이블을 생산하고 있는 ㈜GW전기는 최근 수요증가에 대응하기 위해 케이블 사출장비를 추가로 설치할 계획이다. 이를 위해 2.5억원의 투자비가 소요될 것으로 예상되며, 이 장비는 앞으로 6년 동안 사용할 수 있고, 그 후에는 초기비용의 10%로 처분할 수 있을 것으로 예상하고 있다. 이로 인한 현금흐름이 아래와 같을 때, 이 장비의 구매에 대한 현재가치는 얼마인가? 단, 이 회사의 투자에 대한 기대수익률은 연복리 9%이다.

(단위: 만원)

n	A_n
0	−25,000
1	6,800
2	6,350
3	8,735
4	7,500
5	4,300
6	7,000+2,500

5.8 아래 표는 각기 다른 4개 투자프로젝트의 연도별 현금흐름을 조사한 것이다.

(단위: 만원)

연도	A	B	C	D
0	−1,200	−1,800	−1,000	−6,500
1	0	600	−1,200	2,500
2	0	900	900	1,900
3	3,000	1,700	3,500	2,800

(ㄱ) 연복리 10%를 가정할 때, 각 프로젝트의 순현재가치(NPW)를 구하여라.

(ㄴ) 이자율이 함수(0~30%)로 프로젝트 B의 현재가치 변화를 그래프를 이용하여 나타내어라.

5.9 주택가 도로변 공터에 상가건물을 신축하려고 한다. 아래의 조건을 이용하여 이 투자계획의 현재가치를 구하여라. MARR은 연복리 6%라고 한다.

(ㄱ) 건축비용은 15억원이고, 내용연수는 35년, 35년 후 처분가치는 7.25억원이다.

(ㄴ) 이 상가건물로부터의 임대료수입은 연간 2.27억원이, 유지 및 보수비용으로 연간 8,500만원, 소득세 연간 4,300만원이 예상되고, 이는 향후 35년 동안 변동하지 않을 것으로 가정한다.

5.10 ㈜W제약의 기업연구소에서 최근 주름살 제거에 효과적인 약품으로 주목 받고 있는 제품 BT를 대체할 수 있는 물질을 개발하여, 임상실험 및 모든 절차를 마치고 제품출하를 앞두고 있다. 이 신제품은 기존의 BT와 비교하여 효과 및 안정성 측면에서 차이가 없는 것으로 확인되었으며, 오히려 생산비용이 저렴하여 가격 측면에서 더 강점을 가질 수 있을 것으로 판단된다. 본격적인 제품생산을 위한 설비구입에 150억원의 투자가 필요하며, 이 장비는 향후 6년간 사용할 수 있으며 6년 후에는 10억원에 처분할 수 있을 것으로 추정된다. 그 밖에 분석을 위해 얻어진 자료는 다음과 같다.

- 생산을 위한 공장부지 매입을 위해 10억원이 추가로 필요하다. 공장부지의 가격변동은 없다고 한다.

- 매년 80억원의 수익을 올릴 것으로 기대하고, 이를 위해 소요되는 직접비는 수익의 30%일 것으로 예상된다.
- 마케팅을 포함한 운영비용은 수익의 15%이다.
- 이 제품생산을 위해 적용된 특허료로 매년 말 2억 5천만원과 연간 수익의 3%를 지불해야 한다.

(ㄱ) 연복리 15%의 이자율을 적용할 때, 이 프로젝트는 경제적으로 가치가 있는가?

(ㄴ) 위와 동일한 이자율에서 초기 투자비용과 자본비용(15%)을 전부 회수하는데 얼마나 걸리겠는가?

5.11 H씨는 현재 임대사업을 위해 시내의 한 상가를 구매하고자 한다. 이 건물은 건축한지 15년 되었으며, 향후 25년 동안 사용할 수 있을 것으로 추정된다. 구매 후 현재의 세입자와 첫 5년간은 매년 말 2억 5천만원의 임대료를 받을 수 있을 것으로 예상되며, 이 임대료는 남은 기간 동안 매 5년마다 10%씩 상승할 것으로 기대된다. 세금을 포함한 관리비용으로 첫 해에는 6,500만원이 예상되고, 이 비용은 매년 600만원씩 증가할 것으로 예상된다. 또한, 25년 말에 건물은 철거하고, 대지는 매각하게 되면, 이와 관련된 비용을 제외하고 2억원의 순수익이 발생할 것으로 기대된다. 만일 지금 이 건물에 투자하지 않는다면, 매년 12%의 수익을 얻을 수 있었다고 한다. 이 투자프로젝트가 경제적 타당성을 갖기 위해 건물과 대지를 위해 투자할 수 있는 최대 금액은 얼마인가?

5.12 다음은 어느 회사가 고려하고 있는 투자프로젝트의 예상 현금흐름이다.

연도(n)	현금흐름(A_n)	i
0	−8,500만원	9%
1	4,400만원	12%
2	4,400만원	10%
3	1,500만원	13%
4	3,500만원	12%
5	4,300만원	10%

만일 이 회사의 재투자수익률(즉, MARR)이 매년 위 표와 같이 변동한다면, 이 투자프로젝트의 현재가치는 얼마인가? 또, 이 회사는 이 투자프로젝트에 투자할 가치가 있는가?

5.13 인터넷 쇼핑몰을 운영하고 있는 L씨는 날로 늘어나는 수요에 대응하기 위해 보다 효과적인 전자우편 배송시스템을 구축하려고 한다. 이는 실시간으로 소비자의 구매요청 정보를 파악하고 제품종류와 배송요구일 등을 구분하여 배송순서와 추가 재고발주 등의 정보를 알려주어 운영의 효율성은 물론 소비자의 요구에 신속한 대응을 가능하게 함으로써 매출의 증대에도 기여할 것으로 기대된다. 이 시스템의 구매 및 설치비용은 2억 5천만원이고, 매년 운영비용으로 5,000만원이 소요될 것으로 예상된다. 또한, 기대수명은 8년, 8년 후 처분가치는 없다. 반면, 매년 1억 2천만원의 운영비용이 절감될 것으로 추정되며, 아울러 8년간 매년 4,000만원씩의 추가적인 수익증대가 예상된다. 연복리 10%가 적용될 때, 현재가치기준으로 이 투자프로젝트의 투자타당성 여부를 평가하여라.

5.14 세라믹 소재를 이용한 회로기판을 생산하는 ㈜Rn2는 세라믹 소재의 낭비와 불량률을 효과적으로 낮출 수 있는 신형 장비를 도입하려고 한다. 이를 위한 투자비용으로 60억원과 추가운영 및 보수비용으로 연간 5억원, 추가수입에 따른 세금 3억원이 요구되지만, 인건비와 재료비 등에서 연간 24억원의 비용이 절감될 것으로 추정하고 있다. 이 장비는 설치 후 10년간 사용이 가능하며, 10년 후 4억원에 처분할 수 있을 것으로 추정된다. 이 회사의 MARR이 15%라면 순현재가치분석을 이용하여 경제적 가치를 구하여라.

5.15 한 프로야구단의 홈경기장으로 사용할 야구장 건설을 계획하고 있다. 야구장 건설비용은 920억원, 개장 후 첫 년도 유지보수비용은 15억원으로 예상되며 이 비용은 매년 5%를 증가할 전망이다. 그 밖의 비용으로 인건비가 연간 30억원, 공공요금이 연간 20억원

으로 추정된다. 이 구단에서는 연간 유료관중이 60만명 정도일 것으로 예상하고 있다. 만일 모든 수익을 티켓 판매에만 의존하고 티켓가격이 일정하다고 하면, 티켓가격을 최소한 얼마로 정해야 이 홈경기장 건설프로젝트가 타당성이 있겠는가? 단, 연복리 7%의 이자율이 적용되며, 야구장의 수명은 40년이고, 40년 후 처분가치는 없다고 가정한다.

미래가치와 프로젝트 잔고

5.16 다음 각 투자대안의 현금흐름으로 고려하여, 연복리 16%의 이자율이 적용된다고 할 때 순미래가치(NFW)를 각각 구하여라.

(단위: 만원)

대안별 현금흐름도				
연도	대안 A	대안 B	대안 C	대안 D
0	−6,000	−2,500	4,800	−4,100
1	5,800	−4,400	−6,000	1,000
2	12,400	7,000	2,000	5,000
3	8,200	3,000	4,000	6,000

5.17 아래의 표는 대안수명이 5년인 투자대안의 현금흐름을 나타낸 것이다. 이 대안의 투자잔액을 계산하는 데 적용된 이자율은 얼마인가?

연도	현금흐름	프로젝트 잔고
0	−1,000만원	−1,000만원
1	200만원	−900만원
2	490만원	−500만원
3	550만원	0원
4	−100만원	−100만원
5	200만원	90만원

5.18 아래의 표는 대안수명이 5년인 투자대안의 현금흐름을 나타낸 것이다. 다음 물음에 답하여라.

(단위: 만원)

연도	A_n	프로젝트 잔고
0	−1,000	−1,000
1	(　)	−900
2	490	−500
3	(　)	0
4	(　)	−100
5	200	(　)

(ㄱ) 현금흐름표의 빈칸을 모두 완성하고, 이 투자대안의 최종 프로젝트 잔고(투자잔액)를 계산하여라.

(ㄴ) 투자잔액의 계산을 위해 적용된 이자율은 몇 %인가?

(ㄷ) 위에서 계산된 이자율을 적용하여, 이 투자대안의 순현재가치(NPW)를 계산하여라.

5.19 자본투자를 위해 제안된 프로젝트들의 연간 투자잔액이 다음과 같이 추정되었다.
이에 대해 다음 언급된 가설 중에 맞는 것이 있다면 어느 것인가?

대안별 프로젝트 잔고			
연도	대안 A	대안 B	대안 C
0	−600만원	−500만원	200만원
1	200만원	300만원	0
2	300만원	650만원	150만원
PW	?	416만원	?
적용이자율	15%	?	?

- 가설 1: 대안 A의 2년 말 현금흐름은 100만원이다.
- 가설 2: 대안 C의 미래가치는 0원이다.
- 가설 3: 대안 B의 투자잔액 계산에 적용된 이자율은 25%이다.

5.20 아래 표와 도표는 현재 고려 중인 투자대안들의 현금흐름표과 이자율에 따른 현재가치의 변화에 대한 도표이다.

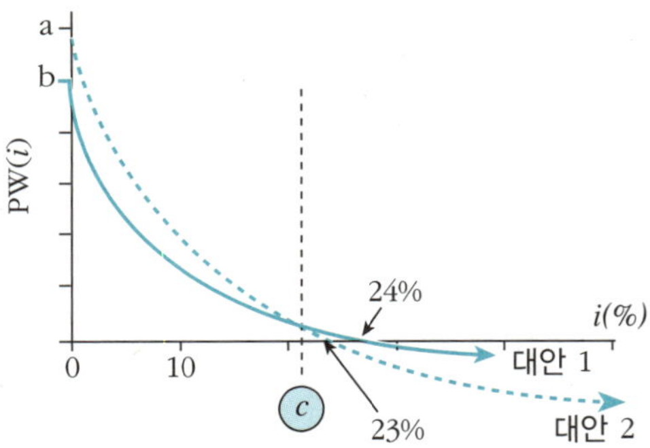

(단위: 만원)

대안별 현금흐름도		
연도	대안 1	대안 2
0	−100	−100
1	40	30
2	80	Y
3	X	80

(ㄱ) 표의 X, Y값을 구하라.

(ㄴ) MARR이 24%일 때, 프로젝트 대안 1의 최종 프로젝트 잔고를 구하라.

(ㄷ) 그림에서 a, b, c의 값을 구하라.

5.21 다음과 같이 투자대안의 현금흐름표가 주어졌다.

(단위: 만원)

대안별 현금흐름도					
연도	대안 A	대안 B	대안 C	대안 D	대안 E
0	−6,000	−6,000	−6,000	−6,000	−6,000
1	500	2,000	0	500	1,000
2	900	−3,000	0	2,000	3,000
3	1,000	5,000	3,000	3,000	2,000
4	2,000	5,000	7,000	4,000	
5	−500	3,500	13,000	1,250	

(ㄱ) 연복리 15%를 가정할 때, 대안들의 최종연도 미래가치를 각각 구하여라.

(ㄴ) 각 대안들의 프로젝트 잔액이 음(−)인 영역을 구하여라.

(ㄷ) 각 대안들의 할인자본회수기간을 구하여라.

(ㄹ) 각 대안들의 프로젝트 잔액이 양(+)인 영역을 구하여라.

5.22 다음 표의 투자대안들을 보고 아래 물음에 답하여라.

(단위: 만원)

대안별 현금흐름도			
연도	대안 A	대안 B	대안 C
0	−200	−100	120
1	50	40	−40
2	50	40	−40
3	50	40	−40
4	−100	10	
5	400	10	
6	400		

(ㄱ) MARR이 10%일 때, 각 대안의 순현재가치(NPW)를 구하고, 투자 타당성 여부를 구분하여라.

(ㄴ) MARR이 10%일 때, 각 대안의 순미래가치(NFW)를 구하고, 투자 타당성 여부를 구분하여라.

(ㄷ) MARR이 지금부터 3년 말까지는 10%이고 그 후부터 6년 말까지는 15%라고 하면, 각 대안의 순미래가치(NFW)는 어떻게 변하겠는가?

5.23 투자대안들의 프로젝트 잔고가 다음 표와 같이 주어졌다. 프로젝트 잔고는 천원단위에서 반올림 또는 절삭되었다.

(단위: 만원)

대안별 프로젝트 잔고			
연도	대안 A	대안 B	대안 C
0	−1,000	−1,000	−1,000
1	−1,000	−650	−1,200
2	−900	−348	−1,440
3	−690	−100	−1,328
4	−359	85	−1,194
5	105	198	−1,000
사용수익률	10%	?	20%
NPW	?	79.57	?

(ㄱ) 대안 A, C의 순현재가치를 구하라.

(ㄴ) 대안 A의 현금흐름도를 구하라.

(ㄷ) 대안 C의 순미래가치를 구하라.

(ㄹ) 대안 B에서 사용된 수익률을 구하라.

5.24 투자대안들의 프로젝트 잔고가 다음 표와 같이 주어졌다. 프로젝트 잔고는 천원단위에서 반올림 또는 절삭되었다.

(단위: 만원)

대안별 프로젝트 잔고			
연도	대안 A	대안 B	대안 C
0	−1,000	−1,000	−1,000
1	−800	−680	−530
2	−600	−302	X
3	−400	−57	−211
4	−200	233	−89
5	0	575	0
사용수익률	0%	18%	12%

(ㄱ) 투자대안 A와 B의 순현재가치(NPW)를 계산하여라.

(ㄴ) 대안 C의 2년 말 현금흐름(A_2)이 500만원이라면, 2년 말 프로젝트 잔고(B_2)는 얼마인가?

(ㄷ) 각 대안의 연도별 현금흐름을 찾아라.

(ㄹ) 각 대안의 순미래가치(NFW)를 계산하여라.

자본화등가가치

5.25 어느 대학에 기증된 새 건물의 유지비용을 마련하기 위하여 이 대학의 동창회에서는 기금을 마련하고자 한다. 이 건물의 유지비용은 처음 5년 동안은 4,000만원씩, 그 다음 5년 동안은 5,000만원씩, 그 다음부터는 6,000만원씩 매년 말 발생할 것으로 추정하고 있다. 이 건물의 수명은 무한할 것으로 예측하고 다음 물음에 답하여라.

(ㄱ) 만일 동창회에서 모금한 기금을 연복리 13%의 예금계좌에 지금 적립한다고 하면, 연간 유지비용을 충당하기 위해 기금을 얼마나 모아야 하겠는가?

(ㄴ) 무한대의 수명을 가정할 때, 연간 유지비용을 연간등가(A)로 환산한다면 얼마나 되겠는가?

5.26 1년 말에 500만원으로 시작하여 4년 동안 매년 말 100만원씩 줄어드는 투자의 형태(4년 주기)가 무한이 반복된다면, 12% 월복리를 가정할 때, 이 투자를 위한 자본화등가비용(CE)은 얼마인가?

5.27 서울시는 최근 한강에 추가로 새로운 교량을 건설하려고 하는데, 교량전문가의 추정에 의하면, 이를 건설하고 유지하는 데 100억원의 초기 건설비용이 투입되어야 하며, 매 10년마다 리모델링 비용으로 10억원의 비용이 추가로 투입되어야 한다고 한다. 또한, 매년 유지보수비용으로 1억원이 소요될 것으로 추정하고 있다. 다음 물음에 답하여라. 단, 이 교량의 수명은 무한하다고 가정한다.

(ㄱ) 연복리 5%의 이자율이 적용된다면, 이 교량을 위한 자본화등가비용(CE)는 얼마인가?

(ㄴ) 만일 위에서 언급된 리모델링 주기가 10년이 아니고 15년이라고 한다면, 동일한 이자율을 적용할 때 자본화등가비용(CE)은 어떻게 달라지겠는가?

(ㄷ) 적용되는 이자율이 10%라면, (ㄱ)의 자본화등가비용(CE)은 어떻게 변하겠는가? 적용이자율의 변화에 따라 자본화등가비용(CE)이 변동하는 이유를 설명하여라.

5.28 1969년생인 공무원인 K씨는 그의 나이가 만 65세가 되는 해의 연초부터 매달 246만원씩 연금을 받을 수 있다고 한다. 그가 연복리 6%의 수익률을 적용한다고 가정하고, 다음 물음에 답하여라.

(ㄱ) 만일 그가 연금수령을 시작한 후부터 20년 동안 살았다고 하면, 연금수령을 시작한 해의 연초를 기준으로 한 국민연금의 자본화등가가치(CE)는 얼마인가?

(ㄴ) 만일 그가 연금수령을 시작한 후부터 40년 동안 살았다고 하면, 연금수령을 시작한 해의 연초를 기준으로 한 국민연금의 자본화등가가치(CE)는 얼마인가?

(ㄷ) 만일 그가 영원히 산다고 하면, 연금수령을 시작한 해의 연초를 기준으로 한 국민연금의 자본화등가가치(CE)는 얼마인가? 또, 이러한 결과로 얻을

수 있는 결론은 무엇인지 설명해보라.

상호 배타적인 대안의 비교

5.29 다음의 두 상호 배타적 대안에 대한 현금흐름표를 보고, 다음 물음에 답하여라.

(단위: 만원)

대안별 현금흐름자료		
연도	대안 A	대안 B
0	−1,000	−1,000
1	912	284
2	684	568
3	684	852
4	228	1,136

(ㄱ) 연복리 25%의 이자율이 적용된다면, 더 경제적인 대안은 어느 것인가?

(ㄴ) 각 대안의 할인자본회수기간을 계산하고, 음(−)의 투자잔액의 영역과 양(+)의 투자잔액 영역을 구분하여라.

(ㄷ) 만일 2년 말에 프로젝트를 종료한다면, 어느 대안이 더 높은 위험에 노출되겠는가?

5.30 다음 두 상호 배타적 대안의 정보를 보고, 물음에 답하여라. 단, MARR = 15%이다.

(단위: 만원)

대안별 현금흐름자료		
연도	대안 A	대안 B
0	−4,000	−8,500
1	400	11,500
2	7,000	400

(ㄱ) 현재가치 기준을 적용하여 더 경제적인 대안을 선정하여라.

(ㄴ) 미래가치 기준을 적용하여 더 경제적인 대안을 선정하여라.

(ㄷ) 두 대안의 PW(i)함수를 한 도표에 그리고, 대안 B가 선호되는 영역을 찾아라. PW(i)함수는 이자율 변화에 따른 현재가치의 변화를 나타내는 함수이다.

5.31 다음 두 대안을 고려하자. 단, MARR = 15%이다.

(단위: 만원)

대안별 현금흐름자료		
연도	대안 A	대안 B
0	−15,000	−25,000
1	9,500	0
2	12,500	X
3	7,500	X
PW(15%)	?	9,300

(ㄱ) 대안 A의 PW(15%)를 계산하여라.

(ㄴ) 대안 B에서 2년과 3년 말의 현금흐름 X를 구하여라.

(ㄷ) 대안 A의 3년 말 투자잔액(15%)을 구하여라.

(ㄹ) 만일 두 대안이 상호 배타적 대안이라면, 어느 대안이 더 경제적인가?

5.32 다음은 4가지 투자대안의 연도별 세후 현금흐름을 나타낸 것이다. 연복리 10%의 이자율이 적용된다.

(단위: 만원)

현금흐름도				
n	대안 A	대안 B	대안 C	대안 D
0	−2,500	−7,000	−5,000	−5,000
1	650	−2,500	−2,000	−500
2	650	−2,000	−2,000	−500
3	650	−1,500	−2,000	4,000
4	600	−1,500	−2,000	3,000
5	600	−1,500	−2,000	3,000
6	600	−1,500	−2,000	2,000
7	300		−2,000	3,000
8	300			

(ㄱ) 대안 A와 D의 연도별 투자잔액을 구하여라.

(ㄴ) 대안 A와 D의 대안수명 후의 미래가치는 각각 얼마인가?

(ㄷ) 대안 B와 C가 상호 배타적이라고 가정하고 요구서비스기간이 8년이라고 하자. 대안수명 후 잔여분석기간은 연간 3,000만원에 장비를 임대하여

사용하기로 한다. 어느 대안이 더 경제적인 대안인가?

5.33 아래 표와 같이 상이한 수명을 갖는 상호 배타적 두 대안을 고려해보자.

(단위: 만원)

	현금흐름	
n	대안 A	대안 B
0	−1,200	−2,100
1	−400	−300
2	−400	−300
3	−400+200	−300
4		−300
5		−300
6		−300
7		−300
8		−300+500

(ㄱ) 상이한 수명을 갖는 상호 배타적인 투자대안을 비교하기 위해서는 어떠한 가정이 필요한가?

(ㄴ) (ㄱ)에서 정의한 가정 하에서 MARR = 10%일 때, 보다 경제적인 대안은 어느 것인가?

(ㄷ) 분석기간이 3년이라면, 두 대안이 경제적으로 동일(무차별)하기 위해서는 대안 B의 3년 말 처분가치가 얼마여야 하겠는가?

5.34 다음과 같은 상호 배타적 두 투자대안을 고려해보자. 각 년도의 처분가치는 해당 연도 말에 처분했을 때의 세후 순수입을 나타낸다. 두 대안 모두 동일한 비용과 처분가치로 영구적으로 반복할 수 있다고 가정한다.

(단위: 만원)

	대안 A		대안 B	
n	현금흐름	처분가치	현금흐름	처분가치
0	−12,000		−10,000	
1	−2,000	6,000	−2,100	6,000
2	−2,000	4,000	−2,100	3,000
3	−2,000	3,000	−2,100	2,000
4	−2,000	2,000		
5	−2,000	2,000		

(ㄱ) 영구적인 분석기간을 가정한다면, MARR = 12%일 때 어느 대안이 더 경제적인가?

(ㄴ) 10년의 분석기간을 가정한다면, MARR = 12%일 때 어느 대안이 더 경제적인가?

5.35 한 자동차 리스회사에서 자동차 리스를 위한 두 가지 방법을 제시하고 있다. 두 방법 모두 동일하게 계약기간은 24개월에 보증금은 계약이 종료되는 24개월이 지난 후에 바로 돌려받을 수 있고, MARR은 6% 월복리가 적용된다. 현재가치 기준에 의해 어떤 방법이 더 경제적인지 결정하여라.

- 옵션 1: 24개월 매월 말 리스비용 120만원, 계약 시 계약금 45만원과 보증금 100만원
- 옵션 2: 계약시 일시 부담금 3,050만원과 보증금 100만원

5.36 정격출력 10Hp의 구형 모터의 가격은 80만원이고, 최대 출력효율은 85%이다. 반면 새로 설계된 정격출력 10Hp의 신형 모터는 최대 출력효율이 90%이며, 가격은 140만원이다. 연간 사용규모는 최대출력으로 1,500시간 가동되며, 단위당 전력비용 70원/kWh이다. 모터의 수명은 모두 15년이며, 15년 후 처분가치가 구형 모터는 5만원, 신형 모터는 10만원으로 추정된다. MARR = 8%일 때, 다음 물음에 답하여라. (1Hp = 0.7457kW, 투입전력 = 산출전력/효율)

(ㄱ) 현재가치기준에 의해 어느 모터를 설치해야 하는가?

(ㄴ) 연간 가동시간이 2,500시간으로 늘어나더라도 (ㄱ)의 결과와 동일하겠는가?

5.37 어느 백화점이 최근 생겨난 부도심 내에 지점건물을 신축 중에 있다. 초기에는 9개의 에스컬레이터를 건물 내에 설치하려고 했지만, 향후 증가할 방문고객들을 고려하여 적어도 16개의 에스컬레이터가 필요할 것으로 결론을 내렸다. 백화점 측은 이들 에스컬레이터를 신축 과정에 모두 설치할 것인지, 방문고객 수의 증가에 맞추어 점차적으로 설치할 것인지를 놓고 고민

중이다. 다음 두 가지 방법 중에 더 경제적인 옵션을 선택하라.

- 방법 1: 신축 중에 2억원의 추가비용으로 7개의 에스컬레이터를 추가로 모두 설치한다.
- 방법 2: 신축 중에는 기존의 계획대로 9개만 설치하고, 방문고객 수의 증가에 맞추어 2년 후에 1억원의 비용으로 2개, 5년 후에 1.6억원의 비용으로 3개, 8년 후에 1.4억원의 비용으로 나머지 2개를 추가로 설치한다.

단, 추가로 설치되는 에스컬레이터는 대당 300만원의 운영비용이 소요될 것으로 추정하고, MARR은 연복리 12%이다.

5.38 대안수명이 각각 3년과 2년인 상호 배타적 두 서비스 대안을 고려해보자(상호 배타적 서비스 대안은 연간 수익이 동일한 패턴을 갖는다). 연복리 12%가 적용되고, 분석기간은 6년이다. 두 대안 모두 주어진 비용으로 영구적 반복이 가능하고, 더 나은 서비스 대안은 미래에도 존재하지 않는다고 가정한다. 어느 대안이 더 경제적이고 그 이유는 무엇인가? 다음 문항 중 옳은 것을 선택하라.

(단위: 만원)

연말	현금흐름	
	대안 A	대안 B
0	−1,000	−800
1	−400	−200
2	−400	−200+0
3	−400+200	

(ㄱ) 대안 B. 대안 A보다 분석기간 동안 순현재가치로 344만원의 비용이 절감된다.

(ㄴ) 대안 A. 대안 A는 한 번의 대체와 대체주기당 현재가치로 1,818만원의 비용이 소요되지만, 대안 B는 두 번의 대체와 대체주기당 현재가치로 1,138만원의 비용이 소요된다.

(ㄷ) 대안 B. 대안 B의 순현재가치가 대안 A의 순현재가치보다 680만원 크다.

(ㄹ) 위 문항 중에는 답이 없다.

제 6 장 연간등가분석

기업의 법인 항공기 보유

㈜Lambert는 회사 임원들의 잦은 국내 출장을 위하여 비즈니스 항공기를 완전히 구입하는 안과 부분 소유권을 구입하는 안에 대한 의사결정을 위하여 관련 정보를 상세히 조사하였다. 이는 현재 회사에서 대부분 임원들의 출장을 위해 전세기를 사용하거나 상업용 여객기의 일등석을 이용하도록 하고 있는데, 회사의 기록에 의하면 임원들이 전세기를 이용한 시간이 지난 3년간 연평균 200시간에 달하여 차라리 항공기를 소유하는 편이 더 경제적이지 않을까라는 판단을 하였기 때문이다.

㈜Beechcraft의 2012년형 항공기, 'Baron G58'가 고려대상에 올랐으며, 두 가지 대안에 대한 조사결과는 다음과 같다.

1. **완전 소유권(**full ownership**)**: 'Baron G58'의 구매가격은 1,282,035달러이고, 연간 운용정비를 위한 비용은 39,300달러(연 200시간 비행기준)로 예상된다.
2. **부분 소유권(**partial ownership**)**: 사설 항공기를 부분적으로 소유하는 것은 항공기 전체를 이용할 수 있는 멤버십 클럽을 표방한다라는 점에서 조금 다르다. 소유주들은 통상 5년 계약하에 항공기의 16분의 1(대략 연 50 비행시간)에서 시작하는 부분 소유권을 구입할 수 있다. 계약에 따라서 부분 소유권의 소유자들은 그들의 몫을 팔 수 있는 옵션을 행사할 수도 있다.

두 가지 대안 중 어느 대안이 더 경제적일까?

만약 ㈜Lambert가 비행기를 구입(완전 소유)하기로 했다면, 어떠한 비용들을 고려하여야 하는가? 여기에서 우리가 관심을 가져야 할 중요한 관점은 "이 항공기를 소유하고 운용하기 위해 시간당 얼마의 비용이 실제로 소요되는가?"와 "매년 증가된 비행시간에 따라 비용은 어떻게 변하는가?" 등이다. 이를 위해 운영비용뿐만 아니라 항공기의 소유를 위한 비용(또는 자산비용)도 함께 고려할 필요가 있다. 이러한 정보들은 회사가 임원진들의 출장에 필요한 항공서비스를 충족시키기 위한 의사결정, 즉 비즈니스 항공기를 완전히 소유할 것인지, 아니면 부분 소유권을 구매할 것인지를 결정하는데 필수적인 요소들이라고 할 수 있다.

연간등가분석은 이러한 단위비용(unit cost)을 계산해야 할 때 주로 사용된다. 순현재가치분석에서 비롯된 연간등가분석은 순현재가치분석과 함께 비교평가의 일반적인 기준으로 사용되는 주요한 등가기준의 하나이다. 본 장에서는 연간등가 기준을 소개하고, 연간등가분석이 다른 방법보다 더 편리하게 사용되는 여러 가지 종류를 예를 들어 살펴보겠다.

6.1 연간등가 기준

우선 연간등가(annual equivalent worth: AE)는 어떻게 계산되는지를 알아보자. 연간등가는 이자를 고려하여 매년 지급해야 할 동일한 금액을 계산하는 것으로, 이는 자금열의 순현재가치(NPW)를 먼저 구하여 자본회수계수(capital recovery factor)를 곱하면 일시불의 금액을 매년 동일액의 자금열로 바꿀 수 있다. 이렇게 계산된 연간등가를 투자가치의 측정기준으로 활용할 수 있다.

$$\mathrm{AE}(i) = \mathrm{PW}(i)(A/P, i, N) \tag{6.1}$$

- 단일 프로젝트의 평가: 단일 수익 프로젝트의 채택-기각 결정방법은 다음과 같다.
  $\mathrm{AE}(i) > 0$ 이면, 투자대안 채택
  $\mathrm{AE}(i) = 0$ 이면, 의사결정 유보
  $\mathrm{AE}(i) < 0$ 이면, 투자대안 기각

식 (6.1)의 이자계수$(A/P, i, N)$는 이자율의 범위가 $-1 < i < \infty$에서 양수이므로, $\mathrm{PW}(i)$가 양수이면 $\mathrm{AE}(i)$도 양수이고 그 역의 경우도 마찬가지이다. 다시 말하면, $\mathrm{AE}(i)$의 값이 양수인 대안을 채택하는 것은 $\mathrm{PW}(i)$의 값이 양수인 대안을 채택하는 것과 같은 의미를 지닌다. 따라서 프로젝트 평가에 있어서 AE 기준은 NPW 기준과 항상 같은 결과를 갖게 된다.

- 여러 대안의 비교: 상호 배타적인 수익 프로젝트를 비교할 때는 연간등

가(AE)가 가장 큰 대안을 선택한다. 그러나, 동일한 수익을 갖는 상호 배타적인 서비스 프로젝트를 비교할 때는, 각 대안의 비용만 비교하여, 연간등가비용(AEC)이 가장 적은 대안을 선택한다.

예제 6.1 순현재가치의 연간등가 변환

㈜대한항공은 현재 보유하고 있는 일부 보잉747, 보잉777기종을 이용하는 국제선 승객에게 전자메일과 인터넷 서비스를 제공할 수 있는 장비를 설치하려고 한다. 이 장비를 이용하면 승객들은 항공기가 어느 위치에 있더라도 전자메일의 송수신과 인터넷의 이용이 가능하다. 사실 ㈜대한항공은 2006년에 자사의 보잉747기종 가운데 29대에 ㈜미츠비시가 개발한 Ku-band위성 안테나시스템을 설치한 바 있었으나, 비행기의 무게가 증가되어 비행속도에 문제가 발생함에 따라 서비스를 중단하고 모든 장비를 철거한 상태에 있다.

전자메일이 통신의 기본수단이 됨에 따라, 항공사는 이 서비스를 항공기에서도 제공해야 한다는 승객들의 요구를 계속 받아오고 있다. 하지만, 관련 기술개발의 속도가 매우 빠르기 때문에 항공사로서는 수명이 짧은 이러한 시스템에 투자하기를 꺼릴 수밖에 없었고, 그 결과 이러한 시스템을 장착한 신형 항공기의 개발을 늦춰온 것이다. 그러나, 이제는 더 이상 고객의 요구를 외면하기 어렵다고 판단하고, Ka-band위성 안테나시스템을 이용한 기내 WiFi서비스를 계획하고 있다.

만일 이 프로젝트가 경제적인 성공을 거둔다면, ㈜대한항공은 나머지 모든 국제선 운항기종에 서비스를 확대할 계획이다. 첫 해에는 서비스 요금을 무료로 할 계획이지만, 홍보기간이 지나면 전자메일당 10달러 정도의 요금을 부과할 예정이다. ㈜대한항공은 10개의 항공기에 설치할 이 서비스에 대한 현금흐름을 다음과 같이 추정하고 있다.

(단위: 억원)

n	A_n
0	−150
1	−35
2	50
3	90
4	120
5	100
6	80

항공사는 MARR이 15%일 때 이 프로젝트가 경제적으로 타당성이 있는지를 검토하고자 한다. 이를 위해서는 먼저 이 시스템이 설치된 후에 발생되는 연간 혜택(또는 손실)에 대해 알아야 한다.

문제분석

현금흐름이 특별한 유형을 갖지 않는다면 다음의 2단계를 통하여 AE를 계산하는 것이 편리하다. (1) 원래의 현금흐름에서 NPW를 구한다. (2) 얻어진 NPW에 자본회수계수를 곱하여 AE를 구한다. 물론, 다른 방법으로도 AE를 구할 수 있지

■ **조건**: 그림 6.1의 현금흐름, $i = 15\%$

■ **탐색**: AE

풀이

이자율 $i = 15\%$에서 NPW를 계산한다.

$$\begin{aligned}\text{PW}(15\%) &= -150 - 35(P/F, 15\%, 1) + 50(P/F, 15\%, 2) + \cdots \\ &\quad + 100(P/F, 15\%, 5) + 80(P/F, 15\%, 6) \\ &= 69.46\,(\text{억원})\end{aligned}$$

PW(15%) > 0이므로, 이 프로젝트는 NPW 기준에서 채택된다.

만, 우선 가장 간단한 이 방법을 활용하기로 한다.

분석방법

MARR = 15%를 적용하여 주어진 현금흐름의 순현재가치를 계산하고, 이를 이용하여 연간등가를 구한다.

이제, 위에서 구한 NPW에 자본회수계수를 곱하면, AE값을 구할 수 있다.

$$AE(15\%) = 69.46(A/P, 15\%, 6) = 18.35\ (억원)$$

역시 AE(15%) > 0이므로, 이 프로젝트는 채택할 만한 가치가 있다. 양수의 AE는 사업기간 내 모든 기간에 걸쳐서 연간 순이익이 18.35억원임을 의미한다.

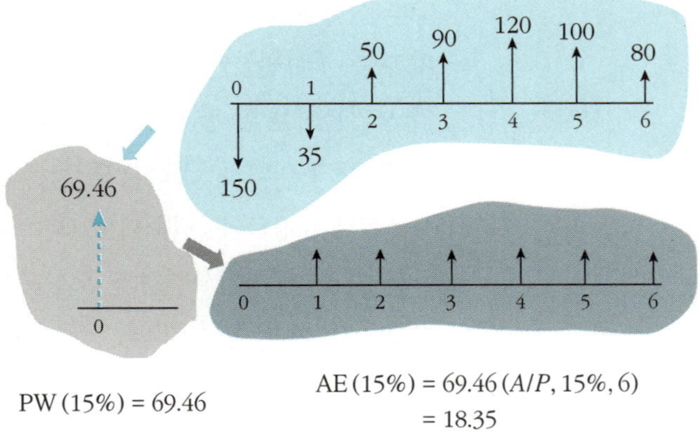

그림 6.1 | 연간등가 계산 (단위: 억원)

6.1.1 연간등가분석의 장점

예제 6.1은 이미 우리가 제2장에서 경험했던 문제와 동일한 것임을 독자들은 이미 알고 있을 것이다. 복합적인 현금흐름을 하나의 순현재가치로 변환하고 이를 다시 동일한 연간등가 현금흐름으로 바꾸는 과정일 뿐이다. 예제 6.1에서 보면 순현재가치분석만으로 대안의 경제성을 충분히 알 수 있는데도, 왜 굳이 순현재가치(NPW)를 연간등가(AE)로 바꾸려고 하는지 잘 이해가 되지 않을 것이다.

이는 현실에서 순현재가치분석보다 연간등가분석이 더 선호되고 필요한 상황들이 많이 발생하기 때문이다. 기업이 매년 공시하는 재무제표나 연차보고서, 혹은 연간 예산편성 등과 같은 것들이 좋은 예가 될 것이다. 이러한 것들을 분석하고 작성하기 위하여 기업은 진행 중인 프로젝트에 대해 모든 사업기간에 걸친 비용이나 수익보다도 연간등가로 계산된 비용과 수익을 더 유용하게 사용하기 때문이다. 이 외에도 연간등가분석이 선호되는 상황들은 다음과 같다.

1. **보고서 양식과의 일관성:** 재무를 담당하는 경영자들은 기업 내(외부에 공시되는 많은 보고서들을 작성할 때, 연간 비용과 수익에 대한 정보를 주로 사용한다. 공학 분야의 관리자(engineering managers)들도 기업의 다른 구성원들이나 주주들과 의사소통의 일관성을 위하여 연간 단위의 사업분석을 할 필요가 있다.
2. **단위비용과 이익의 필요성:** 대안들의 비교를 용이하게 하기 위하여 대안들을 단위비용(혹은 단위이익)으로 구분해야 할 경우가 있다. 본 장에서 다룰 제조-구매의사결정과 보상분석(reimbursement analyses) 등은 그 좋은 예라고 할 수 있다.
3. **동일하지 않은 수명의 프로젝트 비교:** 제5장에서 본 바와 같이 수명이 다른 대안들을 비교하는 것은 추가적인 가정과 복잡한 분석이 필요하다. 대안이 영구적으로 지속되거나 동일한 대안으로 계속 대체될 수 있는 상황에서 연가등가분석을 사용하면 이러한 복잡한 과정을 피할 수 있는 장점이 있다. 본 장에서 이 내용을 자세히 다루게 될 것이다.

6.1.2 자산비용과 운영비용

프로젝트의 수행을 위해 필요한 비용은 크게 운영비용과 자산비용으로 나뉜다. 그러므로 프로젝트가 경제성을 가지려면 해당 프로젝트의 수익으로 이 두 종류의 비용들을 모두 회수할 수 있어야 한다.

- **운영비용(operating cost)**은 제조나 서비스를 위하여 공장이나 생산설비를 가동하는 중에 발생하는 비용을 말한다. 노동이나 원자재와 같은 품목을 포함한다.
- **자산비용(혹은 소유비용, capital cost)**은 수익을 창출하기 위하여 사용될

자산(기계나 제반 설비)을 구입하는 데 소요되는 비용이다.

일반적으로 자산비용은 반복적으로 발생하지 않고 프로젝트 수명기간 동안 한 번만 발생하지만, 운영비용은 자산을 소유하는 동안 지속적으로 반복하여 발생하는 비용을 말한다. 특히, 이러한 운영비용은 프로젝트의 수명기간 동안 반복적으로 동일하게 발생하므로, 연간등가분석을 위해 특별히 따로 계산할 필요가 없다. 물론, 매년 운영비용이 같지 않다면, 모든 운영비용을 현재가치로 환산한 후 연간등가비용으로 변환하여야 한다. 그러나, 자본재비용은 대체적으로 한 번만 발생하는 비용이기 때문에 연간등가분석에서 프로젝트 수명 전체에 걸친 연간등가비용을 따로 계산하여야 한다. 이와 같이 수익에 대한 분석 없이, 비용만을 고려하는 연간등가분석을 **연간등가비용**(annual equivalent cost: AEC)**분석**이라고 한다.

자본회수비용

특별히 자산비용의 연간등가를 **자본회수비용**(capital recovery cost: CR)이라 한다. 고정자산은 일반적으로 구입할 때의 초기비용(I)과 폐기할 때의 처분가치(S)라는 자금거래만 존재한다. 이 두 요소를 고려하여 자본회수비용을 구하면 다음과 같다.

$$\mathrm{CR}(i) = I(A/P, i, N) - S(A/F, i, N) \tag{6.2}$$

표 2.8에서 계수들 간의 수학적 관계를 이용하면 $(A/F, i, N)$는 다음과 같이 표현된다.

$$(A/F, i, N) = (A/P, i, N) - i$$

이를 이용하여 $\mathrm{CR}(i)$을 다시 정리하면 다음과 같다.

$$\begin{aligned}\mathrm{CR}(i) &= I(A/P, i, N) - S[(A/P, i, N) - i] \\ &= (I - S)(A/P, i, N) + iS\end{aligned} \tag{6.3}$$

이는 다음과 같이 설명될 수 있다.

- 기계를 구매하기 위하여 I를 은행에서 빌리고, N년 말에 S를 회수한다고 가정하자. 첫째 항 $(I - S)(A/P, i, N)$은 잔액 $(I - S)$를 이자율 i로 N년간

매년 동일액으로 상환하는 것이고,

- 둘째 항 iS는 아직 회수하지 못한 S에 대해 단순이자 iS를 지불하는 것이다. 그러므로 CR(i)는 은행이 매년 부과하는 금액을 의미한다.

그림 6.2는 이러한 관계를 도표화해서 설명한다. 자동차 임대계약을 할 때, 처분가치(S)를 보증금으로 하여 위와 같은 방법을 많이 사용하고 있다. 산업 전체의 측면에서 보면, CR(i)은 자산을 보유하기 위해 회사가 부담하는 연간 비용이다. 따라서 어떤 프로젝트에서 자산비용과 운영비용을 회수하기 위해 필요한 연간 수입은 두 비용의 합계액이 된다. 예제 6.2를 통하여 이러한 관계를 살펴보자.

- 정의: 장비 소유와 관련된 비용은 다음의 두 요소가 있다. (1) 초기투자비용(I)과 (2) 잔존가치(S)

- 자본회수비용: 위 두 요소를 고려하여 자본회수비용을 구하면 아래와 같다

$$CR(i) = I(A/P, i, N) - S(A/F, i, N)$$
$$= (I - S)(A/P, i, N) + iS$$

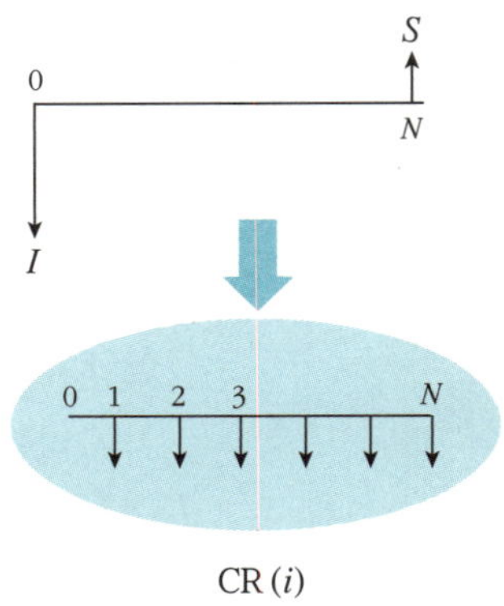

그림 6.2 | 자본회수비용

예제 6.2 | 자본(소유)비용의 연간등가(자본회수비용)

다음 자료는 각각의 소유기간에 따른 두 종류 자동차에 대한 처분가치의 변화를 보여주는 표이다.

(단위: 만원)

차량의 종류	구매가격	처분가치(%) – 구매가격을 기준할 때			
		2년 후	3년 후	4년 후	5년 후
B사의 M3	5,840.0	70%	60%	51%	43%
H사의 ACT GLS	1,436.5	40%	30%	24%	18%

6%의 이자율을 감안할 때, 두 자동차의 자본회수비용을 보유기간에 따라 계산하여라.

문제분석	■ **조건**: I = (5,840.0만원과 1,436.5만원), S = (구매가격의 %), N = 5년, i = 연 6% ■ **탐색**: 자본회수비용

분석방법

식 6.3을 이용하여 자본회수비용을 구한다.

풀이

예를 들어, 우리가 지금 B사의 "M3"를 5,840만원에 구입한다면, 3년 후에 3,504만원(=5,840만원×0.60)에 팔 수 있을 것이다. 이 경우에 이자율을 연 6%로 계산한다면, 자본회수비용은 다음과 같이 계산된다.

$$\begin{aligned} \text{CR}(6\%) &= (5{,}840 - 3{,}504)(A/P, 6\%, 3) + 3{,}504(0.06) \\ &= 1{,}084.2\,(\text{만원}) \end{aligned}$$

같은 방법으로 나머지 소유기간 동안의 자본회수비용을 계산하면 다음과 같다.

차량의 종류	구매가격	소유비용			
		2년	3년	4년	5년
B사의 M3	5,840.0	1,200.9	**1,084.2**	1,004.5	940.9
H사의 ACT GLS	1,436.5	504.6	**402.0**	335.7	295.1

"M3"는 "ACT GLS"에 비해 구매가격이 4배 이상 비싸지만, 처분가격이 상대적으로 월등히 높다. 결과적으로 연간 소유비용을 더 많이 줄여주는 효과가 있기 때문에 소유비용은 약 2.7배로 그 차이가 많이 줄어들었음을 알 수 있다.

예제 6.3 요구되는 연간 수익

가령 수명이 5년인 기계를 2,000만원에 구입하려 한다. 5년 말에 이 자산을 처분하면 세금을 고려한 후 400만원을 받을 수 있다. 이 기계로 납세 후 연간 440만원의 소득을 올릴 수 있다면, 이자율이 10%일 때 이 기계를 구입하는 것이 타당하겠는가? 단, 기계와 관련된 모든 수입과 비용은 제시된 수치 속에 포함되어 있다.

문제분석	■ **조건**: I = 2,000만원, S = 400만원, A = 440만원, N = 5년, i = 연 10% ■ **탐색**: AE와 기계구입 여부에 대한 의사결정

분석방법

방법 1: 모든 현금흐름의 NPW를 먼저 계산하고, 이를 AE로 전환한다.

방법 2: 자본회수비용을 먼저 계산하고, 연간수익과 비교한다.

풀이

다음 두 가지 방법으로 자본회수비용을 계산할 수 있다.

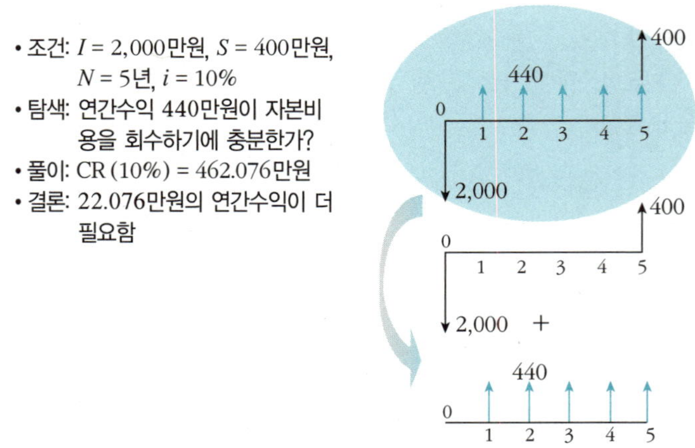

그림 6.3 | AE에 의한 투자타당성 분석

방법 1: 먼저 현금흐름에 대한 NPW를 구하고, 이것을 AE로 바꾼다.

$$
\begin{aligned}
PW(10\%) &= -2{,}000 + 440(P/A, 10\%, 5) \\
&\quad + 400(P/F, 10\%, 5) \\
&= -2{,}000 + 440(3.7908) + 400(0.6209) \\
&= -83.688\,(\text{만원}) \\
AE(10\%) &= -83.688(A/P, 10\%, 5) = -22.076\,(\text{만원})
\end{aligned}
$$

음수의 값을 갖는 연간등가는 기계로부터 나오는 수입이 투자비용을 회수하기에 충분하지 않다는 것을 의미하므로 이 기계의 구입을 고려하지 않는 것이 바람직하다. 만일 이 프로젝트를 수행한다면, 기계 수명기간 동안 매년 22.076만원의 손실이 발생하게 된다.

방법 2: 먼저 프로젝트의 현금흐름을 자산의 취득 및 처분과 관련된 현금흐름으로 각각 분리한다(그림 6.3 참조). 연간수익 440만원의 현금흐름이 연간등가 현금흐름, $AE(i)_2$으로 주어졌기 때문에, 자산 취득과 처분에 대한 현금흐름만 연간등가 현금흐름, $AE(i)_1$으로 변환하면 분석이 가능하다. 식 (6.3)을 이용하면,

$$
\begin{aligned}
CR(i) &= (I - S)(A/P, i, N) + iS \\
AE(i)_1 &= -CR(i) \\
&= -[(2{,}000 - 400)(A/P, 10\%, 5) + (0.10)400] \\
&= -462.076\,(\text{만원})
\end{aligned}
$$

$$
\begin{aligned}
AE(i)_2 &= 440\\
AE(10\%) &= AE(i)_1 + AE(i)_2\\
&= -462.076 + 440\\
&= -22.076
\end{aligned}
$$

해설 일반적으로 계산절차가 적은 방법 2가 방법 1보다 더 편리하다. 또한, 방법 2는 다음과 같이 해석할 수도 있다. 자본회수비용을 감당하기 위하여 연간수입이 최소한 462.076만원은 되어야 한다. 그러나 연간수입이 440만원 밖에 되지 않기 때문에 연간 22.076만원의 손실이 발생하게 된다. 따라서 이 프로젝트는 채택하지 않는 것이 바람직하다.

6.2 연간등가의 활용

일반적으로 대부분의 경제성분석의 문제는 제5장에서 소개된 순현재가치분석으로 해결할 수 있다. 그러나 연간등가분석을 이용하면 더 효율적인 경우가 있다. 본 절에서는 연간등가분석이 필요한 몇 가지 문제를 소개한다.

6.2.1 단위당 이익/단위당 비용의 계산

자산 운용과 관련하여 우리는 주어진 생산수량을 달성할 때, 단위당 비용(unit cost)이나 단위당 이익(unit profit)을 알아야 하는 경우가 종종 발생한다. 이 경우, 단위당 비용이나 이익을 계산하는 과정은 다음과 같다.

- **단계** 1: 자산의 수명기간 동안 매년 생산하게 될 제품이나 서비스의 산출 단위를 결정한다.
- **단계** 2: 자산의 수명기간 동안 생산된 제품 혹은 서비스와 관련된 현금흐름을 결정한다.
- **단계** 3: 주어진 이자율로 프로젝트의 연간등가를 계산한다.
- **단계** 4: 연간등가를 당해 연도에서 생산한 제품이나 서비스 산출량으로 나눈다. 매년 산출량이 다르면, 연간등가 생산단위를 정할 필요가 있다.

예제 6.4를 통해서 제안된 기계 구매에 대한 타당성 검증을 위하여 기계시간당 절감되는 비용을 추정하는 데 연간등가의 개념이 유용하다는 것을 확인해보자.

예제 6.4 기계시간당 단위이익: 연간 운영시간이 고정적일 때

예제 5.3의 밀링머신 구매문제를 다시 생각해보자. 이 3년의 프로젝트는 NPW가 355.3만원이었다. 이 기계는 연간 2,000시간 가동한다고 가정하자. 이자율이 15%이면, 기계운용시간당 등가절감액(unit savings)은 얼마인가?

문제분석

■ **조건**: NPW = 355.3만원, N = 3년, i = 연 15%,
기계운용시간 = 연간 2,000시간

■ **탐색**: 기계운용시간당 등가절감액

분석방법

연간등가절감액을 계산하고, 이를 연간가동시간으로 나눈다.

풀이

먼저 기계가동으로 생기는 연간등가절감액을 구한다. 이미 NPW는 알고 있으므로 AE는 다음과 같이 구할 수 있다.

$$\text{AE}(15\%) = 355.3(A/P, 15\%, 3) = 155.6(\text{만원})$$

연간 가동시간이 2,000시간이므로 기계운용시간당 등가절감액은 다음과 같이 계산된다.

기계운용시간당 절감액

$$= 155.6(\text{만원})/ 2{,}000(\text{시간}) = 0.078(\text{만원}/\text{시간})$$

이런 계산이 가능한 것은 모든 단위가 연간 단위로 산출되었기 때문이다. 그림 6.4는 이런 계산과정을 체계적으로 보여주고 있다.

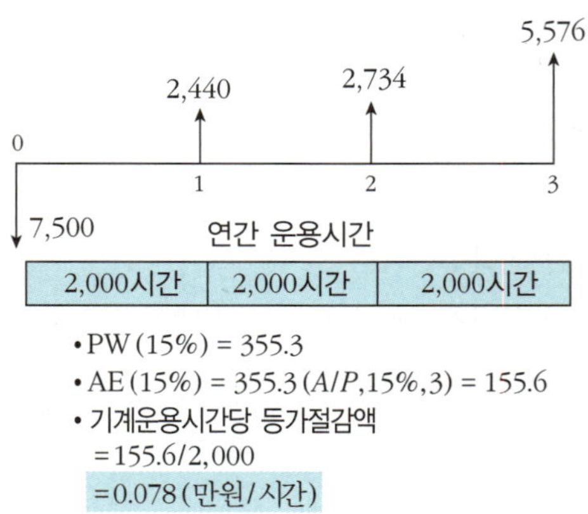

그림 6.4 | 기계운용시간당 등가절감액 계산

해설 NPW(355.3만원)를 3년의 총가동시간(6,000시간)으로 나누어 기계시간당 절감액(0.059만원/시간)을 구하는 것은 옳지 않다. 이 값(0.059만원/시간)은 기계의 가동시간당 현재가치 절감액을 나타낼 수는 있지만, 절감액이 발생하는 시기를 고려하지 못한다. 다시 말하면, 3년 동안 2,000시간씩 나누어 발생한 절감액을 0년도 말에 순간적으로 6,000시간을 모두 가동하였다는 의미로 이는 물리적으로 불가능하기도 하지만, 절감액이 3년에 걸쳐 발생한 시간적 가치를 무시했기 때문이다.

예제 6.5 | 기계시간당 단위이익: 연간 운영시간이 변동적일 때

예제 6.4의 밀링머신을 첫 번째 해는 1,500시간, 두 번째 해는 2,500시간, 세 번째 해는 2,000시간으로 가동한다고 가정하자. 이는 3년간의 총가동시간은 6,000시간으로 앞의 예제와 동일하지만 6,000시간에 대한 연간 가동시간이 서로 다른 경우이다. 이자율이 연 15%라면, 기계운용시간당 등가절감액을 계산하라.

문제분석	■ **조건**: NPW = 355.3만원, N = 3년, i = 연 15%, 기계운용시간(1,500시간(1년); 2,500시간(2년); 2,000시간(3년)) ■ **탐색**: 기계운용시간당 등가절감액
분석방법 등가절감액을 미지수로 하는 방정식을 세우고, 이 방정식의 해를 구한다.	**풀이** 예제 6.4에서 계산한 바와 같이 연간등가절감액은 155.6만원이다. 구하고자 하는 연간 기계운용시간당 등가절감액을 C라 하자. 기계가동시간이 해마다 바뀌는 것을 고려하면 연간등가절감액은 다음과 같이 C의 함수로 표현된다. $$\begin{aligned}\text{연간등가절감액} &= [C(1{,}500)(P/F, 15\%, 1)\\ &\quad + C(2{,}500)(P/F, 15\%, 2)\\ &\quad + C(2{,}000)(P/F, 15\%, 3)](A/P, 15\%, 3)\\ &= 1{,}975.16C\end{aligned}$$ 위 식은 예제 6.4에서 구한 155.6만원과 동일해야 하므로 다음과 같이 C를 구할 수 있다. $$C = 155.6\,(\text{만원}) / 1{,}975.16 = 0.079\,(\text{만원/시간})$$ 이 값(= 0.079만원)이 예제 6.4에서 구한 결과(= 0.078만원)보다는 조금 큰 것은 서로 다른 가동시간을 갖는 각 기간에 발생한 절감액의 시간적 가치를 고려하기 때문이다.

6.2.2 제조–구매 의사결정

기업이 어떤 제품의 생산이나 서비스를 제공하기 위하여, 기계 혹은 장비를 구입하여 직접 생산할 것인지, 아니면 다른 주문처에서 구입을 할 것인지를 선택해야 하는 소위 **제조–구매**(Make or Buy) 문제는 사업상 자주 부딪치는 의사결정문제 중의 하나이다.

'제조' 혹은 '구매' 의사결정문제가 기계 혹은 설비의 확보를 요구한다면, 이 문제는 투자의사결정의 문제가 된다. 외부에서 조달(구매 대안)하는 비용은 보통 단위당 금액으로 표시되기 때문에, 제조 대안에 대한 증분비용도 단위당 금액으로 표시한다면 두 대안의 비교가 더욱 수월할 것이다. 이와 같은 단위비용의 비교는 총금액으로 표현된 연간등가분석보다 이해가 용이한 장점이 있다. 제조–구매문제의 분석절차는 그림 6.5와 같다.

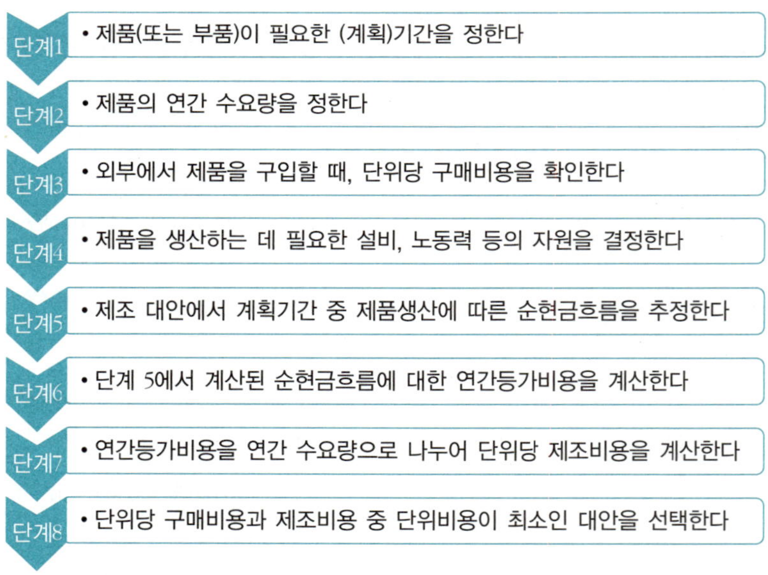

그림 6.5 | 제조–구매 의사결정절차

예제 6.6 | 단위비용: 제조 또는 구매

㈜ B&E는 자동차에 설치하는 블랙박스를 제조하는 회사로 GPS기능을 정착하여 차량의 정확한 주행경로는 물론 차 내의 대화내용을 상시 녹화하는 제품을 출시하여 잘 알려진 회사이다. 차량 소유자가 블랙박스를 설치하면 자동차 보험금의 감면혜택을 받을 수 있기 때문에 향후 수요가 계속 증가할 것으로 예상되어, ㈜B&E는 GPS에 탑재되는 부품을 자체 생산용량을 증가시킬 것인지 아니면, 외주업체로부터 구매할 것인지를 결정하려고 한다. 만일 외주업체로부터 GPS탑재용 부품을 구입한다면, 이미 보유하고 있는 GPS 조립장비로는 구매한 GPS탑재용 부품을 장착할 수 없기 때문에, 특수한 장착기계를 새로 구입해야 한다. 1년에 48주를 운영한다면 이 GPS탑재용 부품의 예상 생산율은 주당 79,815개이다. 프로젝트의 계획기간은 7년이고, 회계부서에서는 세금을 고려한 후의 관련된 연간비용을 다음과 같이 정리하였다.

(단위: 만원)

• 제조옵션:
(연간비용)

구분	비용
노무비	144,563.3
자재비	204,851.1
증분간접경비	108,811.0
총연간비용	458,225.4

• 구매옵션:

자본지출:	
새장착기계구매	40,500.0
7년후 처분가치	4,500.0
연간운영비용:	
노무비	25,195.6
부품구매(850원/단위)	325,645.2
증분간접경비	82,271.9
총연간운영비용	433,112.7

현금흐름은 관습상 매년 말에 발생한다고 가정하였으므로 두 대안들의 현금흐름은 그림 6.6과 같이 표시된다. ㈜B&E의 MARR이 14%라고 가정하고, 각 대안의 단위비용을 계산하라.

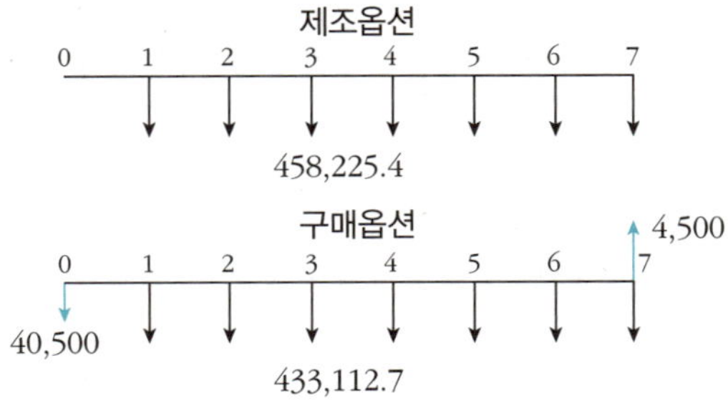

그림 6.6 | 제조-구매분석

문제분석

■ **조건**: 두 옵션의 현금흐름, $i = 14\%$

■ **탐색**: 각 옵션의 단위비용과 최적대안 선택

분석방법

해당 부품의 연간 수요량을 계산하고, 각 옵션별로 연간등가비용을 계산한다.

풀이

필요한 연간 생산량은 다음과 같다.

$$79{,}815\text{개/주} \times 48\text{주} = 3{,}831{,}120\text{개/년}$$

각 옵션별로 연간등가비용을 계산할 필요가 있다.

- 제조옵션: 제조옵션의 비용은 연간기준으로 이미 계산되었으므로, 연간등가비용은 다음과 같다.

$$AEC(14\%)_{\text{제조}} = 458{,}225.4\,(\text{만원})$$

- 구매옵션: 이 옵션의 비용은 자본회수비용과 운영비용으로 나뉜다.

자본회수비용:

$$\begin{aligned} CR(14\%)_{\text{구매}} &= (40{,}500 - 4{,}500)(A/P, 14\%, 7) + (0.14)(4{,}500) \\ &= 9{,}024.9\,(\text{만원}) \end{aligned}$$

운영비용:

$$OC(14\%)_{\text{구매}} = 433{,}112.7\,(\text{만원})$$

총연간등가비용:

$$\begin{aligned} AEC(14\%)_{\text{구매}} &= 9{,}024.9 + 433{,}112.7 \\ &= 442{,}137.6\,(\text{만원}) \end{aligned}$$

두 옵션의 연간등가비용을 비교하면, ㈜ B&E는 외주업체로부터 GPS탑재용 부품을 구매하는 것이 더 유리하다는 것을 알 수 있다. 또한, 제품의 판매가격을 정하기 위해서는 단위비용(UC)을 알아야 할 필요가 있다. 각 옵션별로 GPS탑재용 부품을 생산하는 단위비용을 계산해보자. AEC는 현금유출, 즉 비용임을 나타내는 것이므로, 단위비용(UC)은 각 옵션별 연간등가비용을 연간 필요량으로 나누어 계산한다.

- 제조옵션:

$$UC_{\text{제조}} = 458{,}225.4\,(\text{만원}) / 3{,}831{,}120\,(\text{단위}) = 0.120\,(\text{만원/단위})$$

- 구매옵션:

$$UC_{\text{구매}} = 442{,}137.6\,(\text{만원}) / 3{,}831{,}120\,(\text{단위}) = 0.115\,(\text{만원/단위})$$

외부업체로부터 GPS탑재용 부품을 구입하여 장착하면 ㈜ B&E는 세금을 고려하여 부품당 50원씩을 절약할 수 있다.

해설 위에서 외부구매 대안이 더 경제적이라는 결론을 얻었지만, 그 외에도 반드시 고려해야 하는 경제외적인 요소가 있다. 첫째, 공급자가 공급하는 부품의 품질이 직접 제조하는 것과 비교하여 낮지는 않은지 점검하여야 한다. 둘째, 적기에 필요한 양의 GPS탑재용 부품이 공급될 수 있는지의 신뢰성의 문제도 생각해보아야 한다. 품질과 신뢰성이 미흡하다면 오히려 구매보다 제조를 선택하는 것이 더 효과적일 수도 있기 때문이다.

6.3 상호 배타적 사업의 비교

본 절에서는 두 개 이상의 상호 배타적 대안들을 비교하는 방법으로 연간등가분석을 사용할 경우를 알아보겠다. 또한, 6.3.2절에서는 수명이 다른 상호 배타적 대안들을 비교할 때, 연간등가분석을 사용함으로써 얻을 수 있는 장점을 소개한다.

6.3.1 분석기간과 프로젝트 수명이 동일할 때

프로젝트 수명이 분석기간과 동일한 경우부터 생각해보자. 이때, 수익 프로젝트의 경우에는 각 프로젝트의 연간등가(AE)를 구하여 가장 큰 값을 선택하고, 서비스 프로젝트의 경우에는 연간등가비용(AEC)을 구하여 가장 적은 값을 선택한다.

프로젝트별로 생산량은 같지만(따라서 수입은 동일함), 서로 다른 초기 투자비와 운영비를 갖는 대안을 비교해야 하는 경우가 자주 발생한다. 예제 6.7에서 절삭공정에서 기존 모터와 고효율 모터의 운영비를 비교하는데 연간등가비용의 개념을 적용해본다.

예제 6.7 | 고효율 모터의 전력비 절감

㈜한국철강은 공장 내에 설치되어 있는 낡은 20대의 모터를 교체하려고 한다. 기존 모터(25HP, 230V, 60Hz, 1800rpm), 혹은 현대적인 고효율 모터로 교체하는 두 가지 방안을 고려 중이다. 두 종류의 모터는 모두 18.650kW(=25 HP×0.746kW/HP)의 출력을 낼 수 있다. 그러나 기존 모터의 효율은 89.5%이고 초기비용은 1,300만원인 반면, 고효율 모터의 효율은 93%이고 초기비용은 1,560만원이다. 공장에 설치된 모터

들은 1년에 52주, 1주에 5일, 1일에 12시간씩 가동된다. 전력비용은 70(원)/kWh이고, 모터들은 75%의 부하만으로 가동될 것이며, 기존 모터나 고효율 모터 모두 수명은 20년이고 처분가치는 없다.

	기존 모터	고효율 모터
초기비용	1,300만원	1,560만원
출력	18.650kW	18.650kW
수명	20년	20년
처분가치	0원	0원
효율	89.5%	93%
전력비용	70원/kWh	70원/kWh
연간가동시간	3,120시간	3,120시간

(a) 이자율이 13%일 때, 기존 모터를 고효율 모터로 대체한다면 kWh당 비용이 얼마나 절감이 되겠는가?
(b) 가동시간이 얼마나 되면 두 대안이 경제적으로 동일하겠는가?

문제분석

효율이 다른 기계들을 비교할 때, 기계가동에 필요한 전력을 결정해야 할 것이다. 효율은 투입전력에 대한 산출전력의 비율이므로, 산출전력을 효율로 나누면 투입해야 하는 전력량을 구할 수 있다.

$$\text{투입전력} = \frac{\text{산출전력}}{\text{효율}}$$

예를 들어, 효율이 90%인 30마력의 모터에 필요한 투입전력량은 다음과 같이 구할 수 있다.

$$\text{투입전력} = \frac{(30\text{HP} \times 0.746\text{kW/HP})}{0.90} = 24.87\text{kW}$$

필요한 투입전력량과 가동시간을 알면, 이에 상응하는 동력비용을 계산할 수 있다. 20대의 모터를 필요로 하지만, 이 경우에는 1대에 대한 분석만으로도 충분히 평가가 가능하다.

분석방법

먼저 각 모터 1대의 kWh당 가동비용을 구하고, 두 대안의 비김 가동시간을

- **조건**: 표의 데이터, i = 연 13%, 모터 필요량 = 20대
- **탐색**: (a) 시간당 모터가동비용과 (b) 비김(breakeven)가동시간

풀이

(a) 모터 1대의 kWh당 가동비용

• 모터당 총투입전력량을 계산한다.

기존 모터:

$$\text{투입전력} = \frac{18.650\text{kW}}{0.895} = 20.838\text{kW}$$

고효율 모터:

$$\text{투입전력} = \frac{18.650\text{kW}}{0.93} = 20.054\text{kW}$$

고효율 모터의 투입전력량이 대당 0.784kW의 전력이 절약되므로 20대의 모터를 가정하면 절약되는 총전력량은 15.68kW이다.

• 연간가동시간이 3,120시간일 때, 필요한 연간 총전력량(kWh)을 계산한다.

기존 모터:

$$3{,}120\text{시간/년} \times 20.838\text{kW} = 65{,}015\text{kWh/년}$$

고효율 모터:

$$3{,}120\text{시간/년} \times 20.054\text{kW} = 62{,}568\text{kWh/년}$$

• 전력비가 70원/kWh일 때, 두 모터에 대한 연간 전력비용 계산

찾는다.

한다.

기존 모터:

$$70\text{원/kWh} \times 65{,}015\text{kWh/년} = 455.1(\text{만원})/\text{년}$$

고효율 모터:

$$70\text{원/kWh} \times 62{,}568\text{kWh/년} = 438.0(\text{만원})/\text{년}$$

- 수명이 20년인 두 종류의 모터에 대한 자본회수비용계산. 이자율이 13%일 때, 자본회수계수를 이용하여 자본회수비용을 계산한다.

기존 모터:

$$1{,}300(A/P, 13\%, 20) = 185.1(\text{만원})$$

고효율 모터:

$$1{,}560(A/P, 13\%, 20) = 222.1(\text{만원})$$

- 자본회수비용과 동력비용을 합하여 총연간등가비용을 계산하고, 산출전력을 근거로 모터 1대의 kWh당 비용을 계산한다. 총산출전력은 연간 58,188 kWh(25HP × 0.746kW/HP × 3,120시간/년)이다.

기존 모터:

$$AEC(13\%)_{\text{기존}} = 455.1(\text{만원}) + 185.1(\text{만원}) = 640.2(\text{만원})$$

$$\text{kWh당 비용}_{\text{기존}} = 640.2(\text{만원})/58{,}188\text{kWh} = 110.0(\text{원})/\text{kWh}$$

고효율 모터:

$$AEC(13\%)_{\text{고효율}} = 438.1(\text{만원}) + 222.1(\text{만원}) = 660.1(\text{만원})$$

$$\text{kWh당 비용}_{\text{고효율}} = 660.1(\text{만원})/58{,}188\text{kWh} = 113.4(\text{원})/\text{kWh}$$

연간 3,120시간만 가동된다면, 기존 모터가 비용이 적게 소요되는 것은 확실하다.

- 기존 모터에서 고효율 모터로 교체할 경우 절감액(혹은 손실) 계산

추가되는 자본회수비용:

$$\text{증분자본회수비용} = 222.1(\text{만원}) - 185.1(\text{만원}) = 37.0(\text{만원})$$

동력비용 절감액:

$$\text{증분자본회수비용} = 455.1(\text{만원}) - 438.0(\text{만원}) = 17.1(\text{만원})$$

연간가동시간이 3,120시간일 때, 매년 37만원을 더 투자해야 하지만 동력비용 절감액은 매년 17.1만원이므로 대당 연간 19.9만원의 손실이 발생한다. 즉, 시간당 약 63.7원의 손실이 발생하는

셈이다.

(b) 비김가동시간

고효율 모터가 경제적으로 타당하기 위한 최소가동시간을 계산해보자. 모터의 가동시간은 대안의 선택에 매우 결정적인 영향을 미친다. 예를 들면 연간 3,120시간만을 가동한다면 고효율 모터가 비경제적이지만, 그 이상을 가동한다면 경제적으로 우월한 대안이 될 수도 있기 때문이다.

만일 연간 5,000시간을 가동한다면 어떻게 될까? 모터가 24시간 계속 가동된다고 가정하면 kWh당 절감액은 운영비용인 전기료에 크게 의존할 것이다. 가동시간의 변동에 따른 연간등가비용을 계산하여 그림 6.7과 같은 그래프를 만들 수 있다. 그래프에서 보는 바와 같이, ㈜한국철강은 연간 6,742시간 이상을 가동한다면 기존 모터 대신에 고효율 모터를 사용하는 것이 더 유리하다.

표 6.1 ▌ 가동시간에 따른 비용절감액: 엑셀워크시트 활용

	A	B	C	D	E	F	G
1						기존 모터	고효율 모터
2		기존 모터	고효율 모터		가동시간	(만원)	(만원)
3	출력(HP)	25	25		0	185.1	222.1
4	연간 가동시간	3120	3120		500	258.0	292.3
5	효율(%)	89.50%	93%		1000	330.9	362.4
6					1500	403.9	432.6
7	초기비용(만원)	1300	1560		2000	476.8	502.8
8	추정 처분가치(만원)	0	0		2500	549.7	573.0
9	사용수명년)	20	20		3000	622.7	643.2
10	전기료(만원/kWh)	0.007	0.007		3500	695.6	713.4
11	이자율(%)	13%	13%		4000	768.5	783.6
12					4500	841.5	853.8
13	자본회수비용(만원/년)	185.06	222.072		5000	914.4	924.0
14	운용비용(만원/년)	455.102	437.974		5500	987.3	994.1
15	연간등가비용(만원)	640.162	660.046		6000	1,060.3	1,064.3
16	단위당 비용(만원/kWh)	0.0110	0.0113		6500	1,133.2	1,134.5
17					7000	1,206.1	1,204.7
18					7500	1,279.1	1,274.9
19					8000	1,352.0	1,345.1
20					8500	1,424.9	1,415.3
21					9000	1,461.4	1,450.4
22							

=PMT(B11,B9,B7,-B8)

=B13+B14

=B15/(B3*0.746*B4)

=C10*(C3*0.746/(C5)*C4)

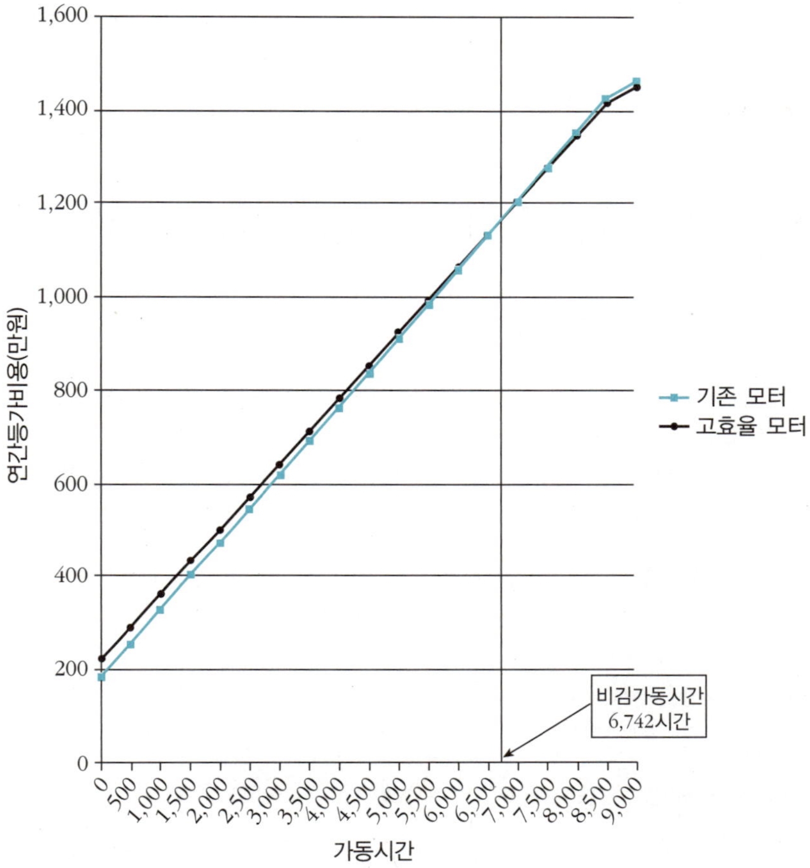

그림 **6.7** | 가동시간의 민감도 그래프: 엑셀 활용

6.3.2 분석기간과 프로젝트 수명이 다를 때

제5장의 5.4절에서 순현재가치분석으로 상호 배타적인 대안들을 비교할 때, 대안수명들의 **최소공배수**(least common multiple)를 동일한 분석기간으로 해야 한다고 하였다. 연간등가분석도 동일한 분석기간을 정해야 하지만, 다음과 같은 조건이 만족되면 순현재가치분석에 비하여 계산이 훨씬 간편하다.

1. 고려되는 대안이 연속적으로 반복하여 진행된다.
2. 각 대안은 비용(cost)과 기능(performance)이 동일한 자산으로 계속 교체된다.

위 두 조건이 충족되면 대안들을 비교하기 위하여 최소공배수의 기간에 대한 AE를 계산하지 않고, 각 대안의 첫 주기에 대해서만 AE를 구하여 비교하여도 동일한 결과를 얻을 수 있다.

예제 6.8 | 연간등가비용의 비교: 동일하지 않은 프로젝트 수명

㈜HM기계는 기존에 사용해 왔던 사포기(sanding machine)를 교체하려고, 두 종류의 모델을 고려하고 있다.

- **모델** A: 반자동 기계로 초기구매비용이 15,000만원이고, 연간 운영비용은 5,500만원이다. 사용수명은 3년이고, 3년 후 처분가치는 1,500만원으로 추정된다.
- **모델** B: 완전 자동화 기계로 초기구매비용이 23,000만원이고, 연간운영비용은 3,000만원이다. 사용수명은 5년이고, 5년 후 추정처분가치는 3,500만원이다.

두 모델 A와 B는 앞으로 증가가 예상되는 수요량을 충분히 대처할 수 있으며, 또한 현재의 가동상태는 향후 항구적으로 유지될 것으로 예상된다. 위 두 모델은 미래에도 가격과 운영비용의 큰 변화가 없이 사용이 가능할 것으로 기대된다. MARR이 15%라면, 어느 모델이 더 경제적인가? 연간등가분석을 이용하여 보다 더 경제적인 대안을 선택하라.

문제분석

영구적인 서비스 기간(infinite planning horizon)이 요구되는 경우는 무한대의 기간 동안 거의 동일한 수준의 생산이 계속되는 투자 프로젝트라고 가정할 수 있다. 이는 분석이 복잡하고 지루하기는 하지만, 수학적인 해결이 가능한 것은 분명하다. 그러나, 일반적으로 항구적으로 계속되는 투자 프로젝트의 경우에는 각 프로젝트 수명의 최소공배수 기간만큼의 유한한 분석기간만 분석한다. 예를 들면, 대안 A는 3년, 대안 B는 5년의 유효수명을 갖는다면, 비교를 위해서 최소공배수 기간인 15년을 분석기간으로

■ **조건**: 그림 6.8의 현금흐름도, i = 연 15%

■ **탐색**: AE비용과 최적대안

(단위: 만원)

n	모델 A	모델 B
0	−15,000	−23,000
1	−5,500	−3,000
2	−5,500	−3,000
3	+1,500 − 5,500	−3,000
4		−3,000
5		+3,500 − 3,000

풀이

정한다. 즉, 대안 A는 5번, 대안 B는 3번의 반복과정을 통하여 두 대안이 각각 15년 동안 계속된다고 가정하는 것이다. 결국 대안 A와 대안 B의 15년 동안의 경제적 차이는 앞으로 매 15년마다 같은 결과를 반복하므로, 최소공배수 기간만큼을 분석기간으로 정하여 경제적인 대안을 선택할 수 있다.

분석방법

각 대안 사용수명의 최소공배수, 15년에 대한 AEC를 구하는 것이 목적이다.

(1) 먼저 각 대안의 첫 주기에 대한 현재가치비용을 구하고 이를 AEC로 전환한다.

(2) 전체 분석기간(15년)에 대해서도 동일한 과정으로 AEC를 구하고 비교한다.

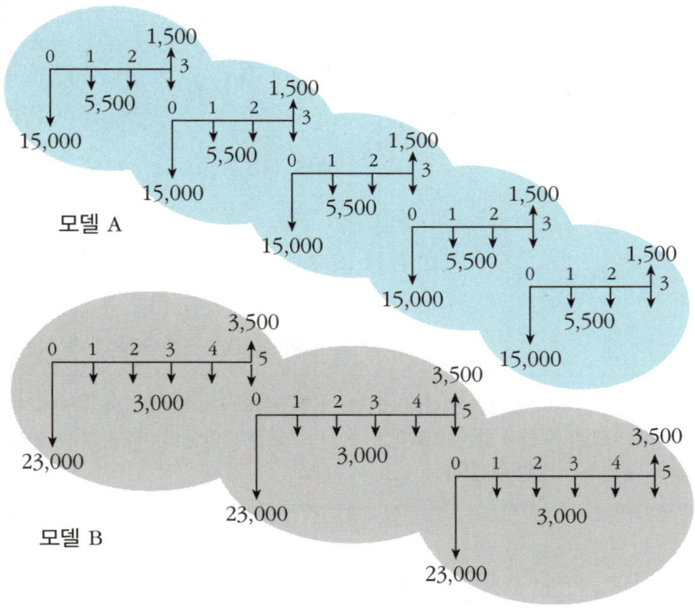

그림 6.8 | 상호 배타적 대안의 현금흐름도: 최소공배수기간

• 모델 A

3년 수명(첫주기):

$$PW(15\%)^{A}_{첫주기} = -15{,}000 - 5{,}500(P/A, 15\%, 3) + 1{,}500(P/F, 15\%, 3)$$
$$= -26{,}571.5\text{(만원)}$$

$$AEC(15\%)^{A}_{첫주기} = 26{,}571.5\text{(만원)}(A/P, 15\%, 3)$$
$$= 11{,}637.7\text{(만원)}$$

15년(전체 분석기간, 5주기):

$$PW(15\%)^{A}_{전체기간} = -26{,}571.5[1 + (P/F, 15\%, 3) + (P/F, 15\%, 6) + (P/F, 15\%, 9) + (P/F, 15\%, 12)]$$
$$= -68{,}049.9\text{(만원)}$$

$$AEC(15\%)^{A}_{전체기간} = 68{,}049.9(A/P, 15\%, 15)$$
$$= 11{,}637.7\text{(만원)}$$

• 모델 B

5년 수명(첫주기):

$$PW(15\%)^{B}_{첫주기} = -23{,}000 - 3{,}000(P/A, 15\%, 5) + 3{,}500(P/F, 15\%, 5)$$
$$= -31{,}316.3\text{(만원)}$$

$$AEC(15\%)^{B}_{첫주기} = 31{,}316.3\text{(만원)}(A/P, 15\%, 5)$$
$$= 9{,}342.2\text{(만원)}$$

15년 (전체 분석기간, 3주기):

$$PW(15\%)^{B}_{전체기간} = -31,316.3[1 + (P/F, 15\%, 5) + (P/F, 15\%, 10)]$$
$$= -54,627.0 \text{ (만원)}$$

$$AEC(15\%)^{B}_{전체기간} = 54,627.0(A/P, 15\%, 15)$$
$$= 9,342.2 \text{ (만원)}$$

위에서 보는 바와 같이 모델 A의 AEC(11,637.7만원)가 모델 B의 AEC(9,342.2만원)보다 더 많은 것을 알 수 있다. 그러므로, 초기비용이 더 많이 필요한 모델 B를 선택하는 것이 더 경제적이라고 판단할 수 있다.

해설 동일한 서비스기간에 대해 계산한 연간등가와 각 프로젝트의 수명에 대한 연간등가는 동일하다는 것을 주목해야 한다. 그러므로, 수명이 다른 프로젝트들이 반복되는 대안들의 비교는 각 대안의 첫 수명주기에 대한 AEC를 비교하는 것만으로 충분하다고 할 수 있다.

6.4 요약

- **연간등가분석**(annual equivalent worth analysis: AE)은 순현재가치분석과 함께 경제적 등가의 개념을 기반으로 하는 주요한 분석도구의 하나이다. AE 계산식은 다음과 같다.

$$AE(i) = PW(i)(A/P, i, N)$$

  연간등가분석의 결과는 순현재가치분석에 의한 결과와 항상 동일하다.

- **자본회수비용**(capital recovery cost: CR)는 연간등가분석을 활용한 것이다. 이를 이용하면, 연단위로 계산되는 운영비용에 맞추어 자산비용을 연간등가로 계산함으로써 연간수익과의 비교가 용이하여 평가를 수월하게 할 수 있다. CR (i)의 계산식은 다음과 같다.

$$CR(i) = (I - S)(A/P, i, N) + iS$$

단, I = 초기비용, S = 처분가치

- 아래의 경우에는 연간등가분석이 순현재가치분석보다 더 효과적으로 사용되기도 한다.

1. 재무보고서에서는 순현재가치보다 연간등가가 주로 사용된다.
2. 판매품목들에 대한 합리적인 가격책정을 위해 단위비용의 계산이 요구된다.
3. 개인 자동차를 영업을 위해 사용했을 때 실비를 보상해주기 위해 사용단위당 비용을 계산할 필요가 있다.
4. 제조-구매의사결정은 여러 대안의 단위비용에 대한 정보를 요구한다.
5. 수명이 다른 서비스기간의 비교는 미래의 비용이 동일하고 반복 시행이 가능하다면 연간등가분석을 사용하는 것이 편리하다. 그러나 이 방법은 일반적인 경우에는 바람직하지 않을 수도 있다. 일반적으로 미래에 대한 반복 시행은 이전과는 매우 다른 비용흐름이 발생할 가능성이 크기 때문이다. 그러므로, 각각의 대안들에 대한 현금흐름의 추정을 통하여 다양한 대체 대안을 고려해보는 것이 바람직하다.

연습문제

주 1: 특별한 언급이 없는 경우 문제의 모든 현금흐름은 명목화폐가치의 납세 후 현금흐름으로 가정하고, MARR은 인플레이션 효과를 고려한 시장이자율을 나타낸다.

주 2: 또 다른 언급이 없는 경우 모든 이자율은 연복리를 가정한다.

6.1 ㈜21세기정밀은 최신형 CNC머신을 구매하고자 한다. 구매 및 설치비용으로 6억원이 소요되며, 이 장비의 도입으로 1차년도 1억원을 시작으로 매년 6,000만원씩 그 수익이 증가할 것으로 예상된다. 이를 위한 비용도 1차년도 4,000만원을 시작으로 매년 2,000만원씩 증가할 것으로 추정하고 있다. 장비수명이 10년이고, 10년 후 처분가치가 없다고 하면, 이 투자대안의 연간등가(A)는 얼마이겠는가? 단, MARR = 8%

6.2 최대효율이 89%인 30마력의 전기모터를 구매하려고 한다. 이 모터의 구매비용은 1,500만원이고 10년간 사용이 가능하다고 한다. 연간가동시간은 2,000시간이고, 전기요금은 120원/kWh, MARR = 12%이면, 자본회수비용과 운영비용을 포함하는 연간등가비용은 얼마인가?(1마력 = 0.746kW, 투입전력 = 필요전력/효율) 단, 10년 후 모터의 처분가치는 없다.

6.3 다음과 같은 투자프로젝트를 고려해보자.

- 초기 투자비용: 500억원
- 대안수명: 10년
- 추정 연간수익: X원
- 추정 연간운영비용: 150억원
- MARR: 연복리 20%
- 수명 후 처분가치: 초기투자비용의 15%

이 투자프로젝트가 경제적으로 타당성을 가지려면 연간수익이 최소한 얼마는 되어야 하겠는가?

6.4 어느 택시기사는 그동안 타던 승용차를 교환하는 조건으로 신형 중형승용차를 3,000만원에 구매하였다. 향후 3년 동안 투자금액을 전부 회수하려면, 매년 얼마의 순수익이 발생해야 하는가? 단, MARR = 12%, 3년 후 처분가치는 없다.

6.5 다음의 현금흐름도에서 4년부터 8년까지의 현금인출을 위하여 매년 적립해야 하는 적립금은 얼마이겠는가? 단, MARR은 8%.

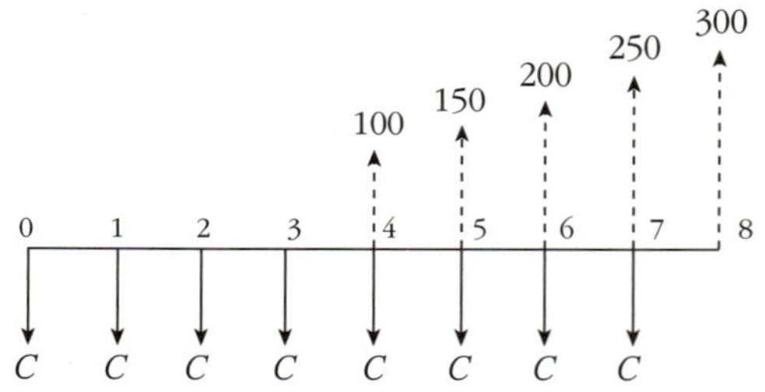

6.6 다음 현금흐름도의 자금열에 대한 연간등가가 200만원이 되게 하는 X는 얼마인가? 단, MARR = 8%

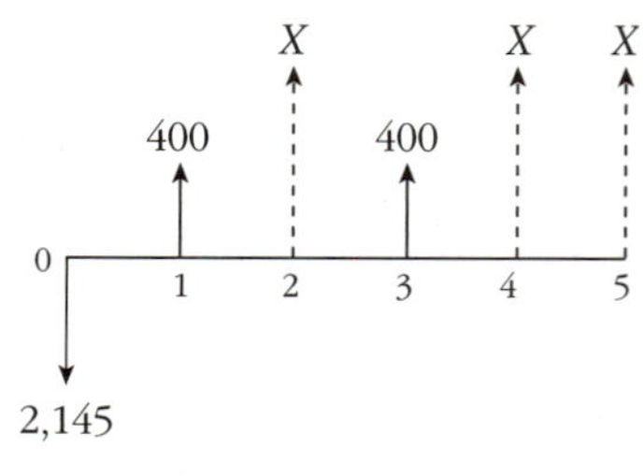

6.7 MARR = 15%일 때, 아래의 영구적인 현금흐름의 연간등가(A)를 구하여라.

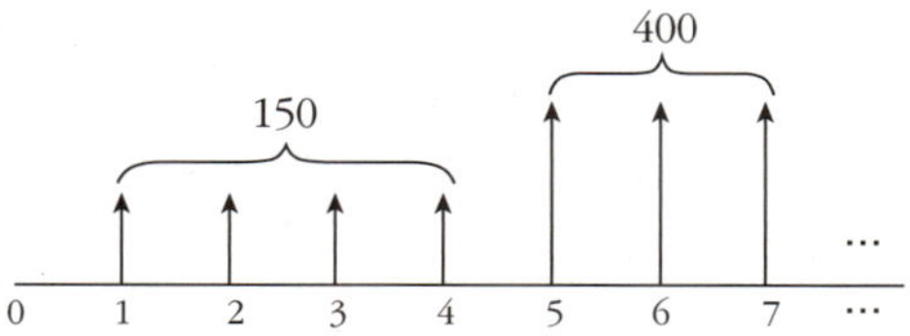

6.8 다음의 현금흐름열에 대한 연간등가(A)를 계산하여라. 단, $i = 10\%$

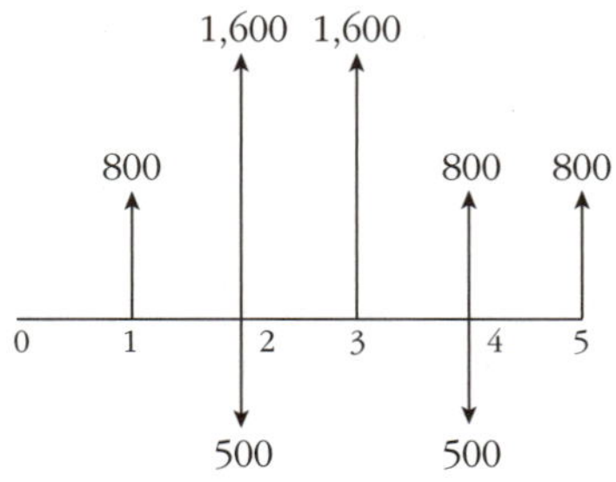

6.9 다음과 같이 4년 주기의 반복되는 패턴을 갖는 영구적인 현금흐름의 연간등가는 얼마이겠는가? 단, MARR = 14%

(단위: 백만원)

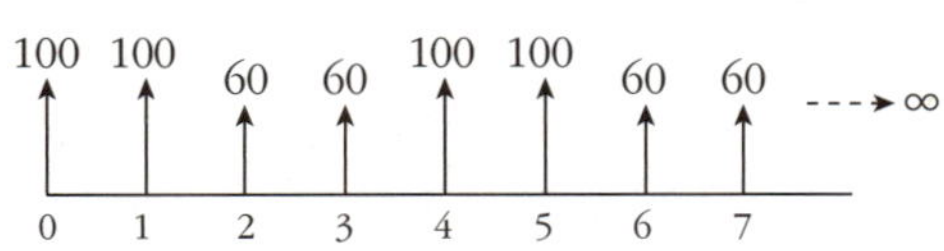

6.10 20억원을 들여 새로 건설되는 쓰레기처리장은 처리효율과 환경기준을 유지하기 위해 매 30년마다 10억원의 비용을 들여 리모델링해야 한다. 연간 유지보수비용이 1억원이고, 연 8%의 이자율이 적용된다면, 영구적인 사용을 가정한다면, 자본화등가비용(CE)은 얼마이겠는가?

자본회수비용

6.11 내용연수가 10년이고, 구매가격이 55,000원인 CNC머신을 도입하였다. 이 회사의 MARR이 연 20%라고 하면, 10년의 보유기간 동안의 연간 자본회수비용(CR)은 얼마인가? 단, 10년 후 처분가치는 구매가격의 10%이다.

6.12 대학을 졸업하고 직장인이 된 T씨는 출퇴근은 물론 휴가 때도 사용할 승용차를 구매하려고 한다. 알아본 결과 최신형 소형승용차인 TR-II는 구매가격이 2,670.5만원이고, 사용 중 다시 새 차로 교환하는 조건으로 처분가격이 다음과 같다고 한다.

- 36개월 사용 후 교환할 때, 구매가격의 30%
- 60개월 사용 후 교환할 때, 구매가격의 15%

만일 T씨의 MARR이 연 5.0%라고 하면, 3년 보유했을 때와 5년 보유했을 때의 자본회수비용(CR)은 각각 얼마인가?

6.13 ㈜YB전자는 하드디스크의 조립에 사용되는 자동용접기계를 구매하려고 한다. 이 기계의 가격은 24,800만원이고, 내용연수는 5년, 5년 후 처분가치는 430만원으로 추정된다. MARR이 18%라고 하면, 자본회수비용은 얼마인가?

6.14 제품생산에 필요한 보조장비를 12,000만원에 구입하였는데, 2년 동안 사용이 가능하고 2년 후의 가치는 4,500만원이 될 것으로 추정하고 있다. 이 보조장비는 1차년도에 4,000시간, 2차년도에는 6,000시간이 가동될 것으로 예상된다. 이 장비의 가동으로 1차년도에는 8,400만원, 2차년도에는 12,000만원의 비용절감 효과를 볼 것으로 기대된다. MARR = 10%일 때, 다음 물음에 답하여라.

(ㄱ) 이 장비의 자본회수비용(CR)은 얼마인가?
(ㄴ) 이 투자프로젝트의 연간등가가치(AE)는 얼마인가?
(ㄷ) 장비의 시간당 절감액은 얼마인가?

6.15 개인용달 사업을 하고 있는 L씨는 이번에 새로 소형 픽업트럭을 구매하였다. 구매에 들어간 비용은 4,500만원이고, 연간 유지보수비용으로 첫 년도 1,500만원을 시작으로 매년 200만원씩 증가할 것으로 추정하고 있다. 이 트럭은 5년을 사용할 수 있을 것으로 예

상되며, 5년 후 추정 처분가치는 900만원이다. MARR이 연 12%일 때, 트럭의 자본회수비용과 운영비용을 포함하는 연간등가비용(AEC)은 얼마인가?

6.16 이번에 설립된 장학재단 호정은 기금 100억원에서 매년 발생하는 이자수익을 지역대학에 장학금으로 내년부터 기부를 시작하려고 한다. 처음 10년은 6%의 이자율로, 그 이후에는 4%의 이자율이 적용될 것으로 예상한다면, 매년 10억원의 장학금을 영구적으로 지급하려면, 지금 얼마를 더 적립해두어야 하겠는가?

연간등가기준

6.17 등유의 현재가격은 1,800원/리터이고, 매년 200원씩 인상되어, 내년에는 2,000원(리터)할 것으로 예상된다. 김한기 씨는 겨울철 난방을 위하여 등유 약 800리터를 사용한다. 그는 70만원짜리 저장탱크를 살 수도 있는데, 이 탱크의 수명은 4년이고, 잔존가치는 10만원이다. 이 탱크의 용량은 4년간 등유를 공급할 수 있을 정도이다. 그는 이 탱크를 구입하여 등유를 현재가격인 리터당 1,800원으로 4년치를 모두 사서 저장하면 어떨까 생각해보고 있다. 그가 다른 사업을 한다면 보통 연 8%의 수익을 올릴 수 있다. 그는 이 저장탱크를 구입하는 것이 경제적인지를 결정하여라. 등유를 필요할 때마다 사서 쓴다면 대금은 연말에 정산하는 것으로 한다. 단, 저장탱크에 저장할 등유 대금은 지금 지불해야 한다.

6.18 다음 표와 같은 투자사업이 있다.

(단위: 만원)

연도	연간현금흐름	
	A	B
0	−5,500	7,900
1	1,500	−1,200
2	X	−1,500
3	1,500	−1,800
4	1,500	−2,100

(ㄱ) A사업에서 X가 얼마이면 연간등가수입과 비용이 일치하겠는가? 이자율은 13%이다.

(ㄴ) 연복리 15%로 연간등가기준으로 B사업이 채택되겠는지 구하라.

6.19 (주)DW는 4,000만원짜리 특수기계를 구입할 수 있다. 인수금은 400만원이고 잔금은 이자율 7%로 5년간 매년 말 동일액으로 상환한다. 다른 대안으로 3,600만원 전액을 지불할 수도 있다. 이 회사의 MARR이 10%라면, 연간등가기준으로 어느 대안이 경제적으로 유리한지 구하라.

6.20 ㈜SY는 프로그램으로 작동되는 컨트롤러를 여러 대 구입하여 제조공정을 자동화하려고 한다. 이 설비의 초기 투자금액은 10,000만원이고, 설치하는 인건비는 3,500만원으로 예상된다. 이 설비의 유지보수를 외부에 맡기면 연간 500만원이 든다. 설비를 운영할 전문인력의 급료는 연간 3,000만원이 될 것이다. 연간 세금감면 혜택은 1,000만원으로 예상된다. 이 설비를 운영하여 납세 후 연간 이익을 얼마나 올려야 손익이 비기게 되겠는지 구하라. 이 설비의 수명은 10년인데, 수명 후의 잔존가치를 기대할 수는 없으리라 예상된다. 이 회사의 MARR은 10%이다.

단위비용과 이익계산

6.21 연료효율이 좋은 최신형 장비의 도입을 위해 10억원의 비용이 소요되었다. 이 장비의 도입으로 첫 해에 3억원의 연료절감이 기대되고, 이러한 효과는 연료비의 상승이 계속될 것이므로 매년 5%씩 증가할 것으로 예상된다. 이 장비의 수명이 5년이라고 하고 연간 가동시간이 3,000시간이라면, 5년 후 처분가치가 없다고 할 때, 가동시간당 연료절감액을 얼마이겠는가? 단, MARR = 연 14%

6.22 회사업무로 직원이 자기 승용차를 사용했을 때 회사는 km당 330원을 직원에게 지불하고 있다. 다음

자료에 의해 km당 등가비용을 계산하면 얼마인가? 자동차 구입비는 2,200만원, 예상수명은 3년, 잔존가치는 500만원이다. 세금과 보험료로 1년에 70만원이 들고, 운영유지비는 km당 150원이다. 이자율이 10%이고 예상되는 연간 운행거리가 30,000km라면 km당 등가비용은 얼마인지 구하라(단, 소득세는 없다고 가정한다).

6.23 2,000만원을 주고 구매한 소형 발전기는 2년 동안 가동이 가능하며, 2년 후 처분가치는 1,000만원이라고 한다. 구매한 첫 해에 6,000시간을 가동하고, 다음 해에는 8,000시간을 가동할 계획이다. 이 발전기의 가동으로 인한 연간 전력절감액은 첫 해에 3,000만원 둘째 해는 4,000만원이 될 것으로 기대하고 있다. MARR = 연 10%라고 하면, 기계가동시간당 절감액은 얼마인가?

6.24 PC보드를 제작을 위한 자동 납땜기를 5억 6천만원의 비용으로 구매하였다. 이 기계의 수명은 5년이고, 5년 후 처분가치는 5,000만원이 될 것으로 추정하고 있다. 이 기계는 연간 2,500시간을 가동하고, 연간 유지보수비용으로 6,000만원이 소요될 것으로 예상하고 있다. 이 회사의 MARR이 연 15%라고 하면, 기계가동시간당 연간등가비용(AEC)은 얼마인가?

6.25 ㈜H보험은 자가용을 사용하는 영업직원의 차량유지비용으로 km당 5,100원을 지급해 왔다. 그러나 최근 회사에서는 영업직원의 자가용 이용 대신 회사차를 구매해서 활용하는 방안을 고려하고 있다. 이를 위한 차량구매비용으로 3,400만원, 예상차량수명 3년, 3년 후 처분가치 850만원, 각종 세금과 보험료로 연간 100만원, 그리고 운영 및 유지비용으로 km당 4,000원이 예상된다. 만일 영업직원의 연간 30,000km를 이용할 것으로 기대된다면, km당 연간등가비용(AEC)은 얼마인가? 어떤 방법을 사용하는 것이 더 경제적이겠는가? 이 회사의 MARR은 10%라고 한다.

6.26 ㈜한농은 농업용 중장비 및 부품을 제조하는 회사이다. 현재 콤바인에 쓰이는 커터를 연간 20,000개 생산하여 판매하고 있다. 아래의 자료는 작년도 이 부품의 제조와 관련된 비용보고서를 요약한 것이다.

항목	비용
직접재료비	6,000만원
직접노무비	18,000만원
변동제조간접비(동력 및 용수)	13,500만원
고정제조간접비(광열비)	7,000만원
총비용	44,500만원

직접재료비가 향후 매년 5%씩 상승한다고 가정하면, 금년도 이 직접재료비용은 6,300만원이 될 것이고 이후에도 5%씩 계속 증가할 것이다. 또한, 직접노무비는 매년 6%씩, 변동제조간접비는 매년 3%씩 증가하지만, 고정제조간접비는 향후에도 변동하지 않을 것으로 추정된다. 이때, 농업용 중장비의 부품만을 전문적으로 생산하는 ㈜풍호가 이 커터를 개당 25,000원에 20,000개를 향후 5년간 매년 판매하겠다고 제안해 왔다. 만일 ㈜한농이 이 제안을 받아들인다면, 현재 커터를 만드는데 투입되었던 시설들을 다른 생산부서에 임대해주고 연간 3,500만원의 임대료를 받을 수 있다고 한다. ㈜한농의 MARR이 연 15%라고 한다면, ㈜풍호의 제안을 받아들여야 하는가? 그 이유는 무엇인가?

6.27 새로 구입할 하이브리드 자동차는 구매가격이 4,300만원인데, 매년 30,000km를 달린다고 가정할 때, 사용수명이 12년으로 추정된다. 매 3년마다 배터리를 교환해야 하기 때문에 추가로 430만원이 소요되고, 그 외 연간 유지비용으로 105만원이 예상된다. 12년 후 배터리를 포함한 차량의 처분가격은 320만원이 될 것으로 추정하고 있다. MARR이 연 7%라고 하면, 이 자동차를 구매하여 운행하는 데 소요되는 km당 등가비용은 얼마일까? 단, 12년 말에 배터리 교환은 하지 않는다고 가정한다.

손익분기분석

6.28 ㈜JH주택은 대학이 몰려 있는 한 도시에 대학생들을 위한 기숙사를 건설할 계획이다. 이 기숙사의 규모는 40개의 원룸형으로, 현재 대학생들을 위한 숙소가 부족한 상황이라 지속적으로 90%의 기숙률을 유지할 것으로 전망하고 있다. 이 회사는 이 기숙사 건축을 위한 관련 자료를 검토한 결과 다음과 같은 데이터를 얻었다.

- 대지가격: 14억원
- 기숙사 건축비용: 7.6억원
- 대안수명: 25년
- 매월 유지보수비용: 200만원
- 연간 세금 및 보험료: 1억원

대지가격은 향후 매년 5%씩 상승할 것으로 예상되지만, 건물은 25년 후에 처분가치가 없을 것으로 추정된다. 연복리 8%를 가정할 때, 원룸 한 개당 최소한 매월 얼마의 월세를 받아야 하겠는가?

6.29 설치비를 포함하여 3,000만원을 들여 40kw용량의 소형 발전기를 설치하였다. 연간 유지비용 50만원으로 매년 최대 100,000kwh의 전력을 생산할 수 있다. 만일, 생산된 전력을 1kwh당 80원씩 받을 수 있다면, 이 소형 발전기의 투자금을 회수하려면 이자율을 고려할 때, 최소한 얼마나 걸리겠는가? MARR은 연 9%이고, 사용수명인 15년 후 처분가치는 200만원으로 추정하고 있다.

6.30 WWW대학은 현재 급격히 증가하는 자가용 통학생들로 인하여 대학 내의 주차장이 매우 부족한 상황이다. 이를 해결하기 위하여 대학 외부에 대형 주차장을 건설하고, 학생들이 최소한의 이용료를 지불하고 셔틀버스를 이용하여 외부 주차장에서 각 대학건물까지 왕래할 수 있도록 할 계획이다. 셔틀버스의 구매비용은 1억 5천만원이고, 사용연수는 12년, 12년 후 처분가치는 3,000만원으로 추정하고 있다. 셔틀버스 운영에 드는 추가적인 비용은 아래와 같다.

항목	연간비용
운전자 급료	4,000만원
유지보수비용	700만원
보험료	200만원

이자율이 6%이고 1회 운임이 500원이라면, 이 셔틀버스 사업이 경제적으로 타당하기 위하여 연간 승객 수가 최소한 얼마나 되어야 하는지 구하라.

6.31 ㈜JH레저는 최근 건설되는 복합도시 외곽에 18홀짜리 골프장을 건설하려고 한다. 이 골프장의 건설은 골프코스 개발, 클럽하우스 건축, 주변도로 건설 등에 모두 400억원이 비용이 들 것으로 추정되며, 운영을 시작하면, 코스 유지보수비용으로 첫 년도에 13억원을 시작으로 매년 1억원씩 증가할 것으로 추정하고 있다. 그린피를 제외한 수입으로 그린피의 15% 정도를 올릴 것으로 예상하고 있고, 사용자당 카트비용은 30,000원이고, 연간 40,000명이 골프를 칠 것으로 기대하고 있다. 만일 이 골프장을 10년 동안 소유하고 운영한 후에 처분가격이 500억원으로 추정된다면, 한 사람당 그린피를 최소한 얼마로 책정해야 경제적으로 타당하겠는가? MARR은 연 15%이고, 그린피는 매년 5%씩 상승한다고 가정한다.

상호 배타적 대안 비교

6.32 생산에 필요한 장비의 가격은 4,000만원이다. 판매처에서는 이를 현금을 모두 지급하고 구매하면 3,600만원으로 할인해 줄 수 있다고 하고, 다른 방법으로는 우선 400만원을 계약금으로 지불하고, 나머지는 연 7%의 이자율로 5년간 매년 말 동일액으로 지불할 수도 있다고 한다. MARR이 10%인 경우, 연간등가분석을 이용하여 어느 방법이 더 경제적인지를 결정하여라.

6.33 다음 두 가지 대안을 고려하고 있다.

연도	대안 A	대안 B
0	−1,000만원	−1,200만원
1	600만원	700만원
2	500만원	800만원
3	400만원	

(ㄱ) 상호 배타적인 두 수익대안을 비교하기 위해 필요한 가정은 무엇인가?

(ㄴ) (ㄱ)의 가정을 기반으로 어느 대안이 더 경제적인지 선택하여라. 단, $i = 10\%$

6.34 다음 표의 현금흐름은 두 개의 다른 생산공정에 대한 연간 비용절감액을 추정한 것이다. 각 생산공정의 초기투자비용은 동일하게 2,200만원이라고 가정하고, MARR은 15%이다. 아래 물음에 답하여라.

연도	공정 A	공정 B
0	−2,200만원	−2,200만원
1	9,120만원	7,350만원
2	7,840만원	7,350만원
3	6,560만원	7,350만원
4	3,280만원	7,350만원

(ㄱ) 각 생산공정의 연간등가 절감액을 구하여라.

(ㄴ) 연간 가동시간이 2,000시간이라고 할 때, 각 생산공정의 시간당 절감액은 얼마인가?

(ㄷ) 어떤 생산공정이 더 경제적인가?

6.35 설치를 고려하고 있는 두 종류의 모터는 모두 최대출력은 150마력이다. A모터는 가격이 450만원이고 가동효율은 83%이다. B모터는 가격이 360만원이고 가동효율은 80%이다. 두 모터 모두 10년의 사용연수가 지난 후 처분가치는 없다고 한다. 보험료와 유지보수비용 등과 같은 모든 연간비용은 각 모터 구매가격의 15%라고 한다. 만약 전기료가 kWh당 50원이라고 하면, 매년 5,000시간을 최대출력으로 가동한다고 할 때 어느 모터가 더 경제적이겠는가? 이자율은 연 6%를 가정하고, 변환계수로 1마력은 746W(= 0.746kW)이다.

6.36 한 화학공장은 제품을 생산하는 과정에서 생기는 쓰레기를 효과적으로 처리하기 위해 소각로를 설치하려고 한다. 지금 고려하고 있는 두 종류의 소각로는 모두 매일 20톤의 쓰레기를 처리할 수 있는 용량을 갖고 있다. 다음 데이터는 두 소각로를 비교한 자료를 정리한 것이다.

항목	소각로 A	소각로 B
초기구매비용	120,000만원	75,000만원
연간운영비용	5,000만원	8,000만원
사용수명	20년	10년
처분가치	6,000만원	3,000만원
연간소득세	4,000만원	3,000만원

이 회사의 MARR이 연 13%라고 하고, 각 소각로의 톤당 쓰레기 처리비용을 계산하여라. 단, 소각로 B는 향후에도 동일한 비용으로 다시 설치하여 사용이 가능하다고 가정한다.

6.37 ㈜신속택배는 택배화물의 정리를 위해 집하장에 신형 지게차를 도입할 계획이다. 아래 두 가지 지게차를 고려하고 있다.

- 지게차 A: 구매비용은 4,500만원이고 연간 900만원의 운영비용이 소요될 것으로 추정된다. 또한 사용수명은 3년이고, 이후 처분가치는 1,500만원으로 추정하고 있다.
- 지게차 B: 구매비용은 6,000만원이고, 연간 200만원의 운영비용이 소요될 것으로 추정된다. 또한 사용수명은 4년이고, 이후 처분가치는 2,400만원이다.

MARR이 연 12%이고, 이 회사는 12년 동안 지게차가 필요할 것으로 추정하고 있다면, 연간등가분석을 통하여 어느 지게차가 더 경제적인지 선택하여라. 단, 향후로도 두 지게차의 가격과 기능적인 변화는 없을 것으로 전망하고 있다.

6.38 소규모 제조회사가 현재의 생산라인을 보다 효율적으로 개선하기 위하여 새로운 장비의 도입을 고려하고 있다. 각 장비에 대한 정보는 아래의 표와 같고, 이 회사는 향후 5년 동안만 이 장비를 활용할 계획이다.

항목	장비 A	장비 B
초기투자비용	650만원	850만원
사용수명	4년	6년
추정처분가치	60만원	100만원
연간운영/유지비용	80만원	52만원
매 2년 오일필터 교체비용	10만원	없음
엔진 정기점검	20만원(매 3년)	20만원(매 4년)

5년 후에 장비 B의 처분가치는 100만원으로 추정하고 있다. 또한, 이 회사는 이 두 장비를 구매하는 것 이외에 다른 대안으로 매년 300만원의 비용으로 임대하는 방안도 고려하고 있다. 임대하는 경우, 모든 유지보수 비용은 임대회사에서 부담한다고 한다. 단, 임대료는 매년 초에 지불해야 한다.

(ㄱ) 위의 정보를 이용하여 고려할 수 있는 상호 배타적 대안은 몇 개나 있겠는가?

(ㄴ) MARR = 10%일 때, 어느 대안이 최적대안인가?

제 7 장

수익률분석

대학교육에 대한 투자

아주 오랜 동안 우리는 대학교육이 사회적·경제적인 성공을 위해 가장 안전한 지름길이라고 생각해 왔다. 또한, 학자금 대출이라는 손쉬운 형태의 금융대출은 학부모와 학생들에게 장기적으로 학사학위를 따는 것이 훌륭한 투자가 될 것이라 믿게 하였다. 최근에는 비영리단체인 대학 이사회가 고등학교 졸업자에 비해 대학 졸업자들의 평생 수입이 80만달러 정도 더 많다고 말하고 있으며, 또 다른 조사 결과들은 최고 100만달러 더 많다고 소개하기도 한다.

"과연 그럴까?" 이 궁금증을 덜기 위해 미국의 한 일간지(Investor's Business Daily)는 학사학위를 받은 이후 30년간 받게 되는 통상적인 누적 연봉에 관한 흥미로운 통계치[1]를 조사하였다. 이것은 학위를 취득하기 위해 들어간 비용을 제외한 순연봉을 말한다. 일부 사립대학 공학도들은 정말로 놀라운 수치를 보여준다. 즉, 2010년 칼텍(Caltech) 졸업자 수입의 중앙값은 170만달러였지만 이 학교의 통상적인 학비는 20만달러 정도이다.

교육을 받기 위해 사용된 달러당 수익을 계산해보면 어떻게 될까? 가장 최고 수익은 조지아공대(Georgia Tech)의 13.9% 수익률이며, 그 다음은 버지니아대학의 13.3%이다. 최고 투자수익 혜택은 2010년 기준으로, 미국 주정부에서 비교적 상당한 금액의 지원을 받는 조지아공대의 경우로, 학위를 따기 위해 학생들은 단지 77,980달러 정도를 투자하는 것으로 알려져 있다.

그렇다면, 조지아공대 졸업생들의 수익률, 13.9%는 무엇을 나타내는가? 대학의 학위를 전적으로 투자라는 관점에서 본다면 여기서 말하고자 하는 것은 4년간 "77,890달러를 투자하는 것"은 이후 30년 넘게 추가적으로 112.9만달러의 수입을 가져다 줄 것이라는 것이다. 이것은 당신의 저축예금으로 13.9%의 이자수입을 만들어 내는 것과 같다.

그렇다면, 이것은 훌륭한 투자인가? 또, 어떻게 이 수치는 계산되는가? 그리고, 우리가 투자대안을 평가할 때 이 수치를 어떻게 사용할 수 있겠는가? 본 장에서 수익률 개념에 대해 생각을 해 봄으로써 이와 같은 여러 가지 질문에 대한 답을 얻을 수 있을 것이다.

1) 이 통계치는 미국의 사례이므로 우리나라의 상황과는 다를 수 있음.

수익률분석도 순현재가치분석이나 연간등가분석과 같이 프로젝트의 경제적 가치를 측정하는 한 방법이다. 제5장에서 논의하였듯이 순현재가치분석이 계산상의 편의성과 광범위한 응용성을 가지고 있음은 분명한 사실이다. 그럼에도 불구하고 상대적 가치로 계산된 수익률분석이 절대가치로 계산되는 순현재가치분석보다 이해하기가 더 용이하기 때문에 많은 엔지니어들이나 금융투자 관리자들은 프로젝트를 분석함에 있어서 수익률분석을 더 선호한다. 프로젝트의 수익성에 관한 아래의 내용들을 한 번 살펴보자.

- 이 프로젝트는 15%의 수익률이 예상된다.
- 이 프로젝트는 현재가치로 1,300만원의 순수익이 예상된다.

위에 기술된 내용들은 모두 프로젝트의 본질을 완전하게 표현하지는 못한 것이다. 그렇지만, 대부분의 사람들은 은행에 예금을 하거나 대출할 경우에 사용되는 이자율에 익숙하기 때문에 수익률로 표시된 내용을 일반적으로 은행이자와 연결시켜 더 쉽게 이해하고 있다.

본 장에서는 (1) 투자수익률의 개념, (2) 수익률 계산방법, (3) 내부수익률의 개념, (4) 수익률에 근거한 상호 배타적 대안의 비교방법 등 수익률의 네 가지 측면에 대해서 논의하고자 한다.

7.1 수익률

수익률(rate of return)은 내부수익률(internal rate of return: IRR), 자본의 한계효용(marginal efficiency), 채권평가에 사용되는 만기수익률(yield to maturity: YTM) 등과 같이 다양하게 표현될 수 있다. 본 교재에서는 단일 투자프로젝트의 수익성을 측정하는 척도로 내부수익률이라는 정의를 사용할 것이다. 먼저 수익률에 관한 세 가지 공통된 정의에 대해서 살펴보자.

7.1.1 투자수익

투자수익(return on investment: ROI)의 개념을 정의하는 방법은 여러 가지가 있을 수 있으나, 본 장에서는 세 가지 방법만을 살펴보기로 한다. 첫 번째 방법은 일반적인 융자거래에 근거한 경우이며, 두 번째 방법은 현재가치함수의 수리적 표현에 근거한 경우이다. 세 번째는 프로젝트 투자를 근거로 한 정의이다.

정의 1

수익률이란 할부융자금 중 회수되지 않은 잔액에 대해 적용되는 이자율이라 할 수 있다

은행에서 1,000만원을 빌리고, 3년 동안 매년 말에 402.1만원씩 상환해 나가는 경우를 가정해보자. 이 융자거래에 대해 은행에서 부여한 이자율을 어떻게 계산할 수 있을까? 이 질문에 대한 답을 구하기 위하여, 제3장에서 언급된 내용을 토대로 다음과 같은 등식을 세울 수 있다.

$$1{,}000\,(\text{만원}) = 402.1\,(\text{만원})(P/A, i, 3)$$

위 식을 'i'에 관하여 풀면 $i = 10\%$가 된다. 이는 은행이 1,000만원의 융자에 대해 10%의 수익을 얻는다는 의미이다. 융자상환기간 3년 동안 할부융자잔액을 1년 단위로 계산하면 다음과 같다.

(단위: 만원)

연도	연초 미회수 원금잔액	미회수잔액에 대한 수익(10%)	연간 상환금액	연말 미회수 원금잔액
0		0.0	0.0	−1,000.0
1	−1,000.0	−100.0	402.1	−697.9
2	−697.9	−69.8	402.1	−365.6
3	−365.6	−36.6	402.1	0.0

*위 표에서 음수는 회수되지 않은 원금잔액을 말한다.

위 표에서 보는 바와 같이 이자율 10%는 전년도 미회수 원금잔액에 대해서만 적용됨을 알 수 있다. 동일한 연간 상환금액 402.1만원은 이자와 원금상환 부분으로 구성되어 있으며, 이 금액을 3년 동안 상환하면 원래의 융자원금을 완전히 상환함과 동시에 매년 상환되지 않은 원금에 대한 10%의 이자도 지불한 것이다. 즉, 3차년도에 마지막 상환이 이루어지면 융자원금이 모두 상환되는 것이다.[2)] 수익률 10%를 사용하여 이 융자거래의 순현재가치를 계산하면 다음과 같다.

$$\text{PW}(10\%) = -1{,}000(\text{만원}) + 402.1(\text{만원})(P/A, 10\%, 3) = 0$$

위 식은 융자거래에서 은행의 손익분기이자율이 10%임을 보여준다. 다시 말하면, 수익률이란 총상환금액의 현재가치와 원래 융자원금을 동일하게 만들어 주는 이자율이다. 이러한 사실로부터 아래와 같은 두 번째 수익률에 관한 정의를 이끌어낼 수 있다.

정의 2

수익률이란 프로젝트 현금유출의 현재가치와 현금유입의 현재가치를 동일하게 만들어 주는 손익분기이자율이다. 즉,

$$\begin{aligned}\text{PW}(i^*) &= \text{PW}_{\text{유입}} - \text{PW}_{\text{유출}}\\ &= 0\end{aligned}$$

식 (7.1)은 순현재가치를 구하는 식이다.

$$\text{PW}(i^*) = \frac{A_0}{(1+i^*)^0} + \frac{A_1}{(1+i^*)^1} + \cdots + \frac{A_N}{(1+i^*)^N} = 0 \qquad (7.1)$$

식 (7.1)에서 모든 A_n의 값은 알고 있으므로, 미지수 i^*값을 구하려면, 이 식을 i^*에 관하여 풀어야 한다. 식 (7.1)을 만족시키는 다수의 i^*가 존재할 수도 있으나, 많은 경우에 식 (7.1)을 만족시키는 양수 i^* 하나만 갖는다. 또한, 수익률 −100% 이상의 범위에서 하나의 i^*값도 존재하지 않는 현금흐름의 형태도 간혹 발생한다. 다시 말하면, 식 (7.1)은 하나 혹은 그 이상의 수익률이 존재하는 현금흐름 형태도 있고, 경우에 따라서는 수익률이 전혀 존재하지 않은 현금흐름 형태도 있을 수 있다.[3)]

---

2) 5.3.3절에서 언급한 바와 같이 최종 잔액은 프로젝트의 순미래가치이다. 만일, 프로젝트의 미래가치가 '0' 이면 이 프로젝트의 NPW도 역시 '0' 이다.

미지수 i^*에 관한 식 (7.1)은 순현재가치에 관한 식 (5.1)에서 PW(i)를 단순히 '0'으로 만드는 이자율(i)을 구하는 것과 같다. 식 (7.1)의 양변에 $(1+i^*)^N$을 곱하면 아래와 같은 식을 얻을 수 있다.

$$\text{PW}(i^*)(1+i^*)^N = \text{FW}(i^*) = 0$$

식 (7.1)의 양변에 자본회수계수인 $(A/P, i^*, N)$을 곱하면 AE$(i^*) = 0$과 같은 관계식을 얻을 수 있으므로, 프로젝트의 i^*값은 어떤 현금흐름의 순현재가치, 순미래가치, 혹은 연간등가를 '0'으로 하는 이자율로도 정의된다.

7.1.2 자본수익률

프로젝트는 은행의 융자거래와 그 속성이 매우 유사하다. 본 절에서는 프로젝트 관점에서 투자자본에 대한 수익률(return on invested capital)을 근거로 하는 수익률 개념을 소개하고자 한다. 이러한 수익률을 '내부수익률'이라고 한다.

정의 3

내부수익률(IRR)이란 프로젝트의 미회수투자원금의 잔액에 부과된 이자율을 말하며, 프로젝트가 종료되었을 때 해당 프로젝트의 현금흐름만으로 이자와 투자원금이 전부 회수됨을 뜻한다.

어느 회사에서 내용연수가 3년인 컴퓨터에 1,000만원을 투자하면 매년 402.1만원씩 3년 동안 노무비를 절감할 수 있다고 생각해보자. 이때, 투자한 회사는 채권자이고, 프로젝트는 채무자라고 생각할 수 있다. 이 투자회사와 프로젝트 상호 간의 현금흐름거래는 정의 1에서 언급된 할부융자거래와 동일하다.

3) 항상 실수와 허수의 해로 'N'개의 해가 존재한다. 만약 실수의 해가 존재한다면 이 해에 대한 주된 관심사는 "이 해가 −100%와 ∞ 구간에서 존재하고 있느냐?"이다. 음의 수익률을 갖는 해는 초기 투자금액이 결국 회수되지 못함을 의미한다.

(단위: 만원)

연도	연초 프로젝트 원금잔액	투자자본수익 (10%)	프로젝트에 의해 창출된 현금흐름	연말 프로젝트 원금잔액
0	−1,000.0	0.0	0.0	−1,000.0
1	−1,000.0	−100.0	402.1	−697.9
2	−697.9	−69.8	402.1	−365.6
3	−365.6	−36.6	402.1	0.0

위의 투자원금잔액 계산과정을 살펴보면 1차년도의 미회수 투자원금 1,000만원에 대해서 10%의 수익과, 2차년도의 미회수 투자원금 697.9만원에 대한 10%의 수익, 그리고 3차년도의 미회수 투자원금 365.6만원에 대해서도 10%의 수익이 발생하였음을 알 수 있다. 이는 투자회사가 프로젝트에 남아 있는 투자원금에 대해 10%의 수익률을 얻고 있음을 보여준다. 이 수익률은 프로젝트 내부에서 발생하는 수익이기 때문에 이를 **내부수익률**(internal rate of return)이라 하고, 간략히 IRR이라 한다.

이는 투자회사가 컴퓨터에 대한 투자로부터 초기투자자본 1,000만원을 3년 동안 완전히 회수하고 또한 매년 회수되지 않은 투자원금에 대해 10%의 수익을 얻고 있음을 의미하는 것이다. 이를 달리 표현하면, 연간 10%의 이자율로 조달된 자금을 이용하여 컴퓨터에 투자했을 경우, 3년 동안 이 투자에 의하여 얻게 되는 현금으로 투자자본의 원금과 이자를 충분히 상환할 수 있다는 의미이기도 하다.

이 프로젝트는 시점 '0'에서 현금유출이 한번만 발생하므로 현금유출의 현재가치는 1,000만원이 된다. 그 후 연속적으로 세 번의 현금유입이 발생하므로 현금유입의 현재가치는 402.1만원$(P/A, 10\%, 3)$으로 계산되어 1,000만원이 된다. 결국 $\text{NPW} = \text{PW}_{\text{현금유입}} - \text{PW}_{\text{현금유출}}$ = 1,000만원 − 1,000만원 = 0이 되어, 수익률 10%는 정의 2도 만족시킨다. 비록 위의 간단한 예가 i^*값과 IRR 값이 일치함을 보여주지만, 보다 정확한 내부수익률의 의미는 정의 1과 정의 3을 통하여 알 수 있다.

만약 투자의 현금지출이 초기시점뿐만 아니라 그 외의 시점에서도 발생한다면, 식 (7.1)을 만족하는 여러 개의 손익분기이자율(i^*)이 존재할 수 있다. 또한, 프로젝트의 i^*가 전혀 존재하지 않는 경우도 있을 수 있다.

7.2 수익률 계산방법

여러 방법에 의하여 i^*값을 구할 수 있지만, 각 방법은 고유의 장점과 단점을 가지고 있다. 수익률을 찾기 위해서 먼저 프로젝트의 현금흐름 형태를 구분할 필요가 있다.

7.2.1 단순투자와 비단순투자

순현금흐름의 부호변경 횟수에 의해 프로젝트를 분류할 수 있다. 이때, 현금흐름의 부호가 '−'에서 '+'로, 또는 '+'에서 '−'로 한 번 바뀌는 것을 1회의 부호변경으로 한다(단, 현금흐름의 값이 '0'인 경우는 무시한다).

- **단순투자**(simple investment): 초기의 현금흐름이 음수이고, 그 이후에 발생하는 현금흐름의 부호가 단 한 번만 바뀌게 되는 투자이다. 이와는 반대로, 초기의 현금흐름이 양수이고, 그 이후에 현금흐름의 부호가 한 번 바뀌게 되는 투자는 단순대부라 한다.
- **비단순투자**(nonsimple investment): 현금흐름의 부호변화가 여러 번 발생하는 투자이다.

단순투자의 경우는 i^*가 하나만 존재하고, 비단순투자의 경우는 i^*가 하나 이상 존재할 가능성이 있다. 다음은 부호변경 횟수에 따른 투자분류의 예이다.

투자유형	기간별 현금흐름부호						부호변경 횟수
	0	1	2	3	4	5	
단순	−	+	+	+	+	+	1
단순	−	−	+	+	0	+	1
비단순	−	+	−	+	+	−	4
비단순	−	+	+	−	0	+	3

예제 7.1 | 투자분류

아래 프로젝트들을 단순투자 또는 비단순투자로 분류하여라.

(단위: 만원)

기간(n)	순현금흐름		
	프로젝트 A	프로젝트 B	프로젝트 C
0	−1,000	−1,000	1,000
1	−500	3,900	−450
2	800	−5,030	−450
3	1,500	2,145	−450
4	2,000		

문제분석

■ **조건**: 위 표의 현금흐름

■ **탐색**: 단순투자 또는 비단순투자 분류

분석방법

기간별 현금흐름의 부호변화 횟수를 기준으로 단순투자와 비단순투자를 분류한다.

풀이

- 프로젝트 A는 일반적인 단순투자이다. 이러한 종류의 투자는 그림 7.1(a)와 같은 현재가치의 변화를 갖게 되며, 현재가치함수가 i축과 단 한 번만 교차하게 된다.
- 프로젝트 B는 비단순투자이다. 이 투자에 대한 현재가치의 변화는 그림 7.1(b)와 같으며 현재가치 함수가 i축 10%, 30%, 50%에서 교차하고 있다.
- 프로젝트 C는 부호변화가 한 번만 발생하기는 하였으나 단순투자도 비단순투자도 아니다. 첫 번째 현금흐름이 양수이기 때문에 이는 **단순대부**(simple borrowing)로 일반적 투자 현금흐름 형태가 아니다. 이와 같은 프로젝트의 현재가치 변화는 그림 7.1(c)와 같다.

기간 (n)	프로젝트 A	프로젝트 B	프로젝트 C
0	−1,000	−1,000	1,000
1	−500	3,900	−450
2	800	−5,030	−450
3	1,500	2,145	−450
4	2,000		

- 프로젝트 A는 단순투자
- 프로젝트 B는 비단순투자
- 프로젝트 C는 단순대부

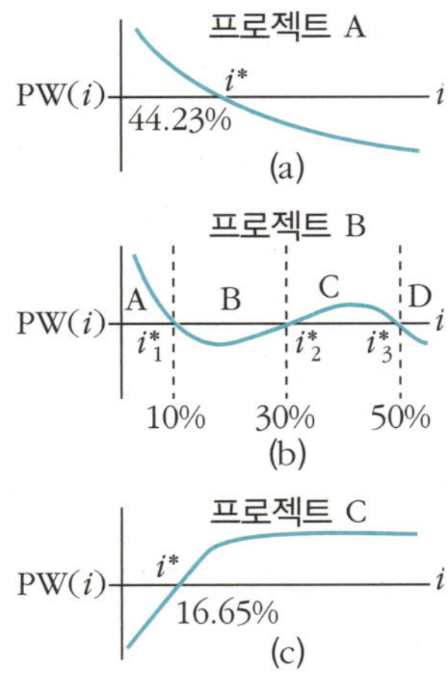

그림 7.1 | 순현금흐름 부호에 의한 투자타당성분석

해설 일반적으로 비단순투자의 현재가치함수가 i축을 한 번 이상 교차하지만, 경우에 따라서는 한 번만 교차할 수도 있다. 그런 경우는 투자금액보다 현금유입의 양이 상대적으로 클 경우에 발생한다.

7.2.2 수익률(i^*) 계산방법

일단 투자현금흐름의 형태를 구분하게 되면 여러 방법으로 수익률을 구할 수 있다. 본 장에서는 현실적으로 가장 많이 사용되는 세 가지 방법에 관해서만 알아보기로 한다.

- 해석적 방법
- 시행착오 방법
- 엑셀에 의한 방법

해석적 방법

단지 두 개의 현금흐름만을 갖거나 또는 투자분석기간이 2년인 프로젝트에 대하여 수익률을 구하기 위해 해석적 방법을 사용할 수 있다. 예제 7.2를 통하여 이러한 경우를 살펴보자.

예제 7.2 해석적 방법이 가능한 현금흐름

아래와 같은 현금흐름을 가진 두 개의 프로젝트에 대해 수익률 i^*을 구하여라.

(단위: 만원)

기간(n)	순현금흐름	
	프로젝트 I	프로젝트 II
0	−1,000	−2,000
1	0	1,300
2	0	1,500
3	0	
4	1,500	

문제분석

- **조건**: 각 프로젝트의 현금흐름
- **탐색**: 각 프로젝트의 수익률 i^*

분석방법

NPW(혹은 NFW)를 구하는 등식을 만들고, 이 식을 이용하여 수익률 i^*을 구한다.

풀이

- **프로젝트** I: FW는 PW에 상수를 곱한 것과 같기 때문에 $\mathrm{FW}(i^*)=0$에서 i^*값을 구하면 $\mathrm{PW}(i^*)=0$에서 구한 i^*값과 동일하다. $\mathrm{FW}(i^*)=0$을 사용하여 i^*값을 구하면 다음과 같다.

$$
\begin{aligned}
\mathrm{FW}(i^*) &= -1{,}000\,(F/P, i^*, 4) + 1{,}500 = 0 \\
1{,}500 &= 1{,}000\,(F/P, i^*, 4) = 1{,}000\,(1+i^*)^4 \\
1.5 &= (1+i^*)^4
\end{aligned}
$$

i^*를 구하면

$$
\begin{aligned}
i^* &= \sqrt[4]{1.5} - 1 \\
&= 0.1067 \text{ 또는 } 10.67\%
\end{aligned}
$$

- **프로젝트** II: 이 프로젝트의 NPW식은 다음과 같다.

$$\mathrm{PW}(i^*) = -2{,}000 + \frac{1{,}300}{(1+i^*)} + \frac{1{,}500}{(1+i^*)^2} = 0$$

$X = \dfrac{1}{(1+i^*)}$ 놓고 $\mathrm{PW}(i^*)$을 X에 관한 식으로 표현하면 다음과 같다.

$$\mathrm{PW}(X) = -2{,}000 + 1{,}300X + 1{,}500X^2 = 0$$

2차방정식의 근의 공식을 이용하면 해는 다음과 같다.[4)]

$$
\begin{aligned}
X &= \frac{-1{,}300 \pm \sqrt{1{,}300^2 - 4(1{,}500)(-2{,}000)}}{2(1{,}500)} \\
&= \frac{-1{,}300 \pm 3{,}700}{3{,}000} \\
&= 0.8 \text{ 또는 } -1.667
\end{aligned}
$$

$X = \dfrac{1}{(1+i^*)}$을 이용하여, i^*값을 구하면 다음과 같다.

$$
\begin{aligned}
0.8 &= \frac{1}{(1+i)} \rightarrow i = 25\% \\
-1.667 &= \frac{1}{(1+i)} \rightarrow i = -160\%
\end{aligned}
$$

여기서, 이자율이 −160%란 어떠한 해석이 가능할까? 투자수익률이 −100%보다 더 낮다고 하면, 이자는 물론 원금까지 모두 잃은 경우를 의미하며, 투자된 원금보다 더 잃을 수는 없기 때문에 −100% 이하의 수익률은 무의미하다. 결국 프로젝트의 i^*값은 25%가 된다.

4) 2차방정식: $aX^2 + bX + C = 0$, 근의 공식: $X = \dfrac{-b \pm \sqrt{b^2 - 4ac}}{2a}$

해설 각 프로젝트에서 부호변화가 한 번만 발생하기 때문에 유일한 i^*값이 기대되고 해석적 방법으로 해를 구할 수 있다. 그러나 현금흐름이 좀 더 복잡해지면 이와 같은 해석적 방법보다는 시행착오 방법이나 컴퓨터를 이용하여 i^*값을 찾는 것이 더 편리하다.

시행착오 방법

시행착오 방법(trial-and-error method)에 의하여 i^*값을 찾기 위해서는 먼저 i^*값을 추정하고,[5] 이 값으로 프로젝트의 현재가치를 계산하여 그 값이 양수인지, 음수인지, 0인지를 파악한다.

- 경우 1: $PW(i^*) < 0$. $PW(i^*) = 0$이 되는 i^*값을 구하는 것이 목적이므로 현금흐름의 $PW(i^*)$를 증가시킬 필요가 있다. 이를 위해서 먼저 추정한 i^*값보다 더 작은 i^*값을 사용해야 한다.
- 경우 2: $PW(i^*) > 0$. 이 경우는 i^*값을 높여서 $PW(i^*)$를 낮춰야 한다. 이러한 절차를 계속적으로 반복하여 $PW(i^*) = 0$이 되는 i^*값을 찾는다.

단순투자의 경우 $PW(i^*)$의 결과가 양수나 음수로 그 값이 정해지면 위와 같은 시행착오 방법인 **선형보간법**(linear interpolation)을 사용하여 i^*값을 구할 수 있다. 그러나 비단순투자의경우, 이 시행착오 방법은 이자율이 증가함에 따라 단순투자와 같이 NPW가 점차적으로 감소하는 것이 아니라, 증감하는 현상을 보이기 때문에 그 사용이 적합하지 않다.

예제 7.3 시행착오 방법: 선형보간법

농기구를 공급하는 대동기업에서는 현재 인근 지역 대학교수가 개발한 지능형 작물분무기를 생산하기 위한 투자제안서를 검토하고 있다. 이 작물분무기 프로젝트는 100억원의 투자가 요구되며, 8년 동안 매년 세후 현금흐름 18억원을 얻을 수 있을 것으로 기대된다. 모든 비용과 편익은 세후 현금흐름에 포함되어 있다고 한다. 이 프로젝트가 종료되면, 그동안 사용해 오던 모든 자산의 처분가치는 10억원이 될 것으로 추정된다(그림 7.2). 이 프로젝트의 수익률을 계산하여라.

---

5) 7.3.2절에서 알 수 있듯이 i^*값을 찾는 궁극적인 목적은 i^*와 MARR을 비교하기 위해서이다. 그러므로 i^*의 초기 추정값으로 MARR값을 이용하는 것이 바람직하다.

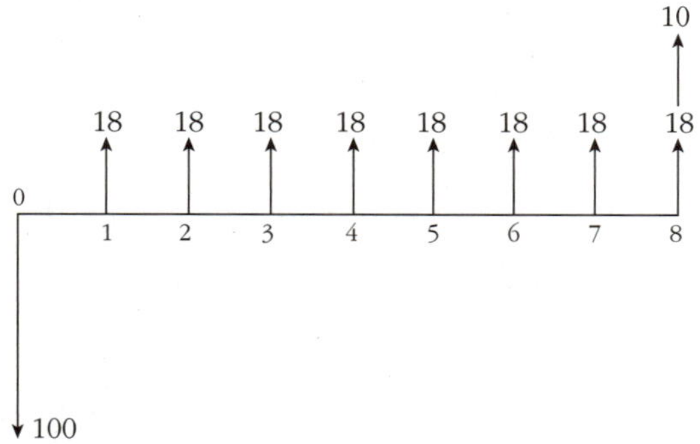

그림 7.2 | 단순투자의 현금흐름표 (단위: 억원)

문제분석

- **조건**: 초기투자금액 (I) = 100억원, A = 18억원, S = 10억원, N = 8년
- **탐색**: i^*

분석방법

NPW를 구하는 식을 구성하고, 시행착오 방법으로 i^*를 찾는다.

풀이

본 예제에서는 추정수익률을 8%부터 시작하기로 하고 이 추정수익률을 이용하여 프로젝트의 현재가치를 계산하면 다음과 같다.

$$\text{PW}(8\%) = -100 + 18(P/A, 8\%, 8) + 10(P/F, 8\%, 8) = 8.8(\text{억원})$$

수익률 8%를 사용하면 현재가치가 양수이기 때문에, 이 현재가치를 '0'으로 만들기 위해서는 수익률을 8%보다 큰 값을 사용해야 한다. 추정치 12%를 사용하여 프로젝트의 현재가치를 계산하면 다음과 같다.

$$\begin{aligned}\text{PW}(12\%) &= -100 + 18(P/A, 12\%, 8) + 10(P/F, 12\%, 8)\\ &= -6.5(\text{억원})\end{aligned}$$

위 풀이를 요약하면, 수익률 8%와 12% 사이에 PW(i^*) = 0을 충족시키는 i^*가 존재함을 알 수 있다. 선형보간법을 사용하여 i^*값을 구하면 다음과 같다.

$$\begin{aligned}i \cong 8\% + (12\% - 8\%)\left[\frac{0.88 - 0}{0.88 - (-0.65)}\right] &= 8\% + 4\%(0.5752)\\ &= 10.30\%\end{aligned}$$

이렇게 구해진 i^*값의 정확성을 검토해보기 위해 이 값을 이용하여 프로젝트의 현재가치를 계산하면,

$$\begin{aligned}\text{PW}(10.3\%) &= -100 + 18(P/A, 10.3\%, 8) + 10(P/F, 10.3\%, 8)\\ &= -0.45(\text{억원})\end{aligned}$$

이 값이 '0'이 아니기 때문에 10.30%보다 작은 10%를 사용하여 현재가치를 다시 계산하면 다음과 같다.

$$\begin{aligned} \text{PW}(10\%) &= -100 + 18(P/A, 10\%, 8) + 10(P/F, 10\%, 8) \\ &= 0.69(\text{억원}) \end{aligned}$$

선형보간법을 이용하여, 다시 i^*값을 계산하면 다음과 같다.

$$\begin{aligned} i^* &\cong 10\% + (10.30\% - 10\%)\left[\frac{0.69 - 0}{0.69 - (-0.45)}\right] \\ &= 10\% + 0.30\%(0.6053) \\ &= 10.18\% \end{aligned}$$

10.18%를 이용하여 프로젝트의 현재가치를 계산하면 아래와 같이 거의 '0'에 가까운 값을 얻을 수 있다.

$$\begin{aligned} \text{PW}(10.18\%) &= -100 + 18(P/A, 10.18\%, 8) + 10(P/F, 10.18\%, 8) \\ &= 0.007(\text{억원}) \end{aligned}$$

그러므로 10.18%를 얻고자 하는 수익률 i^*의 근사값으로 정할 수 있다. 실제적으로 우리는 이보다 정밀한 i^*을 필요로 하지도 않는다. 차후 설명하겠지만, 일단 산출된 수익률이 요구수익률(MARR)보다 큰지 여부가 투자의 결정조건이기 때문에 필요 이상의 정확한 계산은 의미가 없다.

엑셀을 이용하는 방법

실제로는 i^*값을 구하기 위해 위와 같이 번거로운 수작업을 할 필요는 없다. 많은 금융계산기들이 i^*을 계산할 수 있는 기능을 가지고 있으며, 식 (7.1)의 문제를 신속하게 풀 수 있는 엑셀 프로그램을 이용할 수도 있기 때문이다. 이러한 작업들은 현금흐름 데이터파일을 읽어 들이거나, 컴퓨터 자판을 이용하여 현금흐름 데이터를 입력함으로써 수행된다. 예를 들어, 엑셀은 투자현금흐름을 분석하는 'IRR(범위, 추정치)'이라는 함수기능을 가지고 있다. 이 함수기능이 어떻게 사용되는지를 회사채 투자에 관한 예제 7.4를 통하여 알아보기로 하자.

예제 7.4 | 만기수익률

액면가가 100만원이고, 현재 시장매입가가 996,250원인 ㈜한국전자의 회사채를 생각해 보기로 하자. 이 채권의 표면이자는 매 6개월마다 지불되며 표면이자율은 9.625%이다. 만기는 10년이고 이 기간 동안 20번의 표면이자가 지불될 것이다. 이 회사채의 투자자에 대한 현금흐름은 그림 7.3과 같다. 이 채권투자의 수익률(만기수익률)을 구하여라.

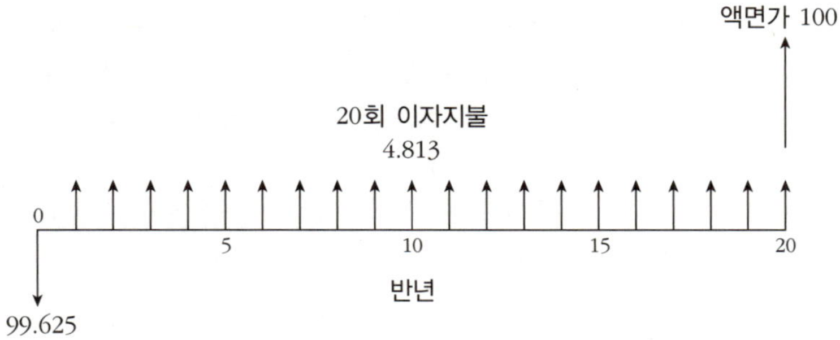

그림 7.3 | ㈜한국전자 회사채의 현금흐름 (단위: 만원)

■ **조건**: 초기매입가 = 996,250원, 표면이자율 = 9.625%/년 매 6개월마다 이자지불, 만기일 = 10년, 액면가 = 100만원

■ **탐색**: (a) 만기수익률 (b) 연간 실질이자율

문제분석

채권도 주식과 같이 증권시장에서 거래되는 금융자산으로, 채권을 한 번 매입하게 되면 매입한 채권을 만기일까지 가지고 있거나, 혹은 만기일 이전에 매도할 수도 있다. 채권가격은 지불이자의 위험성, 수요-공급 간의 관계, 경제적 환경 등에 따라 항상 변할 수 있기 때문에 일반적으로 채권은 액면가와는 다른 가격으로 거래가 이루어진다. 그러므로 이러한 요소들은 채권의 **만기수익률**(yield to maturity: YTM)에 결과적으로 영향을 미치게 된다. 만기수익률이란 채권을 소유하고 있는 동안에 발생한 실질이자율로써 매입가와 미래에 발생할 채권의 모든 이자와 액면가의 총액을 동일하게 만들어 주는 이자율이다. 다음은 채권을 이해하는 데 도움이 되는 관련 용어들이다.

- 액면가(par value): 한국전자 채권의 액면가는 100만원이다.
- 만기일(maturity date): 한국전자 채권은 2007년 1월 30일에 발행되어 2017년 1월 31일에 만기가 되므로, 이 채권의 만기일은 10년이다.

풀이

(a) 만기수익률

채권의 시장가격과 미래에 발생할 총현금유입의 현재가치를 동일하게 해주는 이자율을 만기수익률이라고 한다.

$$996{,}250 = 48{,}130\,(P/A, i, 20) + 1{,}000{,}000\,(P/F, i, 20)$$

엑셀을 이용하면 한국전자 채권의 만기수익률은 다음 표와 같다.

표 7.1 | 한국전자 채권의 만기수익률

	A	B	C	D	E	F	G
1	만기수익률 계산			(단위: 만원)			
2							
3	시장가격			99.625			
4	기간(10년, 매 6개월)			20			
5	액면가			100.000			
6	표면이자율(지불기간: 6개월)			4.8125%			
7	만기수익률			4.8422%			
8							
9	기간			현금흐름			
10	0			(99.6250)			
11	1			4.8125			
12	2			4.8125			
13	3			4.8125			
14	4			4.8125			
15	5			4.8125			
16	6			4.8125			
17	7			4.8125			
18	8			4.8125			
19	9			4.8125			
20	10			4.8125			
21	11			4.8125			
22	12			4.8125			
23	13			4.8125			
24	14			4.8125			
25	15			4.8125			
26	16			4.8125			
27	17			4.8125			
28	18			4.8125			
29	19			4.8125			
30	20			104.8125			
31							

=IRR(C10:C30,D6)

셀범위 C10-C30

- 표면이자율(coupon rate): 한국전자 채권의 표면이자율은 9.625%이고, 6개월마다 표면이자가 지불된다. 예를 들면, 한국전자 채권의 액면가는 100만원이고 단순이자로 96,250원씩 매년 지불해야 한다 (48,130/6개월).
- 할인채권(discount bond): 한국전자 채권은 액면가의 99.625%로 거래가 이루어지고 있다. 다시 말하면, 이 가격은 액면가에 대해 0.375% 할인된 가격으로 이와 같이 거래되는 채권을 할인채권이라 한다.

분석방법

채권의 시장가격과 구매 후 현금유입의 현재가치를 동일하게 하는 이자율을 구한다.

총현금유입의 현재가치와 채권의 시장가격인 996,250원을 동일하게 해주는 만기수익률은 4.5%와 5% 사이에 존재한다. 이를 선형보간법에 의하여 풀면 i^* = 약 4.84%가 된다. 표 7.1에서와 같이 엑셀의 IRR기능을 이용하면 만기수익률을 정확하게 구할 수 있다. 이때, 초기 추정치 수익률은 표면이자율(4.8125%)로 하였고 셀 범위는 C10-C30이다.

(b) 연간 실질이자율

위에서 구한 만기수익률 4.84%는 반년(6개월) 실질수익률이므로, 연간 명목수익률은 2(4.84) = 9.68%이다. 명목이자율을 표면이자율 9.625%와 비교하면 명목이자율이 표면이자율보다 0.055%(9.68%−9.625%)만큼 더 크다. 또한 연간 실질이자율은 다음과 같이 복리로 계산되어 9.91%가 된다.

$$i_a = (1 + 0.0484)^2 - 1 = 9.91\%$$

이는 액면가보다 낮은 가격으로 채권을 매입했기 때문이다. 만일 채권을 액면가(100만원)로 매입하고 액면가로 매도하였다면, 채권의 만기수익률은 채권의 표면이자율(9.625%))과 동일할 것이다.

7.3 내부수익률 기준

앞 절에서 프로젝트의 종류를 분류하는 방법과 i^*값을 계산하는 방법에 관하여 알아보았다. 다음에는 순현재가치(NPW)를 적용하여 얻은 결론과 내부수익률(IRR)을 적용하여 얻은 결론이 일치하는 프로젝트의 채택/기각에 관한 의사결정규칙에 관하여 알아보기로 하자.

7.3.1 내부수익률과 현재가치의 관계

앞의 제5장에서 논의한 순현재가치분석은 적용되는 이자율에 매우 민감하다. 그러므로 적용되는 이자율에 따라 프로젝트의 채택 여부가 결정되기도 하고,

프로젝트의 우선순위가 바뀔 수도 있다.

그림 7.1(a)와 같은 단순 프로젝트의 NPW형태를 생각해보자. 이 경우 이자율이 i^*보다 작은 구간에서는 NPW > 0이기 때문에 프로젝트가 채택되고, i^*보다 큰 구간에서는 프로젝트가 NPW < 0이기 때문에 기각된다.

비단순 프로젝트의 NPW형태는 그림 7.1(b)와 같다. NPW를 사용하여 비단순 프로젝트의 채택 여부에 관한 의사결정을 내린다면, 그림 7.1(b)의 A와 C영역에서는 프로젝트가 채택될 것이고, B와 D영역에서는 기각될 것이다. 이러한 결과는 더 높은 수익률을 갖는 프로젝트가 채택된다는 일반적 관념에 상반되는 것이다. 그림 7.1(b)의 상황은 정의 2에서 언급한 바 있는 복수 i^*가 존재하는 경우이다.

그러므로 그림 7.1(a)의 단순투자에 대해서는 i^*가 타당한 의사결정을 위한 적절한 지표가 될 수 있지만, 그림 7.1(b)와 같이 여러 개의 i^*값을 갖는 비단순투자의 경우에는 어떤 i^*값을 사용하여 프로젝트의 의사결정을 할 것인가 명확하지 않다. 따라서, 이러한 경우의 i^*값은 복수의 수익률을 가진 프로젝트의 수익성 평가를 위한 적절한 척도가 될 수 없다.

7.3.2 단순투자의 의사결정규칙

우선 i^*가 하나만 존재하는 단순투자의 경우를 생각해보자. 프로젝트의 현금유출과 현금유입의 현재가치를 동일하게 하는 특정 이자율에 주목해야 하는 이유는 무엇인가? 그림 7.1(a)를 다시 검토함으로써 이 문제에 대한 답을 찾을 수 있다. 이 그림에서 우리는 NPW함수의 두 가지 중요한 특성을 발견할 수 있다. 여기서 i는 MARR을 의미한다.

- $i < i^*$ 구간에서 NPW가 항상 양수이며, 이 구간에서 이자율 i가 존재하면 프로젝트는 채택된다.
- $i > i^*$ 구간에서는 NPW가 항상 음수이며, 이 구간에서 이자율 i가 존재하면 프로젝트는 기각된다.

그러므로 단순투자인 경우 i^*를 프로젝트의 채택 여부에 관한 의사결정기준으로 사용할 수 있으며, 위에서 살펴보았듯이 그 결과는 NPW분석을 사용하여 얻은 결과와 정확히 일치함을 알 수 있다.

단일 프로젝트 평가

단순투자에 있어서 i^*는 항상 이 프로젝트의 IRR값이 된다. 그러나 이 방법을 바르게 적용하기 위해서 단순히 i^*값을 아는 것만으로 충분하다고 할 수는 없다. 일반적으로 기업들은 프로젝트의 현재가치가 '0' 보다 더 큰 수익을 원하기 때문에, 기업의 최고경영자나 투자의사결정자들은 최소요구수익률(MARR)을 설정하여 이를 프로젝트의 채택 여부에 관한 의사결정기준으로 활용하고 있다. 만일 IRR이 이렇게 설정된 MARR보다 크면 기업은 손익분기점보다 큰 수익을 얻을 수 있음을 의미하기 때문에, IRR은 프로젝트 채택 여부를 판단할 수 있는 유용한 척도가 될 수 있다. 이때 단순투자에 대한 의사결정규칙은 다음과 같다.

- IRR > MARR이면, 프로젝트 채택
- IRR < MARR 이면, 프로젝트 기각
- IRR = MARR 이면, 중립

상호 배타적 프로젝트 평가

위에서는 단일 프로젝트의 평가를 위한 의사결정규칙을 알아보았다. 그러나 IRR을 사용하여 상호 배타적인 여러 프로젝트들을 비교하려면 7.4.2에서 논의될 증분분석(incremental analysis)접근법을 적용해야 한다. 먼저, 단일 프로젝트의 평가방법에 관한 내용을 살펴보기로 하자.

예제 7.5 단순투자의 투자의사결정문제

공작기계 제작업체인 ㈜화청기공은 구조용 빔 가공을 위한 대형 드릴링시스템 구축에 12.5억원을 투자할 계획이다. 회사의 전략부서에서는 이 시스템의 설치로부터 기대되는 생산성 향상의 경제적 효과를 계산하기 위해 다음과 같은 추정 자료들을 제시하였다.

- 가공된 철강 생산능력의 증가: 2,000톤/년
- 평균판매가격/톤: 2,566,500원/톤
- 임률: 10,500원/시간
- 연간 생산량: 15,000톤
- 비용/톤(2,205lb): 195만원/톤
- 작업자 수: 17명
- 기타 유지비용: 1.285억원/년

톤당 강재원가는 195만원이고, 가공된 철강 1톤 생산을 위한 원가는 2,170,500원이다. 가공 철강 1톤당 판매가격은 2,566,500원이고, 1톤당 수익은 396,000원이다. 시스템을 구매함으로써 2,000톤의 추가 생산이 가능하다고 한다면, ㈜화청기공이 기대할 수 있는 총수익은 7.92억원(= 2,000톤×396,000원)으로 추정된다.

드릴링시스템은 구조강의 전 범위를 가공할 수 있는 능력을 가지고 있기 때문에, 톱질을 담당하는 작업자 한 명과 드릴을 담당하는 작업자 한 명 등 모두 두 명으로 시스템을 운영할 수 있다. 여기에 자재 적재를 위한 크레인운전자가 한 명 더 필요하다. 기존의 방법을 사용하게 되면 평균적으로 14명의 추가 작업자가 더 필요할 것으로 예산된다. 인원 축소를 통한 노무비 절감액은 연간 2.94억원(= 14×10,500원×40시간/주×50주/년)으로 추정하고 있다. 이 시스템은 15년 동안 사용할 수 있으며, 15년 후의 추정 세후 처분가치는 0.8억원이다. 법인세 2.26억원을 공제한 후 순투자액과 절감액은 다음과 같다.

- 프로젝트 투자액: 12.5억원
- 연간 순절감액: 총수익 + 인건비 절감액 − 기타 유지비용−법인세
  (7.92억 + 2.94억) − 1.285억 − 2.26억 = 7.315억원
- 15년 후의 시스템의 세후 처분가치: 0.8억원

(a) 이 투자에 대한 IRR은 얼마인가?
(b) ㈜화청기공의 MARR값이 18%라면 이 프로젝트가 경제적으로 타당하다고 할 수 있겠는가?

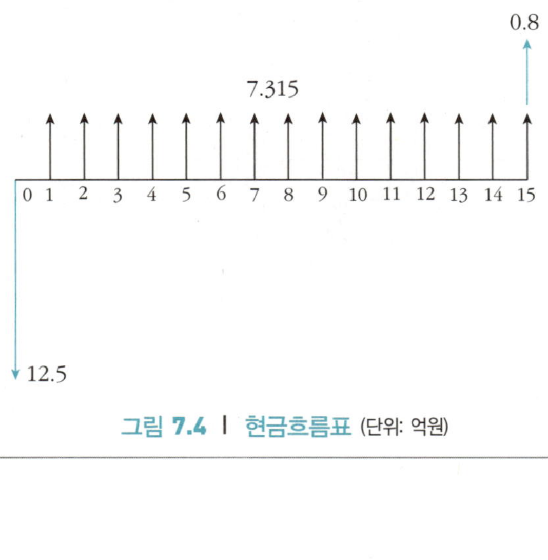

그림 7.4 | 현금흐름표 (단위: 억원)

문제분석	
	■ **조건**: 그림 7.4에 있는 현금흐름, MARR = 18%
	■ **탐색**: (a) IRR, (b) 이 프로젝트의 채택 여부 결정

분석방법

선형보간법이나 엑셀 워크시트를 이용하여 IRR을 구한다.

풀이

(a) IRR

현금흐름 부호변화가 한 번만 발생하므로 이 프로젝트는 단순 프로젝트이다. 따라서 이 프로젝트의 수익률은 하나만 존재하고, 이 수익률이 프로젝트의 내부수익률(IRR)이다.

$$\text{PW}(i) = -12.5\text{억} + 7.315\text{억}\,(P/A, i, 15) + 0.80\text{억}\,(P/F, i, 15) = 0$$

7.2.2에 간략하게 소개된 바와 같은 시행착오 방법인 선형보간법이나 엑셀을 활용하여 IRR의 근사값 58.46%를 찾을 수 있다. 엑셀을 이용하여 IRR을 구하면, 표 7.2와 같은 양식으로 현금흐름의 추세와 MARR에 따른 NPW 변동치를 함께 볼 수 있으므로, 좀 더 효과적인 투자분석을 할 수 있다.

(b) 채택 여부 결정

이 프로젝트의 IRR(58.46%)이 ㈜화청기공의 MARR(18%)보다 크므로 이 철강가공시스템의 프로젝트는 경제적으로 타당성이 있다. ㈜화청기공 경영진은 위의 분석에 사용된 추정치에 어느 정도의 편차가 있다 하더라도 시스템 설치가 상당한 비용의 절감효과를 가져올 것이므로 이 프로젝트를 채택할 수 있다.

표 7.2 | 엑셀을 이용한 IRR 분석

	A	B	C	D	E	F	G
4							
5	*n*	현금유입	현금유출	순현금흐름		MARR(%)	NPW
6							
7	0			(125,000)		0	972,250
8	1	108,600	35,450	73,150		5	634,272
9	2	108,600	35,450	73,150		10	431,385
10	3	108,600	35,450	73,150		15	302,735
11	4	108,600	35,450	73,150		20	217,011
12	5	108,600	35,450	73,150		25	157,305
13	6	108,600	35,450	73,150		30	114,070
14	7	108,600	35,450	73,150		35	81,682
15	8	108,600	35,450	73,150		40	56,699
16	9	108,600	35,450	73,150		45	36,938
17	10	108,600	35,450	73,150		50	20,966
18	11	108,600	35,450	73,150		55	7,814
19	12	108,600	35,450	73,150		60	(3,189)
20	13	108,600	35,450	73,150		65	(12,523)
21	14	108,600	35,450	73,150		70	(20,537)
22	15	108,600	35,450	73,150		75	(27,489)
23							

H–L: MARR 변화에 따른 NPW 변동추이

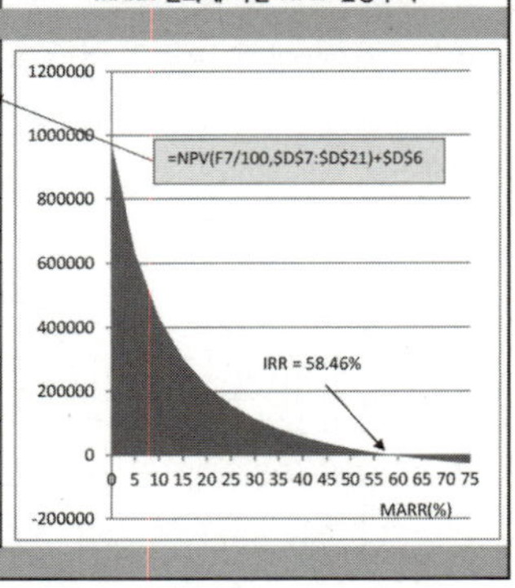

7.3.3 비단순투자의 투자의사결정문제

단순 프로젝트에 수익률분석을 적용하면 i^*는 프로젝트의 수익성을 측정하기 위한 명확한 기준이 된다. 그러나 복수의 수익률(multiple rates of return)이 존재할 때는 그 중에 어떤 것도 프로젝트의 채택성이나 혹은 수익성을 위한 정확한 척도가 되지 못한다. 그러므로 다수의 i^*가 존재하는 경우 수익률분석 대신에 단순히 NPW분석이나 AE분석을 사용하여 프로젝트의 채택 여부를 결정하는 것이 훨씬 간편하고 용이하다. 따라서 프로젝트의 현금흐름분석에 있어서 조기에 이런 상황을 찾아낼 필요가 있다. 복수 i^*을 예측하기 위한 가장 신속한 방법은 컴퓨터상에 NPW의 변화추이를 그려서, 이것이 수평축과 한 번 이상 교차하는지를 살펴보는 것이다.

만약 NPW분석방법을 쓰지 않고 올바른 수익률를 찾고자 한다면, 일단 프로젝트의 현금흐름이 비단순투자로 복수 i^*가 예측되면, 단순투자의 경우와 달리 **외부수익률**(external interest rate)을 도입하여 프로젝트의 올바른 내부수익률을 결정해야 한다. 이렇게 결정된 내부수익률을 우리는 '투자된 부문에 대한 **순내부수익률**(return on invested capital: RIC)' 이라고 한다. 여기서 일반적으로 MARR을 외부수익률로 간주한다. 이 경우, 산출된 RIC 값이 MARR보다 크면 프로젝트를 채택하는 것으로 결정하면, 항상 NPW분석과 동일한 결과를 얻을 수 있다. 그러나, 이러한 경우에 실질적인 프로젝트의 수익률을 찾는 방법에 관한 설명은 본 교재의 범위를 벗어나기 때문에 생략하기로 한다.

예제 7.6 | 비단순 프로젝트의 투자의사결정문제

한 방위산업체가 해군 조종사 훈련용 비행시뮬레이터를 2년에 걸쳐 구축하기 위해 73억원 상당의 계약을 채결하였다. 정부는 선급금을 계약체결 시에 지불하는 것이 아니라, 사업진행에 따라 1차년도 말에 43억원을 먼저 지불하고, 나머지 30억원을 2차년도 말에 지불하기로 계약하였다. 이 방위산업체는 비행시뮬레이터를 생산하기 위해 '0' 년도에 10억원, 1차년도에 20억원, 2차년도 말에 43.2억원의 투자를 할 계획이다. 이 프로젝트로부터 기대되는 현금흐름은 다음과 같다.

(단위: 억원)

연도	현금유입	현금유출	순현금흐름
0		10.0	−10.0
1	43.0	20.0	23.0
2	30.0	43.2	−13.2

정상적인 경제상황 하에서 이 방위산업체는 위와 같은 한계투자를 전혀 생각하지 않았을 것이다. 그러나 비행시뮬레이터의 기술개발 선도자로서의 위치를 확보하고 추후 다양한 정부의 방위산업 프로젝트에 참여하기 위하여 위해 경영진들은 가장 낮은 입찰액을 제시하여 경쟁업체들을 따돌릴 필요가 있다고 판단하였다. 방위산업체가 경쟁업체들을 물리치고 성사시킨 이 계약의 경제적 가치는 얼마나 될까?

(a) 이 프로젝트의 i^*값을 구하여라.

(b) 위의 결과를 근거로 이 프로젝트의 채택/기각 여부를 결정하여라. 단, 이 프로젝트의 MARR은 15%이다.

문제분석	■ **조건**: 위 표의 현금흐름, MARR = 15% ■ **탐색**: (a) i^*, (b) 프로젝트 채택 여부 결정

분석방법
해석적 방법을 적용한다.

풀이

(a) 이 프로젝트의 수명이 2년이기 때문에 이차방정식을 수립하여 직접 i^*값을 구한다.

$$-10 + \frac{23}{(1+i^*)} - \frac{13.2}{(1+i^*)^2} = 0$$

$X = 1/(1+i^*)$이라 놓고, 위 식을 X에 관하여 정리하면 다음과 같다.

$$-10 + 23X - 13.2X^2 = 0$$

위 식을 X에 관하여 풀면, $X = 10/11$과 $10/12$으로, $i^* = 10\%$와 20%이다. 그림 7.5에서 보듯이 NPW함수가 X축 선상의 이자율인 10%와 20%에서 두 번 교차하므로 이 프로젝트는 단순투자가 아니다. 그러므로 i^*값인 10%와 20% 중 어느 것도 이 프로젝트의 내부수익률이 될 수 없다.

(b) 이 프로젝트는 비단순 프로젝트이기 때문에, IRR 대신에 NPW를 기준으로 투자의사결정을 하는 것이 편리하다. 만일 NPW분석으로 투자의사결정을 내린다면, MARR = 15%을 이용하여 이 프로젝트의 순현재가치를 계산해야 한다.

$$\begin{aligned} PW(15\%) &= -10억 + 23억\,(P/F, 15\%, 1) - 13.2억\,(P/F, 15\%, 2) \\ &= 189\,(만원) > 0 \end{aligned}$$

이 결과로부터 우리는 이 프로젝트가 채택할 만하며, 처음에 추측한 것만큼 바람직하지 않은 프로젝트는 아니라는 사실을 알 수 있다.

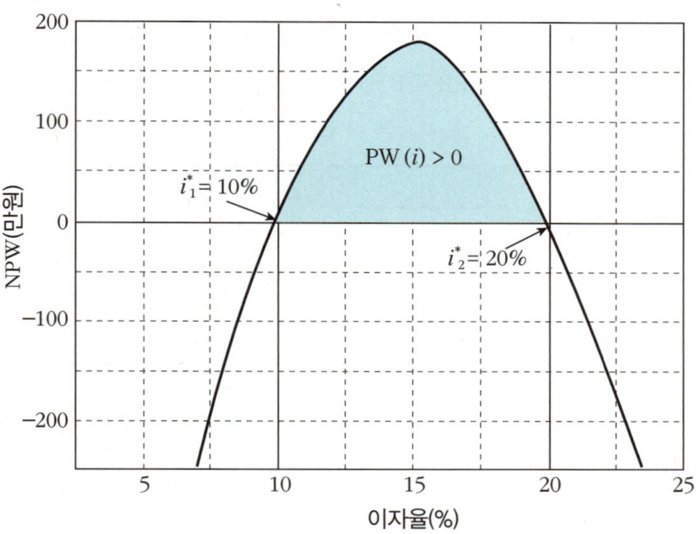

그림 7.5 | 다수 수익률을 갖는 비단순 프로젝트의 NPW

7.4 상호 배타적 대안의 비교를 위한 증분분석

본 절에서는 수익률법을 이용하여 2개 이상의 상호 배타적 프로젝트들을 비교할 경우에 사용되는 의사결정과정을 알아보기로 한다. 먼저 프로젝트의 사용수명이 동일한 경우에 관하여 알아보고, 다음에 프로젝트의 사용수명이 다른 경우에 관하여 알아보기로 한다.

7.4.1 IRR에 의한 투자순위의 문제점

NPW나 AE분석의 경우에는 여러 프로젝트들 중에서 가장 큰 절대 화폐가치를 갖는 프로젝트가 채택된다. 그러나 백분율(%)로 표현되는 IRR값은 상대적 가치를 측정하는 것으로 NPW나 AE분석에 적용된 위와 같은 논리가 IRR분석에는 적용될 수 없다. 이 문제점을 이해하기 위해 수명이 1년인 프로젝트를 고려해 보자. 프로젝트 A1은 수익이 2,000만원이고 투자액은 1,000만원이며, 프로젝트 A2는 수익이 7,000만원이고 투자액이 5,000만원이다. MARR = 10%에서 IRR과 NPW는 다음과 같다.

(단위: 만원)

n	A1		A2
0	−1,000		−5,000
1	2,000		7,000
IRR	100%	>	40%
PW(10%)	818		1,364

두 프로젝트 중 어느 하나를 선택하여도 충분한 투자자본이 조달된다는 가정하에 IRR값이 더 큰 프로젝트 A1을 단순히 채택하는 것이 올바른 의사결정인가?

NPW분석에 의하면 A2가 A1보다 더 바람직하다. 반면에 IRR분석에 의하면 수리적으로는 A1이 더 큰 IRR값을 갖는다. 이러한 프로젝트 순위의 불일치가 발생하는 이유는 NPW, NFW, AE는 프로젝트 가치를 절대적인 화폐단위로 측정하고 IRR은 상대적 비율(%)로 측정하기 때문에, 앞의 순현재가치 투자분석에 적용되는 방법을 그대로 IRR분석에 적용할 수는 없다. IRR분석에서는 투자의 크기가 영향을 미치지 않기 때문이다.

가령, 당신이 1,000원이 있다고 가정하자. 그 중 100원만을 투자하여 120원을 1년 후에 회수하였다면, IRR은 20%이다. 반면, 1,000원 전부를 투자하여 1,200원을 1년 후에 받는다면, 이때의 IRR 역시 동일한 20%이다. 결국 우리의 관심사는 20원의 수익을 얻느냐 아니면 200원의 수익을 얻느냐 결정할 때 200원의 수익을 선호할 것이다. 마찬가지로, 프로젝트 A1을 선택하는 것은 올바른 의사결정이 아니다. 그 대신에 수익률은 더 낮지만 NPW가 더 큰 프로젝트 A2를 채택해야 한다. NPW나 AE분석에서는 프로젝트의 NPW, 혹은 AE값의 단순한 크기를 비교하는 것으로 상호 배타적 프로젝트의 비교가 가능하지만, IRR분석은 투자규모를 고려하지 않기 때문에 단순히 수익률에 의해 순위를 결정한다면 오류를 범할 수 있는 가능성이 존재한다. 그러므로, 이러한 IRR분석의 문제점을 해결하기 위해 증분분석이라는 방법이 필요하다.

7.4.2 증분분석

앞의 예에서 프로젝트 A1과 비교하여 프로젝트 A2의 증분투자액은 4,000만원이며 증분수익은 5,000만원이다.

- 만약 프로젝트 A1에 투자하기로 결정하면, 총 5,000만원의 투자자본 중에서 1,000만원만 프로젝트 A1에 투자하고, 나머지 4,000만원은 10%의 이자를 발생시키는 금융상품에 투자한다. 1년 후 1,000만원의 투자로부터 2,000만원의 수익을 얻게 되고, 금융상품에 투자한 4,000만원으로부터는 발생된 이자를 포함하여 총 4,400만원을 얻게 된다. 궁극적으로 1년 후 5,000만원의 투자로부터 총 6,400만원의 수익을 얻게 된다. 이러한 자산 변화의 현재가치는

  $\mathrm{PW}(10\%) = -5{,}000 + 6{,}400(P/F, 10\%, 1) = 818$(만원)이다.

- 만약 A2에 투자하기로 결정한다면, 총투자자본 5,000만원을 전부 사용하여 7,000만원의 수익을 얻게 된다. 결국 1년 후의 자산은 5,000만원에서 7,000만원으로 변하였다. 이러한 자산 변화의 현재가치는

  $\mathrm{PW}(10\%) = -5{,}000 + 7{,}000(P/F, 10\%, 1) = 1{,}364$(만원)이다.

- 다시 말해서, 더 많은 투자비용이 필요한 프로젝트를 선택하면, 증가된 투자비용의 경제적 타당성이 반드시 MARR로 입증되어야 한다. MARR 값이 10%란 다른 모든 투자로부터 최소 10%의 수익을 얻을 수 있다는 의미를 포함하고 있다. 즉, 증분투자액 4,000만원이 1년 후에 4,400만원이 된다는 말이다. 그러나 4,000만원의 증분투자를 요구하는 두 번째 프로젝트는 증분수익으로 5,000만원을 얻게 되므로 수익률은 25%에 이른다. 그러므로 증분투자는 경제적으로 타당하다. 그림 7.6은 이러한 증분분석을 시행하는 과정을 요약한 것이다.

(단위: 만원)

n	프로젝트 A1	프로젝트 A2	증분투자(A2−A1)
0	−1,000	−5,000	−4,000
1	2,000	7,000	5,000
IRR	100%	40%	25%
PW(10%)	818	1,364	546

- MARR이 10%이므로 항상 다른 투자로부터 10%의 수익이 보장된다는 의미이다. 그러므로 A1에 투자한다면, 나머지 4,000만원은 1년 말에 4,400만원이 된다.
- A2에 투자하여 A1의 현금흐름을 상쇄하면, 증분투자액 4,000만원이 1년 후에 5,000만원의 수익을 보장한다. 그러므로 이 증분수익률은 25%이며, MARR(=10%)보다 크므로 A2에 투자하는 것이 더 경제적이다.

그림 7.6 | 증분분석의 개념

상호 배타적 프로젝트에 관한 일반적 의사결정법칙을 유도하면 다음과 같다. 프로젝트 A와 B(프로젝트 B가 A보다 더 많은 투자비용을 요구함)는 상호 배타적인 관계이다. 프로젝트 B를 A에 관하여 표현하면 다음과 같다.

$$B = A + (B - A)$$

위의 관계식을 달리 표현하면 프로젝트 B는 '프로젝트 A'와 '증분프로젝트(B − A)', 두 종류의 현금흐름 요소로 구성되어 있다고 볼 수 있다. 그러므로 프로젝트 B가 A보다 더 바람직한 유일한 경우는 증분프로젝트(B − A)에 대한 수익률이 MARR보다 클 경우이다. 따라서 상호 배타적 프로젝트의 수익률분석은 프로젝트들 간의 증분투자에 관한 내부수익률을 계산함으로써 이루어진다. 증분프로젝트는 초기 투자자본이 큰 프로젝트의 현금흐름에서 초기 투자자본이 작은 프로젝트의 현금흐름을 차감한 현금흐름을 가지며, 이를 **증분현금흐름**(incremental cash flows)이라 한다. 증분프로젝트에 관한 의사결정은 다음과 같다.

- $IRR_{B-A} > MARR$이면, 프로젝트 B를 선택한다.
- $IRR_{B-A} = MARR$이면, 둘 중 어느 하나를 선택해도 된다(무차별).
- $IRR_{B-A} < MARR$이면, 프로젝트 A를 선택한다.

단, 증분프로젝트(B – A)는 '0' 년도의 현금흐름이 음수인 증분프로젝트이다. 만약 무투자대안(do-nothing alternative)도 허용된다면, 모든 대안들이 최소한의 수익성이 확보되기 위하여 각각의 수익률이 MARR보다 더 커야 증분분석의 대상이 될 수 있다.

이를 상호 배타적 프로젝트의 증분분석 측면에서 다시 생각해보면, 증분분석을 시도하기 이전에 모든 프로젝트의 IRR값을 먼저 구하고, 이들을 MARR 값과 비교해야 한다. 만약 어떤 프로젝트의 IRR값이 MARR값보다 작다면 이 프로젝트는 증분분석과정에서 미리 배제한다. 물론, 이 과정을 생략해도 최선의 프로젝트를 선택하는데는 문제가 없으나, 불필요한 프로젝트를 사전에 제거함으로써 그 과정을 단축시킬 수 있다. 예제 7.7을 통하여 IRR 증분분석 과정을 살펴보자.

예제 7.7 | 증분프로젝트의 IRR: 두 대안의 비교

대학생인 김정수는 방과 후 시간을 이용하여 소규모 페인팅 사업을 시작하고자 한다. 그는 사업을 좀 더 효율적으로 수행하기 위해 중고 페인팅 장비를 구입하기로 하고, 상호 배타적인 투자사업대안을 고려하고 있다.

- 첫 번째 대안(B1)은 혼자서 주거용 페인팅만을 하는 것이고,
- 두 번째 대안(B2)은 작업보조자를 고용하고 더 많은 장비를 구입하여, 사업영역을 주거용은 물론 상업용 페인팅까지 확대하여 더 많은 수입을 올릴 수 있도록 하는 것이다.

이 학생은 대학을 졸업하게 되는 3년 후에는 이 사업을 그만둘 계획이다. 각 투자사업대안에 관한 현금흐름은 다음과 같다.

(단위: 만원)

n	B1	B2	B2−B1
0	−3,000	−12,000	−9,000
1	1,350	4,200	2,850
2	1,800	6,225	4,425
3	1,500	6,330	4,830
IRR	25%	17.43%	

두 사업대안이 모두 수익 프로젝트(revenue projects)이다. 만일, 최소한 연 10%의 수익률을 원한다면 어느 프로젝트가 더 경제적인지를 결정하여라.

문제분석

■ **조건**: 두 대안 간의 증분현금흐름, MARR = 10%

■ **탐색**: (a) 증분프로젝트에 관한 IRR, (b) 최적대안 선정

분석방법

증분프로젝트(B2−B1)의 현금흐름을 구하고, 증분수익률 IRR_{B2-B1}을 찾는다.

풀이

(a) 경제적인 프로젝트를 선정하기 위해 B2−B1에 대한 증분현금흐름을 구성하고 이 증분현금흐름에 관한 IRR을 계산한다.

$$-9{,}000 + 2{,}850\,(P/F, i, 1) + 4{,}425\,(P/F, i, 2) + 4{,}830\,(P/F, i, 3) = 0$$

그림 7.7에서 $i^*_{B2-B1} = 15\%$임을 알 수 있다. 증분투자의 현금흐름을 살펴보면, 이 투자는 단순투자이다. 따라서 $IRR_{B2-B1} = i^*_{B2-B1}$이다.

(b) IRR_{B2-B1} > MARR이므로 B2를 선택한다. 그림 7.7에서 보는 바와 같이, 이 결과는 NPW분석의 결과와 일치하며 MARR > 25% 구간에서는 어느 프로젝트도 채택될 수 없음을 알 수 있다.

n	B1	B2	B2−B1
0	−3,000	−12,000	−9,000
1	1,350	4,200	2,850
2	1,800	6,225	4,425
3	1,500	6,330	4,830
IRR	25%	17.43%	15%

MARR = 10%에서 어느 프로젝트가 더 바람직한가?
IRR_{B2-B1} = 15%>10%이고,
IRR_{B2}>10%이기 때문에 프로젝트 B2가 채택된다.

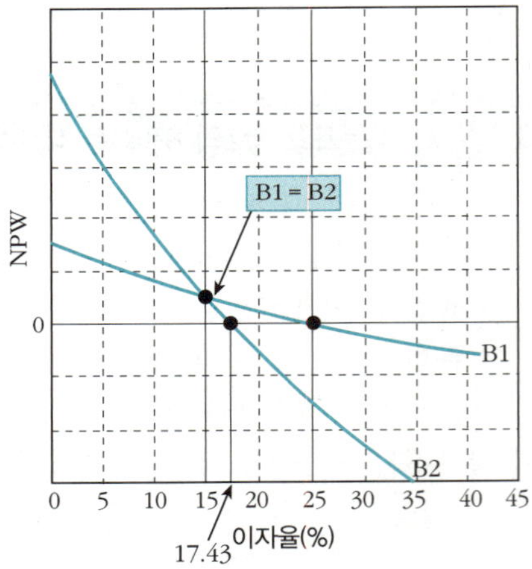

그림 7.7 | 증분분석: 프로젝트 B1과 B2 (단위: 만원)

해설 증분프로젝트 B1−B2 대신에 증분프로젝트 B2−B1을 선택한 이유는 무엇인가? 투자를 요구하는 IRR을 계산하기 위해서는 첫 번째 현금흐름이 음수가 되어야 하므로, 프로젝트의 초기비용이 큰 것에서 적은 것을 차감해야 하기 때문이다. 만일, 이와 같은 순서를 무시하면, 대부형 현금흐름(simple borrowing cash flow)을 갖게 되며 내부수익률의 의미를 상실하게 된다.

다음 예제는 초기 투자액이 같더라도 프로젝트의 현금흐름의 발생시점이 다를 경우 NPW와 IRR분석에 의한 프로젝트의 우선순위가 서로 다를 수 있음을 보여준다.

예제 7.8 | 증분프로젝트의 IRR: 초기 현금흐름이 같을 때

동일한 초기 투자자본을 요구하는 상호 배타적인 두 프로젝트를 생각해보자.

(단위: 만원)

n	C1	C2
0	−9,000	−9,000
1	480	5,800
2	3,700	3,250
3	6,550	2,000
4	3,780	1,561
IRR	18%	20%

MARR = 12%에서 증분프로젝트에 대한 수익률을 토대로 두 프로젝트 중 경제적으로 더 바람직한 프로젝트를 선택하여라. 두 프로젝트는 모두 MARR = 12%가 적용될 때 경제적 타당성을 갖는다.

문제분석

- **조건**: 상호 배타적인 두 프로젝트에 대한 현금흐름, MARR = 12%
- **탐색**: (a) 증분프로젝트에 관한 IRR, (b) 최적대안 선정

분석방법

풀이

(a) 초기투자자본이 동일한 경우에는 첫 번째 증분현금흐름이 나타날 때를 찾아 이 현금흐름이 음수가 되도록 증분프로젝트를 결정한다. 그러므로, 본 예제에서는 (C1−C2)가 증분프로젝트가 된다.

(단위: 만원)

n	C1 − C2
0	0
1	−5,320
2	450
3	4,550
4	2,219

증분프로젝트(C1−C2)의 현금흐름에 관한 식을 다음과 같이 '0'으로 설정한다.

$$-5{,}320 + 450\,(P/F, i, 1) + 4{,}550\,(P/F, i, 2) + 2{,}219\,(P/F, i, 3) = 0$$

(b) i에 관하여 위 식을 풀면 $i^* = 14.71\%$이다. 이 증분프로젝트가 단순투자이기 때문에, $i^* = 14.71\%$가 IRR이 되고, $IRR_{C1-C2} = 14.71\% > MARR$이므로 C1을 채택한다. NPW기준을 사용하더라도, $PW(12\%)_{C1} = 1{,}443$만원이고 $PW(12\%)_{C2} = 1{,}185$만원으로 C2보다 C1을 선호되므로 두 경우의 최종 결과가 서로 일치한다.

그림 7.8에 보는 바와 같이, 두 개 이상의 상호 배타적인 프로젝트가 존재하면 연속적으로 증분프로젝트를 만들어 비교한다.

n	D1	D2	D3
0	−2,000	−1,000	−3,000
1	1,500	800	1,500
2	1,000	500	2,000
3	800	500	1,000
IRR	34.37%	40.76%	24.81%

단계 1: MARR을 만족시키지 못하는 프로젝트를 제거하기 위해 각 프로젝트의 IRR을 계산한다.

단계 2: D1과 D2를 비교한다.
IRR_{D1-D2} = 27.61% > 15%이므로 D1을 선정한다.

단계 3: D1과 D3를 비교한다.
IRR_{D3-D1} = 8.8% < 15%이므로 D1을 선정한다.

궁극적으로 D1이 가장 바람직한 대체안으로 선정된다.

그림 7.8 | 증분프로젝트의 IRR: 세 대안의 경우

예제 7.9 | 비용프로젝트의 증분분석

㈜AU금속은 향후 6년 동안 자동차용 브레이크 부품을 생산하기 위해 셀제조시스템(CMS)과 유연제조시스템(FMS) 등 두 종류의 제조시스템을 고려 중이다. 이 부품의 연간 총생산량은 544,000개이며, 각 대안에 대하여 추정된 운영비, 초기투자자본은 다음과 같다.

(단위: 만원)

항목	CMS	FMS
초기투자자본	45,000.0	125,000.0
연간총운영비	74,129.2	55,041.0
추정처분가치	5,000.0	10,000.0

이 회사의 MARR을 15%라고 하고, IRR기준에 의하여 더 경제적인 제조시스템 대안을 선택하여라.

문제분석

투자분석기간 동안 두 제조시스템은 동일한 매출액을 가정하기 때문에 비용만을 고려하여 두 대안을 비교할 수 있다. 매출에 관한 자료를 알지 못하면 각 프로젝트의 IRR을 계산할 수는 없으나, 증분현금흐름

- **조건**: 그림 7.9의 현금흐름, i = 15%
- **탐색**: 증분현금흐름, IRR기준을 이용한 최적대안 선정

에 대한 IRR은 계산할 수 있다. FMS가 CMS보다 더 많은 초기의 자본투자이 필요하기 때문에, 증분프로젝트는 (FMS − CMS)가 된다.

분석방법

증분프로젝트의 IRR을 시행착오법을 이용하여 구한다.

(단위: 만원)

n	CMS	FMS	(FMS − CMS)
0	−45,000.0	−125,000.0	−80,000.0
1	−74,129.2	−55,041.0	19,088.2
2	−74,129.2	−55,041.0	19,088.2
3	−74,129.2	−55,041.0	19,088.2
4	−74,129.2	−55,041.0	19,088.2
5	−74,129.2	−55,041.0	19,088.2
6	−74,129.2 +5,000.0	−55,041.0 +10,000.0	24,088.2

풀이

$$PW(i)_{FMS-CMS} = -80{,}000 + 19{,}088.2(P/A, i, 5) + 24{,}088.2(P/F, i, 6) = 0$$

시행착오법에 의하여 위 식을 i에 관하여 풀면, i^*값은 12.43%가 된다. $IRR_{FMS-CMS}$ = 12.43% < MARR = 15%이므로, CMS를 채택하는 것이 더 경제적이다. 비록 FMS가 연간 증분운영비를 19,088.2만원만큼 절감할 수 있다고 하더라도, 이 정도의 운영비 절감으로는 초기 증분투자액 8억원을 감당하지 못한다고 볼 수 있다.

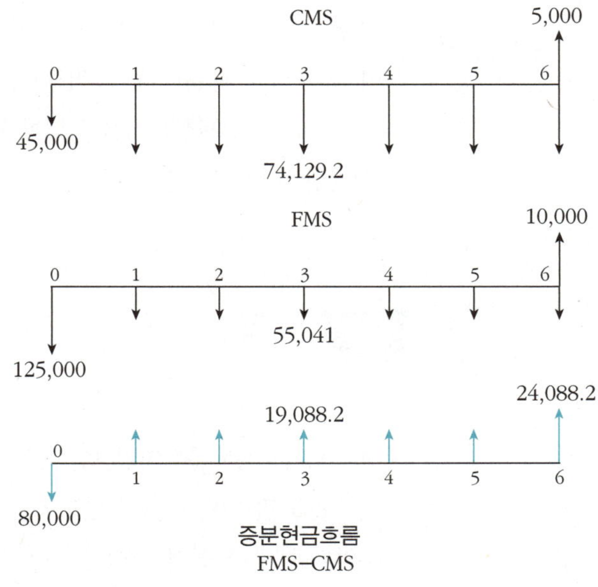

그림 7.9 | 현금흐름도: 비용프로젝트의 비교 (단위: 만원)

해설 위의 내용을 살펴보면, CMS가 근소한 차이로 FMS보다 경제적인 측면에서 좀 더 바람직하다고 할 수 있다. 그러나 노무비나 에너지비용, 원자재비용 등과 같이 쉽게 화폐가치로 환산할 수 있는 요소들만 고려하고, 수치화하기가 어려운 향상된 제조성능과 같은 요소들은 고려하지 않은 상태에서 이와 같은 공장자동화시스템 프로젝트의 경제적 평가를 수행한다면, 정확하지 못한 결과를 얻을 수 있다. 수치화하기 어렵다는 이유로 제조유연성(소비자 수요변화에 대한 신속한 대응능력), 절감된 재고수준, 향상된 제품의 품질, 증가된 생산능력 등과 같은 중요한 성과측정 요소들이 공장자동화시스템 프로젝트의 경제성 평가에서 자주 무시되어 왔다. 만약 이러한 무형의 이점들이 고려된다면 FMS가 CMS보다 더 좋은 프로젝트로 평가될 가능성이 충분히 있다고 볼 수도 있다.

7.4.3 사용수명이 다른 경우의 문제점

우리는 제5장과 제6장에서 수명이 다른 프로젝트를 비교하기 위한 기준으로 NPW와 AE분석의 사용에 대해 알아보았다. IRR분석에서도 공통분석기간을 설정할 수 있다면 수명이 다른 프로젝트의 비교를 위해 IRR을 사용할 수도 있다. 그리고 이때의 의사결정절차는 동일 수명의 프로젝트의 경우와 같다.

그러나 IRR의 경우 복수의 수익률 문제가 있기 때문에 계산상의 부담이 있다. 예를 들어 수명이 5년인 프로젝트와 수명이 8년인 프로젝트를 비교하는 경우, 최소공배수 분석기간이 40년이 되는데, 40년 동안의 공통분석기간 중의 증분현금흐름에 많은 부호의 변화가 발생하여 여러 개의 i^*가 존재할 가능성이 매우 높기 때문이다. 그러므로, 반드시 IRR을 사용하여 사용수명이 다른 프로젝트의 경제성분석을 시도할 필요가 없는 한, 본 교재는 앞서 제5장에서 설명한 NPW방법을 권장한다.

7.5 요약

- **수익률(ROR)**은 분석기간 중 미회수된 프로젝트의 투자자본 잔액에 대한 이자율을 말하며, 마지막 연도에는 미회수 잔액분이 '0'이 됨을 의미한다. 수익률은 보다 쉽게 이해할 수 있는 투자분석방법이기 때문에 많은 기업 경영자들이 NPW나 AE분석보다 일반적으로 더 선호한다.
- 순현금흐름의 순현재가치를 '0'으로 만드는 이자율을 구함으로써 프로젝

트의 수익률을 구한다. 이를 **손익분기이자율**이라 하고, i^*로 표기한다.

- **내부수익률**(IRR)은 프로젝트에 투자된 현금흐름에 대해 프로젝트 내부에서 발생한 이자와 관련된 수익률(ROR)을 의미한다.
- 수익률분석을 정확히 적용하기 위해서는 프로젝트를 단순투자와 비단순투자로 구분할 필요가 있다. 단순투자는 초기 현금흐름이 음수이고 순현금흐름에 대한 부호변화가 한 번만 일어나는 투자를 말한다. 반면, 비단순투자도 초기현금흐름은 음수이나, 그 후 순현금흐름에 대한 부호변화가 여러 번(최소한 한 번 이상) 발생하는 투자를 말한다. 여러 개의 i^*가 존재하는 경우는 비단순투자에서만 존재한다. 그러나 비단순투자라고 해서 항상 여러 개의 i^*를 갖는 것은 아니다.
- 단순투자에서 구해진 수익률(i^*)은 내부수익률이 된다. 이 경우 IRR분석에 대한 의사결정 규칙은

  IRR > MARR이면, 프로젝트를 채택하고

  IRR = MARR이면, 프로젝트의 채택 여부는 중립이고

  IRR < MARR이면, 프로젝트를 기각한다.
- IRR분석도 위에서 정한 규칙을 따르면, NPW나 다른 투자분석방법과 동일한 결과를 제공한다.
- 비단순투자에서는 복수의 수익률이 존재할 가능성이 있기 때문에, 채택/기각 의사결정을 위해 NPW나 AE분석을 사용하는 것이 바람직하다. IRR기준을 이용하여 분석결과를 얻고자 한다면, **순내부수익률**(return on invested capital: RIC)을 계산하여 분석하는 방법이 있으나 본 교재에서는 다루지 않기로 한다.
- IRR분석에 의해 상호 배타적인 프로젝트 간의 비교를 해야 하는 경우에는 **증분분석**을 사용해야 한다.
- 수명이 다른 대안을 비교하기 위하여 IRR분석을 이용하는 것은 바람직 하지 않은 경우가 많으므로, NPW나 AE분석을 이용하는 것이 더 효과적이다.

연습문제

주: i^*는 대안의 순현재가치를 0으로 하는 이자율을, IRR은 투자의 내부수익률을 나타낸다. 단순투자에서는 IRR = i^*이고, 비단순투자에서는 일반적으로 i^*과 IRR은 같지 않다.

수익률 개념

7.1 2,200만원의 새 차를 구입한다고 가정하자. 구입 시에 700만원을 지불하고 나머지 1,500만원은 판매상으로부터 융자를 받을 수 있다. 판매상은 한 달에 51.2만원씩 48개월 동안 자동차 대금을 지불하는 것으로 계산했다. 이 자동차 할부거래에서 판매상이 계산한 연간 실질수익률은 얼마인가?

7.2 액면가 100만원인 채권을 팔려고 한다. 이 채권은 반년마다 8%의 이자가 붙는다고 한다. 그는 4년 전에 이 채권을 90만원에 구입했다. 적어도 9%(명목이자율, 반년복리)의 연간 투자수익률이 요구된다면, 예상된 투자수익률을 달성하기 위해 채권을 최소한 얼마에 팔아야 하는가?

7.3 1947년에 고호의 작품을 8만달러에 구입한 소장가가 1987년에 5,390만달러에 이 작품을 팔았다. 만일 이 사람이 1947년 당시 8만달러를 주식과 같은 다른 곳에 투자했다면, 동일한 수익을 내기 위해서는 얼마의 수익률이 필요한가? 투자기간을 만 40년으로 하고 수익률은 연복리로 계산하라.

투자안 분류와 수익률 계산

7.4 다음과 같은 네 가지 투자대안을 고려 중에 있다.

(단위: 만원)

연도	투자사업의 연간현금흐름			
	A	B	C	D
0	−18,000	−23,000	34,759	−56,500
1	10,000	32,000	-18,000	−2,500
2	20,000	32,000	-18,000	−6,459
3	30,000	−22,000	-18,000	88,345

(ㄱ) 단순 투자대안들은 어느 것인가?
(ㄴ) 비단순 투자대안들은 어느 것인가?
(ㄷ) 각 투자대안의 i^*를 구하시오.
(ㄹ) 수익률을 갖지 않는 대안은 어느 것인가?

7.5 다음과 같은 현금흐름을 갖는 투자 프로젝트를 고려해보자. IRR이 10%일 때, X의 값은 얼마인가?

(단위: 만원)

연도	현금흐름
0	−1,500
1	X
2	650
3	X

7.6 어떤 투자자가 주당 1만원인 주식을 100주 샀다. 그는 주식을 15년 동안 보유하다가 총 400만원으로 팔았다. 처음 3년 동안 그는 배당금을 받지 못했고, 다음 7년 동안 해마다 배당금 5만원을 받았으며 남은 5년 동안 해마다 10만원의 배당금을 받았다. 이 투자의 수익률은 얼마인가?

7.7 다음과 같은 투자 대안들이 있다.

(단위: 만원)

n	A	B	C	D	E
0	−550	−100		−200	−90
1	60	70	20	120	−100
2	900	70	10	40	−50
3		40	5	40	0
4		40	−180	−20	150
5			60	40	150
6			50	30	100
7			40		100
8			30		
9			20		
10			10		

(ㄱ) 각 대안들이 단순투자인지 비단순투자인지를 구분하라.

(ㄴ) 2차방정식을 사용하여 대안 A에 대한 i^*를 계산하라.

(ㄷ) 각 대안에 대하여 이자율 변화에 대한 현재가치 변화를 그래프로 그리고, 이로부터 수익률(i^*)을 구하라.

7.8 다음과 같은 투자대안들이 있다.

(단위: 만원)

연도	현금흐름			
	A	B	C	D
0	−1,800	−1,900	−2,200	−3,000
1	500	800	5,600	360
2	100	600	4,900	4,675
3	100	500	−3,000	2,288
4	1,000	700	−7,000	
5			−1,400	

(ㄱ) 각 대안들이 단순투자인지 비단순투자인지를 구분하여라.

(ㄴ) 각 대안들에 대한 양수인 i^*를 모두 구하라.

(ㄷ) 각 대안에 대하여 이자율 변화에 대한 현재가치 변화를 그래프로 그려라.

7.9 어떤 대안에 대한 다음 재무자료를 고려해보자.

(단위: 만원)

초기투자	10,000
대안의수명	8년
잔존가치	0
연간수입	5,229
연간비용(소득세포함)	3,000

(ㄱ) 이 대안의 i^*는 얼마인가?

(ㄴ) 연간수입이 전년도 대비 7%씩 증가하고, 연간비용은 변함이 없다면 새로운 i^*는 얼마인가?

(ㄷ) (ㄴ)에서 구한 i^*가 (ㄱ)에서 구한 i^*와 같게 되려면 연간비용이 어떤 비율로 증가해야 하는가?

7.10 다음과 같은 현금흐름을 갖는 두 투자안 A, B를 고려하고 있다.

(단위: 만원)

연도	연간현금흐름	
	대안 A	대안 B
0	−25,000	−25,000
1	2,000	10,000
2	6,000	10,000
3	12,000	10,000
4	24,000	10,000
5	28,000	5,000

(ㄱ) 각 대안에 대한 i^*를 계산하라.

(ㄴ) 한 그래프에 각 대안의 현재가치곡선을 그리고, 두 대안이 등가가 되는 이자율을 구하라.

IRR 분석

7.11 다음과 같은 현금흐름을 갖는 투자대안이 있다.

(단위: 만원)

n	현금흐름
0	−5,000
1	0
2	4,840
3	1,331

이 투자의 IRR을 계산하여라. MARR = 10%이면 이 대안을 수용할 수 있는가?

7.12 현금흐름이 다음과 같은 대안을 고려하라. 대안의 IRR이 10%일 때 질문에 답하라.

(단위: 만원)

n	현금흐름
0	−2,000
1	800
2	900
3	X

(ㄱ) X값을 구하라.
(ㄴ) MARR = 8%이면 이 대안을 수용할 수 있는가?

7.13 (주)인터콜은 멕시코에서 열릴 세계박람회에 참가할 예정이다. 이를 위해 초기에 전시장 비용으로 100만달러를 지불해야 한다. 박람회 참가로 말미암아 첫해 말에 250만달러의 수입이 발생하고, 두 번째 해 말에는 박람회 부지를 처음 상태로 복구시키기 위해 154만달러를 사용해야 한다. 또한, 이 대안의 기대현금흐름은 다음과 같다.

(단위: 천달러)

n	현금흐름
0	−1,000
1	2,500
2	−1,540

(ㄱ) i의 함수로 이 투자의 현재가치곡선을 그려라.
(ㄴ) 이 투자의 i^*를 계산하여라.
(ㄷ) MARR = 14%이면 이 투자는 채택될 수 있는가?

7.14 ㈜챔피언화학은 프로필렌 제조시설 하나를 확장할 계획이다. $n = 0$에 대지 구매비용으로 15억원과 첫 해 동안 건물 확장비용으로 30억원이 소요된다. 그리고 첫해 말에는 장비와 다른 초기화 비용으로 40억원을 지출해야 한다. 일단 공장이 가동되면 첫 해에 35억원의 수입(매출)을 올릴 수 있다. 그 후 9년 동안 그 수입은 매년 5%씩 증가한다. 10년 후에는 운영이 중지될 때까지 3년간 수입의 변동이 없다(건설 후 대안의 수명은 13년이 된다). 대안의 수명 말에 자산들의 처분가치는 대지가 20억원, 건물은 14억원, 그리고 장비가 5억원이다. 연간 운영 및 유지비용은 매년 매출의 40%로 추정된다. 이 투자에 대한 IRR은 얼마인가? 회사의 MARR이 15%라면 이 투자는 타당한가?(모든 수치가 소득세 고려 후의 값이라고 가정하라).

7.15 최신 기술수준에 의하면 요구에 맞게 커피원두를 갈아서 갓 끓인 커피로 만드는 컴퓨터를 이용한 자동판매기를 만들 수 있다. 또한 그 컴퓨터는 1천원, 5천원, 1만원권의 교환이 가능하고, 물품의 보관기간을 기억해서, 가장 오래된 재고를 앞으로 이동시켜 부패에 의한 낭비를 줄여준다. 이 자동판매기는 각 대당 가격이 450만원이고, 초기투자를 포함하여 제품의 사용수명 6년 동안 현금흐름을 다음과 같이 추정하고 있다.

(단위: 억원)

n	현금흐름
0	−200
1	80
2	170
3	190
4	180
5	100
6	30

(ㄱ) 회사의 MARR = 18%일 때, IRR 기준으로 이 생산

품은 판매할 가치가 있는가?

(ㄴ) 투자액이 고정된 상태에서 수입이 초기 추정치보다 10% 커진다면, IRR은 얼마나 커지는가?

(ㄷ) 초기투자가 220억원이 되고, 수입이 초기추정치보다 10% 작아진다면 IRR로 얼마나 감소하겠는가?

대안 비교

7.16 두 가지 투자대안 A, B의 현금흐름은 아래와 같다.

(단위: 만원)

연도	연간현금흐름	
	대안 A	대안 B
0	−150,000	−120,000
1	30,000	25,000
2	25,000	15,000
3	120,000	110,000

(ㄱ) 각 투자대안의 IRR을 계산하여라.

(ㄴ) MARR = 15%일 때, 각 투자대안의 채택 여부를 결정하라.

(ㄷ) 두 대안이 상호 배타적이라면, 증분투자수익률을 기준으로 어떤 대안을 채택할 것인가?

7.17 1,000만원을 가지고 두 가지 투자대안을 고려하고 있다. 첫 번째 대안은 5년 동안 연 이자율 10%로 은행에서 발행하는 예금증서를 사는 것이고, 두 번째 대안은 1,000만원으로 채권을 사고 그 이자를 9%의 이자율로 은행에 적립하는 것이다. 채권은 연간 10% 이자율을 지급하며, 5년 후에 1,000만원의 액면가를 받게 된다. 어느 대안을 선택하는 것이 더 좋은가? MARR이 9%라고 가정한다.

7.18 어떤 제조기업에서는 다음과 같은 상호 배타적인 대안들을 고려하고 있다.

(단위: 만원)

연도	연간현금흐름	
	대안 A	대안 B
0	−2,000	−3,000
1	1,400	2,400
2	1,640	2,000

MARR = 15%일 때, IRR을 기준으로 하여 어느 대안을 선택하는 것이 타당한지를 결정하라.

7.19 다음과 같은 상호 배타적인 두 대안을 고려하고 있다.

(단위: 만원)

연도	연간현금흐름	
	대안 A	대안 B
0	−10,000	−12,000
1	5,000	6,100
2	5,000	6,100
3	5,000	6,100

(ㄱ) 2,000만원의 증분투자에 대한 IRR을 계산하라.

(ㄴ) 회사의 MARR = 10%라면, 어느 대안을 선택하는 것이 더 좋은가?

7.20 다음과 같은 상호 배타적인 두 투자대안을 고려하고 있다.

(단위: 만원)

연도	연간현금흐름	
	대안 A	대안 B
0	−16,000	−20,000
1	7,500	5,000
2	7,500	14,000
3	7,500	8,000
IRR	19.19%	17.65%

(ㄱ) 4,000만원의 증분투자에 대한 IRR을 계산하라.

(ㄴ) 회사의 MARR = 10%라면, 어느 대안을 선택하는 것이 더 좋은가?

7.21 두 가지 자동차 모델을 고려하고 있다. 모델 A는 가격이 1,800만원이고, 모델 B는 1,562.4만원이다. 두 모델이 본질적으로는 같지만 4년 동안 사용하고 나면 모델 A는 900만원, 모델 B는 650만원에 팔린다. 모델 A의 경우는 그 모양이 젊은 대학생들 사이에 인기가 있기 때문에 처분가치가 더 좋다. 237.6만원의 증분투자에 대한 수익률을 결정하여라. MARR의 어떤 범위에서 모델 A가 더 좋은가?

7.22 한 설비 엔지니어는 두 가지 형태의 태양열 온수시스템을 고려하고 있다. 기업의 MARR이 10%일 때, IRR기준으로 사용하면 어떤 시스템이 더 좋은가?

(단위: 만원)

	대안 A	대안 B
초기투자	5,000	7,000
연간절감액	700	1,000
연간유지비	100	50
예상수명	20년	20년
20년 후 잔존가치	400	500

7.23 국립의료원에는 의약품의 재고비용을 줄이는 대안을 검토 중에 있다. 병원의 운영비와 유지비를 낮추는 두 가지 시스템이 고려되고 있다. 병원의 산업공학자는 각 시스템에 대한 다음과 같은 재무관계 자료를 수집했다.

(단위: 억원)

	재고시스템		
	현재	JIT	무재고
초기비용	0	25	50
연간재고운영비	30	14	2
연간운영비	20	15	12
시스템수명	8년	8년	8년

시스템의 수명은 8년으로써 의약품 공급자와의 계약기간을 나타낸다. 병원의 MARR = 10%라면, 어떤 시스템이 더 경제적인가?

7.24 다음과 같은 투자대안이 있다. MARR = 15%라고 가정한다.

(단위: 만원)

기간	현금흐름		
	대안 1	대안 2	대안 3
0	−1,000	−5,000	−2,000
1	500	7,500	1,500
2	2,500	600	2,000

(ㄱ) 각 대안의 IRR을 구하여라.

(ㄴ) 세 가지 대안이 모두 상호 배타적인 투자라고 하면 IRR을 기준으로 할 때 어떤 대안을 선택하는 것이 좋은가?

7.25 다음과 같은 두 개의 투자대안이 있다. 회사의 MARR = 15%라고 가정한다.

(단위: 만원)

기간	현금흐름	
	대안 A	대안 B
0	−10,000	−20,000
1	5,500	0
2	5,500	0
3	5,500	40,000
IRR	30%	?
PW(15%)	?	6,300

(ㄱ) 대안 B의 IRR을 계산하여라.

(ㄴ) 대안 A의 현재가치를 계산하여라.

(ㄷ) 대안 A와 B가 상호 배타적이라고 가정한다. IRR을 기준으로 할 때, 어떤 대안을 선택하는 것이 좋은가?

7.26 무선통신장비업계의 선도회사인 ㈜금성은 배치 주문생산 제조작업에 대한 세 가지 비용감축안을 고려하고 있다.

증분투자	증분수익률(%)
A1−A0	18%
A2−A0	20%
A3−A0	25%
A2−A1	10%
A3−A1	18%
A3−A2	13%

회사는 증분수익률과 함께 세 대안의 수익률을 계산하였다. A0는 무선택 대안을 나타낸다. 투자비는 A1이 42,000만원, A2가 55,000만원, A3가 72,000만원을 요구한다. MARR = 15%일 때, 어떤 대안을 선택하는 것이 경제적으로 타당한가?

7.27 한 전자회로판 제조업자는 소형 컴퓨터보드 제조공장의 6가지 상호 배타적인 비용감축안을 고려하고 있다. 모든 대안의 수명은 10년이고 잔존가치는 없다. 아래 표에 필요한 투자비와 지출액에 대한 연간 세후 절감액이 대안별로 주어져 있고, 전체수익률과 증분투자의 수익률이 계산되어 있다.

(단위: 만원)

대안	요구투자액	세후절감액	수익률(%)
A1	60,000	22,000	34.8
A2	100,000	28,200	25.2
A3	110,000	32,600	26.9
A4	120,000	33,600	25.0
A5	140,000	38,400	24.3
A6	150,000	42,200	25.2

증분투자	증분수익률(%)
A2−A1	8.9%
A3−A2	42.8%
A4−A3	0.0%
A5−A4	20.2%
A6−A5	36.3%

MARR = 15%일 때, 증분투자수익률을 기준으로 어떤 대안을 선택하는 것이 좋은가?

7.28 다음 상호 배타적인 두 대안을 고려해보자.

(단위: 만원)

n	현금흐름	
	대안 A	대안 B
0	−100	−200
1	60	120
2	50	150
3	50	
IRR	28.89%	21.65%

MARR을 15%로 가정할 때, 각 대안이 무한대로 반복될 수 있다면, IRR 기준으로 분석이 가능한가? 분석가능한 방법으로 최적대안을 선정하여라.

7.29 다음 상호 배타적인 두 대안을 고려해보자.

(단위: 만원)

n	현금흐름	
	대안 A1	대안 A2
0	−10,000	−15,000
1	5,000	20,000
2	5,000	
3	5,000	

(ㄱ) IRR 기준을 적용할 때, 상이한 수명을 갖는 상호 배타적인 두 대안을 비교하기 위하여 어떠한 가정이 필요한가?

(ㄴ) (ㄱ)에서 정의된 가정하에서, 대안 A1이 선택될 수 있는 MARR의 범위를 구하여라.

제 8 장 편익-비용분석

4대강 사업의 편익-비용분석

정부에 의해 2008년부터 2012년까지 4년간 추진된 4대강 정비사업은 총 22조원을 투입해 노후제방 보강과 하천생태계 복원, 중소규모 댐 및 홍수조절지 건설, 하천주변 자전거길 조성, 친환경 보 설치 등을 포함하는 대규모 공공 토목사업이다. 정부의 입장에서, 4대강 정비사업의 주요 편익으로 (1) 홍수와 가뭄 피해의 근본적 해결, (2) 지구촌 물부족 사태에 대비한 수원확보, (3) 수질개선과 생태복원, (4) 경기부양 및 일자리 창출, (5) 지역주민을 위한 수변공간 조성, (6) 4대강 중심의 지역발전 등을 꼽았다. 이와 함께 정부는 4대강 정비사업에 대한 예비타당성 조사를 시행한 17개 세부사업의 편익-비용분석의 결과가 최소 0.92부터 최대 3.46으로 그 경제성이 충분하다고 판단한 바 있다.

그러나 4대강 정비사업과 같은 대규모 토목사업은 그 영향이 미치는 범위가 방대하고, 사업의 긍정적 혹은 부정적 효과 또한 장기적으로 실현되기 때문에 정확한 분석결과를 얻는 것은 매우 어려운 문제이다. 실제로 4대강 정비사업에 대해 다른 분석결과를 주장하는 경우도 적지 않다. 한 경제성분석 보고서는 오히려 편익-비용비율은 0.16~0.24에 불과하다는 결론을 제기하며 이 사업의 경제적 타당성이 전혀 없음을 주장한 경우도 있다. 이들이 지적한 바를 정리하면, (1) 편익요소의 효과가 과도하게 낙관적으로 추정되었고, 왜곡된 가정을 설정하였다는 점과 (2) 수질오염 및 생태계 파괴 등의 환경문제와 4대강 주변의 중소 하천의 오염 및 범람 등의 불편익이 매우 크다는 점, (3) 4대강 정비 후의 상상 이상의 막대한 유지 및 관리비용이 예상된다는 점 등으로 궁극적으로는 오히려 편익보다 불편익이 클 것이며, 비용 또한 예상보다 훨씬 막대할 것이라고 주장하고 있다.

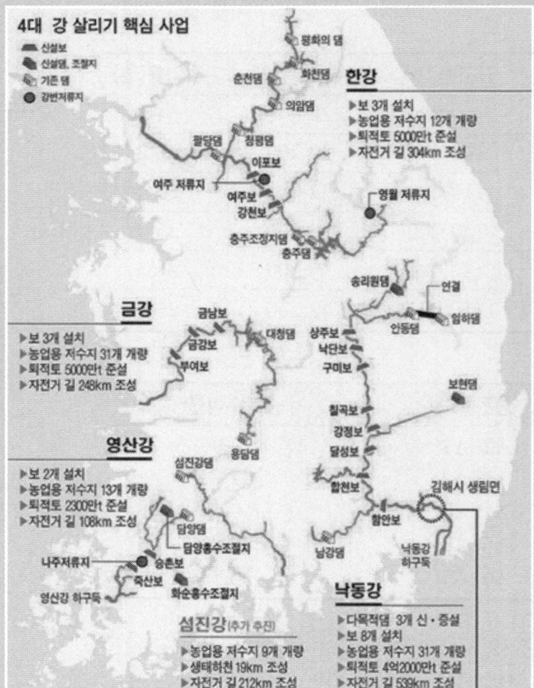

이와 같은 논란은 4대강 정비사업이 시작되기 전부터 시작되었으며, 사업이 이미 완료된 현재까지도 서로 다른 견해를 주장하는 의견들이 지속적으로 대두

되고 있는 상황이다. 그렇다면, “이처럼 편익-비용분석의 결과가 크게 차이가 나는 이유는 무엇일까?” 위에서도 언급한 바와 같이 대규모 공공사업의 경우 편익 및 불편익의 파급효과가 사회 전반에 미치기 때문에 그 범위가 매우 광범위하여 정확한 파악이 쉽지 않고, 또한 이러한 편익과 불편익을 정량화하여 화폐가치로 평가하기는 더욱 어렵다는 점이 가장 큰 이유일 것이다. 이는 바꾸어 말하면, 편익 혹은 불편익을 정량화, 혹은 화폐가치화하는 과정에서 주관적 의견이 개입되기 쉽고, 이에 따라 평가의 결과가 다르게 나타나거나 혹은 왜곡될 가능성이 있다는 것이다.

토목분야의 엔지니어들은 수리프로젝트, 고속도로건설, 공항건설 등과 같은 공공 프로젝트에 많이 참여하게 된다. 전국적으로 수행되고 있는 엔지니어그룹[illegible] 준설작업 프로젝트들은 서로 다른 편익과 투자규모를 요구한다. 앞서 언급한 바와 같이, 4대강 정비사업과 같은 공공 프로젝트를 실행함에 있어서 고려해야 할 가장 중요한 요소 중 하나는 프로젝트의 편익들을 화폐가치화하는 작업이다. 예를 들면, 공항의 활주로를 확장하는 경우 항공기 이착륙의 지연시간을 절감함으로써 얻게 되는 편익은 무엇인가? 항공기의 이착륙 지연은 항공사에 연료비용의 부담을 가중시키게 되고, 공항 측에는 항공기 이착륙에 의해 발생하는 수입의 손실을 입히게 된다. 또한, 항공기 이착륙의 지연은 비행기 탑승객을 기내에 더 오랫동안 머물게 하여 사회적 손실을 유발시키게 된다. 이와 같은 공공 프로젝트의 투자비용과 발생 가능한 편익들을 비교·분석하는 것이 **편익-비용분석**(benefit-cost analysis)의 주요한 내용이다.

지금까지는 일반 민간기업 프로젝트와 관련된 투자의사결정에 대하여 논의했다. 이러한 투자의 주목적은 기업이익의 극대화이다. 한편, 중앙정부와 지방정부에서도 공항 프로젝트와 같은 다양한 공공활동과 관련된 프로젝트에 매년 수천억 혹은 수조 원씩을 투자하고 있다. 그러므로 이러한 공공 프로젝트에 대한 투자의사결정도 민간기업의 경우와 동일하게 공적인 이익을 최대화할 수 있도록 이루어져야 한다.

편익-비용분석은 공공 프로젝트의 효과에 관한 유익한 정보를 체계적으로 획득할 수 있도록 개발된 의사결정도구이다. 이러한 점에서 공공 프로젝트의 편익-비용분석은 민간기업 프로젝트의 경제성분석과 동일하다고 할 수 있다. 즉, 편익-비용분석은 제안된 공공 프로젝트의 사회적 편익이 사회적 비용보다 더 많은지의 여부를 알아보는 것이다. 공공 프로젝트는 일반적으로 막대한 지출을 요구하지만, 그 편익은 장기간에 걸쳐 광범위하게 발생하는 경우가 많다. 대중교통시스템, 소음과 오염에 관한 환경규제, 공공안전프로그램, 교육 및 훈련프로그램, 공공보건프로그램, 홍수조절, 수자원개발, 방위프로그램 등은 편익-비용분석이 필요한 대표적인 **공공 프로젝트**라고 할 수 있다.

편익-비용분석은 대략 다음과 같은 세 가지 형태로 요약된다. (1) 주어진 비용(예산)에 대한 편익의 최대화, (2) 편익과 비용이 변할 때 순편익의 최대화, (3) 주어진 편익을 달성하기 위한 비용의 최소화(비용-효과분석, cost-effectiveness analysis). 본 장에서는 이와 같은 세 가지 종류의 의사결정문제를 다루기로 한다.

8.1 공공 프로젝트의 평가

다양한 목적을 달성하기 위해 설계된 공공 프로젝트의 평가를 위해서는, 평가의 일관성을 위하여 먼저 모든 투자 프로젝트의 편익과 비용을 동일한 측정단위를 사용하여 추정해야 한다. 일반적으로 공공 프로젝트의 편익과 비용을 화폐가치로 표현한다. 그러나, 실제 분석과정에서 이러한 편익과 비용의 화폐가치화 작업은 정확한 자료 없이 수행해야 하는 경우가 자주 발생한다. 편익-비용분석을 수행할 때, 일반 시민을 **수혜자**(user)로 그리고 정부를 **제안자**(sponsor)로 정의하기로 한다.

편익-비용분석을 수행하기 위한 과정은 다음과 같다.

1. 공공 프로젝트로부터 발생되는 모든 **편익**(바람직한 결과)과 **불편익**(바람직하지 않은 결과)을 파악한다.
2. 가능한 한 모든 편익과 불편익을 화폐가치로 수치화한다. 이를 통하여 서로 다른 편익들 상호 간에 비교가 가능하도록 하고, 편익을 달성하기 위해 사용된 비용과도 비교가 가능하도록 한다.

3. 제공자의 비용을 파악하여 수치화한다.
4. 모든 비용을 화폐가치로 수치화하여 비교가 가능하도록 한다.
5. 공공 프로젝트의 평가에 합당한 할인율을 적용하여 순편익과 비용을 기준 연도의 화폐가치로 변환한다.
6. 수혜자의 순편익이 제공자의 순비용보다 더 크면 공공 프로젝트를 채택한다.

편익-비용분석은 통신시스템의 구축, 관개용 댐 건설, 고속도로 건설, 혹은 항공망 관리시스템의 구축 등과 같은 공공 프로젝트에 투자자본을 할당하기 위해 여러 대안들을 평가하여 최적 대안을 결정하기 위해 사용할 수도 있다. 만일 공공 프로젝트들이 동일한 비용을 요구하는 경우라면, 단순히 편익이 비용을 더 많이 초과하는 공공 프로젝트를 선정하면 될 것이다.

앞서 기술된 편익-비용분석의 단계는 단일(혹은 독립적) 공공 프로젝트의 평가를 위한 것이었지만, 상호 배타적인 여러 대안들을 비교하고자 할 경우에는 수익률분석에서와 같이 증분편익-비용비율을 사용한다. 이에 관해서는 8.2.2절에서 자세히 다루기로 한다.

8.1.1 편익과 비용의 가치평가

전체적인 편익-비용분석의 체계는 민간기업의 프로젝트 평가를 위해 사용한 투자분석의 체계와 동일하다고 볼 수 있다. 현실적으로 공공 프로젝트의 경제성 평가를 수행할 때, 가장 어려운 점은 공공 프로젝트의 편익과 비용의 가치를 파악하고, 이를 화폐가치로 수치화하는 작업이다.

8.1.2 수혜자의 편익

편익-비용분석을 위해서는 우선 수혜자들이 받는 프로젝트의 편익과 불편익을 모두 파악해야 한다. 또한 간접적 편익이나 불편익과 같은 이차적인 효과도 고려해야 한다. 예를 들어, 새로운 고속도로를 건설하면 주유소, 레스토량, 모텔 등과 같은 새로운 사업들이 고속도로의 건설로 인하여 생겨나는 등 추가적인 편익도 발생하지만, 농지와 임야의 감소는 물론 기존의 지방도로 사용률이 현저히 감소하여 이와 관련된 기존의 사업들이 사라지는 불편익도 발생하기 때문이다. 일단, 편익과 불편익이 화폐단위로 수치화되면, 수혜자의 순편익은 다음과 같이 계산된다.

수혜자 순편익(net benefits) = 편익(benefits) − 불편익(disbenefits)

수혜자의 순편익을 파악하기 위해서는 먼저 편익들을 일차적 편익과 이차적 편익으로 구분해야 한다. **일차적 편익**(primary benefits)이란 공공 프로젝트에 의해 발생하는 직접적인 편익을 말하고, **이차적 편익**(secondary benefits)이란 공공 프로젝트에 의해 발생되는 간접적인 편익을 말한다. 한예로, 1980년대에 대전광역시의 대덕단지에 대규모 연구단지가 조성된 것을 들어보자.

이 연구단지의 조성으로 인하여 많은 과학자와 엔지니어, 그리고 그 밖의 이들의 업무를 보조해주는 여러 다른 분야에 종사하는 인원들이 대규모로 이곳에 유입되었다. 국가적인 차원에서 이 연구단지 조성을 위한 프로젝트의 일차적인 편익을 살펴보면, 다양한 연구응용의 결과가 국내산업에 미치는 장기적인 효과들이라 할 수 있고, 지역적인 차원에서는 연구 및 실험활동들에 의하여 생겨나는 많은 새로운 보조사업들에 의한 경제적 편익들이라고 할 수 있다. 한편, 이차적인 편익으로는 수도권에 집중된 인구의 분산과 효율적 국토개발로 인한 국가적 부의 창출, 그리고 이 지역의 인구증가에 의한 각종 수요의 증가로 인한 지역 기업들의 증가된 수입 등일 것이다.

이와 같이 편익을 일차적 편익과 이차적 편익으로 구분하는 이유는 분석의 효율성을 향상시키기 위함이다. 만약 일차적 편익만으로도 이 공공 프로젝트의 비용을 정당화한다면 이차적인 편익을 수치화하는데 필요 이상의 시간과 노력을 절감할 수 있을 것이다.

8.1.3 제안자의 비용

실현될 수입과 비용절감액, 그리고 지출된 비용을 파악하여 분류함으로써 제안자 비용을 결정한다. 제안자 비용은 투자자본과 연간 운영비용을 포함한다. 공공 프로젝트의 수입은 프로젝트 완성 후, 발생하는 제품이나 서비스의 판매로 인한 수입이다(예, 고속도로 통행료). 제안자의 비용은 투자비용에서 이러한 수입이 절감되어 다음과 같이 계산된다.

제안자 비용 = 투자비용 + 운영 및 유지비용 − 매출액(수입)

8.1.4 사회적 할인율

제5장에서 언급한 바와 같이, 민간기업의 프로젝트 평가를 위해서 이에 적절한 최소요구수익률(MARR)을 결정해야 한다. 이와 동일하게, 공공 프로젝트의 경제성 평가를 수행하기 위해서도 MARR과 같은 개념의 이자율을 정해야 하는데, 이를 **사회적 할인율**(social discount rate)이라고 한다. 결정된 사회적 할인율을 이용하여 기준 연도의 화폐가치로 공공 프로젝트의 편익과 비용을 계산하고, 공공 프로젝트의 경제성 평가를 수행한다.

역사적으로 보면, 사회적 할인율을 이용한 현재가치의 계산은 1930년대 미국에서 공공 수자원 개발과 관련된 토지이용 사업부문의 평가에서 비롯되었기 때문에, 공공 프로젝트의 경제성 평가를 위해 사용되는 사회적 할인율은 일반 민간기업 프로젝트의 경제성 평가에 사용되는 할인율보다 상대적으로 낮은 것이 일반적이다. 최근 공공 프로젝트의 중요성이 사회적으로 강조되면서, 효율적 자원할당을 위한 공공분야의 투자분석을 위해 적합한 할인율의 결정에 대한 연구는 지금까지도 지속적으로 계속 진행되고 있다. 사회적 할인율을 결정하기 위한 두 가지 기본적인 관점은 다음과 같다.

- **민간기업이 참여하지 않은 공공 프로젝트**: 공공 프로젝트의 경제성 평가를 위한 사회적 할인율은 정부의 국채(혹은 지방채)이자율을 반영해야 한다. 민간기업들은 홍수조절용 댐 건설과 비상업용 도로 건설, 수자원

개발사업 등과 같은 공공 프로젝트에는 시공업자로서는 참여하지만 이러한 프로젝트는 기업 자체가 선정해야 될 사업에 속하지 않는다. 그러므로 정부에서 발주한 공공 프로젝트의 경제성 평가를 위해 적용되는 사회적 할인율은 정부에서 차입한 부채에 대한 자본비용이 되는 것이 타당할 것이다.

- **민간기업이 참여하는 공공 프로젝트**: 모든 공공 프로젝트의 투자자본이 민간기업의 투자자본으로 구성되어 있는 경우의 사회적 할인율은 민간기업에서 수행하는 일반적인 프로젝트의 자본비용을 기준으로 하는 것이 타당할 것이다. 또한, 일반 시장에 재화나 용역을 공급하기 위해 민간기업에서 수행하는 프로젝트와 유사한 공공 프로젝트의 경우에 사용되는 사회적 할인율은 제11장에서 언급될 투자자본의 가중평균자본비용(WACC)을 사용하는 것이 타당할 것이다. 이와 같이, 민간 분야의 프로젝트와 유사한 공공 프로젝트를 평가할 경우에 투자자본의 기회비용으로 민간 분야의 투자수익률을 사용해야 하는 첫 번째 이유는 투자자본의 수익률이 높은 곳에서 낮은 곳으로 전이되는 현상을 방지하고, 두 번째 이유는 공공 프로젝트의 평가자가 공공 프로젝트의 경제적 타당성을 분석할 때, 시장표준을 사용하도록 하기 위해서이다.

8.2 편익-비용분석

공공 프로젝트의 경제적 가치는 **편익-비용비율**(B/C ratio, 또는 benefit-cost ratio: BCR)로 나타낼 수 있으며, 이 B/C비율은 사용자의 편익(B)과 제안자의 비용(C)을 비교하는 것이다. 이 절에서는 B/C비율을 정의하고, 현재가치와 B/C비율의 관계에 대해 알아본다.

8.2.1 편익-비용(B/C)비율의 정의

편익-비용분석에서 공공 프로젝트의 편익과 비용의 현재가치를 각각 B와 C

로 나타내면 다음과 같다.

$$B = \sum_{n=0}^{N} b_n (1+i)^{-n} \tag{8.1}$$

$$C = \sum_{n=0}^{N} c_n (1+i)^{-n} \tag{8.2}$$

단, $b_n = n$기간 말의 편익, $b_n > 0$
$c_n = n$기간 말의 비용, $c_n > 0$
N = 프로젝트 사용기간
i = 공공투자에 적용되는 이자율(할인율)

제안자 비용(C)은 초기투자비용(I)과 연간 발생하는 O&M비용(C')으로 구성된다. 여기서 주의할 것은 비율분석의 경우, 모든 편익과 비용의 현금흐름은 모두 양수로 표시된다는 점이다. 처음 K기간 동안 초기투자가 연속적으로 발생되고, 그 후 매년 O&M비용이 발생한다고 가정하자. 각 비용요소의 현재가치는 다음과 같다.

$$I = \sum_{n=0}^{K} c_n (1+i)^{-n} \tag{8.3}$$

$$C' = \sum_{n=K+1}^{N} c_n (1+i)^{-n} \tag{8.4}$$

총비용의 현재가치는 $C = I + C'$

위 내용을 요약하여 B/C비율을 나타내면 다음과 같다.

$$\mathrm{BC}(i) = \frac{B}{C} = \frac{B}{I+C'}, \qquad I + C' > 0 \tag{8.5}$$

공공 프로젝트를 수행하기 위해서는 프로젝트의 BC(i)값이 '1' 보다 커야 한다. 그림 8.1에서 보는 바와 같이 B/C비율에 의한 의사결정은 궁극적으로 NPW에 의한 의사결정과 동일한 결과를 얻는다. 여기서 B, C', I는 현재가치이지만, 이 값들을 연간등가로 환산하여 B/C비율을 구해도 동일한 결과를 얻을 수 있다.

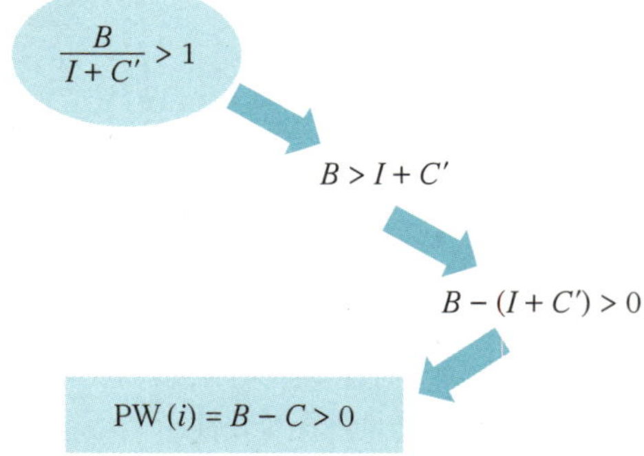

그림 8.1 | B/C비율과 NPW기준과의 관계

예제 8.1 | 편익–비용(B/C)비율

다음과 같은 편익–비용에 관한 자료를 갖는 정부의 공공 프로젝트를 고려해보자. $i = 10\%$, $N = 5$, 그리고 $K = 1$이다. B, C, I, C', 그리고 BC(10%)를 구하여라.

n	b_n	c_n	A_n
0		10	−10
1		10	−10
2	20	5	15
3	30	5	25
4	30	8	22
5	20	8	12

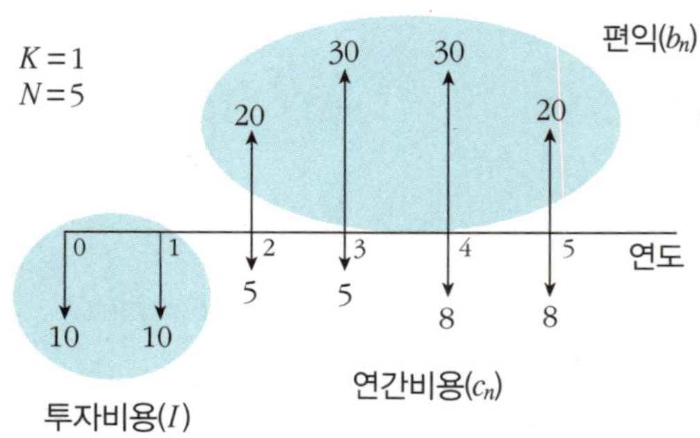

그림 8.2 | 공공 프로젝트의 편익과 비용 현금흐름요소 분류 (단위: 억원)

문제분석

- **조건**: $b_n, c_n, N = 5, K = 1, i =$ 연 10%
- **탐색**: BC(i)

분석방법

풀이

B와 C를 계산한다.

$$B = 20(P/F,10\%,2) + 30(P/F,10\%,3) + 30(P/F,10\%,4) + 20(P/F,10\%,5) = 71.98$$

$$C = 10 + 10(P/F,10\%,1) + 5(P/F,10\%,2) + 5(P/F,10\%,3) + 8(P/F,10\%,4) + 8(P/F,10\%,5) = 37.41$$

$$I = 10 + 10(P/F, 10\%, 1)$$
$$= 19.09$$

$$C' = C - I$$
$$= 18.32$$

식 (8.5)를 이용하여 이 프로젝트의 B/C비율을 계산하면 다음과 같다.

$$BC(10\%) = \frac{71.98}{19.09 + 18.32} = \frac{71.98}{37.41}$$
$$= 1.92 > 1$$

B/C비율이 '1' 보다 크므로, 수혜자의 편익이 제안자의 비용을 초과한다고 볼 수 있다.

해설 공공 프로젝트는 세금을 지불하지 않기 때문에, 감가상각비와 소득세 계산이 B/C분석에서 고려되지 않는다.

8.2.2 증분 B/C비율분석

상호 배타적인 공공 프로젝트들 가운데 최적 프로젝트를 선정하는 방법에 대해 알아보자. IRR이나 B/C비율과 같이 상대적인 측정값을 이용하여 대안들을 비교할 때에는 제7장에 이미 논의한 바와 같이 증분투자분석(incremental analysis) 방법을 사용해야 한다.

증분 B/C비율분석을 실행하기 위해서는 먼저 각 요소(B, I, C')에 관한 증분 현금흐름을 구하여 증분프로젝트를 만들고, 이에 관한 B/C비율을 계산한다. 증분 프로젝트에 B/C분석을 적용하기 위해서는 다음과 같은 절차를 수행한다.

- **단계 1:** 각각의 공공 프로젝트에 관한 B/C비율을 구하여, 이 값이 '1' 보다 작은 프로젝트들은 모두 제거한다.
- **단계 2:** 남은 프로젝트들에 대해 $(I + C')$값을 기준으로 오름차순으로 프로젝트 목록을 작성한다. 즉, 가장 작은 $(I + C')$값을 갖는 프로젝트를 맨 앞에 놓고 가장 큰 $(I + C')$값을 갖는 프로젝트를 맨 뒤에 놓는다.
- **단계 3:** 완성된 프로젝트 목록에서 맨 앞의 두 프로젝트(j, k)의 각 요소

(B, I, C')에 대한 증분현금흐름을 계산하여 증분프로젝트를 만든다.

$$\Delta B = B_k - B_j$$
$$\Delta I = I_k - I_j$$
$$\Delta C' = C'_k - C'_j$$

- **단계** 4: 증분프로젝트에 관한 BC(i)를 계산한다.

$$\mathrm{BC}\,(i)_{k-j} = \frac{\Delta B}{\Delta I + \Delta C'}$$

  만일 $\mathrm{BC}\,(i)_{k-j} > 1$이면 프로젝트 '$k$'를 선택하고, 그렇지 않으면 프로젝트 '$j$'를 선택한다.

- **단계** 5: 앞의 단계 4에서 선정된 대안과 프로젝트 목록의 다음 프로젝트를 대상으로 증분 B/C비율분석을 진행한다. 이러한 과정을 계속 반복하여, 마지막으로 남는 프로젝트를 최적 프로젝트로 결정한다.

단, 다음과 같은 상황에서는 의사결정과정을 약간 수정할 필요가 있다.

- 만일 $\Delta I + \Delta C' = 0$이면 이는 두 프로젝트가 동일한 비용(초기 투자자본과 운영비용 포함)이 요구되는 경우이므로 B/C비율을 이용하여 두 프로젝트의 경제적 우선순위를 결정할 수 없다. 이러한 경우에는 큰 편익을 갖는 프로젝트를 선정한다.
- 서로 다른 사용수명을 갖고 있는 공공 프로젝트(단, 고려 중인 모든 투자 프로젝트가 반복적으로 사용된다고 가정)를 분석할 경우에는 B, I, C'의 연간등가를 구하여 증분 B/C비율분석을 시행한다.

예제 8.2 | 증분 B/C비율분석

동일한 사용수명을 갖는 공공 프로젝트 $A1$, $A2$, $A3$를 고려해보자. 이 세 프로젝트의 B, I, C'의 현재가치는 할인율 연 10%를 적용하여 구한 것이다.

	$A1$	$A2$	$A3$
B	12,000	35,000	21,000
I	5,000	20,000	14,000
C'	4,000	8,000	1,000
PW (i)	3,000	7,000	6,000

(a) 공공 프로젝트가 각각 서로 독립적이라고 가정하고, BC(i)를 이용하여 최적 프로젝트를 선정하여라.

(b) 공공 프로젝트들이 상호 배타적인 관계에 있다고 가정하고 최적 프로젝트를 선정하여라. BC(i)를 이용하여 정확한 결과를 얻기 위해 필요한 계산과정을 보여라. 단, 증분 B/C비율분석을 사용하여라.

문제분석

- **조건**: 각 프로젝트의 I, B, C', i = 연 10%
- **탐색**: 최적 프로젝트 선택

분석방법

풀이

(a) 모든 공공 프로젝트의 PW $(i)_1$, PW $(i)_2$, 그리고 PW $(i)_3$ 이 모두 '0' 보다 크기 때문에 만일 이 프로젝트들이 서로 독립적이라면, 모든 프로젝트를 채택한다. 이를 B/C비율로 평가하여도, 모든 공공 프로젝트의 BC (i)가 '1' 보다 클 것이므로 이 결과도 앞서 얻은 NPW를 기준으로 한 결과와 동일하다.

	$A1$	$A2$	$A3$
BC (i)	1.33	1.25	1.40

B/C분석을 그림 8.3과 같이 그래프로 표현할 수도 있다. B/C =1은 그래프에서 45° 선으로 나타나며, 이 선보다 위에 존재하는 프로젝트는 채택 가능하다. 즉, 그래프상에서 프로젝트 위치를 나타내는 점과 원점(0,0)을 연결하는 기울기가 바로 B/C비율이다.

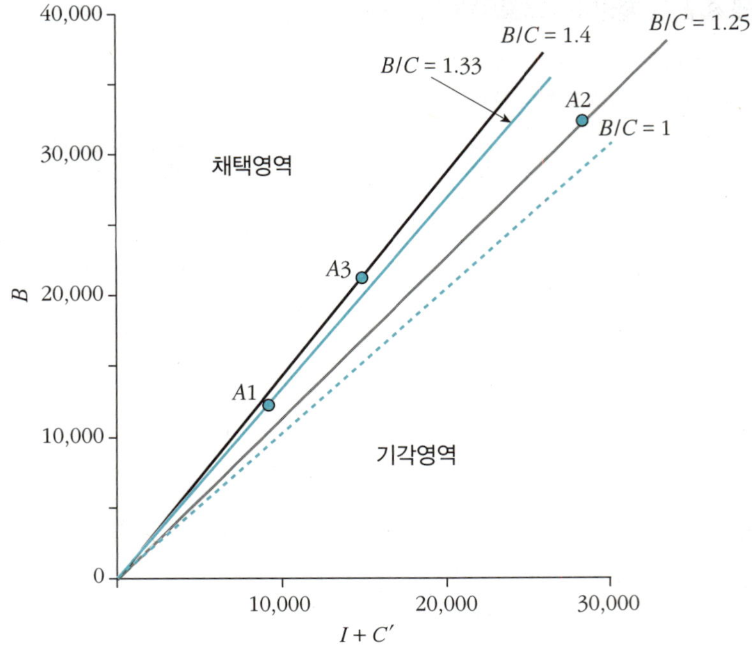

그림 8.3 | B/C비율 그래프

(b) 만일 고려되는 공공 프로젝트들이 상호 배타적이라면, 이 프로젝트들을 서로 비교하기 위해서는 증분 B/C비율분석을 해야 한다. 단순히 각 공공 프로젝트의 B/C비율의 크기에 따라 이 프로젝트들의 우선순위를 결정하면 순현재가치분석을 적용하여 결정한 프로젝트들의 우선순위와 일치하지 않는 왜곡된 결과를 얻을 수 있다.

본 예제에서 각 공공 프로젝트의 BC(i)를 사용하여 프로젝트들의 우선순위를 결정하면 프로젝트 *A*3가 최적 프로젝트가 될 것이고, 프로젝트 *A*2가 가장 열등한 프로젝트가 될 것이다. 그러나, 순현재가치를 기준으로 프로젝트들의 우선순위를 결정하면 $\text{PW}(i)_2 > \text{PW}(i)_3 > \text{PW}(i)_1$의 결과를 얻게 되어, 프로젝트 *A*2가 최적 프로젝트이다. 이때에는 증분 B/C비율에 의해 각 프로젝트들의 우선순위를 결정하면, 순현재가치분석에 의한 우선순위와 일치하는 결과를 얻을 수 있다. 증분 B/C비율분석을 위해서 먼저 공통분모$(I + C')$에 크기에 따라 공공 프로젝트들을 나열한다.

순위기준	A1	A3	A2
$I + C'$	9,000	15,000	28,000

• **프로젝트** *A*1과 *A*3: 무선택 대안을 포함하여 '1' 보다 작은 B/C비율을 갖는 모든 공공 프로젝트들을 고려대상에서 제외한다. 본 예제에서 고려 중인 공공 프로젝트들의 B/C비율은 모두 '1' 보다 크기 때문에 모든 공공 프로젝트를 대상으로 증분분석을 진행하며, 첫 번째 증분분석의 대상은 프로젝트 *A*1과 *A*3이다.

$$\begin{aligned} BC(i)_{A3-A1} &= \frac{21{,}000-12{,}000}{(14{,}000-5{,}000)+(1{,}000-4{,}000)} \\ &= 1.50 \end{aligned}$$

증분 $BC(i)_{A3-A1}$이 '1' 보다 크기 때문에 *A*3를 잠정적으로 채택한다.

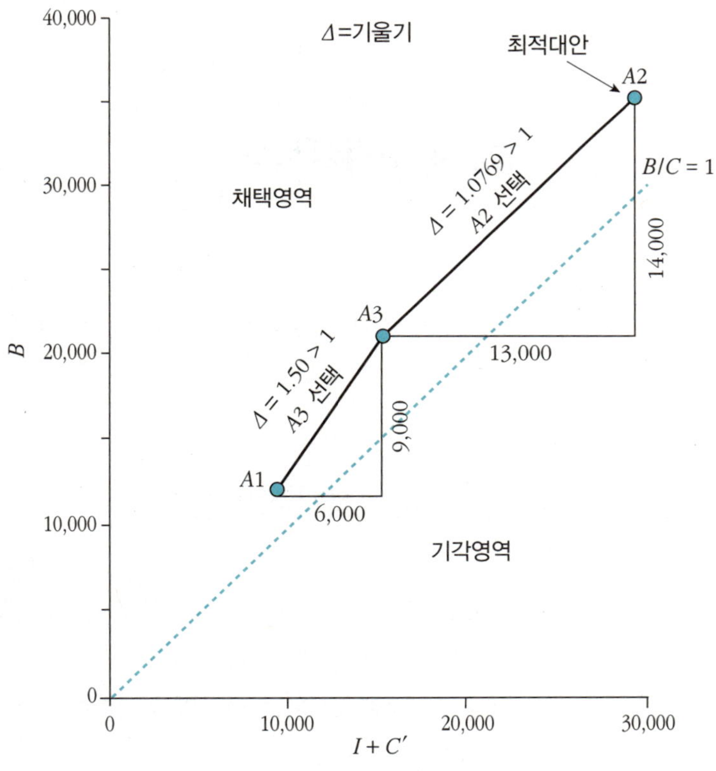

그림 8.4 | 증분 B/C비율분석: *A*3−*A*1의 기울기와, *A*2−*A*3의 기울기가 1보다 큼

• **프로젝트** *A*3와 *A*2: 다음에는 프로젝트 *A*2에 투자한 투자차액(프로젝트 *A*3에 대한)에 대한 경제적 타당성을 증가된 편익으로 결정해야 한다. 이를 위해 프로젝트 *A*2와 *A*3의 증분 투자대안에 대한 B/C비율을 계산한다.

$$BC(i)_{A2-A3} = \frac{35{,}000 - 21{,}000}{(20{,}000 - 14{,}000) + (8{,}000 - 1{,}000)} = 1.0769$$

증분 B/C비율이 '1'보다 크므로 프로젝트 $A2$를 잠정 최적대안으로 채택한다. 더 이상 비교할 대안이 없으므로 최종적으로 프로젝트 $A2$를 최적 공공 프로젝트로 결정한다.

해설 그림 8.4는 열등한 대안을 제거하는 과정을 그래프를 통하여 보여준다. 먼저 $A3$와 $A1$을 비교하면, 그래프상에서 점 $A1$과 점 $A3$를 연결하는 기울기($\varDelta$)를 구하여, 이 값이 1보다 크면, $I + C'$이 더 큰 $A3$를 선택한다. 본 예제의 경우는 $\varDelta = 1.5$이므로 $A3$가 선택된다. 다음으로 $A2$와 $A3$를 비교하면, $\varDelta = 1.0769$이므로 최종적으로 $A2$가 최적대안으로 채택된다.

8.3 수익성지수

본 절에서는 B/C비율과 유사한 평가척도로 사용되는 수익성지수에 대해 살펴보자. 수익성지수도 제안된 프로젝트의 편익과 비용의 관계를 비율로 표현한다.

8.3.1 수익성지수의 정의

수익성지수(profitability index), PI(i)는 프로젝트의 현금흐름 중에 초기 자본투자와 연간 (순)편익만을 고려하는 것이 B/C비율과의 차이점이다. 즉, 초기 투자 후에 예상되는 미래의 현금흐름의 현재가치를 초기 투자액(현재가치)으로 나누어 비율을 구한다.

$$\text{PI}(i) = \frac{B - C'}{I}, \qquad I > 0 \tag{8.6}$$

수익성지수는 투자자본의 효율성을 측정한다. PI(i)가 1.0에 근접할수록, 채택 가능성이 있는 프로젝트 중에 가장 낮은 우선순위를 갖는다. PI(i) < 1.0이면, 미래 현금흐름에 대한 현재가치가 초기의 투자액(현재가치)보다 적은

것이다. 수익성지수가 증가함에 따라, 제안된 프로젝트의 재무적 투자유인의 정도는 점점 상승한다. 실제로 수익성지수는 공공 프로젝트의 평가에만 제한되어 사용되는 것이 아니라 민간 부분의 프로젝트의 평가에도 널리 이용된다. B/C비율에서와 마찬가지로 예산이 허용된다면, 1보다 큰 PI를 갖는 모든 독립적인 프로젝트를 채택한다. 그림 8.5에서 B/C비율과 수익성지수의 개념적인 차이를 볼 수 있다.

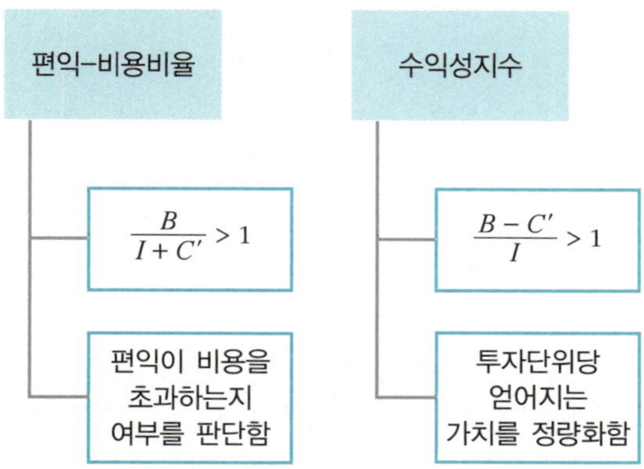

그림 8.5 | B/C비율과 수익성지수의 개념적 차이

예제 8.3 | 수익성지수(PI)

정부에서 5년 동안 추진하는 공공 프로젝트의 투자지출과 이로 인한 편익을 기준 화폐가치로 표현된 현금흐름이 아래 표와 같다. $i = 7\%$, $N = 5$, $K = 1$을 각각 가정한다. PI(7%)를 구하고, 이 프로젝트를 추진할 가치가 있는지 여부를 결정하여라.

(단위: 억원)

n	b_n	c_n	A_n
0		10	−10
1		20	−20
2	35	5	30
3	30	5	25
4	20	7	13
5	10	7	3

문제분석	■ **조건**: $b_n, c_n, N = 5,\ K = 1,\ i =$ 연 7% ■ **탐색**: $\text{PI}(i)$
분석방법 식 (8.6)을 이용한다.	**풀이** $B - C'$와 I를 각각 다음과 같이 계산한다. $$\begin{aligned} B - C' &= 30(P/F, 7\%, 2) + 25(P/F, 7\%, 3) \\ &\quad + 13(P/F, 7\%, 4) + 3(P/F, 7\%, 5) \\ &= 58.66(\text{억원}) \end{aligned}$$ $$\begin{aligned} I &= 10 + 20(P/F, 7\%, 1) \\ &= 28.69(\text{억원}) \end{aligned}$$ 식 (8.6)을 이용하여 PI(7%)를 구하면, $$\text{PI}(7\%) = \frac{58.66}{28.69} = 2.04 > 1$$ PI(7%)가 1을 초과하므로, 투자할 가치가 있다고 판단할 수 있다.

해설 PI(7%) = 2.04는 이 프로젝트에 투자하는 정부의 투자금액 1원당 2.04원의 편익이 발생한다는 의미이다. 그러므로, 수익성지수(PI)는 한정된 예산에서 자본투자의 효율성을 높이기 위하여 제안된 각각의 프로젝트들의 우선순위를 결정하는 도구로 이용될 수도 있다.

8.3.2 상호 배타적 대안의 증분 PI분석

앞서 소개한 수익성지수(PI)는 대안들의 규모를 고려하지 않기 때문에, IRR이나 B/C비율과 같이 상호 배타적 대안을 비교할 때, 증분분석의 개념을 사용하여야 한다, 그러므로 초기 투자가 많은 대안에서 상대적으로 초기 투자가 적은 대안의 현금흐름을 차감하여 증분현금흐름을 구하고, 여기서 계산된 PI가 1보다 크면, 초기 투자가 많은 대안을 채택한다. 증분 PI분석은 현재가치분석과 항상 동일한 결과를 얻는다.

사용수명이 동일하지 않은 대안을 비교할 필요가 있을 때에는, 각 대안의 영구적인 반복 사용을 가정한다면, 연간등가 기준으로 각 분석요소인 I, B, C'를 구하여 증분분석이 가능하다.

예제 8.4 증분수익성지수

앞의 예제 8.2의 세 가지 대안(A1, A2, A3)을 다시 고려해보자. 각 대안은 동일한 사용수명을 갖고, 분석을 위한 각 요소(I, B, C')의 현재가치는 다음과 같다. MARR = 10%

	A1	A2	A3
B	12,000	35,000	21,000
I	5,000	20,000	14,000
C'	4,000	8,000	1,000
PW (i)	3,000	7,000	6,000

(a) 모든 대안이 서로 독립적이라면, PI(i)를 기준으로 어느 대안이 채택되어야 하는가?

(b) 모든 대안이 상호 배타적이라면, 어느 대안이 최적대안이 되겠는가? PI를 이용한 증분분석을 이용하고 정확한 계산과정을 보여라.

문제분석

■ **조건**: 각 대안의 I, B, C', i = 연 10%

■ **탐색**: PI(i) 기준의 최적대안 선택

분석방법

각 대안의 PI (i)를 계산하고 대안들을 비교한다.

풀이

(a) 대안들이 서로 독립적이라면, 모든 대안이 채택 가능하다. 또한, 각 대안의 PI(i)가 1보다 크므로, PI를 기준으로 한 분석결과는 현재가치분석의 결과와 동일하다.

	A1	A2	A3
PI (i)	1.6	1.35	1.43

(b) 상호 배타적인 대안을 비교할 때, 만일 단순히 PI의 크기를 기준으로 대안들의 우선순위를 결정한다면, 앞서 언급한 바와 같이 왜곡된 결과를 얻을 수 있다. 예를 들어, 단순히 PI(i)를 기준으로 한다면 $A1$이 최적대안이고, $A2$는 가장 열등한 대안이라는 결론을 얻는다. 그러나 순현재가치를 기준으로 분석한 결과는 PW $(i)_2$ > PW $(i)_3$ > PW $(i)_1$으로 $A2$가 최적대안이다. 이와 같이 모든 대안들이 상호 배타적일 때는, 증분분석의 개념을 이용하여야 순현재가치분석과 항상 일치되는 결과를 얻을 수 있다. PI(i) 기준을 적용하기 위해서는, 우선 초기투자액(I)의 순서로 대안들을 나열한다.

순위기준	A1	A3	A2
I	5,000	14,000	20,000

다음에는 무선택 대안을 고려하여, PI가 1 미만인 대안을 제거한다. 본 예제에서

는 각 대안의 PI가 모두 1 이상으로 제거되는 대안이 없으므로, 첫 번째로 *A*1과 *A*3를 대상으로 증분분석을 시도한다.

- *A*1과 *A*3:

$$\begin{aligned}PI(i)_{A3-A1} &= \frac{(21,000-1,000)-(12,000-4,000)}{(14,000-5,000)}\\ &= 1.33 > 1\end{aligned}$$

PI가 1보다 크므로, *A*3가 잠정적으로 채택된다.

- *A*3와 *A*2:

다음 단계는 *A*2의 증분편익(*A*3에 대한)이 추가적인 지출을 초과하는지를 분석하기 위하여 *A*3와 *A*2를 비교한다.

$$\begin{aligned}PI(i)_{A2-A3} &= \frac{(35,000-8,000)-(21,000-1,000)}{(20,000-14,000)}\\ &= 1.17 > 1\end{aligned}$$

증분 PI가 1을 초과하므로, *A*2를 잠정 최적대안으로 채택한다. 더 이상 비교할 대안이 없으므로 최종적으로 프로젝트 *A*2를 최적 공공 프로젝트로 결정한다. 이 증분분석 과정은 앞서 언급된 증분 B/C비율분석과 동일하다.

8.4 요약

- 편익–비용분석은 공공 프로젝트의 경제성 평가를 위해 자주 사용된다. 아래 사항은 공공 프로젝트의 고유한 특성으로 그 내용이 편익–비용 분석과정에 효과적으로 반영되어야 한다.
  1. 비재무적 편익도 수치화되어 분석과정에 반영되어야 한다.
  2. 공공 프로젝트의 광범위한 수혜자들의 편익과 불편익이 충분히 투자분석과정에 반드시 고려되어야 한다.
- 공공 프로젝트의 분석을 어렵게 하는 문제들은 다음과 같다.
  1. 모든 수혜자들을 파악하는 문제
  2. 모든 편익과 불편익을 파악하는 문제
  3. 모든 편익과 불편익을 화폐가치(혹은 다른 단위)로 수치화하는 문제

4. 편익과 비용의 현재가치를 구하기 위해 적용되는 적정한 사회적 할인율을 결정하는 문제

- B/C비율은 다음과 같이 정의된다.

$$\mathrm{BC}(i) = \frac{B}{C} = \frac{B}{I + C'} \qquad I + C' > 0$$

B/C비율에서 의사결정기준은 $\mathrm{BC}(i) > 1$이면, 제안된 공공 프로젝트를 채택한다.

- 수익성지수(PI)는 다음과 같이 정의된다.

$$\mathrm{PI}(i) = \frac{B - C'}{I}, \qquad I > 0$$

수익성지수는 투자자본 한 단위에 대해 기대되는 순편익의 크기로 정의되며, 투자자본의 효율성을 측정하는 척도이다.

- 상호 배타적인 프로젝트들을 B/C비율 혹은 PI로 비교할 때는 반드시 증분분석의 개념을 이용해야 한다.

연습문제

편익-비용분석

8.1 관광이 주된 부가가치산업인 T시는 지역의 관광 수요를 촉진하기 위해 보다 적극적인 관광환경 개선계획을 수립하고 있다. 이 계획에 소요되는 비용은 5,000만원이며, 이로 인해 기대되는 연간수익과 비용은 아래와 같다.

연간수익: 소득증가 및 세수확대	117,400만원
연간비용: 주차장확장, 화장실개선, 순찰강화, 도로정비 등	48,830만원

이 도시의 경우 투자에 적용되는 이자율은 연 6%로 잡고 있으며, 이 계획은 5년 동안 추진될 것으로 추정된다. 편익-비용분석을 통하여 개선계획의 경제적 타당성을 검토하여라.

8.2 어느 지방도시에서는 도심의 증가하는 주차난을 해소하기 위해 주차건물을 건설하여 시민들로 하여금 저렴한 비용으로 사용할 수 있게 할 예정이다. 이 계획에 소요되는 비용으로 건축비용 200억원, 연간운영비용 20억원이 추정된다. 주차료 징수로 인한 수익은 주차건물이 완성되는 1년 후부터 매년 말 10억원씩 발생할 것으로 기대하고 있다. 지금부터 8년 동안의 수익으로는 주차건물 건설로 인한 혜택으로 도심 주차난 해소, 교통체증 감소 등으로 인한 혜택이 향후 8년 동안 연간 50억원에 이를 것으로 추정된다. 이 계획의 B/C비율은 얼마인가? 단, MARR은 6%이다.

8.3 W시는 도심 교통난의 해소를 위해 도심을 순환하는 경전철의 도입을 검토하고 있다. 순환 경전철의 도입은 출퇴근 시간의 교통난을 해소함은 물론, 출퇴근용 자동차의 운행을 줄여 도시의 대기환경의 개선에도 큰 역할을 할 것으로 기대된다. 이 사업의 추진과 관련하여 조사된 재무자료는 아래와 같다. B/C비율분석을 통하여 사업의 타당성을 검토하여라.

내용	편익 및 비용
초기 투자비용	2,400억원
사용 수명	25년
연간 순편익	500억원
연간 비용	320억원
연간 운임수익	130억원
추정 처분가치	10%
MARR	6%

증분 B/C분석

8.4 한 지방정부는 증가하는 생활폐기물의 처리를 위해 새로운 폐기물처리시스템을 도입하고자 다음 두 가지의 시스템을 검토하고 있다. 두 시스템 모두 사용연수가 지난 후의 처분가치는 없다고 가정한다.

- 시스템 A: 사용수명은 15년, 초기투자비용이 40억원, 연간 O&M비용은 5억원이 소요될 것으로 추정된다.
- 시스템 B: 사용수명 15년, 초기투자비용 30억원, 연간 O&M비용은 8억원으로 추정된다.

지역주민에게 징수되는 폐기물처리요금으로 인한 예상수익이 8.5억원이고, MARR = 8%가 적용된다.

(힌트: 혜택이 동일한 경우에는 증분 B/C분석이 불가능하다. 이러한 경우는 최소비용($I+C'$) 기준을 적용한다.)

(ㄱ) B/C비율을 이용하여 어느 시스템이 더 경제적인지 결정하여라.

(ㄴ) 만일 사용수명은 동일하고, 초기 투자비용이 35억원, 연간 O&M비용이 6.5억원인 새로운 시스템 C

가 제안되었다면, (ㄱ)의 결정이 바뀌겠는가?

8.5 새로 건설 중인 고속도로의 산악구간을 터널을 뚫어 도로를 연결할 것인지, 아니면 산을 우회하는 도로를 건설할 것인지를 선택해야 한다. 연간 평균 40만 대의 차량이 이 도로를 이용할 것으로 추정되며, 자동차들은 연비는 평균적으로 km당 200원이라고 한다. 이번에 건설된 도로는 어는 대안을 선택하더라도 40년의 수명을 갖는다. MARR이 연 10%라고 하면, 어느 대안을 선택해야 하는가?

	구간길이	초기 투자비용	연간 O&M비용
우회도로	35km	210억원	1.4억원
터널도로	15km	450억원	1.65억원

8.6 어느 도시의 환경개선을 위한 세 개의 투자대안이 제안되었다. 다음 표는 이 세 대안의 편익, 비용, 그리고 초기 투자비용의 현재가치를 조사한 것이다.

현재가치	투자대안		
	A1	*A2*	*A3*
B	200억원	350억원	250억원
I	50억원	150억원	100억원
C′	50억원	100억원	75억원

세 대안 모두 동일한 수명을 갖는다고 하고, 이외의 다른 대안을 고려할 수 없다면, B/C비율을 이용한 증분분석을 기반으로 어느 대안을 선택해야 하는지를 결정하여라.

8.7 A도시는 도심에 공용 주차장을 건설하여 운영하려고 계획하고 있다. 제안된 3개의 대안에 관한 관련 정보는 아래 표와 같다.

	대안 A	대안 B	대안 C
대지구매비용	24억원	18억원	20억원
주차장건설비용	220억원	70억원	140억원
연간주차료수익	83억원	75억원	60억원
연간O&M비용	41억원	36억원	31억원
사용수명	30년	30년	30년

모든 대안에 대하여, 대안수명이 지나면 건물의 잔존가치는 없고 토지는 구매가와 동일하게 처분할 수 있을 것으로 추정된다. B/C비율을 기준으로 어느 대안을 선택해야 하는지를 결정하여라. 단, A도시의 MARR은 연 10%이다.

8.8 최근 급성장하고 있는 산업도시 C시는 유입인구의 증가와 함께 늘어나는 범죄를 예방하기 위하여 도심공원에 방범을 위한 CCTV시스템을 설치할 계획이다. 4개의 CCTV시스템이 제안되었는데, C시는 각각의 시스템에 대한 분석정보를 아래와 같이 정리하였다. 한 가지 시스템만을 선택하여야 한다면, B/C비율을 기준으로 어떤 시스템을 선택하여야 하겠는가?

시스템	연간편익	연간비용	B/C비율
시스템 1	14,350만원	1,430만원	10.03
시스템 2	11,350만원	1,835만원	6.19
시스템 3	35,000만원	19,500만원	1.79
시스템 4	42,000만원	24,000만원	1.75

8.9 어느 시의회에서는 최근 제안된 4가지의 도심개발계획을 심의 중이다. 분석을 위해 필요한 정보는 아래와 같고, 모든 계획은 동일한 기간 동안 시행된다.

	편익(PW)	비용(PW)
대안 A	40억원	85억원
대안 B	150억원	110억원
대안 C	70억원	25억원
대안 D	120억원	73억원

예산 등의 이유로 이 가운데 한 개의 계획만을 선택해야 한다면, B/C비율을 이용한 증분분석으로 최적대안을 선택하여라. 단, 무투자 대안은 고려하지 않는다.

수익성지수

8.10 다음 두 대안을 고려해보자.

기간	대안 A1	대안 A2
0	-90억원	-120억원
1	40억원	20억원
2	34억원	30억원
3	30억원	35억원
4	24억원	44억원
5	20억원	40억원
6	15억원	35억원

(ㄱ) MARR이 연 6%라고 할 때, 대안 A와 대안 B의 수익성지수(PI)를 계산하여라.

(ㄴ) 만일 투자를 위한 충분한 자금이 있다고 하면, 선택될 대안은 어느 것(들)인가?

(ㄷ) 하나의 대안만을 선택해야 한다면, 어느 대안을 선택해야 하는가?

8.11 다음은 두 가지 상호 배타적 대안의 현금흐름 정보이다.

기간	대안 A1	대안 A2
0	-75억원	-100억원
1	10억원	20억원
2	10억원	20억원
3	10억원	20억원
4	24억원	30억원
5	20억원	30억원
6	18억원	25억원
7	18억원	25억원
8	18억원	15억원
9	18억원	10억원
10	18억원	5억원

(ㄱ) 수익성이 높은 대안을 선택하여라. 단, MARR은 연 7%이다.

(ㄴ) 만일 이자율 연 7%로 충분한 자금을 융자할 수 있다면, 어느 대안을 선택하겠는가? 수익성지수를 이용하여 분석하여라.

제3부

투자 프로젝트 현금흐름분석

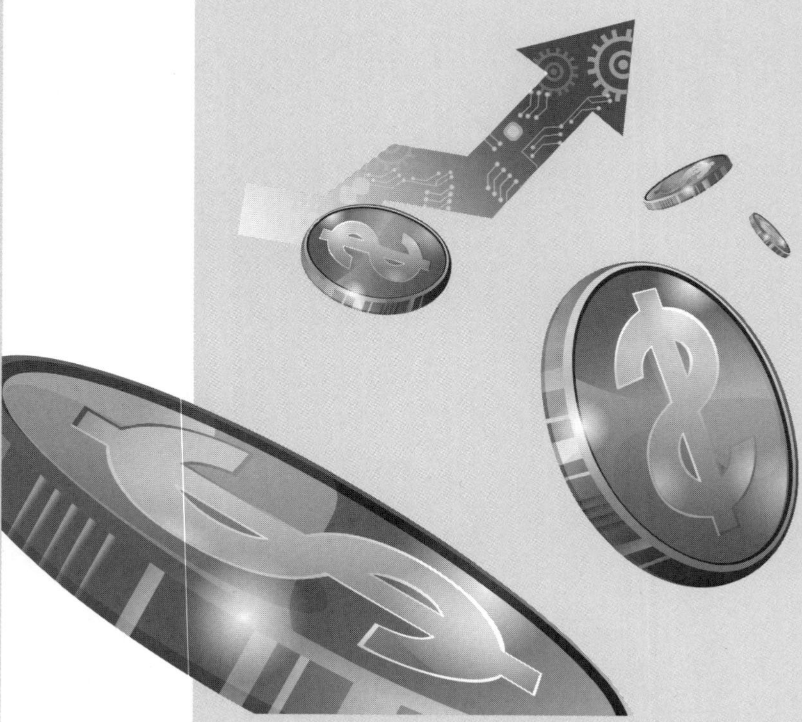

제 9 장 감가상각과 법인세

감가상각법을 이용한 경기부양정책

어느 국가나 경기가 침체할 때는 감가상각법이나 세법을 조정하여 경기부양을 도모한다. 예를 들면, 우리나라에서도 극히 침체된 부동산시장의 활성화를 위해 현재 무주택자가 고시된 한도 내의 부동산을 매입할 때, 취득세를 감면해주는 정책을 실시한 경우가 있다. 한편, 미국에서도 2010년 9월 침체된 미국의 경기를 부양시키기 위한 노력의 일환으로, 미국 정부는 사업비용을 절감할 수 있는 새로운 법안을 발의하였다. "미국 역사상 가장 파격적인 투자장려책"이라 할 수 있는 이 법안은 소비촉진, 수요증대, 고용창출을 위하여 기업이 2011년도에 신규 구매한 장비에 대해 당해 회계의 과세대상소득(과세표준)에서 전액을 감면해주는 방안이다.

결과적으로, 할인된 가격에 물건을 사는 것과 같이, 공제받은 세액으로 신규 장비를 구매하고 경기가 회복되면 매년 결산 시 구입 장비의 감가상각에 따른 세제혜택을 포기하는 것이다. 만약 기업이 이 새로운 법안을 받아들여 최신 장비를 할인가격으로 구매한다면, 향후 발생하는 감가상각에 따른 세제혜택 손실은 기업의 최종 손익구조에 어떤 영향을 끼칠까?

예를 들면, 용접공정에 사용되는 산업용 로봇을 22만 달러에 구매하고, 자산취득 첫 해에 전체 금액을 비용 처리하여 세제 혜택을 받는 기업을 생각해보자. 만약 이 기업이 평상시에 산업용 로봇을 구입했다면, 구입비용을 장비의 내용연수에 따라 매년 분할하여 사업비용으로 처리하고 세금혜택을 받을 것이다. 결국, 이것은 한번에 모든 세제혜택을 받을 것인지, 아니면 분할해서 받을 것인지에 대한 문제이다. 많은 기업들은 돈의 시간적 가치를 고려하여, 보다 유리한 일시불 세제감면을 선택할 것이고, 이를 통해 조기에 회수된 투자자금(감면된 세금)으로 새로운 설비투자를 하거나, 아니면 필요한 사업에 재투자하게 될 것이다.

기업들이 재투자함으로써 새로운 사업이 창출됨은 물론, 경기부양과 고용창출로 이어지는 긍정적인 효과를 기대할 수 있다. 또한, 단기적 세제혜택인 이 법안의 시행으로 발생하는 세수부족은 기업의 재투자로 인하여 창출되는 새로운 사업으로부터 징수되는 세금으로 충분히 메울 수 있다고 정부는 기대하고 있다.

우리 엔지니어들은 왜 자산의 감가상각에 관한 개념을 이해할 필요가 있는가? 본 교재 제5장부터 제7장까지의 모든 현금흐름은 사실 세후 현금흐름을 가정한 것이다. 프로젝트의 현금흐름에 미치는 법인세의 효과를 결정하기 위해 엔지니어들은 프로젝트를 수행함으로써 얻게 되는 이익을 계산하는 과정에서 감가상각비의 역할을 명확히 이해해야 한다. 감가상각 회계의 주요 기능은 시간의 경과에 따른 고정자산의 감소된 가치를 비용으로 처리하는 것이다. 예를 들면, 회사에서 CAD시스템을 설치하는 경우 CAD시스템을 사용하는 정도에 따라 감소되는 CAD시스템의 가치를 비용으로 계산하여 일정기간 동안 매년 재무제표상에 그 비용을 할당하는 것이다.

또한 엔지니어들은 프로젝트의 투자단계에서 고정자산에 대한 감가상각의 적용이 앞으로 수행할 프로젝트의 투자가치에 미치는 영향을 평가할 수 있어야 한다. 엔지니어가 이러한 평가를 수행하기 위해서는 프로젝트를 수행하는 기간 동안 할당되는 투자비용을 추정하고, 또한 회계담당자가 자산을 감가상각을 위해 사용하는 기법과 규정을 정확하게 이해할 필요가 있다. 다른 고려사항은 이 최신 장비가 시간이 지남에 따라 노후화된다는 사실이다. 이 장비가 생산공정에 오랜 기간 동안 사용된다면, 높은 수준의 성능 유지를 위해 노후된 부품 및 하드웨어의 교체가 필요하고, 이에 따른 보수비용이 증가될 것이다. 또한, 얼마의 기간 동안이나 이 장비가 최첨단의 기능을 유지할 수 있느냐는 점도 심각하게 고려할 사항이다. 경쟁우위에 있던 기업이 장비 노후화로 인해 경쟁에서 뒤쳐질 때가 발생할 수도 있기 때문이다.

본 장에서는 고정자산의 특성, 감가상각과 법인세의 중요성에 관하여 먼저 알아본 후, 자산의 감가상각과 관련된 규칙 및 법규, 그리고 감가상각비용을 할당하는 방법 등을 주로 다루게 된다. 이러한 내용들에 관한 지식을 습득함으로써 프로젝트를 수행하기 위해 취득한 자산의 정확한 감가상각과 그에 따른 세금영향을 이해할 수 있을 것이다.

9.1 감가상각의 개념

적절한 고정자산을 취득하기 위한 기업의 투자활동은 현재와 같은 극심한 시장경쟁에서 생존하기 위한 기업 최고경영자의 중요한 의사결정에 속한다. 다른 여러 형태의 자본지출과 마찬가지로 고정자산 취득을 위한 투자비용도 기업의 대차대조표와 손익계산서에 지출로 계상된다. 그러나 인건비, 재료비, 유지비 등과는 달리 고정자산의 취득비용은 단순히 그 해에 발생된 지출로 간주되는 것이 아니고, 자본화(capitalization)된다. 이와 같이 자본화된 고정자산은 생산활동에 투입되는 일정기간 동안 총취득비용 가운데 매년 발생하는 자산의 소모분을 비용으로 환산하여, 해당 연도의 총수입에서 공제해야 한다.

우리가 말하는 **회계적 감가상각**(accounting depreciation)이란 자산의 총 취득비용을 세법상 자산의 경제적 수명인 내용연수(depreciable life) 동안 체계적으로 나누어 연간 비용으로 할당하는 것을 의미한다. 기업에서 회계적 감가상각을 표준으로 사용하기 때문에 통상 이를 간단히 **감가상각**(depreciation)이라고 부른다.

감가상각비용을 계산하기 위해서는 다음과 같은 사항들이 먼저 결정되어야 한다. (1) 자산의 취득가액은 얼마인가? (2) 자산의 감가상각 내용연수는 얼마인가? (3) 자산의 내용연수 말의 잔존가치는 얼마인가? (4) 어떤 감가상각방법을 사용하는가? 본 절에서는 이러한 요소들에 관한 내용을 논의하려고 한다.

9.1.1 감가상각자산

감가상각자산, 즉 회사의 소득에 대해 감가상각비용을 산정해야 하는 자산은 어떠한 요건을 갖는지를 파악하는 것이 중요하다. 현행 세법을 적용하기 위해 감가상각자산은 아래의 속성을 모두 갖추어야 한다.

1. 영업 목적을 위해 사용되어야 한다.
2. 자산의 사용기간은 1년 이상이며 유한해야 한다.
3. 마모, 쇠퇴, 고갈, 진부화 또는 자연적인 원인으로 가치가 감소되어야 한다.

위의 세 가지 조건을 만족시키는 일반적 감가상각자산으로는 건물, 장비, 자동차, 무형자산[1](intangible assets) 등이 있다. 재고자산(inventory)은 판매를 위한 목적으로 존재하기 때문에 감가상각자산이 아니다. 또한, 토지와 같이 자산의 유효기간이 한정되어 있지 않다면, 감가상각자산이라고 할 수 없다.

본 장에서는 기업과 관련된 고정자산의 감가상각에 대하여 주로 다루겠지만 개인도 앞에서 언급한 조건을 만족하는 자산은 감가상각자산이라 할 수 있다. 예를 들어, 개인이 건물을 임대목적으로 구입했거나 임대를 위해 자동차를 사용하면, 이 자동차 역시 감가상각자산이 될 수 있다.

9.1.2 취득가액

자산의 **취득가액**(depreciation base)이란 자산의 구입부터 사용수명 후 처분할 때까지 발생하는 총비용을 말한다. 결국, 이 금액은 매년 비용으로 계상되는 감가상각비의 총액과 같다(이 자산을 운영하는 데 소요되는 일반정비나 운영비용은 여기에 포함되지 않는다). 일반적으로 취득가액은 자산의 실제 구입비와 부대비용을 포함한다. 부대비용이란 운반비, 구입수수료, 하역비, 설치비, 시운전비, 등록세, 취득세, 관세 등과 같은 취득에 소요된 직접경비와 법인세법의 규정에 의한 건설자금이자 및 자본지출[2]이 포함된다. 자산의 구입비용뿐만 아니라 이러한 모든 부대비용이 감가상각을 위한 취득가액에 포함되어 자산의 내용연수 동안 감가상각비용으로 처리된다. 자산의 취득가

1) 무형자산도 자산으로써 그 가치는 가지고 있으나 기계나 장비와 같이 실체가 없는 것이다. 무형자산의 종류로는 지적재산권, 특허, 고객목록, 제품디자인, 프랜차이즈 등이 있다.
2) 감가상각자산의 내용연수를 연장시키거나 당해 자산의 가치를 현실적으로 증가시키기 위하여 지출한 수선비

액은 감가상각 공제액 산출에 사용될 뿐만 아니라, 자산을 매각하거나 구매할 때의 이득이나 손실의 계산에도 사용된다.

예제 9.1 | 취득가액

㈜HS산업은 자동천공기를 21,500만원에 구입하였다. 구매명세서에는 1,200만원의 부가세가 포함되어 있다. ㈜HS산업은 구입 기계의 수송비로 525만원, 공장에 새 기계를 설치하기 위한 인건비로 1,350만원, 기계 설치를 위한 부지 준비비로 2,125만원을 지불하였다. 자동천공기 감가상각을 위한 취득가액을 결정하여라.

문제분석

■ **조건**: 구입가격 = 21,500만원, 운반비 = 525만원
설치비 = 1,350만원, 부지준비비 = 2,125만원

■ **탐색**: 취득가액

분석방법

풀이

자동천공기의 감가상각비를 계산하기 위한 이 기계의 취득가액은 다음과 같다.

(단위: 만원)

새로운 천공기 가격	21,500
운반비	525
설치노임	1,350
부지 준비비	2,125
기계의 감가상각 취득가액	25,500

해설 자동천공기를 구입할 때 발생한 부대비용을 구입연도의 기간비용으로 처리하지 않고, 자동천공기의 감가상각을 위한 취득가액으로 취급하는 이유는 무엇일까? 이는 매출이 발생하면 이에 상응하는 비용이 반드시 수반되어야 한다는 매출-비용 대응이란 회계의 기본원칙에 따라, 자동천공기 구입에 발생된 모든 비용을 자동천공기 총취득가액으로 간주하여 이를 미래에 발생할 매출액에 대한 비용으로 할당해야 하기 때문이다.

9.1.3 내용연수와 잔존가치

고정자산은 얼마나 생산활동을 위해 사용할 수 있는가? 고정자산의 감가상각 기간을 결정하기 위한 회계규칙과 세법은 어떤 것들이 있는가? 이러한 질문들에 대한 답을 얻어야 고정자산의 내용연수를 결정할 수 있다. **내용연수(depreciable life)**란 기업활동에 사용되는 고정자산을 일정기간 분할하여 비용으로 인정하기 위하여 세법에서 정한 기간을 말한다.

올바른 감가상각을 위해서는 감가상각 대상자산이 정상적인 생산활동이 가능한 사용연수를 정확히 파악하여 이에 기초한 내용연수를 선정해야 할 것이다. 그러나 고정자산의 정확한 사용연수를 구하는 것은 매우 어려운 문제이므로 이러한 문제로 발생할 수 있는 혼란을 방지하기 위하여 과거의 자료를 근거로 자산 유형별로 구체화된 내용연수의 범위를 법인세법으로 규정하고 있다.

표 9.1에서 보는 바와 같이, 일반적으로 법인세법에 의한 내용연수는 기준내용연수에 대해 일정한 범위로 주어진다. 우리나라에서는 시험연구용 자산과 무형고정자산은 세법에서 정한 단일 내용연수를 적용하고, 나머지 유형고정자산은 법인세법 시행규칙에 규정된 기준내용연수의 상하 25% 범위 내에서 기업의 실정에 맞추어 탄력적으로 선택하여 관할 세무서장에게 신고하여 적용하는데, 이를 **신고내용연수**라고 한다. 만일 기업이 적용할 내용연수를 신고하지 않거나 승인을 얻지 못한 경우에는 기준내용연수에 의하여 감가상각을 해야 한다.

잔존가치(혹은 잔존가액, estimated salvage value)란, 내용연수 말에 추정된 자산의 가치로서 궁극적으로 판매, 교환, 또는 폐기를 통해 회수되는 금액이다. 자산의 잔존가치는 그 자산의 내용연수가 전부 경과한 후에 이를 처분할 경우의 실제 **처분가치(혹은 처분가액,** true salvage value)와 일치함이 원칙이나 실제로는 잔존가치가 처분가치와 일치하는 경우는 드물다. 대부분의 경우 잔존가치가 처분가치를 초과하거나, 반대로 처분가치가 잔존가치를 초과하게 된다. 여기서 기억할 것은 잔존가치는 감가상각을 계산할 때 사용되고, 처분가치는 자산의 처분에 따른 양도세를 계산할 때 쓰인다는 점이다.[3)]

앞서 정의한 바와 같이, 감가상각이란 그 자산을 처분할 때까지의 감가상각비를 자산의 사용기간에 따라 적정하게 배분하는 절차이다. 이때 감가상각대상액은 취득가액에서 잔존가치를 공제한 금액이다. 그러므로 자산의 잔존가치는 자산에 대한 감가상각 계획이 수립될 때 추정되어야 하고, 만일 추정된 잔존가치를 정확하지 않다고 밝혀지면 조정할 필요가 있다.

---

3) "잔존가치"와 "처분가치": 많은 경우에 혼용되고 있지만, 본 교재에서는 혼동을 피하기 위해 "잔존가치"는 세법에서 정해진 예상 처분가치로만 사용하고, "처분가치"는 처분할 때의 시장가치의 의미로 사용하기로 한다.

감가상각자산의 잔존가치 추정도 내용연수와 마찬가지로 회계실무에서 매우 중요하면서도 어려운 업무이다. 세무행정의 편의를 도모하고 감가상각 계산의 자의성을 방지하기 위하여 우리나라의 현행 법인세법은

- 유 · 무형고정자산의 잔존가치가 없는 것을 원칙으로 하고 있다.
- 다만, 정률법에 의하여 유형고정자산을 감가상각하는 경우에는 상각률 계산의 편의를 위해 취득가액의 5%에 상당하는 금액을 잔존가치로 정하고 있다.

표 9.1 ▎ 국내세법에 의한 기준내용연수 및 내용연수범위

구분	자산 또는 업종구분	기준내용연수	내용연수범위
건축물 등	차량운반구, 공구, 기구 및 비품	5년	4~6년
	선박, 항공기(운수업외의 업종에서 사용하는 것에 한함)	12년	9~15년
	연와조, 블록조, 콘크리트조 등의 건축물	20년	15~25년
	철골, 철근콘크리트조 등의 건축물	40년	30~50년
업종별 자산(건축물 등을 제외한 나머지 유형고정자산)	농업, 건설업, 도소매업, 정보처리 및 기타 컴퓨터운용관련업, 금융보험업 등	5년	4~6년
	의복제조업, 숙박음식점업, 여행알선운수관련서비스업 등	8년	6~10년
	음식료품, 섬유제품, 가죽가방신발제조업, 자동차 및 트레일러제조업 등	10년	8~12년
	담배제조업, 수상항공운수업 등	12년	9~15년
	전기, 가스 및 수도사업	20년	15~25년
시험연구용 자산	광학기기, 시험기기, 측정기기, 공구, 기타시험연구용설비	3년	
	건물부속설비, 구축물 및 기계장치	5년	
무형고정자산	영업권, 디자인권, 실용신안권, 상표권	5년	
	특허권, 어업권, 해저광물채취권, 시설이용권(전기가스공급, 공업용수, 수도, 열공급)	10년	
	광업권, 시설이용권(전신전화전용, 하수종말처리장), 수도시설관리권	20년	
	댐사용권	50년	

9.1.4 감가상각방법

표 9.2에서 보는 바와 같이, 국내에서 적용되는 감가상각방법은 정액법, 정률법, 생산량비례법이 있으며, 감가상각자산은 법인세법에 규정된 아래의 감가상각방법 중 한 가지 방법이 적용된다. 기업이 신고한 감가상각방법(감가상각방법을 신고하지 않은 경우에는 무신고 시의 감가상각방법을 적용)은 그 후의 사업연도에 있어서도 계속하여 그 감가상각방법을 적용하여야 한다. 세법이 규정한 특별한 경우에는 감가상각방법을 변경할 수 있으나, 이때에도 반드시 관할세무서에 변경에 대해 신고를 해야 할 의무가 있다.

표 9.2 | 감가상각방법의 적용

자산종류	신고 시	무신고 시
1. 건축물과 무형고정자산 (광업권 제외)	정액법	정액법
2. 건축물 외의 유형고정자산 (광업용 유형고정자산 제외)	정률법, 정액법	정률법
3. 광업권 (해저광물개발법에 의한 채취권 포함)	정액법, 생산량비례법	생산량비례법
4. 광업용 유형고정자산	정률법, 정액법, 생산량비례법	생산량비례법

정액법

정액법(straight-line method)은 매년 고정자산의 가치가 일정량만큼씩 감소한다고 가정하고 자산의 내용연수 동안 매년 일정한 비용을 공제하는 감가상각방법이다. 즉, 자산의 감가상각 내용연수가 N년이면 이 고정자산의 연간 감가상각률은 $1/N$로 일정하다. 앞서 언급한 바와 같이, 국내의 현행 세법에 의하면 정액법을 사용하여 감가상각을 할 경우에는 자산의 잔존가치가 없는 것으로 정하고 있다. 매년 말 자산의 취득가액에서 그동안 감가상각한 비용을 모두 차감한 액수를 **장부가격(혹은 장부가치,** book value)이라고 한다. 예제 9.2를 통하여 정액법에 의한 자산의 일반적 감가상각비 계산절차를 알아본다.

예제 9.2 | 정액법에 의한 감가상각

다음과 같은 자동차에 관한 자료를 고려해 보기로 하자.

- 자산의 취득가액(I) = 1,000만원
- 내용연수(N) = 5년
- 잔존가치(S) = 0

정액법을 사용하여 연간 감가상각액과 장부가격을 계산하여라.

문제분석

■ **조건**: $I = 1{,}000$만원, $S = 0$, $N = 5$년

■ **탐색**: $D_n, B_n, n = 1, 2, 3, 4, 5$

분석방법

정액법에 의한 감가상각표를 작성한다.

풀이

정액상각률 α는 1/5이므로 연간 감가상각액은 다음과 같다.

$$D_n = \alpha(I - S) = (0.2)(1{,}000 - 0) = 200\,(\text{만원})$$

따라서 각 연도별 장부가격은 다음과 같이 계산되며, 표 9.3은 이러한 계산과정과 결과를 보여준다.

$$B_n = I - (D_1 + D_2 + D_3 + \cdots + D_n)$$

여기서 B_n은 n년도 감가상각액을 지불한 후의 장부가격이다.

표 9.3 | 정액법에 의한 감가상각 (단위: 만원)

	A	B	C	D
1				
2	감가상각방법			정액법
3	취득가액			1,000
4	내용연수			5
5	잔존가치			0
6				
7	기간	기초	감가상각	기말
8	(n)	장부가격	비용	장부가격
9	1	1,000	200	800
10	2	800	200	600
11	3	600	200	400
12	4	400	200	200
13	5	200	200	0
14				

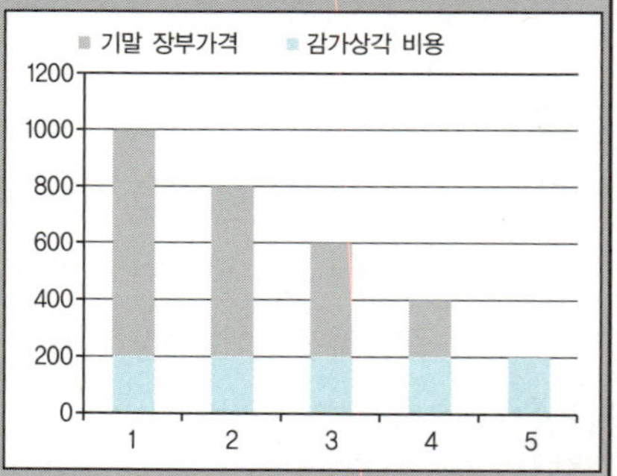

정률법

기계나 장비와 같은 유형고정자산은 정액법에서 가정한 바와 같이 매년 일정하게 감가가 발생한다기보다는 내용연수의 말기보다 초기에 더 많은 감가가

일어나는 것이 일반적인 현상이다. 자산의 감가상각이 이와 같은 형태로 발생한다고 생각하는 이유는 일반적으로 고정자산의 기계적 효율성이 시간이 지남에 따라 저하될 뿐만 아니라, 향후 더 좋은 기능을 가진 제품이 시장에 나옴에 따라 현재 사용 중인 자산의 상대적 가치가 점점 감소되기 때문이다. 이러한 이유로, 자산가치가 자산내용연수의 말기보다 초기에 상대적으로 더 많이 비용으로 처리되어야 하며, 이러한 개념을 근거로 한 감가상각방법이 **정률법**(declining balance method)이다. 이미 언급한 바와 같이 현행 국내 세법에 의하면 정률법에 의하여 자산의 감가상각을 할 경우에는 계산상의 편의를 위해 취득가액의 5%를 그 잔존가치로 인정하고 있다.

먼저 정률법에 적용할 감가상각률(α)을 구하고, 이 값을 매년도 초의 자산의 장부가격에 곱하여 각 연도별 감가상각비를 계산한다. 감가상각률(α)을 구하기 위해서는 다음과 같은 과정을 거쳐, 식 (9.7)을 유도할 수 있다. 즉, 임의의 감가상각률(α)을 사용하여 n년도 감가상각비 D_n을 정리하면 다음과 같다.

$$\begin{aligned}
D_1 &= \alpha I \\
D_2 &= \alpha(I - D_1) = \alpha I(1-\alpha) \\
D_3 &= \alpha(I - D_1 - D_2) = \alpha I(1-\alpha)^2 \\
&\ \vdots \\
D_n &= \alpha I(1-\alpha)^{n-1}
\end{aligned} \tag{9.1}$$

N년도 말의 감가상각누계액(TD_N)은 다음과 같다.

$$\begin{aligned}
\mathrm{TD}_N &= D_1 + D_2 + D_3 + \cdots + D_N \\
&= \alpha I + \alpha I(1-\alpha) + \alpha I(1-\alpha)^2 + \cdots + \alpha I(1-\alpha)^{N-1} \\
&= \alpha I[1 + (1-\alpha) + (1-\alpha)^2 + \cdots + (1-\alpha)^{N-1}]
\end{aligned} \tag{9.2}$$

식 (9.2)의 양변에 $(1-\alpha)$를 곱하면

$$\mathrm{TD}_N(1-\alpha) = \alpha I[(1-\alpha) + (1-\alpha)^2 + (1-\alpha)^3 + (1-\alpha)^N] \tag{9.3}$$

식 (9.2)에서 식 (9.3)을 빼고, α로 나누면

$$\mathrm{TD}_N = I[1 - (1-\alpha)^N]$$

N년도 말의 자산의 장부가격(B_N)은 다음과 같다.

$$B_N = I - \mathrm{TD}_N = I(1-\alpha)^N \tag{9.4}$$

식 (9.4)를 감가상각률 α에 관하여 정리하면 아래와 같다.

$$\alpha = 1 - \left(\frac{B_N}{I}\right)^{1/N} \tag{9.5}$$

식 (9.4)에서 N년도 말의 장부가격(B_N)은 해당 고정자산의 예상처분가치이다. 국내 세법은 정률법을 사용할 경우, 예상처분가치를 취득가액의 5%로 규정하고 있으므로 N년도 말의 자산의 장부가격(B_N)은 $(0.05 \cdot I)$가 되고, 이에 따라 α값은 다음과 같이 계산할 수 있다.

$$\alpha = 1 - (0.05)^{1/N} \tag{9.6}$$

감가상각률을 이용하여 각 연도별 자산의 감가상각비를 계산하면 다음과 같다.

$$D_n = \alpha(I - \mathrm{TD}_{n-1}) \tag{9.7}$$

예제 9.3 | 정률법에 의한 감가상각

다음과 같은 컴퓨터시스템에 관한 회계정보를 고려해 보기로 하자.

- 자산의 취득가액(I) = 1,000만원
- 내용연수(N) = 5년
- 잔존가치(S) = 50만원(취득가액의 5%임)

정률법을 적용할 때, 각 연도별 감가상각비와 장부가격을 계산하여라.

표 9.4 ▌ 정률법에 의한 감가상각 (단위: 만원)

	A	B	C	D
1				
2	감가상각방법			정률법
3	취득가액			1,000
4	내용연수			5
5	잔존가치			50
6	감가상각률(α)			0.45072
7				
8	기간	기초	감가상각	기말
9	(*n*)	장부가격	비용	장부가격
10	1	1,000.00	450.72	549.28
11	2	549.28	247.57	301.71
12	3	301.71	135.99	165.72
13	4	165.72	74.69	91.03
14	5	91.03	41.03	50.00
15				

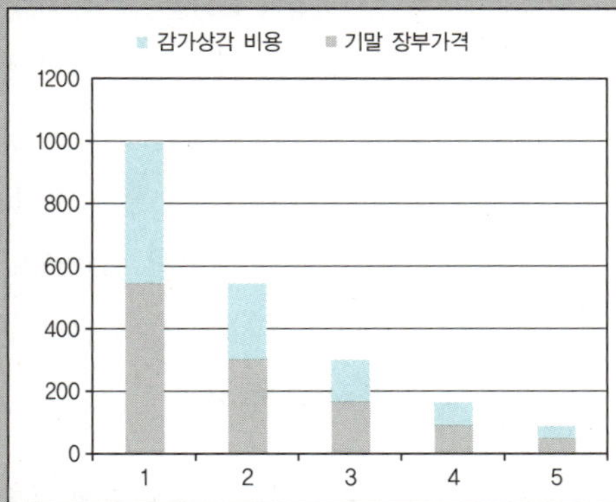

문제분석

■ **조건**: $I = 1,000$만원, $S = 50$만원, $N = 5$년

■ **탐색**: $D_n, B_n, n = 1, 2, 3, 4, 5$

분석방법

엑셀워크시트를 활용하여 정률법에 의한 감가상각표를 작성한다.

풀이

취득가액(0차년도 장부가격 B_0)은 1,000만원이고, 감가상각률 α는 45.07%(=$1 - 0.05^{1/5}$)이다. 따라서 1차년도의 감가상각비(D_1)는 450.7만원(45.07%×1,000만원)이다. 2차년도의 감가상각비(D_2)는 1차년도의 장부가격(B_1=1,000만원−450.7만원)인 549.3만원에 감가상각률 45.07%를 곱하여 247.6만원(=549.3만원×45.07%)를 구하게 된다. 이러한 과정을 계속적으로 반복하여 아래와 같이 연도별 감가상각비를 구할 수 있다.

(단위: 만원)

기간	D_n	B_n
0		1,000.0
1	0.4507(1,000) = 450.7	1,000 − 450.7 = 549.3
2	0.4507(549.3) = 247.6	549.3 − 247.6 = 301.7
3	0.4507(301.7) = 136.0	301.7 − 136.0 = 165.7
4	0.4507(165.7) = 74.7	165.7 − 74.6 = 91.0
5	0.4507(91.1) = 41.0	91.1 − 41.1 = 50.0
	감가상각총액 = 950.0	

생산량비례법

정액법이나 정률법이 시간에 따른 감가상각방법이라면 자산의 사용량에 따른 감각상각방법이 생산량비례법(units-of-production method)이다. 이 방법은 앞서 언급한 정액법이나 정률법과 같이 고정자산이 제공하여 주는 서비스의 양이 시간에 따라 감소된다고 가정하지 않는다. 그 대신 자산의 연도별 감가상각비를 해당 연도에 소모된 자산의 총서비스량에 의하여 결정한다. 자산에 의하여 제공된 서비스의 사용단가는 자산의 총취득가액을 자산의 총서비스량으로 나눈 값이 된다. 생산량비례법에 의한 자산의 감가상각비는 아래와 같이 구한다.

$$D_n = \frac{n\text{년도에 소모된 서비스량}}{\text{총서비스량}}(\text{취득가액} - \text{잔존가액}) \qquad (9.8)$$

생산량비례법에서 각 연도별 감가상각비는 총서비스량에 대한 실제 소모된 서비스량의 비율에 따라 부과되므로, 각 기계의 사용량에 대한 자료수집이 필요한 번거로움이 있다. 또한, 많은 경우 일반공정에서 필요로 하는 장비와 시설은 사용량 이외도 기술의 발달에 의한 자산가치의 감소가 시간에 따라 발생하므로, 특수용도의 장비나 천연자원 채굴장비와 같은 경우를 제외하고는 그 사용이 제한되어 있다.

예제 9.4 | 생산량비례법에 의한 감가상각

석탄운반차의 예상구입비용은 5,500만원이고, 250,000km를 사용할 수 있을 것으로 기대되며, 내용연수가 지난 후에 잔존가치는 없다. 올해 이 석탄운반차를 30,000km 사용하였다면, 올해 할당될 석탄운반차의 감가상각비는 얼마인가?

문제분석	■ **조건**: I = 5,500만원, 총서비스량 = 250,000km, 올해 사용한 서비스량 = 30,000km ■ **탐색**: 올해의 감가상각비
분석방법	**풀이** 올해에 석탄운반차를 30,000km 사용하였으므로 석탄운반차의 감가상각비는 다음과 같다. $\frac{30,000}{250,000}(5,500) = \frac{3}{25}(5,500) = 660(\text{만원})$

9.2 회계적 이익을 결정하는 방법

지금까지 본 교재에서 논의된 투자의사결정은 프로젝트의 순현금흐름에 근거하여 진행되었다. 여기서 언급되는 프로젝트의 순현금흐름은 세후 현금흐름을 의미하는데, 프로젝트 평가에 세금의 영향을 고려하기 위해서는 먼저 과세의 기준이 되는 과세대상소득(또는 과세표준)을 결정하고 그 후에 당기순이익을 결정하는 과정을 이해할 필요가 있다.

일반적으로 기업이 프로젝트에 투자하는 목적은 이익증대를 통한 기업의 가치증가이다. 프로젝트의 매출액이 비용보다 많게 되면 프로젝트가 이익 혹은 소득이 발생하여 기업의 부가 증가하고, 반대로 프로젝트의 비용이 매출액보다 크게 되면 기업에 손해를 입히게 되어 기업의 부는 감소하게 된다. 이때 발생한 모든 이익에는 세금이 부과되며, 특정한 기간 동안 발생한 프로젝트의 이익에서 세금을 공제한 세후이익을 당기순이익(net income)이라 한다. 회계의 중요한 역할은 프로젝트의 수행으로 인해 발생하는 이익과 손실의 크기를 매년 정확히 측정하는 것이다.

9.2.1 감가상각비 처리

누구나 사업을 시작하거나 사업을 계속하려면 건물 및 설비 등과 같은 고정자산을 필요로 한다. 이러한 자산에 대한 지출 또한 사업을 수행하기 위한 비용의 일부분이 된다. 그러나 고정자산을 획득하기 위해 지출된 비용(자본재비용)의 회계처리는 제조 및 운영비 지출의 회계처리와는 같지 않다. 이미 언급했듯이 자본재 비용은 생산활동에 투입되는 일정기간 동안 분할하여 처리하는 것이 회계의 원칙이다. 즉, 매년도에 발생한 총수입에서 그 수입을 창출하기 위해서 발생한 모든 비용을 뺀 것이 과세대상소득으로 간주하기 때문이다. 다시 말하면, 당해 연도에 얼마만큼 고정자산을 이용해서 그 가치가 감소했는지가 관점이 된다. 이 감소된 가치의 추정은 결국 그 해의 감가상각비로 환산하여 비용으로 처리된다. 그러므로 여러 해 동안 사용할 수 있는 고정자산을 구입하면, 총자산의 구입비를 자산을 구입한 연도의 비용으로 모두 공제하지 않고, 감가상각 할당액을 자산의 내용연수에 따라 정하고 그 할당액을 매년의 이익에서 공제하는 것이 타당한 것이다. 이와 같이 감가상각은 과세에 직접적인 영향을 주기 때문에, 기업의 입장에서 특별한 관심의 대상이 된다. 다음 절에서는 감가상각비와 당기순이익의 관계를 알아보자.

9.2.2 당기순이익

일정한 영업활동기간 동안 발생한 매출액에서 비용을 공제하여 당기순이익을 측정한다. 프로젝트의 매출액과 비용에 관한 정의는 다음과 같다.

1. 프로젝트 매출액은 고객에게 상품이나 서비스를 제공하여 얻은 수입으로 상품을 판매하거나 용역을 제공한 대가로 받은 금액의 총액이다.
2. 프로젝트 비용은 일정한 영업활동기간 동안 매출을 발생하기 위해 지출된 비용이다. 일반적으로 이 비용은 매출원가(노무, 원료, 소모품), 감가상각비, 직원 급료, 운영비(건물 임대료와 보험료), 법인세 등이 포함된다.

본 교제의 제13장에서 좀 더 상세히 다루겠지만, 기업의 영업활동과 관련되어 기업에서 지출한 금액들은 각각의 비용항목으로 분류되어 해당 기간의 재무제표상에 자세히 기록되므로, 위에 열거한 비용들은 기업의 대차대조표와 손익계산서를 통하여 투자자들을 위해 정기적으로 보고된다.

다음에는 감가상각이 어떻게 당기순이익 계산에 영향을 미치는지에 대해 알아보자. 프로젝트의 매출액과 비용이 파악되면, 그 다음에는 아래와 같이 과세대상소득을 결정한다.

$$\text{과세대상소득} = \text{총수입(매출액)} - \text{비용}$$

그리고, 과세대상소득이 계산되면 법인세와 당기순이익은 다음과 같이 결정된다.

$$\text{법인세} = (\text{세율}) \times (\text{과세대상소득})$$
$$\text{당기순이익} = \text{과세대상소득} - \text{법인세}$$

그림 9.1은 당기순이익을 나타내는 일반적인 손익계산서 양식이다. 총수입과 비용이 변하지 않는 상태에서 감가상각비가 감소하면 과세대상소득과 법인세가 증가하고, 일반적으로 과세대상소득의 증가분이 법인세 증가분보다 크기 때문에 당기순이익도 함께 증가한다. 또한, 감가상각비가 증가하면 과세대상소득과 법인세는 감소하고 그 결과로 당기순이익도 감소한다.

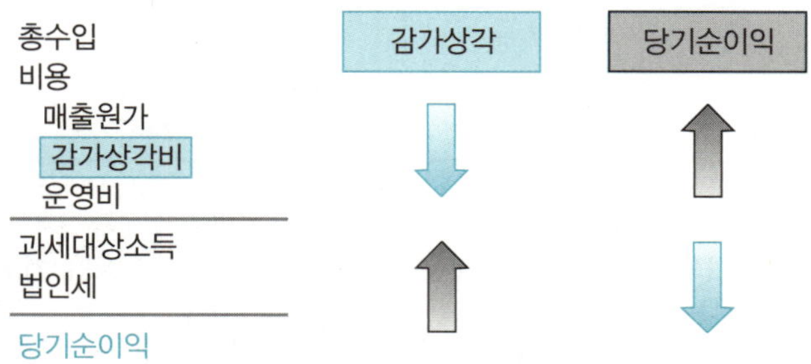

그림 9.1 | 감가상각과 당기순이익의 변화

예제 9.5 | 당기순이익

어느 회사에서 수치해석기계(NC)를 2,800만원에 구입하여 5년간 사용한 후 폐기하였다. 이 장비의 내용연수는 8년이고, 정률법에 의하여 감가상각을 하여 첫 해의 감가상각비는 874.563만원이다(감가상각률 $31.23\% = 1 - 0.05^{1/8}$). 감가상각비를 포함한 이 회사의 첫 해 수입과 비용이 아래와 같이 추정되었다고 가정해보자.

- 총수익 = 5,000만원
- 매출원가 = 2,000만원
- NC기계의 감가상각비 = 874.563만원
- 운영비 = 600만원

법인세율을 25%라고 하고 이 프로젝트 첫 해의 당기순이익을 결정하여라.

문제분석	■ **조건**: 총수익과 비용정보, 법인세율 = 25% ■ **탐색**: 당기순이익
분석방법 손익계산서를 작성한다.	**풀이** 세율 25%가 결정되는 과정에 대해서는 나중에 논의하기 하고, 우선 본 예제에서는 주어진 값을 그대로 받아들여 사용한다.

(단위: 만원)

항목	금액
총수입(매출액)	5,000.000
비용:	
매출원가	2,000.000
감가상각비	874.563
운영비	600.000
과세대상소득	1,525.437
세금(25%)	381.359
순이익	1,144.078

해설 만일 기계 취득가액 2,800만원이 영업시작 첫 해의 비용으로 모두 처리된다면, 이로 인해 이후 연차적으로 발생하는 기계의 생산활동의 기여분과 연관된 매출과의 관계가 일치하지 않는 모순이 발생한다. 다시 말하면, 재무제표상에 첫 해에는 과도한 비용이 계상되고, 그 이후부터는 실제로 기계가 생산활동에 기여하고 있는데도 불구하고 비용이 전혀 계상되지 않는 결과를 초래한다. 이 결과로 기업의 당기순이익에 급격한 변화와 왜곡이 발생하여, 당기순이익을 신뢰할만한 경영성과 측정치로 고려할 수 없게 된다. 이 때문에 기업은 기계의 취득가액을 기계의 내용연수 동안 기계의 이용률(생산활동의 기여분)에 해당하는 감가상각비를 매년 파악하여 합리적으로 처리하는 것이다.

9.2.3 현금흐름과 당기순이익

우리는 예제 9.5를 통하여 연간 감가상각비가 과세대상소득과 당기순이익에 직접적인 영향을 미친다는 사실을 알 수 있었다. 감가상각비라는 비용항목은 매년 세금계산을 목적으로 매출액에서 공제되기는 하지만, 실제 현금흐름의 측면에서 보면 해당 자산을 구입할 당시를 제외하면 내용연수 동안 실제로는 현금이 지출되지 않는 특수한 비용항목이다. 이 때문에 감가상각비를 고려한 상태에서 계산된 당기순이익과 실제 현금흐름은 일반적으로 동일하지 않으므로, 우리는 이들을 구별하여 생각해 볼 필요가 있다. 나중에 다시 언급하겠지만, 우리가 현금흐름에 관심을 갖는 이유는 모든 프로젝트의 경제성분석이 현금흐름을 중심으로 그 가치가 계산되기 때문이다.

예제 9.5에서 논의된 상황은 감가상각비와 고정자산의 구입으로 인해 발생한 현금흐름의 차이점을 설명하기에 좋은 예이다. 그림 9.2에서 보는 바와 같이, 고정자산 구매를 위하여 2,800만원의 현금은 1차년도 초에 실제로 지출되었지만, 1차년도 말에 소득에 대응하여 발생한 감가상각비 874.563만원은 실제의 현금지출은 아니다.

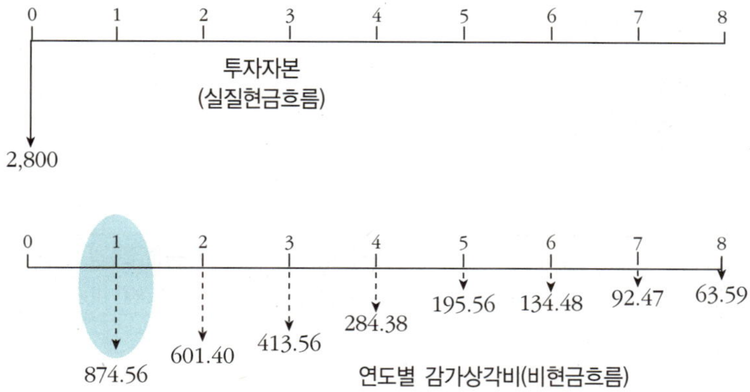

그림 9.2 | 투자자본과 감가상각비 (단위: 만원)

회계상의 당기순이익은 회계적 목적을 위해 필요하지만, 현금흐름은 프로젝트의 정확한 경제성 평가를 위해 사용된다. 그러나 회계상의 당기순이익에 관한 정보를 이용하여 프로젝트의 현금흐름을 추정하므로 경제성 평가와 당기순이익이 전혀 무관한 것이라고 볼 수는 없다. 중요한 사실은, 프로젝트 전 기간에 걸쳐 발생한 모든 당기순이익을 합한 총액은 프로젝트 전 기간의 현금흐름 총합과 같다. 그렇지만 돈의 시간적 가치를 고려한다면, 왜 실제 현금흐름이 경제성분석의 바탕이 되어야 하는지를 짐작할 수 있을 것이다.

당기순이익을 계산하는 절차는 감가상각을 제외한다면 세후 순현금흐름을 구하는 절차와 동일하다. 다만 감가상각이 고려된다면, 현금흐름 측면에서 감가상각비는 단순히 법인세 계산을 위해 필요한 비용일 뿐이다. 다시 말하면, 순현금흐름의 계산에서 감가상각비는 포함되지 말아야 한다는 의미이다. 그러므로 세후 순현금흐름은 회계상의 당기순이익에 비현금지출 항목인 감가상각비를 다시 더하여 구할 수 있다. 이렇게 함으로써 매출액에서 공제된 감가상각비의 공제효과를 상쇄할 수 있기 때문이다.

$$\text{현금흐름} = \text{당기순이익} + \text{비현금지출(감가상각비)}$$

예제 9.6 | 현금흐름과 당기순이익

예제 9.5의 내용에서 (1) 모든 판매는 현금판매이고, (2) 감가상각비를 제외한 모든 비용은 1차년도에 현금으로 지출되었다고 가정하고 현금흐름을 계산하여라.

문제분석

■ **조건**: 예제 9.5 수입 및 비용 자료
■ **탐색**: 현금흐름

분석방법

손익계산서의 각 항목들을 검토하여, 그 항목이 현금유입인지 현금유출인지를 판단하여 현금흐름표를 작성한다.

풀이

(단위: 만원)

항목	손익계산	순현금흐름
총수입(매출액)	5,000.000	5,000.000
비용		
매출원가	2,000.000	−2,000.000
감가상각비	874.563	
운영비	600.000	−600.000
과세대상소득	1,525.437	
세금(25%)	381.359	−381.359
당기순이익	1,144.078	
순현금흐름		2,018.641

위의 표에서 2열은 손익계산서이고, 3열은 현금흐름표이다. 판매액 5,000만원은 모두 현금판매액이고, 감가상각비를 제외한 모든 비용의 현금지출총액은 2,600만원이다. 이 모든 비용이 현금으로 지출되었기 때문에 궁극적으로 총현금매출액 5,000만원 중 2,400만원만 현금으로 남게 된다. 여기서 비용으로 처리된 감가상각비 874.563만원은 실질적인 현금지출이 아니다. 그러나, 세금 381.359만원은 현금으로 지불되었기 때문에 현재 남아 있는 현금 2,400만원에서 공제되어 순현금흐름은 2,018.641만원이 된다. 그림 9.3에서 총수입에서 각 항목의 구성과 당기순이익과 순현금흐름의 관계를 볼 수 있다.

순현금흐름 = 당기순이익 + 비현금흐름

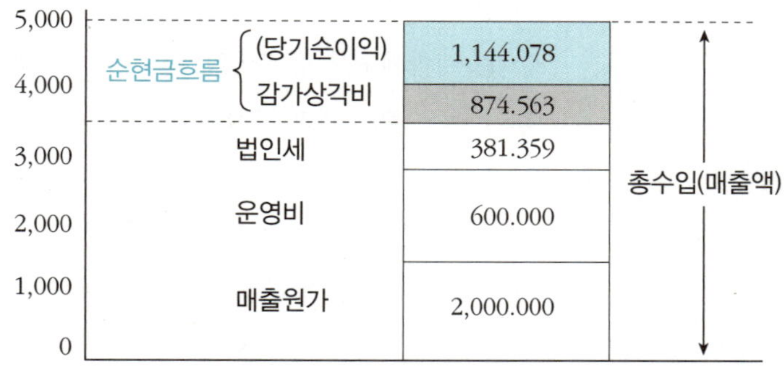

그림 9.3 | 당기순이익과 현금흐름의 관계 (단위: 만원)

9.3 법인세

지금까지 우리는 감가상각을 비롯한 과세대상소득의 일반적인 구성요소들과 당기순이익에 관하여 살펴보았다. 여기서는 좀 더 구체적으로 법인세(corporate taxes)의 계산절차에 관하여 알아보기로 한다. 법인세율은 기업의 과세대상소득에 적용되어 법인세를 결정하는 요소이며, 과세대상소득은 총매출액에서 허용된 비용을 공제한 금액이다. 비용공제액으로는 매출원가, 월급과 임금, 임대료, 이자, 광고료, 감가상각비, 각종 지방세 등이 포함된다. 과세대상소득에 대한 일반 법인세율은 표 9.5에서 보는 바와 같이 3단계로 적용된다. 법인세율은 경제환경, 정부의 정책 등에 따라 수시로 변동하기 때문에 정확한 자료는 해당 연도의 법인세법에서 직접 찾아서 적용하는 것이 바람직하다. 본 교재의 목적은 상세한 세법을 소개하는데 있는 것이 아니라, 경제성분석에서 현금흐름을 구하고자 할 때 세금의 영향을 고려해야만 합당한 경제성분석이 가능하다는 것을 이해하는 데 있다.

회사는 경영활동을 통하여 항상 이익만 얻을 수는 없고, 경우에 따라서는 손실(결손금)을 볼 때도 있다. 이때, 결손금을 처리하는 방법으로 이월공제방법과 소급공제방법이 있다. 이월공제방법이란 당기 결손금을 차후 사업연도로 이월하여 차후 사업연도의 소득에서 공제해 주는 방법이며, 소급공제방법이란 전기 사업연도로 소급하여 전기 사업연도의 소득에서 공제하여 이미 납부한 법인세를 환급해 주는 방법이다. 이 외에도 국내 법인세법은 소득공제, 비과세소득 등 다양한 종류의 특수조항을 포함하고 있기 때문에 그 내용이 매우 복잡하게 구성되어 있다. 이와 같은 법인세법의 특성으로 말미암아 관련 세금을 정확히 계산해내는 것은 세무사의 도움이 필요하지만, 투자 프로젝트의 경제성분석도 세금과 밀접한 관계가 있기 때문에 엔지니어들도 관련 세금의 종류와 세율 등을 포괄적으로 파악할 필요가 있다.

표 9.5 ▌ 일반 법인세율(2013년 1월 1일부터 시행)

과세대상소득	세율
2억원 이하	과세대상소득×10%
2억원~200억원	2,000만원 + 2억원 초과분×20%
200억원 초과	398,000만원 + 200억원 초과분×22%

9.3.1 영업소득에 관한 법인세

일반적으로 법인세율은 과세대상소득이 증가할수록 점차적으로 세율이 높아지는 누진세가 적용된다. 그러나 표 9.5에서 보듯이 2013년부터 적용되는 국내의 법인세율은 과세대상소득 2억원과 200억원을 기준으로 세 단계로만 나누어져 있다. 특히, 200억원 초과분에 대해 적용되는 세율은 22%로 2억 초과분에 적용되는 20%에 비해 실질적으로 누진적인 세금이 부과된다고 하기에는 좀 미약한 면이 없지 않다고 판단된다.

한계세율

한계세율(marginal tax rate)은 얻어진 소득의 마지막 금액에 적용되는 세율이다. 과세대상소득 2억원까지는 10%의 세율이 적용되어 과세대상소득이 2억원이라면 한계세율은 10%가 된다. 과세대상소득이 2억원을 초과하게 되면 200억원까지 2억원 초과분에 대해 20%의 세율이 적용되며, 200억원 초과분은 22%의 세율이 적용된다. 참고로 미국의 법인세율을 보면 누진단계가 8단계이고, 법인세율은 15%부터 단계별로 38%까지 적용된다. 예를 들면, 과세대상소득이 7.5만달러(환율 1,000원/달러를 가정하면, 7,500만원에 상당함)를 초과하면 적용되는 한계세율이 34~39%가 적용되며, 이는 우리나라의 경우와 비교하여 12~19% 이상 높게 적용되고 있다.

실질(평균)세율

실질세율(average tax rate)는 표 9.5에 있는 자료를 이용하여 계산된다. 예를 들어, 어느 회사의 2013년도 과세대상소득이 2억 8천만원이면, 이 회사의 법인세는 표 9.5에 있는 세율을 이용하여 세금을 계산하면 다음과 같다.

$$2{,}000 + 0.20\,(28{,}000 - 20{,}000) = 3{,}600\,(\text{만원})$$

위에서 계산한 세금을 과세대상소득으로 나누어 얻은 실질세율은 12.86%로 한계세율 20%와 다르다.

$$3{,}600/28{,}000 = 12.86\%$$

이는 과세대상소득 1,000원당 128.6원의 세금을 지불하는 셈이 된다.

예제 9.7 | 법인세

개인용 컴퓨터와 관련 부품을 판매하는 우편주문 컴퓨터판매회사가 있다. 이 회사는 제품 재고창고와 진열공간을 임대하여 연간 임대료로 2,000만원을 지불하고 있으며, 재고검사와 포장장비를 구입하기 위해 2억 9천만원을 투자하였다. 이 장비의 올해의 감가상각비는 5,800만원, 총매출액은 12억 5천만원이라고 한다. 임대비용 이외의 모든 운영비는 다음과 같다.

(단위: 만원)

매출원가	60,000
봉급 및 보조원	15,000
기타 지출액과 경비	9,000
합계	84,000

이 회사의 과세대상소득과 올해의 법인세를 계산하여라.

문제분석	■ **조건**: 매출소득, 원가, 감가상각 등의 정보 ■ **탐색**: 과세대상소득, 법인세

분석방법	풀이
	먼저 과세대상소득을 계산하면 다음과 같다.

(단위: 만원)

총매출액	125,000
운영비용	84,000
임대비용	2,000
감가상각액	5,800
과세대상소득	33,200

투자비용은 공제비용이 아니다. 이 회사의 한계세율이 20%이기 때문에 이 세율을 이용하여 법인세를 계산하면 다음과 같다.

$$\text{법인세} = 2{,}000 + 0.20\,(33{,}200 - 20{,}000)$$
$$= 4{,}640\,(\text{만원})$$

이 회사의 현재 한계세율은 20%이며, 실질(평균)세율은 13.98%이다.

$$4{,}640/33{,}200 = 13.98\%$$

해설 위와 같이 법인세를 구하는 방법 외에 다음과 같은 방법으로도 법인세를 계산할 수도 있다.

(단위: 만원)

처음 2억원까지 10% 적용	2,000
다음 13,200만원까지 20% 적용	2,640
법인세	4,640

9.3.2 고정자산 처분소득세

감가상각 대상인 고정자산이 장부가격과 다른 가격으로 처분되면 이로 인한 소득이나 손실이 발생하게 되어 법인세 계산에 영향을 미치게 된다. 자산의 처분과 관련된 소득이나 손실의 계산은 다음과 같다.

처분소득(손실) = 처분가치(혹은 처분가액) − 장부가격(혹은 장부가치)

단, 처분가치는 자산의 판매가격에서 판매비용이나 처분비용을 제외한 순수익이다. 자산의 **감가상각회수**(depreciation recapture)라 불리는 이러한 소득은 현행세법 하에서 정규소득으로 간주되어 과세된다. 자산이 취득가액보다도 더 높은 가격으로 매각되면, 그로 인한 소득(처분가치−장부가격)은 그림 9.4에서 보는 바와 같이 적법한 세금 계산을 위해 다음과 같이 두 부분으로 나누어진다.

$$\begin{aligned} \text{처분소득} &= \text{처분가치} - \text{장부가격} \\ &= \underbrace{(\text{처분가치} - \text{취득가액})}_{\text{양도차익(자본소득)}} + \underbrace{(\text{취득가액} - \text{장부가격})}_{\text{장부차익(정규소득)}} \end{aligned}$$

이러한 구분은, 양도차익은 양도소득세율에 의해 과세되고 장부차익(또는 자산의 감가상각회수)은 정규 법인세율에 의해 과세될 때, 구분의 의미를 가진다. 국내의 법인세법에 의하면 건물 및 토지에 있어서 양도차익이 발생하는 경우, 그 차익의 15%를 특별부과세로 추가로 납부하게 된다(이러한 세율은 정부의 경기부양책에 따라 수시로 변경되기 때문에 경제성분석 당시의 현행 세율을 적용하는 것이 타당한 방법이다).

투자자산의 처분에 따른 처분소득(capital gains) 혹은 처분손실(capital loss)을 계산하기 위해, 먼저 고정자산 처분시점에 해당 고정자산의 장부가격을 알아야 한다. 자산처분과 관련된 과세대상소득은 처분가치와 장부가격의 차액으로 결정되기 때문에, 처분가치가 취득가액보다 크면 과세대상소득은 그림 9.4에서와 같이 양도차익과 장부차익으로 나뉘게 된다. 자산의 감가상각회수라 불리는 장부차익은 그동안 해당 고정자산에 대한 과도한 감가상각

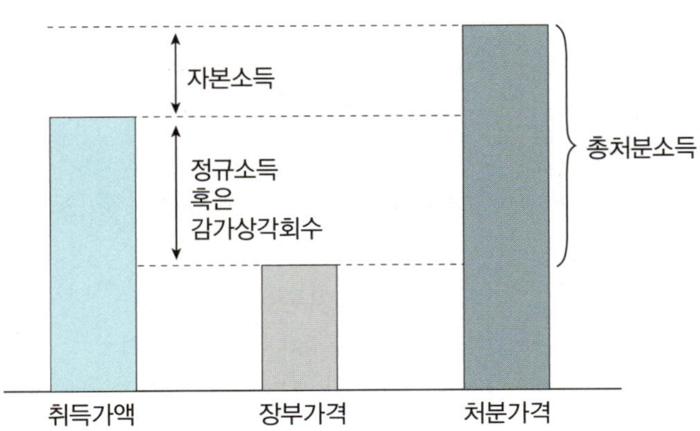

그림 9.4 | 장부차익과 양도차익

으로 인하여 발생한 소득이라고 판단하여 정규소득에 부과한 법인세율을 장부차익에 동일하게 적용한다.

예제 9.8 | 감가상각자산의 처분소득과 손실

어떤 회사가 1차년도 초에 천공기를 2억 3천만원에 구입했다. 이 천공기의 내용연수는 8년으로 정률법에 의하여 감가상각이 되며, 3차년도 말에 다음과 같은 가격으로 처분되었다고 한다. 양도차익과 장부차익에 적용되는 세율은 20%라고 가정하고, 각 경우의 처분소득(손실)을 계산하여라.

a) 3년 말 처분가격: 10,000만원
b) 3년 말 처분가격: 5,000만원

문제분석

■ **조건**: 내용연수 = 8년, 감가상각법 = 정률법
취득가액 = 2억 3천만원, 3년 말 처분

■ **탐색**: 처분소득(혹은 처분손실), 자산처분세, 순수익(혹은 순손실)

분석방법

풀이

먼저 천공기의 3년 말의 장부가격을 계산한다. 정률법을 적용하기 위한 상각률 α값은 31.23%(= $1 - 0.05^{1/8}$)이다. 이 천공기가 3년 말에 처분되기 때문에, 3년 동안의 감가상각액이 총감가상각액에 포함된다. 따라서 3년 말 총감가상각액과 장부가격은 다음과 같이 계산된다.

$$\begin{aligned} \text{총감가상각액} &= 7{,}183.91 + 4{,}940.06 + 3{,}397.06 \\ &= 15{,}521.03(\text{만원}) \end{aligned}$$
$$\text{장부가격} = 23{,}000.00 - 15{,}521.03 = 7{,}478.97(\text{만원})$$

(a) **사례 1**: 처분가격 = 1억원

이 경우 **장부가격 < 처분가격 < 취득가액**이라는 관계가 성립하기 때문에 모든 처분소득은 정규소득으로 간주된다.

$$\begin{aligned} \text{처분소득} &= \text{처분가격} - \text{장부가격} \\ &= 10{,}000.00 - 7{,}478.97 \\ &= 2{,}521.03(\text{만원}) \end{aligned}$$

$$\begin{aligned} \text{소득세}(20\%) &= 0.20(2{,}521.03) \\ &= 504.21(\text{만원}) \end{aligned}$$

$$\begin{aligned} \text{처분순수익} &= \text{처분소득} - \text{소득세} \\ &= 10{,}000.00 - 504.21 \\ &= 9{,}495.79(\text{만원}) \end{aligned}$$

(b) 사례 2: 처분가격 = 5,000만원

이 경우는 **처분가격 < 장부가격 < 취득가액**의 관계가 성립되므로, 고정자산의 처분으로 손실이 발생한다. 좀 더 구체적으로 말하면, 장부가격이 7,478.97만원이기 때문에 고정자산 처분으로 인하여 2,478.97만원의 손실이 발생한다. 이는 그동안 감가상각이 정상보다 적게 할당되어 법인세를 많이 낸 경우이므로 초과하여 납부한 세금을 돌려 받을 수 있다. 이때 기대되는 세금감면액은 2,478.97(0.20) = 495.79만원이다. 그러므로 처분 순수익은 5,495.79만원이 된다.

처분손실 = 장부가격 − 처분가액
= 7,478.97 − 5,000.00
= 2,478.97 (만원)

소득세환급(20%) = 0.20 (2,478.97)
= 495.79(만원)

처분순수익 = 처분소득 + 소득세환급
= 5,000.00 + 495.79
= 5,495.79(만원)

부록 외국의 감가상각 사례

빠르고 편리하게 발달하는 교통수단과 인터넷 등으로 대표되는 정보통신의 혁명을 기반으로 각국의 기업들은 경제활동의 무대를 전 세계로 확대하고 있는 것이 이미 오래 전의 일이다. 우리나라의 기업들도 단순한 제품의 수출의 단계에서 벗어나, 해외 현지에 직접 공장을 세워 제품을 생산하는 사례가 일반화된 상황이라 하겠다.

이처럼 현지법인이 생산에 필요한 시설과 장비 등을 구입하는 경우에는, 국내 세법이 아닌 현지의 세법이 적용되는 것이 당연할 것이다. 그러므로, 이러한 상황에 대비하기 위해서라도 국내는 물론 해외 시설투자에 따른 현지의 법인세법에 대한 이해가 필요할 것이며, 이는 해외투자의 경제성 여부를 결정하는 데에도 많은 도움이 될 수 있을 것이다. 일반적으로 각국의 법인세법의 많은 부분은 대동소이하지만, 감가상각을 적용하는 방법에 대한 차이를 눈여겨볼 필요가 있다고 판단되어, 본 교재에서는 미국과 중국의 경우를 예로 들어 간단히 소개하고자 한다.

미국의 감가상각

■ 장부감가상각과 조세감가상각

미국 정부는 1986년 이미 1981년도에 발효된 경제회복조세법(Economic Recovery Tax Act: ERTA)을 통하여 상당한 경기회복을 달성한 후에도, 계속 그동안 조세 목적으로 적용되던 감가상각법(정액법, 정률법 등) 대신에, 보다 빠른 감가상각이 가능한 MACRS[4](수정가속감가상각시스템)를 적용하기 시작하였다.

■ MACRS 회수기간

MACRS는 과거 실제 사용연수를 기준으로 법정 내용연수를 정하여 감가상각을 해왔던 관례를 없애고, 고정자산 회수기간(recovery period)이라는 인위적으로 고정된 내용연수를 정하여, 표 9A.1과 같이 고정자산을 8개의 그룹[5]으

표 9A.1 | MACRS에 의한 고정자산 분류

회수기간	ADR[6]	고정자산의 종류
3년	$ADR \le 4$	플라스틱제품, 생산을 위한 특수공구, 조립금속제품, 전동기 수송차량
5년	$4 < ADR \le 10$	자동차, 경트럭, 첨단장비, R&D장비, 컴퓨터화된 화교환시스템
7년	$10 < ADR \le 16$	제조장비, 사무용가구, Fixtures
10년	$16 < ADR \le 20$	소형선박, 화물선박, 예인선, 기차
15년	$20 < ADR \le 25$	쓰레기하치장, 수원지, 통신시설 및 유사공익설비
20년	$25 \le ADR$	하수설비, 발전설비
27.5년		주택
39년		엘리베이터와 에스컬레이터를 포함한 산업용 부동산

4) 1981년 적용된 ACRS(Accelerated Cost Recovery System)은 1986년 MACRS(Modified ACRS)로 대체됨.

5) 고정자산의 종류에 따라 감가상각을 위한 내용연수를 3, 5, 7, 10, 15, 20년으로, 단 건축물은 27.5, 39년으로 총 8종류로 구분함.

로 단순화하였다. 즉, 고정자산의 내용연수가 실제로 기대하고 있는 사용연수와의 절대적 연관관계를 없애고, 고정자산의 잔존가치 또한 일률적으로 인정하지 않는 것이다.

이렇게 함으로써 미국의 기업들은 감가상각방법을 그 사용목적에 따라 다음의 두 가지로 나누어 적용하고 있다. (1) 대차대조표나 손익계산서와 같은 재무제표 작성을 위한 목적(장부감가상각), (2) 단순히 세금계산을 위한 목적(조세감가상각). 기업들이 그들의 목적에 따라 다른 감가상각방법을 사용하는 구체적인 이유는 다음과 같은 이점이 있기 때문이다.

- **장부감가상각**(book depreciation)은 회사가 매출-비용 대응원칙에 입각하여 실질적으로 계산한 감가상각을 재무제표에 반영하여 주주나 외부 이해관계자들이 자산의 감가상각에 관해 객관적으로 이해할 수 있게 하며, 제품이나 서비스 상품의 정확한 단가 계산을 위해 이용된다.
- **조세감가상각**(tax depreciation)은 매출-비용원칙에 의한 장부감가상각보다 자산의 감가상각을 초기에 많이 함으로써 기업의 법인세 지출을 지연시키는 효과를 볼 수 있다.

〈해설〉 "감가상각을 초기에 많이 하여, 기업의 법인세 지출을 지연시키면, 기업은 어떠한 이익을 보게 될까?" 물론, 어떠한 감가상각방법을 사용하더라도 자산의 내용연수 동안 감가되는 감가상각액의 총량은 동일하기 때문에, 회사가 지불해야 하는 세금의 총액은 동일하다. 그러나, 초기에 더 많은 감가상각이 이루어지면 상대적으로 초반에 적은 세금을 지불하고 후반에는 많은 세금을 지불하게 될 것이다. 돈의 시간적 가치를 고려한다면, 세금의 지출을 최대한 연기할 수 있는 방법이 기업들에게는 유리하다. 이러한 조세감가상각의 특성으로 인하여 기업은 초기에 더 많은 현금을 확보할 수 있고, 이는 프로젝트의 수익성을 더욱 향상시키는 데 기여할 수 있다.

■ MACRS 감가상각(조세감가상각)

- **체감정률법**(DB)**과 이중체감정률법**(DDB): 미국의 조세감가상각에서는 정

6) 자산의 감가상각영역(asset depreciation range: ADR)

액법에서 사용하는 감가상각률(1/N)에 정해진 임의의 배율(w)을 곱하여 정률법의 감가상각률($\alpha = w \cdot (1/N)$)을 결정한다. 일반적으로 많이 인용되는 감가상각배율(w)은 150%와 200%가 있다. 150% 배율을 사용하는 경우 150% 체감정률법(declining balance method: DB), 200% 배율을 사용할 이중체감정률법(double-declining balance method: DDB)이라고 한다. 그러므로, 국내에서 적용되는 정률법에서 감가상각률을 계산할 때, 취득가액에 대한 잔존가치의 비율이 중요한 요소로 작용하지만, DB 혹은 DDB의 감가상각률 계산에는 잔존가치가 필요하지 않다.

- **반년관례(half-year convention)**: 모든 감가상각자산은 설치된 첫 해에는 그 해의 중간시점부터 사용된다고 가정하고, 내용연수가 지난 후에 잔존가치는 없다고 가정한다. 따라서 첫 해에는 그 해의 감가상각액의 절반만 감가상각비로 처리되며, 나머지 절반은 내용연수가 완료된 바로 다음 해에 감가상각비로 처리된다. 이 반년관례는 내용연수 이전에 해당 자산이 처분되거나 폐기되어도 동일하게 적용된다. 즉, 처분(혹은 폐기)된 해에는 그 해 감가상각액의 절반만 비용으로 처리된다.
- **감가상각방법의 전환**: MACRS는 고정자산의 내용연수 초기에는 DDB(혹은 DB)에 의해 감가상각되지만, DDB(혹은 DB)에 의한 감가상각률이 정액법에 의한 감가상각률보다 적은 시점부터는 SL(정액법)로 전환되어 감가상각된다. 건축물을 제외한 고정자산의 MACRS 감가상각률은 아래 표 9A.2와 같다.
- **부동산의 감가상각**: 부동산은 두 종류로 분류되고 있다. (1) 주거용 임대자산과 (2) 상업용 건물. 이러한 부동산을 감가상각할 때는 정액법과 반월관례가 사용된다. 주거용 자산은 27.5년에 걸쳐 감가상각이 이루어지며, 상업용 자산은 39년에 걸쳐 감가상각이 이루어진다. 예를 들어, 3월에 획득한 자산의 1차년도 감가상각액은 9.5개월에 해당하는 금액이 된다. 만약에 자산의 회수기간 이전에 폐기된다면 폐기까지 사용된 자산의 개월 수를 고려한다.

표 9A.2 ❙ 반년관례에 의한 MACRS 감가상각률

(단위: %)

연도	3년 (DDB, 200%)	5년 (DDB, 200%)	7년 (DDB, 200%)	10년 (DDB, 200%)	15년 (DB, 150%)	20년 (DB, 150%)
1	33.33	20.00	14.29	10.00	5.00	3.750
2	44.45	32.00	24.49	18.00	9.50	7.219
3	*14.81	19.20	17.49	14.40	8.55	6.677
4	7.41	*11.52	12.49	11.52	7.70	6.177
5		11.52	*8.93	9.22	6.93	5.713
6		5.76	8.92	7.37	6.23	5.285
7			8.93	*6.55	*5.90	4.888
8			4.46	6.55	5.90	4.522
9				6.56	5.91	*4.462
10				6.55	5.90	4.461
11				3.28	5.91	4.462
12					5.90	4.461
13					5.91	4.462
14					5.90	4.461
15					5.91	4.462
16					2.95	4.461
17						4.462
18						4.461
19						4.462
20						4.461
21						2.231

*는 DDB(혹은 DB)에서 SL로 전환되는 연도를 나타냄(출처: IRS).

예제 9A.1 ❙ 동산의 MACRS 감가상각 적용

감가상각 내용연수가 5년이고 1,000만원인 고정자산이 있다고 하자. MACRS법에 의한 감가상각률과 연도별 감가상각비를 계산하여라.

풀이 표 9A.2의 의한 MACRS 감가상각률을 적용하여 연도별 감가상각액을 계산하면 아래와 같다.

연도	1	2	3	4	5	6
감가상각률	20%	32%	19.20%	11.52%	11.52%	5.76%
감가상각액	200	320	192	115.2	115.2	57.6
(단위: 만원)	반액	전액	전액	전액	전액	반액

반년관례

예제 9A.2 | 건물(부동산)의 MACRS 감가상각 적용

5월 1일에 주거용 임대자산을 1억원에 구입하였다. 건물가격이 8,000만원, 토지가격이 2,000만원이다. 이 자산을 3년 5개월 후인 10월 1일에 1억 3,000만원에 팔았다. 그가 이 자산을 소유하고 있던 4년간의 MACRS 감가상각비를 계산하여라.

풀이 반월관례를 적용하면 자산은 5월 15일에 취득한 것이 되므로, 첫 해에는 7.5개월에 해당하는 금액이 감가상각이 된다. 토지는 제외하고 건물만 감가상각되는 27.5년 회수기간에 따라 정액법을 사용하여 감가상각비를 계산하면 다음과 같다.

(단위: 만원)

연도	계산	감가상각비	감가상각률
1	$\left(\frac{7.5}{12}\right)\frac{8,000-0}{27.5}$	181.8	2.273%
2	$\frac{8,000-0}{27.5}$	290.9	3.636%
3	$\frac{8,000-0}{27.5}$	290.9	3.636%
4	$\left(\frac{9.5}{12}\right)\frac{8,000-0}{27.5}$	230.3	2.879%

중국의 감가상각

중국의 법인세법에서 규정하는 감가상각 방법은 대체로 우리나라와 마찬가지로 장부감가상각법을 그대로 조세목적의 감가상각법으로 적용하고 있으나, 감가상각자산에 대한 규정과 상각방법 및 내용연수의 규정에서 조금 상이한 부분이 있다.

- **감가상각자산의 규정**: 감가상각을 통하여 내용연수 동안 배분하여 비용으로 인정하는 고정자산에 대한 정의는 회계제도와 세법에서 다르게 규정하고 있다.

기업회계	내용연수가 1년을 초과하는 생산 · 경영과 관련된 주요 설비 혹은 이에 속하지 않는 자산으로서 단위당 가격이 2,000위안 이상이고, 내용연수 2년 이상인 자산
기업소득세법	사용기간이 12개월을 초과하는 비화폐성 자산으로 생산에 투입되지 않는 자산이라도 사용기간이 1년을 초과하면 금액에 관계 없이 감가상각자산으로 규정함. 단, 실무적으로는 2,000위안 이하인 자산은 세무조정을 통하여 일시 비용으로 처리 가능함.

• **감가상각방법의 적용**: 정액법[7]을 원칙으로 하고, 기술변화와 생산환경의 변화에 따라 가속상각법을 적용할 수 있으며, 가속상각법 중에 이중체감법과 연수합계법을 허용하고 있다. 그러므로 우리나라에서 적용하고 있는 가속상각법인 정률법은 적용되지 않는다.

표 9A.3 ┃ 감가상각방법의 적용

자산구분	감가상각방법	비고
일반고정자산	정액법	
일부고정자산	가속상각법 (이중체감법, 연수합계법)	기술변화 혹은 생산환경의 변화에 따라 고려됨.

• **내용연수**: 내용연수는 무생물자산과 생물자산으로 구분하여 아래 표와 같이 구분하고 있다.

표 9A.4 ┃ 감가상각자산의 분류와 내용연수

	자산구분	내용연수
무생물자산	건축물	20년
	비행기, 기차, 선박, 기계장치	10년
	생산관련장비와 도구	5년
	차량운반구	4년
	전자설비	3년
생물자산	임업류생산성자산	10년
	축산류생산성자산	3년

• **잔존가치**: 자산의 특성과 사용상황에 따라 기업이 자발적으로 예상처분가치를 결정하여 신고하지만, 한 번 결정이 된 후에 변경하는 것은 불가능하다. 또한, 신고하지 않은 경우에는 취득가액의 10%가 일률적으로 적용된다.

특이한 것은 감가상각은 월기준(월할상각, 月割償却)으로 하는 것을 원칙으로 하며, 최초로 사용에 투입된 달의 다음 달부터 감가상각을 시작하고, 사용이 완료된 달까지 감가상각을 한다.

---

7) 중국에서는 정액법을 직선법(直線法) 혹은 연한평균법(年限平均法)이라고도 함.

9.4 요약

프로젝트의 정확한 경제성 평가를 위해서는 관련 세금을 적절히 고려할 수 있어야 한다.

- 감가상각은 기업의 당기순이익이나 현금흐름과 같은 기업의 재정상태 지표에 막대한 영향을 미친다. 기업은 엔지니어링 프로젝트의 가치를 극대화하기 위한 방법으로 감가상각을 최대한 효과적으로 활용해야 한다.
- 기계공구나 그 이외의 제조장비 또는 공장건물 등은 시간이 지나감에 따라 그 기능이 점차로 떨어지게 된다. 그러나, 이러한 자산의 감가비용을 명확히 하기는 쉽지 않지만, 기계의 사용수명과 운영비용의 계산방법 등은 해당 자산의 관리에 중대한 영향을 미치므로 신중히 고려해야 한다.
- 일반적으로 기계의 대체비용은 구입 첫 해의 비용으로 모두 처리될 수는 없고, 이 비용을 기계 사용연수에 맞게 적절하게 배분해야 한다. 특정 연도에 배분되는 이러한 비용을 감가상각비라 한다. 본 장에서 몇 가지 감가상각방법에 대해 살펴보았다. 감가상각의 개념은 고정자산의 사용수명 동안 체계적으로 자산가치를 할당하는 것이다.
- 정확한 감가상각비의 산정을 위한 필수요소는 다음 4가지이다.
  1. 고정자산의 취득가액
  2. 고정자산의 잔존가치
  3. 고정자산의 감가상각수명(내용연수)
  4. 고정자산의 감가상각방법
- 고정자산을 취득할 때에 결정한 감가상각률, 내용연수, 잔존가치 등은 특별한 사정이 생기지 않는 한 변동하지 않고 사용해야 한다.
- 국내 법인세 시스템은 법인소득 수준에 따라 법인세율이 커지는 누진세이다.
- 법인소득세는 과세대상소득에 법인소득 수준에 따라 달라지는 법인세율을 곱하여 계산되는데, 과세대상소득은 총수익에서 법인세를 제외한 모든 비용요소를 차감하여 구한다.

과세대상소득 = 총수익 − 총비용(법인세 제외)

- 본 장에서 거론된 법인세 관련 용어로, 한계세율은 마지막 소득에 적용되는 법인세율을 말하며, 실질(평균)세율은 당기순이익에 대한 법인소득세의 비율이다.
- 취득가액을 넘지 않는 고정자산처분으로 인한 소득은 모두 정규소득으로 간주하여 과세된다.

연습문제

감가상각의 개념

9.1 다음의 자본지출 항목 가운데 감가상각이 필요한 항목은 어느 것인가?

① 창고부지용 토지를 2억원에 구매하다.
② 복사기를 150만원에 구매하다.
③ 생산공정의 자동화를 위해 4.6억원을 들여 컨베이어시스템을 구축하다.
④ 4,500만원의 비용으로 사무실 건물에 새로 페인트를 칠하다.
⑤ 본사 주차장의 재포장 비용으로 3,200만원이 들다.
⑥ 근로자의 복지를 위해 휴게소에 200만원의 정수기를 설치하다.
⑦ 압연기의 부품을 380만원에 구매하다.
⑧ 1,200만원의 비용으로 소형 화물차를 6개월 임대하다.
⑨ 연료절감장치에 적용되는 특허를 5년 동안 사용하기 위해 3,000만원의 특허료를 지불하다.

9.2 4년 전에 생산공정에 투입될 장비를 5,000만원에 구매하여 사용하여, 현재 장부가격이 1,300만원이다. 이 장비는 지금 2,300만원에 판매할 수 있으며, 그렇지 않으면 3년을 더 사용하고 그 후 처분가치는 없다고 한다. 만일, 3년을 더 사용하기로 했다면, 이 장비를 3년 더 소유하기 위해 얼마만큼의 경제적 손실을 감수해야 하는가?

9.3 ㈜강원화물은 화물차의 감가상각을 주행거리를 기준으로 계산하고 있다. 만일 트럭의 구매가격이 2억원, 잔존가치가 2,000만원이고, 추정 내용마일리지가 30만km라면, km당 감가상각액은 얼마인가?

취득가액

9.4 한 건축업자는 창고를 신축하기 위하여 어떤 집과 대지를 37,000만원에 매수하였다. 이때, 대지 구매비용은 24,000만원이고, 집은 13,000만원으로 감정되었다. 그는 이 집을 바로 철거하고, 그 땅에 창고를 신축하였는데, 철거비용으로 1,600만원이, 창고 건축비용으로 10,000만원이 소요되었다. 창고와 대지를 포함한 이 자산의 총가치는 얼마인가? 감가상각을 목적으로 한 취득가액은 얼마인가?

9.5 기존의 압연기를 교환하는 조건으로 15,500만원의 최신형 압연기 구매하였다. 기존 압연기의 장부가격은 6,300만원이었지만, 교환조건으로 7,000만원을 인정받고 8,500만원만 현금으로 지급하였다면 새로 구입한 압연기의 감가상각을 위한 취득가액을 얼마로 해야 하겠는가?

9.6 어느 회사의 장비 구입과 관련된 비용정보이다.

- 현금 구매가: 5,500만원
- 취득세: 440만원
- 운송 보험료: 40만원
- 설치 및 시험비용: 230만원

이 장비의 취득가액은 얼마인가?

9.7 생산공정의 자동화를 위하여 ㈜MW는 12억원의 비용을 들여 유연생산시스템을 도입하여 설치하였다. ㈜MW는 이 시스템을 운송하기 위해 5,000만원의 운송비와 1,500만원의 하역비, 설치장소의 정리를 위해 4,000만원의 비용이 소요되었다. 또한 설치와 시험가동을 위해 6명의 설치기술자(임률: 15,000원/시간)를 고용하여 5주 동안 매주 40시간의 작업으로 가동준비

를 완료하였다. 설치에 소요된 여타 자재의 비용은 200만원이다. 이 유연생산시스템의 취득가액은 얼마로 책정해야 하겠는가?

감가상각방법

9.8 최근 구입한 장비의 구매가격은 9,000만원이고 내용연수는 8년이다.

(ㄱ) 정액법을 적용하여 연간 감가상각액(D)과, 3년 말의 장부가격(B_3)을 구하여라.

(ㄴ) 정률법을 적용하면, 4년 말의 감가상각액(D_4)과 장부가격(B_4)은 얼마인가?

9.9 ㈜신속택배는 배송을 위한 트럭을 교체하였는데, 감가상각과 관련된 정보는 아래와 같다.

취득가액 I	2억 3천만원
내용연수 N	4년

(ㄱ) 정액법을 적용할 때, 매년도 말 감가상각액(D_n)과 장부가격(B_n)을 구하여라.

(ㄴ) 정률법을 적용할 때, 매년도 말 감가상각액(D_n)과 장부가격(B_n)을 구하여라.

9.10 한 건설회사에서 지금까지 사용하고 있는 건축장비를 언제 교체하는 것이 좋은지를 결정하려고 한다. 이 장비는 내용연수 10년의 정률법을 사용하여 감가상각하였고, 취득가액은 20억원이었다. 3년도 말의 감가상각액(D_3)과 장부가격(B_3)은 얼마인가?

9.11 어느 감가상각자산에 관한 정보는 아래와 같다. (1) 정액법과 (2) 정률법을 각각 적용할 때, 매년도 말 감가상각액(D_n)과 장부가격(B_n)을 계산하여라.

취득가액 I	5,600만원
내용연수 N	5년

9.12 다음은 어떤 자산과 관련된 정보이다.

취득가액 I	8,700만원
내용연수 N	7년

(ㄱ) 정률법으로 감가상각을 한다고 할 때, 상각률(α)은 얼마인가?

(ㄴ) 1년도 말의 감가상각액(D_1)은 얼마인가?

(ㄷ) 4년도 말의 장부가격(B_4)은 얼마인가?

9.13 어느 포장전문회사에서 새로운 포장장비를 구매하기로 하였다. 이 장비의 내용연수는 5년, 구매 및 설치비용으로 추산된 취득가액은 9,700만원이다.

(ㄱ) 정액법으로 감가상각을 한다면, 연간 감가상각액(D_n)은 얼마인가?

(ㄴ) 정률법으로 감가상각을 한다면, 4년 말 감가상각액과 장부가격은 얼마이겠는가?

9.14 시내 한 택시회사는 현재 40대의 택시를 운영하고 있다. 택시의 구매가격은 대당 2,500만원이고, 30만km를 운행한 후 300만원에 처분하고 있다고 한다. 이 회사는 택시의 주행거리를 기준으로 하는 생산량비례법을 적용하고 있다. 한 택시가 1년도에 38,000km, 2년도에 56,000km를 운행했을 때 2년도 말의 감가상각액(D_2)과 장부가격(B_2)은 얼마인가?

9.15 2억 2천만원에 구매하여 가동하고 있는 발전기의 유효가동시간은 65,000시간이고, 이후 처분가치는 1,200만원으로 추정하고 있다. 설치 후 첫 년도의 가동시간이 8,000시간이었다면, 감가상각액(D_1)은 얼마인가? 단, 이 자산의 감가상각은 가동시간을 기준으로 한 생산량비례법을 적용한다고 한다.

9.16 다음의 세 가지 자산에 대하여 다음 물음에 답하여라. 단, 이 중 트럭은 구매 후 1년도에는 22,000 km, 2년도에는 25,000km를 사용하였다.

항목	CNC머신	트럭	건물
초기투자비용	2억 5천만원	3,800만원	8억원
유효수명	12년	20만km	50년
감가상각법	정률법	생산량비례법	정액법

(ㄱ) 각 자산의 1년도와 2년도의 감가상각액(D_1, D_2)을 계산하여라.
(ㄴ) 각 자산의 2년도 말의 장부가격(B_2)은 얼마인가?

9.17 자동차 부품을 생산하는 한 회사는 최근 최신형 자동 생산장비를 5억원에 구매하여 가동하고 있다. 유효수명으로 내용연수 10년, 유효생산량 500,000개, 혹은 유효가동시간 30,000시간으로 추정하고 있다. 설치 후, 1년 동안 3,000시간을 가동하여 25,000개의 부품을 생산하였다고 하면, 아래 기준으로 감가상각을 한다고 할 때, 1년도 감가상각액(D_1)은 얼마이겠는가?
(ㄱ) 정액법
(ㄴ) 정률법
(ㄷ) 생산량비례법(생산량기준)
(ㄹ) 생산량비례법(가동시간기준)

법인세와 당기순이익

9.18 ㈜예지설계는 어느 해에 총수익 34.5억원을 달성하고, 이를 위해 직원급료 5.3억원, 임금 4.2억원, 감가상각비 1.7억원, 융자금 상환원금 4,300만원, 융자금 이자 3,200만원을 지불하였다.
(ㄱ) 이 해에 적용되는 한계소득세율은 얼마인가?
(ㄴ) 평균소득세율을 계산하여라.
(ㄷ) 이 해의 당기순이익은 얼마인가?

9.19 A씨는 각종 가전제품을 판매하는 인터넷쇼핑몰을 운영하고자 최근 창고를 임대하였다. 임대비용은 연간 2,000만원이고, 재고품의 검사 · 주문된 제품의 포장 등을 위해 필요한 장비를 1.5억원에 구매하여 새로 임대한 창고에 설치하였다. 이로 인해 설치 후 첫 년도의 총수익은 2.5억원이고, 첫 해의 임대료 외 비용들은 아래 표와 같다. 단, 설치된 장비는 내용연수는 10년, 정률법으로 감가상각한다.

항목	비용
매출원가	8,000만원
종업원급료	2,500만원
기타비용	900만원

(ㄱ) 이 해의 과세대상소득은 계산하여라.
(ㄴ) 적용되는 한계소득세율은 얼마인가?
(ㄷ) 당기순이익을 계산하여라.

9.20 KW출판은 2012년 1월 1일 사업을 시작하였다. 첫 해의 사업내용은 아래와 같다. 아래 물음에 답하여라.

- 첫 해의 매출액 25억원이다.
- 노무비, 재료비, 기타 경비로 8억원이 소요되다.
- 재고창고로 사용하기 위해 시가 5억원의 건물을 구매하였는데, 이를 위한 자금으로 2012년 1월 1일에 액면가 5억원, 10년 만기의 채권을 발행하였다. 이 채권의 이자율은 연 10%로 첫 해의 이자를 12월 31일에 지불하였다.
- 재고창고의 구매비용은 대지가 1억원이고, 건물은 4억원이다. 대지는 감가상각되지 않으며, 건물에 대한 감가상각은 정액법을 기준으로 내용연수 30년, 잔존가치는 없다고 한다.
- 또한 인쇄 및 제본에 필요한 장비를 2억원에 구매하였는데 이 장비의 감가상각은 내용연수 10년의 정률법을 적용한다.

(ㄱ) 2012년도 말의 총감가상각액은 얼마인가?
(ㄴ) 2012년도 법인소득세는 얼마인가?

자산처분손익

9.21 내용연수가 10년이고, 구매가격이 9,500만원인 기계를 3년 사용하고 난 후에 2,600만원, 6년 후에는 1,200만원, 9년 후에는 800만원에 처분할 수 있다고 한다. 각각의 세전 처분소득(혹은 손실)을 구하여라.

단, 이 기계의 감가상각은 정액법이 적용된다고 한다.

9.22 휴대폰용 전자부품을 생산하는 회사에서 최근 3.2억원을 들여 자동 조립용 장비를 구매하였다. 이 장비는 정률법으로 감가상각되며, 내용연수는 7년이다. 만일 구매 후 5년을 사용하고 처분한다면, 처분가격이 다음과 같은 때, 이 장비의 세전 처분소득(혹은 손실)을 각각 구하여라.

(ㄱ) 1,500만원

(ㄴ) 12,546만원

(ㄷ) 2억원

9.23 다음은 농업용 중장비를 생산하는 어느 제조업체의 2012년 영업실적에 관한 정보이다. 다음 물음에 답하여라. 적용되는 소득세율은 20%이다.

총판매수익	42.5억원
노무비	15.5억원
재료비	7.85억원
감가상각비	3.325억원
사무용품비	1,500만원
지불이자	4,220만원
임대료	4,500만원
기존장비 처분수익	4,300만원
기존장비 장부가격(처분 시)	3,000만원

(ㄱ) 2012년의 영업부문의 과세대상소득은 얼마인가?

(ㄴ) 2012년의 과세대상 처분소득(혹은 손실)은 얼마인가?

(ㄷ) 2012년의 법인소득세와 처분소득세(혹은 손실환급)는 각각 얼마인가?

9.24 네트워크 영상보안장치를 제조하여 판매하는 ㈜YB일렉트로닉스는 최근 야간 투시가 가능한 영상보안장치를 개발하였다. 본격적인 제조를 위하여 50억원의 초기 설비투자비용이 필요하며, 이 장치를 제조하여 판매할 경우 대당 300만원의 가격으로 향후 5년간 연간 5,000대를 판매할 수 있을 것으로 기대된다. 대당 제조비용은 120만원이고, 이 설비의 감가상각은 내용연수 5년의 정액법이 적용되며, 5년 후 16억원에 처분할 수 있을 것으로 추정하고 있다. 그 밖에 유지보수비용으로 연간 12억원이 소요될 것으로 예상하고 있다. 이 대안에 적용되는 소득세율은 22%이다.

(ㄱ) 5년 동안의 증분수익과, 증분소득세, 그리고 증분 당기순이익을 구하여라.

(ㄴ) 5년 말에 설비를 처분하였다면, 이에 대한 세후 처분소득(혹은 손실)을 하여라.

제 10 장 투자 프로젝트의 현금흐름

코카콜라의 식물성 친환경 용기 개발

세계 음료시장의 대표적 기업인 ㈜코카콜라(Coca Cola)는 ㈜하인츠(Heinz)가 케첩 포장에 자사의 식물성 용기를 사용할 수 있도록 라이센싱 파트너십 협약을 체결했다고 발표했다. ㈜코카콜라가 2009년에 출시한 이 포장용기 제조기술은 기존 플라스틱 용기의 주원료 중 약 30%를 사탕수수에서 추출한 식물성 소재를 사용하는 것이다. ㈜코카콜라의 궁극적인 목표는 100% 재활용이 가능한 포장용기의 생산기술을 확보하고, 이 기술을 ㈜하인츠에 라이센싱하여 연구개발비용을 절감하는 것이다.

2011년 여름까지, ㈜하인츠는 미국 전역에 식물성 용기를 사용한 케첩을 선보여, 기존의 20온스 용기, 1억 2천만 개를 재활용이 가능한 식물성 용기로 이미 대체하여 가고 있었다. 식물성 용기에는 특별한 모양의 라벨과 함께 구매고객에게 이 용기의 장점을 전달할 수 있는 친환경 메시지가 부착될 예정이다.

㈜코카콜라는 100% 재생과 재활용이 가능한 식물성 용기 제조기술을 확보하기 위해 1억 5천만 달러 이상을 투자하기로 계획하고 있다. 비록 양사 CEO들의 라이센싱 협약에 대한 세부적인 내용은 알려지지 않았지만, ㈜하인츠의 식물성 용기에 대한 투자는 ㈜코카콜라의 향후 재활용 용기 연구개발에 커다란 도움이 될 것이다. ㈜하인츠의 CEO, 존슨은 "차후 비재생 연료의 가격에 따라 달라지기는 하겠지만, 이번 라이센싱으로 안정성 측면에서 장기적인 비용을 절감할 수 있을 것이라고 기대하고 있다"라고 말하고 있다.

그렇다면, ㈜코카콜라가 1억 5천만 달러를 투자하는 것을 타당하게 하는 것은 무엇일까? ㈜코카콜라는 이 기술을 개발하고 필요한 제조시설을 구비하는 데 많은 돈을 투자할 것이 분명하다. 그러나 이로부터 석유화학물질로 만든 용기를 대체함으로써 얻는 잠재적 이익과, 다른 플라스틱 산업으로부터 라이센싱을 통해 얻은 기술이전 수익이 기대할 수 있다. 투자의 타당성은 이 식물성 용기를 개발하는 프로젝트를 통하여 위와 같은 현금흐름들을 어떻게 추정하여 반영할 것인가가 관건이 된다. ㈜코카콜라는 식물성 용기를 사용하여 이산화탄소의 배출량을 12~19%까지 정도 낮출 수 있고, 용기의 재활용 비율을 증가시켜 이산화탄소 배출을 더욱 감소시킬 수 있을 것이라 예상하고 있다. ㈜코카콜라는 이러한 이점을 어떻게 현금흐름으로 고려할 수 있겠는가?

㈜코카콜라는 친환경 용기 개발에 수천만 달러에 이르는 막대한 비용을 투자하고 있기 때문에 최고경영자의 가장 큰 관심은 "이러한 투자로부터 얻게 되는 비용절감액을 어떻게 추정할 것인가?"에 있다. 일반적으로 프로젝트의 경제성분석에서 가장 중요하면서도 어려운 과정은 프로젝트와 관련된 현금흐름을 추정하는 것이다. 일반적으로 프로젝트는 초기에 자본의 투자를 요구하고, 차후에 연차적으로 순현금흐름을 창출하는 구조를 갖는다. 프로젝트의 현금흐름을 추정하기 위해서는 수많은 변수들이 고려되어야 하고, 엔지니어로부터 원가회계, 마케팅담당자 등 여러 분야에 종사하는 인원들의 참여가 필요하다. 본 장에서는 프로젝트의 현금흐름을 추정할 때 사용되는 일반적인 원리에 대하여 먼저 알아본다.

10.1 원가요소에 관한 이해

프로젝트의 현금흐름을 추정할 때는 우선 관련 원가 종류들에 관한 충분한 이해가 필요하다. 다양한 종류의 원가들이 존재하기 때문에 경영관리 목적에 적합하도록 원가를 분류할 필요가 있다. 예를 들어, 엔지니어들은 외부보고서 작성, 예산수립 또는 여러 종류의 경영의사결정을 내리기 위해 원가자료가 필요하다. 또한, 각기 다른 원가자료의 사용목적으로 인하여 원가의 정의나 종류가 달리 표현될 수도 있다. 예를 들어, 재무보고서를 준비하기 위해서는 과거의 원가자료가 필요하지만, 반면에 경영의사결정을 위해서는 현재나 혹은 추정된 미래의 원가자료가 필요할 것이다.

10.1.1 제조환경을 기준으로 한 원가분류

원자재 구매, 완제품 생산, 그리고 상품 마케팅 등과 같은 기본적인 활동들이 거의 모든 사업분야에서 공통적으로 수행되고 있으므로, 본 장에서는 제조회사에 초점을 맞추어 원가를 고려해 본다. 제조회사에서 발생하는 원가를 충분히 이해한다면, 다른 사업분야에서 발생하는 원가도 쉽게 이해할 수 있을 것이다.

제조원가

제조회사 내에서 발생하는 대표적인 제조원가(manufacturing cost)의 종류는 그림 10.1에 나타난 바와 같다. 원자재가 완제품으로 변환되는 제조현장에서는 여러 종류의 원가들이 발생한다. 대부분의 제조회사들은 제조원가를 직접재료원가, 직접노무원가, 제조간접원가 등 세 가지 원가로 분류한다.

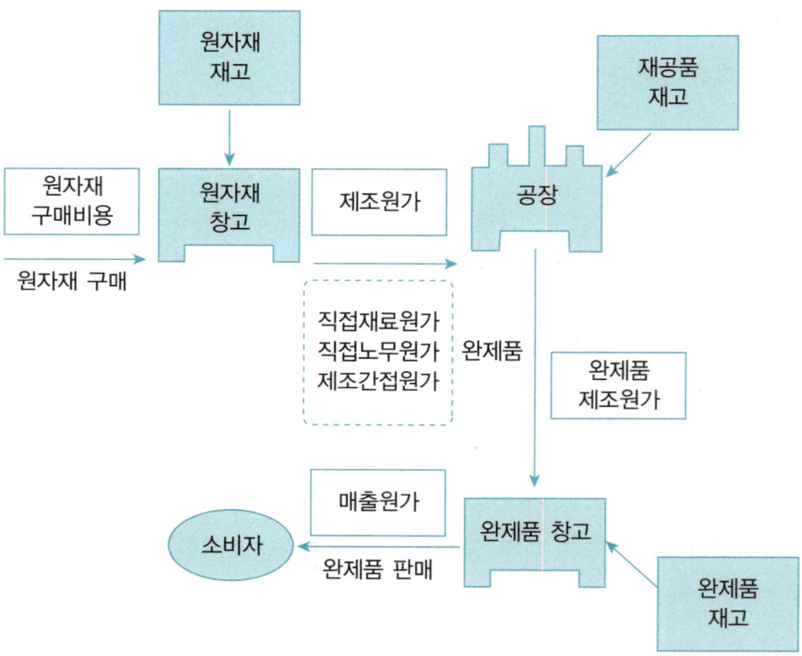

그림 10.1 | 여러 종류의 제조원가

- 직접재료원가: **직접재료원가**(direct material cost)는 제품 생산을 위해 사용된 재료원가로써 생산된 제품에 대해 비교적 쉽게 추적이 가능한 원가이다. 예를 들면, 가구에 사용된 목재, 교량건설을 위해 사용된 철강, 출판사에서 사용한 종이, 의류제조업자가 사용한 원모 등이 직접재료원가에 속한다. 어느 한 회사의 완제품은 다른 회사의 원자재가 될 수도 있다는 사실에 주목할 필요가 있다. 예를 들어, 삼성에서 생산하는 마이크

로프로세서는 델 컴퓨터 회사의 제품인 PC에 사용되는 주요 원자재가 된다.

- **직접노무원가**: 직접재료원가와 같이 **직접노무원가**(direct labor cost)도 제품생산을 위해 직접 사용되는 원가이다. 예를 들어, 금속제작산업에서 일하는 용접공의 노임, 주택건설 현장에서 일하는 목수나 벽돌공의 노임, 여러 제조작업장에서 일하는 기계 운전공들의 노임 등과 같이 조립라인 작업자들의 노임은 직접노무원가가 된다.
- **제조간접원가**: 제조원가의 세 번째 요소인 **제조간접원가**(manufacturing overhead)는 직접노무원가와 직접재료원가를 제외한 모든 제조원가를 포함한다. 특히, 간접재료원가,[1] 간접노무원가,[2] 생산장비의 유지보수비, 조명 및 난방비, 재산세, 감가상각비, 제조설비에 대한 보험료 등이 제조간접원가의 대표적인 원가항목들이다. 제조간접원가는 직접재료원가나 직접노무원가와 달리 일일이 생산된 제품에 대해 추적하기가 쉽지 않다. 또한, 제조시스템의 생산능력을 초과하지 않는 범위 내에서는 대부분의 제조간접원가 항목들은 변하지 않는 특성을 갖기 때문에 일반적으로 제조간접원가는 직접노무원가에 준해서 할당하는 방법이 회계에서 채택되고 있다.

비제조원가

비제조원가(nonmanufacturing cost)는 제조활동을 보조하는 원가로써 일반적으로 다음과 같은 두 가지 비용항목으로 구성된다. 첫 번째 비용항목은 운영비로, 물류창고 임대료 및 자동차 렌트비 등이 이에 속한다. 두 번째 비용

---

1) 중요하지 않은 원자재의 원가 모두를 추적할 필요는 없다. 예를 들어, 컴퓨터 회로기판의 용접과 관련된 납이나, 본 교재를 제본하기 위해 사용된 풀과 같은 재료의 원가는 철저한 추적이 필요없는 원가이다. 이와 같은 원가들을 간접재료원가라고 하고, 이는 제조간접원가의 한 구성요소가 된다.

2) 경우에 따라서는 제품생산을 위해 발생한 노무원가의 일부를 추적할 수 없는 경우도 있다. 이러한 노무원가도 간접재료원가와 같이 제조간접원가의 한 구성요소가 된다. 간접노무원가는 제조공장의 청소부, 생산라인 감독자, 자재 운반자, 그리고 공장의 야간 경비원 등의 임금을 포함한다. 이러한 종류의 원가들이 생산활동에 필수 불가결한 원가들이긴 하지만 특정한 제품에 대해 이러한 원가를 추적하는 것은 거의 불가능하거나 아니면 비현실적이다. 그러므로 이러한 종류의 노무원가들은 간접노무원가로 취급하여 제조간접원가의 한 구성요소가 된다.

항목은 마케팅비(혹은 판매비)와 일반관리비 등과 같은 영업비이다. 마케팅비(혹은 판매비)는 고객들이 주문한 제품이나 서비스를 주문된 내용과 차질이 없도록 고객에게 전달될 때까지 발생한 모든 비용들을 포함한다. 제조활동을 효과적으로 관리하기 위해 제조원가들을 분류하는 것과 같이 판매 및 일반관리 활동들을 효과적으로 관리하기 위해 판매 및 일반관리비도 분류할 필요가 있다. 회사마다 조금씩 다르겠지만, 예를 들면 일반적으로 다음과 같은 비제조원가가 발생할 수 있다.

- 간접비: 판매 및 관리활동과 관련된 난방 및 조명, 재산세, 감가상각비
- 마케팅: 광고, 배송, 판촉여행, 판매커미션, 판매직원 월급
- 관리기능: 경영자 보수, 일반회계, 회사 외부와의 관계 및 비서활동. 즉, 관리비는 회사의 일반관리와 관련된 경영, 조직 및 서무비용 등을 포함함.

10.1.2 재무제표 작성을 위한 원가분류

재무제표 작성을 위해서는 원가를 기간원가와 제품원가로 분류한다. 기간원가와 제품원가의 차이를 이해하기 위해서는 회계학의 기본개념인 매출-비용 대응의 개념에 관한 이해가 필요하다. 재무회계에서의 **매출-비용 대응원칙**이란 특정 매출을 얻기 위해 발생한 원가들은 매출이 실현된 시기와 같은 때의 비용으로 간주한다는 원칙이다. 이 대응원칙은 기간원가와 제품원가를 구별하는 중요한 기준이 되어, 어떤 원가들은 기간에 대해 대응되어 즉시 비용으로 간주되고 다른 원가들은 제품에 대해 대응되어 이 제품이 판매되기 이전에까지는 비용으로 처리되지 않고 제품원가로 남아 회사의 자산으로 간주된다.

기간원가

기간원가(period cost)는 비용이 발생한 기간에 부과되는 원가들이다. 기업은 이러한 기간원가를 원가가 발생한 그 기간에 비용으로 바로 처리한다. 대표적인 예로 일반관리비, 판매비, 보험 및 소득세 등이 있다. 그러므로 광고,

관리자 임금, 판촉커미션 등의 비제조원가들은 모두 기간원가에 해당된다. 이와 같은 원가들은 제품생산이나 원자재, 재공품, 완제품에 이르는 일련의 과정과는 상관이 없으며, 발생한 당해 연도의 손익계산서의 매출액에서 비용으로 공제된다. 다시 말하면, 기간원가는 발생한 기간의 비용으로 손익계산서에 표시된다.

제품원가

어떤 원가는 발생한 기간에 부과하기보다는 생산된 제품에 직접 대응시키는 것이 바람직할 때도 있다. 이러한 원가를 제품원가(product cost)라고 하며, 제품원가는 제품을 구매하거나 제조할 때 발생하는 비용으로 구성된다. 이론적으로 제품원가는 제조공정과 관련이 있는 모든 원가들을 포함한다. 제조된 제품의 경우의 제품원가는 직접재료원가, 직접노무원가, 제조간접원가 등으로 구성된다. 제품원가는 단순히 비용으로 지출되는 것이 아니고, 제품재고를 만들어내는 원가이다. 따라서 제품원가는 이 제품이 판매될 때까지는 회사의 자산으로 간주되어 재고자산으로 할당되기 때문에 재고원가(inventory cost)라고도 한다. 제품이 판매되는 시점에서 재고원가에서 매출원가(cost of goods sold)로 전환되어 매출액에 대응하는 비용으로 공제된다.

제조과정의 원가흐름

제품이 제조되고 판매되는 과정에서 제품원가가 어떻게 여러 원가계정과목을 거치게 되며, 대차대조표와 손익계산서에 영향을 미치게 되는지를 파악하기 위해 제조회사에서 발생하는 원가흐름에 관해 간략히 살펴보자.

재무제표상에서 기간원가나 제품원가의 흐름은 그림 10.2에서 보여지는 바와 같다. 모든 제품원가는 재고원가라는 명목으로 대차대조표에 기록된다. 그러나 앞서 언급한 바와 같이 제품이 일단 판매되면 대차대조표상에 나타난 재고원가는 매출원가라는 명목으로 대체되어 손익계산서로 옮겨져 매출에 대응하는 비용으로 처리된다. 다음은 대차대조표상에 나타나는 재고원가의 계정과목들이다. 이들은 자산(재고자산)으로 분류된다.

- **원자재 재고**(raw materials inventory): 회계연도 말에 아직 사용되지

않은 원자재를 말한다.

- **재공품 재고**(work-in-process inventory): 회계연도 말에 제조공정 투입되어 아직 완성되지 않은 제품을 말한다. 원자재가 제품생산을 위해 제조공정에 투입되면, 이 원가는 직접재료원가로 재공품 재고에 산입되며, 이때 투입된 직접노무원가와 제조간접원가도 재공품 재고에 직접 부가된다. 재공품 재고는 제조공장의 조립라인에서 첫 공정을 시작으로 최종 공정에 이르기까지 아직 완성되지 않은 제품 모두를 말한다.
- **완제품 재고**(finished-goods inventory): 회계연도 말에 아직 고객에게 판매되지 않은 완성된 제품의 재고를 말한다. 제품이 완성되면, 재공품 재고 계정에서 완제품 재고 계정으로 관련원가를 전환시킨다. 여기에서 제품은 고객에게 판매될 때까지 재고자산의 형태로 대기한다. 그리고 제품이 판매되면, 이때 이 원가는 완제품 재고에서 매출원가로 변환되어 매출에 대응되는 비용으로 처리된다. 즉, 이 시점에서 판매된 제품과 관련된 제조원가인 여러 종류의 직접재료비, 직접노무비, 제조간접비 등을 손익계산서의 비용으로 처리한다.

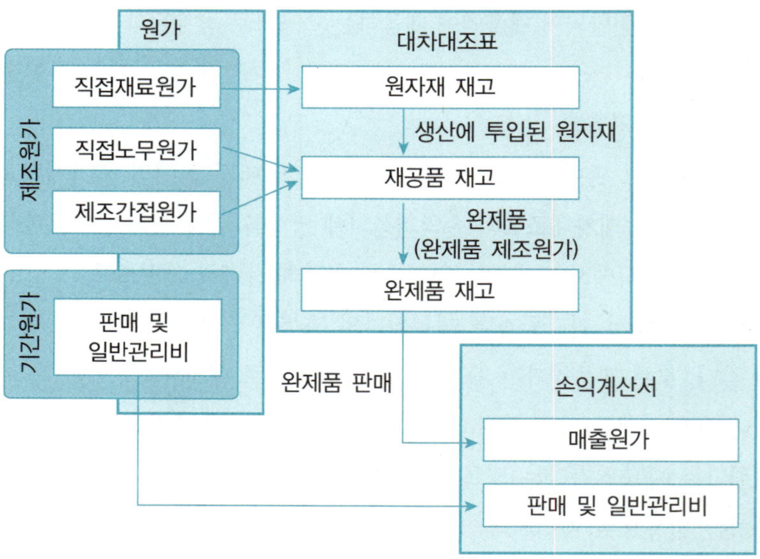

그림 10.2 | 제조회사의 원가흐름과 종류

10.1.3 원가행태를 예측하기 위한 원가분류

프로젝트의 현금흐름분석을 위해서 제조활동의 변화에 따른 특정한 원가의 행태를 예측할 필요가 있다. 예를 들어, 내년에 제품 생산량이 5% 증가할 것으로 예측된다면 회사의 경영자는 제품 생산량에 관한 의사결정을 내리기 이전에 5%가 증가될 제품 생산량이 회사 전체의 임금에 미치는 영향을 파악해야 한다. 원가행태(cost behavior)를 파악함으로써 영업활동의 변화에 대한 원가요소의 반응상태를 파악할 수 있다. 단, 원가행태를 파악할 때 단위원가(unit cost)가 아닌 총원가 단위로 각 원가요소의 행태가 파악된다는 사실에 주의해야 한다.

물량지수

일반적으로 회사의 운영원가는 생산량에 따라 변하게 된다. 원가행태를 파악하기 위해서는 원가에 직접적으로 영향을 미치는 기준(측정이 가능한 양이나 활동)을 결정할 필요가 있다. 이와 같이 생산량을 정의하기 위해 사용되는 측정단위를 물량지수(volume index)라고 한다. 물량지수는 채굴된 석탄의 톤수, 사용된 직접노동시간 혹은 기계사용시간과 같은 생산입력요소에 근거하거나 또는 발전용량과 같은 생산산출요소에 근거하여 도출될 수 있다. 예를 들면, 자동차의 경우 1년 동안의 운행거리를 물량지수로 사용할 수 있다. 이렇게 물량지수가 파악되면, 다음은 물량지수의 변화에 따라 원가가 어떻게 변하는지를 찾는다.

고정원가와 변동원가

회계시스템은 구입한 자원의 원가를 기록하고 사용한 내역을 추적한다. 고정원가와 변동원가는 이 목적을 위한 대표적인 원가행태이다. 혼합원가는 산출량이 변함에 따라 원가가 변하지 않는 고정부분과 원가가 변하는 변동부분으로 구성된다.

- **고정원가**(fixed cost): 회사의 기본적인 생산능력을 제공하는 원가로 생산능력원가라고도 한다. 원가항목이 고정원가로 분류되기 위해서는 원

가가 일정하게 유지될 수 있는 생산량 범위가 존재해야 한다(그림 10.3). 다시 말하면 고정원가는 생산량이 변하더라도 주어진 시간 내에는 변하지 않는 원가이다. 자동차의 경우 연간 보험료, 재산세와 면허세는 연간 자동차 운행거리와 상관없이 발생하기 때문에 고정비가 된다. 건물임대료, 감가상각비, 그리고 영업 및 생산관리자의 봉급 등은 전형적인 고정원가의 예라 할 수 있다.

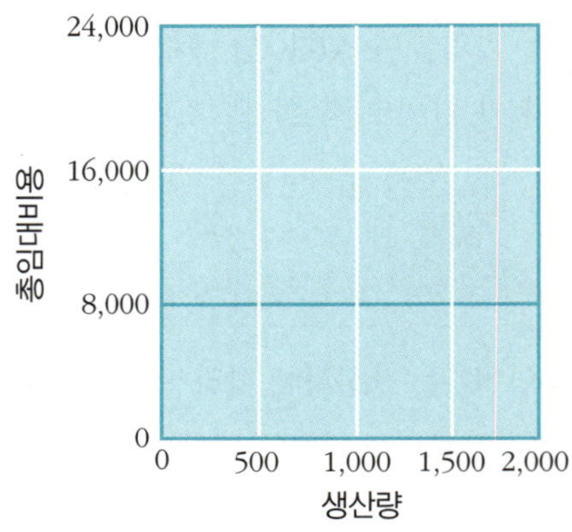

그림 10.3 I 고정원가의 형태

- **변동원가**(variable cost): 고정원가와 달리 생산량과 매우 밀접한 관계를 가진다(그림 10.4 참조). 예를 들면, 생산량이 10% 증가할 때, 관련원가가 이에 따라 10% 증가하였다면 이 원가는 변동원가이다. 자동차 연료의 소비량은 운행거리와 직접적으로 관계가 있으므로, 자동차의 연료비용은 변동원가라고 할 수 있다. 자동차 타이어비용 또한 연료비용과 같이 자동차 운행거리에 따라 원가가 변동하므로 변동원가이다. 제조환경에서 대표적인 변동원가는 직접노무원가와 직접재료원가 등이 있다.

  변동원가를 알게되면 **공헌이익**(contribution margin)을 구할 수 있다. 즉, 판매가격에서 변동원가 부분을 차감하여 구한다. 단위당 공헌이익과 총공헌이익은 아래와 같이 식으로 표현할 수 있다.

  단위당 공헌이익 = 단위당 판매가격 − 단위당 변동비

  총공헌이익 = 총매출액 − 총변동비

첫 번째 식은 제품 단위당 공헌이익을, 두 번째 식은 총판매량을 기준으로 한 총공헌이익을 나타낸다.

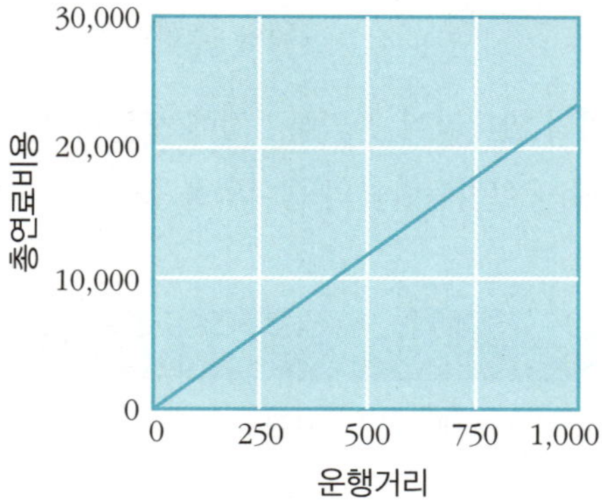

그림 10.4 | 변동원가의 형태

- **혼합원가**(mixed cost): 고정원가와 변동원가의 특성을 동시에 가지고 있는 원가요소들이 이에 해당한다. 예를 들면, 자동차의 경우 감가상각비는 혼합원가에 해당한다. 자동차의 연간 감가상각비의 일부는 운행거리와 관계없이 시간이 경과함에 따라 자동차의 가치가 하락하게 되는데, 이 부분이 자동차 감가상각비의 고정원가 부분이다. 또한, 자동차의 시장가격은 일반적으로 자동차의 연간 운행거리에 따라 감소되는데 이는 자동차 감가상각비의 변동원가 부분이 된다. 제조현장에서는 동력비가 전형적인 혼합원가이다. 동력비는 기계사용시간과 상관없이 제조현장의 조명 등에 의하여 발생되는 고정원가 부분과 기계사용시간에 따라 변하는 변동원가 부분으로 구성되기 때문이다.

손익분기판매량(breakeven volume)

앞서 언급한 바와 같이, 공헌이익은 총매출액에서 변동비용 부분을 차감한 나머지이므로, 이 공헌이익에서 고정비용을 모두 충당하고 남은 부분이 기업의 순이익이 된다. 만일, 일정기간의 공헌이익이 이 기간에 발생된 고정비용을 모두 충당하지 못한다면, 기업은 그 기간에 손실을 본 것이다. 그러므로 **손익분기점(혹은 비김점)**은 총매출액이 변동비와 고정비를 합한 총비용과 같게 되는 판매량 또는 총공헌이익이 총고정비용과 일치하는 판매량으로 정의할 수 있다.

$$\text{손익분기점} = \frac{\text{총고정비용}}{\text{단위당 공헌이익}}$$

따라서, 일단 기업의 판매량이 손익분기점에 도달하면, 이후 추가로 판매되는 제품들은 단위당 공헌이익만큼의 순이익을 증가시킨다.

예제 10.1 | 손익분기판매량

다음은 어느 회사의 최근 한 달 동안 제품판매에 대한 회계자료를 정리한 것이다.

(단위: 만원)

	총액	단위당
매출액	50,000	2
변동비용	25,000	1
공헌이익	25,000	1
고정비용	15,000	
순이익(세전)	10,000	

a) 손익분기점(판매량)과 손익분기매출액을 각각 구하여라.
b) 매달 최소 순이익이 5,000만원 이상이 되려면, 제품 판매량이 최소한 얼마 이상이 되어야 하겠는가?

문제분석

- **조건**: 표에 제시된 재무정보
- **탐색**: (a) 손익분기점, (b) 세전 순이익 5,000만원을 위한 최소 판매량

분석방법

먼저 손익분기점(손익분기판매량)을 구하고 이를 이용하여 손익분기매출액을 구한다.

풀이

a) 손익분기점:

$$\text{손익분기점} = \frac{15{,}000\,(\text{만원})}{1\,(\text{만원})} = 15{,}000\,(\text{단위})$$

b) 세전 순이익 5,000만원을 위한 판매량:

$$\text{요구판매량} = \frac{15{,}000\,(\text{만원}) + 5{,}000\,(\text{만원})}{1\,(\text{만원})} = 20{,}000\,(\text{단위})$$

해설 그림 10.5에서 보는 바와 같이, 비용–판매량–이익(cost-volume-profit) 그래프를 통하여 수익, 비용, 이익, 판매량 간의 관계를 한 번에 표현할 수도 있다. 손익분기점(15,000단위)은 총수익과 총비용이 교차하는 점이고, 판매량 20,000단위에서 목표이익 5,000만원이 실현되는 것을 본 그래프를 통해 확인할 수 있다. 또한, 일단 고정비용이 충당되고 나면, 단위당 공헌이익은 모두 순수익의 증가에 기여한다는 것도 확인할 수 있다.

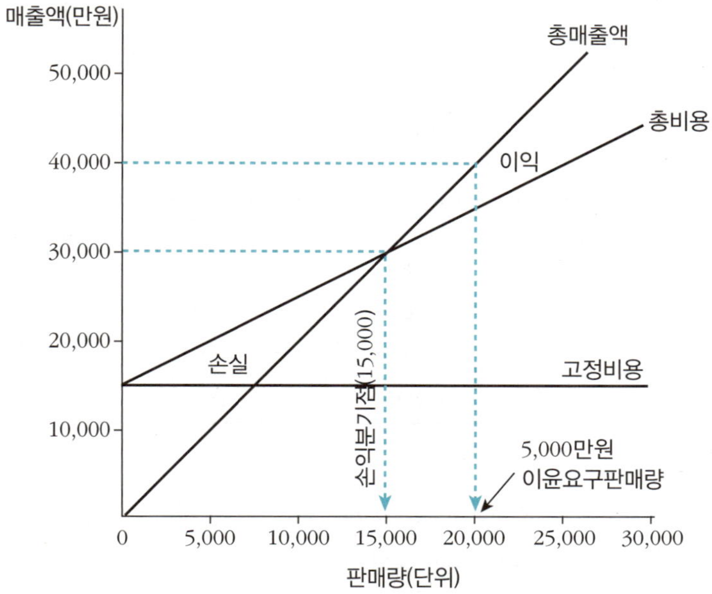

그림 10.5 | 비용-판매량-이익 그래프(손익분기점 15,000단위)

경제성분석에서 현금흐름을 사용하는 이유

회계학에서는 회사의 수익성을 측정하는 지표로 당기순이익(net income)을 사용한다. 그러나, 프로젝트의 경제성 평가를 수행하기 위해서는 회계학의 당기순이익을 사용하지 않고 순현금흐름을 사용해야 한다. 당기순이익은 현금흐름의 실제적인 발생시점을 무시하기 때문이다. 앞서 9.2절에서 살펴본 당기순이익은 매출-비용 대응 개념을 토대로 계산된 회계적인 측정치이다. 즉, 제품의 매출이 발생하면, 매출-비용 대응 개념에 의하여 제품원가는 비용으로 전환되기는 하지만, 이때 비용으로 전환되는 시점이 실제로 현금흐름이 발생한 시점과 달라질 수 있다.

회사가 존속하는 기간 동안 일반적으로 당기순이익과 순현금흐름의 총액을 따져보면 동일하지만, 당기순이익과 현금흐름이 발생하는 시점은 실질적으로 상당한 차이가 존재한다. 앞서 언급한 바와 같이 경제성분석을 위해 돈의 시간적 가치를 고려할 경우, 현재 보유하고 있는 현금은 더 많은 현금을 벌기 위해 투자를 할 수 있기 때문에 지금 현금을 받는 것이 나중에 받는 것보다 경제적으로 더 유리하다. 그러나 당기순이익은 장부상의 소득에 불과하므로, 실질적으로 당장 투자를 할 수 없는 경우가 존재한다. 이에 대한 이해를 돕기 위하여, 2년에 걸쳐 계획된 당기순이익과 현금흐름을 갖는 다음의 두 회사를 고려해보자.

(단위: 만원)

		A회사	B회사
1년 말	당기순이익	100,000	100,000
	현금흐름	100,000	0
2년 말	당기순이익	100,000	100,000
	현금흐름	100,000	200,000

위 표에서 보는 바와 같이, 2년 동안 발생한 두 회사의 당기순이익과 순현금흐름의 총액은 동일하다. 그러나 A회사는 매년 10억원의 현금흐름이 발생하지만, B회사는 1년 말에는 현금흐름이 전혀 발생하지 않고, 2년 말에 20억원의 현금흐름이 한꺼번에 발생한다. 이때, A회사는 1년 말에 받은 10억 원을 수익률 10%의 투자대안에 투자한다고 하면, 2년 말에 A회사의 총현금흐름은 21억원이 될 것이고, B회사는 20억원의 현금흐름만 있을 것이다.

10.2 경제성분석을 위한 법인세율

앞의 제9장에서 언급하였듯이, 평균법인세율의 범위는 과세대상소득에 따라 0%에서 22%까지 가능하다. 가령, 어느 회사가 특정한 프로젝트를 고려하고 있다고 가정하자. 이 프로젝트의 소득에 대해 적용해야 할 법인세율은 몇 %가 되어야 하겠는가? 두 가지 경우를 생각해보자.

- **한계세율이 이미 22% 도달한 회사**: 현행 세법에서 가장 높은 세율이 적용되는 회사의 한계세율은 22%[3]이므로, 이런 회사가 새로운 프로젝트

3) 현행 법인세율은 2012년 1월 1일 기준이다. 그러나 세법에 의한 법인세율은 자주 변동하므로 실제로 증분세율을 결정하기 위해서는 해당 연도의 법인세법을 반드시 참고하기 바란다.

에 적용되는 소득세율은 22%이다.

- **한계세율이 22% 미만인 회사:** 그러나 이 세율보다 낮은 세율을 적용 받는 회사의 한계세율과 증분세율은 동일하지 않다. 이러한 경우에 새로운 프로젝트를 수행한다면, 이 프로젝트에 적용되는 증분세율을 추정하는 것은 어려운 문제이다. 이 문제를 해결할 유일한 방법은 앞에서 검토한 바와 같이 새로운 프로젝트를 채택함으로써 과세대상소득이 어떻게 변하는지를 검토할 수 있는 시나리오 분석을 실시하여 증분세율을 결정하는 것이다. 다시 말하면, 각각의 시나리오에 대하여 총세금과 증가한 세금을 각기 계산하여 증분세율을 추정한다.

결론적으로, 이 프로젝트에 적용해야 할 법인세율은 이 프로젝트가 회사 전체의 과세대상소득에 미치는 증분효과에 의해 결정된다. 그러므로, 프로젝트의 경제성분석을 위해 적용해야 할 법인세율은 수행할 프로젝트에 의하여 만들어지는 과세대상소득에 대한 세율이어야 한다.

예를 들면, 현재 과세대상소득이 18,000만원인 한 회사를 가정해보자. 이 경우 2억원 미만인 경우로 한계세율은 10%이다. 다음은 이 회사가 새로운 프로젝트를 실행하기 이전과 이후의 매출액, 비용, 과세대상소득에 관한 자료이다.

(단위: 만원)

	이전	이후	증가액
매출총액	35,000	48,000	13,000
판매비용	13,000	17,000	4,000
운영비용	4,000	6,000	2,000
과세대상소득	18,000	25,000	7,000

법인세율은 연속성을 가지고 있기 때문에 프로젝트의 세금효과는 회사 전체의 세금과 분리하여 계산할 수 없다. 프로젝트를 실행하기 이전에 이 회사의 과세대상소득은 18,000만원이었고, 프로젝트를 실행한 후의 과세대상소득은 25,000만원으로 증가할 것으로 예상되고 있다. 표 9.5에 있는 법인세율을 이용하여 이 프로젝트를 수행하기 이전과 이후의 법인세율을 계산하면 다

음과 같다.

$$\text{프로젝트 수행 이전의 법인세} = (0.10)18,000 = 1,800(\text{만원})$$
$$\text{프로젝트 수행 이후의 법인세} = 2,000 + (0.20)(25,000 - 20,000) = 3,000(\text{만원})$$

증가된 법인세는 1,200만원(= 3,000 − 1,800)이다. 프로젝트를 수행하여 증가된 과세대상소득 7,000만원에 대하여 1,200만원의 세금이 부과된 것이므로 증분세율은 17.14%이다. 그러므로 이 프로젝트의 경제성 평가를 위해 적용해야 할 세율은 위에서 구한 증분세율 17.14%이다.

그림 10.6에서 증분세율 17.14%가 임의로 결정된 세율이 아니고, 한계세율 10%와 20%의 가중평균치임을 알 수 있다. 이 프로젝트을 수행함으로써 한계세율이 더 높아졌기 때문에 새로운 프로젝트에 의하여 얻어진 과세대상소득 가운데 2,000만원은 10%의 법인세율이 적용되고, 나머지 5,000만원은 법인세율 20%가 적용된다. 따라서 증분세율을 계산하면 다음과 같다.

$$0.10\left(\frac{2,000}{7,000}\right) + 0.20\left(\frac{5,000}{7,000}\right) = 17.14\%$$

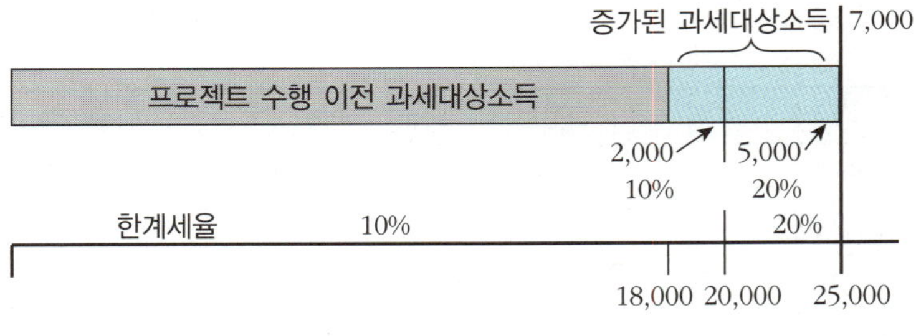

그림 10.6 | 증분세율

새로운 프로젝트를 수행하기 이전과 이후의 평균세율은 다음과 같다.

(단위: 만원)

	이전	이후	증가액
과세대상소득	18,000	25,000	7,000
법인세	1,800	3,000	1,200
평균세율	10%	12%	
증분세율			17.14%

다시 말하면, 회사에서 개별적 프로젝트의 경제성 평가를 수행하기 위해서는 회사 전체의 과세대상소득에 적용하는 평균세율을 사용하는 것이 아니고, 각 프로젝트에 합당한 증분세율을 사용해야 한다.

예제 10.2 | 새로운 투자대안의 당기순이익 계산

한 중소기업은 최근 NC장비를 추가로 도입해 새로운 제품을 생산하여 판매하고자 한다. 이 장비의 구매가격은 20,000만원이고 내용연수 8년의 정액법으로 감가상각된다. 이 장비는 가동 후 8년 동안 사용하고 폐기될 것으로 추정된다. 가동 첫 해의 매출액과 각종 비용이 아래와 같이 추정되었다.

- 증분매출액 = 12,000만원
- 증분직접비 = 4,000만원
- NC장비 감가상각비 = 2,500만원
- 증분운영비용 = 1,000만원

이 투자대안이 없었다면, 이 회사의 과세대상소득은 18,000만원이고, 이때의 한계소득세율은 10%이다. 이 프로젝트의 첫 년도 순수익을 계산하여라.

문제분석

본 투자대안의 효과를 제외한 과세대상소득이 18,000만원이므로 이때 적용되는 소득세율은 10%이지만, 본 투자로 인한 과세대상소득이 2,000만원을 초과한다면, 초과분에 대해서는 20%의 소득세율을 적용된다.

분석방법

증분당기순이익을 계산한다.

■ **조건**: 증분매출액과 각종 증분비용

■ **탐색**: 증분당기순이익(순수익)

풀이

증분과세대상소득 4,500만원 중에 2,000만원은 10%의 소득세율을, 나머지 2,500만원은 20%의 소득세율이 적용된다. 그러므로 투자대안에 의한 증분소득세와 증분당기순이익은 다음과 같이 구할 수 있다.

- 증분소득세 = 2,000(0.1) + 2,500(0.2) = 700(만원)
- 증분당기순이익 = 4,500 − 700 = 3,800(만원)

항목	금액
증분수익(매출액)	12,000만원
증분비용	
직접비	4,000만원
감가상각비(NC장비)	2,500만원
운영비용	1,000만원
증분과세대상소득	4,500만원
소득세	700만원
증분당기순이익	3,800만원

10.3 증분현금흐름

프로젝트 투자의 최대 관심사는 미래에 발생하는 현금흐름이 투자금액의 상환과 요구하는 수익을 얼마나 충족시키는지를 결정하는데 있다. 특히, 고정자산 투자를 요구하는 프로젝트의 특성은 자산의 효과적인 사용으로 인하여 얼마만큼의 현금흐름이 발생하느냐를 가늠하는데 있다. 이와 같이 프로젝트의 경제성분석은 투자로부터 직접 얻어지는 현금흐름만을 고려해야 한다. 흔히, 투자의 직접적인 결과로 발생한 총현금흐름의 변동분을 증분현금흐름(incremental cash flow)이라고 한다. 본 절에서는 먼저 프로젝트의 증분현금흐름을 구성하는 공통요소들에 관하여 알아본다. 모든 현금흐름요소들은 다음의 세 영역으로 나눌 수 있다.

- 영업활동과 관련된 현금흐름요소
- 투자활동과 관련된 현금흐름요소
- 재무활동과 관련된 현금흐름요소

현금흐름요소들을 이렇게 분류하는 주요 목적은 프로젝트의 영업활동, 투자활동, 재무활동에 관한 정보를 분야별로 얻기 위한 것이다.

10.3.1 영업활동

영업활동(operating activities)으로부터 발생하는 현금흐름요소들에는 매출액, 제조원가, 운영비, 법인세 등이 있다. 이러한 현금흐름요소들은 당기순이익을 결정하기 위한 각종 거래의 현금효과를 반영한다. 특히, 특정한 프로젝트를 수행하기 위해 자금융자를 받은 부채에 대한 상환금액 중 이자부분은 수익을 위해 발생한 비용으로 과세차감항목이므로 영업활동에 포함시켜야 한다. 그리고 일반적으로 연도별로 현금흐름을 분석하므로, 현금흐름을 연도별로 표현하는 것이 바람직하다.

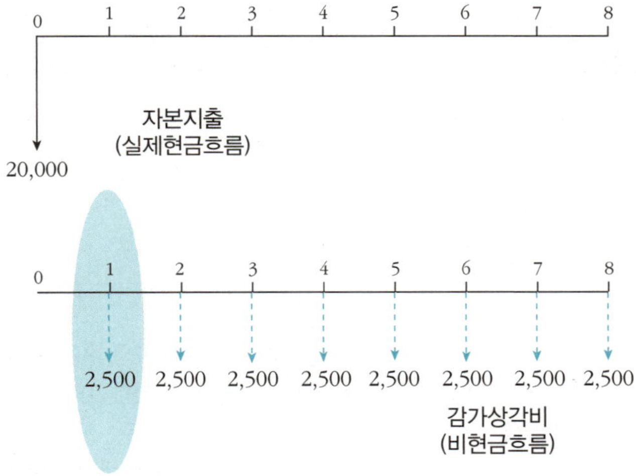

그림 10.7 | 자본지출(실제현금흐름)과 감가상각비(비현금흐름) (단위: 만원)

앞 장에서도 언급했듯이 영업활동의 순현금흐름은 (1) 당기순이익을 이용하거나, 또는 (2) 직접 법인세를 계산하여 현금흐름을 구할 수 있다. 영업활동의 현금흐름을 당기순이익을 이용하여 구하려면, 당기순이익에 감가상각비와 같은 비현금흐름을 다시 더하여 구한다. 예제 10.2에서 감가상각비를 고려한 당기순이익과 실제 고정자산을 구매하는 시점에 발생하는 현금흐름의 차이를 설명하면, 구매가격 20,000만원은 0년 말에 지출이 발생하지만, 1년 말에 당기순이익 계산을 위해 고려되는 감가상각비(2,500만원)는 실제 현금 유출이 아니다. 그림 10.7은 고정자산에 대한 실제현금흐름과 비현금흐름(감가상각비)의 차이를 보여준다.

좀 더 자세히 설명하면, 감가상각비는 과세대상소득과 세금을 계산하기 위해 운영비나 임대료와 같이 당해 연도의 총매출액에서 공제되는 비용항목이기는 하지만 그 해에 실질적으로 지출된 현금흐름은 아니다. 그러므로 과세대상소득에서 세금을 공제한 당기순이익을 사용하여 세후 순현금흐름을 구하려면, 비현금흐름 항목인 감가상각비를 당기순이익에 다시 더해서 세금 계산을 위해 사용된 비현금흐름의 차감효과를 상쇄시켜야 한다. 이를 수리적으로 정리하면 다음과 같다.

$$\text{순현금흐름} = \text{당기순이익} + \text{감가상각비(비현금흐름)}$$

예제 10.3 | 영업활동의 순현금흐름

앞의 예제 10.2에서 첫 해의 (1) 모든 제품판매와, (2) 감가상각비를 제외한 모든 비용이 현금으로 거래되었다고 가정하자. 이 투자대안의 첫 년도 순현금흐름을 계산하여라.

문제분석

감가상각은 다른 비용요소와 달리 실제 현금흐름이 발생하지 않는다. 감가상각은 세금 계산이나 회계상 장부가격의 계산을 위해 매년 비용으로 고려하지만, 실제로 현금이 유출되는 것은 아니다. 실제 현금유출은 자산의 구매시점에 이미 발생하였다.

분석방법

현금흐름표를 작성한다.

- **조건**: 예제 10.2의 매출 및 비용 데이터
- **탐색**: 영업활동의 순현금흐름

풀이

손익계산서의 각 항목에 대해 실제로 현금흐름(유입 혹은 유출)이 발생한 것인지를 검토하여 현금흐름표를 작성할 수 있다. 이를 요약하면 아래 표와 같다.

항목	수익과비용	현금흐름
수익(매출액)	12,000만원	12,000만원
비용:		
직접비	4,000만원	−4,000만원
감가상각비	2,500만원	
운영비용	1,000만원	−1,000만원
과세대상소득	4,500만원	
소득세	700만원	−700만원
당기순이익	3,800만원	
영업활동의 순현금흐름		6,300만원

표의 두 번째 열은 손익계산서이고, 세 번째 열은 현금흐름을 기준으로 한 것이다. 매출액 12,000만원과 모든 비용(감가상각비 제외)은 5,000

만원은 실제로 현금흐름이 발생한 것이고, 감가상각비는 실제현금흐름이 아니기 때문에 여기까지 순현금흐름은 7,000만원이 남는다. 또한, 소득세는 실제 현금으로 지출한 것이기 때문에 7,000만원에서 700만원을 더 차감하여 6,300만원이 1년 말에 남는 순현금흐름이다.

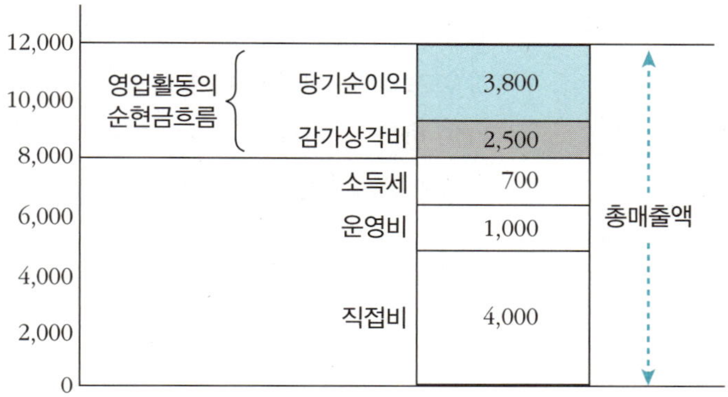

그림 10.8 | 당기순이익과 순현금흐름 관계

해설 그림 10.8에서 당기순이익과 순현금흐름이 어떻게 관련되어 있는가를 볼 수 있다. 영업활동의 순현금흐름의 계산은 감가상각비를 제외한 모든 과정이 당기순이익의 계산과정과 동일하다. 즉, 감가상각비와 같은 비현금흐름 요소만을 제거하면 순현금흐름을 구할 수 있다. 감가상각은 단지 정확한 소득세 계산을 위해 필요할 뿐이다.

10.3.2 투자활동

일반적으로 장비구입과 관련하여 세 가지 형태의 투자현금흐름이 있다. (1) 초기투자액, (2) 처분가치, (3) 운전자본(working capital)투자액 (또는 회수액). 여기서 운전자본투자액은 제품생산을 위해 사용될 원자재 재고의 운영과 같은 비감가상각 자산에 대한 투자이다(그림 10.9 참조).

- **물리적 자산에 대한 투자**는 해당 자산이 내용연수 동안 자본화되어 감가상각이 된다. 그리고 처분 시, 장부가격을 초과하는 처분가치는 자산처분소득이므로 과세대상이다.
- **운전자본에 대한 투자**는 자본지출로 간주되지만, 감가상각은 되지 않는다. 또한 운전자본의 회수는 수익으로 간주되지 않으므로 과세대상이 되지 않는다.

초기투자와 운전자본투자는 '0'년 말에 발생한다고 가정한다. 그러나 투자활동(investment activities)이 '0'년 말 시점에서 순간적으로 발생하는 것이 아니고 프로젝트가 어느 정도 궤도에 오를 때까지 몇 개월 동안 또는 그 이상 지속적으로 발생할 수도 있다. 이러한 경우 초기투자 연도를 1년 말로 할 수도 있다. 예를 들면, 원자력발전소 건설 등과 같은 대규모 프로젝트의 경우 프로젝트가 완전하게 작동하기 전까지 수 년에 걸쳐 투자지출이 발생하기도 한다. 이러한 경우에도 지출된 모든 투자비용을 실제로 지출이 발생한 시점에 따라 정확하게 기록해야 한다. 그러나 소규모 프로젝트는 수치적인 차이가 미미한 경우가 많으므로 이와 같은 현금흐름에 대한 시간설정은 편의상 0년도에 발생한다고 가정한다.

10.3.3 재무활동

재무활동(financing activities)으로 분류되는 현금흐름요소들은 (1) 차입액(borrowed funds)과 (2) 원금상환액(principal repayment)이다. 앞서 언급한 바와 같이 차입액에 대한 이자지출은 세금공제비용이기 때문에 재무활동이 아닌 영업활동의 비용요소로 분류된다.

특정 연도의 순현금흐름은 영업활동, 투자활동, 재무활동으로부터 발생한

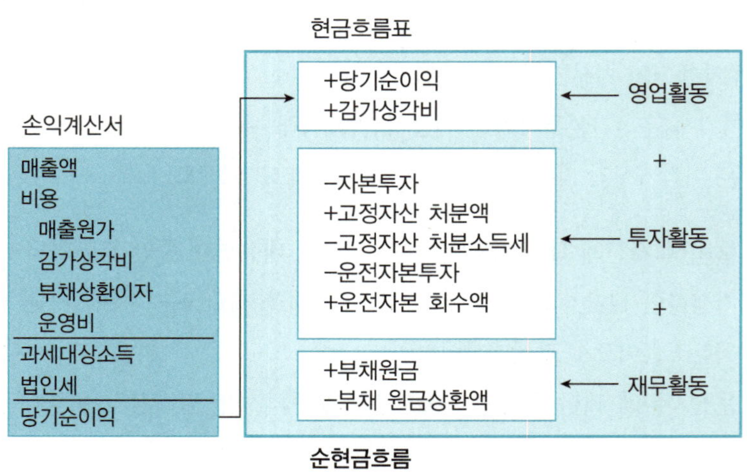

그림 10.9 I 전형적인 현금흐름표의 형태

순현금흐름의 총합계로 구할 수 있다. 그림 10.9는 각 형태의 현금흐름요소들을 영업활동, 투자활동, 재무활동으로 구분하여 나타낸 것으로 현금흐름표를 작성의 로드맵으로 유용하게 사용된다.

10.4 현금흐름표 작성

본 절에서는 예제들을 통하여 경제성 평가를 위한 프로젝트의 현금흐름표를 작성하는 절차를 알아본다. 프로젝트의 순현금흐름을 결정하기 위해서는 그림 10.9에서와 같이 우선 손익계산서를 통하여 당기순이익을 구하고 비현금지출인 감가상각비를 당기순이익에 다시 더하여 영업활동으로부터의 현금흐름을 구한다.

10.4.1 영업활동과 투자활동만 있는 경우

회사가 투자에 필요한 금액을 회사 내에 보유하고 있는 이익잉여금과 주식투자자들로부터 받은 자본금만으로 투자프로젝트의 수행이 가능한 경우를 말한다. 본 장에서는 이와 같은 간단한 경우를 먼저 살펴보고, 이어지는 다음 절에서 차입자본과 인플레이션을 고려하는 프로젝트의 현금흐름표에 대해 알아보기로 하자.

예제 **10.4** | 현금흐름표: 영업활동과 투자활동만 있는 경우

어느 공구제조회사에서 컴퓨터로 자동제어가 가능한 자동화 머시닝센터를 새로 설치할 것을 고려하고 있다.

- 이 머시닝센터의 가격은 15,000만원이지만, 회사의 용도에 맞추려면 추가로 1,200만원이 소요될 것으로 추정된다.
- 이 장비의 도입으로 회사는 5년간 연간 매출액이 17,500만원이 증가할 것으로 기대하고 있다. 그러나, 이 장비를 가동할 숙련공이 필요하므로, 매년 임금 6,000만원과 추가로 재료비는 2,000만원, 간접비는 1,000만원(전력 등 공공요금)이 발생할 것으로 추정된다.
- 또한, 연간 운전자본 (working capital)으로 2,500만원의 투자가 요구된다. 투자된 운전자본은 5년 후 모

두 회수된다고 한다.

- 자동화 머시닝센터의 내용연수는 8년이고, 정률법에 의하여 감가상각되며, 5년 후의 처분가치는 4,500만원으로 추정하고 있다.

이 회사의 한계세율을 20%이며, 당기순이익에 근거하여 프로젝트의 연도별 세후 순현금흐름을 구하고, MARR이 15%일 때, 프로젝트의 세후 순현재가치를 결정하여라.

문제분석

손익계산서를 작성할 때는 일반적으로, 과세대상소득이 음수인 경우와 세금절감 항목의 금액표시를 제외하고는 모든 금액에 부호(+, −)를 붙이지 않고, 현금흐름표를 작성할 때만 부호를 금액 앞에 붙인다. 단, 현금유입을 의미하는 (+)부호는 생략하고, 현금유출을 의미하는 (−)부호는 ( )로 대신한다.

■ **조건**: 현금흐름 자료

■ **탐색**: 세후 현금흐름

분석방법

풀이

손익계산서와 현금흐름표를 작성하기 위해 그림 10.9와 같이 두 단계를 통하여 이 문제를 해결한다. 표 10.1에 프로젝트와 관련된 현금흐름표를 요약하였다.

- **수익과 비용(감가상각 제외)**: 연간 수익과 감가상각을 제외한 모든 비용(직접재료비, 직접노무비, 제조간접비 등)은 5년 동안 매년 말 일정하게 발생한다. 그러나 이는 특수한 경우일 뿐, 일반적으로 연간 수익과 비용이 항상 일정하게 발생하는 것은 아니다.

- **감가상각비**: '0' 년 말에 16,200만원(= 15,000만원 + 1,200만원)을 투자하여 머시닝센터를 설치한다.[4] 초기 투자비 16,200만원은 8년 동안 정률법으로 감가상각되지만, 5년 후 처분할 예정이므로 5년 동안의 감가상각비와 장부가격은 아래와 같다.

(단위: 만원)

감가상각률 $= 1 - 0.05^{1/8} = 0.3123$		
기간	감가상각비(D_n)	장부가격(B_n)
0		16,200.00
1	5,059.97	11,140.03
2	3,479.52	7,660.51
3	2,392.71	5,267.79
4	1,645.36	3,622.43
5	1,131.44	2,490.99

- **과세대상소득**: 5년 동안의 감가상각비를 구하면, 1년 말부터 5년 말까지 연도별로 매출액에서 각종 비용(직접노무비, 직접재료비, 제조간접비, 감가상각비를 포함)을 차감하여 영업부문에 대한 과세대상소득을 구할 수 있다.

4) 머시닝센터는 1년 초(= 0년 말)에 설치되고 이 기간 동안 발생한 감가상각은 1년 말에 비용으로 계상된다.

• **자산처분소득과 처분소득세**: 5년 말에 자산을 처분하게 되면, 자산처분으로 인하여 발생된 처분소득에 대한 고려가 필요하다. 처분가치는 현금유입이므로 고정자산 처분으로 발생한 과세대상소득은 처분가격에서 장부가격을 차감하여 구하고, 처분가격이 초기 투자액보다는 크지 않으므로 소득세율(20%)을 이용하여 자산처분소득세를 구한다.

$$\begin{aligned}\text{과세대상소득(자산처분)} &= \text{처분가격} - \text{장부가격}\\ &= 4{,}500.00 - 2{,}491.00\\ &= 2{,}009.00(\text{만원})\end{aligned}$$

$$\text{자산처분소득세} = 2{,}009.00 \times 20\% = 401.80(\text{만원})$$

• **운전자본**: 초기 운전자본 2,500만원은 실질적으로는 1년 말에 회수되나, 그

표 10.1 ▎ **자동화 머시닝센터 프로젝트의 현금흐름표: 영업활동과 투자활동만 있는 경우**

	A	B	C	D	E	F	G
1							
2	**손익계산서**						
3	기간 말	0	1	2	3	4	5
4							
5	수익		17,500.00	17,500.00	17,500.00	17,500.00	17,500.00
6	비용:						
7	직접노무비		6,000.00	6,000.00	6,000.00	6,000.00	6,000.00
8	직접재료비		2,000.00	2,000.00	2,000.00	2,000.00	2,000.00
9	제조간접비		1,000.00	1,000.00	1,000.00	1,000.00	1,000.00
10	감가상각비		5,059.97	3,479.52	2,392.71	1,645.36	1,131.44
11							
12	과세대상소득		3,440.03	5,020.48	6,107.29	6,854.64	7,368.56
13	소득세 (20%)		688.01	1,004.10	1,221.46	1,370.93	1,473.71
14							
15	당기순이익		2,752.02	4,016.38	4,885.83	5,483.71	5,894.85
16							
17	**현금흐름표**						
18	영업활동:						
19	당기순이익		2,752.02	4,016.38	4,885.83	5,483.71	5,894.85
20	감가상각비		5,059.97	3,479.52	2,392.71	1,645.36	1,131.44
21	투자활동:						
22	장비	(16,200.00)					
23	처분가격			=-(G23-(-B22-SUM(C10:G10)))*0.2			4,500.00
24	처분소득세						(401.80)
25	운전자본	(2,500.00)					2,500.00
26							
27	순현금흐름	(18,700.00)	7,811.99	7,495.90	7,278.54	7,129.07	13,624.49
28							
29							
30		PW(15%)=	9,396.63		=NPV(15%,C27:G27)+B27		
31		IRR =	33.16%				
32				=IRR(B27:G27,15%)			
33							
34							

다음 연도를 위해 재투자를 반복하여 프로젝트가 종료될 때나 완전히 회수되는 현금흐름을 나타낸다.

1년 말에서 4년 말까지는 일정한 매출액과 비용, 그리고 감가상각비로 순현금흐름이 구성되지만, 5년 말에는 머시닝센터의 처분가격(4,500만원)과 자산처분으로 인한 소득세(혹은 양도세)가 순현금흐름에 포함된다.

- **투자분석**: 프로젝트의 세후 순현금흐름을 구하면, 회사의 최소요구수익률(MARR)을 기준으로 프로젝트의 현재가치를 계산한다. 본 예제에서 같이 순현금흐름이 특정한 형태를 갖지 않는 불규칙한 경우에는 MARR(= 15%)을 사용하여 연도별로 각각 현금흐름을 할인하여 더해야 한다.

$$\begin{aligned} PW(15\%) &= -18{,}700 + 7{,}811.99(P/F, 15\%, 1) + \\ &\quad 7{,}495.90(P/F, 15\%, 2) + \cdots + 13{,}624.49(P/F, 15\%, 5) \\ &= 9{,}396.63\,(\text{만원}) \end{aligned}$$

이 프로젝트의 순현재가치인 9,396.63만원의 의미는 이 프로젝트에 투자한 초기투자액 16,200만원과 MARR(=15%)에 상당한 자본비용을 완전히 회수하고도 추가적으로 9,396.63만원의 이익이 발생하였다는 의미이다.

10.4.2 차입금이 있는 프로젝트

대부분의 회사들은 제품생산을 위한 공장 건설, 혹은 장비 구축에 필요한 투자를 위해 자기자본과 함께 부족한 재원을 조달하기 위하여 부채를 사용하고 있다. 일반적으로 투자액 대비 부채의 비율을 **부채비율**(debt ratio)이라고 하며, 이는 초기 투자액 중에 차입액의 비율을 말한다. 예를 들어, 부채율이 0.3이면, 초기 투자액의 30%는 차입액(부채)이고 나머지 70%는 자기자본이다. 부채에 대한 이자는 세금공제비용이기 때문에 높은 한계세율을 갖고 있는 회사가 부채를 이용하여 투자자본을 조달한다면, 세후 차입자본비용을 상당히 줄일 수 있는 이점을 가질 수 있다.[5]

---

5) 물론 부채상환방법에 따라 세금효과가 다를 수 있다.

예제 10.5 | 현금흐름표: 차입금이 있는 경우

예제 10.4에서 초기투자액 16,200만원 중에 6,480만원(부채율 = 0.4)은 부채이고, 나머지는 자기자본으로 충당하였다고 한다. 이와 같은 자본구조를 가정하여 예제 10.4를 다시 풀어라. 이 부채는 5년 동안 연리 12%로 이자와 원금상환을 합하여 매년 동일한 금액으로 상환하기로 하였다.

문제분석

- **조건**: 차입액 6,480만원을 연리 12%로 5년 동안 이자와 원금상환액을 합하여 매년 동일액으로 상환한다.
- **탐색**: 세후 순현금흐름

분석방법

우선, 매년 상환액에 따른 지불이자와 원금상환액을 분리하여 계산한 후, 세후 현금흐름을 구한다.

풀이

먼저 연간 상환액을 계산한다.

$$6{,}480.00\,(A/P, 12\%, 5) = 1{,}797.62\,(\text{만원})$$

다음은 연간 상환액을 각 연도별로 이자 부분과 원금상환 부분으로 나누고, 이자 부분은 영업활동의 비용으로 원금상환 부분은 투자활동의 현금흐름으로 계상한다.

차입금: 6,480만원(초기 투자액의 40%)
이자율: 연 12%
연간등가 상환액(A): 1,797.62만원, $A = 6{,}480.00(A/P, 12\%, 5)$

연도	연초잔액	상환액	지불이자	원금상환	연말잔액
0					6,480.00
1	6,480.00	1,797.62	777.60	1,020.02	5,459.98
2	5,459.98	1,797.62	655.20	1,142.42	4,317.57
3	4,317.57	1,797.62	518.11	1,279.51	3,038.06
4	3,038.06	1,797.62	364.57	1,433.05	1,605.01
5	1,605.01	1,797.62	192.60	1,605.01	0.00

* 각 기간의 지불이자와 원금상환액은 엑셀함수를 이용하여 쉽게 구할 수 있다.

- 지불이자 : = IPMT(이자율, 연도, 상환기간, 차입금) 예) 2년 말 지불이자 = IPMT(12%, 2, 5, −6480)
- 원금상환 : = PPMT(이자율, 연도, 상환기간, 차입금) 예) 2년 말 원금상환 = PPMT(12%, 2, 5, −6480)

표 10.2는 세후 순현금흐름을 현금흐름표를 이용하여 구한 결과이다. 또한, 순현금흐름의 현재가치는 다음과 같이 구할 수 있다.

$$\begin{aligned}\text{PW}(15\%) &= -12{,}220.00 + 6{,}169.90\,(P/F, 15\%, 1) + \cdots \\ &\quad + 11{,}865.39\,(P/F, 15\%, 5) \\ &= 10{,}214.03\,(\text{만원})\end{aligned}$$

이 프로젝트의 초기투자자본에 관해 차입금이 없는 경우의 현재가치와 차입금이 있는 경우의 현재가치를 비교해 보면 차입금이 있는 경우의 현재가치가 817.40 만원(= 10,214.03 − 9,396.63) 더 증가했음을 알 수 있다. 이러한 현상이 발생한 가장 큰 원인은 MARR(= 15%)보다 저렴한 자본비용인 12%로 부채를 차입하였기 때문이다. 그러나 본 예제에서 나타난 결과는 좀 더 주의해서 살펴볼 필요가 있다. 일반적으로 회사들은 자신의 MARR보다 적은 자본비용으로 부채를 차입하지만, 회사가 상당히 적은 자본비용으로 부채를 차입한다고 해도 이 부채비용이 MARR을 결정하는 요인으로 작용하기 때문에 궁극적으로 MARR도 함께 줄어들게 하는 결과를 가져온다. 그러므로 부채를 차입하는 경우와 부채를 차입하지 않는 경우의 현재가치의 차이가 현실적으로는 기대하는 바와는 달리 그리 크지 않은 경우가 많다.

표 10.2 ▌ 자동화 머시닝센터 프로젝트의 현금흐름표: 차입금이 있는 경우 (단위: 만원)

	A	B	C	D	E	F	G
1							
2	**손익계산서**						
3	기간 말	0	1	2	3	4	5
4							
5	수익		17,500.00	17,500.00	17,500.00	17,500.00	17,500.00
6	비용:						
7	직접노무비		6,000.00	6,000.00	6,000.00	6,000.00	6,000.00
8	직접재료비		2,000.00	2,000.00	2,000.00	2,000.00	2,000.00
9	제조간접비		1,000.00	1,000.00	1,000.00	1,000.00	1,000.00
10	지급이자		777.60	655.20	518.11	364.57	192.60
11	감가상각비		5,059.97	3,479.52	2,392.71	1,645.36	1,131.44
12							
13	과세대상소득		2,662.43	4,365.28	5,589.18	6,490.07	7,175.96
14	소득세 (20%)		532.49	873.06	1,117.84	1,298.01	1,435.19
15							
16	당기순이익		2,129.94	3,492.23	4,471.35	5,192.06	5,740.77
17							
18	**현금흐름표**						
19	영업활동:						
20	당기순이익		2,129.94	3,492.23	4,471.35	5,192.06	5,740.77
21	감가상각비		5,059.97	3,479.52	2,392.71	1,645.36	1,131.44
22	투자활동:						
23	장비	(16,200.00)					
24	처분가격						4,500.00
25	처분소득세						(401.80)
26	운전자본	(2,500.00)					2,500.00
27	재무활동:						
28	차입금	6,480.00					
29	원금상환		(1,020.02)	(1,142.42)	(1,279.51)	(1,433.05)	(1,605.01)
30							
31	순현금흐름	(12,220.00)	6,169.90	5,829.33	5,584.55	5,404.37	11,865.39
32							
33							
34	PW(15%)=	**10,214.03**					
35	IRR =	**43.62%**					
36							

(D10) =IPMT(12%,D3,5,-$B$28)

(G25) =-(G24-(-B23-SUM(C11:G11)))*0.2

(D29) =PPMT(12%,D3,5,$B$28)

(B34) =NPV(15%,C31:G31)+B31

(B35) =IRR(B31:G31,15%)

10.5 프로젝트 현금흐름에 미치는 인플레이션 효과

본 절에서는 인플레이션이 프로젝트의 현금흐름에 미치는 영향에 대해 알아본다. 특히, 프로젝트의 현금흐름 요소들 중에서 인플레이션이 (1) 감가상각, (2) 이자비용, (3) 운전자본투자에 미치는 영향에 관심을 두기로 한다.

감가상각과 이자비용은 초기에 정해진 기준에 의해 계산되기 때문에 근본적으로 인플레이션의 영향을 받지 않는다. 또한, 매년 발생하는 운전자본의 투자의 경우, 인플레이션이 존재하는 상황에서 동일한 수준을 유지하기 위해서는 매년 추가적인 투자가 요구된다. 예를 들면, 인플레이션이 존재하는 경우, 예년과 동일한 원자재 재고수준을 유지하기 위해서는 상대적으로 인상된 원자재를 확보하기 위해 추가적인 현금 투입이 필요하기 때문이다. 이와 같이 인플레이션 하에서 증가되는 운전자본 투입은 프로젝트의 수익성(혹은 수익률)을 저하시키는 요인이 된다. 또한, 현금흐름 요소마다 다른 특정인플레이션율을 적용해야 하는 상황도 고려해본다.

10.5.1 인플레이션 하에서 감가상각비와 지불이자의 효과

일반적으로 인플레이션 하에서는, 생산 제조공정에 필요한 물자와 임금의 인상으로 회사의 수익성이 감소하게 된다. 감소된 수익을 보충하려면, 기업이 증가된 비용만큼 결국 매출가격을 인상하는 수밖에 없다. 그러나 극심한 경쟁 하에서 매출가격의 인상은 상대적으로 매출량의 감소를 초래할 수도 있으므로 그 한계가 있다.

고정자산의 감가상각비와 차입금에 대한 지불이자는 투자기간 중 인플레이션에 따라 그 비용이 변하지 않는다. 따라서, 이 두 항목은 과세대상소득에 직접적인 영향을 초래하는데, 감가상각비는 결과적으로 구매력 손실만큼의 과세대상소득을 증가시키며, 반대로, 차입금의 지불이자는 실질적으로 구매력이 감소된 돈으로 지불하는 결과를 초래해 수익률을 상승시키는 효과를 얻을 수 있다. 또한, 일반인플레이션율에 따라 자산의 처분가치가 상승하여 자산을 처분하게 되면 처분소득도 증가되므로 더 많은 세금을 지불해야 한다.

예제 10.6을 통하여 인플레이션 하에서 프로젝트의 수익성이 어떻게 변하는지 살펴본다.

예제 10.6 | 인플레이션의 영향: 감가상각자산과 차입금이 있는 프로젝트

차입금이 있는 자동화 머시닝센터의 투자 프로젝트(예제 10.5)를 다시 고려해보자. 다음 표는 인플레이션이 없을 경우의 투자분석 관련 자료이다. 감가상각비는 항상 명목화폐가치로 표현되고, 나머지 현금흐름요소들은 기준화폐가치라고 가정한다.

투자프로젝트	자동화머시닝센터 (인플레이션이 없는 경우)
초기투자자본	16,200만원
운전자본투자	2,500만원
차입금(이자율 연 12%, 부채비율 0.4)	6,480만원
프로젝트기간	5년
처분가치(5년 후)	4,500만원
내용연수	8년
감가상각방법	정률법
연간매출액	17,500만원/년
연간비용:	
노무비	6,000만원/년
재료비	2,000만원/년
제조간접비	1,000만원/년
한계소득세율	20%
무인플레이션이자율(i')	15%

자동화 머시닝센터 프로젝트의 세후 현금흐름은 표 10.2에 주어진 바와 같고 인플레이션이 존재하지 않는 경우의 순현재가치는 10,214.03만원이다.

만일 앞으로 5년 동안 매년 5%씩 인플레이션이 발생한다면, 이 프로젝트의 현재가치는 어떻게 변하겠는가? 감가상각비와 지급이자는 변하지 않으나, 그 밖의 매출액, 직접재료비, 직접노무비, 제조간접비는 인플레이션에 따라 증가하게 되고, 운전자본 또한 매년 동일한 수준을 유지하기 위해 추가로 현금투입이 필요하다. 이와 같은 결과로 세금, 당기순이익, 현금흐름 등은 증가하게 된다. 이 회사의 무인플레이션 이자율(i')은 15%일 때, 다음 물음에 답하여라.

a) 이 프로젝트의 순현재가치를 결정하여라.

b) 이 프로젝트의 실질 내부수익률을 구하여라.

문제분석	
	■ **조건**: 연간 인플레이션율 5%를 고려한 표 10.3의 재무정보
	■ **탐색**: (a) 세후 현금흐름의 현재가치, (b) 프로젝트의 실질 수익률

분석방법

인플레이션율(5%)이 수익, 생산비용, 운전자본에 모두 동일하게 적용된다고 가정하고, 모든 현금흐름을 명목화폐가치로 추정한다. 이러한 과정이 필요한 이유는 법인세가 명목화폐가치를 기준으로 산정되기 때문이다. 현재가치와 수익률을 구한다.

풀이

a) 표 10.3에 분석된 현금흐름은 명목화폐가치이므로, 이 프로젝트의 경제성분석을 위해서는 시장이자율을 알아야 한다. 시장이자율은 다음과 같이 구할 수 있다.

$$\begin{aligned} i &= 0.15 + 0.05 + (0.05)(0.15) = 20.75\% \\ \text{PW}(20.75\%) &= -12,220.00 + 6,384.90\,(P/F, 20.75\%, 1) \\ &\quad + \cdots + 15,277.49\,(P/F, 20.75\%, 5) \\ &= 10,270.94\,(\text{만원}) \end{aligned}$$

PW(20.75%) = 10,270.94만원이므로, 이 프로젝트는 경제적으로 타당하다고 할 수 있다.

표 10.3 ▌ **자동화 머시닝센터 프로젝트의 현금흐름표: 연간 5% 인플레이션의 경우**

(단위: 만원)

	A	B	C	D	E	F	G	H
2	**손익계산서**							
3	기간 말	인플레이션률	0	1	2	3	4	5
4								
5	수익	5%		18,375.00	19,293.75	20,258.44	21,271.36	22,334.93
6	비용:							
7	직접노무비	5%		6,300.00	6,615.00	6,945.75	7,293.04	7,657.69
8	직접재료비	5%		2,100.00	2,205.00	2,315.25	2,431.01	2,552.56
9	제조간접비	5%		1,050.00	1,102.50	1,157.63	1,215.51	1,276.28
10	지급이자			777.60	655.20	518.11	364.57	192.60
11	감가상각비			5,059.97	3,479.52	2,392.71	1,645.36	1,131.44
12								
13	과세대상소득			3,087.43	5,236.53	6,928.99	8,321.88	9,524.35
14	소득세 (20%)			617.49	1,047.31	1,385.80	1,664.38	1,904.87
15								
16	당기순이익			2,469.94	4,189.23	5,543.20	6,657.50	7,619.48
17								
18	**현금흐름표**							
19	운영활동:							
20	당기순이익			2,469.94	4,189.23	5,543.20	6,657.50	7,619.48
21	감가상각비			5,059.97	3,479.52	2,392.71	1,645.36	1,131.44
22	투자활동:							
23	장비		(16,200.00)					
24	처분가격	5%						5,743.27
25	처분소득세							(650.45)
26	운전자본	5%	(2,500.00)	(125.00)	(131.25)	(137.81)	(144.70)	3,038.77
27	재무활동:							
28	차입금		6,480.00					
29	원금상환			(1,020.02)	(1,142.42)	(1,279.51)	(1,433.05)	(1,605.01)
30								
31	순현금흐름(명목화폐가치)		(12,220.00)	6,384.90	6,395.08	6,518.59	6,725.11	15,277.49
32								
33								
34			PW(20.75%)=	10,270.94				
35			IRR =	50.73%				
36								
37								
38								

=-(-$C$26*(1.05)^E3+C26) → E26

=-(H24-(-C23-SUM(D11:H11)))*0.2 → H25

= -C26*(1.05)^G3 → H26

=NPV(20.75%,D31:H31)+C31 → D34

=IRR(C31:H31,20%) → D35

b) 명목화폐가치를 기준으로 한 프로젝트의 수익률은 50.73%이다. 시장이자율이 20.75%이기 때문에 이 프로젝트는 현재가치 분석과 동일한 결과를 얻는다. 인플레이션 효과를 제거한 실질수익률(i')은 다음과 같이 구할 수 있다.

$$i' = \frac{i - \bar{f}}{1 + \bar{f}} = \frac{0.5073 - 0.05}{1 + 0.05} = 43.55\%$$

해설 법인소득세는 명목현금흐름의 과세대상소득에 근거하여 징수되므로 모든 현금흐름 요소들이 명목화폐가치로 변경할 필요가 있으며, MARR도 명목화폐가치에 적용되는 시장이자율을 이용하여 이 프로젝트를 평가한다.

- 모든 인플레이션은 연말 기준으로 이루어진다고 가정한다.
- 매출액, 직접노무비, 직접재료비, 제조간접비 그리고 처분가치 등과 같은 현금흐름요소들은 일반인플레이션율과 동일한 비율로 증가한다. 예를 들어, 연간 매출액이 17,500만원으로 추정되었다면 인플레이션 하에서 1년 말의 매출액은 5% 더 증가하여 18,375만원이 될 것이고, 2년 말의 판매액은 10.25%가 더 증가하여 19,293.75만원이 될 것이며, 나머지 연도의 매출액도 같은 추세로 증가하게 될 것이다.
- 명목화폐가치로 표시된 다른 현금흐름 요소들의 현금흐름도 동일한 방법으로 구할 수 있다.
- '0' 년 말의 투자액, 그리고 매년 발생하는 감가상각비와 지급이자는 인플레이션의 영향을 받지 않기 때문에 변화가 없다.
- 운전자본은 인플레이션의 영향을 받는다. 인플레이션에 의하여 증가된 운전자본은 현금유입으로 기록된다. 예들 들어, '0' 년도의 운전자본 2,500만원은 1년 말에 전액이 회수되지만, 바로 2년 초에 5%의 인플레이션이 발생하여 2차년도에 요구되는 운전자본은 원자재 구입에 2,625만원으로 증가하게 된다. 1년 말에 회수된 운전자본 2,500만원에 새로 125만원이 더해져서 2차년도의 운전자본으로 투자된다. 2년 초에 투자된 2,625만원은 2년 말에 다시 회수되고, 다시 3차년도의 운전자본은 2년 말에 회수된 운전자본 2,625만원에 인플레이션율 5%만큼을 더하여 투자해야 한다. 이 현상이 프로젝트 4년 동안 반복된다. 5년 말에는 운전자본의 재투자가 필요하지 않으므로 5년 초에 재투자한 3,038.77만원을 회수하고 프로젝트는 종료된다.

연말	0	1	2	3	4	5
회수운전자본		2,500.00	2,625.00	2,756.25	2,894.06	3,038.77
요구운전자본	(2,500.00)	(2,625.00)	(2,756.25)	(2,894.06)	(3,038.77)	0.00
현금흐름	(2,500.00)	(125.00)	(131.25)	(137.81)	(144.70)	3,038.77

- 감가상각비는 실제 현금흐름이 아닌 비현금흐름으로 손익계산서상의 비용으로 매출에서 차감되어 과세대상소득을 줄이고, 결과적으로 소득세를 절감하는 효과를 갖는다. 그러나 과거에 발생한 고정자산의 취득가액을 기준으로 계산되기 때문에 인플레이션에 비례하여 증가하지 않는다. 따라서 인플레이션이 존재할 경우, 감가상각비가 다른 현금흐름 요소에 비해 상대적으로 과소계상되고, 과세대상소득은 과대계상되어, 궁극적으로 소득세 절감효과가 줄어드는 부의 효과를 낳는다.
- 지불이자도 차입 시점에 이미 결정된 고정 이자율에 의해 결정되므로 인플레이션이 존재할 경우에 증가되지 않는다. 그러나 이 효과는 감가상각과는 반대로 상대적으로 저렴한 비용으로 차입금을 사용하는 효과를 얻게 되며, 궁극적으로 수익성을 높이는 정의 효과를 얻는다. 본 예제에서는 차입금융이 수익에 미치는 정의 효과가 감가상각과 운전자본의 추가투입으로 인한 부의 효과보다 더 크기 때문에 궁극적으로 프로젝트의 순현재가치를 증가시키는 결과를 가져왔다고 생각할 수 있다.
- 고정자산의 처분가치도 일반인플레이션율에 따라 증가하므로 명목화폐가치인 처분가치는 다음과 같이 계산된다. 장부가격이 변하지 않으므로 인플레이션에 의한 처분가치의 인상은 과세대상소득을 증가시킨다. 표 10.3에서 5년 말의 장부가격과 자산처분 소득세에 관한 계산식과 그 결과를 볼 수 있다.

$$4{,}500\,(1 + 0.05)^5 = 5{,}743.27\ (\text{만원})$$

- 인플레이션이 없는 경우의 현재가치는 10,214.03만원이었지만, 연간 5%의 인플레이션의 영향으로 프로젝트의 현재가치가 약 56.91만원(= 10,270.94 − 10,214.03, 인플레이션 소득) 증가하였다. 이는 앞서 언급한 바와 같이 차입금융이 수익에 미치는 정의 효과가 감가상각과 추가운전자본(working-capital drains) 등으로 인한 부의 효과보다 더 크기 때문에 궁극적으로 프로젝트의 순현재가치를 증가시키는 결과를 가져왔다고 생각할 수 있다.

10.5.2 다수의 특정인플레이션율의 적용

특정인플레이션율(f_j)은 j라는 산업분야 혹은 특정 공산품에 적용되는 평균 가격상승률을 말한다. 예를 들어, 어떤 기계류에 대한 미래 구매가격을 추정한다고 하면, 이 기계류에 합당한 인플레이션율을 사용해야 할 것이다. 더구나 경제성분석에 나타나는 여러 비용들과 수익들을 적절하게 조정하기 위해서는 여러 개의 특정인플레이션율을 사용해야 할 경우가 있다. 예제 10.7을 통하여 다수의 특정인플레이션율이 존재하는 경우 프로젝트의 경제성 평가를 수행하는 과정을 알아보자.

예제 10.7 | 다수의 특정인플레이션율 적용

본 예제에서는 현금흐름을 구성하고 있는 요소들에 대하여 각기 다른 가격변화(차별 특정인플레이션율)를 적용하여 예제 10.6을 다시 고려해보자. 앞으로 5년 동안은 일반인플레이션율이 6%라고 가정한다. 아울러 장비의 처분가치는 연간 3%, 직접노무비, 제조간접비, 운전자본은 각각 연간 5%, 그리고 직접재료비는 연간 4%의 인플레이션을 예상하고 있다. 또한, 매출액은 일반인플레이션율을 따를 것으로 추정된다. 이 프로젝트의 순현재가치를 계산하여라.

문제분석	■ **조건**: 다수의 특정인플레이션율을 적용할 때, 표 10.4의 재무정보 ■ **탐색**: 프로젝트의 순현금흐름과 현재가치
분석방법 각 항목별 특정인플레이션율을 적용하여 명목화폐가치로 현금흐름을 전환하고, 시장이자율을 적용하여 프로젝트의 현재가치를 구한다.	풀이 표 10.4의 현금흐름표는 모든 현금흐름과 인플레이션 효과들은 매년 말에 발생한다고 가정하여 작성된 것이다. 명목화폐가치로 표시된 현금흐름의 현재가치를 계산하기 위해서는 무인플레이션이자율(i') 과 일반인플레이션율($\bar{f}$)을 이용하여 시장이자율(i)을 구한다. $i = i + \bar{f} + i \cdot \bar{f}$ $= 0.15 + 0.06 + (0.15)(0.06)$ $= 21.90\%$ $\text{PW}(21.90\%) = -12{,}220.00 + 6{,}540.90(P/F, 21.90\%, 1) + \cdots + 15{,}818.88(P/F, 21.90\%, 5) = 10{,}810.03$ (만원) 이 프로젝트의 현재가치는 10,810.03만원이다.

표 10.4 ▎ 자동화 머시닝센터 프로젝트의 현금흐름표: 다수의 특정인플레이션 적용

	A	B	C	D	E	F	G	H
1								
2	**손익계산서**							
3	기간 말		0	1	2	3	4	5
4		*f*						
5	수익	6%		18,550.00	19,663.00	20,842.78	22,093.35	23,418.95
6	비용:							
7	직접노무비	5%		6,300.00	6,615.00	6,945.75	7,293.04	7,657.69
8	직접재료비	4%		2,080.00	2,163.20	2,249.73	2,339.72	2,433.31
9	제조간접비	5%		1,050.00	1,102.50	1,157.63	1,215.51	1,276.28
10	지급이자			777.60	655.20	518.11	364.57	192.60
11	감가상각비			5,059.97	3,479.52	2,392.71	1,645.36	1,131.44
12								
13	과세대상소득			3,282.43	5,647.58	7,578.86	9,235.16	10,727.63
14	소득세 (20%)			656.49	1,129.52	1,515.77	1,847.03	2,145.53
15								
16	당기순이익			2,625.94	4,518.07	6,063.09	7,388.13	8,582.10
17								
18	**현금흐름표**							
19	영업활동:							
20	당기순이익			2,625.94	4,518.07	6,063.09	7,388.13	8,582.10
21	감가상각비			5,059.97	3,479.52	2,392.71	1,645.36	1,131.44
22	투자활동:							
23	장비		(16,200.00)					
24	처분가격	3%						5,216.73
25	처분소득세							(545.15)
26	운전자본	5%	(2,500.00)	(125.00)	(131.25)	(137.81)	(144.70)	3,038.77
27	재무활동:							
28	차입금		6,480.00					
29	원금상환			(1,020.02)	(1,142.42)	(1,279.51)	(1,433.05)	(1,605.01)
30								
31	순현금흐름(명목화폐가치)		(12,220.00)	6,540.90	6,723.92	7,038.48	7,455.74	15,818.88
32								
33								
34			PW(21.90%)=	10,810.03				
35			IRR =	53.70%				
36								
37								

=D5*(1+$B$5)

=-(H24-(-C23-SUM(D11:H11)))*0.2

=NPV(21.9%,D31:H31)+C31

=IRR(C31:H31,15%)

해설 경제성분석에서 다수의 특정인플레이션율(특정물가지수)이 적용되는 경우에 시장이자율에 영향을 미치는 물가지수는 소비자물가지수이다. 다시 말하면, 일반인플레이션율이 시장이자율의 계산에 이용되고, 경제성평가의 순현재가치의 계산에 이용된다.

10.6 요약

- 일반적으로 제조원가는 직접재료원가, 직접노무원가, 제조간접원가의 세 종류로 분류된다. 비제조원가는 판매원가와 관리원가 두 종류로 분류된다.
- 재고가치의 평가와 대차대조표와 손익계산서의 작성을 위한 비용요소들을 결정하기 위해 원가를 제품원가와 기간원가로 분류한다.

- 생산활동에 따라 변하는 원가행태를 예측하기 위해 원가를 변동원가와 고정원가로 분류한다.
- 프로젝트의 경제적 가치를 평가하기 위해서는 당기순이익이 아닌 현금흐름을 사용해야 한다. 감가상각은 실제 현금흐름이 발생하는 것이 아닌 비현금흐름으로 다른 비용요소와 함께 총수익에서 차감되어 과세대상소득과 소득세를 결정한다. 일반회계에서는 과세대상소득에서 소득세를 차감하여 당기순이익을 결정하지만, 정확한 순현금흐름을 구하기 위해서는 당기순이익에 비현금흐름인 감가상각비를 다시 더해야 한다.
- 프로젝트의 경제성분석을 위해 사용해야 하는 세율은 회사의 평균세율이나 한계세율이 아니라 프로젝트를 수행함으로써 증가된 소득으로 인하여 초래된 세율인 증분세율이다.
- 프로젝트의 모든 현금흐름은 아래의 세 가지 활동으로 분류될 수 있다. 그러나 프로젝트의 현금흐름을 파악하고 추정하는 것은 경제성분석에서 가장 어려운 작업 중의 하나이다.
  - 영업활동
  - 투자활동
  - 재무활동
- **손익계산서 접근법**은 가장 일반적인 프로젝트의 현금흐름 계산방법이다. 이를 위해 먼저 여러 현금흐름요소들을 영업활동, 투자활동, 재무활동으로 분류해야 한다.
- 프로젝트의 현금흐름은 다음 중 하나로 표현되나, 법인세 산정을 위해 모든 현금흐름은 명목화폐가치로 전환해야 한다.
  - 명목화폐가치(A_n): 인플레이션이나 디플레이션이 반영된 화폐가치
  - 기준화폐가치(A'_n): 기준연도의 화폐가치
- 프로젝트 평가를 위해 사용되는 이자율은 다음 중 하나로 표시된다.
  - 시장이자율(i): 시장이자율은 이자와 인플레이션 효과를 동시에 반영한 이자율로써 명목화폐가치 분석을 위해 사용된다.
  - 무인플레이션이자율(i'): 무인플레인션이자율은 인플레이션이나 디플레이션 효과가 반영되지 않은 이자율로써 기준화폐가치 분석을 위해 사용된다.

연습문제

원가분류

10.1 아래 비용항목을 고정비와 변동비로 분류하여라.

① 임시 작업자의 급료
② 공장 건물의 재산세
③ 본사 건물의 재산세
④ 판매 커미션
⑤ 공장 기계와 장비의 전력소모비
⑥ 공장의 냉난방비
⑦ 디자인 엔지니어의 월급
⑧ 기계와 장비의 정규 수리비
⑨ 제품생산을 위해 사용된 재료비
⑩ 공장 화재보험료

10.2 아래의 항목들을 제품원가와 기간원가로 분류하여라.

① 생산에 투입된 원자재비용
② 법인소득세
③ 은행융자금에 대한 이자비용
④ 제품생산을 위한 임금
⑤ 공장건물의 화재보험료
⑥ 제품창고의 전기료
⑦ 엔지니어의 봉급
⑧ 제품생산 관련 자재 관리비
⑨ 공장관리자의 봉급
⑩ 자재창고의 지게차 임대비용
⑪ 공장건물의 할부이자

10.3 다음은 일반적인 제조관련 비용항목들이다. 각각의 비용항목들이 생산수준 혹은 생산물량에 대해 고정적인지 혹은 변동하는지를 구분하여라.

① 도장부 관리자의 봉급
② 조립라인 작업자들의 임금
③ 공장건물의 임대료
④ 운송을 위해 완제품에 장착된 RFID[6] 태그
⑤ 생산장비의 감가상각비
⑥ 생산장비의 운영에 소모된 윤활유
⑦ 노트북 생산에 투입된 CPU
⑧ 자동차 생산에 사용된 페인트
⑨ 공장 청소를 위한 잡역부의 봉급
⑩ 볶은 커피 포장에 사용된 커피원두
⑪ 아이스크림 제조에 사용된 설탕
⑫ 장비 운영을 위한 전력
⑬ 공장건물의 냉난방에 사용된 전력
⑭ IC 칩 제조에 사용된 접착제

10.4 아래 그래프들은 회사의 제조원가를 구성하고 있는 원가형태를 그래프로 표현한 것이다. 각 그래프에서 수직선은 원가총액을 나타내고 수평선은 생산량을 나타낸다. 아래의 기술된 내용에 적합한 원가행태를 표현하는 그래프를 선택하여라. 단, 각 그래프는 한 번 이상 선택될 수 있다.

① 전기사용료: 단위 전기소모량당 적용되는 청구금액이 일정 전기소모량까지는 고정되어 있고 그 이상이면 변한다.
② 수도사용료(단위: 리터):

0 ~ 3,785,000 100만원(일정액)

6) Radio-frequency identification: IC칩과 무선을 통해 식품, 동물, 사물 등 다양한 개체의 정보를 관리할 수 있는 차세대 인식 기술

다음 37,850까지　　0.79원/리터
다음 37,850까지　　1.58원/리터
다음 37,850까지　　2.37원/리터
......

③ 정액법으로 감가되는 장비의 감가상각비

④ 공장건물 임대료 1: 시에서 기부 받은 공장건물로 연간 노동시간이 20만 시간 이하일 경우에는 일정 임대료를 지불하고, 20만 시간 이상일 경우에 임대료를 내지 않기로 시와 협의하였다.

⑤ 원자재 구입비: 첫 100개 구입까지는 개당 50원씩 추가로 할인되며 그 이상부터는 개당 구입가격이 2,500원으로 일정하다.

⑥ 생산장비 수리공의 임금: 기계가동시간 매 1,000시간마다 수리공 한 명이 추가로 필요하다.

⑦ 제품생산에 사용된 원자재비

⑧ 공장건물 임대료 2: 중앙정부로부터 임대하여 사용하는 공장건물로 연간 1억원의 임대료를 기본으로 하고, 근로자의 누적 노동시간이 20만 시간을 초과할 때, 초과시간당 1,000원씩 기본 임대료에서 차감하기로 하였다. 단, 최소 임대료는 2,000만원이다.

⑨ 기계 임대사용료: 월 가동시간이 400시간 이하이면 월 임대사용료는 100만원이고, 월 가동시간이 400시간 이상일 경우에는 초과시간당 2,000원씩 증가한다. 그러나 최대 월 임대사용료는 200만원을 넘을 수 없다.

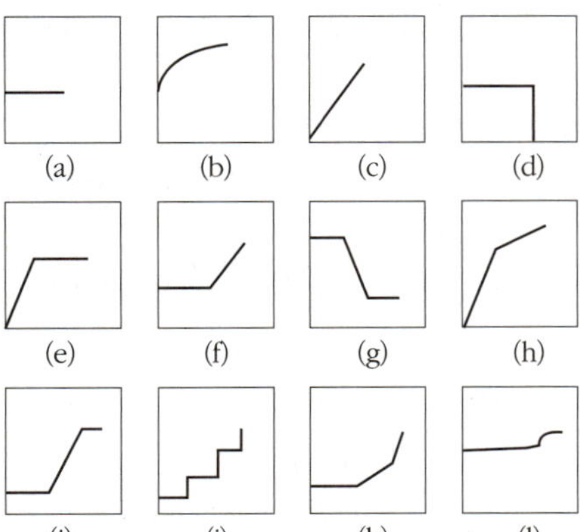

의사결정과 원가개념

10.5 다음은 어느 회사에서 금년에 시작된 한 프로젝트의 재무정보를 요약한 것이다.

- 매출액: 300,000만원
- 변동비: 100,000만원
- 고정비: 50,000만원
- 총판매량(=총생산량): 10,000단위

(ㄱ) 공헌이익률을 계산하여라.
(ㄴ) 손익분기점을 계산하여라.

10.6 ㈜KPOP의 손익분기매출액은 50,000만원이고, 총고정비용은 25,000만원이다.

(ㄱ) 공헌이익률을 구하여라.
(ㄴ) 단위당 변동비가 1.5만원이라면, 단위당 판매가격은 얼마인가?

10.7 아래 주어진 정보를 이용하여 물음에 답하여라.

- 단위당 판매가격 대비 단위당 변동비의 비율은 0.3이다.
- 총고정비용은 6,000만원이다.

(ㄱ) 비용–판매량–이익 그래프를 그려라.
(ㄴ) 손익분기점은 얼마인가?
(ㄷ) 판매가격이 8% 인하되었다면 손익분기점은 어떻게 변하겠는가?

10.8 ㈜SH전기는 A, B, C 3종류의 누전차단기를 생산하고 있다. 이 회사의 사장은 내년도에 A제품 2만개, B제품 10만개, C제품 8만개의 매출로 총 20만개의 매출을 보일 것으로 전망하고 있다. 각 제품의 공헌이익은 0.3만원(A), 0.2만원(B), 0.1만원(C)이고, 이 회사의 고정비용은 연간 25,500만원이다.

(ㄱ) 각 제품의 판매비율이 사장의 예측과 같이 유지된다면, 이때 손익분기점(판매량)은 얼마인가?
(ㄴ) 판매비율이 (ㄱ)과 같이 유지된다면, 판매량이 20만개일 때, 총공헌이익과 영업이익은 얼마인가?
(ㄷ) 만일 예상과 달리 판매량 20만개 중에 A제품 2만

개, B제품 8만개, C제품 10만개가 팔렸다면, 영업이익은 얼마인가?

(ㄹ) (ㄷ)의 판매비율이 그 다음 연도에도 유지된다면, 손익분기점(판매량)은 얼마인가?

프로젝트 평가에서 한계법인세율

10.9 주택청소를 대행해주는 ㈜W용역은 2012년 총수익에서 모든 비용을 공제한 과세대상소득이 9,700만원이라고 한다. 이 회사는 최근 새로운 서비스인 주택의 방충방역 서비스를 시작하려고 한다. 이 서비스를 개시하면 매년 1.7억원의 과세대상소득이 추가로 발생할 것으로 추정된다.

(ㄱ) 새로운 서비스를 시작하기 전에 적용되는 한계소득세율과 평균소득세율은 얼마인가?

(ㄴ) 이 회사가 새로운 서비스를 시작한다면, 적용되는 한계소득세율은 얼마인가?

(ㄷ) 또한, 이때 평균소득세율과 증분소득세율은 각각 얼마인가?

10.10 대학 교재를 주로 출간하는 한 출판사의 연간 과세대상소득은 17,800만원이다. 이 회사는 최근 중고등학생용 참고서를 새로 출간하기로 하고, 장비를 추가로 구입하였다. 장비 구매비용은 1.5억원이고, 향후 5년 동안 매년 12,500만원씩 추가로 세전 수익이 발생할 것으로 예상된다. 장비의 내용연수는 5년 정률법으로 감가상각이 된다고 하고, 다음 물음에 답하여라.

(ㄱ) 새 장비의 도입으로 첫 해의 소득세는 얼마나 늘어나겠는가?

(ㄴ) 새 장비의 도입 후의 평균법인세율은 얼마나 되는가?

10.11 기계부품을 주문 제작하는 ㈜SH기계는 향후 3년 동안 특별 주문품의 제작을 위하여 새로운 공작기계를 도입하였다. 아래의 재무정보를 고려하여 다음 물음에 답하여라.

- 이 특별 주문품이 의뢰가 없었다면, 이 회사의 향후 3년 동안 과세대상소득은 연간 1.7억원이었을 것으로 기대된다.
- 이 특별주문으로 인해 도입한 공작기계는 5,000만원의 비용이 소요되었고, 내용연수 3년의 정률법으로 감각상각된다. 이 특별주문으로 향후 3년 동안 매년 9,000만원의 추가수익이 예상되며 이로 인해 증가되는 연간 운영비용은, 2500만원일 것으로 추정하고 있다.

(ㄱ) 향후 3년 동안 증가되는 과세대상소득은 각각 얼마이겠는가?

(ㄴ) 향후 3년 동안 증가되는 소득세는 각각 얼마이겠는가?

순현금흐름 계산: 증분현금흐름

10.12 가정용 난방기구를 제조하는 ㈜JH&A는 작년에 22.5억원의 매출을 올렸다. 다음은 작년 경영활동에 대한 관련 데이터를 정리한 것이다. 다음 물음에 답하여라.

노무비	5.5억원
재료비	3.85억원
감가상각비	1.325억원
은행적립금의 이자수익	600억원
채권이자수익(비영업수익)	400억원
이자비용	2.220억원
임대료	4.500억원
노후장비의 처분(장부가액 2,000만원)	2.300억원

(ㄱ) 자산처분소득은 얼마인가?

(ㄴ) 자산처분소득을 제외한 영업소득에 대한 과세대상소득은 얼마인가?

(ㄷ) 이 회사에 적용되는 한계소득세율과 평균소득세율은 각각 얼마인가?

(ㄹ) 세후 순현금흐름을 계산하여라.

10.13 자동차 부품을 제조하여 납품하는 한 회사에서 2012년 총판매수익은 12억원이다. 다음의 표는

2012년의 재무정보를 정리한 자료이다.

제조비용(감가상각비 4,500만원 포함)	4.5억원
운영비용(이자비용 제외)	1.2억원
신규 단기차입	0.5억원
신/구 차입금에 대한 이자비용	0.4억원
노후장비 처분수익	0.6억원
처분시점의 노후장비 장부가액	0.75억원

(ㄱ) 지불해야 할 총소득세는 얼마인가?
(ㄴ) 당기순이익은 얼마인가?
(ㄷ) 순현금흐름을 계산하여라.

10.14 어느 장비의 구매가격은 35,000만원이고, 내용연수 5년의 정률법에 의해 감가상각된다고 한다. 이 장비의 도입으로 매년 22,500만원의 수익이 발생하고, 이를 위해 7,500만원의 노무비와 3,750만원의 재료비가 소요될 것으로 예상된다. 또한 5년 후에 이 장비는 1,750만원에 처분할 수 있을 것으로 추정하고 있다.이 장비의 도입으로 인한 증분현금흐름은 소득세율 20%가 적용된다고 한다.

(ㄱ) 대안의 내용연수 동안의 세후 순현금흐름을 구하여라.
(ㄴ) MARR이 연 12%일 때, NPW를 계산하라. 이 투자대안은 경제성이 있는가?
(ㄷ) 이 투자대안의 IRR을 구하여라.

10.15 ㈜MJ모터스는 현재 숙련공에 의해 진행되고 있는 자동차의 샤시 용접공정에 쓰일 자동 용접로봇을 구매하였다. 이 로봇의 구매와 설치를 위한 비용은 3.2억원이고, 내용연수는 7년이지만, 연간 노무비절감액은 1.25억원에 달할 것으로 추정하고 있다. 이 로봇은 향후 5년 동안 사용하고 처분할 계획이며, 이때 처분가치는 5,000만원으로 예상하고 있다. 이 투자에 적용되는 소득세율을 20%이고, 로봇의 감가상각은 정률법에 의한다고 하고, 다음 물음에 답하여라.

(ㄱ) 투자대안의 각 기간 세후 순현금흐름을 구하여라.
(ㄴ) MARR이 연 15%라면, 이 투자대안으로 경제적으로 가치가 있는가?

10.16 자동차 도색공정의 자문을 의뢰받은 한 산업공학 엔지니어는 컨베이어시스템의 중간에 재공품이 재정렬할 수 있는 공간을 마련하면 도색을 위한 비용이 현저히 절감될 수 있다는 제안을 하였다. 이를 위한 투자비용으로 50억원이 예상되며, 이를 통해 연간 10억원의 비용이 절감될 것을 추정하고 있다. 이 시설의 감가상각이 내용연수 3년의 정액법과, 22%의 소득세율이 적용된다고 한다. 세후 수익률을 10% 이상으로 올리기 위해서는 최소한 몇 년을 사용할 수 있어야 하겠는가? 단, 감가상각이 완료되어도 추가비용 없이 계속 시설을 사용할 수 있다고 가정한다. 시설의 처분가치는 없다.

10.17 어느 회사에서는 연간 1.3억원의 세전 비용절감효과를 가져올 최신형 자동화 기계의 도입을 고려하고 있다. 이 기계의 운영 및 보수비용으로 연간 2,000만원이 예상되며, 감가상각은 내용연수 5년의 정률법이 적용된다. 5년 후 처분가치는 1,000만원으로 예상하고 있다. 이 투자에는 22%의 소득세율이 적용될 때, 세후 IRR이 연 12% 이상이 되려면, 이 기계에 초기 투자비용에 지불할 수 있는 최대 금액은 얼마이겠는가?

10.18 가령 지금 당신이 연간 2억원의 세전 비용절감을 할 수 있는 기계를 4.5억원에 구매하고자 한다. 이 기계의 운영 및 유지비용은 연간 8,000만원이고, 이 기계의 감가상각은 내용연수 7년의 정률법의 적용을 받는다. 5년 후에 당신은 이 기계를 1.5억원에 처분할 수 있을 것으로 판단하고 있다. 단, 이 투자대안에는 20%의 소득세율이 적용된다.

(ㄱ) 이 대안의 연도별 세후 순현금흐름을 구하여라.
(ㄴ) MARR이 연 15%일 때, 이 투자대안의 순현재가치는 얼마인가?

10.19 ㈜SW건설은 최근 고효율의 신형 굴착기의 도입을 검토하고 있다. 이 신형 굴착기의 구매가는 3억

원이며, 이 신형 굴착기의 사용으로 시간당 10만원의 추가수익을 기대하고 있다. 연간 기대 가동시간은 800시간이며, 유지보수비용은 시간당 2.5만원이 추가비용이 예상된다. 이 장비의 감가상각은 내용연수 5년의 정률법이 적용되며, 5년 후에 1억원에 처분할 수 있을 것으로 추정하고 있다. 한계법인세율이 20%이고 MARR이 10%일 때, 신형 굴삭기의 도입이 경제적으로 타당한지를 검토하여라.

10.20 자동차용 기어를 제작하는 ㈜21세기기업은 최근 제품 디자인은 물론 공정관리에도 활용할 수 있는 CAD시스템을 9.3억원을 들여 도입하려고 한다. 이 시스템을 활용하면, 그동안 제품 디자인 구성단계에서부터 최종단계에까지 걸리는 시간을 35% 이상 줄일 수 있을 것으로 추정되어 연간 3.5억원의 비용절감이 기대된다. 하지만 이 시스템의 효과적인 운영을 위해서는 시스템에 대한 교육 및 유지비용으로 연간 8,000만원이 소요될 것으로 예상된다. 이 시스템의 감가상각은 내용연수 5년의 정률법이 적용되며, 5년 후에 처분가치는 5,000만원으로 예상되고 있다. 이 투자대안에 적용되는 소득세율은 20%이다.

(ㄱ) 이 투자대안의 연간 현금흐름을 구하여라.

(ㄴ) MARR이 연 12%라면, 이 대안의 투자수익에 대한 현재가치를 계산하여라.

10.21 다음은 어느 지역의 지사가 본사로 제안한 투자제안서에 대한 내용을 요약한 것이다. 이 내용을 고려하여 다음 물음에 답하여라.

- 투자비용: 68,701만원

장비구매가격	48,563만원
부대비용	8,766만원
공구비용	4,321만원
운반 및 하역비용	2,313만원
설치비용	2,110만원
부가세	2,556만원
총투자비용	68,701만원

- 투자목적: 부품의 효과적인 품질관리와 적정 재고수준의 유지
- 감가상각: 내용연수 6년의 정률법
- 적용 한계소득세율: 20%
- MARR: 15%
- 연간비용절감액: 아래 표 참고

(단위: 시간, 만원)

	작업시간 (기존)	작업시간 (신규)	기존대안	신규대안
셋업		350		7,700
공정작업	2,410	800		17,600
제조간접비				
간접노무비				3,500
작업자 혜택				8,855
유지비				1,350
공구비				6,320
수리비				890
부품비				4,840
전력비				795
세금 및 보험료				763
기타 관련비용				
공간비용				3,210
계약수수료			122,468	
자재비				27,655
기타				210
총계			122,468	83,688
비용절감액				38,780

(ㄱ) 대안수명 6년 동안의 세후 현금흐름을 계산하여라. 단, 대안수명 후 장비의 처분가치는 3,500만원으로 추정된다고 한다.

(ㄴ) 현재가치분석을 통하여 이 투자대안의 경제성으로 검증하라.

(ㄷ) 이 투자대안의 IRR을 계산하여라.

운전자본의 효과

10.22 문제 10.14를 다시 고려해보자. 가령 투자대안의 시작시점에서 3,000만원의 운전자본이 투입되어야 하고, 종료시점에 전액을 회수할 수 있다면, 이 투자대안의 연간 순현금흐름은 어떻게 변하겠는가?

10.23 문제 10.19에서 운전자본 5,000만원이 5년

간의 대안수명기간 동안 요구되며, 5년 말에 전액이 회수된다고 하면, 이 대안의 세후 순현재가치는 얼마가 되겠는가?

차입금 효과

10.24 초기 투자액이 3억원인 투자대안의 자금조달을 위해 은행에서 연이율 12%로 대출하여 6년 동안 상환하기로 하였다. 다음 문항의 각 상환방법에 맞는 상환원금과 상환이자에 대한 상환계획표를 작성하여라.

(ㄱ) 매년 말 5,000만원의 원금을 상환한다.

(ㄴ) 매년 말 3,600만원의 이자를 상환한다.

(ㄷ) 매년 말 7,296.8만원을 동일액으로 상환한다.

10.25 플라스틱 완구를 제조하는 ㈜KS완구는 신형 사출장비의 구매를 고려하고 있다. 새 장비의 구매 및 설치비용으로 1.5억원이 예상된다. 이 장비의 내용연수는 5년이고 정률법에 의해 감가상각되며, 5년 후에는 1,000만원에 처분할 수 있을 것으로 추정된다. 이 장비의 사용으로 불량률의 저하는 물론 전력사용량, 노무비, 유지보수비 등이 현격히 절감되어 연간 5,500만원의 비용절감이 기대된다. 이 투자에 적용되는 한계소득세율은 20%이다. 초기 투자액 1.5억원 중에 40%는 자기자본으로, 나머지 60%는 은행융자를 받아 충당할 계획이다. 은행융자금의 상환은 이자율 연 12%로 5년 동안 동일액으로 상환하여야 한다.

(ㄱ) 이 투자대안의 각 연도별 세후 현금흐름을 구하여라.

(ㄴ) MARR이 연 20%가 적용된다고 할 때, 이 투자대안을 평가하여라.

(ㄷ) IRR 기준으로 이 투자대안을 평가하여라.

10.26 자동차용 블랙박스를 생산하고 있는 한 제조회사는 현재까지 수작업으로 진행되어오던 제품의 여러 종류의 성능검사를 동시에 진행할 수 있는 검사장비를 구매하려고 한다. 이 장비의 가격은 3.5억원이고, 이 검사장비를 활용하면 인건비와 성능검사의 효율화로 연간 1억원의 비용이 절감될 것으로 기대하고 있다. 이 장비의 구매비용 가운데 2.5억원은 금융기관에서 대출해서 충당할 예정인데, 대출조건은 5년 동안 매년 말 동일액의 원금을 상환하고, 대출잔액에 대해서는 연 9%의 이자율로 이자를 지불하는 조건이다. 이 장비의 내용연수는 10년이고 정률법에 의해 감가상각되며, 5년 후 처분가치는 2,000만원일 것을 추정하고 있다. 이 투자에 적용되는 한계소득세율이 22%라고 하고 다음 물음에 답하여라.

(ㄱ) 이 투자대안의 각 연도별 세후 현금흐름을 구하여라.

(ㄴ) 이 투자대안의 IRR을 계산하여라.

(ㄷ) MARR이 18%라고 하면, 이 투자대안은 경제적인 타당성을 갖는가?

10.27 다음은 어느 PC제조업체의 제조공정 개선을 위한 프로젝트에 대한 정보이다. 아래 재무정보를 이용하여 다음 물음에 답하여라.

- 이 프로젝트의 사업수명은 5년이고, 초기 투자액은 20억원이다.
- 개선된 제조공정의 내용연수는 7년이고 정률법에 의해 감각상각된다.
- 사업수명 5년 후에 이 프로젝트에 투입된 장비는 처분되며, 처분가치는 초기 투자액의 10%일 것으로 추정하고 있다.
- 초기 투자액 가운데 40%를 기업 외부에서 융자할 계획인데, 융자금에 대한 상환은 이자율 연 10%로 5년 동안 매년 말 동일액으로 상환해야 한다.
- 이 투자에 적용되는 한계소득세율은 22%이다.
- 이 회사의 MARR은 18%이다.

(ㄱ) 세후 현금흐름을 구하여라.

(ㄴ) 투자프로젝트의 연간등가비용(AEC)은 얼마인가?

10.28 다음은 어느 투자대안의 재무정보를 요약한 것이다.

세전 연간 수익	750억원
구매가격	1,500억원
내용연수	5년
감가상각방법	정률법
내용연수 후 추정 처분가치	300억원
적용되는 한계소득세율	20%

(ㄱ) 이 대안의 초기 투자액을 전부 자기자본으로 충당했을 때, 세후 현금흐름을 구하여라.

(ㄴ) 이 대안의 초기 투자액 전부를 이자율 연 9%의 은행대출을 통해 충당했을 때, 세후 현금흐름을 구하여라. 단, 이 융자는 5년 동안 매년 말 동일액 상환조건이다.

(ㄷ) 만일 초기 투자액을 전부 자기자금으로 충당할 수도 있고, 또 (ㄴ)과 같은 조건으로 은행의 융자을 받을 수도 있다면, 두 방법 가운데 어느 방법이 더 경제적이겠는가? MARR이 ① 연 5%일 때, ② 연 9%일 때, ③ 연 12%일 때로 나누어 결정하여라

(ㄹ) 문항 (ㄷ)의 결과로 알 수 있는 사실은 무엇인지 설명하여라.

10.29 어느 항공사는 신규 항로에 취항할 대형 항공기의 구매를 고려하고 있다. 현재 고려하고 있는 항공기의 가격은 350억원이다. 구매조건은 항공기를 인도하는 시점에 구매가격의 10%를 지불하고, 그 후 10년 동안 매년 말 연 9%의 이자율로 이자만을 지불하며 잔여 원금은 10년 후에 일시금으로 모두 상환해야 한다. 이 항공사는 이번 노선의 취항으로 연간 360억원의 매출증가를 기대하고 있지만, 이에 대한 운영 및 유지보수비용으로 연간 300억원이 추가로 발생할 것으로 예상하고 있다. 이 항공기의 법정내용연수는 15년이고 정률법으로 감가상각되며, 그 후 처분가치는 구매가격의 15%로 추정된다. 이 투자의 한계법인세율은 22%이고, MARR은 18%이다.

(ㄱ) 융자를 고려하여 현금흐름표를 작성하여라.

(ㄴ) 항공사는 이 투자대안을 채택해야 하는가?

상호 배타적 대안의 비교

10.30 ㈜YB는 협소한 공장부지 문제를 해결하기 위해 다음 세 가지 대안을 놓고 고려 중이다.

- 대안 1: 건물 A 임대(임대료 연 14,400만원)
- 대안 2: 건물 B 구매(대지 15,000만원, 건물 65,000만원)
- 대안 3: 기존 소유의 건물 C 리모델링

대지가격은 소유기간 동안 변동하지 않을 것으로 추정되고, 건물가격은 30년 후에 초기 구매가격의 10%가 될 것으로 예상되며 연간 재산세는 초기 구매가격의 5%이다. 현재 소유하고 있는 건물 C의 현재가격은 30,000만원이며, 대지가격은 6,000만원이다. 건물 C의 리모델링 비용은 30,000만원이 예상된다. 그런데 건물 C를 리모델링하면 현재의 주차공간으로 확장해야 하기 때문에, 추가적인 주차공간이 필요할 것으로 예상된다. 이 회사는 이 문제를 해결하기 위해 근처의 주차장을 향후 30년 동안 임대할 수 있으며, 이때 주차장 임대료는 첫 해에 900만원을 시작으로 매년 50만원씩 증가할 것으로 예상된다. 리모델링한 기존 건물의 연간 재산세는 현재의 건물가격과 리모델링 비용을 합한 금액의 5%이다. 이 프로젝트의 분석기간은 30년이고, MARR은 연 12%라고 한다. 적용되는 한계법인세율은 22%이고, 건물은 내용연수 40년의 정액법으로 감가상각된다고 한다. 세 가지 대안 가운데 어느 대안이 최적 대안인지를 결정하여라. 단, 모든 건물의 유지보수비용은 동일하다고 가정한다.

10.31 한 식품가공회사의 제품생산을 위한 순간 최대 전력수요는 1만kw이고, 연간 전력사용량은 평균 5,000만kwh이며, 현재 kwh당 85원의 전기사용료를 부담하고 있다. 이 회사는 매년 소요되는 전력사용비용을 절감하기 위하여 새로운 가공시설을 설치하는 것을 고려하고 있다. 다음은 현재 고려 중인 세 종류의 가공시설에 대한 정보이다.

(단위: 억원)

	A	B	C
평균 열전비(BTU/kWh)	16,500	14,500	13,000
초기투자비용	85.30	94.98	105.46
연간운영비용			
연료	11.28	9.30	8.28
운영 노무비	6.16	6.16	6.16
유지보수비	1.50	1.26	1.14
부품비	0.60	0.60	0.60
보험료 및 재산세	0.10	0.12	0.14

이 프로젝트의 서비스기간이 20년이다. 각 발전시설은 내용연수 20년의 정률법에 의해 감가상각되고, 그 후 처분가치는 초기 투자비용의 10%가 될 것으로 추정하고 있다. MARR이 연 12%이고, 적용되는 한계법인세율이 22%일 때, 다음 물음에 답하여라.

(ㄱ) 발전설비의 단위당(kWh당) 전력비용은 얼마인가?

(ㄴ) 어느 발전시설이 가장 경제적인가? 이 회사는 발전시설 설치와 기존 방법 중에 어느 것을 선택하겠는가?

10.32 ㈜MJ제과는 이 회사의 주력제품인 피자의 도우(dough)를 효과적으로 반죽하고 숙성시킬 수 있는 장비를 도입하려고 다음의 두 가지 방법을 고려하고 있다.

- 방법 A: 연간 2,200만원의 임대료를 지불하고 3년 계약으로 임대한다. 임대료는 연초에 지불하며, 모든 유지보수비용은 임대료에 포함된다.
- 방법 B: 9,700만원을 지급하고 구매한다. 구매대금은 이자율 연 12%로 3년간 매년 말 동일액 상환의 조건으로 은행에서 대출한다. 이 장비의 유지보수비용은 어느 유지보수업체가 관리해주는 조건으로 매년 말 600만원씩을 지급하기로 하였다. 이 장비는 내용연수 7년의 정률법으로 감가상각된다.

구매 혹은 임대와 상관없이 3년 후에는 이 장비를 교체할 계획이고, 이 투자에 적용되는 한계법인세율은 20%이고, MARR은 연 15%이다. 단, 3년 후 구매한 장비의 처분가격은 4,500만원으로 추정된다.

(ㄱ) 방법 A의 현재가치비용은 얼마인가?

(ㄴ) 방법 B의 현재가치비용은 얼마인가?

(ㄷ) 임대와 구매의 장·단점은 각각 어떤 것들이 있는지 기술하여라.

인플레이션의 효과

10.33 다음은 어느 투자대안의 현금흐름과 인플레이션율에 대한 정보이다.

연도	현금흐름 (명목화폐가치)	일반인플레이션율
0	−9,000만원	
1	5,200만원	4.7%
2	5,200만원	5.9%
3	5,200만원	7.1%

(ㄱ) 분석기간 동안의 평균인플레이션율을 구하여라.

(ㄴ) 기준년도(0)의 화폐가치로 모든 현금흐름을 전환하여라.

(ㄷ) 무인플레이션율이 연 5%라고 하면, 이 대안의 순현재가치는 얼마인가? 이 대안은 경제적으로 투자할 가치가 있겠는가?

10.34 산업용 기계를 주문 제작하는 ㈜GW기계는 최근 한 고객으로부터 특정한 제품에 대한 제작 의뢰를 받았다. 다음은 이와 관련된 재무정보를 요약한 것이다.

- 제작기간은 2년이고, 이를 위해 특정 용도의 장비를 구매해야 한다. 장비의 구매비용은 5,500만원이고, 내용연수는 5년, 정액법에 의해 감가상각된다.
- 제작기간인 2년이 지난 후에 이 장비는 기준화폐가치(0년도)로 2,700만원에 처분이 가능하다.
- 이로 인해 2년 동안 기준화폐가치(0년도)로 매년 말 9,500만원의 추가적인 수익을 올리고, 매년 추가로 발생되는 운영비용은 기준화폐가치(0년도)

로 연간 5,380만원이 될 것으로 기대된다.

- 장비의 구매대금 가운데 5,000만원은 은행대출금으로 충당할 것인데, 대출조건은 이자율 연 10%의 2년간 연말 동일액(명목화폐가치로 2,881만원) 상환조건이다. 나머지 500만원은 회사의 유보잉여금에서 충당하기로 하였다.
- 이 기간 동안 일반인플레이션율은 연간 5%일 것으로 예상되며, 적용되는 시장이자율(MARR)은 연 18%, 한계법인세율은 20%이다.

(ㄱ) 명목화폐가치로 세후 현금흐름을 계산하여라.

(ㄴ) 이 투자대안의 현재가치(0년도)는 얼마인가?

10.35 ㈜SH금속은 최신형 연삭기를 지금(0년도) 구매하려고 한다. 이 기계의 가격은 1.35억원이지만, 회사의 용도에 맞게 조정하고 설치하려면 1,500만원의 추가비용이 필요하므로 감가상각을 위한 취득가액은 1.5억원이 될 것이다. 이 장비의 내용연수는 7년이고 정률법에 의해 감가상각된다. 회사는 이 장비를 3년 동안 활용하고 처분할 계획이며, 3년 후 처분가치는 8,000만원(명목화폐가치)으로 추정하고 있다. 이 장비를 가동하게 되면 가동시점부터 운전자본으로 1,000만원(기준화폐가치, 0년도)이 추가적으로 요구되고, 이 운전자본은 3년 후 전액 회수된다고 한다. 이 장비는 수익에는 영향을 미치지 않지만, 노무비의 절감으로 연간 6,000만원(기준화폐가치, 0년도)의 비용절감이 기대된다고 한다. 그러나 인플레이션의 영향으로 실질적으로 노무비는 매년 5%씩 증가하고, 운전자본은 매년 8%씩 증가할 것으로 예상된다. 장비의 처분가치는 인플레이션의 영향을 받지 않는다. 적용되는 한계소득세율은 20%이고, 이는 3년 동안 변동하지 않을 것으로 예상된다. 분석기간 동안, 일반인프레이션율은 연 6%이고 이 회사의 시장이자율(MARR)은 연 20%이다.

(ㄱ) 명목화폐가치로 표현된 이 투자대안의 세후 현금흐름을 구하여라.

(ㄴ) 기준화폐가치(0년도)로 표현된 세후 현금흐름을 구하여라.

(ㄷ) 이 투자대안은 수행할만한 가치가 있겠는가?

10.36 수직형 드릴링 머신의 구매비용은 5,000만원이고, 사용수명은 8년이다. 8년 후의 처분가치는 기준화폐가치(0년도)로 500만원이다. 이 장비는 연간 2,000만원(기준화폐가치)의 수익을 올릴 것으로 기대되며, 이를 위한 비용(감가상각 제외)으로 연간 800만원(기준화폐가치)을 예상하고 있다. 이 장비는 내용연수 10년, 정률법으로 감가상각된다고 한다. 또한 운전자본으로 0년도에 1,000만원(기준화폐가치)이 투자되고, 이는 8년 후에 전액 회수된다. 적용되는 한계소득세율은 20%, MARR은 18%이다.

(ㄱ) 인플레이션이 없다고 가정할 때, 이 투자대안의 내부수익률(IRR)을 계산하여라.

(ㄴ) 이 회사가 분석기간 동안 일반인플레이션율이 연 5%일 것이라고 기대하지만, 실제로 인플레이션의 영향으로 연간 수익과 운전자본은 매년 8%씩 증가하고, 연간 비용(감가상각 제외)은 6%씩 증가할 것으로 예측하고 있다면, 인플레이션 효과를 제거한 실제 내부수익률(IRR)은 얼마인가? 이 투자대안은 투자할 가치가 있는가?

10.37 그동안 은행에 적립해 왔던 5,000만원의 여유자금을 향후 5년 동안 투자하려고 다음의 방법을 고려하고 있다. 단, 투자기간 동안 일반인플레이션율은 연 3%이고, 정상소득이든 자본소득이든 적용되는 소득세율은 30%이다.

- 방법 1: 지금까지 해왔던 대로 이자율 연 6%의 적금계좌에 다시 적립한다.
- 방법 2: 만기일 5년 후이고, 액면가 5,000만원, 연 9%로 매년 말 이자를 지급하는 채권을 구매한다. 단, 이 채권은 비과세 대상이다.
- 방법 3: 만기일 5년 후이고, 액면가 5,000만원, 연 12%로 매년 말 이자를 지급하는 채권을 구매한다. 단, 이 채권은 과세 대상이다.

(ㄱ) 각 방법의 인플레이션 효과를 제거한 실제 세후 수익률은 얼마인가?

(ㄴ) MARR을 모른다면, 위 세 가지 방법 중에 어느 것을 선택하겠는가?

10.38 ㈜재연건설은 토지정비용 불도저를 구매하려고 한다. 구매하려는 불도저는 가격이 1억원이고, 6년 후의 처분가격이 3,000만원으로 추정된다. 회사는 이 장비를 이용하여 향후 6년 동안 연간 8,000만원의 세전 추가수익을 얻을 수 있을 것으로 기대하고 있다. 이 장비는 내용연수는 7년이고, 정률법에 의해 감가상각된다고 한다. 적용되는 한계소득세율을 22%이고, 이 회사의 시장이자율(MARR)은 연 18%이다. 또한, 위에 기술된 모든 현금흐름은 기준화폐가치(0년도)로 표현되었다.

(ㄱ) 일반인플레이션율이 연 6%라고 하고, 명목화폐가치로 표현된 세후 현금흐름을 구하여라.

(ㄴ) 인플레이션 효과가 제거된 실질 세후 수익률은 얼마인가?

(ㄷ) 이 투자대안의 초기 투자비용을 은행에서 융자하기로 하였다고 하고, 문항 (ㄱ)의 답을 다시 구하여라. 단, 융자금의 상환조건은 이자율 연 12%이고, 매년 말 동일액(2,432.3만원)으로 6년 동안 상환하는 조건이다.

(ㄹ) 문항 (ㄱ)에서 인플레이션으로 인한 손실을 현재가치로 구하여라.

(ㅁ) 문항 (ㄹ)에서 인플레이션으로 인한 손실을 보전하려면 얼마만큼의 세전 연간수익(연간등가, 명목화폐가치)을 추가로 얻어야 하겠는가?

제 11 장 불확실성을 고려한 투자 프로젝트평가

삼성전자 중국 낸드공장 70억달러 투자[1)]

㈜삼성전자가 중국 산시성 시안시에 차세대 낸드플래시 메모리(Nand Flesh Memory)반도체 생산라인 건설을 시작했다. ㈜삼성전자의 시안 공장은 초기 투자금액 23억달러, 총 투자규모 70억달러로 2014년부터 첨단 10나노급 낸드플래시 메모리를 생산할 계획이다. 이번 투자는 삼성의 투자 중 역대 최대 규모이다.

삼성이 시안을 공장부지로 선택한 이유는 반도체 생산라인 운영에 필요한 용수와 전기공급이 원활하고 시안이 글로벌 IT기업의 생산중심지 및 연구거점으로 성장하고 있어, 향후 삼성전자가 글로벌 경영능력을 강화하는 데 최적의 장소로 평가되었기 때문이다.

또한 이번 ㈜삼성전자의 중국 진출은 미국 오스틴 공장에 이은 두 번째 해외진출로, 글로벌 IT기업들의 주요 거점이자 최대 시장인 중국과 미국에 생산단지를 마련함으로써 향후 안정적인 생산체계를 구축하고, 이를 바탕으로 시장변화에 보다 빠르게 대응할 수 있을 것으로 전망하고 있다. 결국 중국 현지의 반도체 생산라인 신설은 세계 경제의 불확실성이 커진 상황에서 보다 적극적으로 대응하겠다는 공격적 의미로도 해석하고 있다.

많은 해외투자는 그 나름대로 여러 가지 불확실성을 내포하고 있다. 우선 세계 낸드메모리 수요와 이에 따른 매출액의 예측이 어렵고, 지속적으로 증가하고 있는 중국 노동임금은 생산원가에 상당한 부담으로 여겨지고 있는 것 등을 들 수 있다. 또한, 중국 정부가 해외투자 유치를 위해 선심적으로 공약한 여러 가지 조건이 언젠가는 파기될 수도 있다는 우려도 큰 불확실성이라 할 수 있다. 그 밖에 이미 생산라인을 갖고 있는 인텔과 하이닉스와의 경쟁도 낸드플래시 메모리의 가격에 상당한 영향을 미칠 것으로 예측되고 있다. 그렇다면, 이러한 상황에서 ㈜삼성전자가 당면한 가장 시급한 해결과제는 무엇이겠는가? 아마도 "이 프로젝트를 채택함으로써 감수해야 하는 가장 큰 재정적 위험요소가 무엇인가?"가 될 것이다.

1) http://samsungtomorrow.com/3229

지금까지 본 교재에서는 프로젝트의 현금흐름에 대한 변동성이 거의 없다고 가정하고, 그 경제적 가치를 평가하여 최선의 프로젝트를 선정하였다. 이러한 경제성분석이 프로젝트에 관한 합리적인 의사결정을 위한 초석을 제공하기는 하지만, 일반적으로 프로젝트의 현금흐름에 관한 추정치는 항상 어느 정도의 불확실성을 포함하고 있게 마련이다. 어떠한 상황에서도 미래에 발생하게 되는 프로젝트의 현금흐름에 대한 불확실성을 완전히 배제한 기대값을 얻기는 거의 불가능하기 때문이다. 이와 같은 불확실성이 존재하는 경우에 취할 수 있는 최선의 방법은 프로젝트의 비용과 편익의 발생 가능한 범위와 기대하는 투자수익을 달성할 수 있는 확률을 추정하는 것이다.

프로젝트의 현금흐름을 사전에 확실하게 알 수는 없으나, 발생 가능한 현금흐름의 결과와 관련 확률을 알 수 있는 경우는 많다. 일반적으로 이러한 경우를 위험상황이라고 한다. 본 장에서 사용되는 프로젝트위험(project risk)은 프로젝트의 순현재가치(NPW)의 변동성(variability)을 의미한다. 프로젝트위험이 크다는 것은 프로젝트의 순현재가치의 변동성이 큰 것이며, 여기서 위험이란 손실의 가능성을 말한다. 본 장에서는 프로젝트위험이 발생하는 근원에 대해서 먼저 살펴보기로 한다.

11.1 프로젝트위험의 근원

새로운 제품을 시장에 도입하려는 프로젝트와 같은 대규모 프로젝트의 합리적인 의사결정을 위해서는 미래에 발생할 경제적 가치를 추정해야 한다. 프로젝트의 경제성 평가를 위해 추정해야 할 요소들로는 (1) 제품시장의 크기, (2) 예상되는 시장점유율, (3) 시장의 성장가능성, (4) 제품생산비용 및 판매가격, (5) 제품의 수명, (6) 설비의 비용 및 수명, (7) 실질적 세율 등이 있다. 현실적으로 이러한 요소들의 대부분은 불확실성을 포함하고 있다. 불확실성을 포함하고 있는 요소들을 처리하기 위해 가장 널리 사용되는 방법은 각각의 불확실한 요소들에 대해서 하나의 기대 예측치(most-likely value)를 구하여, 프로젝트의 순현재가치나 내부수익률 등과 같은 수익성을 나타내는 지표들을 계산하는 것이다. 그러나 이러한 접근방법은 다음과 같은 두 가지 단점을 가진다.

1. 기대 예측치가 실제로 발생하는 결과값과 동일하다는 보장이 없다.
2. 프로젝트위험을 측정할 수 있는 방안을 제공하지 못한다. 예들 들어, 회사가 프로젝트로부터 손실을 볼 확률이나 큰 수익을 얻을 확률에 관한 경영자들의 관심에 대해 적절한 답을 제공할 수 없다.

현금흐름은 정확하게 예측하기가 매우 어렵기 때문에 일반적으로 현금흐름 요소의 실제값이 일정범위 내에 존재한다고 가정한다. 이는 각 현금흐름 요소에 대한 실제값의 범위를 알 수 있으면, 프로젝트 순현재가치의 범위를 구할 수 있기 때문이다. 결국 우리의 궁극적 목적은 각 현금흐름 요소들의 발생 가능한 확률과 신뢰도를 측정하여 프로젝트의 전반적인 경제적 가치에 대한 확실성 수준을 추정하는데 있다.

위험과 관련된 정량적 수치들은 확률 또는 발생 가능성을 나타내는 값들로 주어진다. 일반적으로 확률은 0.0과 1.0 구간의 소수점으로 주어진다. 발생이 확실한 사건이나 결과는 확률값 1.0을 가진다. 어떤 사건의 확률값이 0에 가까워지면 그 사건이 발생할 가능성은 점점 희박하다는 것을 의미한다. 이와 같이 프로젝트의 위험부담을 확률분포로 산출하는 것을 **위험분석**(risk analysis)이라고 한다.

11.2 프로젝트위험분석

프로젝트위험을 분석하기 위해서는 먼저 프로젝트의 현금흐름에 내재된 불확실성을 결정해야 한다. 이러한 프로젝트위험분석은 주관적인 판단에 의해서 수행될 수도 있지만, 경우에 따라서는 복잡한 경제성분석이나 통계적 혹은 확률적 분석에 의하여 수행될 수도 있다. 본 절에서는 프로젝트위험분석의 방법으로 (1) 민감도분석, (2) 손익분기점분석, (3) 시나리오분석 등의 세 가지 방법을 소개한다. 예제를 사용하여 세 가지 프로젝트 위험분석에 대해 알아본다. 또한, 민감도분석을 이용하여 상호 배타적 대안들 중에서 가장 바람직한 대안을 선정하는 방법도 본 장에서 소개하려고 한다.

11.2.1 민감도분석

불확실성을 내포하고 있는 프로젝트의 발생 가능한 결과를 추정하는 방법으로 민감도분석(sensitivity analysis)을 사용할 수 있다. 민감도분석은 세후 현금흐름을 추정하기 위하여 사용되는 입력변수들(매출액, 운영비, 처분가치 등)이 순현재가치에 어떻게 영향을 미치는지를 파악하기 위한 위험분석이다.

민감도분석을 'what-if' 분석이라 부르기도 하는데, 이는 다음과 같은 질문들에 대한 답을 민감도분석을 통하여 얻을 수 있기 때문이다. 투자분석을 위해 사용한 기본 판매량이 2,000개에서 1,000개로 감소되었을 경우, 이러한 판매량 변화가 프로젝트의 순현재가치에 어떠한 영향을 미치게 되는가?

- 민감도분석은 각 입력변수의 기대값들로 구성된 기본 사례를 토대로 하여 시작된다. 그 다음 다른 입력변수를 고정시키고 관심 입력변수의 값을 기본 사례에서 사용한 기대값으로부터 오차범위(%) 내에서 상하로 변경시켜가며 변동되는 NPW를 각각 구하여, 관심 입력변수가 프로젝트의 순현재가치에 미치는 영향을 파악한다.
- 민감도분석의 결과를 좀 더 효과적으로 파악하기 위해서는 분석결과를 그래프로 그려보는 것이 좋다. 이를 민감도그래프(sensitivity graph)라고 하고, 이 그래프는 대개 직선으로 나타난다. 민감도그래프 상에 나타난 직선의 기울기는 순현재가치가 입력변수의 변화에 대해 얼마나 민감하게 반응하는지를 보여주는 지표이다. 즉, 직선의 기울기가 크면 클수록 입력변수의 변화에 순현재가치가 더 민감하게 반응한다는 의미이다. 그러므로 민감도그래프 상에 나타난 직선의 기울기의 절대적 크기에 따라 순현재가치에 영향을 미치는 입력변수의 우선순위를 결정할 수 있다.

예제 11.1 민감도분석: 단일 대안

㈜JK테크는 첨단 태양광 패널을 이용하는 태양광발전시스템을 개발하고 있다. 최근 전력사용의 과부하가 자주 발생하여 자가발전의 수요가 상승하고 있고, 또한 친환경적인 에너지 사용의 필요성이 강조되고 있는 만큼 태양광발전시스템의 수요가 늘어나고 있고, 그 추세는 더욱 가속화될 전망이다. 이에 적절히 대응하기 위하여 ㈜JK테크는 기존보다 저렴하지만, 더 효율이 높은 중소기업용 태양광발전시스템(30kw)을 개발하여 보급하려고 한다. 이 개발 프로젝트는 초기 투자비용이 550억원이 소요되는 대규모 투자사업이지만, 아직까지 불확실한 요소들이 많아 투자에 확신을 갖지 못하고 있다. 이 가운데 가장 중요한 걸림돌은 초기 판매량과 시장성장률을 추정하기 어렵다는 것이다. ㈜JK테크는 이에 대한 분석을 위하여 중요 요소들에 대한 재무자료를 분석하여 아래 표와 같이 정리하였다.

(단위: 백만원)

주요 현금흐름 입력변수	하한	기본(기대값)	상한
초기 판매량(1년도)	1,000개	1,500개	2,000개
연간 시장성장률	3%	5%	8%
단위당 가격	72	80	86
단위당 변동비	56	60	65
연간 고정비(감가상각 제외)	6,500	8,000	9,000
처분가치(5년후)	4,000	7,000	8,000

초기투자비용은 내용연수 8년의 정률법으로 감가상각되며, 이 프로젝트의 경제수명은 5년이다. 이 회사의 한계법인세는 20%, MARR은 15%이다.

(a) 각 변수에 대한 민감도분석을 ±20% 범위 내에서 시행하라.
(b) 위의 민감도 분석결과를 이용하여, 민감도그래프를 작성하여라.

문제분석

분석을 위해 필요한 추정치들은 위 표에 나타난 바와 같다. 연간수익과 연간비용은 아래의 식을 이용하여 구할 수 있다.

- 연간수익 = 판매량 × 단위당 가격 × (1+시장성장률)$^{(n-1)}$
- 연간비용 = 판매량 × 단위당 변동비 × (1+시장성장률)$^{(n-1)}$ + 연간 고정비(감가상각 제외)

만일 추정한 바와 같이 진행이 된다면, 표 11.1에서 보는 바와 같이 프로젝트의 순현재가치

- **조건**: 주요 요소(입력변수)의 범위와 위 표에 주어진 기대값 기준의 현금흐름 추정치
- **탐색**: (a) 민감도분석, (b) 민감도그래프를 그려라.

풀이

(a) 민감도분석: 위 표에 주어진 기대값을 기준으로 민감도분석을 시행한다. 다른 변수는 기대값으로 고정하고, 한 변수에 대해 주어진 기대값에서 −20%부터 시작하여 5%씩 증가하며 +20%까지 변화를 주며 각각의 결과값(NPW)을 계산한다. 이를 모든 변수에 대해 반복하여 결과값을 구한다. 이 과정은 다음과 같은 'What-if' 질문들은 반복한 것과 같다. "만일 판매량이 기대했던 것보다 20% 적다면? 만일 운영비용이 예상보다 10% 상승한다면? 만일 단위당 판매가격을 8,000만원에서 6,000만원으로 인하한다면 결과는 어떻게 변할까? ……" 이와 같이 주요 입력변수의 값을 변화해가며 얻은 결과를 표 11.2에 요약하였다.

(NPW)는 217.45억원이 될 것이다.

그런데, 앞서 언급한 바와 같이 회사의 경영진이 수요예측의 불확실성이 매우 크다고 생각하고 있으므로, 사전에 프로젝트의 성패에 결정적인 영향을 미치는 주요 요소를 알아볼 필요가 있을 것이다. 그러므로 판매량, 시장성장률, 단위당 가격, 단위당 변동비, 고정비, 처분가치 등과 같은 주요 요소를 정의하고 이들 요소 각각에 대한 민감도분석을 시행한다. 이들 각 요소의 기대값에 정해진 백분율(%)을 적용한 추정치들을 입력변수로 하여 변화된 결과값을 구한다. 만일 그 변화가 상대적으로 크다면, 그 요소에 대해 결과가 보다 민감하다고 판단한다. 이를 통하여 가장 민감한 요소를 찾아낸다.

분석방법

엑셀을 이용하여 프로젝트의 현금흐름열을 구하고, 민감도그래프를 그린다.

표 11.1 ▎ ㈜JK테크 프로젝트의 세후 현금흐름: 기대값 기준 (단위: 백만원)

	A	B	C	D	E	F	G
1							
2	**입력데이터:**			**민감도 분석:**			
3							
4	단위당 가격 (백만원)	80.00		항목		변화율(%)	
5	판매량(1년도)	1,500		단위당 가격		0%	
6	시장성장률	5%		시장성장률		0%	
7	변동비(백만원)	60.00		판매량		0%	
8	고정비(백만원)	8,000		변동비		0%	
9	처분가치(백만원)	7,000		고정비		0%	
10	소득세율(%)	20%		처분가치		0%	
11	MARR (%)	15%					
12	감가상각률	31.23%		**현재가치(NPW)**		**21,745**	
13							
14							
15		0	1	2	3	4	5
16	**손익계산서**						
17		=C20*(1+$B$6*(1+$F$6))					
18	수익:						
19	단위당 가격		80	80	80	80	80
20	판매량 (단위)		1,500	1,575	1,654	1,736	1,823
21	매출액		120,000	126,000	132,300	138,915	145,861
22	비용:						
23	단위당 변동비		60	60	60	60	60
24	변동비		90,000	94,500	99,225	104,186	109,396
25	고정비		8,000	8,000	8,000	8,000	8,000
26	감가상각비		17,179	11,813	8,123	5,586	3,841
27							
28	과세대상소득		4,821	11,687	16,952	21,143	24,624
29	소득세 (20%)		964	2,337	3,390	4,229	4,925
30							
31	당기순이익		3,857	9,349	13,561	16,914	19,699
32							
33	**현금흐름표**	=-$B$39*$B$12*(1-$B$12)^(D15-1)					
34							
35	운영활동:						
36	당기순이익		3,857	9,349	13,561	16,914	19,699
37	감가상각비		17,179	11,813	8,123	5,586	3,841
38	투자활동:						
39	투자	(55,000)					
40	처분가치			=-B10*(G40-(-B39-SUM(C26:G26)))			7,000
41	자산처분소득세						291
42							
43	순현금흐름	(55,000)	21,036	21,163	21,685	22,500	30,832
44							
45	IRR=	30%		=IRR(B43:G43,10%)			
46	PW(15%) =	21,745		=NPV(15%,C43:G43)+B43			
47							
48							
49							

(b) 민감도그래프: 그림 11.1은 ㈜JK테크 프로젝트에 대한 6개의 주요 입력변수의 민감도그래프이다. 먼저 입력변수의 기대값을 적용한 기대 NPW는 가로축 21,745(백만원)과 세로축 0%(편차)가 만나는 지점에 기준점을 잡는다. 다음에는 입력변수 중에 단위당 가격만을 기대값의 95%(−5% 편차)로 바꾸고, 다른 입력변수의 값은 기대값으로 고정하여 NPW를 다시 계산한다. 이러한 과정을 단위당 가격의 기대값의 −20% 편차부터

표 11.2 ▎ 입력변수에 대한 민감도분석 (단위: 백만원)

주요 입력변수	최빈추정치 기준의 각 편차에 따른 순현재가치								
	−20%	−15%	−10%	−5%	0%	5%	10%	15%	20%
단위당 가격	(48,423)	(30,881)	(13,339)	4,203	21,745	39,288	56,830	74,372	91,914
시장성장률	20,240	20,614	20,989	21,367	21,745	22,126	22,509	22,893	23,279
판매량	4,203	8,589	12,974	17,360	21,745	26,131	30,517	34,902	39,288
변동비	74,372	61,215	48,059	34,902	21,745	8,589	(4,566)	(17,724)	(30,881)
고정비	26,036	24,964	23,891	22,818	21,745	20,673	19,600	18,527	17,455
처분가치	21,189	21,328	21,467	21,606	21,745	21,885	22,024	22,163	22,302

+20% 편차까지 기대값에서 편차를 5%씩 늘려가며 각각의 NPW를 구한다. 이를 나머지 5개의 입력변수에 반복하여 표 11.2를 완성하고, 이를 이용하여 그림 11.1과 같이 각각의 입력변수에 대한 민감도그래프를 그린다.

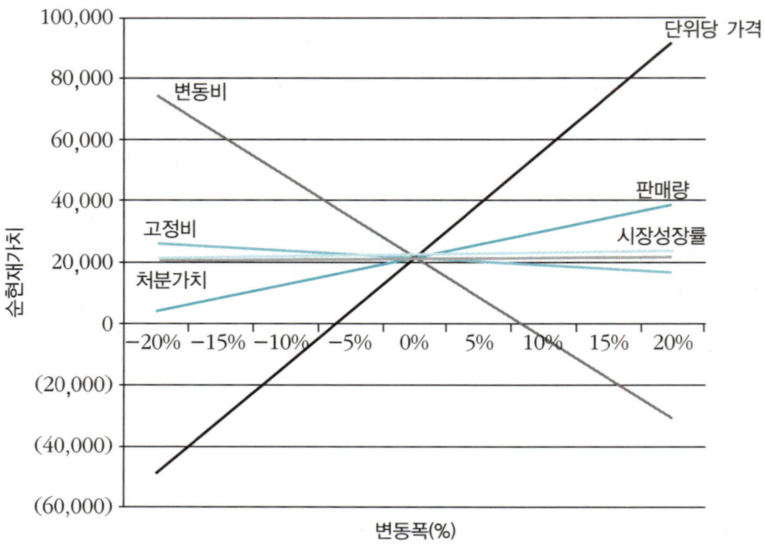

그림 11.1 | 입력변수(6개)에 대한 민감도그래프

해설 그림 11.1의 민감도그래프를 통하여 고려된 6개의 입력변수 가운데 단위당 가격과 변동비가 NPW에 매우 민감한 영향을 주는 것을 알 수 있고, 제품수요도 어느 정도 유의적인 영향을 미치지만, 시장성장률이나 고정비용, 처분가치와 같은 요소들은 그 영향력이 상대적으로 미미함을 알 수 있다. 이와 같이 민감도그래프는 여러 입력변수들이 해당 프로젝트의 NPW에 미치는 상대적인 민감도를 한눈에 파악할 수 있는 유용한 수단이 될 수 있다. 그러나, 민감도분석은 입력변수들 상호 간의 복합적 상관성을 설명할 수는 없으며, 우리가 가상한 사례와 전혀 다른 경우가 발생할 가능성도 설명하지 못한다. 프로젝트의 NPW가 입력변수의 개별적 변화에 대해서는 민감하지 않지만, 두 개 이상의 입력변수들이 동시에 변한다면 민감한 결과가 나올 수도 있기 때문이다.

11.2.2 상호 배타적 대안의 민감도분석

그림 11.1에서는 각 변수들이 ±20% 범위 내에서 일정하게 변경되므로, 모든 변수들을 동일한 도표에 나타낼 수 있었다. 그러나 이러한 일정한 변경방식은 너무 단순한 가정이 될 수 있다. 각 변수의 불확실성 정도가 다른 경우를 현실에서 얼마든지 생각할 수 있기 때문이다. 또한 여러 개의 입력변수가 존재할 경우, 모든 입력변수들을 동일한 도표에 표시하면 혼란을 초래할 수도 있다. 그러므로 상호 배타적인 대안에 대한 민감도분석에서는 가급적 하

나의 입력변수에 대해서 모든 대안들의 결과값을 민감도그래프에 그리는 것이 바람직하다. 예제 11.2에서 상호 배타적 대안에 대한 민감도분석을 고려해보자.

예제 11.2 | 민감도분석: 상호 배타적 대안

우체국의 주요 업무는 매일 상당한 양의 우편물을 수취하여 발송하는 것이다. 이러한 업무를 효율적으로 수행하기 위해 어느 우체국에서 한 번에 4톤의 우편물을 운반할 수 있는 지게차의 구매를 고려하고 있다. 일반적으로 지게차는 가솔린, 디젤, LPG 등을 연료로 운행된다. 그러나, 최근에는 경제적이며 친환경적인 전기를 동력으로 사용하는 지게차들의 사용이 여러 산업 분야에서 점차 늘어나고 있는 추세이므로, 이 우체국에서는 전기지게차도 포함하여 모두 네 종류의 지게차를 대안으로 고려하기로 하였다. 관련 정보는 지역 공공서비스 공급회사와 연료산업협회에서 제공하는 각 종류의 지게차에 관한 연간운영비, 유지비, 구입비 등에 관한 조사자료를 토대로 하였다. 연간연료비 및 유지비는 연간작업교대수로 측정되는데 1교대는 8시간의 작업으로 이루어진다.

(단위: 만원)

		전기	LPG	가솔린	디젤
수명		7년	7년	7년	7년
초기구입비용		3,000	2,100	2,000	2,500
처분가치(7년후)		300	200	200	220
연간 최대작업교대수		260회	260회	260회	260회
연료소비량/작업교대		10.67kwh	33.75ℓ	20.0ℓ	14.71ℓ
연료비/단위		0.06/kwh	0.112/ℓ	0.198/ℓ	0.188/ℓ
연료비/작업교대		0.640	3.780	3.960	2.765
연간수리비	고정비	50	100	120	150
	변동비/작업교대	0.5	0.6	0.7	0.9

이 우체국은 연간 작업교대수를 대략 200~260번으로 예상하고 있다. 정부기관인 우체국은 소득세를 지불하지 않기 때문에, 감가상각비나 소득세율에 관한 정보는 필요하지 않다. 일반적으로 이러한 공익 프로젝트의 경제성 평가는 연 10%의 할인율을 사용한다고 한다. 연간 작업교대수의 변화에 따라 각 지게차의 최적 대안이 어떻게 바뀌는지를 보여주는 민감도그래프를 작성하여라.

문제분석

먼저 두 가지의 연간비용요소를 고려한다. (1) 자산비용(소유비용), (2) 운영비(연료 및 유

- **조건**: 표의 재무정보, MARR(= 10%), 연간 작업교대수의 범위
- **탐색**: 연간 작업교대수의 변화에 따른 최적 대안

풀이

- 자산비용(소유비용): 식 (6.3)의 자본회수계수(CR)를 사용하여 지게차의 자본회수비용(CR)을 구한다.

지관리비). 운영비는 이미 연간 기준으로 주어지기 때문에, 각 대안의 자산비용에 대한 연간등가비용(자본회수비용)을 계산한다.

분석방법

자본회수비용(CR), 연간운영비용(AOC), 연간등가비용(AEC)을 구한다.

$$전기: CR_E(10\%) = (3{,}000 - 300)(A/P, 10\%, 7) + (0.10)300 = 584.5$$

$$LPG: CR_L(10\%) = (2{,}100 - 200)(A/P, 10\%, 7) + (0.10)200 = 410.3$$

$$가솔린: CR_G(10\%) = (2{,}000 - 200)(A/P, 10\%, 7) + (0.10)200 = 389.7$$

$$디젤: CR_D(10\%) = (2{,}500 - 220)(A/P, 10\%, 7) + (0.10)220 = 490.3$$

- 연간운영비(AOC): 연료비 및 유지비 지출에 있어서 변동비 및 고정비 부분을 합하여, 연간운영비를 연간 작업교대수(M)의 함수로 나타낸다.

$$전기: AOC_E = 50 + (0.640 + 0.5)M = 50 + 1.140M$$

$$LPG: AOC_L = 100 + (3.780 + 0.6)M = 100 + 4.380M$$

$$가솔린: AOC_G = 120 + (3.960 + 0.7)M = 120 + 4.660M$$

$$디젤: AOC_D = 150 + (2.765 + 0.9)M = 150 + 3.665M$$

- 총연간등가비용(AEC): 연간소유비용 및 연간운영비의 합

$$전기: AEC_E(10\%) = 634.5 + 1.140M$$

$$LPG: AEC_L(10\%) = 510.3 + 4.380M$$

$$가솔린: AEC_G(10\%) = 509.7 + 4.660M$$

$$디젤: AEC_D(10\%) = 640.3 + 3.665M$$

그림 11.2는 4종류의 지게차에 대한 총연간등가비용을 작업교대수(M)의 함수로 나타낸 것이다. 연간 작업교대수가 약 39번 이상이면, 전기지게차가 경제적으로 가장 바람직하다는 것을 확인할 수 있다.

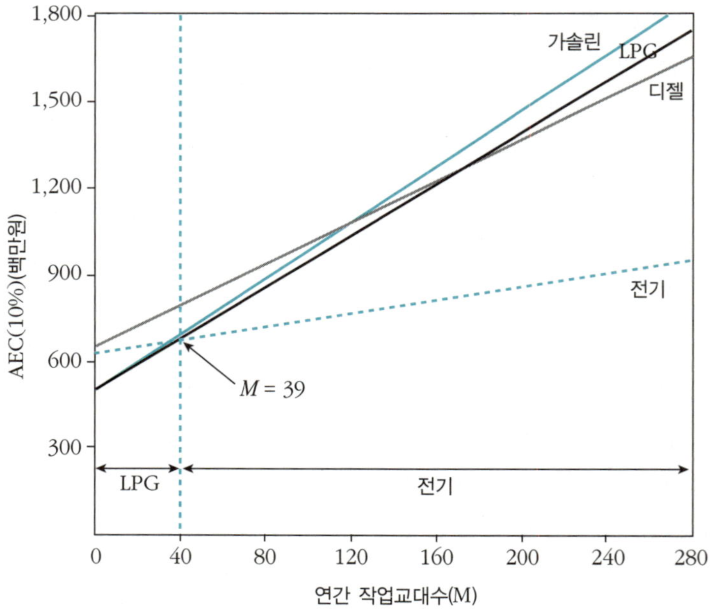

그림 11.2 | 상호 배타적인 대안들에 대한 민감도그래프

11.2.3 손익분기점분석

프로젝트의 민감도분석은 판매수입 혹은 각종 비용의 변동이 그 프로젝트의 순현재가치에 얼마나 큰 영향을 미치는가를 알고자 할 때 주로 이용된다. 그러나 회사의 경영진들은 이와 같은 정보뿐만 아니라 프로젝트의 매출액과 비용을 같게 해주는 판매량에 대한 정보도 중요한 의사결정 도구로 이용한다. 이를 손익분기점분석(break-even analysis)이라고 하는데, 본 교재에서는 엑셀의 '**목표값찾기**(Goal Seek)' 기능을 사용하여 프로젝트의 순현재가치를 기반으로 손익분기점분석을 수행하는 과정을 살펴보겠다. 손익분기점을 찾는 절차는 내부수익률분석에서 프로젝트의 순현재가치를 '0'으로 만드는 이자율을 찾는 과정과 유사하다.

예제 11.3 | 엑셀을 이용한 손익분기점분석

예제 11.1의 민감도분석을 통하여, ㈜JK테크의 경영진들은 프로젝트의 순현재가치가 단위당 가격의 변화에 가장 민감하다는 사실을 파악하고, 이 프로젝트의 손익분기 단위당 가격을 알고자 한다. 손익분기점분석을 통하여 이를 구하여라.

문제분석

표 11.3에 있는 세후 현금흐름은 표 11.1에 있는 것과 기본적으로 동일하지만, 각각의 현금흐름들을 입력변수의 함수로 표현한 엑셀 스프레드시트이다. 본 예제에서는 순현재가치를 '0'으로 하는 단위당 가격을 구한다.

분석방법

엑셀에 내장되어 있는 '목표값찾기' 기능을 이용하여 손익분기 단위당 가격을 구한다.

- **조건**: 표 11.1의 현금흐름표
- **탐색**: 손익분기 단위당 가격

풀이

'목표값찾기' 기능을 이용하기 위해서 먼저 단위당 가격($B$4)을 변화시켜 순현재가치(셀 F5)가 '0'이 되는 단위당 가격을 찾는다. '목표값찾기'에 있는 'OK' 버튼을 누르면, 단위당 가격이 7,504만원일 때(혹은 기대값 8,000만원보다 6.20% 낮을 때), 프로젝트의 순현재가치가 '0'이 되고, 손익분기에 이르는 것을 알 수 있다. 표 11.3에서 이를 확인할 수 있을 것이다.

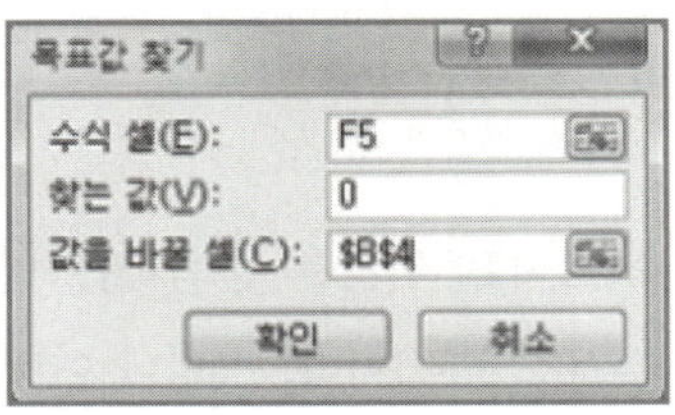

표 11.3 | '목표값 찾기' 기능을 사용한 손익분기점분석

	A	B	C	D	E	F	G
1							
2	**입력자료:**				**결과분석:**		
3							
4	단위당 가격 (백만원)	75.04			IRR=	15%	
5	판매량(1년도)	1,500			PW(15%) =	0.0	
6	시장성장률	5%					
7	변동비(백만원)	60.00					
8	고정비(백만원)	8,000					
9	처분가치(백만원)	7,000					
10	소득세율(%)	20%					
11	MARR (%)	15%					
12	감가상각률	31.23%					
13							
14							
15		0	1	2	3	4	5
16	**손익계산서**						
17							
18	수익:						
19	단위당 가격		75	75	75	75	75
20	판매량 (단위)		1,500	1,575	1,654	1,736	1,823
21	매출액		112,562	118,190	124,100	130,305	136,820
22	비용:						
23	단위당 변동비		60	60	60	60	60
24	변동비		90,000	94,500	99,225	104,186	109,396
25	고정비		8,000	8,000	8,000	8,000	8,000
26	감가상각비		17,179	11,813	8,123	5,586	3,841
27							
28	과세대상소득		(2,617)	3,877	8,752	12,533	15,583
29	소득세 (20%)		(523)	775	1,750	2,507	3,117
30							
31	당기순이익		(2,093)	3,102	7,001	10,026	12,467
32							
33	**현금흐름표**						
34							
35	운영활동:						
36	당기순이익		(2,093)	3,102	7,001	10,026	12,467
37	감가상각비		17,179	11,813	8,123	5,586	3,841
38	투자활동:						
39	투자	(55,000)					
40	처분가치						7,000
41	자산처분소득세						291
42							
43	순현금흐름	(55,000)	15,086	14,915	15,125	15,612	23,599
44							

값을 바꿀 셀

설정셀

=NPV(15%,C43:G43)+B43

11.2.4 시나리오분석

프로젝트 위험을 분석하는 방법으로 민감도분석과 손익분기점분석이 매우 유용한 방법이다. 그러나 이러한 방법들이 어느 경우에나 사용될 수 있는 것은 아니다. 특정 입력변수와 프로젝트의 순현재가치의 관계를 정확하게 파악하기가 어려운 경우가 있을 수 있고, 또한 입력변수 간의 상관관계가 존재한다면 프로젝트 위험에 대한 분석은 더욱 복잡해진다. 예를 들어 운영비를 고정시키고, 판매량을 변화시키면 분석이 용이하기는 하지만, 현실적으로 판매량이 변화되면 운영비도 같이 변하는 경우가 대부분이다. 그리고 두 개 이상의 입력변수가 동시에 변하는 경우의 프로젝트 위험분석은 이보다 더 복잡해질 것이다.

시나리오분석(scenario analysis)은 여러 입력변수들의 발생 가능한 값이 동시에 변화하는 경우에 프로젝트의 순현재가치의 민감도를 분석하는 방법이다. 예를 들어, 우리가 현재 관심이 있는 프로젝트에 대하여 '비관시나리오' (낮은 판매량, 낮은 판매단가, 높은 변동비, 높은 고정비 등)와 그 반대의 '낙관시나리오' 라는 두 가지 극단적인 시나리오를 설정하여 두 시나리오에 대하여 프로젝트의 순현재가치를 각각 계산하고 기본 사례의 순현재가치와의 비교분석을 통하여 프로젝트 위험에 관한 유익한 정보를 얻을 수 있을 것이다. 예제 11.4는 ㈜JK테크의 프로젝트에 대한 시나리오 분석이다.

예제 11.4 | 시나리오분석

예제 11.1에서 다루었던 ㈜JK테크의 프로젝트를 다시 고려해 보자. 이 회사의 경영진들은 6개의 주요 입력변수(판매량, 시장성장률, 단위당 가격, 단위당 변동비용, 고정비용, 처분가치)에 대한 3점 척도 추정치에 대한 자료를 가지고, 아래의 표와 같이 3가지 시나리오를 구성하였다. 그 밖의 주요 요소인 프로젝트 수명, 소득세율, MARR 등에 대한 추정치에 대해서는 어느 정도 확신을 갖고 있다고 가정한다.
또한, 이들은 연간 판매량이 1,000개 이하로 떨어지거나 2,000개 이상이 될 가능성은 매우 희박하다고 판단하고 있다. 따라서 판매량 1,000개를 연간 판매량의 하한치로 하여 비관시나리오의 한 입력요소로 하고, 판매량 2,000개를 연간 판매량의 상한치로 하여 낙관시나리오의 한 입력요소로 정한다. 이때, 가장 가능성 큰 연간 판매량은 1,500개이다. 다른 주요 입력변수도 동일한 방법을 적용하여 시나리오를 구성한다. 비관시나리오와 낙관시나리오에 대한 분석을 시행하여라.

문제분석	■ **조건**: 예제 11.1의 입력변수(6개)의 3점 척도 추정치 ■ **탐색**: 각 시나리오의 순현재가치
분석방법 낙관 및 비관시나리오의 입력변수 추정값들을 이용하여 각각의 프로젝트 순현재가치를 구한다.	**풀이** 각 시나리오의 분석결과는 아래와 같다. (a) 비관시나리오의 입력변수의 추정치들을 이용하여 프로젝트의 순현금흐름을 구하면 표 11.4와 같다. 만일 비관시나리오가 발생한다면, ㈜JK테크는 이 투자로 말미암아 연간 약 −37%의 수익률로 투자된 거의 모든 자본을 잃게 될 것이다.

(단위: 만원)

입력변수	낙관시나리오	기본시나리오	비관시나리오
판매량	1,000개	1,500개	2,000개
시장성장률(연간)	3%	5%	8%
단위당판매가격	7,200	8,000	8,600
단위당변동비	6,500	6,000	5,600
고정비용	900,000	800,000	650,000
처분가치	400,000	700,000	800,000

(b) 낙관시나리오의 경우에는 이 회사는 투자된 자본을 모두 회수하고도 1,232.44억원에 달하는 상당한 수익을 얻을 수 있을 것이다(표 11.5 참조). 이때 대한 투자수익률은 연간 약 86%에 이른다.

표 11.4 ▌ 태양광발전시스템 프로젝트의 현금흐름표: 비관시나리오

	A	B	C	D	E	F	G
1							
2	**입력자료:**				**결과분석:**		
3							
4	단위당 가격 (백만원)	72.00			IRR=	-37%	
5	판매량(1년도)	1,000			PW(15%) =	(50,071)	
6	시장성장률	3%					
7	변동비(백만원)	65.00					
8	고정비(백만원)	9,000					
9	처분가치(백만원)	4,000					
10	소득세율(%)	20%					
11	MARR (%)	15%					
12	감가상각률	31.23%					
13							
14							
15		0	1	2	3	4	5
16	**손익계산서**						
17							
18	수익:						
19	단위당 가격		72	72	72	72	72
20	판매량 (단위)		1,000	1,030	1,061	1,093	1,126
21	매출액		72,000	74,160	76,385	78,676	81,037
22	비용:						
23	단위당 변동비		65	65	65	65	65
24	변동비		65,000	66,950	68,959	71,027	73,158
25	고정비		9,000	9,000	9,000	9,000	9,000
26	감가상각비		17,179	11,813	8,123	5,586	3,841
27							
28	과세대상소득		(19,179)	(13,603)	(9,697)	(6,937)	(4,963)
29	소득세 (20%)		(3,836)	(2,721)	(1,939)	(1,387)	(993)
30							
31	당기순이익		(15,343)	(10,883)	(7,758)	(5,550)	(3,970)
32							
33	**현금흐름표**						
34							
35	운영활동:						
36	당기순이익		(15,343)	(10,883)	(7,758)	(5,550)	(3,970)
37	감가상각비		17,179	11,813	8,123	5,586	3,841
38	투자활동:						
39	투자	(55,000)					
40	처분가치			=-B10*(G40-(-B39-SUM(C26:G26)))			4,000
41	자산처분소득세						891
42							
43	순현금흐름	(55,000)	1,836	931	366	36	4,763
44							
45		IRR =	-37%				
46		PW(15%) =	(50,071)				
47					=NPV(15%,C43:G43)+B43		
48							

표 11.5 ▌ 태양광발전시스템 프로젝트의 현금흐름표: 낙관시나리오

	A	B	C	D	E	F	G
1							
2	**입력자료:**				**결과분석:**		
3							
4	단위당 가격 (백만원)	86.00			IRR=	86%	
5	판매량(1년도)	2000			PW(15%) =	123,244	
6	시장성장률	8%					
7	변동비(백만원)	56.00					
8	고정비(백만원)	6500					
9	처분가치(백만원)	8000					
10	소득세율(%)	20%					
11	MARR (%)	15%					
12	감가상각률	31.23%					
13							
14							
15		0	1	2	3	4	5
16	**손익계산서**						
17							
18	수익:						
19	단위당 가격		86	86	86	86	86
20	판매량 (단위)		2,000	2,160	2,333	2,519	2,721
21	매출액		172,000	185,760	200,621	216,670	234,004
22	비용:						
23	단위당 변동비		56	56	56	56	56
24	변동비		112,000	120,960	130,637	141,088	152,375
25	고정비		6,500	6,500	6,500	6,500	6,500
26	감가상각비		17,179	11,813	8,123	5,586	3,841
28	과세대상소득		36,321	46,487	55,361	63,497	71,288
29	소득세 (20%)		7,264	9,297	11,072	12,699	14,258
31	당기순이익		29,057	37,189	44,288	50,797	57,030
32							
33	**현금흐름표**						
34							
35	운영활동:						
36	당기순이익		29,057	37,189	44,288	50,797	57,030
37	감가상각비		17,179	11,813	8,123	5,586	3,841
38	투자활동:						
39	투자	(55,000)					
40	처분가치						8,000
41	자산처분소득세						91
43	순현금흐름	(55,000)	46,236	49,003	52,412	56,383	68,963
45		IRR =	86%				
46		PW(15%) =	123,244				
47							

=-B10*(G40-(-B39-SUM(C26:G26)))

=NPV(15%,C43:G43)+B43

해설 표 11.1에서 기본시나리오의 순현재가치는 217.45억원임을 이미 알고 있고, 비관적의 경우는 −500.71억원, 낙관적의 경우에는 1,232.44억원임을 시나리오분석을 통해 알 수 있었다. 그러나 시나리오분석의 이러한 결과만을 가지고, 최종적인 의사결정을 하기에는 아직 좀 부족한 점이 있다. 이 프로젝트에서 손실을 보게 될 가능성이 존재하는 것은 분명하지만, 그 가능성의 정도를 구체적으로 알 수 없기 때문이다. 다시 말하면, 최종 결론에 이르기 위해서는 비관적인 경우, 기본적 경우, 낙관적인 경우는 물론 그 밖의 다른 가능성에 대한 발생확률에 대한 추정이 더 요구된다고 하겠다.
다음 절에서는 확률분포의 개념을 이용하여 가능한 결과의 발생확률에 대한 추정방법에 대해 알아보기로 한다.

11.3 확률적 현금흐름의 분석

프로젝트에 존재하는 위험의 정도가 파악되었다면, 보다 정확한 분석을 위해서 이 위험에 관한 정보를 프로젝트의 평가과정에 반영해야 할 것이다. 프로젝트의 위험을 평가과정에 반영하는 방법에는 **확률부과방법**(probabilistic analysis)과 **위험보정할인방법**(risk-adjusted discount rate approach) 두 가지가 있다. 확률부과방법은 발생 가능한 결과에 직접적으로 확률을 부과함으로써 위험요소를 고려하는 것이고, 위험보정할인방법은 프로젝트의 현금흐름에 내재된 위험이 반영되도록 할인율을 보정하는 것으로, 확률부과방법보다 수학적 계산이 쉽기 때문에 실제 기업에서 많이 사용되는 방법이다. 본 절에서는 확률부과방법에 대해 먼저 알아보고 다음 절에서 위험보정할인방법을 살펴보기로 한다.

11.3.1 평균과 분산

원칙적으로 투자위험이란 프로젝트로부터 초래되는 발생 가능한 결과의 범위와 관계가 있다. 이 결과의 범위가 크면 클수록 프로젝트에 대한 투자 위험은 커진다. 먼저, 그림 11.3을 통하여 이러한 개념을 직관적으로 살펴보자.

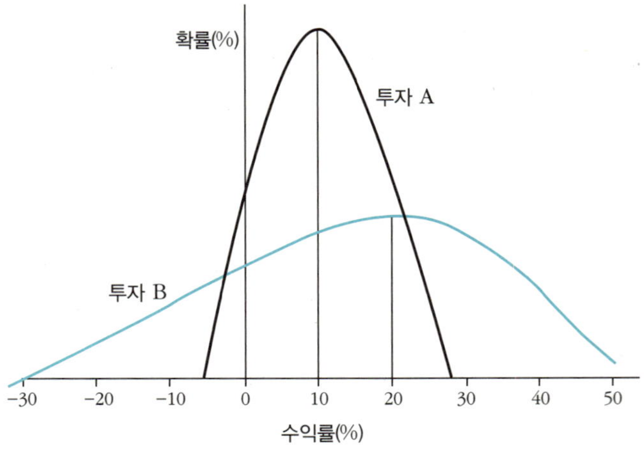

그림 11.3 | 프로젝트위험: 투자 A는 투자 B보다 작은 기대수익률과 위험을 갖는다

그림에서 보는 두 프로젝트의 발생 가능한 기대수익률 (expected return)이 투자 A는 약 10%이고, 투자 B는 약 20%이다.

기대수익률을 발생 가능한 수익률에 대한 확률적 가중평균값으로 정의한다면, 이 기대수익률은 임의의 결과(수익률)에 대한 중앙값이다. 예를 들면, 6%, 9%, 18%의 수익률이 각각 0.40, 0.30, 0.30의 확률로 발생한다면, 이러한 수익률을 갖는 프로젝트의 기대수익률은 다음과 같다.

$$\text{기대수익률}(\mu) = 0.40 \times 6\% + 0.30 \times 9\% + 0.30 \times 18\% = 10.5\%$$

기본적으로 위험(risk)이란 프로젝트의 기대수익률에 대한 발생 가능한 수익률 분포의 크기라고 할 수 있다. 그러므로 프로젝트 A는 상대적으로 기대수익률을 중심으로 발생 가능한 수익률이 모여 있으므로 이 프로젝트의 위험은 낮다고 할 수 있는 반면, 프로젝트 B는 상대적으로 기대수익률을 중심으로 발생 가능한 수익률이 퍼져 있기 때문에 그 위험이 프로젝트 A에 비하여 상대적으로 높다고 말한다. 이러한 분포의 크기를 측정하는 척도로 수익률에 대한 **표준편차**(standard deviation, σ)를 많이 사용하는데, 이는 기대수익률과 발생 가능한 수익률과의 편차를 발생 가능한 확률로 가중평균한 평균값을 말한다.

수익률에 대한 표준편차를 계산하기 위해 위 예제에서 각각의 발생 가능한 수익률과 기대수익률과의 편차를 구하면 아래 표와 같이 양의 값과 음의 값으로 구성된다. 또한, 이 편차들을 그냥 합하면 편차들이 서로 상쇄되어, 분포의 크기를 나타내는 척도로 사용할 수 없게 된다. 이러한 이유로 일반적으로 각 편차들을 제곱하여 확률가중평균(분산, variance: σ^2)을 계산하고 이 평균값의 양의 제곱근을 수익률의 표준편차(σ)라 하고, 이를 분포의 크기를 나타내는 척도로 사용한다.

사건	편차	확률가중편차
1	$(6\% - 10.5\%)^2$	$0.40(6\% - 10.5\%)^2$
2	$(9\% - 10.5\%)^2$	$0.30(9\% - 10.5\%)^2$
3	$(18\% - 10.5\%)^2$	$0.30(18\% - 10.5\%)^2$
		$(\sigma^2) = 25.65$

$$표준편차(\sigma) = (25.65)^{1/2} = 5.065\%$$

요약하면, 프로젝트위험이란 발생 가능한 결과의 퍼짐의 정도(dispersion) 혹은 불확실성(uncertainty)이라 할 수 있으며, 이러한 불확실성을 측정하기 위한 여러 가지 통계적 방법들 중에 일반적으로 사용되는 것이 분산(σ^2)과 표준편차(σ)이다. 수익률의 표준편차가 작다는 것은 기대수익률 주위에 발생 가능한 결과들이 집중 분포되어 있어 프로젝트위험(변동의 가능성)이 적다는 의미이다. 그러므로 동일한 기대수익률을 갖는 프로젝트들을 비교할 경우, 위험회피형 투자자들은 수익률에 대한 표준편차가 작은 프로젝트를 더 선호하는 경향을 갖는다.

11.3.2 확률부과방법

위험과 위험회피에 대한 일반적 개념이 정의되면, 특정 프로젝트에 존재하는 위험의 크기를 측정할 수 있다. 만약 프로젝트 기간 동안 매년 발생하는 프로젝트의 현금흐름 기대값과 현금흐름의 변동성이 파악되면, 프로젝트 기간 동안 발생하는 총위험을 순현재가치 PW(r)를 이용하여 식 (11.1)과 (11.2)와 같이 표현할 수 있다. 이때, 프로젝트 현금흐름의 위험은 확률분포를 통해 반영되기 때문에, 이때 현금흐름의 할인에 적용되는 이자율은 무위험할인율이어야 한다.

$$E[\mathrm{PW}(r)] = \sum_{n=0}^{N} \frac{E(A_n)}{(1+r)^n} \tag{11.1}$$

$$Var[\mathrm{PW}(r)] = \sum_{n=0}^{N} \frac{Var(A_n)}{(1+r)^{2n}} \tag{11.2}$$

단, r = 무위험할인율
A_n = 기간 n의 현금흐름
$E(A_n)$ = 기간 n의 현금흐름 기대값
$Var(A_n)$ = 기간 n의 현금흐름 분산
$E[\mathrm{PW}(r)]$ = 프로젝트의 순현재가치 기대값
$Var[\mathrm{PW}(r)]$ = 프로젝트의 순현재가치 분산

식 (11.2)를 사용하여 프로젝트의 분산을 계산하기 위해서는 프로젝트 현금흐름들이 서로 독립적이어야 한다는 가정이 필요하다. 프로젝트 현금흐름이 서로 독립적이라는 의미는 특정한 기간의 현금흐름 발생이 다른 기간의 현금흐름을 예측하는데 전혀 영향을 미치지 않는다는 것이다. 통계학의 정의를 인용하자면, 프로젝트의 현금흐름 상호 간에 통계적으로 상호 독립성이 유지되어야 한다고 말한다. 만일 이러한 통계적 독립성이 현금흐름 상호 간에 유지되지 않는다면, 현금흐름 상호 간의 의존성을 고려하여 프로젝트의 분산을 계산해야 한다.[2)]

통계적 추정에 많이 이용되는 정규분포는 중심극한정리(central limit theorem)라는 매우 중요한 특성을 갖는데, 이 정리는 대략 임의의 분포를 갖는 여러 개의 독립변수들의 합의 분포는 정규분포에 근사한 확률분포를 갖는다는 것이다. PW(r)도 많은 현금흐름(확률변수, A_n)들의 합이므로, 특정 조

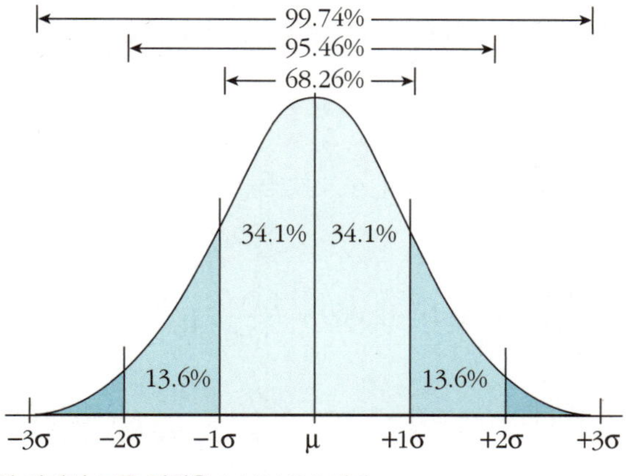

- 정규분포곡선 아래의 모든 영역은 1.0(100%)이다.
- 중심(μ)에서 $\pm 3\sigma$ 안의 영역은 99.74%이다. 이는 실제 결과가 $\mu - 3\sigma$에서 $\mu \pm 3\sigma$ 영역 안에 나타날 확률이 99.74%라는 의미이다.
- σ의 값이 커지면 커질수록, 실제 결과가 기대값(μ)에서 크게 벗어날 확률이 더욱 커진다.
- 다른 영역에 대한 확률값은 부록 C의 표를 참조하기 바란다.

그림 11.4 | 정규분포의 확률범위

2) 위험상황에서의 의사결정을 좀 더 신중하게 하기 위해서는 변수들 간의 상관계수를 통하여 확률변수(현금흐름)들 간의 의존성(상관의 정도)이 명확히 파악되어야 하지만, 이는 본 교재의 범위를 벗어나므로 논의하지 않기로 한다. 관심있는 독자는 다음 문헌을 참고하기 바란다. C.S. Park, Contemporary Engineering Economics, Prentice-Hall, 2011 (Chapter 12).

건을 만족하면 식 (11.1)과 식 (11.2)에서 계산된 평균과 분산을 갖는 정규분포에 근사한 확률분포를 가진다. 평균을 중심으로 좌우대칭인 종모양의 분포를 갖는 정규분포는 실제 현금흐름이 $\pm 1\sigma$, $\pm 2\sigma$, $\pm 3\sigma$ 안에 존재할 확률은 각각 68.26%, 95.46%, 99.74%이다(그림 11. 4 참조).

예제 11.5 | 프로젝트의 평균과 분산의 계산

다음과 같은 현금흐름이 기대되는 프로젝트를 고려하여 보자. 각 기간의 현금흐름은 서로 독립적이고 무위험이자율(risk-free interest rate)은 6%라고 한다. 이 프로젝트의 순현재가치의 기대값과 분산을 구하여라.

(단위: 만원)

기간	기대현금흐름	추정표준편차
0	−2,000	100
1	1,000	200
2	2,000	500

문제분석

■ **조건**: 기간별로 추정된 프로젝트 현금흐름(평균과 분산), 무위험이자율

■ **탐색**: $E[\mathrm{PW}(r)], Var[\mathrm{PW}(r)]$

분석방법

순현금흐름의 기대값과 분산을 계산한다.

풀이

식 (11.1)과 (11.2)를 사용하여, 프로젝트 순현재가치의 기대값과 분산을 계산하면 다음과 같다.

$$E[\mathrm{PW}(6\%)] = -2{,}000 + \frac{1{,}000}{1.06} + \frac{2{,}000}{1.06^2} = 723\,(\text{만원})$$

$$Var[\mathrm{PW}(6\%)] = 100^2 + \frac{200^2}{1.06^2} + \frac{500^2}{1.06^4} = 243{,}623$$

따라서, 이 프로젝트 현재가치의 표준편차(σ)는 494만원($=\sqrt{243{,}623}$)이다.

해설 이 정보를 어떻게 의사결정에 사용할 수 있겠는가? 대부분의 확률분포는 평균값을 기준으로 위 아래로 3σ, 전체 6σ 범위 내에 존재한다고 가정한다. 그러므로 그림 11.5에서와 같이 이 프로젝트의 순현재가치는 거의(99.74%) −759만원과 2,205만원 사이에 존재한다. 만일 프로젝트 순현재가치의 하한선 -3σ가 "0"보다 크면 이 프로젝트는 매우 안전한 투자대안이라고 할 수 있고, 그렇지 않으면 의사결정자가 프로젝트 순현재가치의 기대값과 표준편차를 고려하여 투자 여부를 결정해야 한다. 정규분포를 가정한다면 프로젝트 순현재가치가 0보다 작을 확률은 7.17%[3)]이다.

3) 정규분포를 이용하는 방법은 부록 C를 참고하기 바란다.

$$\begin{aligned}\Pr(X \leq x) &= \Pr(\text{PW}(6\%) \leq 0)\\ &= \Phi\left(\frac{X-\mu}{\sigma}\right) = \Phi\left(\frac{0-723}{494}\right) = \Phi(-1.4636)\\ &= 1 - \Phi(1.4636) = 1 - 0.9283\\ &= 7.17\%\end{aligned}$$

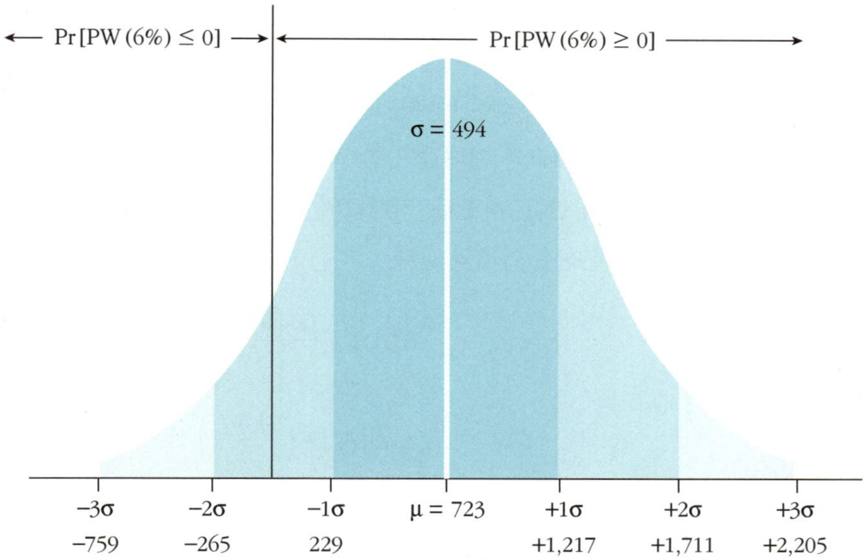

그림 11.5 | 프로젝트 순현재가치의 확률분포 (단위: 만원)

11.3.3 현금흐름의 확률 추정

앞 절에서 우리는 현금흐름분포의 평균과 분산을 구하는 식에 대해 알아보았다. 그러나 이를 분석에 활용하려면 프로젝트에서 발생하는 각각의 현금흐름들의 평균과 분산뿐만 아니라, 이들 사이의 통계적 상관관계에 대한 정보도 필요하다. 이러한 정보들 모두가 분석에 필수적 요소이기 때문이다. 통상적으로 현실에서 사용되는 추정방법은 각 현금흐름들의 '낙관', '비관', '기대' 추정치를 찾는 것이다.

- 낙관추정치(optimistic estimate): 모든 조건이 최적인 경우에 발생 가능한 결과
- 비관추정치(pessimistic estimate): 모든 조건이 최악인 경우에 발생 가

능한 결과

- 기대추정치(most-likely estimate): 모든 조건이 초기에 추정한 것과 같은 경우에 발생 가능한 결과

이 세 추정치는 각각 현금흐름의 확률분포에서 상한값, 하한값, 기대값으로 이용된다. 이때 확률분포는 상한값과 하한값(낙관, 비관추정치) 편차의 1/6을 표준편차로 갖는 베타분포[4]를 가정한다. 이렇게 가정하면 분포의 평균과 분산을 한계값과 기대값의 함수로 나타낼 수 있다. n기간 말의 현금흐름 분포(A_n)의 상한값, 하한값, 기대값의 추정치들을 각각 H, L, M_0로 정의하면, 그 평균과 분산은 아래와 같다.

$$E[A_n] = \frac{H + 4M_0 + L}{6} \tag{11.3}$$

$$Var[A_n] = \left(\frac{H - L}{6}\right)^2 \tag{11.4}$$

본 교재에서 베타분포모형을 가정한 것은 무엇보다도 편의성을 높이기 위함이지만, 이러한 추정방법은 일정계획과 네트워크 설계 등에 주로 이용되는 PERT(Program Evaluation and Review Technique)에서 개발된 체계에 기반한 것이다. 위 식에 의해 계산된 평균과 분산에 대한 근사값과 정확한 공식에 의해 계산된 결과와의 차이가 크지 않다는 것은 주목할 만하다.

예제 11.6 | 태양광 프로젝트의 현재가치 분포

예제 11.4에서 ㈜JK테크의 엔지니어들은 표 11.1과 같이 3점 척도로 추정된 주요 입력변수들에 대한 3가지 시나리오를 만들었다. 각 시나리오의 연간 현금흐름을 검토하여 아래 표와 같은 추정값들을 추출하였다. 다음 표와 같이 각 기간의 3점척도(3-point estimates)로 추정된 연간 현금흐름추정치들을 이용하여, (1) NPW 분포의 평균과 분산을 구하고, (2) NPW가 음수가 될 확률을 계산하여라.

4) 베타분포(Beta distribution)는 α와 β, 두 개의 형태 모수로 최대값과 최소값 사이의 구간에서 정의된다. $\alpha = \beta$이면 분포는 좌우대칭이 되며, 특히 $\alpha = \beta = 1$이면 균등분포이다. $\alpha < \beta$이면 왼쪽으로 왜곡된 형태를, $\alpha > \beta$이면 오른쪽으로 왜곡된 형태를 보인다. 이와 같은 분포의 유연성 때문에, 베타분포는 프로젝트 현금흐름의 추정에 많이 이용된다.

연간 현금흐름추정치 (단위: 백만원)

	비관시나리오 (표 11.4)	기본시나리오 (표 11.1)	낙관시나리오 (표 11.5)
n	L	M_0	H
0	(55,000)	(55,000)	(55,000)
1	1,836	21,036	46,236
2	931	21,163	49,003
3	366	21,685	52,412
4	36	22,500	56,383
5	4,763	30,832	68,963

문제분석

- **조건**: 각 기간의 3점척도 현금흐름추정치, 이자율 = 연 15%
- **탐색**: (a) 프로젝트 NPW의 평균과 분산, (b) NPW가 음수일 확률

분석방법

평균과 분산을 계산한다.

풀이

(a) 프로젝트 NPW의 평균과 분산

$n = 0$, 초기투자액은 변동하지 않으므로 그 분산은 "0"이다.

$n = 0$, 식 (11.3)과 식 (11.4)를 이용하여,

$$E[A_1] = \frac{1{,}836 + 4(21{,}036) + 46{,}236}{6} = 22{,}036\,(\text{백만원})$$

$$Var[A_1] = \left(\frac{46{,}236 - 1{,}836}{6}\right)^2 = 54{,}760{,}000$$

이와 같은 방법으로 다른 기간의 현금흐름의 평균과 분산을 구한다. 위 표의 각 기간 현금흐름의 평균과 분산을 가지고, 식 (11.1)과 식 (11.2)를 이용하여 NPW의 평균과 분산을 구할 수 있다.

n	L	M_0	H	$E[A_n]$	$Var[A_n]$
0	(55,000)	(55,000)	(55,000)	(55,000)	–
1	1,836	21,036	46,236	22,036	54,760,000
2	931	21,163	49,003	22,431	64,192,144
3	366	21,685	52,412	23,253	75,244,059
4	36	22,500	56,383	24,403	88,194,011
5	4,763	30,832	68,963	32,842	114,490,000

$$
\begin{aligned}
E[\text{PW}(15\%)] &= -55{,}000 + \frac{22{,}036}{(1+0.15)^1} + \frac{22{,}431}{(1+0.15)^2} + \frac{23{,}253}{(1+0.15)^3} \\
&\quad + \frac{24{,}403}{(1+0.15)^4} + \frac{32{,}842}{(1+0.15)^5} \\
&= 26{,}693\,(\text{백만원})
\end{aligned}
$$

$$
\begin{aligned}
Var[\text{PW}(15\%)] &= \frac{54{,}760{,}000}{(1+0.15)^2} + \frac{64{,}192{,}144}{(1+0.15)^4} + \frac{75{,}244{,}059}{(1+0.15)^6} \\
&\quad + \frac{88{,}194{,}011}{(1+0.15)^8} + \frac{114{,}490{,}000}{(1+0.15)^{10}} \\
&= 167{,}769{,}533
\end{aligned}
$$

$$
\begin{aligned}
\sigma[\text{PW}(15\%)] &= \sqrt{167{,}769{,}533} \\
&= 12{,}953\,(\text{백만원})
\end{aligned}
$$

(b) NPW가 음수일 확률

PW(15%)가 위에서 계산된 평균과 분산을 갖는 정규분포를 한다고 가정하면, NPW가 음수일 확률은 다음과 같이 구할 수 있다.

$$
\begin{aligned}
\Pr(X \le x) &= \Pr(\text{PW}(15\%) \le 0) \\
&= \Phi\left(\frac{X-\mu}{\sigma}\right) = \Phi\left(\frac{0-26{,}693}{12{,}953}\right) = \Phi(-2.0608) \\
&= 1 - \Phi(2.0608) \\
&= 1 - 0.9802 \\
&= 1.98\%
\end{aligned}
$$

예제 11.4의 시나리오분석에서 비관시나리오의 결과가 PW(15%) = −500.71억원이었다. 그러나, 이러한 가능성은 독립적인 현금흐름을 가정할 경우 매우 희박하다. 실제 NPW가 평균에서 5.93σ 만큼이나 작아지는 경우는 거의 존재할 수 없기 때문이다. PW(15%) = 1,232.44억원인 낙관시나리오의 경우에도 평균에서 7.45σ이나 떨어져 있으므로 발생 가능성은 거의 없다고 볼 수 있다(그림 11.6 참조). 본 절에서 검토한 바와 같이, 예제를 통해 소개한 확률부과방법은 투자에 대한 재무적 위험을 평가하는 데 있어서 매우 의미있는 정보를 제공한다.

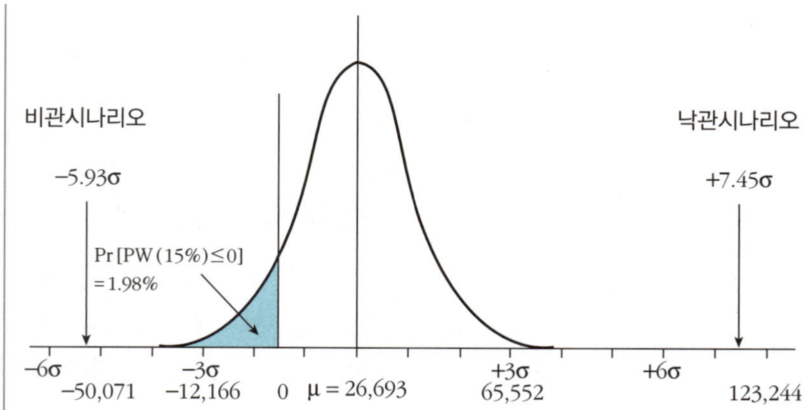

그림 11.6 | (주)JK의 태양광발전시스템 프로젝트의 NPW 확률분포

해설 본 절에서 우리는 NPW의 평균과 분산을 구할 때, 각 기간의 현금흐름들은 서로 독립이라고 가정하였다. 그러나 이러한 현금흐름들이 실제로는 서로 독립이 될 수 없다.[5] 일반적으로 시나리오분석에서 얻어지는 현금흐름 추정치들은 완전한 정의 상관관계를 갖는다. 다시 말해, 비관시나리오를 가정하면 각 기간의 현금흐름들 모두 비관현금흐름을 가지며, 반대로 낙관시나리오를 가정하면 모든 현금흐름들이 낙관현금흐름을 갖게 되는 완전한 정의 상관관계를 갖는 것이다. 그러므로, 다음과 같이 3개의 NPW 추정치들을 기준으로 NPW의 평균과 분산을 쉽게 구할 수 있을 것이다.

$$E[\text{PW}(15\%)] = \frac{-50{,}071 + 4(21{,}745) + 123{,}244}{6} = 26{,}693\,(\text{백만원})$$

$$Var[\text{PW}(15\%)] = \left(\frac{123{,}244 - (-50{,}071)}{6}\right)^2 = (28{,}886)^2$$

이 평균과 분산을 이용하면, NPW의 $\pm 3\sigma$ 범위는 −59,965백만(-3σ)에서 113,351백만($+3\sigma$)까지 분포한다.

11.4 위험보정할인방법

복잡한 금융지식을 빌리지 않더라도, 직관적으로 우리는 위험한 투자보다 안전한 투자를 원하면서도, 가급적 높은 수익률을 갖기를 희망한다. 이러한 직관에 착안하여 투자대안의 위험을 고려할 수 있는 또 다른 방법으로, 예상되는 투자위험의 정도를 수익률(혹은 할인률)에 반영하는 위험보정할인(risk-

5) 앞서 언급한 바와 같이 종속관계를 갖는 현금흐름의 분석방법은 본 교재의 범위를 벗어나므로 논의하지 않는다. 관심있는 독자는 다음 문헌을 참고하기 바란다. C.S. Park, Contemporary Engineering Economics, Prentice-Hall, 2011(Chapter 12).

adjusted discount rate)방법을 생각할 수 있다. 이 방법은 확률부과방법보다 수리적인 측면에서 훨씬 단순하므로 복잡한 확률부과방법의 대체방안으로 많이 사용되고 있는 방법이다.

실제로 많은 기업들은 투자의 안전을 보장하는 범위 내에서 투자자들이 요구하는 수익률을 추정하여 이를 새로운 투자프로젝트의 현금흐름을 할인하는 자본비용으로 사용한다. 앞서 언급한 바와 같이 투자자들은 가급적 높은 수익률을 원하기 때문에, 위험을 안고 투자를 하는 기업으로서는 보다 높은 자본비용을 채택하여 새로운 투자기회의 평가에 적용할 가능성이 많다. 본 절에서는 우선 기업이 그들이 보유하고 있는 자본에 대한 기회비용을 어떻게 추정하며, 또한 이 자본비용을 어떻게 투자프로젝트의 평가에 사용되는 할인율을 결정하기 위한 기준으로 사용하는지를 알아보기로 한다.

11.4.1 자본비용의 결정

만일 당신이 기업에 돈을 투자한다면, 이 돈을 다른 투자대안에 투자했을 때 당신이 얻을 수 있는 수익과 동일하거나 그 이상의 기회를 기대할 것이다. 이러한 기회비용이 투자를 받은 기업의 **자본비용**(cost of capital)이다. 이 투자비용은 기업이 현재 보유하고 있는 자산을 가지고 반드시 벌어들여야 할 수익(률)이 되며, 이는 또한 자본투자자들의 기대수익(률)을 충족해야 한다. 지금까지 본 교재의 대부분의 예제에서는 고려하는 프로젝트에 투자되는 자금은 모두 자기자본이라고 가정하였다. 이러한 경우, 자본비용은 자기자본에 대한 요구수익률이 된다. 그러나, 대부분의 회사들은 투자예산의 상당부분을 채권과 같은 장기부채로 조달한다. 이러한 경우에 회사의 자본비용은 자기자본에 대한 자본비용뿐만 아니라, 회사가 차입한 다양한 종류의 장기부채에 대한 평균자본비용을 반영되어야 한다. 본 절에서는 자기자본과 부채를 포함하는 회사의 자본구조에 따른 자본비용에 대해 알아보기로 한다.

자기자본비용

부채와 우선주는 계약 당시에 이미 자본비용이 결정되어 있으므로 이와 관련된 자본비용은 쉽게 구할 수 있으나, 자기자본에 대한 자본비용은 결정하기가 쉽지 않다. 원칙적으로 자기자본비용(cost of equity)은 기회비용(opportunity cost)의 개념을 이용하여 구할 수 있다. 회사의 당기순이익은 주주들의 몫이지만, 회사의 경영자들은 주주총회의 의결을 통하여 이러한 이익을 주주들에게 배당금 형식으로 분배하거나 혹은 미래의 투자를 위해 회사 내에 유보할 수도 있다. 만약 회사에서 이익을 사내에 유보하기로 결정하였다면, 이러한 결정에는 기회비용이 포함되어 있다고 할 수 있다. 회사의 주주들은 이 사내 유보된 이익잉여금을 배당금으로 받아 다른 곳에 투자하여 또 다른 수익을 얻을 수 있기 때문이다. 그러므로, 회사를 경영하는 경영자들은 유보된 이익잉여금(retained earnings)으로 최소한 주식투자자들이 다른 투자대안에 투자하였을 때 얻을 수 있는 수익만큼은 얻어야 한다.

주식투자자들은 유보된 이익잉여금에 대해 얼마만큼의 수익률을 얻기를 기대하겠는가? 이러한 질문에 직접적으로 대답하기는 어렵지만, 유보된 이익잉여금에 대한 수익률은 주식투자자들이 회사의 보통주에 투자하여 얻기를 바라는 수익률과 같다고 가정하는 것이 합리적이다. 만약, 회사가 최소한 자기자본수익률을 얻기 위해 투자할 수가 없다면, 회사는 이 유보된 이익잉여금을 차라리 주식투자자들에게 분배하여 그들이 원하는 수익을 얻을 수 있는 다른 투자자산에 직접 투자하도록 해야 하는 것이 합리적일 것이다. 일반적으로 투자자산에 대한 기대수익률은 다음과 같이 세 가지 요소로 구성된다.[6)]

$$\begin{pmatrix}\text{위험투자자산의}\\\text{기대수익률}\end{pmatrix}=\begin{pmatrix}\text{무위험}\\\text{이자율}\end{pmatrix}+\begin{pmatrix}\text{인플레이션}\\\text{보상률}\end{pmatrix}+\begin{pmatrix}\text{위험}\\\text{보상률}\end{pmatrix}$$

1. 첫 번째 수익요소는 무위험이자율(risk-free interest rate)로 투자자산을 보유하여 얻게 되는 기회비용에 대한 보상이다.
2. 두 번째 수익요소는 인플레이션보상률(inflation premium)로 시간에

6) Robert C. Higgins, *Analysis for Financial Management*, 5th ed., New York: Irwin/McGraw-Hill, 1998.

따라 감소하는 투자자본의 구매력에 대한 보상이다.

3. 세 번째 수익요소는 위험보상률(risk premium)로 투자자산을 잃을 수 도 있는 위험에 대한 보상을 말한다.

무위험이자율과 인플레이션보상률의 합은 국공채와 같은 무위험채권의 수익률과 같으므로 이 두 요소를 분리하여 다룰 필요는 없다. 즉, 국공채를 보유한 투자자는 처음 두 요소에 관련된 수익은 얻을 수 있지만, 투자액을 잃을 가능성이 없으므로 세 번째 요소와 관련된 수익은 얻을 수 없다. 그러므로 이를 고려하여 위험투자자산의 기대수익률(expected return on risky asset)을 정리하면 다음과 같다.

$$\begin{pmatrix} \text{위험투자자산의} \\ \text{기대수익률} \end{pmatrix} = \begin{pmatrix} \text{국공채} \\ \text{이자율} \end{pmatrix} + \begin{pmatrix} \text{위험} \\ \text{보상률} \end{pmatrix}$$

기업의 주식을 매입하여 얻을 수 있는 투자자의 수익을 실현하는 방법은 (1) 현금배당과 (2) 주식매도에 따른 시세차익이 있다. 개념적으로 보면, 투자자들은 고려하고 있는 주식에 대해 향후 기대되는 배당금을 투자자의 기대수익률로 할인하여 주식의 시장가치를 결정한다. 투자자들은 미래에 성장성이 있는 기업을 찾아서 그 기업의 주식에 투자하기 때문에, 미래에 받을 배당금에 대한 기대성장률을 주식의 시장가치의 결정에 포함하여 고려한다.

자기자본비용은 무위험이자율[7](인플레이션보상률 포함)과 위험보상률로 구성된다. 위험보상률은 평균시장수익률(예, KOSPI 주가지수수익률)에서 무위험이자율을 차감한 수익률이다. 이러한 위험보상률에 특정 주식의 위험을 나타내는 추정치인 베타(β)를 곱하여 그 기업의 주식에 대한 위험보상률을 결정한다. 여기서 베타(β)는 주식시장 전체의 평균적인 주가수익률 변동에 대한 특정 주가수익률 변동의 비율로, 이는 특정 주가수익률의 위험을 나타내는 지표이다. 즉, 이는 특정 주식의 가격을 전체 시장주식가격에 대한 상대적 가치로 측정하는 것이다.

- $\beta > 1$이면, 특정 주식가격의 변동성이 평균적으로 전체 주식시장의 변동

7) 여기서부터 무위험이자율은 인플레이션보상률을 포함한 국공채이자율로 규정한다.

성보다 더 크다는 의미이고,

- $\beta < 1$이면, 특정 주식가격의 변동성이 평균적으로 전체 주식시장의 변동성보다 더 작다는 의미이다.

주식시장에 상장된 회사의 베타(β)는 국내 각 증권회사에서 발행하는 상장회사 투자가이드[8] 등에서 찾을 수 있으며, 자기자본비용(i_e)은 식 (11.5)를 이용하여 계산할 수 있다.

$$i_e = r_f + \beta[r_M - r_f] \tag{11.5}$$

단, r_f = 무위험이자율(일반적으로 인플레이션율이 고려된 국채이자율이 참고됨)
r_M = 시장수익률

위 식을 이용하여 계산되는 자기자본비용은 일반적으로 부채에 대한 자본비용보다 크다. 이러한 현상이 발생하는 이유는 세법에서 부채에 대한 이자비용은 세금공제 항목으로 인정하고 있는 반면 자기자본에 대한 자본비용은 세금공제가 되지 않기 때문이다. 예제 11.7에서는 자기자본비용을 결정하는 과정을 살펴보자.

예제 11.7 | 자기자본비용의 결정

㈜JK는 태양광발전시스템 프로젝트를 위한 자금 550억원의 투자가 필요하다. 이 회사의 목표 자본구조는 자기자본으로 330억원을 투자하여 부채비율 0.4를 유지하고자 한다. 자기자본비용의 결정을 위해 필요한 정보는 아래와 같다.

- ㈜JK는 신주를 발행하여 330억원을 조달할 계획이다.
- 이 회사의 베타(β)는 2.0으로 주식시장의 평균보다 높다.
- 무위험이자율은 5.47%이고, 시장수익률은 13%이다.
- 태양광발전시스템 프로젝트는 이 회사의 평균적인 위험을 갖는 프로젝트이다.

문제분석	■ **조건**: r_M = 13%, r_f = 5.47%, β = 2.0 ■ **탐색**: i_e
분석방법 i_e를 계산하라.	**풀이** 이 회사의 자기자본비용을 식 (11.5)를 이용하여 구하면 다음과 같다. $i_e = 0.0547 + 2.0(0.13 - 0.0547) = 20.53\%$

8) 상장회사 투자가이드가 제공하는 정보는 대략적으로 다음과 같다. (1) 요약대차대조표, (2) 요약손익계산서, (3) 주요재무비율, (4) 베타, (5) 외국인 소유지분 등

해설 자기자본비용 20.53%가 의미하는 바는 무엇인가? 만약 이 프로젝트의 투자자본을 모두 자기자본으로 조달하였다면, 이 프로젝트의 위험 정도가 기업의 전반적 경영에 대한 평균적 위험 정도와 동일하다는 가정하에서 최소한 20.53%의 수익률을 달성해야 한다는 의미이다.

부채자본비용

기업의 자본을 구성하는 또 다른 항목인 부채자본비용(cost of debt)을 계산하는 과정을 생각해 보기로 하자. 대표적인 부채의 종류로는 중장기대출(term loan)과 채권(bond)이 있다. 중장기대출이나 채권에 지불되는 이자는 생산비용으로 취급되어 세금공제가 가능하기 때문에 실질적인 부채자본비용은 세제혜택만큼 절감된다.

$$\text{세후 부채자본비용} = \text{세전 부채자본비용}(1 - \text{법인소득세율})$$

식 (11.6)을 이용하여 부채에 관한 세후 부채자본비용(i_d)을 계산할 수 있다.

$$i_d = \left(\frac{c_s}{c_d}\right)k_s(1-t_m) + \left(\frac{c_b}{c_d}\right)k_b(1-t_m) \tag{11.6}$$

단, c_s = 중장기대출 총액
k_s = 세전 중장기대출 이자율
t_m = 회사의 한계세율
k_b = 세전 채권금리
c_b = 채권총액
c_d = 부채총액
$c_s + c_b = c_d$

다음 예제를 통하여 ㈜JK의 부채자본비용을 구해보자.

예제 11.8 | 부채자본비용

예제 11.7에서 ㈜JK가 나머지 220억원을 조달하기 위해 다음과 같이 중장기대출과 함께 액면가가 100만원이고, 만기가 20년인 채권을 발행하려고 한다.

자본조달	이자		
	금액	비율	이자율
중장기대출	66억원	30%	연 9.46%
채권	154억원	70%	연 7.92%

이 기업의 한계세율은 20%이고 이 세율은 변하지 않는다고 가정한다.

문제분석

■ **조건**: k_s = 9.46 %, k_b = 7.92%, c_s/c_d = 0.30, c_b/c_d = 0.70, t_m = 20%

■ **탐색**: i_d

분석방법

i_d를 계산하여라.

풀이

세후 부채자본비용은 부채에 대한 이자율에 $(1 - t_m)$을 곱한 값이다. 부채에 대한 이자는 세금공제가 되기 때문에 실질적으로 정부가 부채의 자본비용 중 일부를 갚아 주는 효과가 있다. 세후 부채자본비용을 계산하면 다음과 같다.

$$\begin{aligned} i_d &= (0.30)(0.0946)(1-0.20) + (0.70)(0.0792)(1-0.20) \\ &= 6.71\% \end{aligned}$$

해설 위에서 계산된 6.71%는 어떤 실질적인 의미를 갖는가? ㈜JK는 중장기대출(연 9.46%)과 채권(연 7.92%)이라는 두 가지 다른 형태로 돈을 빌렸지만, 실제로 이 부채에 부담하는 이자율은 6.71% 밖에 되지 않는다. 이는 앞서 언급한 바와 같이, 이자비용이 세금공제 대상이기 때문에 법인소득세율만큼을 정부에서 대신 지불하는 효과를 보기 때문이다.

자본비용의 계산

자기자본과 부채에 대한 자본비용을 알고 있으면, 총투자자본에 대한 세후 가중평균자본비용(Weighted-Average Cost of Capital: WACC)을 계산할 수 있으며 이를 프로젝트의 경제성 평가를 위한 한계투자자본비용을 정하는 데 이용할 수 있다.

- **가중평균자본비용**: 어느 회사가 일정한 자본구조를 유지하며 특정한 프로젝트를 수행하기 위해 자기자본과 부채로 투자자본을 조달할 경우, 이 회사의 세후 가중평균자본비용(간단히 자본비용이라고도 함, k)이 어떻게 계산되는지를 살펴보자. 그림 11.7에서 보는 것처럼 가중평균자본비용은 여러 자본조달 출처에 대한 자본비용들이 동시에 반영된 복합적 지수로 표현된다. 아래의 식 (11.7)을 이용하여 가중평균자본비용을 계산할 수 있다.

$$k = \frac{i_d c_d}{V} + \frac{i_e c_e}{V} \tag{11.7}$$

단, c_d = 총부채

c_e = 총자기자본

$V = c_d + c_e$

i_e = 기간별 평균 자기자본비용

i_d = 기간별 세후 부채자본비용

k = 세후 가중평균자본비용

보통주나 우선주에 대한 수익은 소득세가 지불된 후에 투자자들에게 지불되기 때문에 자기자본비용은 세후 비용으로 이미 계산된 값이다.

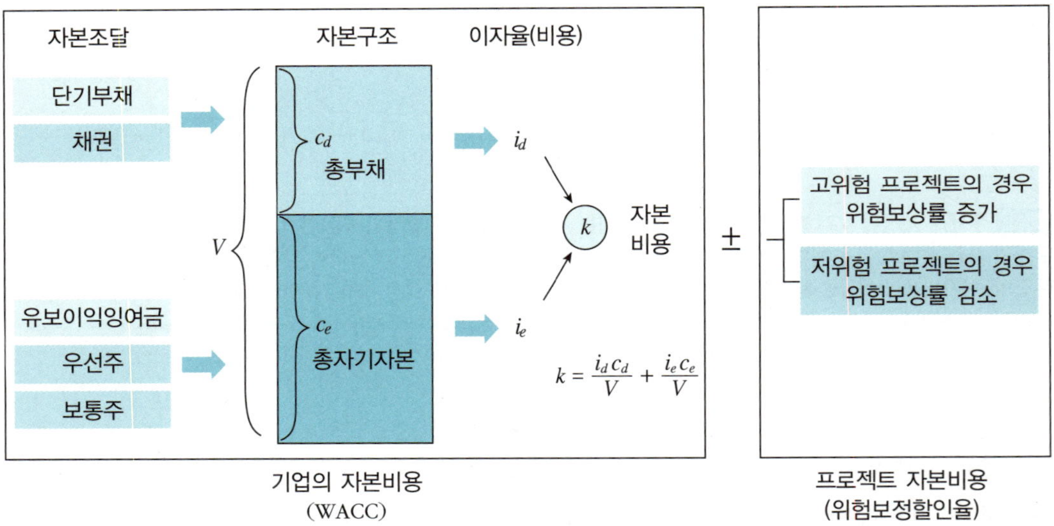

그림 11.7 | 기업의 가중평균자본비용과 실제 프로젝트의 자본비용

- **한계자본비용**: 앞에서 가중평균자본비용(WACC)을 계산하는 방법에 관하여 살펴보았으나, 여기서 발생하는 또 하나의 문제는 필요한 자본을 무한대로 동일한 자본비용으로 조달하는 것은 현실적으로 불가능하다는 점이다. 일반적으로 회사에서 자본을 더 조달하려고 하면 할수록 자본비용은 점점 더 커지게 되고, 이에 따라 가중평균자본비용도 역시 증가하게 된다. 따라서 **한계자본비용**(marginal cost of capital)은 새로 조달된 자본 한 단위당 발생하는 자본비용으로 정의된다.

그러므로 더 많은 투자자본이 조달되면 될수록 한계자본비용은 증가한다. 새로운 프로젝트의 경제성 평가를 수행하기 위해서는 한계자본비용을 사용해야 하는데, 한계자본비용을 찾기 위한 계산식은 식 (11.7)과 동일하지만, 식 (11.7)에 있는 부채와 자기자본에 대한 비용은 이미 투입된 부채나 자기자본에 대한 자본비용이 아닌 특정한 프로젝트를 수행하기 위해 새롭게 투입되는 부채와 자기자본에 대한 이자율이 되어야 한다. 이것이 한계자본비용의 구성요소이다. 예제 11.9에서 자본비용(k)을 구하는 과정을 살펴보자.

예제 11.9 | 한계자본비용

㈜JK의 한계법인세율(t_m)이 20%라고 한다. 이 회사의 자본구조(부채비율)는 변하지 않는다고 가정하고, 550억원을 조달하기 위한 한계자본비용(k)을 결정하여라.

문제분석	■ **조건**: V = 550억원, c_d = 220억원, c_e = 330억원, i_d = 6.71%, i_e = 20.53%, 식 (11.7) ■ **탐색**: 한계자본비용(k)
분석방법 식 (11.7)을 이용하여 한계자본비용(k)을 구한다.	풀이 식 (11.7)을 이용하여 한계자본비용(k)을 계산하면 다음과 같다. $k = \left[\frac{(0.0671)(220)}{550}\right] + \left[\frac{(0.2053)(330)}{550}\right] = 15.00\%$ 가중평균자본비용 15%는 투자자본 550억원을 조달하기 위해 ㈜JK가 지불해야 하는 자본비용이고, 이 회사는 새로운 프로젝트의 경제성을 평가하기 위해 이 가중평균자본비용을 사용해야 한다. 다시 말하면, 이 프로젝트의 투자가 타당하려면, 적어도 15% 이상의 수익을 올려야 한다.

11.4.2 프로젝트 자본비용: 위험보정할인방법

기업의 위험과 프로젝트의 위험을 구분하는 것은 매우 중요하다. 기업의 위험은 베타값(β)에 이미 반영되므로 기업의 위험보다 프로젝트위험이 적은 프로젝트에 투자한다고 한다면, 상대적으로 낮은 자본비용으로 프로젝트의 현금흐름을 할인하여 평가해야 한다. 반대로, 기업의 위험보다 높은 프로젝트에 투자한다면 높은 자본비용으로 현금흐름을 할인하여 평가해야 할 것이다. 이러한 프로젝트위험을 평가에 반영하는 가장 일반적인 방법은 할인율을 조정하는 것이다. 다시 말하면, 상대적으로 더 위험한 프로젝트는 그에 상응하는 위험보상률을 할인율에 더하여 기대현금흐름을 할인한다. 그러므로, 위험보상률의 크기는 자연히 투자위험의 정도에 따라 증감하게 된다. 여기서 우리는 간단한 규칙을 알 수 있다. 프로젝트를 평가하는 데 적용되는 할인율은 해당 프로젝트에 투자되는 자본의 상대적인 위험을 보상할 수 있는 수익률이 되어야 한다. 이와 같이 특정 프로젝트가 갖는 위험에 대한 보상률을 **프로젝트 자본비용**(project cost of capital)이라고 한다.

실제로 위험보정할인율이 갖는 단순함 때문에 이 방법이 널리 사용되고 있다. 대부분의 CFO(chief financial officer, 최고재무경영자)들은 파악된 프로젝트위험에 따라 최소요구수익률이 어떻게 변하는지에 관한 대략적인 아이디어를 갖고 있다. 예를 들면, CFO들은 여러 해 동안 축적된 과거의 자료에 근거하여 보통주가 무위험수익률이 보장된 국공채보다 7% 정도 더 높은 수익률을 갖는다는 사실을 이미 파악하고 있기 때문에, 만일 국공채의 현재 수익률이 8%라면 보통주와 같은 정도의 위험성을 갖는 투자 프로젝트의 수익률은 15%가 되어야 한다고 판단할 수 있는 것이다. 비슷한 논리로 지나칠 정도의 위험이 존재하지 않는다면, 수익률 40%가 기대되는 프로젝트는 매우 매력적인 투자대안이라고 판단할 것이다. 사실 이러한 논리가 좀 모호하기는 하지만, 위험을 측정하는 하나의 유용한 방법이 될 수 있다. 예제 11.10을 통하여 이와 같은 위험보정할인율이 어떻게 사용되는지를 알아보자.

예제 11.10 | 프로젝트 평가: 위험보정할인율 적용

예제 11.6의 태양광발전시스템 프로젝트의 연간 기대현금흐름을 다시 고려해보자.

(단위: 백만원)

기간	0	1	2	3	4	5
기대현금흐름	(55,000)	22,036	22,431	23,253	24,403	32,842

만일 이 프로젝트가 ㈜JK 전체 프로젝트의 평균적인 위험을 갖는다면, 경제성분석을 위한 할인율은 예제 11.9에서 구한 가중평균자본비용(k) 15%를 적용해야 할 것이다. 그러나 ㈜JK는 본 프로젝트는 회사의 평균적인 위험보다 더 클 것으로 예상되어, 추가적인 위험부담률 6.93%가 추가되어야 한다고 판단하고 있다. 만일, 회사의 경영진이 프로젝트 현금흐름의 불확실성(위험)을 보상하기 위해 21.93%의 위험보정할인율을 적용하기로 결정하였다면, 본 프로젝트는 경제적 타당성이 있는가?

문제분석

먼저 이 프로젝트가 갖는 위험의 정도가 기업에서 수행하고 있는 프로젝트들의 평균치보다 높다면, 이러한 추가적인 위험에 대한 위험보상률을 결정하여 프로젝트 평가에 적용될 할인율(MARR)을 조정한다.

분석방법

위험보정할인율을 이용하여 현재가치를 계산한다.

■ **조건**: 표의 연간 기대현금흐름, $N = 5$, $k = 15\%$

위험보상률 = 6.93%

■ **탐색**: 순현재가치(NPW)

풀이

먼저, 위험보정할인율(i_m)을 구한다.

$$i_m = 15\% + 6.93\% = 21.93\%$$

그 다음, 위험보정할인율(21.93%)을 이용하여 이 프로젝트의 순현재가치(NPW)를 계산한다.

$$\begin{aligned} PW(21.93\%) &= -550.00 + \frac{220.36}{1.2193} + \frac{224.31}{1.2193^2} + \frac{232.53}{1.2193^3} \\ &\quad + \frac{244.03}{1.2193^4} + \frac{328.42}{1.2193^5} \\ &= 142.15(\text{억원}) > 0 \end{aligned}$$

위험을 보정한 후에도 순현재가치가 "0"보다 크므로, 이 프로젝트에 대한 투자는 경제적으로 타당하다고 할 수 있다.

해설 그렇다면, 위험보정할인율이 이 프로젝트의 현재가치를 얼마만큼 감소시켰을까? 프로젝트의 위험이 ㈜JK의 평균위험 그룹에 속한다면, 무위험할인율(k = 15%)로 프로젝트를 할인해야 한다. 이 경우에 이 프로젝트의 순현재가치는 266.93억원이 되지만, 위험보정 할인율(21.93%)을 적용하면, 그 순현재가치가 124.78억원이나 감소한다. 다시 말하면, 이 프로젝트의 총위험을 고려한 이자율이 15%보다 많은 21.93%로 파악되었기 때문에 기업인들은 이 증가된 위험에 대하여 124.78억원 이상의 위험보상이 보장되어야 투자에 대한 타당성이 있다고 판단하는 것이다.

11.4.3 세후 현금흐름분석을 위한 MARR의 선택

지금까지는 특정한 프로젝트의 최소요구수익률(MARR)에 관해서는 언급을 하지 않았다. 각각의 프로젝트 평가에 적합한 MARR을 결정하는 것은 쉽지 않은 문제이다. 본 절에서는 프로젝트의 경제성 평가를 위한 MARR을 선정하는 방안에 대해 알아본다.

MARR선정: 프로젝트의 자본조달방법이 알려졌을 때

프로젝트의 자본조달방법을 알고 있을 경우에는 프로젝트와 관련된 이자, 세금, 그리고 부채에 대한 원금상환과정 등이 현금흐름 계산과정에 이미 반영되고 남은 현금흐름은 순자기자본 현금흐름(net equity cash flow)이다. 일반적으로 회사의 목표는 주주에게 돌아가는 이익을 최대화하는 것이기 때문에 회사는 자기자본 투자자의 세후 현금흐름에 주된 관심을 갖는다. 그러므로 프로젝트의 자본조달방법을 알고 있는 경우에는 자기자본비용을 이용하여 프로젝트의 경제성 평가를 수행해야 한다. 사실 본 교재에서 소개한 지금까지의 세후 현금흐름 문제들은 부채와 관련된 현금흐름이 명확하게 현금흐름 계산과정에서 고려되었기 때문에 마지막에 남은 현금흐름은 순자기자본 현금흐름이다. 따라서 이러한 프로젝트의 경제성 평가는 자기자본비용(i_e)을 MARR로 적용해야 한다

MARR선정: 프로젝트의 자본조달방법을 모를 때

프로젝트의 자본조달방법이 명확하게 알려져 있지 않은 경우에는 프로젝트의 부채이자나 원금상환과 관련된 현금흐름이 파악되지 않기 때문에 가중평균자본비용(k)을 사용하여 프로젝트의 경제성 평가를 해야 한다. 사실, 현실적으로는 프로젝트의 자본조달 출처가 명백하지 않은 경우가 더 일반적이다. 회사가 프로젝트의 자본을 조달하기로 결정하였다면, 목표 자본구조를 고려하여 프로젝트의 자본을 구성하도록 노력해야 한다. 이러한 경우 회사는 실질적 세후 부채자본비용을 도입하여 프로젝트의 경제성 평가를 위해 사용할 할인율에 대한 세금 조정을 해야 한다. 이 방법은 회사가 여러 프로젝트를 수행하여 개별적 프로젝트에 조달되는 부채를 명백히 파악하기 어려운 경우에 적합하다.

11.5 요약

• 투자 프로젝트의 경제성 평가를 위해 고려되는 현금흐름을 비롯한 여러

요소들은 일반적으로 불확실한 경우가 많다. 프로젝트의 불확실성이 클수록, 프로젝트 채택의 기준이 되는 최소요구수익률(MARR)을 만족시키지 못할 가능성이 높아지게 되며, 이 불확실성을 프로젝트위험(project risk)이라 말한다.

- 다음은 프로젝트위험의 정도를 측정하기 위한 가장 기본적인 세 가지 방법이다.
    1. 민감도분석: 프로젝트 입력변수들의 값을 변화시키면서 어떤 변수가 프로젝트의 채택여부에 큰 영향을 미치는지를 파악하는 방법
    2. 손익분기점분석: 프로젝트가 이익도 손실도 발생하지 않는 프로젝트의 특정한 입력변수의 값을 구하는 방법
    3. 시나리오분석: 극단적인 경우와 가장 빈번히 발생하는 프로젝트의 결과를 파악하기 위해 낙관시나리오와 비관시나리오를 기본시나리오와 비교하는 방법
- 프로젝트의 경제성 평가에서 위험요소를 해결하는 두 방법은 다음과 같다.
    1. 확률부과방법: 프로젝트 현금흐름의 위험성을 현금흐름의 확률분포함수로 나타낸다. 먼저, 무위험이자율을 사용하여 프로젝트의 순현재가치 분포를 구한다. 순현재가치에 대한 확률분포함수(평균과 분산)를 얻으면, 이 분포함수의 분산을 이용하여 측정된 프로젝트의 위험을 충분히 상쇄할 만큼의 순현재가치의 기대치를 찾는지의 여부를 결정한다.
    2. 위험보정할인방법: 위험에 대한 보상을 위하여 해당 프로젝트의 위험이 반영되도록 할인율을 수정하고, 이렇게 수정된 할인율을 이용하여 현금흐름의 기대치를 할인하는 것이다. 현실적으로는 위험보정할인방법이 확률부과방법보다 이용하기에 단순하기 때문에 주로 사용된다.
- 회사 자본비용(WACC 또는 k)은 이 회사에 투자한 모든 투자자들이 기대하는 정당한 수익을 제공하기 위하여, 평균적 위험을 갖는 회사의 투자(average-risk investments)에 대해 요구되는 기대수익률이다. 그러므로 특정 프로젝트 평가에 적용할 할인율로 WACC를 사용한다면, 이

프로젝트의 위험은 회사가 현재 투자하고 있는 모든 프로젝트에 대한 평균 위험과 동일하다고 가정한다.

- 만일, 회사가 현재 투자하고 있는 모든 프로젝트에 대한 평균 위험과 특정 프로젝트가 갖는 위험의 정도가 다르면, 이 특정 프로젝트 자본비용(project cost of capital)은 회사 자본비용(company cost of capital)과 다를 수 있다. 특정 프로젝트의 경제성 평가를 위해 적용되는 위험보정 할인율은 위에서 언급된 프로젝트 자본비용을 말한다.

연습문제

민감도분석

11.1 어떤 장비의 구매비용은 25,000만원이고, 연간 운영비용은 3,000만원이다. 이 장비를 도입하면, 내용연수 6년 동안 노무비를 절약할 수 있다고 한다. 6년 후 처분가치는 5,000만원이다.

(ㄱ) 연간 10% 이상의 수익률을 기대한다면, 이 장비의 도입으로 최소한 얼마의 연간 노무비 절감이 있어야 하는가?

(ㄴ) 장비의 사용기간이 6년이 아니고 5년이라면, 최소한의 연간노무비 절감액은 얼마인가?

(ㄷ) 연간 운영비용이 3,000만원에서 3,300만원으로 10% 증가한다면, (ㄱ)의 답은 어떻게 변하겠는가?

11.2 ㈜재연건설은 새로운 덤프트럭의 구매를 고려하고 있다. 트럭의 구매가격은 7,500만원이지만, 용도에 맞게 개조하기 위하여 1,500만원의 추가비용이 소요된다. 이 트럭의 내용연수는 5년이고, 정률법(5년)으로 감가상각되며, 5년 후 처분가격은 2,000만원일 것으로 추정하고 있다. 이 트럭의 구매가 수익에 영향을 주지는 못하지만, 장비 임대비용 등을 포함하여 연간 2,300만원의 운영비용을 절감할 것으로 기대된다. 이 회사의 한계세율은 20%이고, MARR은 15%이다.

(ㄱ) 이 문제에 주어진 추정치들이 맞다면, 이 대안은 경제적으로 타당한가?

(ㄴ) 회사의 MARR이 20%일 때, 이 대안이 경제적으로 타당하려면 연간 운영비용 절감액이 최소한 얼마가 되어야 하겠는가?

(ㄷ) 만일 연간 운영비용 절감액이 2,000만원이라면, 이 대안이 경제적으로 타당한가?

11.3 한 자동차 부품을 조립하는 회사는 최신 조립라인 구성을 위하여 60,000만원을 투자할 예정이다. 이 투자로 회사는 향후 5년 동안 매년 25,000만원의 세후 현금흐름을 더 얻을 수 있을 것으로 추정하고 있다. 회사는 5년 후에는 이 조립라인을 종료할 예정이고, 처분가치도 없다고 한다. 그런데, 설치 상의 문제로 조립라인 가동이 1년 연기되어, 실제로 4년 동안만 가동된다면, 1년 연기가 발생하지 않았을 때와 동일한 내부수익률(IRR)을 유지하기 위하여 추가로 필요한 세후 현금흐름은 얼마인가?

11.4 어느 회사는 다음과 같은 재무정보를 갖는 투자대안을 고려하고 있다.

- 초기 투자액: 50,000만원
- 내용연수: 5년
- 추정 처분가치: 5,000만원
- 감가상각방법: 정액법(5년 후 처분가치 없음)
- 단위당 가격: 4만원
- 단위당 변동비: 1.8만원
- 연간 고정비: 23,000만원
- 연간 판매량: 100,000 단위
- 한계법인세율: 20%
- MARR: 15%

이 회사는 제품가격이 이 투자대안의 수익률에 얼마나 영향을 미치는가에 관심을 갖고 있다. 이에 대한 민감도분석을 시행하여라.

11.5 사무실로 임대할 건물을 짓고 있는 A씨는 이 건물을 몇 층으로 지어야 가장 경제적인지를 알아보고자 한다. A씨는 5년 후에 이 건물을 팔 계획이다. 아래 표는 건물의 층수 대안과 관련된 연간 세후 순수입과 건물의 세후 처분가치에 관한 자료이다.

(단위: 만원)

	초기투자액	임대수입	처분가치
2층	50,000	19,910	60,000
3층	75,000	16,920	90,000
4층	125,000	14,920	200,000
5층	200,000	37,815	300,000

(ㄱ) A씨는 이 프로젝트 평가에 적용될 MARR이 대략적으로 이자율이 5%와 20% 사이에 존재할 것이라고 생각하고 있다. 각 층수 대안이 최적 대안이 되는 이자율의 범위를 구하여라.

(ㄴ) A씨의 MARR이 15%로 알려져 있다. 건물의 세후 처분가치를 과대평가한(실제 세후 처분가치는 추정치보다 10% 낮다) 착오의 비용은 현재가치로 얼마인가?

11.6 ㈜그린에너지는 난방용 온수탱크에 장착하는 온도조절장치를 제조하는 회사이다. 이번에 새로 개발된 온도조절장치에 대한 기대수익성을 측정하기 위해 그 수익성을 순현재가치로 측정할 수 있는 아래와 같은 공식을 고안하였다.

$$PW = 5.63V(4.3X - 15) - 33{,}580$$

V = 온도조절장치 연간 생산대수

X = 온도조절장치 판매가격

온도조절장치의 연간 생산대수는 1,500대에서 5,000대이고, 개당 판매가격은 10,000원에서 35,000원 사이가 될 것이라고 대략적으로 예상하고 있다. 온도조절장치 연간 생산대수와 개당 판매가격에 대한 현재가치 함수를 이용하여 민감도그래프를 작성하여라.

11.7 (주)TR통운은 현재 보유하고 있는 트레일러 2,000대에 위성메시지시스템을 장착하고자 한다. 이미 작년에 2,000대 중에 120대에 장착하여 시험해 본 결과 50억원에 달하는 운전기사 통신비용의 60%를 절감할 수 있다는 결과를 얻었다. 더구나 이 시스템을 이용한 운전기사들은 운송효율이 향상되는 결과를 보여 이를 전체 트레일러에 적용할 경우 추가로 약 12.5억원의 운송비 절감효과를 보일 것으로 추정된다. 2,000대의 트레일러에 모두 이 시스템을 도입하려면, 장착비용 80억원과 이 시스템을 안정적으로 관리할 네트워크관리시스템 구축에 추가로 20억원이 소요된다. 이 시스템은 내용연수가 8년이고, 정률법(8년)에 의해 감가상각되고 8년 후 처분가치는 없다. 이 조합의 한계법인세율이 20%이고, MARR이 18%이다.

(ㄱ) 이 투자대안의 연간 현금흐름을 구하여라.

(ㄴ) 연간통신료와 운송효율 절감액이 현재 추정치에서 ±10, ±20, ±30% 벗어날 수 있다고 하고, 이 투자대안에 대한 민감도분석을 실행하여라.

(ㄷ) 민감도그래프를 그리고 그 결과를 설명하여라.

손익분기점분석

11.8 ㈜MM개발은 한 대학 근처에 현대식 기숙사를 건축할 계획이다. 기숙사 건물의 건축비용은 35억원과 부지매입비용은 5억원이 발생할 것으로 추정하고, 가구 및 실내장식비용은 7억원 예상된다. 건물은 내용연수가 35년의 정액법으로 감가상각되며, 가구 및 실내장식비용은 내용연수 8년의 정액법이 적용된다. 기숙사 부지의 가격은 투자분석기간 동안 매년 5%씩 상승할 것이지만 건물과 가구 및 실내장식은 25년 후에 처분가치가 전혀 없을 것이라고 한다. 기숙사는 100%의 기숙률일 때, 평균 수입은 연간 21억원이 되고 감가상각비를 제외한 연간 고정운영비가 3.3억원이고, 연간 변동운영비는 100%의 기숙률일 때 1.2억원, 0%일 때 0원이 될 것으로 추정하고 있다. ㈜MM개발의 MARR이 연 10%라고 한다면, 이 프로젝트의 경제성 평가를 실행할 경우 기숙사의 손익분기 기숙률은 얼마인가? 단, 한계법인소득세율은 20%이고, 이 프로젝트의 분석기간은 25년이다.

11.9 제품창고의 조명을 위해 두 종류의 특수 전구 중 하나를 선택하려고 한다. 현재 사용 중인 전구의 구매가격은 개당 4.59만원이고 14,600시간 동안 사용할 수 있다고 한다. 새 전구는 기존의 전구와 같은 양의

전력을 소모하고 조명도를 유지하지만, 수명이 기존 전구의 2배이다. 전구 교체를 위해 개당 1.6만원의 인건비가 발생하고 하루 사용시간은 20시간이며 일년 365일 동안 사용한다고 한다. 이 회사의 MARR이 15%이고 한계법인세율이 20%라면, 기존 전구를 새로운 전구로 교체하기 위해 지불할 수 있는 새 전구의 개당 최대 가격은 얼마인가?

11.10 어느 건물임대업자가 사업을 위해 점포와 사무실이 있는 건물을 3.5억원에 구입하려고 한다. 이를 통해 연간 임대수입을 5,500만원과 소득세를 제외한 연간지출로 1,800만원이 예상되고, 이 건물가격은 앞으로 매년 5%씩 상승할 것으로 기대된다. 이 임대업자는 건물 구입 후 20년 동안 임대사업을 계속할 계획이다. 이 건물은 사업시작 첫해 1월 1일부터 임대업을 할 수 있도록 준비되어 있으며 내용연수는 40년이고 정액법에 의하여 감가상각된다고 한다. 한계소득세율은 20%이며 MARR은 15%이다. 이 프로젝트가 경제적으로 타당하려면 손익분기 연간 임대수익이 최소한 얼마 이상이어야 하겠는가? 건물구입비용을 초과하는 자본소득에 대한 세율(자본소득세율)은 60%이다.

11.11 한 회사에서 현재 생산공정상의 문제를 해결하기 위해 두 가지 방법을 검토 중이다. 내용연수는 모두 6년의 정액법으로 감가상각한다. 방법 A는 초기투자비용으로 8,000만원과 연간운영비용으로 2,200만원이 소요된다. 방법 B는 초기투자비용으로 5,200만원과 연간운영비용으로 1,700만원이 필요하다. 방법 A와 방법 B의 6년말 예상처분가치는 각각 2,000만원과 1,500만원이고, 방법 A는 방법 B보다 매년 1,600만원 더 많은 연간매출액을 얻을 수 있을 것이라고 한다. MARR은 20%이고, 한계법인세율이 20%라고 한다. 두 방법의 경제적 가치가 무차별하기 위해서는 방법 A의 연간매출액이 추가로 얼마나 더 요구되는가?

11.12 ㈜도룡철강은 제단된 철강재료의 마무리를 위해 최신형 연삭장비를 구매하려 한다. 두 종류의 장비를 고려하고 있는데, 장비 A와 장비 B의 사용수명은 각각 8년, 10년(그러나 두 장비 모두 법정 내용연수는 8년)이고, 사용수명 후 처분가치는 각각 500만원(A), 800만원(B)이다. 그 밖의 재무자료는 다음 표와 같다.

	장비 A	장비 B
초기투자비용	6,500만원	8,350만원
사용수명	8년	10년
연간운영비용	750만원	580만원
감가상각	정률법(8년)	정률법(8년)

MARR이 10%이고, 한계소득세율이 20%일 때, 다음 물음에 답하여라.

(ㄱ) 무한대의 분석기간을 가정할 때, 어느 장비가 더 경제적인가? 이 분석을 위해 필요한 향후 교체장비에 대한 가정을 설명하라.

(ㄴ) 장비 A와 B의 현재가치가 동일하게 되는 장비 A의 연간운영비용(비김점)을 계산하라.

(ㄷ) 만일 요구서비스기간이 5년으로 제한되고, 장비 A와 B의 5년 후 처분가치가 각각 1,300만원과 1,850만원이라면, 어느 장비가 더 경제적인가?

11.13 ㈜21세기정밀은 각종 차량 변속기를 생산하는 기업이다. 이 회사는 앞으로 제품생산을 위해 필요한 부품을 조달할 방법을 고려 중이다. 향후 3년 동안 매년 25,000개의 부품(단위당 가격: 10만원)이 필요하고, 이 회사의 MARR은 12%이고, 20%의 법인세율을 적용받는다.

- **방법 1**: 기존의 장비를 이용하여 부품을 직접 생산한다. 이 장비는 이미 감가상각이 완료되었지만, 3년 후에 600만원에 처분할 수 있을 것으로 예상된다. 생산에 소요되는 단위당 변동비는 직접재료비 4,000원, 직접노무비 3,000원, 제조간접비 2,000원이 소요된다.
- **방법 2**: 개당 1.3만원(운송비포함)에 외주구매한다. 이때 기존 장비는 2,500만원에 바로 처분한다고 가정한다.
- **방법 3**: 기존 장비를 새 장비로 교체한다. 새 장비

의 구매비용은 5,500만원이고, 내용연수 8년의 정률법으로 감가상각되며, 3년 후 1,500만원에 처분할 수 있을 것으로 추정된다. 새 장비를 사용하면, 직접노무비를 단위당 1,500원, 제조간접비는 단위당 750원씩 절감할 수 있을 것이며, 기존 장비는 2,500만원에 지금 처분할 수 있다.

(ㄱ) 방법 A와 방법 B에 대한 단위당 비김 외주구매비용을 구하여라.

(ㄴ) 방법 B와 방법 C에 대한 단위당 비김 외주구매비용을 구하여라.

(ㄷ) 어느 대안이 가장 경제적인가?

시나리오분석

11.14 산업용 엔진을 제조하는 ㈜RF는 새로운 소형 엔진 조립 프로젝트를 기획하고 아래와 같이 이에 대한 각종 재무정보를 추정하여 산출하였다.

- 단위당 가격: 50만원
- 단위당 변동비: 12만원
- 고정비: 250,000만원
- 수요: 연간 20,000단위
- 초기투자비용: 800,000만원(0년 말)
- 사업수명: 8년
- 예상 처분가치(8년 후): 50,000만원
- 감가상각방법: 정률법
- 한계법인세율: 20%
- MARR: 12%

사업수명, 감가상각방법, 한계법인세율, MARR을 제외한 모든 추정치들이 ±20% 이내에서 변동한다고 가정하고 다음 물음에 답하여라.

(ㄱ) 주어진 추정치를 이용하여(기본시나리오) 프로젝트의 NPW를 계산하여라.

(ㄴ) 가장 낙관시나리오의 프로젝트 NPW를 계산하여라.

(ㄷ) 가장 비관시나리오는 어느 경우인가?

(ㄹ) 위의 시나리오분석을 통하여 어떠한 결론을 내릴 수 있겠는가?

11.15 재무정보가 아래와 같은 투자대안이 있다. 아래 물음에 답하여라.

항목	
초기투자비용	80,000만원
6년후 추정처분가치	10,000만원
감가상각방법	정률법
내용연수	6년
예상판매수량	65,000단위
단위당 판매가격	6.3만원
단위당 변동비	4.2만원
고정비용	53,200만원
한계법인세율	20%
MARR(최소요구수익률)	20%

(ㄱ) 손익분기점(판매량)을 계산하여라.

(ㄴ) 기본시나리오의 경우 현금흐름과 이때 NPW구하여라.

(ㄷ) 단위당 판매가격이 40만원인 경우, 손익분기점은 어떻게 변하는가?

(ㄹ) 가격, 판매량, 변동비, 고정비가 모두 ±15% 이내에서 변동한다고 가정하고, 가장 낙관시나리오와 가장 비관시나리오의 NPW를 구하여라.

확률적 분석

11.16 다음은 어느 제조회사의 수익률에 관한 정보이다. 이 회사의 기대 투자수익률과 그 표준편차를 구하여라.

확률	투자수익률
0.15	5%
0.25	15%
0.35	22%
0.15	30%
0.10	40%

11.17 수명이 2년인 어떤 투자 프로젝트의 연간 현

금흐름이 아래와 같이 3가지 추정치로 주어졌다. 각 현금흐름들이 통계적으로 상호 독립이라고 가정하고, NPW분포의 평균과 분산을 계산하여라. 무위험할인률은 10%이다.

(단위: 만원)

기간(n)	비관	기본	낙관
0	−10,000	−8,000	−7,000
1	5,000	12,000	15,000
2	4,000	10,000	13,000

11.18 여성용 핸드백을 생산하는 ㈜MK는 최근 다른 회사에서 개발한 디자인 특허를 구매하려고 한다. 특허권 구매비용은 80억원을 추정되며, 이 디자인이 적용된 제품의 수요는 아직 알 수 없는 상황이다. 수요의 정도에 따른 향후 4년 동안의 수익에 대한 정보는 아래 표와 같다.

수요수준	확률	연간수익
낮음	0.2	13억원
보통	0.4	25억원
높음	0.4	40억원

(ㄱ) 회사의 무위험수익률이 12%라고 하면, 이 투자대안의 기대 현재가치는 얼마인가?

(ㄴ) (ㄱ)의 결과를 근거로 이 회사는 이 대안에 투자를 해야 하는가? 모든 현금흐름은 세금이 이미 고려된 것이다.

11.19 다음과 같은 현금흐름을 갖는 투자대안을 해보자.

(단위: 만원)

n	$E(A_n)$	$Var(A_n)$
0	−1,000	0
1	500	200^2
2	1,500	300^2
3	800	100^2

(ㄱ) 모든 현금흐름들이 상호 독립적이라고 가정하고, $i = 10\%$일 때, 이 프로젝트의 $E(PW)$와 $Var(PW)$를 계산하여라.

(ㄴ) 만일 연간 현금흐름들이 위 표에 주어진 평균과 분산을 갖는 정규분포에 따른다고 하면, 이 투자대안이 $E(PW)$보다 큰 수익을 얻게 될 확률을 계산하여라.

11.20 특정한 프로젝트의 현금흐름을 다음과 같이 추정할 수 있다고 가정하자. 각각의 연간 현금흐름들은 평균과 분산을 갖는 확률변수이고, 모든 현금흐름은 상호 독립적이라고 한다.

(단위: 만원)

n	기대현금흐름 $E(A_n)$	추정표준편차 S_n
0	−300	20
1	120	10
2	150	15
3	150	20
4	110	25
5	100	30

(ㄱ) MARR이 10%일 때, 투자대안의 기대 순현재가치 $E(A_n)$를 구하여라.

(ㄴ) 연간 현금흐름들이 위 표에 주어진 평균과 분산을 갖는 정규분포라고 할 때, NPW가 200만원을 초과할 확률은 얼마인가?

11.21 다음과 같은 추정된 현금흐름을 갖는 투자대안을 고려해보자. 각각의 분포는 상호 독립적이라 가정한다.

(단위: 만원)

n	$E(A_n)$	$Var(A_n)$
0	−2,500	100^2
1	2,200	200^2
2	1,800	300^2

(ㄱ) NPW의 평균을 계산하여라. 단, MARR = 10%이

다. 이 평균값만을 가지고, 이 투자대안이 투자가치가 있다고 판단할 수 있겠는가?

(ㄴ) NPW분포의 표준편차를 계산하여라.

(ㄷ) 평균 이하에 2σ 값을 구하여라. 만일 NPW가 앞에서 구한 평균과 표준편차를 갖는 정규분포라고 하면, 실제 NPW가 평균에서 2σ 아래가 될 확률은 얼마나 되겠는가?

위험투자대안의 비교

11.22 아래 표와 같은 확률적 수익률을 갖는 두 가지 대안을 고려해보자.

	투자수익률	
확률	대안 A	대안 B
0.10	−20%	−35%
0.20	0%	−10%
0.25	10%	15%
0.30	15%	25%
0.10	20%	40%
0.05	40%	50%

(ㄱ) 각 투자대안의 평균수익률을 구하여라.

(ㄴ) 각 투자대안 수익률의 분산을 구하여라.

(ㄷ) 어느 투자대안이 더 선호되는가? 또, 그 이유를 설명하여라.

11.23 다음은 두 가지 상호 배타적 투자대안의 현금흐름에 대한 정보이다.

(단위: 만원)

	추정현금흐름		
	확률	대안 A	대안 B
초기투자	1.0	15,000	18,000
5년동안의 연간현금흐름과 발생확률	0.3	3,500	4,500
	0.5	4,000	5,500
	0.2	5,000	6,700

(ㄱ) MARR = 12%가 적용될 때, 각 프로젝트의 NPW 분포에 대한 평균과 분산을 계산하여라.

(ㄴ) 손실을 볼 확률이 더 큰 프로젝트는 어느 것인가?

11.24 ㈜GW는 다음과 같은 두 가지 투자대안을 고려하고 있다. 두 대안은 확률적으로 서로 독립이라고 가정한다.

- 대안 A: $PW(10\%) = 2X(X-Y)$, X와 Y는 통계적으로 서로 독립이고 아래와 같은 분포를 갖는 확률변수이다.

X		Y	
현금흐름	확률	현금흐름	확률
20	0.30	10	0.60
40	0.70	20	0.40

- 대안 B:

PW(10%)	확률
0	24%
400	20%
1,600	36%
2,400	20%

(ㄱ) 대안 A의 PW(10%)의 확률분포를 구하여라.

(ㄴ) 대안 A의 E(PW)와 Var(PW)을 계산하여라.

(ㄷ) 대안 B의 E(PW)와 Var(PW)을 계산하여라.

(ㄹ) 대안 A와 대안 B가 상호 배타적이라면 어느 대안을 채택해야 하는가?

11.25 펀드매니저 W씨는 운영 중인 포트폴리오 가운데 다음 달에 만기가 되는 채권을 통하여 25,000만원을 회수할 예정이다. 이를 재투자하기 위하여 아래와 같은 두 가지 투자옵션을 고려하고 있다. 기대 투자수익을 최대화하기 위해서는 어느 옵션에 투자해야 하는지를 결정하여라.

- 옵션 1: 수수료 150만원을 지불하고 만기가 1년인 해외채권에 25,000만원을 전부 투자한다. 1년 후 이자의 확률분포는 2,450만원, 2,000만원, 1,675만원으로 그 발생확률은 각각 0.25, 0.45,

0.30이라고 한다.

- **옵션 2**: 실질 연이자율이 7.5%인 상호저축 예금계좌에 25,000만원을 전부 저축한다.

11.26 어느 제조회사에서 상호 배타적이고 서로 독립적인 두 가지 투자대안을 검토하고 있다. 두 대안의 경제적 사용수명은 동일하게 1년이고, 1년 후 처분가치는 없다고 한다. 초기투자비용은 대안 1이 1,000만원, 대안 2는 800만원이고, 각 대안의 연말 매출액은 아래와 같다.

- 대안 1:

	확률	순매출
PW로 환산한 순매출	0.2	2,000만원
	0.6	3,000만원
	0.2	3,500만원

- 대안 2:

	확률	순매출
PW로 환산한 순매출	0.3	1,000만원
	0.4	2,500만원
	0.3	4,500만원

(ㄱ) E(PW)을 사용하여 어느 대안이 더 경제적인지를 결정하여라.

(ㄴ) Var(PW)도 함께 고려한다면, 어떤 대안을 선택하겠는가?

11.27 한 기업의 CEO는 두 종류의 계약을 고려하고 있다. 그는 상황을 단순화하기 위해 다음과 같이 두 계약과 관련된 자료를 요약하였다.

(단위: 만원)

계약 A		계약 B	
PW	확률	PW	확률
10,000	20%	4,000	30%
5,000	40%	1,000	40%
0	40%	−1,000	30%

(ㄱ) CEO가 두 계약 중 하나를 반드시 선택해야만 하는가? 만약에 선택한다면 어느 계약을 선택해야 하는가? E(PW)를 기준으로 계약을 선택한다면 어느 계약을 선택해야 하는가?

(ㄴ) 계약 A가 계약 B보다 더 많은 이익을 발생시킬 확률은 얼마인가?

11.28 비용절감을 위해 두 종류의 기계를 검토 중이다.

- 기계 A의 초기 구입비용은 6,000만원이고 기계의 사용수명인 6년 후 세후 처분가치는 2,200만원으로 추정된다. 연간 세후 운영비용이 발생할 확률은 아래와 같다.

연간운영비용	확률
500만원	20%
800만원	30%
1,000만원	30%
1,200만원	20%

- 기계 B의 초기구입비용은 3,500만원이고 기계의 사용수명인 4년 후 세후 처분가치는 없다고 한다. 연간 세후 운영비용이 발생할 확률은 아래와 같다.

연간운영비용	확률
800만원	10%
1,000만원	30%
1,200만원	40%
1,400만원	20%

경제성 평가를 위한 MARR=10%, 분석기간은 12년이다. 두 기계의 기술발전은 앞으로 없을 것을 가정한다.

(ㄱ) 두 대안의 현금흐름이 통계적으로 독립이라고 가정하고 각 대안의 E(PW)와 Var(PW)을 계산하여라.

(ㄴ) (ㄱ)의 결과를 토대로 하여 기계 A의 연간운영비용이 기계 B의 연간운영비용보다 클 확률을 구하여라.

11.29 상호 배타적인 두 투자대안을 고려하고 있다. 두 대안의 현금흐름은 통계적으로 서로 독립이며 아래 표와 같이 기대값과 분산이 주어진 확률변수이다.

(단위: 만원)

	대안 A		대안 B	
n	평균	분산	평균	분산
0	−5,000	$1{,}000^2$	−10,000	$2{,}000^2$
1	4,000	$1{,}000^2$	6,000	$1{,}500^2$
2	4,000	$1{,}500^2$	8,000	$2{,}000^2$

(ㄱ) 이자율 15%를 사용하여, 각 프로젝트의 $E(\mathrm{PW})$와 $\sigma(\mathrm{PW})$을 계산하여라.

(ㄴ) (ㄱ)의 결과를 토대로 어느 프로젝트를 추천하겠는가?

제4부

경제성분석의 특수논제

제 12 장 대체분석

컨베이어벨트시스템의 대체대안

자동차 부품을 제조하는 IB-Korea라는 회사의 생산담당부서에 근무하는 엔지니어 김 주임은 자주 고장이 발생하는 컨베이어벨트를 대체할 것을 고려하고 있다. 이 컨베이어벨트는 완성된 부품을 최종 작업부서에서 창고로 이동시키기 위해 사용되는 것이다.

최근 들어, 이 컨베이어벨트의 고장이 자주 발생하고 있어 그 유지비용이 점차로 증가되고 있고, 수리 중에는 사용할 수 없기 때문에 다른 지게차를 임대해야만 한다. 또한, 이 지게차는 디젤로 운영되기 때문에 공장 내에서 근무하는 작업자들이 이 지게차의 가동으로 발생하는 공해에 대해 많은 불평을 토로하고 있다. 이 때문에 이 컨베이어벨트를 계속 사용하려면, 컨베이어벨트의 모터시스템을 완전히 교체해야 하는데, 워낙 구형 모델이기 때문에 이러한 모터 교체가 컨베이어벨트의 경제적 수명을 연장하거나 처분가치를 증가시키지는 않는다고 판단하고 있다.

김 주임은 회사의 경영진들에게 컨베이어벨트의 대체계획안에 대한 투자승인을 요구하기 전에, 다음과 같은 두 가지 중요한 질문에 대한 분석자료를 수집하기로 했다.

1. 현재 사용하고 있는 컨베이어벨트를 지금 수리해서 사용할 것인가? 아니면 신형 컨베이어벨트로 대체할 것인가?
2. 만약 현재 사용하고 있는 컨베이어벨트를 대체하기로 한다면, 도대체 언제 대체를 해야 하는가? 지금 당장 실행해야 하는가? 아니면 미래의 어느 시점에서 실행해야 하는가?

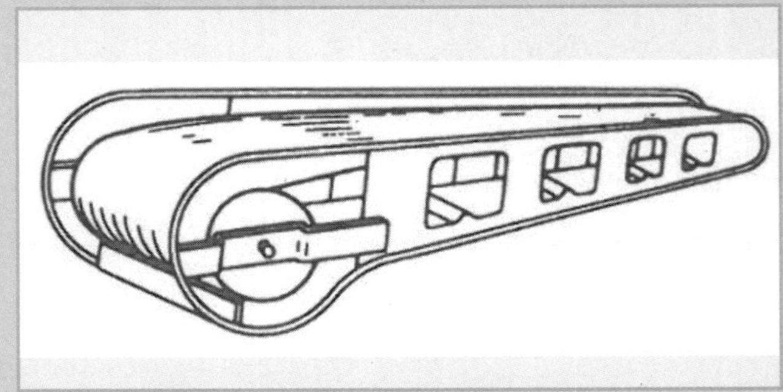

본 교재의 제5장부터 제8장까지 소개한 투자대안들은 기본적으로 최대 이익을 목적으로 하는 프로젝트들이었다. 그러나, 우리가 흔히 접하는 경제성분석에는 "기존설비로 계속 운영할 것인가?" 아니면 "대체설비로 교체하여 운영할 것인가?"를 결정하는 문제를 분석대상으로 하기도 한다. 이 분석의 주요 목적은 수익의 증가가 아니라 현재의 운영상태를 지속시키는 것에 있다. 이와 같이, 기존장비보다 새롭고 좀 더 효율적인 대체장비를 구매하여 기존장비를 교체할 것인지, 아니면 기존장비를 계속해서 사용할 것인지에 관한 의사결정문제를 **대체분석**(replacement analysis)이라고 한다. 본 장에서는 대체분석과 관련된 기본적인 개념과 분석방법에 대해 알아보기로 한다.

12.1 대체분석

본 절과 다음 절에서는 대체문제의 세 가지 속성에 관하여 논의할 것이다. (1) 현장비(defender)와 도전장비(challenger)의 비교방법, (2) 경제수명의 결정, (3) 서비스기간이 길 때 대체분석. 본 절에서는 우선 분석방법에 중점을 두기 위하여 세금문제를 고려하지 않고 대체분석을 고려해보고, 12.4절에서 세금을 고려한 경우의 대체의사결정문제를 다루어 보기로 한다.

12.1.1 대체분석을 위한 기본적 개념과 용어

현재 수행 중인 작업의 연속성은 현장비들의 상태와 밀접한 관계가 있다. 즉, 현장비와 관련된 합리적인 대체의사결정이 이루어지지 않는다면, 현재 수행 중인 작업이 지연되거나 멈추게 될 수도 있다. 여기서 고려해야 할 사항은 현재 사용하고 있는 장비를 보다 효율적인 장비로 언제(when) 교체해야 하는가이다. 대체분석에서는 **현장비**(defender)와 **도전장비**(challenger)라는 용어를 자주 사용하는데, 이때 현장비는 현재 사용 중인 장비를 말하고 도전장비는 현장비와 교체 가능성이 가장 큰 새로운 장비를 말한다. 우선 대체분석의 기본개념과 그에 따른 특수용어들을 살펴보기로 하자.

대체분석의 필요성

현장비는 수행하는 현재의 작업내용이 더 이상 필요 없거나, 보다 성능이 좋은 다른 장비가 개발되면 미래의 어느 시점에서 결국 교체된다. 그러므로, 여기서 우리가 해결해야 할 문제는 현장비를 교체할 것인지 아닌지를 결정하는 것이 아니라, 언제 그 장비를 처분하고 다른 장비로 교체할 것인가를 결정하는 것이다. 만약 현장비를 도전장비로 교체해야 한다면, 가능한 모든 도전장비 중에서 최적의 도전장비로 현장비를 교체해야 할 것이다.

시장가격(market value)

현장비를 교체하고자 할 때, 직면하는 가장 일반적인 문제는 어떠한 비용정보가 실제로 대체분석에 필요한지를 결정하는 것이다. 때때로, 대체분석과 관련이 없는 정보가 대체분석에 포함되기도 하기 때문이다. 모든 대체분석에서 필요한 관련 정보는 현장비의 시장가격이고, 그 외 초기 구매비용, 과거 수리비용, 교환가치 등은 대체분석 문제와 관련이 없는 정보들이다.[1] 예제 12.1은 이와 관련된 대체의사결정문제이다.

예제 12.1 | 대체분석을 위한 관련 정보

㈜이화가구는 3년 전에 1,800만원에 구매한 지게차를 새로 교체할 것인지를 결정하려고 한다. 이 지게차는 최근 잦은 고장으로 작업에 지장을 초래하는 원인이 되고 있다. 유지비용의 증가는 물론, 고장에 따른 수리비용과 수리기간 중에 사용할 다른 지게차의 임대비용으로 매번 300만원의 추가비용이 발생한다.
또 다른 고려사항으로는 현재 경유를 사용하는 지게차로 인한 공기오염의 증가로 공장 내의 작업자들 불만이 높아지는 것이다. 만일, 이 지게차를 계속 사용한다면, 공기오염을 줄이고 정상적인 작동을 유지하기 위해 지게차의 엔진 교체가 당장 필요하다. 그러나 이로 인하여 사용수명이 연장되거나 지게차의 가치가 증가하지는 않는다고 한다. 이 지게차는 이미 감가상각이 완료되어 장부가격은 0원이지만, 현재 시장가치는 750만원이다. 교체할 장비로 고려되는 전기 지게차는 구매가격이 2,000만원으로 공기오염 문제가 전혀 발생하지 않는다. 장비판매상은 구매에 대한 보상판매(trade-off)로 800만원을 제시하였다. 이 분석에서 현장비(기존 지게차)와 관련된 비용정보는 무엇인가?

---

1) 그러나, 초기 구매비용과 장부가격은 고정자산을 처분할 경우에 처분소득(손실)을 계산하기 위해서는 필요한 정보이다.

문제분석	■ **조건**: 주어진 재무자료와 현장비의 이력 ■ **탐색**: 대체분석을 위한 관련 정보
분석방법 관련 비용을 나열하고, 필요 없는 정보를 차례로 제거한다.	**풀이** 현장비와 관련된 네 가지 비용정보가 주어져 있다. 1. 초기 구매비용: 1,800만원 2. 시장가격: 750만원 3. 장부가격: 0원 4. 교환가치: 800만원

해설 일반적으로 교환가치가 현재의 시장가격이라고 판단하고, 교환가치를 장비의 현재가격으로 자주 사용한다. 그러나, 이는 일반적인 경우라고 할 수 없다. 예를 들어, 자동차 판매상은 새 차의 판매를 위해 고객들로 하여금 소유한 중고차의 보상판매를 조건으로 높은 교환가격을 제시하는 경우가 많다. 그러나, 만약 판매상이 새 차를 판매하지 못한다고 해도 고객이 소유한 중고차에 동일한 교환가격을 제시하겠는가? 아마도 동일한 교환가격을 제시하지는 않을 것이다. 이와 같이 통상 자동차 판매상들은 판매계약을 성사시키기 위해 교환가격을 부풀려 제시하는 경우가 많은데, 이미 이러한 교환가격이 상쇄될 수 있도록 새 차의 가격도 높게 책정되어 있을 가능성이 높다. 이러한 경우에는 중고자동차의 교환가격이 자동차의 실질적인 시장가격이라고 볼 수는 없다. 따라서 이러한 성격의 교환가치는 경제성분석에서는 사용되지 않는다.[2)]

매몰비용

매몰비용(sunk cost)은 과거에 발생한 비용으로 미래의 투자의사결정에 아무런 관계가 없는 비용을 말한다. 매몰비용은 과거의 의사결정에 의하여 지출된 비용이므로 현재의 어떠한 의사결정으로도 이 비용이 회복될 수는 없다. 그러므로, 매몰비용을 사용하여 현재 고려 중인 대안들을 비교분석한다면, 바람직하지 못한 결과를 얻을 수 있다. 합리적인 경제적 의사결정을 위해서는 과거에 발생한 의사결정의 결과가 아닌 미래에 발생할 현금흐름을 토대로 의사결정을 내려야 한다.

예제 12.1에서 최근에 ㈜이화가구가 지게차의 수리비용 등으로 300만원을 지출했다고 해도, 지금 지게차를 처분한다면 현재가치 750만원밖에 받지 못한다. 그러므로 현장비를 새로운 장비로 교체할 때, 이 회사는 300만원의 수리비용을 새 장비의 구매비용에 추가해야 한다고 생각할 수 있지만 이는 잘못된 판단이다. 정확한 경제성분석을 위해서는 앞으로 발생할 비용만을 고려

2) 그러나 만약 실제로 보상판매가 실현되면, 실질적인 순현금흐름(보상판매에 의한 교환가격)은 분명히 대체문제에 고려해야 하는 비용정보가 된다.

할 뿐 매몰비용, 즉 과거에 발생한 비용은 고려하지 않는다. 따라서 대체분석을 위해 사용될 비용정보는 현재의 시장가격이며, 현장비의 초기 구매가격이나 이미 발생한 수리비용이 아니다.

운영비용

운영비용(operating cost)이란 장비를 운영하기 위해 지출되는 모든 비용들의 총액을 말한다. 현장비를 교체하는 가장 큰 이유는 시간이 경과함에 따라 운영비용이 점차로 증가하기 때문이다. 운영비용은 수선유지비, 작업자의 임금, 동력비, 재료비 등의 비용항목이 포함된다. 이들 비용항목 중에서 하나 혹은 그 이상의 비용항목이 시간이 경과함에 따라 증가하게 되면, 현장비를 교체할 근거를 갖게 된다.

도전장비는 현장비보다 더 새롭게 개량된 디자인과 발전된 기술로 만들어지기 때문에 도전장비의 운영비가 현장비의 운영비보다 적게 발생하는 것이 일반적이다. 그러므로, 대체분석의 초점은 도전장비의 운영비 절감액이 초기 구매비용을 얼마만큼 상쇄시키는가에 달려 있다.

장비의 운영과 관련된 임금, 재료비, 동력비 등은 현장비나 도전장비에 관계없이 동일할 수도 있지만, 장비 유지 및 수리비에는 차이가 있는 것이 일반적이다. 운영비용의 구성항목은 장비의 특성에 따라 달라질 수 있지만, 현장비와 도전장비의 운영비용은 동일한 비용항목으로 구성되어야 한다. 예를 들면, 동력비를 현장비의 운영비에 포함시켰다면, 이를 도전장비의 운영비용에도 반드시 포함시켜야 한다.

근본적 의사결정사항

현재 사용하고 있는 지게차는 분명히 어느 시점에 대체되어야 하기 때문에, 첫 번째 질문에 대한 답은 비교적 확실하게 할 수 있다. 문제는 "당장 수리해서 사용할 것인가?" 아니면 "새 것으로 대체해야 할 것인가?"라는 근본적 문제에 봉착하게 된다.

- 현장비를 수리하여 교체시점을 연기하는 것이 더 경제적인지도 우선 고려하여야 한다. 만일, 향후에 좀 더 기술적으로 발전된 지게차가 제작되

어 시판될 예정이라면, 지금 시장에 나와 있는 지게차를 구매하는 것보다 좀 더 기다렸다가 기술적으로 진보된 지게차를 구매하는 것이 회사에 더 유리할 수도 있기 때문이다. 이 경우, 비용 측면에서는 상대적으로 저렴하겠지만, 가까운 시일 내에 물리적 혹은 기능적 감가로 인하여 회사에서 필요로 하는 서비스 수준을 만족시키지 못할 가능성이 크기 때문에, 경제적인 측면에서 이 지게차의 가장 적합한 교체시점이 언제인가를 결정해야 하는 문제가 남는다.

- 만일 대체옵션이 선택된다면, 회사는 초기비용이 많이 소요될 것이지만 새로운 지게차를 구매함으로써 연비와 작업안전성 측면에서의 기술적 장점으로 관련 비용의 상대적 감소를 가져올 수 있기 때문이다.

12.1.2 현장비와 도전장비의 비교 방법

대체분석은 제5장에서 다룬 상호 배타적 투자의사결정문제와 그 성격이 유사하지만, 그 구체적인 방법과 개념은 다르다. 대체문제를 분석하는 일반적인 방법으로는 현금흐름방법과 기회비용방법이 있다.

현금흐름방법

현금흐름방법(cash flow approach)은 모든 대안들의 분석기간이 동일한 경우에만 사용된다. 이 방법은 각 대안의 실질적 현금흐름의 현재가치나 연간등가를 계산하여 그 결과를 근거로 각 대안들을 비교한다.

예제 12.2 | 현금흐름방법을 이용한 대체분석

㈜AC는 생산라인의 제조비용을 절감할 수 있는 최첨단 장비의 구매를 검토하고 있다. 향후 3년 뒤에는 생산라인을 폐쇄하고, 관련 자산을 모두 처분할 계획이다. 이를 위한 초기투자비용으로 50,000만원이 소요될 예정이며, 3,000만원의 운전자본이 추가로 필요하다. 이 운전자본은 3년 말에 모두 회수된다고 한다.

새 장비를 사용하는 3년 동안, 노무비와 재료비의 절감으로 인하여 운영비용이 매년 900,000만원에서 885,000만원으로 줄어들고, 새 장비는 3년 말에 18,000만원에 처분될 것으로 추정하고 있다. 또한, 새 장비를 구매한다면, 현장비는 새 장비와 교환하지 않고 17,000만원에 다른 회사에 처분할 계획이다. 만일 현장비를 향후 3년 동안 계속 사용한다면, 3년 후의 처분가치는 7,000만원으로 추정하고 있다. MARR이 연 10%라면, 장비를 지금 교체하는 것이 경제적인지 결정하라. 단, 세금에 대한 고려는 하지 않는다.

문제분석

■ **조건**: 현장비와 도전장비의 재무정보, N = 3년, i = 연 10%

■ **탐색**: 지금 장비교체가 필요한가?

분석방법

두 옵션의 현금흐름을 이용하여 각 옵션의 연간등가를 구한다.

풀이

옵션 1: 현장비를 계속 사용

만일 현장비를 계속 사용하기로 결정한다면, 지금 당장 현금지출이 필요한 것은 아니다. 현장비의 작동상태는 향후 3년 동안 충분히 사용할 수 있을 것으로 예상하고 있다. 이 경우, 연간 운영비는 900,000만원이 발생하게 되며, 3년 후 현장비의 처분가치는 7,000만원으로 추정된다. 현장비에 대한 현금흐름도는 그림 12.1(a)에 나타난 바와 같다.

옵션 2: 도전장비로 현장비를 교체

만약 현장비(D)를 도전장비(C)로 대체하면, 현장비는 지금 17,000만원에 처분할 수 있고, 도전장비 구매비용 50,000만원과 3,000만원의 운전자본이 소요된다. 그러므로 이 옵션의 초기 현금흐름은 그 차액(−36,000만원 = −53,000만원 + 17,000만원)이 된다. 도전장비의 연간 운영비는 885,000만원이고, 3년 말의 처분가치는 18,000만원이다. 또한, 운전자본 3,000만원은 3년 말에 모두 회수된다. 이 옵션의 실질적인 현금흐름도는 그림 12.1(b)와 같다.

이 현금흐름들을 이용하여 각 옵션의 현재가치와 연간등가를 구한다. 본 예제는 비용을 비교하는 문제이므로 현금유출을 '+'로, 현금유입을 '−'로 표기하기로 한다.

옵션 1: 현장비를 계속 사용

$$\begin{aligned}\text{PW}_D(10\%) &= 900{,}000\,(P/A, 10\%, 3) - 7{,}000\,(P/F, 10\%, 3)\\ &= 2{,}221{,}086.4\,(\text{만원})\end{aligned}$$

$$\begin{aligned}\text{AEC}_D(10\%) &= \text{PW}_D(10\%)(A/P, 10\%, 3)\\ &= 897{,}885.2\,(\text{만원})\end{aligned}$$

옵션 2: 도전장비로 현장비를 교체

$$\begin{aligned}\text{PW}_C(10\%) &= 36{,}000 + 885{,}000\,(P/A, 10\%, 3) - 21{,}000\,(P/F, 10\%, 3)\\ &= 2{,}221{,}086.4\,(\text{만원})\end{aligned}$$

$$\begin{aligned}\text{AEC}_C(10\%) &= \text{PW}_C(10\%)(A/P, 10\%, 3)\\ &= 893{,}131.7\,(\text{만원})\end{aligned}$$

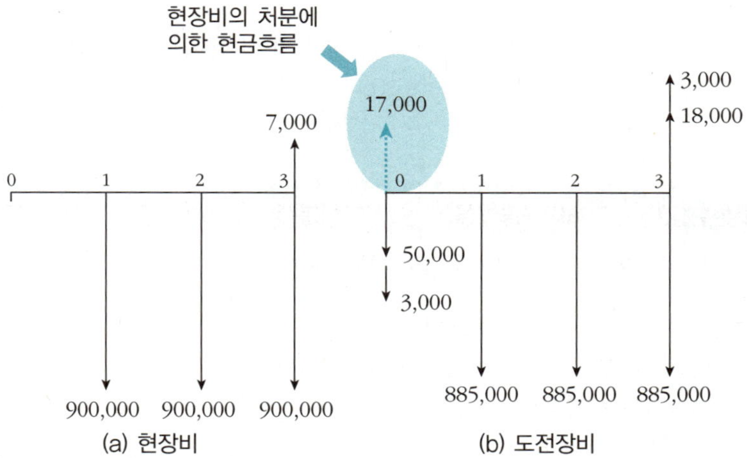

그림 12.1 | 현장비와 도전장비의 비교: 현금흐름방법 (단위: 만원)

도전장비의 연간비용이 현장비의 연간비용보다 4,769.1만원이 적기 때문에 지금 당장 현장비를 도전장비로 교체하는 것이 경제적으로 바람직하다고 할 수 있다.

해설 다시 한 번 강조하지만, 현금흐름방법은 현장비와 도전장비의 서비스수명이 동일한 경우에만 적용된다. 만일 두 장비의 서비스수명이 동일하지 않다면, 도전장비의 AEC의 계산과정에서 다음과 같은 약간의 조정이 필요하다. 가령, 위 문제에서 도전장비의 수명이 3년이 아니라 6년이라고 한다면, 현장비의 처분가격인 17,000만원은 도전장비의 초기 3년(도전장비의 수명 6년이 아닌)의 연간등가로 고려되어야 한다. 그 이유는 현장비의 잔여수명이 3년밖에 남지 않았기 때문이다. 다시 말하면, $AEC_D(10\%)$는 위 문제에서 계산된 도전장비의 연간등가와 비교되는 것이 아니라, 현장비의 현재 처분가치 17,000만원을 제외하고 구한 도전장비의 연간등가비용, $AEC'_C(10\%)$에서 현장비의 잔여수명 17,000만원의 향후 3년치 연간등가[$AE'(10\%)$]를 차감하여 비교해야 정확한 경제성 평가가 가능하다는 의미이다.

$$AE'(10\%) = 17{,}000\,(A/P, 10\%, 3)$$
$$AEC_C(10\%) = AEC'_C(10\%) - AE'(10\%)$$

이러한 번거로움 때문에 서비스 수명이 동일하지 않은 경우에는 다음에 설명할 기회비용방법이 더 많이 이용되고 있다.

기회비용방법

앞 예제에서 현장비를 판매하지 않으면 17,000만원의 현금유입이 발생하지 않는다. 그러므로 현장비를 계속 사용하게 되면 현장비의 시장가격 17,000만원을 현장비 사용에 대한 기회비용[2)]으로 고려할 수 있다. 즉, 현금흐름방법과 달리 도전장비의 구매비용에서 처분가치를 공제할 것이 아니라, 처분가치를

2) 기회비용 개념을 전통적인 공학경제학 교재에서 주로 다루어지고 있는 객관적 관점(outsider-viewpoint)과 혼동하기 쉽지만 서로 다른 개념임을 주의하기 바란다. 객관적 관

현장비를 계속 유지하기 위한 현금유출로 간주할 수도 있다. 즉, 기회비용방법(opportunity cost approach)은 이 처분가치를 현장비를 위한 투자라고 생각하는 것이다.

예제 12.3 | 기회비용방법을 이용한 대체분석

기회비용방법을 이용하여 예제 12.2를 다시 풀어라.

문제분석
현장비의 처분가치 17,000만원을 현장비를 계속 사용하기 위한 투자로 고려한다.

분석방법
현재가치와 연간등가를 구하여 각 옵션의 가치를 비교한다.

- **조건**: 현장비와 도전장비의 재무정보, $N = 3$년, $i =$ 연 10%
- **탐색**: 지금 장비교체가 필요한가?

풀이

예제 12.2의 현금흐름방법에서는 현장비를 도전장비로 교체하는 경우에 현장비의 시장가격 17,000만원을 도전장비의 구매비용 50,000만원에서 공제하므로, 현장비를 계속 사용하기로 결정하였을 경우에는 초기구매비용이 발생하지 않는다. 그러나 기회비용방법을 사용하여 대체문제를 분석하는 경우에 현장비를 계속 사용하기로 한다면 현금흐름방법의 경우와 달리 현장비의 시장가격 17,000만원을 현장비를 유지하기 위한 초기구매비용으로 간주한다. 그림 12.2는 기회비용 관점에서 본 현금흐름도이다.

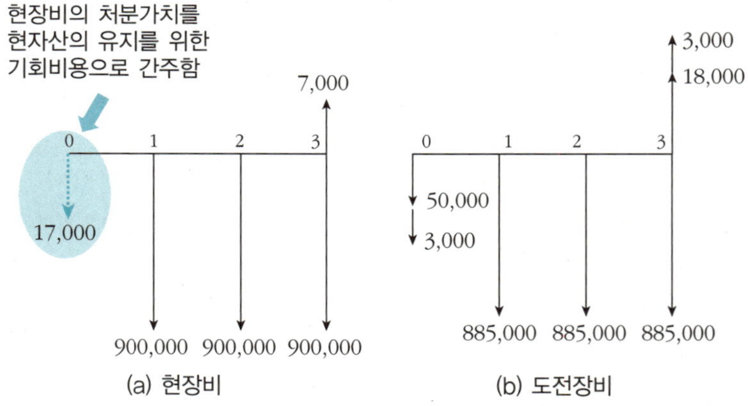

그림 12.2 | 현장비와 도전장비의 비교: 기회비용방법 (단위: 만원)

점은 현장비나 도전장비를 소유하고 있지 않은 회사가 이 장비들이 제공하는 서비스를 필요로 하는 객관적 견지에서 대체문제를 보는 것이다. 그러나, 이러한 관점은 세금을 고려하는 세후 분석에서 개념적인 오류가 나타난다. 예를 들어, 제3자가 시장가격으로 현장비를 구입하여 판매자의 감가상각 스케줄에 따라 자산을 감가상각한다고 하자. 현실적으로 중고장비를 구입하여 설치하게 되면, 이 장비가 구입 이전에 이전 소유주에 의해 모두 감가상각이 되었음에도 불구하고 새 소유주는 이 장비를 다시 감가상각처리할 수 있기 때문이다.

현장비와 도전장비의 수명이 동일하기 때문에 다음과 같이 두 옵션의 현재가치(비용)와 연간등가비용을 계산한다.

옵션 1: 현장비를 계속 사용

$$PW_D(10\%) = 17{,}000 + 900{,}000(P/A, 10\%, 3) - 7{,}000(P/F, 10\%, 3\%)$$
$$= 2{,}249{,}907.6\,(\text{만원})$$
$$AEC_D(10\%) = PW_D(10\%)(A/P, 10\%, 3)$$
$$= 904{,}721.2\,(\text{만원})$$

옵션 2: 도전장비로 현장비를 교체

$$PW_C(10\%) = 53{,}000 + 885{,}000(P/A, 10\%, 3) - 21{,}000(P/F, 10\%, 3\%)$$
$$= 2{,}238{,}086.4\,(\text{만원})$$
$$AEC_C(10\%) = PW_C(10\%)(A/P, 10\%, 3)$$
$$= 899{,}967.7\,(\text{만원})$$

의사결정의 결과는 예제 12.2와 동일하다. 이는 도전장비와 현장비의 현금흐름이 시점 '0' 에서 각각 17,000만원씩 동일하게 고려되었기 때문에 이러한 결과는 당연한 것이다.

해설 예제 12.2와 12.3에서는 도전장비와 현장비의 수명을 동일하다고 가정하였지만, 현장비의 수명이 도전장비의 수명보다는 짧은 것이 일반적인 경우이다. 12.3.3절에서 동일하지 않은 수명을 갖는 대체분석에 대해 알아보기로 하고, 우선 다음 절에서는 장비의 경제적 사용수명(경제수명)을 찾는 방법에 대하여 생각해보자.

12.2 경제수명

새로운 자동차를 구매하여 과연 얼마나 오랫동안 이 차를 소유하는 것이 경제적일까? 우리는 가끔 30년이 넘은 구형 자동차를 계속 소유하는 사람들을 볼 때가 있다. 이렇게 자동차나 항공기 등과 같은 기계나 장비들은 적절한 유지보수가 지속적으로 이루어진다면 원래 디자인된 사용수명보다 훨씬 오랜 기간 활용될 수도 있다. 그런데 이와 같이 아주 오랜 기간 동안 사용할 수 있음에도 불구하고, 실제로는 30년 넘은 자동차를 거리에서 보는 것은 쉽지 않은 일이다. 왜 그럴까?

한 가지 이유는 사람들이 오래 사용한 자동차에 싫증을 내는 경향이 있기 때문이다. 멋지고 성능도 좋은 새 자동차에 비해 상대적으로 오래된 자동차는 기본적인 교통수단에 별 문제가 없더라도 소유하고픈 매력이 줄어드는 것이 일반적 현상이라고 할 수 있다. 또 다른 이유는 오래된 자동차를 계속 사용할 수는 있으나, 유지보수비용이 점점 많이 발생하기 때문에 차라리 이 자동차를 처분하고, 새 자동차를 구매하는 것이 더 경제적이라고 판단하기 때문이다.

일반적으로 회사에서 자산을 구매하여 사용하게 되면 그 자산을 얼마 동안 사용할 것인지를 결정해야 한다. 예를 들어, 여러 대의 트럭을 구매하여 운영하는 트럭 임대회사는 일단 트럭의 사용수명이 결정되면, 차후의 트럭 구매를 위해 경제적 교체계획을 수립해야 할 것이다.

제6장에서 논의한 바와 같이, 고정자산의 비용은 자산비용(capital cost)과 운영비용(operating cost)의 두 종류로 나눌 수 있다. 고정자산의 경제수명은 고정자산을 보유하는 기간 동안에 발생하는 이 두 가지 비용의 합을 검토함으로써 구할 수 있다.

자산(소유)비용

제6장에서 언급했듯이, 자산비용(capital cost)은 일반적으로 초기의 구매비용과 자산을 처분할 때의 처분가치로 결정되며 이를 소유비용(ownership cost)이라고도 한다. 도전장비의 초기구매비용은 단순히 자산의 구매가격으로 한정할 수 있으나, 앞서 설명한 바와 같이 현장비는 처분시점의 처분가치에 해당하는 기회비용을 초기구매비용으로 한다. 'N' 은 자산이 유지되는 연수, 'I' 는 자산의 초기구매비용, 그리고 'S_N' 은 'N' 년도 말의 해당 자산의 처분가치라고 하면, 연간등가비용으로 표현되는 자본회수비용(capital recovery cost: CR)은 다음과 같다.

$$\mathrm{CR}(i) = I(A/P, i, N) - S_N(A/F, i, N) \tag{12.1}$$

일반적으로 자산은 오랫동안 유지하면 할수록, 그 자산의 처분가치는 점점 작아진다. 그러므로, 자산의 처분가치가 초기구매비용보다 작다면, 투자회수비용은 'N' 에 관한 체감함수일 것이다. 이는 자산을 오랫동안 보유할수록 투자회수비용은 점점 줄어든다는 의미이다.

운영비용

앞 절에서 언급하였듯이, 자산의 운영비용은 자산의 운영 및 유지보수비(O&M), 노무비, 재료비, 동력비 등으로 구성된다. 동일한 장비를 매년 동일한 양만큼 사용한다면 매년 발생하는 노무비, 재료비, 동력비 등은 거의 일정하다고 생각할 수도 있다. 그러나 운영 및 유지보수비(O&M)는 자산의 사용시간이 증가함에 따라 점차로 증가하는 경향을 갖는다. 그 결과, 일반적으로 자산의 운영비용은 사용시간이 경과함에 따라 증가하게 된다. 'OC_n' 을 특정 자산의 'n' 년도 운영비용이라 하고, '$OC(i)$' 을 'N' 년 동안 발생한 운영비용의 연간등가라고 한다면, 식 (12.2)와 같이 $OC(i)$를 수리적으로 표현할 수 있다.

$$OC(i) = \left(\sum_{n=1}^{N} OC_n (P/F, i, n) \right) (A/P, i, N) \tag{12.2}$$

경제수명

자산을 소유하고 운영하기 위한 총연간등가비용(AEC)은 자본회수비용(CR)과 연간등가운영비용(OC)의 합이다.

$$AEC(i) = CR(i) + OC(i) \tag{12.3}$$

자산의 **경제수명**(economic service life, **혹은 경제적 사용수명**)은 자산을 소유하고 운영하기 위해 발생된 총연간등가비용(AEC)을 최소화하는 기간으로 정의할 수 있다. 그러므로 식 (12.3)에서 $AEC(i)$를 최소화하는 'N' 값을 구해야 한다. 자본회수비용 $CR(i)$은 N에 관한 체감함수이고, $OC(i)$는 N에 관한 체증함수이기 때문에, $AEC(i)$는 그림 12.3에서와 같이 유일한 최소점을 갖는 N에 관한 볼록함수이다.

• 투자비용
$CR(i) = I(A/P, i, N) - S_N(A/F, i, N)$

• 운영비용

$$OC(i) = \left(\sum_{n=1}^{N} OC_n(P/F, i, n)\right)(A/P, i, N)$$

• 투자비용
$AEC = CR(i) + OC(i)$

• 목적함수
AEC를 최소화하는 n^*를 구함.

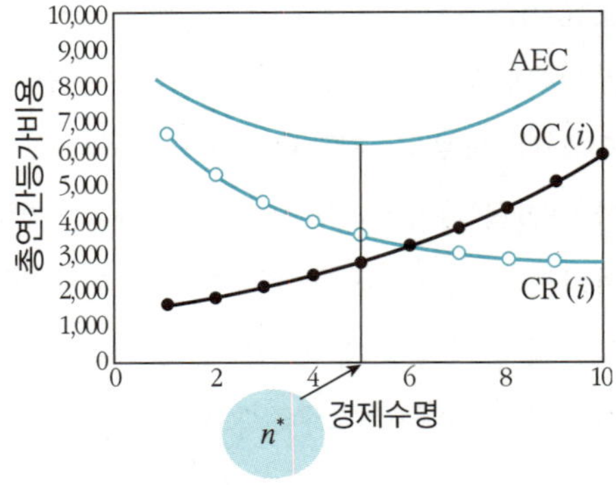

그림 12.3 | 자본회수비용, 연간 운영비, 총연간등가비용의 관계

여기서 AEC(i)곡선이 유일한 최소점을 갖는다고 가정하고, 다음의 경우를 각각 살펴보자.

- 장비의 처분가치(S_N)가 일정하며 초기 구매비용과 동일하고 연간운영비가 시간의 경과에 따라 증가한다면, AEC는 N에 관한 체증함수가 되고 $N = 1$에서 최소점을 갖는다. 이 경우 현재 사용하고 있는 장비를 가능한 한 바로 교체해야 한다.
- 처분가치가 초기비용보다 작으며 시간의 경과에 따라 감소하고, 연간운영비가 일정하다면, AEC는 'N'에 관한 체감함수가 된다. 이 경우에는 장비의 교체시점을 최대한 늦추어야 한다.
- 장비의 처분가치가 일정하며 초기구매비용과 동일하고 연간운영비가 일정하다면, AEC도 시간에 관계없이 일정할 것이다. 이 경우에는 장비의 교체시점이 경제적으로 아무런 의미가 없다.

만약 장비를 구매한 후 경제수명 동안만 운영한다면, 연간등가비용은 최소가 될 것이다. 단, 분석기간 동안 모든 미래 장비는 동일한 가격, 성능, 특성 등을 가진다고 가정한다. 장비의 경제수명에 맞추어 반복적으로 장비를 교체하면, 기준화폐가치의 관점에서 무기한 발생하는 장비의 연간등가비용(AEC)은 최소화된다. 그러나, 앞서 언급한 동일한 교체의 가정이 이루어지지 않는다면, 앞으로 12.3절에서 논의하게 될 방법들을 사용하여 대체분석을 해야 한다. 다음 예제를 통하여 장비의 경제수명을 결정하는 과정을 살펴보자.[3)]

예제 12.4 | 지게차의 경제수명

예제 12.1에서 기술된 지게차에 대한 도전장비의 특성을 살펴보자. 구매가격이 2,000만원이고, 1차년도의 운영비용이 600만원이며, 1년 말의 처분가치가 1,400만원이다. 2차년도부터 이 지게차의 운영비는 전년도 대비 매년 25%씩 증가하고 처분가치는 전년도 대비 매년 30%씩 감소할 것이라고 한다. 지게차의 최대 수명은 8년이고, 이 회사의 최소요구수익률(MARR)이 12%일 때, 새로운 지게차의 경제수명(경제적 사용수명)을 결정하여라. 단, 관련 세금을 고려하지 않는다.

문제분석
수익(매출액)을 모르거나 고려할 필요가 없는 경우에 고정자산의 경제수명을 계산하려면 해당 고정자산의 매년도 처분가치와 운영비용에 대한 정보를 이용하여, 고정자산을 보유하는 각 기간 동안의 연간등가비용(AEC)을 계산하여 비교한다. 본 절에서 이미 언급한 바와 같이, 이 경우 가장 작은 AEC를 갖는 고정자산의 보유기간이 이 고정자산의 경제수명이다.

분석방법
8년까지 연도별 교체주기에 대한 현금흐름도를 각각 그린다.

■ **조건**: 8년 동안 매년도 처분가치와 운영비용에 관한 정보, i = 연 12%
■ **탐색**: 경제수명

풀이

• $N = 1$: 장비를 구매하여 1년 동안 사용한 후, 1년 말에 처분하는 경우이다. 이 옵션의 현금흐름도는 그림 12.4와 같고, AEC는 다음과 같다.

$$\begin{aligned} AEC(12\%)_1 &= \overbrace{2{,}000(A/P, 12\%, 1) - 1{,}400(A/F, 12\%, 1)}^{CR(12\%)} + \overbrace{600}^{OC(12\%)} \\ &= 1{,}440.0\,(\text{만원}) \end{aligned}$$

1년만 사용하므로, 연간등가비용은 1년 말의 총비용과 동일하다. 식의 표현은 비용에 대한 계산이기 때문에, 비용항목(현금유출)에 '+' 부호를, 처분가치(현금유입)는 '–' 부호를 사용한다.

• $N = 2$: 지게차를 2년 동안 사용하고 2년 말에 처분하는 경우이다. 2차년도의 운영비용은 1차년도보다 25% 많이 발생하고, 2차년도의 처분가치는 1차년도보다 30% 감소하여 980만원(= 0.7×1,400만원)이다. 이 옵션의 현금흐름도는 그림 12.4에 나타난 바와 같다. 이 경우 AEC는 다음과 같다.

$$\begin{aligned} AEC(12\%)_2 &= \overbrace{2{,}000(A/P, 12\%, 2) - 980(A/F, 12\%, 2)}^{CR(12\%)} \\ &\quad + \overbrace{600(P/A_1, 25\%, 12\%, 2)(A/P, 12\%, 2)}^{OC(12\%)} \\ &= 1{,}391.9\,(\text{만원}) \end{aligned}$$

• $N = 3$: 지게차를 3년 동안 사용하고 3년 말에 처분하는 경우이다. 3년 말의 처분가치는 2차년도보다 30% 감소되어 686만원(= 0.7×980만원)이고, 연간 운영비용은 매년 25%씩 증가하므로 이 옵션의 현금흐름도는 그림 12.4에 나타난 바와 같다.

3) 특별한 언급이 없으면 대체분석에 사용되는 모든 현금흐름은 기준화폐가치로 측정된 값이다. 그러므로 경제수명을 구하기 위해 적용되는 이자율은 무인플레이션(실질)이자율이다.

$$\text{AEC}(12\%)_3 = \overbrace{2{,}000(A/P, 12\%, 3) - 686(A/F, 12\%, 3)}^{\text{CR}(12\%)}$$
$$+ \overbrace{600(P/A_1, 25\%, 12\%, 3)(A/P, 12\%, 3)}^{\text{OC}(12\%)}$$
$$= 1{,}379.2(\text{만원})$$

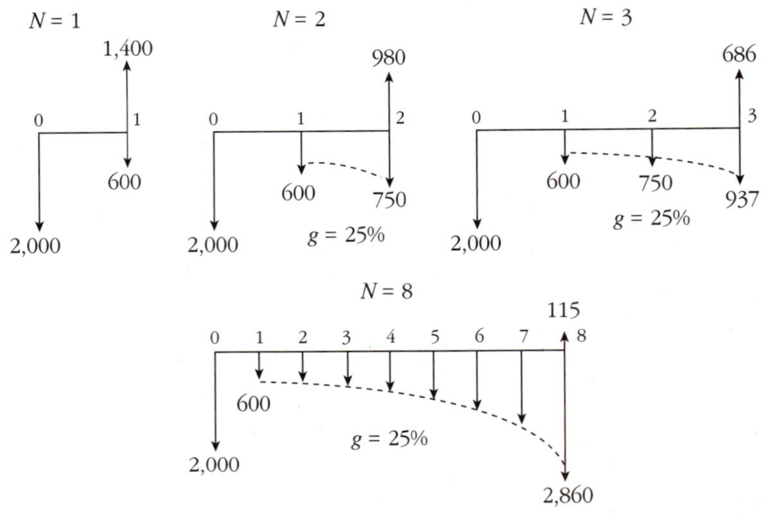

그림 12.4 | 현금흐름도: 1년, 2년, 3년, 8년 보유하는 경우

- 비슷한 방법으로 고정자산을 4년, 5년, 6년, 그리고 7년 동안 보유하는 경우의 AEC를 구할 수 있다. 그림 12.5는 각 연도별 교체주기에 대한 현금흐름도이다. 표 12.1로부터 이러한 옵션들에 관한 AEC를 구하면 다음과 같다.

$$N = 4, \text{AEC}(12\%)_4 = 1{,}396.1(\text{만원})$$
$$N = 5, \text{AEC}(12\%)_5 = 1{,}438.7(\text{만원})$$
$$N = 6, \text{AEC}(12\%)_6 = 1{,}504.4(\text{만원})$$
$$N = 7, \text{AEC}(12\%)_7 = 1{,}592.0(\text{만원})$$
$$N = 8, \text{AEC}(12\%)_8 = 1{,}700.8(\text{만원})$$

1차년도부터 8차년도까지의 AEC(12%) 중에서 3차년도의 AEC(12%)가 최소값을 갖는다. 만일 지게차를 3년 말에 처분한다면, AEC가 1,379.2만원이 되는 셈이다. 그러나 이 지게차를 3년 이상 혹은 그 이하로 사용하면, AEC가 13,792천원보다 커지므로, 이 지게차의 경제수명은 3년이 된다. 다시 말하면, 3년마다 지게차를 반복적으로 교체하면, 이 지게차를 최소의 연간등가비용(AEC)으로 사용할 수 있다는 의미이다. 그림 12.5는 1년과 2년의 무한 대체의 개념을 그림으로 표현한 것이다. 무한대의 기간을 고려하지 않더라도 충분히 오랜 기간 동안 해당 자산의 서비스가 요구된다면 동일한 경제수명의 개념을 적용할 수 있을 것이다.

표 12.1 ❙ 전기 지게차의 경제수명 계산

	A	B	C	D	E	F
1						(단위: 만원)
2	연간 처분가치 변화율				-30%	
3	연간 운영비용 증가율				25%	
4	이자율				12%	
5						
6	*n*	시장가치	운영비용	CR(12%)	OC(12%)	AEC(12%)
7						
8	0	2,000.0				
9	1	1,400.0	600.0	840.0	600.0	1,440.0
10	2	980.0	750.0	721.1	670.8	1,391.9
11	3	686.0	937.5	629.4	749.8	**1,379.2**
12	4	480.2	1,171.9	558.0	838.1	1,396.1
13	5	336.1	1,464.8	501.9	936.8	1,438.7
14	6	235.3	1,831.1	457.5	1,047.0	1,504.4
15	7	164.7	2,288.8	421.9	1,170.1	1,592.0
16	8	115.3	2,861.0	393.2	1,307.5	1,700.8
17						
18						
19						
20						
21						
22						

=B15*(1+$E$2)

=C15*(1+$E$3)

=-PMT($E$4,A16,$B$8,-B16)

=-PMT($E$4,A16,NPV($E$4,$C$9:C16),0)

=D16+E16

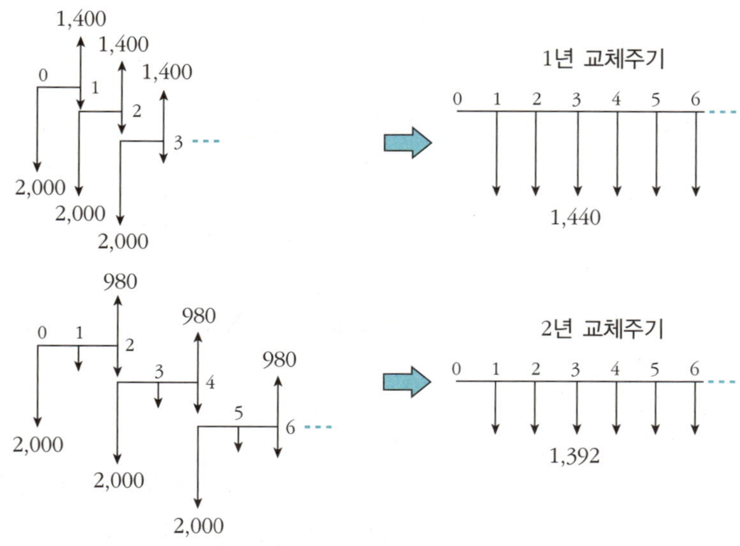

그림 12.5 ❙ 연간등가비용(AEC): 동일 장비로 무한대체할 경우

12.3 요구서비스기간이 길 경우 대체분석

지금까지 고정자산의 경제수명을 어떻게 결정하는지에 관하여 살펴보았다. 이제 현장비의 교체시점을 결정하기 위해, 앞에서 얻은 정보들을 어떻게 사용할 것인가에 대해 알아보기로 하자. 만일 지금이 합당한 교체시점이 아니라면, 언제 현장비를 교체해야 하는지를 결정해야 할 것이다. 이를 위한 분석을 위해서는 먼저 다음과 같은 여러 가정들을 고려해야 한다.

12.3.1 필요한 가정과 의사결정체계

현장비의 합당한 교체시점을 결정하기 위해서는 다음과 같은 세 가지 요소를 고려할 필요가 있다.

- 투자계획기간(분석기간)
- 기술의 진보
- 관련된 현금흐름정보

투자계획기간(분석기간)

투자계획기간(또는 분석기간)이란 현장비, 또는 고려되는 도전장비들이 필요로 하는 총서비스기간을 말한다. 일반적으로 프로젝트는 유한하고, 예측 가능한 기간 동안 진행되므로 이를 분석기간으로 정한다. 그러나, 언제 끝나게 될지 모르는 프로젝트의 경우에는 무한대의 분석기간을 가정한다.

기술진보

분석기간 동안 발생할 수 있는 장비의 기술발전의 형태에 관한 예측은 현장비를 대체할 도전장비의 개발 형태를 의미한다. 장비 구매비용과 처분가치는 물론, 사용기간 동안 장비의 효율성에 영향을 받게 되는 운영비용 등의 예측은 수많은 불확실성이 존재하기 때문에 다양한 값을 가질 수 있다.

만일 앞으로 개발될 도전장비들이 현재 사용 중인 장비들과 성능 차이가 없다면, 이 장비 분야는 기술적 발전이 미미하다고 말할 수 있다. 반대로, 앞으로 개발될 장비들이 현재 시장에 출시된 장비들보다 더 효율적이고 신뢰성이 높으며 생산성이 높다면(좋은 예로 PC가 있음), 이는 기술변화의 인식으로 인해 현장비의 경제적 · 기능적 퇴화가 더 빨리 진행될 것이다. 이러한 영향은 대체재에서도 나타날 수 있다. 그 예로 GPS 장비들이 스마트폰의 출현으로 설 자리를 점차로 잃게 되는 현상을 들 수 있다. 또한 도전장비들의 지속적인 기술발전이 확실하다면, 오히려 현장비의 교체시점을 당분간 연기하는 것도 검토하여야 할 것이다. 이와 같이 기술발전이 급격한 분야의 대체분석은 장비의 기술적 발전이 이루어지지 않는 경우의 의사결정과는 전혀 다르게 고려되어야 한다.

관련 현금흐름정보

사용기간 동안 발생하는 장비의 수익, 비용, 처분가치 등을 측정하기 위해서는 여러 종류의 예측값이 사용될 수 있다. 일반적으로 장비의 사용기간 동안 매출액은 일정하지만, 장비의 운영비용은 증가하고 처분가치는 감소한다. 때때로 장비의 사용기간 동안 매출액이 감소되는 경우도 있다. 이러한 상황에서 대체문제를 분석할 경우에는 먼저 현재 고려 중인 대체문제의 특성을 파악하여 그에 합당한 문제해결방향을 명확히 설정해야 한다. 즉, 매출액이 일정한 경우에는 비용을 최소화는 방향으로, 반대로 매출이 변화하는 경우에는 이익이 최대화되는 방향으로 문제해결방향을 설정한다. 본 절에서는 장비의 처분가치가 증가되지 않는다는 가정 하에서 장비의 대체문제를 설정하기로 한다.

의사결정기준

연간등가비용을 최소화(혹은 연간등가수익을 최대화)하는 장비의 서비스 기간을 현장비의 경제수명이라고 정의하였지만 이 경제수명을 현장비를 교체해야 하는 최적의 시점이라고 판단하는 것은 옳지 않다. 현장비를 도전장비로 교체하는 최적의 시점은 도전장비와 현장비에 관한 자료를 종합적으로 고려하여 결정되어야 하기 때문이다.

일반적으로 대체문제의 분석기간이 무한할 경우에는 연간등가(AE)를 기준으로 분석하는 것이 편리하고, 이 기간이 유한할 경우에는 현재가치(PW)를 기준으로 사용하는 것이 더 편리하다. 본 교재에서는 분석기간이 무한할 경우의 대체분석과정을 살펴보기로 한다.

분석기간이 유한한 경우의 대체분석을 위해서는 본 교재의 범위를 벗어나는 추가적인 몇 가지 분석기법이 요구되기 때문에 여기서는 다루지 않기로 한다. 먼저 기술적 진보가 없다는 가정 하에 대체분석에서 분석기간이 무한한 단순화된 상황을 먼저 고려해보자. 이러한 상황이 비현실적이기는 하지만, 실제로 기술적 변화가 발생하는 상황에서 대체문제를 분석하는 과정을 이해하는 데 도움을 줄 수 있기 때문이다

12.3.2 대체분석: 동일하지 않은 수명을 갖는 경우

현실에서 직면하는 대체분석의 환경은 현장비와 도전장비의 수명이 동일하지 않은 경우가 일반적이라고 할 수 있다. 이미 제6장에서 언급한 바와 같이, 동일하지 않은 수명을 갖는 대안을 비교할 때는 연간등가(AE)를 기준으로 분석하는 것이 더 효율적이라는 것을 알았다. 그러므로 동일하지 않은 수명을 갖는 대체분석은 연간등가비용(AEC)을 기준으로 분석하는 것이 보다 편리하고 타당한 결과를 얻을 수 있다.

현장비의 잔여수명이 도장장비의 수명보다 짧을 때 AEC기준을 적용하기 위해서는 다음과 같은 묵시적인 가정이 필요하다. 즉, 현재의 의사결정 후에는 영구적으로 도전장비 혹은 그와 유사한 장비(C)로 교체가 이루어진다는 가정이다.

예를 들면, 경제수명 3년의 현장비(D)와 경제수명 6년의 도전장비(C)를 비교한다고 가정해보자. 만일 현장비를 향후 3년 동안 계속 사용하기로 한다면, 3년 말에는 도전장비 혹은 그와 유사한 장비(C)로 교체할 것이며, 그로부터 6년 후인 9년 말에는 다시 동일한 장비(C)로 교체를 영구적으로 반복할 것이다. 그러므로 아래와 같은 두 가지의 무한대 패턴을 갖는 시나리오를 가정하는 것이다.

- 현장비(D) 유지(0년 말), 도전장비(C) 구매(3년 말), 도전장비(C) 구매(9년 말), 도전장비(C) 구매(15년 말), ……
- 도전장비(C) 구매(0년 말), 도전장비(C) 구매(6년 말), 도전장비(C) 구매(12년 말), 도전장비(C) 구매(18년 말),……

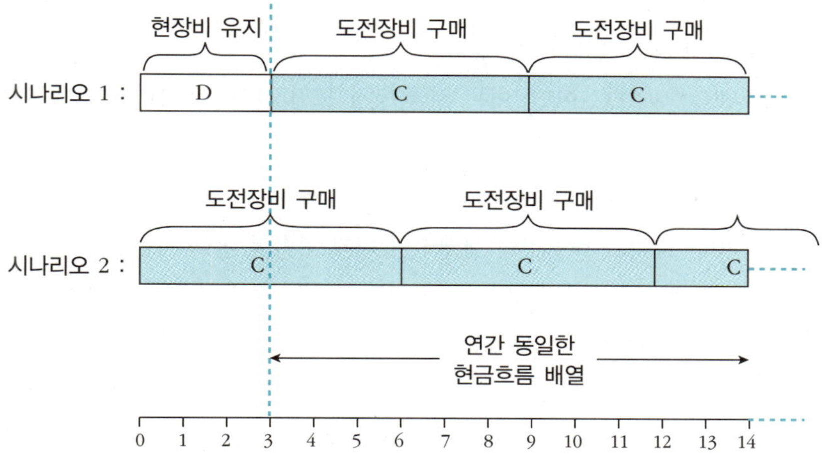

그림 12.6 | 묵시적 가정: 연간등가를 이용한 대체분석

그림 12.6에서 보는 바와 같이, 현장비 잔여수명 이후의 패턴은 두 시나리오가 동일하다. 그러므로 현장비의 잔여수명에 대한 AEC와 도전장비의 경제수명의 AEC를 단순히 비교함으로써 지금(0년 말) 대체해야 하는지 여부를 결정할 수 있다.

12.3.3 무한대 분석기간의 대체분석

트럭을 많이 소유하고 있는 어느 운송업체를 생각해보자. 현재의 노후된 트럭(현장비, D)을 더 효율적인 트럭(도전장비, C)으로 교체할 것인지를 고민하고 있다고 하자. 이 운송업체는 트럭대체 대안의 결정을 장기적 안목을 가지고, 분석기간을 무한대로 설정하고자 한다. 여기서의 문제는 "현장비(D)를 언제 도전장비(C)로 교체해야 하는가?"이다. 다시 말하면, 노후된 트럭들을 지속적으로 사용거나, 아니면 연비가 효율적인 새로운 트럭들로 교체해야 한다. 이와 같은 대체분석을 위해서는 다음과 같은 과정을 거쳐야 한다.

- **현장비(D)와 도전장비(C)의 경제수명을 계산한다.** N_D^*와 N_C^*를 각각 현장비와 도전장비의 경제수명이라 하고, AEC_D^*와 AEC_C^*를 각각 현장비와 도전장비의 경제수명 동안의 연간등가비용이라고 하자.
- **AEC_D^*와 AEC_C^*를 비교한다.**
  1. $AEC_D^* > AEC_C^*$이면, 이는 지금 당장 도전장비로 현장비를 교체해야만 한다.
  2. $AEC_D^* < AEC_C^*$인 경우에는, 현장비를 계속 사용하는 것이 더 경제적이다. 그리고 현장비의 경제수명 내에 기술적 변화가 발생하지 않는 경우에는 현장비의 경제수명 동안은 현장비를 계속해서 사용하는 것이 경제적이다.
- 현장비를 지금 당장 대체하지 않는다면, 언제 이 장비를 대체해야 하는가? 먼저 현장비의 경제수명이 다할 때까지는 현장비를 계속해서 사용한 후, 현장비를 1년 더 사용하는 경우의 운영비용을 계산하여, 이 비용이 AEC_C^*보다 크면 현장비의 경제수명기간 말에 도전장비로 교체한다. 그렇지 않다면, 현장비를 1년 더 사용하고, 경제수명 후 2차년도 현장비의 운영비용을 계산한다. 그 결과 이 비용이 AEC_C^*보다 크면, 현장비를 현장비의 경제수명 후 1년 말에 대체한다. 이러한 과정을 반복하여 현장비의 최적 교체시점을 구한다. 이러한 과정을 **한계분석**(marginal analysis)이라고 하고, 한계분석에 의한 비용은 현장비를 경제수명 후 1년씩 더 사용함으로써 증가된 비용을 의미한다. 다시 말하면, 현장비를 1년 동안 더 사용함으로써 발생하는 비용이 도전장비의 구매를 연기함으로써 얻어지는 비용절감분을 초과하는지를 분석하는 것이다. 한계분석을 위해서는 도전장비가 기술발전 등의 요인으로 변하지 않는다는 가정이 필요하다.

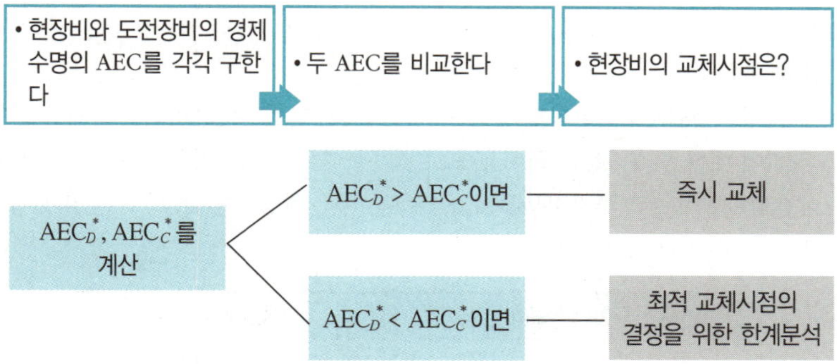

그림 12.7 | 대체분석의 논리적 절차: 무한대 분석기간

이러한 분석과정은 연단위 혹은 그 이외의 시간단위로 대체분석을 실행하는 것이 가능하므로 매우 다양하게 응용될 수 있다. 그리고 현장비나 도전장비의 비용에 관한 새로운 자료가 수집되면, 이러한 자료들이 대체의사결정 분석과정에 즉시 반영되어야 한다. 예제 12.5를 통하여 위에서 설명한 과정을 다시 살펴보자.

예제 12.5 | 무한대 분석기간에서 대체분석

자동차용 엔진에 조립되는 수직형 실린더를 생산하는 ㈜GE정밀은 실린더 표면을 가공하는 호닝머신의 교체를 위해 다음 두 가지 옵션을 고려하고 있다.

- **옵션** 1: 기존의 호닝머신(현장비, D)을 계속 사용한다. 현장비는 적당한 수리를 한다면 향후 6년을 더 사용할 수 있다고 예상하고 있다. 현장비의 시장가치는 4,000만원이고, 매년 전년 대비 25%씩 감소된다. 운영비용은 첫 해에는 3,500만원이고, 이후 매년 1,000만원씩 증가할 것으로 예상하고 있다.
- **옵션** 2: 현장비를 다른 회사에 4,000만원을 받고 처분하고, 새 호닝머신(도전장비, C)을 12,000만원에 구매한다. 도전장비를 사용하면 첫 해에 운영비용이 2,300만원이며, 이후 매년 전년 대비 20%씩 증가할 것으로 추정하고 있다. 1년 후 처분가치는 8,000만원이며, 그 후 매년 전년 대비 30%씩 감소할 것으로 예상된다.

이 회사의 세전 MARR이 12%일 때, 각 옵션의 경제수명을 구하고, 언제 현장비가 교체되어야 하는지를 결정하여라. 단, 소득세의 효과는 고려하지 않는다.

문제분석	■ **조건**: 현장비(D)와 도전장비(C)의 재무정보 ■ **탐색**: (a) 현장비와 도전장비의 경제수명, (b) 현장비가 교체되는 시기

분석방법

엑셀워크시트를 이용하여 각 옵션의 경제수명을 구하고, 두 옵션을 비교한다.

풀이

(a) 경제수명

- **현장비**: 현재의 호닝머신을 계속 사용하려고 한다면, 이 장비의 시장가격을 현장비에 대한 투자비용(기회비용)으로 간주한다. 즉, 현장비의 현재 시장가격이 4,000만원이므로 투자비용은 4,000만원이다. 현장비에 관한 다른 비용정보들은 다음 표에 요약하였다.

(단위: 만원)

연도	예상운영비용	처분시장가치
0		4,000
1	3,500	3,000
2	4,500	2,250
3	5,500	1,688
4	6,500	1,266
5	7,500	949
6	8,500	712

위 자료를 이용하여 현장비를 1년, 2년, …… 사용할 경우의 연간등가비용(AEC)을 구할 수 있다. 다음 식을 이용하여 각각의 연간등가비용(AEC)을 계산한다. 여기서 G는 등차자금열을 나타낸다.

$$\mathrm{AEC}_D(12\%)_N = \overbrace{4{,}000\,(A/P,12\%,N) - 4{,}000\,(1-0.25)^N\,(A/F,12\%,N)}^{\mathrm{CR}\,(12\%)} \\ \underbrace{+3{,}500 + 1{,}000\,(A/G,12\%,N)}_{\mathrm{OC}\,(12\%)}$$

예를 들어, $N = 4$년인 경우의 현금흐름도표는 그림 12.8과 같고, 연간등가비용 ($\mathrm{AEC}(i)_4$)은 아래와 같이 5,911만원이 된다.

$$\begin{aligned}\mathrm{AEC}_D(12\%)_4 &= 4{,}000\,(A/P,12\%,4) - 1{,}266\,(A/F,12\%,4) \\ &\quad + 3{,}500 + 1{,}000\,(A/G,12\%,4) \\ &= 5{,}911\ (\text{만원})\end{aligned}$$

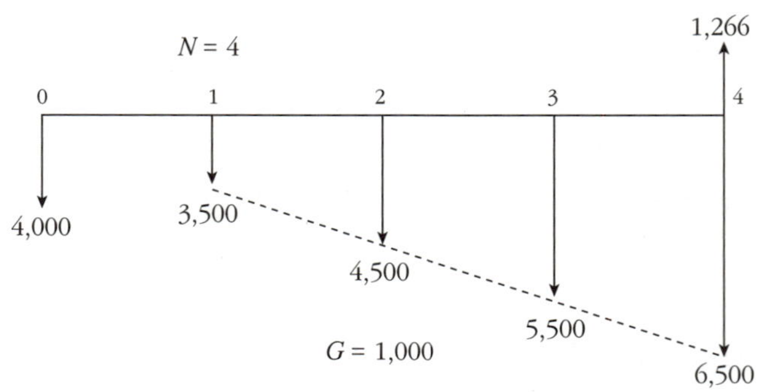

그림 12.8 | 현금흐름도: 현장비를 4년 보유하는 경우

$N = 1$일 때 가장 적은 AEC를 갖게 되므로, 현장비의 경제수명은 1년이다. 이를 앞에서 정의한 용어를 사용하여 정리하면 다음과 같다. 참고로 6년간 현장비의 AEC를 계산한 결과를 표 12.2에 엑셀을 이용하여 정리하였다.

$$N_D^* = 1\text{년}$$
$$\text{AEC}_D^* = 4{,}980\,(\text{만원})$$

표 12.2 ▌ 현장비의 경제수명 계산

	A	B	C	D	E	F
1						(단위: 만원)
2	연간 처분가치 변화율				-25%	
3	연간 운영비용 증가율				1,000	
4	이자율				12%	
5						
6	*n*	시장가치	운영비용	CR(12%)	OC(12%)	AEC(12%)
7						
8	0	4,000				
9	1	3,000	3,500	1,480	3,500	**4,980**
10	2	2,250	4,500	1,305	3,972	5,277
11	3	1,688	5,500	1,165	4,425	5,590
12	4	1,266	6,500	1,052	4,859	5,911
13	5	949	7,500	960	5,275	6,235
14	6	712	8,500	885	5,672	6,557
15						
16						=D14+E14
17	=B13*(1+$E$2)					
18		=C13+$E$3		=-PMT($E$4,A14,NPV($E$4,$C$9:C14),0)		
19						
20			=-PMT($E$4,A14,$B$8,-B14)			

- **도전장비**: 도전장비의 경제수명을 찾는 방법은 예제 12.4에서 소개한 현장비의 경제수명을 결정하는 방법과 동일하다. 도전장비의 AEC 계산식은 다음과 같다.

$$\begin{aligned}\text{AEC}_C(12\%)_N = &\overbrace{12{,}000\,(A/P, 12\%, N) - 8{,}000\,(1-0.30)^{N-1}(A/F, 12\%, N)}^{\text{CR (12\%)}}\\ &\underbrace{+2{,}300\,(P/A_1, 20\%, 12\%, N)(A/P, 12\%, N)}_{\text{OC (12\%)}}\end{aligned}$$

엑셀을 이용하여 AEC를 손쉽게 구할 수 있으므로, 이 계산식을 이용하여 구하고자 노력할 필요는 없지만, 꼭 알아두어야 할 것은 위 계산식에서 보는 바와 같이 두 가지 요소를 구분하여 계산해야 한다는 것이다. 즉, 자본회수비용인 CR(12%)과 운영비용인 OC(12%)를 각 연도마다 계산해야 한다. 표 12.3은 엑셀을 이용하여 계산한 결과를 정리한 것이다.

표 12.3 ❙ 도전장비의 경제수명 계산

	A	B	C	D	E	F
1						(단위: 만원)
2	연간 처분가치 변화율				-30%	
3	연간 운영비용 증가율				20%	
4	이자율				12%	
5						
6	*n*	시장가치	운영비용	CR(12%)	OC(12%)	AEC(12%)
7						
8	0	12,000.0				
9	1	8,000.0	2,300.0	5,440.0	2,300.0	7,740.0
10	2	5,600.0	2,760.0	4,458.9	2,517.0	6,975.8
11	3	3,920.0	3,312.0	3,834.5	2,752.6	6,587.1
12	4	2,744.0	3,974.4	3,376.7	3,008.2	6,384.9
13	5	1,920.8	4,769.3	3,026.6	3,285.4	6,312.0
14	6	1,344.6	5,723.1	2,753.0	3,585.8	6,338.8
15	7	941.2	6,867.8	2,536.1	3,911.1	6,447.2
16	8	658.8	8,241.3	2,362.1	4,263.2	6,625.2
17						
18						
19						
20						
21						
22						

=B15*(1+$E$2)

=C15*(1+$E$3)

=-PMT($E$4,A16,$B$8,-B16)

=-PMT($E$4,A16,NPV($E$4,$C$9:C16),0)

=D16+E16

표 12.3에서 보면 도전장비의 경제수명은 5년이고, 이때 AEC는 6,312만원이다.

$$N_C^* = 5\text{년}$$
$$\text{AEC}_C^* = 6{,}312\,(\text{만원})$$

• 지금 당장 현장비를 교체해야 하는가?

$\text{AEC}_D^* = 4{,}980\,(\text{만원}) < \text{AEC}_C^* = 6{,}312\,(\text{만원})$이기 때문에, 현장비를 지금 당장 교체할 필요는 없다. 앞으로 수년 내에 기술적 발전이 없다면, 현장비는 최소한 1년 이상 더 사용하는 것이 경제적이다.

(b) 언제 현장비를 교체해야 하는가?

그렇다면, 경제수명(1년)이 지난 후에는 현장비를 교체해야 하는가? 앞으로 설명하겠지만, 결론부터 말하자면 경제수명이 지났다고 해서 바로 현장비를 교체하는 것이 항상 옳은 결정이라고 볼 수는 없다. 이 질문에 답하기 위해서는 현장비를 2차년도에도 사용하는데 소요되는 모든 비용을 고려해야 한다. 다시 말하면, 1년 말에 현장비를 처분하지 않고 2차년도에 사용하고, 그리고 2년 말에 교체하는데 발생하는 비용들을 말한다. 다음은 이 질문과 관련된 현금흐름들이다(그림 12.9 참조).

(1) 1년 말의 기회비용인 현장비 시장가치: 3,000만원

(2) 2차년도의 운영비용: 4,500만원

(3) 2년 말의 현장비 시장가치: 2,250만원

그림 12.9에서 보는 바와 같이, 경제수명이 지난 후에 현장비를 1년 더 사용하는 데 소요되는 비용은 아래와 같다.

$$3{,}000 \times 1.12 + 4{,}500 - 2{,}250 = 5{,}610\,(\text{만원})$$

이 비용은 아직도 $AEC_C^* = 6{,}312$만원보다 작다. 그러므로 향후 2년 동안은 도전장비로 교체하지 않고, 현장비를 계속 사용하는 것이 더 경제적이다. 즉, 경제수명이 지나더라도 현장비를 유지하는 것이 더 경제적일 수 있다는 결론을 얻을 수 있다. 2차년도까지 현장비의 사용이 더 경제적이므로, 3차년도에 대한 분석이 필요하다. 3차년도의 현장비 사용에 대한 비용 계산과정은 2차년도와 동일하며 그 결과는 다음과 같다.

$$2{,}250 \times 1.12 + 5{,}500 - 1{,}688 = 6{,}332\,(\text{만원})$$

3차년도의 경우에는 현장비를 유지하는 것이 도전장비와 교체하는 것보다 비용이 많이 소요되므로, 2년 말에 현장비를 교체하는 것이 경제적이다.

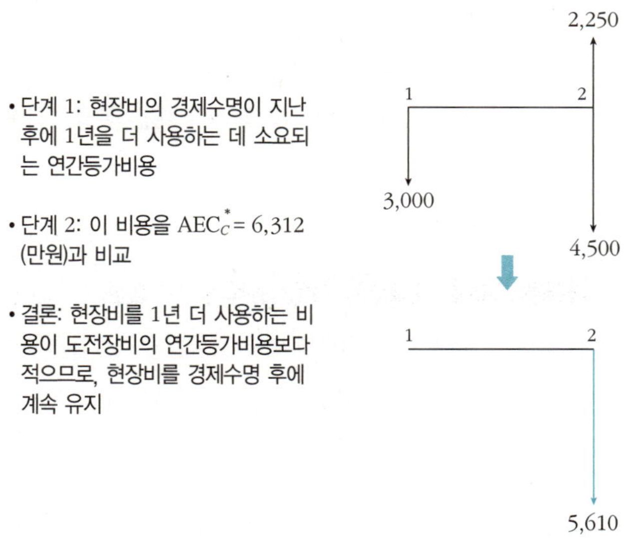

그림 12.9 | 한계분석: 현장비의 최적 교체시기 결정

앞서 언급한 바와 같이, 대체분석에서 현장비와 도전장비의 경제수명은 일반적으로 서로 다르므로 연간등가분석을 사용한다. 그러나, 연간등가분석이 대체분석에서 자주 사용되는 이유는 현장비와 도전장비의 사용수명(경제수명)이 다르기 때문이라기보다, 연간등가분석이 대체문제를 해결함에 있어서 계산상의 편리함을 제공하여 주기 때문이라고 하겠다.

12.4 세금을 고려한 대체분석

지금까지 우리는 대체분석의 개념과 분석방법들에 관하여 자세히 알아보았다. 본 절에서는 세후 현금흐름에 대한 대체분석을 수행하기 위해 앞서 언급된 개념들과 방법들이 어떻게 응용되는지 살펴보기로 한다.

앞 절에서 설명한 개념과 방법들을 세금을 고려하는 대체분석에 응용하기 위해서는 고정자산을 처분할 경우에 발생하는 세금효과를 고려하여야 한다. 다시 말하면, 현장비를 계속 사용하거나 혹은 도전장비를 구매할 때 고정자산의 감가상각과 운영비용에 대한 세금효과를 대체문제를 분석하는 과정에서 반드시 반영해야 한다는 의미이다.

세금을 고려하는 대체분석을 위해서는 감가상각에 대한 정보와 고정자산을 처분할 경우의 과세대상소득(혹은 손실)에 관한 지식이 필요하다. 감가상각은 고정자산을 구매할 때에 결정되지만 고정자산의 처분에 대한 과세대상소득이나 손실에 대한 세금효과는 해당자산을 처분할 때의 관련 세법에 의해 결정된다. 예제 12.6을 통하여 세후 현금흐름을 이용하여 대체문제를 분석하는 과정을 알아보자.

예제 12.6 | 세금을 고려한 대체분석: 무한 분석기간의 경우

다시 예제 12.5의 호닝머신 교체문제를 고려해 보자. 다음의 추가적인 자료를 가정한다.

- **옵션** 1: 현장비는 완전히 감가상각이 되어서 장부가격은 전혀 없으나, 앞으로 6년 동안은 이 장비를 더 사용할 수 있고, 6년 말의 처분가치는 없다.
- **옵션** 2: 도전장비는 내용연수 6년의 정률법으로 감가상각된다.

한계세율은 25%이고 세후 MARR은 10%이다. 각 옵션의 경제수명을 구하고 현장비를 언제 대체할 것인지를 결정하여라.

문제분석	■ **조건**: 예제 12.5의 재무정보, 소득세율 = 25%, MARR = 10% ■ **탐색**: (a) 현장비와 도전장비의 경제수명, (b) 장비대체의 최적시기
분석방법 엑셀워크시트를 이용하여 현장비와 도전장비	**풀이** (a) 경제수명 • **현장비**: 현장비는 완전히 감가상각이 되었기 때문에 모든 처분가치는 모두 과

의 경제수명을 구하고 결과를 비교한다.

세대상이 되고 적용세율은 25%이다. 현장비의 연도별 세후 처분가치는 다음과 같다.

(단위: 만원)

연도	처분시장가치	세후처분가치
0	4,000	4,000(1 − 0.25) = 3,000
1	3,000	3,000(1 − 0.25) = 2,250
2	2,250	2,250 (1 − 0.25) = 1,688
3	1,688	1,688 (1 − 0.25) = 1,266
4	1,266	1,266 (1 − 0.25) = 949
5	949	949 (1 − 0.25) = 712
6	712	712 (1 − 0.25) = 534

이 회사가 현장비를 계속 사용한다면, 투자현금흐름이 실질적으로 발생하지는 않았으나, 현장비의 현재시장가격(기회비용)을 투자한 것으로 간주한다. 세후 운영 및 유지(O&M)비용은 다음과 같다

(단위: 만원)

연도	추정 O&M비용	세후 O&M비용
0		
1	3,500	3,500(1 − 0.25) = 2,625
2	4,500	4,500(1 − 0.25) = 3,375
3	5,500	5,500(1 − 0.25) = 4,125
4	6,500	6,500(1 − 0.25) = 4,875
5	7,500	7,500(1 − 0.25) = 5,625
6	8,500	8,500(1 − 0.25) = 6,375

현장비를 유지하기 위해 요구되는 투자로 현재의 시장가치를 사용하여 표 12.4의 결과를 얻을 수 있다. 현장비의 경제수명은 여전히 1년이다. 예제 12.5에서 적용되었던 MARR(= 12%)는 세금을 고려하지 않았을 때이므로, 세금을 고려한 세후 MARR은 이보다 적은 10%를 적용한 것이다.

표 12.4 ❙ 현장비의 경제수명 계산: 소득세 포함

	A	B	C	D	E	F
1						(단위: 만원)
2	처분가치의 연간 변화율			-25%		
3	O&M의 세후 연간 증가액			750		
4	MARR(세후)			10%		
5						
6		현장비				
7	*n*	세후 시장가치	세후 O&M비용	CR(10%)	OC(10%)	AEC(10%)
8						
9	0	3,000				
10	1	2,250	2,625	1,050	2,625	**3,675**
11	2	1,688	3,375	925	2,982	3,907
12	3	1,266	4,125	824	3,327	4,151
13	4	949	4,875	742	3,661	4,403
14	5	712	5,625	675	3,983	4,657
15	6	534	6,375	620	4,293	4,912
16						
17						
18						
19						

=C10+$D$3

=B9*(1+$D$2)

=-PMT($D$4,A10,NPV($D$4,$C$10:C10))

=-PMT($D$4,A10,$B$9,-B10)

- **도전장비**: 아래와 같이 몇 가지 단계를 통하여 세금을 고려한 경제수명을 구한다.

  단계 1: 도전장비는 세법에 의해 정해진 내용연수 동안 감가상각이 되어야 하므로, 세후 처분가치를 계산하기 위해서는 매년 말 도전장비의 장부가격을 알아야 한다. 표 12.5(4행~12행)에서 매년 말 장부가격의 계산과정을 볼 수 있다. 예를 들어 도전장비를 4년 동안 사용한다면, 4년 동안의 누적 감가상각액과 장부가격은 다음과 같이 계산된다.

$$\begin{aligned}\text{누적 감가상각액} &= 4{,}716 + 2{,}863 + 1{,}738 + 1{,}055\\ &= 10{,}371\,(\text{만원})\\ \text{장부가격} &= 12{,}000 - 10{,}371\\ &= 1{,}629\,(\text{만원})\end{aligned}$$

  단계 2: 각 사용기간에 대한 운영비용의 연간등가를 구하려면, (1) O&M비용과 (2) 감가상각 세금절감분의 두 가지 현금흐름요소를 고려해야 한다. 이 과정은 표 12.5(13행~22행)에서 확인할 수 있다. 예를 들어 4년 동안 도전장비를 보유한다면, 각각의 O&M비용은 아래와 같이 계산된다.

n	1	2	3	4
세전 O&M비용	2,300	2,760	3,312	3,974
세후 O&M비용	1,725	2,070	2,484	2,981
PW	1,568	1,711	1,866	2,036

$$\begin{aligned}\text{세후 O\&M비용의 현재가치 합} &= 1{,}568 + 1{,}711 + 1{,}866 + 2{,}036\\ &= 7{,}181\,(\text{만원})\end{aligned}$$

단계 3: 먼저 구했던 장부가격(단계 1)을 이용하여, 세후 시장가치를 구한다. 4년 동안 도전장비를 보유한다면($N = 4$),

$$\text{과세대상 처분소득(손실)} = 2{,}744 - 1{,}629 = 1{,}115\,(\text{만원})$$
$$\text{처분소득세} = 25\% \times 1{,}115 = 279\,(\text{만원})$$
$$\text{세후 시장가치} = 2{,}744 - 279 = 2{,}465\,(\text{만원})$$

단계 4: 가상현금흐름인 감가상각에 의한 세금절감액의 현재가치는 보유기간 동안의 누적 감가상각액에 세율을 곱하여 계산할 수 있다. $N = 4$에서 세금절감액의 현재가치는

$$\begin{aligned}\text{누적감가상각액의 현재가치} &= 4{,}716\,(1+0.1)^{-1} + 2{,}863\,(1+0.1)^{-2} \\ &\quad + 1{,}738\,(1+0.1)^{-3} + 1{,}055\,(1+0.1)^{-4} \\ &= 8{,}679\,(\text{만원})\end{aligned}$$
$$\text{세금절감액의 현재가치} = 25\% \times 8{,}679 = 2{,}170\,(\text{만원})$$

표 12.5 ▌ 도전장비 보유기간에 따른 CR, OC, AEC의 변화: 소득세 포함

	A	B	C	D	E	F	G	H	I	J
1										(단위: 만원)
2	소득세율	25%								
3	MARR	10%								
4		보유기간 동안의 연간 감가상각액							감가상각률(α)	0.3930
5	보유기간	1	2	3	4	5	6		누적 감가상각액	장부가격
6	0									12,000
7	1	4,716							4,716	7,284
8	2	4,716	2,863						7,579	4,421
9	3	4,716	2,863	1,738					9,317	2,683
10	4	4,716	2,863	1,738	1,055				10,371	1,629
11	5	4,716	2,863	1,738	1,055	640			11,011	989
12	6	4,716	2,863	1,738	1,055	640	389		11,400	600
13										
14		보유기간 동안의 연간 O&M 비용							O&M 비용	세후 O&M 비용
15	보유기간	1	2	3	4	5	6		총 현재가치	총 현재가치
16	0									
17	1	2,300							2,091	1,568
18	2	2,300	2,760						4,372	3,279
19	3	2,300	2,760	3,312					6,860	5,145
20	4	2,300	2,760	3,312	3,974				9,575	7,181
21	5	2,300	2,760	3,312	3,974	4,769			12,536	9,402
22	6	2,300	2,760	3,312	3,974	4,769	5,723		15,767	11,825
23										
24		보유기간 동안의 세후 운영비용(현재가치)								
25		예상	자산처분소득세	세후	세후	감가상각	세후			
26	보유기간	시장가치	=세율(과세표준)	시장가치	O&M 비용	세금절감액	총 운영비용	OC(10%)	CR(10%)	AEC(10%)
27	0									
28	1	8,000	179	7,821	1,568	1,072	496	546	5,379	5,925
29	2	5,600	295	5,305	3,279	1,663	1,616	931	4,388	5,319
30	3	3,920	309	3,611	5,145	1,990	3,155	1,269	3,734	5,003
31	4	2,744	279	2,465	7,181	2,170	5,011	1,581	3,254	4,835
32	5	1,921	233	1,688	9,402	2,269	7,133	1,882	2,889	**4,771**
33	6	1,345	186	1,158	11,825	2,324	9,501	2,182	2,605	4,787
34										
35	보기: 셀 식									
36										
37	셀 J4 = 1-(0.05)^(1/6)				셀 C32 = $B$2*(B32-J11)			셀 H32 = PMT($B$3,A32,-G32)		
38	셀 C11 = =$J$4*$J$6*(1-$J$4)^(C$5-1)				셀 D32 = B32-C32			셀 I32 = PMT($B$3,A32,-12000,D32)		
39	셀 D11 = C21*(1+0.2)				셀 E32 = 셀 J21			셀 J32 = H32+I32		
40	셀 J11 = $J$6-I11				셀 F32 = NPV($B$3,B11:F11)*$B$2					
41	셀 J21 = I21*(1-$B$2)				셀 G32 = =E32-F32					

단계 5: 운영비용과 자산비용을 연간등가로 전환하여 연간운영비용(OC)과 자본회수비용(CR)을 구하고, 보유기간에 따른 연간등가비용(AEC)을 각각 구한다.

$N = 4$ 에서 OC, CR, AEC는 각각 다음과 같다.

$$\begin{aligned} OC(10\%)_4 &= 5{,}011\,(A/P, 10\%, 4) \\ &= 1{,}581\,(\text{만원}) \\ CR(10\%)_4 &= 12{,}000\,(A/P, 10\%, 4) - 2{,}465\,(A/F, 10\%, 4) \\ &= 3{,}254\,(\text{만원}) \\ AEC(10\%)_4 &= 1{,}581 + 3{,}254 \\ &= 4{,}835\,(\text{만원}) \end{aligned}$$

단계 6: 도전장비의 경제수명은 5년이고, 이때 연간등가비용(AEC)은 4,771만원이다.

(b) 최적 대체시점

현장비의 경제수명(1년) 동안의 AEC_D^* (= 3,675만원)이 도전장비의 경제수명 동안의 AEC_C^* = 4,771만원보다 작기 때문에, 현장비를 계속 사용하는 것이 바람직하다. 그러나, 이미 언급한 바와 같이 앞으로 남아 있는 현장비의 경제수명이 1년이라는 사실이 현장비를 앞으로 1년 동안만 사용하고 반드시 교체해야 한다는 의미는 아니다. 이는 현장비의 경제수명(1년)을 계산할 때, 향후 교체할 도전장비에 대해서 전혀 고려하지 않았기 때문이다. 그러므로 현장비의 최적 대체시점을 결정하기 위해서는 도전장비에 관한 재무적 자료를 얻을 수 있다면, 모든 대체 가능한 시점들을 고려할 필요가 있다. 현장비를 앞으로 6년 동안 사용할 수 있다면, 도전장비를 고려할 때, 지금 바로 교체하는 대안부터 현장비를 6년까지 사용하고 대체하는 대안까지 모두 7가지 가능한 경우를 생각해 볼 수 있다.

각 시점에서의 대체문제에 대한 경제성 평가를 하기 전에, 현장비와 도전장비의 연도별 연간등가비용(AEC)을 다시 확인해보자. 아래 표에서 보는 바와 같이, 현장비의 경제수명은 1년, 도전장비는 5년이다. 그리고 현재 고려하고 있는 도전장비의 비용과 성능이 앞으로 한동안 변하지 않는다면, 각 대안과 관련된 가능한 대체문제의 현금흐름 형태는 그림 12.10에 나타난 바와 같다. 현장비의 보유기간에 상관없이 6년 이후의 현금흐름은 동일하다.

(단위: 만원)

연도	현장비	도전장비
1	3,675	5,925
2	3,907	5,319
3	4,151	5,003
4	4,403	4,835
5	4,657	4,771
6	4,912	4,787

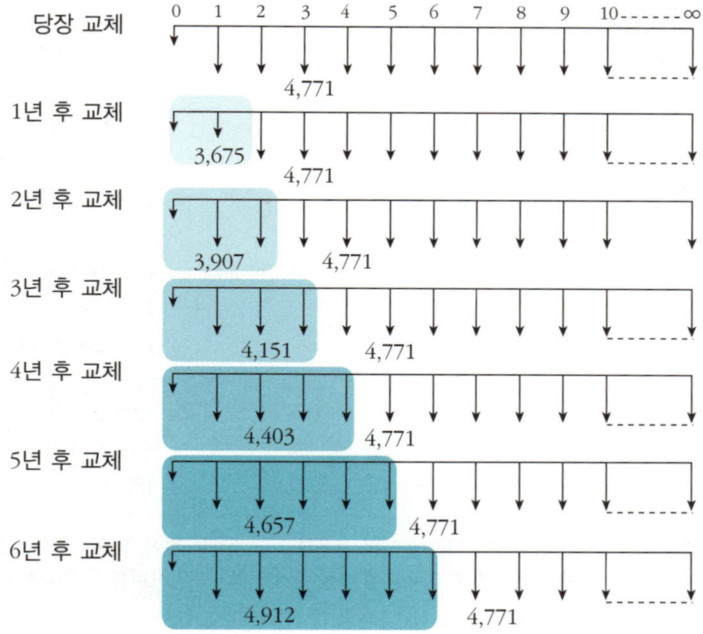

그림 12.10 | 현장비 보유기간에 따른 연간등가 현금흐름: 무한대 분석기간

예제 12.5에서 사용한 한계분석을 사용하지 않고, 여기서는 무한대의 현금흐름 평가를 위해 현재가치분석을 사용하였다(물론, 한계분석도 동일한 결과를 얻을 수 있다). 도전장비로 현장비를 대체하는 경우의 AEC_C^*(= 4,771만원)의 현금흐름이 무한대로 발생한다고 가정하고, 제5장에서 소개한 자본화등가가치($CE(i) = A/i$)를 이용하여 각 대체 가능한 경우의 현재가치($PW(i)_{N=n}$)를 계산한다.

- $N = 0$(즉시 교체)

$$PW(10\%)_{N=0} = (1/0.10)(4{,}771)$$
$$= 47{,}710\text{(만원)}$$

- $N = 1$

$$\begin{aligned} PW(10\%)_{N=1} &= 3{,}675\,(P/A, 10\%, 1) \\ &\quad + (1/0.10)(4{,}771)(P/F, 10\%, 1) \\ &= 46{,}714\,(\text{만원}) \end{aligned}$$

- $N = 2$

$$\begin{aligned} PW(10\%)_{N=2} &= 3{,}907\,(P/A, 10\%, 2) \\ &\quad + (1/0.10)(4{,}771)(P/F, 10\%, 2) \\ &= 46{,}210\,(\text{만원}) \end{aligned}$$

- $N = 3$

$$\begin{aligned} PW(10\%)_{N=3} &= 4{,}151\,(P/A, 10\%, 3) \\ &\quad + (1/0.10)(4{,}771)(P/F, 10\%, 3) \\ &= 46{,}168\,(\text{만원}) \end{aligned}$$

- $N = 4$

$$\begin{aligned} PW(10\%)_{N=4} &= 4{,}403\,(P/A, 10\%, 4) \\ &\quad + (1/0.10)(4{,}771)(P/F, 10\%, 4) \\ &= 46{,}543\,(\text{만원}) \end{aligned}$$

- $N = 5$

$$\begin{aligned} PW(10\%)_{N=5} &= 4{,}657\,(P/A, 10\%, 5) \\ &\quad + (1/0.10)(4{,}771)(P/F, 10\%, 5) \\ &= 47{,}278\,(\text{만원}) \end{aligned}$$

- $N = 6$

$$\begin{aligned} PW(10\%)_{N=6} &= 4{,}912\,(P/A, 10\%, 6) \\ &\quad + (1/0.10)(4{,}771)(P/F, 10\%, 6) \\ &= 48{,}324\,(\text{만원}) \end{aligned}$$

해설 대체분석을 통하여 현장비를 3년 더 보유하고 교체하는 것이 경제적이라는 결과를 얻었다. 즉, 현장비를 향후 3년 보유하고 3년 말에 도전장비로 교체한 후에는 매 5년마다 도전장비를 무한대로 교체했을 때의 현재가치가 46,168만원이라는 의미이다.

12.5 요약

- 대체분석에 있어서 현장비는 현재 사용하고 있는 장비를 말하고, 도전장비는 현장비를 대체할 가장 바람직한 장비를 말한다.
- **시장가격**이란 현장비의 경제성분석을 수행하기 위해 사용할 가치를 말한다. **매몰비용**은 이미 과거에 발생한 비용이지만 미래의 의사결정에 의하

여 변하지 않는 비용으로 현장비의 경제성분석의 고려대상에서 제외해야 한다.

- 대체문제를 분석하는 방법으로 **현금흐름방법**과 **기회비용방법**이 있다. 현금흐름방법은 실질적으로 발생하는 현금흐름을 명확하게 분석대안에 반영한다. 일반적으로 현금흐름방법에서는 현장비의 처분으로부터 발생한 순소득(처분가치)을 도전장비의 구매가격에서 공제한다. 기회비용방법은 현장비를 처분함으로써 발생하는 순소득을 현장비를 계속 보유함으로써 발생하는 기회비용으로 간주한다. 즉, 도전장비의 구매가격에서 현장비의 처분가치를 공제하는 대신에 현장비의 처분가치를 현장비를 계속 보유하기 위해 필요한 투자자본으로 현금흐름을 반영한다.
- 장비(혹은 자산)의 **경제수명(경제적 사용수명)**은 최소의 연간등가비용이나 최대의 연간등가수익을 갖는 현장비나 도전장비의 잔여사용기간으로 정의한다. 대체분석을 수행하기 위해서는 현장비나 도전장비의 경제수명을 알아야 한다.
- 궁극적으로 대체분석에 있어서 중요한 관심사는 현장비의 대체 여부가 아니라 현장비를 대체하는 최적시점이다. 연간등가분석은 현장비를 대체할 최적시점에 관하여 연단위의 의사결정이 가능하도록 한계기준을 제공한다. 일반적 의사결정기준으로서 현재가치분석은 사용기간의 유/무한은 물론 도전장비의 기술적 발전이 고려되는 상황에서의 다양한 대체문제에 관한 보다 직접적인 해결방안을 제공한다.
- 장기적인 대체계획을 수립하는 경우에는 장비의 개선방안에 관한 기술변화의 효과를 신중히 고려해야 한다. 현재 특정한 장비에 관한 기술적 개선안이 급속히 진행되고 있다면, 미래의 장비모델에 관한 정보를 확실히 얻을 수 있을 때까지는 대체의사결정을 연기하는 것이 보다 바람직할 수 있다.

연습문제

대체분석의 개념: 세금효과 제외

12.1 ㈜백송가구는 산업용 지게차를 구매하여 자재 창고에서 원자재 운반을 위해 운영하고 있다. 이 지게차는 4년 전에 12,000만원을 주고 구매한 것으로 4년을 사용한 지금의 추정처분가치는 3,000만원이다. 첫 해의 O&M비용은 2,500만원이고 이 후 매년 500만원씩 증가하였다. 이 회사의 MARR이 12%라고 하면, 이 지게차를 사용한 4년 동안의 세전 연간등가비용은 얼마인가?

12.2 ㈜주현인쇄는 2년 전에 신형 인쇄기를 20,000만원에 도입하여 가동하고 있다. 구매할 때 이 장비의 사용수명은 5년, 5년 후 처분가치는 5,000만원으로 추정하였으나, 이미 작년 말에 5,000만원을 들여 대규모 수리를 하였으며, 운영비용은 연간 8,000만원이 소요되고 있다. 더군다나, 사용수명 후의 예상처분가치도 2,500만원으로 줄어들 것으로 예상되고 있다. 또한, 이 장비의 현재 장부가격은 14,693만원인데, 시장가격은 10,000만원이다. 인쇄기판매상은 새 장비를 구매하는 조건으로 현장비를 시장가격으로 보상판매해 주겠다고 한다. 위의 비용정보 중에 분석을 위해 필요한 현장비에 관한 정보는 무엇인가?

12.3 문제 12.2에서 이 회사가 15,000만원에 새 인쇄기를 구매할 수 있는 또 다른 기회를 제공받았다고 가정하자. 새 장비는 사용수명 3년 동안에 노무비와 재료비를 절감하여 연간 운영비용을 8,000만원에서 6,000만원으로 절감할 수 있다고 한다. 이러한 비용절감은 궁극적으로 연간 2,000만원의 세후 수익증가 효과를 가져온다고 한다. 새 장비의 3년 후 추정처분가치는 5,500만원이다. 만일 새 장비를 도입한다면, 현장비는 보상판매하지 않고 다른 회사에 판매할 계획이다. 향후 3년 동안만 이 회사는 인쇄기가 반드시 필요하며, 이 기간 동안에는 더 이상 효과적인 장비는 개발되지 않을 것으로 기대하고 있다. MARR이 12%라고 할 때, 지금 당장 장비를 교체해야 하는지를 결정하여라.

12.4 ㈜JS철강은 최근 고장난 철판절단기의 교체를 검토하고 있다. 고려되고 있는 옵션은 다음과 같다. MARR이 15%라고 하면, 회사는 어떤 옵션을 선택해야 하는가?

- **옵션 1**: 고장난 현장비를 2,500만원에 처분
- **옵션 2**: 8,000만원의 비용으로 대대적 수리를 하면, 향후 5년 동안 연간 3,000만원의 수익이 추정됨. 단, 5년 말의 처분가치는 없음.
- **옵션 3**: 20,000만원의 비용으로 새 장비로 교체함. 새 장비의 사용수명은 5년이고, 5년 말의 추정처분가치는 3,000만원임. 이 기간 동안에 연간 6,000만원의 수익이 추정됨.

12.5 어떤 회사가 5년 전에 구매(22,000만원)하여 사용하고 있는 압연기의 교체를 검토하고 있다. 원래 사용수명 10년, 수명 후 처분가치 2,000만원을 예상하였지만, 그동안 잦은 고장으로 인한 수리 때문에 생산일정의 혼선을 초래하는 일이 많았다. 또한, O&M비용도 꾸준히 상승하여 지금은 연간 5,000만원에 소요되고 있는 상태이다. 만일 계속 사용하기로 한다면, 가동가능한 상태를 유지하기 위하여 2,500만원이 비용이 소요되는 대대적인 수리가 즉시 필요하다. 그러나 이 수리로 인하여 사용수명이나 장비의 가치가 증가하지는 않는다. 향후 5년 동안의 연간운영비용, 엔진수리

비용, 시장가치에 대한 추정자료는 다음과 같다. 4년 말에 O&M비용이 갑자기 증가하는 것은 정상적인 운영을 위하여 다시 대대적인 수리가 필요하기 때문이다. 회사의 MARR은 15%이다.

n	O&M	감가상각비	엔진 분해수리	시장가격
−5				
−4		2,858		
−3		4,898		
−2		3,498		
−1		2,500		
0		1,784	2,500	6,000
1	5,000	1,786		4,500
2	5,500	1,840		3,500
3	6,000	892		3,000
4	6,500	0	3,000	2,500
5	7,500	0		2,000

(ㄱ) 만일 현장비를 지금 처분한다면, 매몰비용은 얼마인가?

(ㄴ) 지금 교체를 하지 않는다면, 기회비용은 얼마인가?

(ㄷ) 향후 2년 동안 사용한다면, 장비의 소유와 운영에 대한 연간등가비용(CR과 OC)은 각각 얼마인가?

(ㄹ) 향후 5년 동안 사용한다면, 장비의 소유와 운영에 대한 연간등가비용(CR과 OC)은 각각 얼마인가?

12.6 어떤 제조회사는 좀 더 효율적인 신형의 CNC기계로 현장비를 교체하려고 검토 중이다. 이 회사의 MARR은 12%이다.

- **현장비**: 이 회사는 CNC기계를 10년 전에 155,000만원에 구매하였으며, 구입 당시 이 기계의 기대 사용수명은 12년으로 추정되었고, 수명 후의 처분가치는 10,000만원으로 추정되었다. 이 기계의 원래의 추정처분가치는 아직도 동일하며, 잔여수명은 2년이다. 또한, 현재 사용 중인 CNC 기계를 다른 회사에 30,000만원에 당장 처분할 수 있다.
- **도전장비**: 새 장비는 설치비용을 포함하여 175,000만원의 구매비용이 소요되며, 추정사용수명은 8년이다. 이 기계를 구매하면 앞으로 8년 동안 매년 35,000만원의 운영비용을 절감할 수 있을 것으로 기대된다. 8년 후 새 장비의 추정처분가치는 8,000만원이다.

(ㄱ) 현장비를 계속 사용한다면, 그 기회비용은 얼마인가?

(ㄴ) 향후 2년 동안 현장비를 사용할 경우의 현금흐름을 계산하여라(n = 1, 2).

(ㄷ) 기회비용의 개념을 사용하여 새 장비로 교체하였을 때, 8년까지의 현금흐름을 계산하여라.

(ㄹ) 이 회사는 영구적으로 이러한 종류의 장비를 사용할 필요가 있고, 향후 관련 기술의 발전이 기대되지 않는다는 가정 하에서, 본 대체문제에 관한 결론은 무엇인가?

12.7 ㈜SMC는 최근 최첨단 보링머신으로 기존의 장비를 교체하려고 한다. 현장비와 도전장비에 관한 자세한 정보는 아래와 같다.

- **현장비**: 현재 장부가격은 60,000만원이고, 잔여수명은 5년, 수명 후 처분가치는 없다. 이 장비는 다른 회사에 13,000만원을 받고 지금 바로 처분할 수 있다.
- **도전장비**: 새 보링머신의 추정사용수명은 7년, 구매가격은 144,000만원, 수명 후 추정처분가치는 40,000만원이다. 새 장비를 사용하면 전력사용량, 노무비, 수리비 등의 각종 비용의 절감으로 모두 연간 60,000만원의 운영비용이 절감될 것으로 추정된다.

MARR이 15%일 때, 기회비용방법으로 다음 질문에 답하여라.

(ㄱ) 새 장비의 도입을 위해 요구되는 초기 투자비용은 얼마인가?

(ㄴ) 현장비를 0년부터 5년까지 사용할 때, 현금흐름을

각각 구하여라.

(ㄷ) 이 회사는 새 장비를 구매해야 하는가?

12.8 한 병원에서 다음과 같은 장비대체문제를 고려하고 있다.

- **현장비**: 3년 전에 45,000만원의 비용으로 구매하였다. 구매시 기대사용수명은 8년이고, 수명 후 추정처분가치는 5,000만원이었다. 그러나 점차로 증가하는 수요에 대응하는 것이 어려워져 경영진은 이 장비를 교체하려고 한다. 현재의 시장가치는 10,000만원이다.
- **도전장비**: 새 장비의 구매가격은 설치비용을 포함하여 75,000만원이고, 사용수명인 5년 동안 매년 33,000만원의 운영비용을 절감할 것으로 기대되며, 이로 인한 매출변화는 없을 것으로 추정하고 있다. 새 장비의 5년 후 추정처분가치는 없다.

MARR이 10%이고, 향후 5년 동안 도전장비보다 더 성능이 좋은 장비는 개발되지 않을 것으로 예상된다. 현장비의 잔여 사용수명과 도전장비의 사용수명이 동일하다고 가정한다.

(ㄱ) 각 옵션(현장비 유지 vs. 당장 교체)에 대한 현금흐름도를 그려라.

(ㄴ) 이 병원은 지금 장비를 교체해야 하는가?

12.9 ㈜HMT정밀은 수압식 스탬핑 머신을 이용하여 제품을 생산하고 있다. 이 제품의 개당 생산비용은 1.5만원이고, 지난해의 생산량은 3,500개, 개당 판매가격은 2.2만원이었다. 향후에도 연간 판매량과 개당 판매가격은 계속 유지될 것이라고 예측된다.

- **현장비**: 잔여 사용수명은 3년이고 현재의 시장가격은 600만원이다. 3년 후의 추정처분가치는 150만원이다.
- **도전장비**: 새 기계의 구매비용은 3,850만원이고 이 기계가 생산할 때, 생산단가는 1.3만원이 될 것으로 추정된다. 새 기계의 사용수명은 5년이고, 수명 후의 추정처분가치는 700만원이다.

향후, 본 장비와 관련된 기술발전은 더 이상 기대되지 않으며, 이 회사는 영구적으로 동일 종류의 장비를 사용할 계획이다. MARR은 15%이다.

(ㄱ) 현장비를 계속 사용하기로 결정했다면, 이 기계의 잔여 사용수명 동안의 현금흐름을 계산하여라.

(ㄴ) 이 회사가 새 기계를 구매하기로 결정하였다면, 이 장비의 사용수명 동안의 현금흐름을 계산하여라.

(ㄷ) 이 회사는 지금 당장 새 기계를 구매해야 하는가?

경제수명

12.10 ㈜JW은 5년 전에 70,000만원을 들여 산업용 전기오븐을 구매하여 가동하고 있다. 금년 O&M비용은 20,000만원이지만, 향후 5년 동안 매년 1,500만원씩 증가할 것으로 예상하고 있다. 현재의 처분가치는 20,000만원이지만, 1년 후 10,000만원, 2년 후 9,000만원, 3년 후 8,000만원, 4년 후 7,000만원이 될 것으로 추정된다. 이 장비의 경제수명을 구하여라. 단, 이 회사의 MARR은 12%이다.

12.11 30,000만원을 투자하여 특수한 용도로 사용할 기계를 구매하려고 한다. 아래 표는 각 연도의 O&M 비용과 처분가치에 관한 자료이다.

연도	O&M비용	시장가치
1	5,000	25,800
2	6,500	16,000
3	10,000	10,000
4	12,500	5,000
5	14,800	0

만약 이 회사의 MARR이 12%라면, 이 기계의 경제수명은 몇 년인가?

12.12 구매가격 18,000만원의 전기지게차를 고려하고 있다. 이 지게차는 도입 첫 년도에 1,000만원의 운영비용과 10,000만원의 처분가치(1년 말)가 있는 것으

로 추정된다. 잔여기간 동안 운영비용은 매년 전년 대비 15%씩 증가할 것으로 추정되며, 최대 7년까지 사용이 가능하다. 또한 이 장비의 처분가치는 전년 대비 매년 25%씩 감소할 것으로 추정하고 있다. 대대적 수리비용으로 5년 말과 7년 말에 각각 3,000만원, 4,500만원이 소요될 것으로 예상하고 있다. MARR이 15%일 때, 이 장비의 경제수명을 구하여라.

12.13 ㈜EW는 포장재료 생산에 투입된 장비를 교체하려고 한다. 새 장비의 구매비용은 31,000만원이고, 경제수명은 10년으로 수명 후의 처분가치는 2,500만원이 될 것으로 추정된다. 이 기계를 구매하여 사용하면 이 기계의 사용수명 동안 연간운영비용이 1,200만원으로 추정하고 있다. 현장비는 4년 전에 25,000만원에 구매하였는데, 구입 당시의 사용수명은 7년, 수명 후 처분가치는 5,000만원으로 추정되었다. 이 기계의 현 시장가격은 7,700만원이다. 만약 이 회사가 현재 사용 중인 기계를 계속 사용한다면, 향후 4년 동안의 시장가격과 운영비용은 아래와 같이 추정되었다. 이 회사의 MARR은 12%일 때, 아래 물음에 답하여라.

연도	시장가치	장부가액	운영비용
1	7,700	7,809	
2	4,300	5,578	3,200
3	3,300	3,347	3,700
4	1,100	1,116	4,800
5	0	0	5,850

(ㄱ) 향후 4년 동안의 시장가격과 운영비용을 사용하여 현재 사용 중인 기계의 잔여 경제수명을 구하여라.

(ㄴ) 지금 당장 대체하는 것이 경제적인지를 결정하여라.

(ㄷ) 만약 지금 당장 대체하지 않는다면, 언제 새 장비로 대체해야 하는가?

대체분석: 요구서비스기간이 길 때

12.14 한 기업에서 8년 전에 45,000만원에 구입한 선반의 연간운영비용은 8,700만원이다. 어느 장비판매상이 새 장비는 구매가격이 53,500만원인데, 연간운영비용은 5,700만원이라고 하며 새 장비를 구매하는 조건으로 현장비를 8,500만원에 보상판매하겠다고 한다. 현장비의 5년 후 처분가치는 없다. 새 장비는 사용수명이 5년, 수명 후 처분가치는 12,000만원이다, 새 장비를 도입하면 첫 해 O&M비용은 4,200만원이고, 매년 500만원씩 증가할 것으로 추정된다. MARR이 12%일 때 어떤 옵션이 더 경제적인가?

12.15 첨단 전기절연체를 생산하는 한 기업은 최근 고장이 잦은 기존의 검사장비를 생산되는 전기절연체의 기계적 강도를 보다 효율적으로 검사할 수 있는 새 장비로 교체하려고 한다.

- **현장비**: 수리한다면 5년을 더 사용할 수 있고, 5년 후의 처분가치는 없다고 추정하고 있다. 정상작동이 가능할만큼 수리하는 비용은 즉시 1,200만원이 요구되지만, 이로 인해 사용수명이 연장되거나 장비의 가치가 증가하지는 않는다. 운영비용은 첫 해에 2,000만원이고, 매년 1,500만원씩 증가할 것으로 기대된다. 현장비를 지금 다른 기업에게 5,000만원에 처분할 수도 있다. 이 시장가치는 매년 1,000만원씩 감소할 것으로 기대된다.
- **도전장비**: 새 장비의 구매비용은 10,000만원이고, 첫 해의 운영비용은 2,000만원이지만, 이후 매년 800만원씩만 증가할 것으로 추정된다. 1년 말 처분가치는 6,000만원이고, 이 후에는 전년 대비 15%씩 감소할 것으로 추정된다.

회사의 MARR을 15%라고 하고, (1) 각 옵션의 경제수명을 각각 구하고, (2) 언제 장비대체가 이루어져야 하는지를 결정하여라.

12.16 ㈜CTI는 4년 전에 특정 목적의 압연기를 18,000만원에 구매하여 사용하고 있다. 구매시, 10년

의 수명과 10년 후 4,000만원(제거비용 1,500만원 추가로 필요함)의 처분가치를 예상하였다. 이 추정은 지금도 유효하며, 연간운영비용은 3,000만원이 소요되고 있다. 더 효율적이라 판단되는 새 장비는 연간운영비용을 1,500만원으로 줄여줄 수 있지만, 22,000만원의 구매비용과 추가로 2,000만원의 설치비용이 요구된다. 새 장비의 수명은 12년이고, 이 후 처분가치는 4,000만원인데, 제거비용 2,000만원이 추가로 들 것으로 추정된다. 현장비는 당장 7,000만원에 판매할 수 있고, 이를 위한 제거비용도 구매자가 부담한다고 한다. MARR이 12%라고 하면, (1) 이 대체문제를 분석하기 위해 필요한 가정은 무엇인지 적어라. (2) 현장비 유지(혹은 교체)에 대한 경제적 이득은 얼마인가?

12.17 ㈜21세기기업은 5년 전에 도입한 수직형 NC 머신에 대한 교체를 검토하고 있다. 이 장비의 현재 시장가치는 5,000만원이고, 이후 3년 더 사용할 수 있는데 매년 1,000만원씩 감소할 것으로 예상된다. 또한, O&M비용은 금년에 3,000만원, 이후 매년 1,500만원씩 증가할 것으로 추정된다. 사용수명 3년의 도전장비는 구매비용이 10,000만원이고, 3년 후 추정처분가치는 4,000만원이다. O&M비용은 첫 해 2,000만원이고, 이후 매년 1,000만원씩 증가할 것으로 추정된다. MARR이 15%일 때, 아래 물음에 답하여라.

(ㄱ) 현장비를 향후 3년 동안 유지할 때, 연간 현금흐름도를 그려라.

(ㄴ) 지금 당장 현장비를 교체하는 것이 최적인지 결정하여라.

12.18 ㈜예지농산은 과일 재배용 비닐하우스의 난방용으로 사용하던 디젤 보일러(현장비)를 태양열 축열식 보일러(도전장비)로 교체하려고 한다. 현장비의 현재 시장가치는 전혀 없으나, 아직 작동상태가 양호하여 적어도 향후 5년 동안은 사용할 수 있을 것으로 추정하고 있다. 새로 도입을 고려하고 있는 도전장비는 구매 및 설치비용으로 10,000만원의 투자가 필요하지만 성능이 좋고, 특히 연료가 필요하지 않기 때문에 매년 3,000만원의 운영비용을 절감할 수 있을 것으로 예상된다. 도전장비의 경제수명은 5년이고, 수명 후 처분가치는 없다고 한다. MARR이 10%일 때, 다음 물음에 답하여라.

(ㄱ) 현장비를 계속 사용하기 위해 요구되는 투자는 무엇인가?

(ㄴ) 각 옵션의 분석을 위해 현금흐름도를 그려라.

(ㄷ) 만일 이 회사가 내부수익률(IRR)을 기준으로 분석한다면, 이 회사는 지금 새 장비로 교체해야 하는가?

12.19 ㈜AD정밀은 7년 전에 12,000만원에 구매하여 사용하던 낡은 절삭기의 교체를 검토하고 있다. 구매할 때, 현장비는 기대수명 10년, 수명 후 처분가치 0원으로 예상하였다. 현재 현장비의 시장가치는 2,000만원이다. 한편, 고려하고 있는 최신형 절삭기는 구매 및 설치비용이 14,000만원이지만, 사용수명인 5년 동안 연간 매출을 10,000만원에서 12,500만원으로 증가시키고, 연간운영비용 또한 7,000만원에서 5,000만원으로 절감시킬 것으로 추정되고 있다. 도전장비의 수명 후 처분가치는 4,000만원이다. MARR은 12%이다.

(ㄱ) 지금 당장 새 장비로 교체해야 하는가?

(ㄴ) 두 옵션이 경제적으로 동일하려면, 새 장비의 가격은 얼마인가?

12.20 ㈜21세기기업은 지난 10년 동안 자동차용 변속기 기어 생산공정에 투입되었던 절삭기를 교체하려고 고려 중이다. 이 장비는 10년 전에 10,000만원에 구매하였으며 사용수명은 15년이고, 수명 후 처분가치는 없다고 한다. 또한 이 장비의 연간운영비용은 2,000만원이며, 남은 사용수명 동안 연간운영비용은 같다고 한다. 최근 공작기계를 판매하는 판매상으로부터 보다 효율이 높은 첨단 절삭기로 교체할 것을 제의받았다. 이 새 장비의 구매/설치가격은 20,000만원이며, 경제수명은 10년, 수명 후 처분가치는 1,800만원으로 추정된다고 한다. 또한, 새 장비를 사용하면, 연간운영비용 500만원이 소요될 것으로 추정된다. 아직 현 장비의

제거비용은 새 장비 판매상과 구체적으로 협의한 사실은 없다. MARR=14%라면 새 장비의 도입이 경제적으로 타당하기 위한, 현재 사용 중인 절삭기의 시장가격 범위를 구하여라.

12.21 제과점을 경영하는 A씨는 4년 전에 2,300만원을 주고 산 제빵용 전기오븐을 사용하고 있다. 이 오븐의 사용수명은 10년이고, 그 후 처분가치는 100만원이라고 구매 시에 추정하였으며, 지금도 그 추정은 유효하다고 판단하고 있다. 지금 오븐을 처분한다면 200만원을 받을 수 있지만, 1년 후에는 150만원이고 그 후로도 매년 전년 대비 25%씩 줄어들 것으로 추정하고 있다. 향후 연간운영비용은 380만원이다. 교체를 고려하고 있는 새 오븐은 사용수명 12년, 구매가격 5,000만원이고, 수명 후 처분가치는 300만원으로 추정된다. 새 오븐의 연간운영비용은 300만원이지만, 이 외에도 향상된 품질관리 등의 효과로 600만원의 절감효과가 있을 것으로 판단된다. MARR이 10%라면 지금 새 오븐으로 교체해야 하는가?

12.22 ㈜Rn2세라믹은 전자동 스프레이 머신을 구매하여 10년 동안 사용하고 있다. 이 장비는 향후 10년을 더 사용할 수 있고, 10년 후 처분가치는 없을 것으로 추정한다. 연간 O&M비용은 15,000만원이다. 최근 밀려드는 주문으로 장비를 추가하거나 교체하여야 할 것으로 판단하고 있다.

- **옵션** 1: 현장비를 계속 사용하고, 추가로 소형 스프레이 머신을 48,000만원에 구매한다. 새 장비의 사용수명은 10년이고, 그 후 처분가치는 5,000만원이다. 또한, 연간 O&M비용은 12,000만원이다. 현장비의 현재 시장가격은 6,000만원이다.
- **옵션** 2: 현장비를 처분하고, 최신형 스프레이 머신을 구매한다. 구매비용은 84,000만원, 사용수명 10년, 수명 후 처분가치는 9,000만원으로 추정된다. 연간 O&M비용은 24,000만원이다.

MARR이 12%일 때, 더 경제적인 옵션은 무엇인가?

세금을 고려한 대체분석

12.23 아래와 같이 추가된 정보를 고려하여 문제 12.1을 다시 풀어라.

- 지게차의 내용연수는 7년이고 정률법에 의하여 감가상각된다.
- 이 회사의 한계법인세율은 25%이고 세후 MARR은 10%이다.

12.24 아래와 같이 추가된 정보를 고려하여 문제 12.7을 다시 풀어라.

- 현장비의 현재 장부가격은 없다.
- 도전장비의 내용연수는 5년이고, 정률법에 의하여 감가상각된다.
- 이 회사의 한계법인세율은 25%이며 MARR은 12%이다.

12.25 아래와 같이 추가된 정보를 고려하여 문제 12.8을 다시 풀어라.

- 현장비는 내용연수는 8년의 정액법에 의하여 감가상각되며, 처분가치는 없다.
- 도전장비의 내용연수는 10년이고, 정률법에 의해 감가상각된다.
- 한계법인세율은 25%이며 MARR은 12%이다.

세금을 고려한 경제수명

12.26 아래와 같이 추가된 정보를 고려하여 문제 12.11을 다시 풀어라.

- 이 장비는 내용연수 8년의 정률법으로 감가상각된다.
- 한계법인세율은 25%이며 MARR은 10%이다.

12.27 아래와 같이 추가된 정보를 고려하여 문제 12.13을 다시 풀어라.

- 현장비의 현재 장부가격은 7,809만원이다. 향후 4년 동안의 장부가격은 다음과 같다.

1년 말: 5,578만원
2년 말: 3,347만원
3년 말: 1,116만원
4년 말: 0원

- 도전장비는 내용연수 7년의 정률법에 의하여 감가상각된다.
- 이 회사의 한계법인세율은 25%이며 MARR은 10%이다.

12.28 초기 구매비용이 10,000만원인 기계의 사용수명 동안의 장부가격, 처분가치, 연간운영비용은 아래 표에 나타난 바와 같다.

연말	장부가치	처분가치	운영비용
1	8,000	5,300	1,500
2	4,800	3,900	2,100
3	2,880	2,800	2,700
4	1,728	1,800	3,400
5	576	1,400	4,200
6	0	600	4,900

(ㄱ) MARR이 15%이고 한계법인세율이 25%라고 가정하고 이 기계의 경제적 사용수명을 결정하여라.
(ㄴ) MARR이 10%, 한계법인세율이 25%라고 가정하고 이 기계의 경제적 사용수명을 결정하여라.

12.29 어떤 특수한 장비에 대한 재무정보가 다음과 같다.

$$I = 30{,}000$$
$$S_n = 22{,}000 - 2{,}000n$$
$$B_n = 30{,}000 - 3{,}000n$$
$$O\&M_n = 3{,}000(1 + 0.15)^{n-1}$$
$$t_m = 25\%$$

단, I = 자산의 구매가격
S_n = n년 말의 시장가격
B_n = n년 말의 장부가격
$O\&M_n$ = n년의 $O\&M$비용
t_m = 한계세율

(ㄱ) MARR=10%일 때, 이 장비의 경제수명을 구하여라.
(ㄴ) MARR=25%일 때, 이 장비의 경제수명을 구하여라.
(ㄷ) MARR=0%이라면, 이 장비의 경제수명을 수리적으로 구하는 식을 구하여라.

12.30 아래와 같이 추가된 정보를 고려하여 문제 12.11을 다시 풀어라.
(ㄱ) 장비의 초기구매비용 30,000만원은 내용연수 5년의 정률법에 의하여 감각상각된다.
(ㄴ) 이 회사의 한계법인세율은 25%이다.

세금을 고려한 대체분석: 요구서비스기간이 긴 경우

12.31 아래와 같이 추가된 정보를 고려하여 문제 12.16을 다시 풀어라.

- 현장비의 현재 장부가격은 5,431만원이고, 내용연수 10년의 정률법에 의하여 감가상각된다.
- 도전장비는 내용연수 12년의 정률법에 의하여 감가상각된다.
- 한성기계의 한계법인세율은 25%이고 MARR은 8%이다.

12.32 아래와 같이 추가된 정보를 고려하여 문제 12.18을 다시 풀어라.

- 현장비의 장부가격은 4,000만원이고, 향후 5년 더 사용하면 매년 800만원의 감가상각이 발생한다.
- 도전장비는 내용연수 8년의 정률법에 의하여 감가상각된다.
- 한계법인세율은 25%이며 MARR은 10%이다.

12.33 아래와 같이 추가된 정보를 고려하여 문제 12.20을 다시 풀어라.

- 현장비는 모두 감가상각되었다.
- 도전장비는 내용연수 10년의 정률법에 의해 감가상각된다.
- 한계법인세율은 25%이며 MARR은 14%이다.

12.34 ㈜NS식품은 5년 전에 35,000만원을 투자하여 포장공정에 투입될 컨베이어시스템을 설치하였다. 이 시스템은 아직 양호하게 가동되고 있으며, 구매할 때 추정한 사용수명은 8년, 수명 후 처분가치는 3,000만원이었다. 만일 이 시스템을 향후 3년간 계속 사용하기로 한다면, 이 시스템의 시장가격과 운영비용은 다음과 같다.

연말	시장가치	장부가액	운영비용
0	11,500	15,000	
1	5,200	11,000	4,500
2	3,500	7,000	5,300
3	1,200	3,000	6,100

새로 구입할 시스템의 초기투자비용은 43,500만원, 사용수명은 10년, 수명 후 가치는 3,500만원으로 추정되고, 내용연수 10년의 정률법에 의해 감가상각된다. 이 시스템을 설치하게 되면 사용수명 동안 운영비용은 매년 1,500만원씩 발생할 것이라고 기대하고 있다. MARR이 18%, 한계법인세율은 25%이다.

(ㄱ) 컨베이어시스템을 지금 당장 대체해야 하는가?

(ㄴ) 지금 당장이 아니라면, 언제 대체하는 것이 가장 바람직한가?

12.35 아래와 같이 추가된 정보를 고려하여 문제 12.14를 다시 풀어라.

- 현장비는 모두 감가상각되었다.
- 도전장비는 내용연수 7년의 정률법에 의해 감가상각된다.
- 한계법인세율은 25%이며 MARR은 12%이다.

12.36 아래와 같이 추가된 정보를 고려하여 문제 12.22를 다시 풀어라.

- **옵션 1**: 현장비는 모두 감가상각되었고, 추가로 설치되는 새 장비는 내용연수 7년의 정률법에 의해 감가상각된다.
- **옵션 2**: 도전장비는 내용연수 7년의 정률법에 의해 감가상각된다.
- 한계법인세율은 25%이며 MARR은 12%이다.

2.37 현재 사용하고 있는 CNC기계는 6년 전에 8,000만원에 구매하여 완전히 감가상가되었고, 현재 시장가격은 1,500만원이다. 향후 5년 더 이 기계를 사용한다면 이 기계와 관련된 연간운영비와 처분가치는 아래와 같이 추정된다.

연말	운영 및 정비비용	정비로 인한 지연비용	처분가치
1	1,300	600	1,200
2	1,500	800	1,000
3	1,700	1,000	500
4	1,900	1,400	0
5	2,000	1,400	0

교체를 고려하고 있는 새로운 CNC기계의 초기구매비용은 6,000만원이며, 사용수명은 5년, 수명 후 처분가치는 1,000만원으로 추정된다. 이 기계를 설치하면, 기계 고장이 전혀 발생하지 않기 때문에 운영 및 수리비 등이 매년 200만원씩 절감될 것으로 추정된다. 새 기계는 내용연수 5년의 정률법에 의해 감가상각된다. 한계법인세율이 25%이고 MARR이 12%라면 현재 사용 중인 CNC기계를 대체해야 하는가?

제 13 장 재무정보분석

워렌 버핏(Warren Buffett)

미국의 투자자이자 기업인이며 자선가인 워렌 버핏은 뛰어난 투자전략을 통해, 특히 자신이 1대 주주이자 CEO를 맡고 있는 버크셔 헤서웨이(Berkshire Hathaway)를 이용하여 막대한 부를 축적하였다. 포브스에 따르면 2013년 3월 기준 그의 재산은 약 535억 달러로, 마이크로소프트사의 공동 창업자인 빌 게이츠에 이어 미국 2위(세계 4위)부호의 자리를 차지하고 있다.

버핏의 기업에 대한 투자철학은 그의 멘토인 벤자민 그레이엄(Benjamin Grahamm)의 가치투자 접근법을 응용한 것이다. 이 방법은 내재가치(intrinsic value)에 비해 저렴한 기업들을 인수하는 것인데, 버핏 또한 시장에서 내재가치에 비해 저평가된 기업에 투자해야 한다는 확고한 신념을 가지고 있었다. 즉, 그는 시장(Market)에서 어떤 기업이 저평가되어 있다면, 그 기업은 어떠한 사업을 수행하는가에 관계없이 언젠가 올바른 재평가를 받을 것이기 때문에, 확고한 경제성을 가지고 있다는 믿음을 가지고 있다.

워렌 버핏

기업의 투자 여부를 결정하기 위해 버핏이 고려한 요소들은 다음과 같다.

- 확실한 소비자 독점력과 브랜드를 가지고 있는가?
- 운영비용이 높고, 자본지출 및 투자 현금유출이 낮은가?
- 지속적으로 높은 이익을 내는가?
- 꾸준히 높은 투자수익률(ROI)을 가지고 있는가?
- 유보이익(retained earnings)을 재투자하는가?
- 낮은 부채/자본비율(debt-to-equity ratio)과 높은 유보이익/부채비율(earnings-to-debt ratio)을 가지고 있는가?
- 유보이익이 낮을 때 이 기업은 부채를 상환할 수 있는가?
- 인플레이션에 따라 제품가격을 조절할 수 있는가?
- 성장하기 위해 충분한 유보이익을 확보하고 있는가?

여기서 우리가 관심을 가질 사항은 "버핏은 기업을 인수하기 위해 이러한 정보들을 어디서 얻는가?" 그리고 "이러한 정보들은 공학경제의 주제들과 어떠한 연관성이 있는가?" 또는 "그동안 본 교재에서 다룬 기업의 성공적인 투자 프로젝트는 결국 버핏이 고려하는 요소들에 어떠한 영향을 미치는가"이다.

바람직한 투자의사결정을 위해서는 지금까지 본 교재에서 논의한 순현재가치, 연간등가, 내부수익률 등을 기준으로 하는 경제성분석 방법들에 대한 지식도 물론 필요하지만, 투자를 고려하는 프로젝트들이 기업의 재무상태에 미치는 영향을 이해하는 것도 매우 중요하다. 본 장에서는 이를 위하여 기업의 재무상태를 나타내는 요소들과 그 상태를 파악하는 방법에 대해 논의해보고자 한다. 여기서 주목할 것은 우리의 목표는 단순히 회계상의 장부기록에만 관심을 갖고자 하는 것이 아니라, 기업의 재무상태를 파악하고, 바람직한 경제적 의사결정에 필요한 기본적인 정보를 얻기 위한 것이다. 바람직한 경제적 의사결정은 워렌 버핏과 같은 투자자의 투자를 유도하여 기업의 시장가치를 높이게 되며, 이는 다시 새로운 투자의 기회로 선순환되기 때문이다.

13.1 회계: 의사결정의 기본

중요한 투자결정을 위해서는 기업경영과 관련된 재무정보가 필요하다. 실질적으로 모든 사업주체나 개인들은 효과적인 의사결정을 하기 위해 회계기록을 주로 참고한다. 그림 13.1에 설명된 바와 같이 회계는 사업활동을 측정하는 정보시스템이다. 이러한 회계정보를 이용하여 각 기업은 필요한 재무보고서를 작성하고, 이 보고서를 가지고 경영활동의 결과를 의사결정자에게 알린다. 이러한 이유 때문에 **회계**를 **비즈니스 언어**(business language)라고 한다. 이 비즈니스 언어를 보다 잘 이해한다면, 기업의 재무상태를 보다 효율적으로 관리할 수 있음은 물론, 보다 바람직한 의사결정을 내릴 수 있기 때문이다.

개인적 재무계획, 교육비용, 융자, 자동차 융자상환, 소득세, 투자계획 등의 모든 활동들은 회계라고 하는 정보시스템에서 제공하여 주는 정보를 근거로 이루어진다. 이와 같이 회계정보의 사용 분야는 매우 다양하다. 그 내용을 간략히 살펴보면 다음과 같다.

- 기업경영자는 회계정보를 이용하여 회사의 목표를 설정하기도 하고, 설정된 목표를 달성한 성과를 측정하기도 하며, 필요하다면 현재 수행 중인 활동을 수정하기도 한다. 회계정보에 의한 의사결정은 건물이나 장비

의 구매, 그리고 제품의 재고량과 부채의 내용과 규모 등에 관한 내용을 포함한다.

- 투자자와 채권자들은 기업에게 사업에 필요한 자금을 제공한다. 새로운 벤처사업 투자를 위한 의사결정을 내리기 위해서 투자자와 채권자들은 벤처사업의 투자로부터 기대되는 수익을 평가해야 하는데, 이와 같은 수익평가를 위해서는 벤처사업과 관련된 재무보고서를 분석할 필요가 있다. 뿐만 아니라, 은행에서 고객의 융자에 관한 의사결정을 하는 경우에도 은행들은 먼저 고객의 융자상환능력을 파악해야 하며, 이를 위해서 고객이 미래에 실행할 사업의 매출규모와 당기순이익 등을 추정할 수 있는 회계정보가 필요하다.

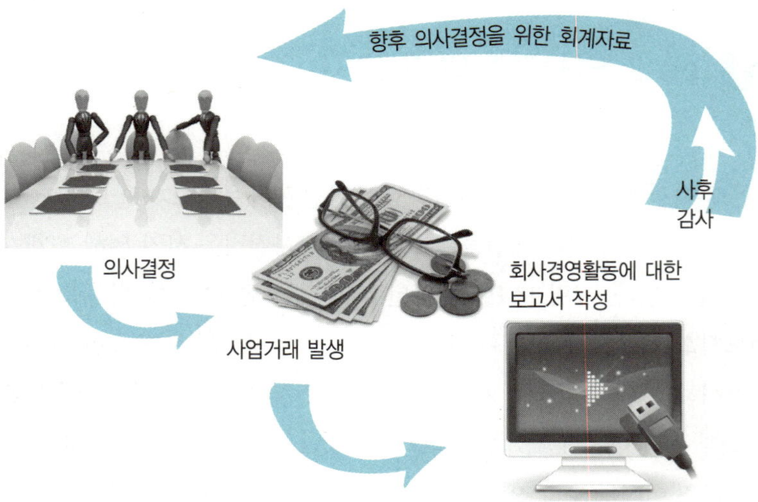

그림 13.1 | 회계정보의 흐름

회계정보시스템의 핵심은 기업의 이해당사자들의 효과적인 의사결정에 유익한 정보를 제공하는 여러 재무제표(financial statements)이다. 이러한 재무제표들은 여러 그룹의 의사결정자에게 기업에 관한 다양한 재무정보를 제공한다. 즉, 기업의 경영자들은 재무제표를 통하여 현재 수행 중인 사업이 달성한 성과와 현재 기업의 재무적 상태에 관한 정보를 접할 수 있다. 중요한 재무제표로는 재무상태표(balance sheet), 손익계산서(income statement),

현금흐름표(cash flows statement) 등이 있다.

13.2 기업의 재무상태

회사의 주주들에게 제공되는 여러 종류의 보고서들 중에서 연간보고서(annual report)가 가장 중요하다. 이 보고서를 준비하기 위해서는 모든 사업과 관련된 재무상태를 반드시 정확하게 파악하여야 한다. 연간보고서는 기본적인 재무보고서와 함께 지난 해의 사업성과와 미래의 사업전망에 관한 경영자의 의견들을 포함한다. 일반적으로 기업 경영자와 일반 투자자들은 회계연도 종료시점에 각 기업에 관하여 다음과 같은 네 가지 사항에 관하여 관심을 갖는다.

- 회계연도 말의 회사 재무상태
- 회계기간 동안의 회사 영업성과
- 발생한 이익의 사용처
- 회계기간 동안에 발생한 현금 사용처와 출처

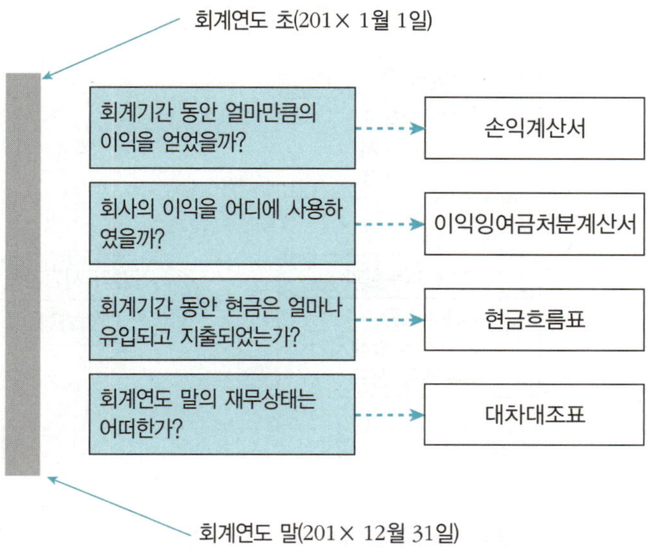

그림 13.2 | 재무제표에 기록되는 재무정보

그림 13.2에서 보는 바와 같이, 위의 각 관심사항에 관한 정보는 대차대조표, 손익계산서, 이익잉여금처분계산서, 현금흐름표 등과 같은 재무제표에서 찾아볼 수 있다. 회계연도는 12개월(1년)이며, 1월 1일에 시작하여 12월 31일에 끝나는 것이 일반적이지만, 회계연도의 시작이 회사설립의 날을 기준하기 때문에 연중 어느 달도 가능하다.

우리가 1.2.1절에 언급한 바와 같이, 엔지니어의 주된 역할은 제품을 설계하여 경제적으로 생산할 수 있도록 필요한 장비나 기계 등의 구입에 관한 계획을 수립하는 것이다. 이러한 구입계획을 수립하기 위해서는 장비구입비용과 비용절감효과, 그리고 프로젝트 수행과 관련된 위험 등이 먼저 추정되어야 한다. 이렇게 추정된 정보는 회사의 이익과 주가에 영향을 미치게 되므로 엔지니어들은 다양한 종류의 재무보고서에 관한 충분한 이해가 필요하다. 또한, 이를 통하여 수행하고자 하는 프로젝트의 수익성에 관하여 회사의 최고경영자와 효과적인 의사소통을 진행해야 한다(그림 13.3 참조).

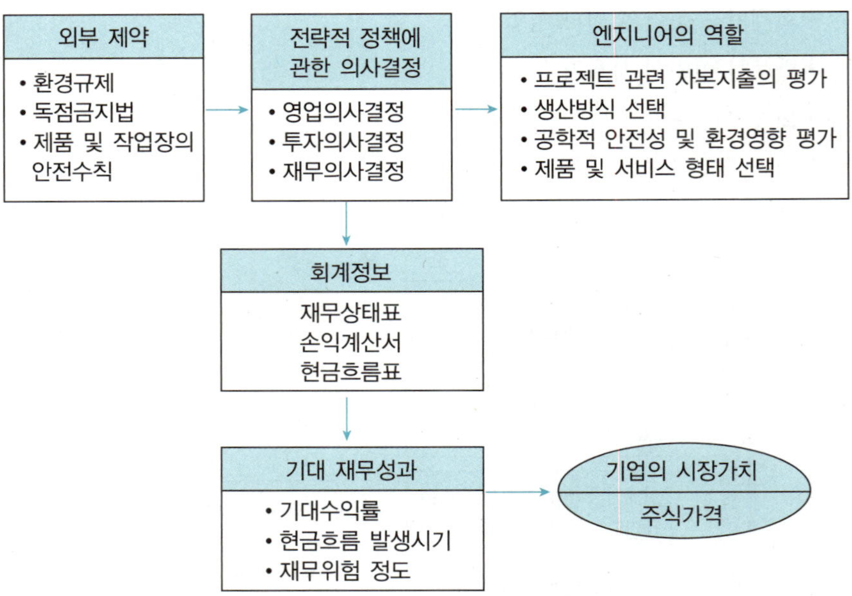

그림 13.3 | 주가에 영향을 미치는 주요 요소

재무제표를 좀 더 구체적으로 알아보기 위하여 반도체를 포함한 전자부품을 제조하는 세계적인 기업인 ㈜ABC의 기본적 재무보고서에 관한 내용들을 살펴보자([편의상, 회계연도는 1월 1일부터 12월 31일로 하고, 모든 금액의 단위는(주식가격 포함) 만원을 기준으로 하였다]).

13.2.1 재무상태표

재무상태표(대차대조표)[1]는 회계연도 말의 재무상태를 보여주는 재무제표이다. 자산, 부채 및 자기자본 등 세 가지 항목에 관한 중요한 정보를 포함하고 있다. 그림 13.4에서 회사의 자산과 부채 및 자기자본과의 관계가 재무상태표에서 어떻게 표시되는지 볼 수 있다. 재무상태표는 자산, 부채 및 자기자본 등 세 항목 간의 관계를 보여주는 다음과 같은 회계방정식에 입각하여 작성된다.

자산 = 부채 + 자기자본

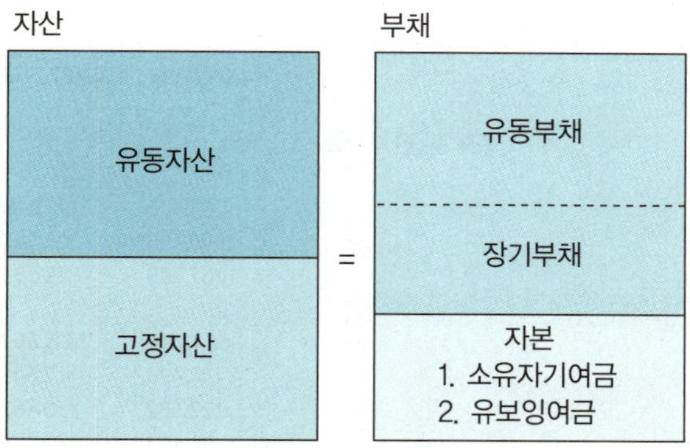

그림 13.4 | 재무상태표의 구조

모든 영업거래는 회계방정식에 영향을 미치며, 이를 통해 기록된다. 어떠한 영업활동의 경우라도 이 등식은 항상 성립해야 한다. 다시 말하면, 재무상태표의 차변에 있는 자산에 변화가 발생하면 대변에 있는 부채나 자기자본에 같은 양만큼의 변화(증가나 감소)가 발생한다는 의미이다.

표 13.1에 있는 바와 같이, ㈜ABC의 20×1년도와 20×0년도 말의 재무상

1) 2011년부터 상장기업은 한국채택국제회계기준(K-IFRS)에 의해 대차대조표를 재무상태표로 명칭이 바뀜.

태표의 차변(왼쪽)은 자산에 관한 내용을, 대변(오른쪽)은 부채와 자기자본에 관한 내용을 나타낸다.

표 13.1 ❙ ㈜ABC의 재무상태표

㈜ABC
재무상태표
(단위: 만원)

회계기간 말	20X1.12.31	20X0.12.31	변동분
자산			
유동자산:			
현금과 현금등가물	1,492,132	545,767	946,365
단기 투자자산	630,115	280,690	349,425
외상매출금	590,568	499,890	90,678
재고자산	396,607	318,479	78,128
기타 유동자산	167,370	111,835	55,535
총 유동자산	**3,276,792**	**1,756,661**	1,520,131
고정자산	270,458	200,336	70,122
영업권	169,182	169,182	0
기타 무형자산	47,434	67,724	(20,290)
기타 고정자산	293,528	293,489	39
총 자산	**4,057,394**	**2,487,392**	**1,570,002**
부채 및 자기자본			
유동부채:			
외상매입금	163,541	121,099	42,442
미지급비용	358,756	309,397	49,359
기타 유동부채	161,989	128,161	33,828
총 유동부채	**684,286**	**558,657**	**125,629**
장기 부채	738,488	17,645	720,843
미지급 법인세	113,582	110,462	3,120
기타 비유동부채	51,193	32,493	18,700
총 부채	**1,587,549**	**719,257**	**868,292**
자기자본:			
우선주		-	
보통주	123,529	126,933	(3,404)
자사주	(1,761,591)	(1,581,417)	(180,174)
자본잉여금	1,408,060	1,452,939	(44,879)
누적 기타 수입(손실)	9,761	(69,849)	79,610
유보잉여금	2,690,086	1,966,336	723,750
총 자기자본	**2,469,845**	**1,894,942**	**574,903**
총 부채 및 자기자본	**4,057,394**	**2,614,199**	**1,443,195**

자산(assets)

표 13.1의 자산항목 총액은 재무상태표가 작성되는 시점에 회사가 소유한 모든 것들에 대한 화폐가치의 총액이다. 자산항목에 포함되는 계정과목의 기록의 우선순위는 '유동성' 또는 현금화하는데 걸리는 시간에 따라 결정되며, 다음과 같이 세 종류로 구분된다.

- **유동자산**(current assets)은 1년 내에 현금이나 이와 동등한 것으로 변환될 수 있는 자산을 말하며, 다음과 같은 세 가지 주요한 계정과목을 포함하고 있다.
  1. **현금과 현금등가물**(cash or cash equivalents)은 매일 수행되는 영업을 위해 회사가 은행에 개설한 현금계좌이다. 모든 자산계정과목들을 화폐가치로 표시하지만, 현금계정과목만이 실질적인 현금이다. 현금등가물로는 주식과 단기채권 등의 유가증권이 있다.
  2. **단기투자자산**(short-term investments)은 저축예금계좌, MMF, 국채 등이 이에 속한다.
  3. **외상매출금**(accounts receivables)은 제품이나 서비스가 고객에게 판매되었으나 이에 상응하는 대금이 아직 회수되지 않은 것이다. 예를 들어, ㈜ABC가 반도체 주문을 받았을 경우, 구매처에 주문받은 완제품과 대금청구서를 송달하는데, 대금이 즉시 회수되지 않으면, 이를 외상매출금계정에 기록한다. 또한, 나중에 이 대금이 회수되면, 그 금액만큼을 외상매출금에서 공제하고, 현금계정에 기록한다. 대금청구서의 빈도와 요구지불기간에 따라 다르기는 하지만 대부분 회사들의 외상매출금 회수기간은 30~45일이다. 근래에 일반적으로 사용되는 신용카드의 사용도 이와 같은 외상매출의 형태로 처리할 수 있다.
  4. **재고자산**(inventories) 항목은 즉시 판매가 가능한 원자재, 재공품, 완제품 등에 투자된 화폐가치 총액이다.
- **고정자산**(fixed assets)은 토지나 건물, 기계, 사무실 장비, 자동차 등과 같은 물리적 자산으로 상대적으로 현금화가 어렵거나, 시간이 많이 걸리는 특징을 가지고 있다. 토지는 예외이지만 건물과 장비 같은 대부분의 고정자산들은 유한한 사용기간을 갖는다. 예를 들면, 건물과 장비 등의

고정자산은 매년 그 가치 중 일부분이 감소되는데, 회계에서는 이를 감가상각비(depreciation)로 처리하여 고정자산 취득가액에서 공제한다. 이미 언급한 바와 같이, 감가상각은 고정자산의 가치 중 일정 부분을 점차적으로 비용으로 전환하는 회계적 과정이다. 그러므로, 고정자산에 해당되는 대부분의 계정과목은 취득가액에서 감가상각비를 공제한 후 남은 현재의 장부가격을 반영하고 있는 것이다.

- **기타자산**(other assets)은 영업권, 지적재산권과 프랜차이즈 등과 같은 무형자산(intangible assets)으로 가장 마지막으로 기록된다. 기업의 영업권(goodwill)은 모든 사업부분이 매입할 때에만 재무상태표에 기록한다. 이러한 영업권의 가치는 해당 사업의 시장공정가격에 더하여 지불되는 추가적인 금액이다. 시장공정가격이란 매입자가 사업을 매입하고자 할 때 기꺼이 지불하고자 하는 금액을 말한다.

부채 및 자기자본(liabilities and stockholders' equity)

자산은 부채(liabilities)와 자기자본(stockholders' equity) 등 두 가지 형태의 자본에 의해 취득된다. 기업의 부채는 자산을 매입하고 영업을 수행하기 위해 필요한 자금을 빌려온 것을 말하며, 이는 기업이 갚아야 하는 채무이다. 자기자본은 투자자나 소유주에 의하여 제공된 자본으로 자산의 일정 부분을 구성한다. 그러므로 어떤 의미에서 보면, 자기자본도 일반 부채와 같이 기업이 소유주(또는 투자자)에게 갚아야 하는 부채라고도 생각할 수 있다(그림 13.4 참조). 기업의 부채와 자기자본은 다음과 같이 분류된다.

- **유동부채**(current liabilities)는 일반적으로 1년 이내에 갚아야 하는 부채이다. 주요 유동부채로는 1년 내에 상환해야 하는 외상매입금과 약속어음이 있다. 그 이외에도 지불이 지연된 임금, 이자, 임대료, 세금 등과 고객이 미리 지불한 선불금 등이 있다.
- **기타부채**(other liabilities)로는 채권, 담보제공과 더불어 지불기간이 1년 이상인 장기 약속어음 등과 같은 장기부채가 있다.
- **자기자본**(shareholders' equity)이란 모든 부채가 상환되고 난 후, 주식 소유주에게 돌아갈 자산의 총액이다. 자기자본은 우선주와 보통주, 자본잉여금, 유보잉여금 등으로 구성된다.

1. **우선주**(preferred stock)는 보통주와 채권이 혼합된 형태로써 회사가 부도가 나는 경우 우선주는 부채보다 재산청구권이 후순위이지만 보통주보다 우선한다. 우선주는 의결권이 없고, 배당은 채권의 표면금리 같이 고정되어 있기 때문에 회사의 이익이 증가하여도 전혀 그 혜택을 받을 수 없다. 이러한 의미로 자기자본을 다음과 같이 표현하기도 한다.

   자산 − 부채 − 우선주 = 자기자본

2. **보통주**(common stocks)는 회사가 발행한 주식의 총 액면가로써 액면가보다 적은 가격으로 발행되는 경우는 거의 없으며, 대개 회사는 발행한 주식이 프리미엄 가격으로 매매가 될 수 있는 최소한의 액면가를 정한다.
3. **자본잉여금**(capital surplus)은 액면가 이상으로 판매된 주식으로부터 얻어지는 잉여금 총액을 말한다. 유통주식(outstanding stock)이란 주식시장에서 거래되어 일반주주가 보유하고 있는 주식을 말한다. 만일 회사가 자신이 발행한 주식을 일정부분을 구매한다면, 재무상태표상에 자사주(treasury stock)로 기록된다.
4. **유보잉여금**(retained earnings)은 회사가 창립된 이후 지금까지 주주들에게 배당된 총 배당금을 빼고 축적된 당기순이익을 말한다. 다시 말하면, 유보잉여금은 회사가 미래의 사업을 위해 이익 중의 일부를 사내에 유보한 것이므로 궁극적으로는 주주들의 소유라고 할 수 있다.

㈜ABC의 재무상태표의 정보

㈜ABC의 재무상태표를 다시 살펴보자. 20×1년도 총수익은 3,237,693만원[2]이다. 표 13.1에 나타난 바와 같이 ㈜ABC는 20×1년에 총자산 4,057,394만원으로 총수익 약 3,237,693만원을 달성하였다.

- **고정자산의 취득**: 20×1년도 고정자산의 증가액은 70,122만원(= 270,458 − 200,336)이며, 이는 공장과 장비계정의 변동에 기인한다. 그러나 실제 얼마만큼의 새로운 고정자산을 취득하였는지는 다음과 같

2) 표 13.2 손익계산서 참조

이 계산할 수 있다.

(단위: 만원)

고정자산계정	금액
20×0년도 말 고정자산장부가격	200,336
20×1년도 감가상각비	(78,313)
20×1년도 고정자산취득	X
20×1년도 말 고정자산장부가격	270,458

즉, 270,458 = 200,336 − 78,313 + X에서 X를 구하면, 148,435가 된다. 이 숫자가 실제 현금흐름표에 보고된 자본지출(capital expenditure)금액과 다르다면, 그 차액은 고정자산의 처분으로 얻은 수익이 반영된 경우이다).

- **부채**: 수년 전에 발행된 몇 종류의 채권으로 구성되는 장기부채의 총액은 738,488만원이고, 이에 대한 이자지불액은 약 5,380만원이다.
- **자기자본**: ㈜ABC는 123.529만주의 보통주를 발행하였으며, 투자자들은 이 보통주를 통하여 1,531,589만원(= 123,529만원 + 1,408,060만원)의 자본을 회사에 투자하고 있다. 또한, ㈜ABC는 회사창립 이후부터 지금까지 누적 유보잉여금 2,690,086만원이고, 앞서 언급한 바와 같이 이 유보잉여금은 모두 보통주 투자자들의 소유이다. 투자자의 자기자본 총액은 자사주 1,761,591만원을 포함하여 2,469,845만원이다.
- **주식가치**: 투자자들은 ABC 회사의 보통주 한 주에 평균 약 2만원[3] (= 2,469,845만원/123.529만주)씩을 투자하였으며 이를 보통주의 장부가격(book value)이라고 한다. 이 회사의 보통주가 20×1년도 12월에 주식시장에서 4.3만원과 4.8만원 사이에서 거래가 이루어졌다면, 투자자들은 이러한 정보로부터 ㈜ABC 보통주의 시장가격이 장부가격과 큰 차이가 있음을 알 수 있다. 수많은 요소들이 주식의 시장가격(주가)에 영향을 미치지만, 그 중 가장 크게 영향을 주는 요소는 회사의 미래 경영실적에 관한 투자자들의 기대감이라고 할 수 있다.

3) 좀 더 정확한 값은 19,994.1원임.

13.2.2 손익계산서

손익계산서(income statement)는 회사의 수익과 비용을 대응시켜 일정기간 동안 발생한 이익(혹은 손실)을 나타내는 회계보고서를 말한다. 대부분의 사업에 대해서 연도별로 손익계산서가 작성되는 것이 기본이지만, 이에 추가하여 월별과 분기별로도 손익계산서가 작성되기도 한다. ㈜ABC의 회계연도는 1월 1일에 시작하여 12월 31일에 종료된다. 표 13.2는 ㈜ABC의 20×1, 20×0 년도 손익계산서이다.

표 13.2 ❙ ㈜ABC의 손익계산서

㈜ABC 손익계산서 (단위: 만원, *주)		
회계기간 말	**20X1.12.31**	**20X0.12.31**
총수익	3,237,693	2,133,776
매출원가	1,740,461	1,163,841
매출총이익	1,497,232	969,935
연구개발	373,293	320,859
판매 및 관리비	308,075	240,942
구조조정비용-일회성	11,579	(17,276)
영업이익	804,285	425,410
이자수익	15,572	8,598
이자와 세금 지불 전 수익	819,857	434,008
지불이자	5,380	994
기타	13,601	2,873
세전수익	800,876	430,141
법인세	77,128	83,472
당기순이익	**723,748**	**346,669**
주당수익		
기본(Basic)	0.5859	0.2731
희석(Diluted)	0.5789	0.2706
발행주식수		
기본(Basic)	*1,235,290	*1,269,330
희석(Diluted)	*1,250,190	*1,281,260

당기순이익(net income)

손익계산서에 일반적으로 나타나는 항목은 다음과 같다.

- **총수익**(total revenue, 혹은 순매출 net sales): 총매출액에서 반환된 매출액이나 공제액이 차감된 금액이다. 아래에 기술된 항목들은 매출액에

서 공제되는 금액으로 사업을 위해 발생된 비용(expense)이나 원가(cost)이다.

- 매출원가(cost of goods sold, cost of revenue): 일반적인 제조회사에서 가장 큰 비용 부분은 제품을 생산하기 위해 발생하는 생산비용(노무비, 재료비, 제조간접비)이다.
- 매출총이익(gross margin): 총수입에서 매출원가를 제외한 금액이다.
- 영업이익(operating income): 이자, 임대료, 판매비, 연구개발비, 일반관리비 등과 같은 운영비들을 매출총이익에서 차감한 것이다. 영업외활동이나 투자활동으로부터 기타이익이 발생하면 이에 대한 소득세를 지불해야 한다.
- 당기순이익(net income 또는 accounting income): 마지막으로 과세대상소득(과세표준)으로부터 소득세를 공제하고 남은 금액으로 회계상의 이익이다.

주당이익(혹은 주당수익)

손익계산서에서 제공되는 중요한 재무정보 중 하나는 주당이익(earnings per share: EPS)이다. 주당이익은 투자자에게 배당된 이익을 발행된 보통주의 수로 나누어 구한다. 주주들과 미래 투자자들은 이익의 총액이 아닌 그들에게 배당될 이익에 대하여 더 많은 관심을 갖게 되므로, 주당이익에 관한 정보는 주주들이 투자한 금액에 대한 이익의 정도를 가늠하는 기준이 된다. 따라서 경영진은 소유주들의 이익을 위해 회사를 효과적으로 경영해왔다는 것을 알리기 위해 주당이익을 투자자들에게 보고한다.

배당금과 이익잉여금

손익계산서에 대한 보조자료로서, 회사는 일반적으로 회계연도 동안에 회사에 유보된 이익잉여금에 관한 보고서(이익잉여금처분계산서)를 작성한다. 어느 정도의 이익이 발생하면, 회사는 발생된 이익을 어떻게 할 것인가를 결정해야 한다. 즉, 회사는 이 이익을 투자자들에게 전부 배당금(cash dividends)으로 지불할 수도 있고, 또한 미래의 투자활동을 위해 일정 부분이나 혹은 전부를 기업 내에 유보할 수도 있다.

회사가 배당금을 지불하기로 하면 우선주 투자자가 보통주 투자자보다 우선하여 배당금을 받는다. 우선주는 채권의 표면금리와 유사하게 미리 정해진 배당금을 받는다. 배당금은 이사회에서 배당금 지급을 선언하기 이전까지는 법적인 채무가 아니지만, 일반적으로 우선주 투자자의 배당금은 일종의 채무로 생각되고 있다. 따라서 보통주 투자자들에게 배당될 이익은 당기순이익에서 우선주 배당금을 제외한 후의 이익이다. 우선주와 보통주 배당금이 당기순이익에서 공제되면, 나머지 이익은 당해 연도의 이익잉여금으로 유보된다. 앞에서 언급하였듯이 이와 같이 유보된 이익잉여금은 주로 회사의 미래 사업을 위해 재투자된다.

㈜ABC의 손익계산서 분석

㈜ABC의 20×1년도와 20×0년도 총수익은 각각 3,237,693만원, 2,133,776만원이 발생하여 20×1년의 총수익은 전년 대비 51.7% 증가하였다. 20×1년도 영업이익은 804,285만원이고, 당기순이익은 20×0년의 346,669만원에서 20×1년에는 723,748만원으로 증가하였다. 그리고 다음과 같은 회계정보들을 손익계산서를 통하여 얻을 수 있다.

1. **배당금**: ㈜ABC는 우선주를 발행하지 않았기 때문에 우선주에 대한 배당금은 없다. 그리고, 보통주에 대해서는 반드시 배당을 해야 할 의무는 없으므로 배당을 하지 않을 수도 있다. 그러나, 어떻게 결정을 하든지 모든 당기순이익 723,748만원은 보통주 투자자들의 몫인 것은 분명하다.
2. **주당이익**(EPS): 보통주의 주당이익은 20×0년의 2,731원에서 20×1년에는 5,859원으로 급격히 증가하였다. 앞서 언급하였듯이, ㈜ABC가 당기순이익을 배당하지 않고, 모두 이익잉여금으로 유보하였다면, 유보잉여금의 규모가 20×0년도 1,966,336만원에서 20×1년 2,690,084만원이 될 것이다(그러나 20×1년 말의 유보잉여금은 2,690,086만원이 된 것은 다른 경영활동을 통하여 추가로 2만원의 증가한 것을 의미한다).

3. **순이익률**(net profit margin): 표 13.3의 매출총이익, 영업이익(당기) 순이익의 계산과정에서 구해진 순이익을 총수익에 대한 비율로 나타낸 것이 순이익률(= 22.35%)이며, 이는 매출액 100원당 22.35원의 이익이 발생한다는 의미이다.

표 13.3 ❙ 매출총이익, 영업이익, 당기순이익의 비교

㈜ABC
영업이익과 당기순이익
(단위: 만원, %)

회계기간 말	20x1.12.31	% (수익 대비)
총수익	3,237,693	100.00%
매출원가	1,740,461	53.76%
매출총이익	1,497,232	**46.24%**
연구개발비	373,293	11.53%
판매 및 일반관리비	308,075	9.52%
구조조정비-일회성	11,579	0.36%
영업이익	804,285	**24.84%**
이자수익/기타비용	1,971	0.06%
이자와 세금 지불 전 이익	806,256	24.90%
지불이자	5,380	0.17%
세전 순이익	800,876	24.74%
법인세	77,128	2.38%
당기순이익	**723,748**	**22.35%**

13.2.3 현금흐름표

앞 절에서 설명한 손익계산서는 회사가 일정기간 동안 영업을 하여 얻은 이익이나 손실이 얼마인지를 알려주는 재무보고서이다. 즉, 손익계산서의 주요 관심사는 영업활동의 결과인 당기순이익이다. 회계기간 동안 발생하는 또 다른 중요한 투자활동과 재무활동에 대한 정보가 필요하다. **현금흐름표**(cash flow statement)는 회계기간 동안 영업, 투자, 재무활동을 통한 회사의 현금의 유입과 유출에 관한 종합적 정보를 파악할 수 있다.

현금흐름 유입과 유출

순현금흐름은 회계기간 동안 현금유입과 유출의 차이이다. 투자자들은 기업의 영업활동으로 발생하는 현금흐름에 입각하여 자산의 가치(혹은 기업의 가치)를 결정하기 때문에 이러한 정보는 투자자들에게 매우 중요하다. 그림 13.5는 회계기간 동안 현금흐름의 발생과정과 현금의 발생원인에 대한 내용을 요약한 것이다. 기업활동에 필요한 자금(현금)의 근원은 부채나 자기자본의 증가 혹은 보유자산의 감소에 의해 증가되며, 이러한 자금을 사용하면 반대로 부채나 자기자본의 감소 혹은 자산의 증가의 형태로 나타나게 된다(그림 13.6 참조).

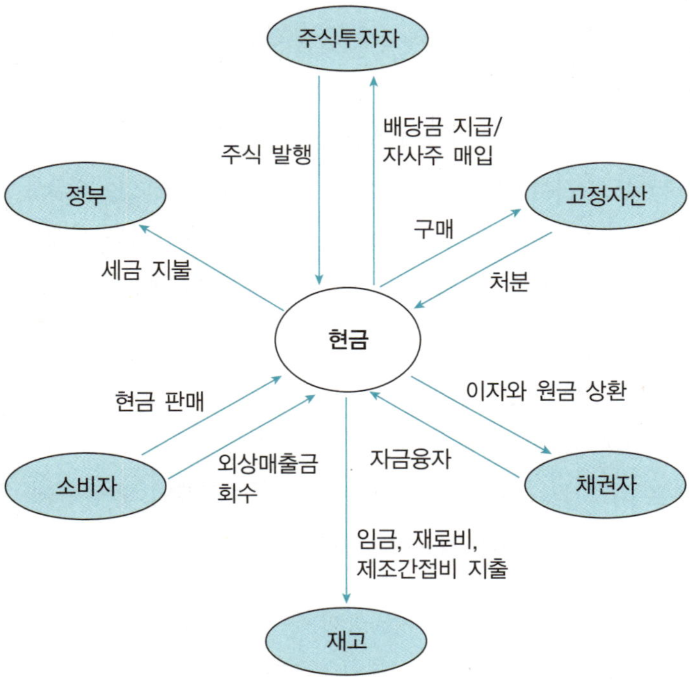

그림 13.5 | 제조회사의 현금흐름 사이클

물론, 당기순이익도 중요하지만 기업의 운영을 위해서는 현금흐름에 대한 정보는 더욱 더 중요하다고 할 수 있다. 배당금 지급이나 혹은 사업을 계속 수행하기 위해 요구되는 자산을 매입하기 위해서는 항상 적절한 시기에 자금(현금)이 필요하기 때문에 현금흐름의 파악은 무엇보다 중요한 정보이다.

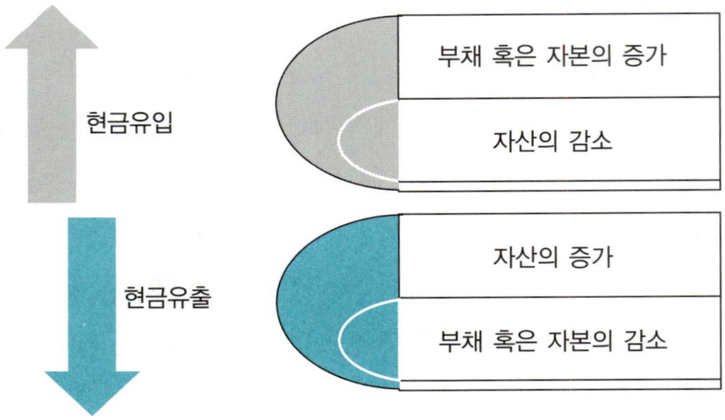

그림 13.6 | 회계활동에 근거한 현금유입과 유출

앞 절에서 언급하였듯이, 회사의 궁극적인 목표는 회사의 시장가치(market value, 주식가격 혹은 주가)를 최대화하는 것이다. 또한, 회사의 시장가치는 회사가 소유하는 자산이 창출하는 현금흐름에 의해 구현되기 때문에 경영자들은 장기적으로 투자자들에게 돌아갈 수 있는 현금흐름을 최대화하는 것을 경영목표로 삼는다. 그러므로, 경영자 입장에서는 회계적 이익인 당기순이익이 아니라 현금흐름을 기반으로 투자의사결정을 하는 것이 더 바람직하다.

보고서의 형태

현금흐름표를 작성하려면, 각 사업활동에 따른 현금유입 및 유출에 대해 정확히 파악하고 있어야 한다. 각 사업활동은 다음과 같다.

- **영업활동**: 먼저 손익계산서를 통하여 영업현금흐름(operating cash flows)의 순변화를 파악한다. 영업현금흐름이란 제품 혹은 서비스의 생산 및 판매와 관련된 현금흐름을 말한다. 모든 비현금흐름 항목들은 당기순이익에 다시 더해진다. 예를 들어, 감가상각비는 당기순이익을 계산하기 위해 매출액에서 공제되는, 단지 장부상의 회계적 비용으로 실질적인 현금유출은 아니기 때문이다. 이와 관련된 실질적인 현금흐름은 고정자산 구입 시 이미 발생하였다. 유동자산과 유동부채의 차이로 정의되는 운전자본(working capital)에 대한 수정사항도 역시 여기에 기록된다.

회계기간 동안에 요구되는 운전자본의 변동액은 유동자산의 변동액과 유동부채의 변동액의 차액이다. 이 차액이 양수이면 이는 현금흐름표 상에서 현금유출(−)이 되고 음수이면 현금유입(+)이 된다(그림 13.7 참조).

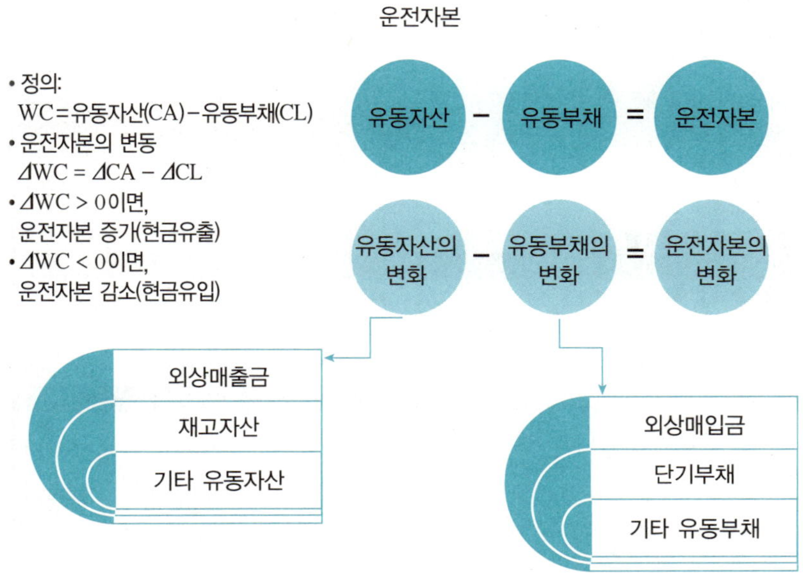

그림 13.7 | 현금흐름표의 운전자본과 그 영향

- **투자활동:** 영업현금흐름이 결정되면, 다음에는 투자활동과 관련된 현금흐름을 파악해야 한다. 투자활동은 새로운 고정자산 구입(현금유출), 현 장비의 처분(현금유입), 혹은 금융자산의 매도(현금유입) 혹은 매입(현금유출) 등을 포함한다.
- **재무활동:** 마지막으로 사업을 위한 투자자본의 조달과 관련된 현금흐름이 이에 해당된다. 예를 들어, 주식 매도는 현금유입 그리고 기존의 부채 상환은 현금유출을 초래한다.

이와 같이 주어진 회계기간 동안 발생한 현금유입과 유출을 요약함으로써 회사 전체의 현금흐름 상태의 변동을 파악할 수 있다. 표 13.4는 ㈜ABC의 현금흐름표이다.

표 13.4 ❙ ㈜ABC의 현금흐름표

㈜ABC 현금흐름표 (단위: 만원) 회계기간 말	20x1.12.31	20x0.12.31
당기순이익	**723,748**	**346,669**
영업활동 현금흐름		
감가상각비	78,313	71,401
기타 비현금흐름 항목	57,014	92,524
외상매출금의 변동	(89,716)	(246,653)
유동자산의 변동	214,412	190,120
재고의 변동	(77,461)	(79,701)
기타 영업활동의 변동	(25,282)	(23,647)
영업활동의 총 현금흐름	**881,028**	**350,713**
투자활동 현금흐름		
자본지출	(127,495)	(35,590)
투자	(352,418)	(67,766)
투자활동의 총 현금흐름	**(479,913)**	**(103,356)**
재무활동 현금흐름		
재무 현금흐름 계정	23,290	10,234
배당금	0	0
주식 발행(소각)	(225,016)	(62,194)
부채 발행(상환)	878,301	(20,704)
기타 재무활동의 현금흐름	(149,589)	0
재무활동의 총 현금흐름	**526,986**	**(72,664)**
환율변동의 영향	18,264	(3,093)
현금 및 현금등가물의 변동	**946,365**	**171,600**

㈜ABC의 현금흐름분석

표 13.4에서 보는 바와 같이, ㈜ABC의 20×1년도 현금흐름 증가액은 946,365만원이다. 이 금액은 20×1년의 당기순이익 723,748만원과는 많은 차이를 보인다. 그렇다면 이 차액은 과연 어디로부터 온 것일까?

영업활동, 투자활동, 재무활동의 각 영역의 현금유입과 유출에 대해 살펴봄으로써 이 질문에 대한 답을 찾을 수 있다.

- **영업활동의 현금흐름**: 영업활동에서 당기순이익과 현금흐름의 차이가 발생하는 가장 큰 이유는 **발생주의 회계원칙**(accrual-basis accounting principle) 때문이다. 이 회계원칙은 영업거래가 발생할 때, 거래의 효과가 발생한다고 인식하고 거래내용을 기록해야 한다는 것이다. 이 원칙을

적용하면, 수익은 실현된 시점을 기준으로 인식하고, 비용도 발생된 시점을 기준으로 인식하므로 실제로 발생하는 현금흐름과는 관계없이 장부에 거래내역을 기록하게 된다. 예를 들어, 20×1년도의 외상매출금이 499,890만원에서 590,568만원으로 증가하였다. 이는 외상으로 판매된 총액의 증가를 의미하므로 당기순이익을 결정에는 포함되지만, 순현금흐름을 계산할 때에는 제외되어야 한다.

1. 실제로 현금의 유입은 자본의 증가 혹은 자산의 감소를 의미하며,
2. 반대로 현금의 유출은 자산의 증가 혹은 자본의 감소를 의미한다.

다른 영업현금흐름 또한 위와 유사한 과정을 통하여 영업활동의 현금흐름을 계산하면 881,028만원을 얻을 수 있다.

- **투자활동의 현금흐름**: ㈜ABC는 자산구입을 위해 127,495만원의 현금을 사용하였고, 352,418만원을 투자하여 이 기간 동안의 순현금흐름은 479,913만원의 현금유출이 발생하였다.
- **재무활동의 현금흐름**: ㈜ABC는 이 기간 동안 재무활동으로 526,986만원이 유입되었다. 이는 자사주 매입으로 225,016만원의 현금유출과 신규 부채로 878,301만원의 현금유입이 포함된다(자사주의 매입은 영업활동으로부터 제공된 여유현금을 주식시장에 투자한 것과 동일하다. ABC 회사는 다른 회사의 주식을 매입할 수도 있으나 주식시장에 상장된 어느 회사의 주식보다도 자사주를 매입하는 것이 더 유리하다고 판단하였기 때문에 자사주를 매입한 것으로 보인다).

마지막으로 해외수출로 인한 환율변동의 영향으로 순현금흐름이 18,264만원 증가하였다.

영업활동, 투자활동, 재무활동으로부터 발생한 현금흐름은 모두 946,365만원이다. 기초현금잔액이 545,767만원이었기 때문에 기말현금잔액은 1,492,132만원로 증가하였다. 표 13.1의 (주)ABC 재무상태표의 현금과 현금등가물계정에 있는 20×1년과 20×0년도의 잔액의 차이와 현금흐름표의 20×1년도 현금흐름 증가액인 946,365만원은 동일해야 한다.

13.3 경영의사결정을 위한 재무비율분석

앞서 본 바와 같이 재무제표(회계보고서)의 목적은 특정 기간 동안에 기업활동으로 발생한 결과를 의사결정자에게 알려주는 것이다. 따라서 여기서 얻을 수 있는 회계정보의 대부분은 과거에 이미 발생한 거래에 관한 정보이다. 그러나 재무제표를 이용하는 사람들은 일반적으로 다음과 같은 회사의 미래에 더 많은 관심을 갖는다.

- 주주들은 미래의 수익과 배당금에
- 채권자들은 회사의 향후 부채상환 능력에
- 회사 경영자들은 미래에 회사를 확장할 수 있도록 자금을 확보할 수 있는 회사의 능력에
- 엔지니어들은 미래의 비즈니스에 영향을 미치는 회사의 경영활동계획에 관심이 있다.

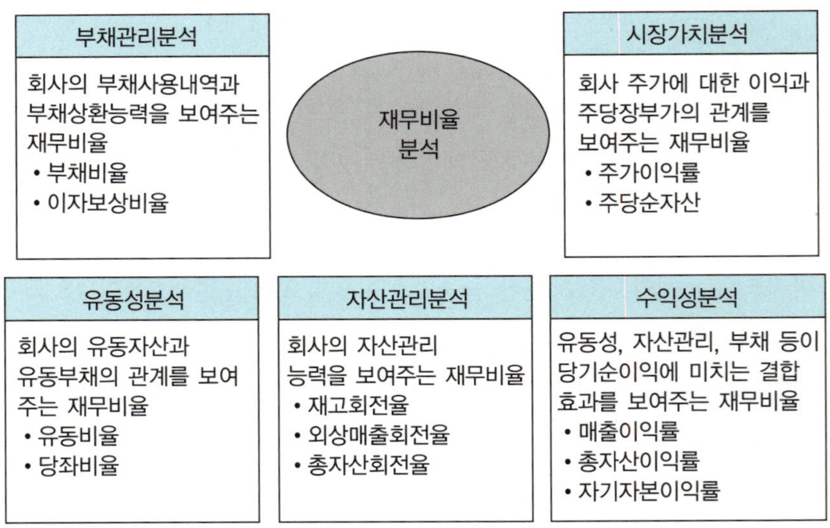

그림 13.8 I 재무상태 평가를 위한 재무비율분석[4]

4) 동일한 재무비율의 명칭이 혼용되고 있으므로 독자들의 혼동을 피하기 위해, 본 교재에서는 회계적 정의를 기준으로 순이익의 비율을 측정하는 재무비율들은 모두 이익률이라는 명칭을 부여하였다. 이자보상비율(이자보상배수), 주가이익률(주가수익률), 매출이익률(매출수익률, 매출액수익률, 매출액이익률, 매출액경상이익률).

일반적인 재무제표들이 과거지향적 보고서이지만, 위에서 언급한 사용자들의 모든 관심사들에 대해 유익한 정보를 제공한다. 중요한 재무분석 중 하나인 **재무비율분석**(financial ratio analysis)은 다양한 형태의 재무비율을 계산하고 이를 해석하는 것이다. 이 비율들은 그림 13.8에서 보는 바와 같이 일반적으로 다섯 가지로 분류된다(부채관리분석, 유동성분석, 자산관리분석, 수익성분석, 시장가치분석). 본 절에서는 실제 재무비율분석을 위해서 표 13.1, 13.2, 13.4에 요약된 ㈜ABC의 20×1년도 재무제표를 사용하기로 한다.

많은 회사들이 재무비율분석을 통하여 얻어지는 재무비율들을 해당 산업의 평균과 비교하지만, 이 평균치들은 해당 산업의 모든 회사들이 반드시 지켜야 하는 절대적 기준이 되는 것은 아니다. 실제로 잘 경영되고 있는 기업들도 일부 재무비율은 평균치보다 못한 경우도 존재한다. 그러나, 이들 평균치보다 현저히 못 미치는 경우라면, 이러한 편차가 발생하는 원인을 반드시 검토해야 할 것이다.

13.3.1 부채관리분석(Debt Management Analysis)

모든 회사들은 지속적인 경영활동을 위해 자산이 필요하고, 또한 이러한 자산을 획득하기 위해 자본을 마련해야 한다. 회사가 이러한 장기적인 자본을 외부에서 조달하려 한다면, 자본시장을 이용하는 것이 일반적이다. 자본은 **부채(타인자본**, debt)와 **자기자본**(equity) 등 두 가지 형태로 구성된다. 부채는 금융기관에서 빌려온 자본이며 자기자본은 회사의 소유주들이 투자한 자본이다. 부채의 비율을 늘리면 회사가 이익을 많이 내는 좋은 시기에는 회사의 소유주들의 수익이 크게 늘어나지만, 반대로 회사가 손실을 입는 시기라면 회사 소유주들의 수익 또한 크게 감소하게 된다. 이러한 부채의 활용도를 **재무레버리지**(financial leverage)라고 한다.

부채는 일반적으로 은행융자와 채권발행을 통하여 이루어진다. 예를 들어, 한 회사가 컴퓨터 구매를 위해 필요한 일정한 자금을 은행으로부터 빌려와서 수년 동안 이 부채를 상환하는 것이 대표적인 예이다. 1,000억원을 필요로 하는 건설프로젝트를 수행하려는 회사를 생각해 보기로 하자. 은행으로부터 직접 필요한 자금을 조달하려면 매우 비싼 자본비용을 지불해야 한다(경우에 따라서는 담보물을 제공하기도 한다). 이렇게 막대한 자금의 조달이 필요한 경우에는 회사가 장기적 상환계획을 수립하여 직접 일반 투자자들에게 필요한 자본을 빌릴 수도 있다. 투자자들이 회사에 자금을 빌려 주고 회사가 미리 정해진 이자를 지불한다는 부채상환에 동의하면, 투자자들은 회사의 채권자가 된다. 이때, 투자자와 회사 상호 간에 이루어진 합의내용을 기록한 문서를 **채권**(bond)이라 하고, 이와 같이 채권을 발행하여 투자자본을 마련하는 방법을 **장기부채자금조달**(long-term debt financing)이라고 한다.

마찬가지로 자기자본도 여러 형태가 존재한다. 예를 들어, 일반 회사의 자기자본은 우선주와 보통주, 두 가지 형태로 구성된다. 투자자들은 회사에 자본을 제공하고, 회사는 투자자들에게 그 대가로 회사의 일정한 소유권을 제공한다.

회사는 파산하지 않는 한, 모든 채권자들이 요구하는 상환금을 정확한 시간에 지급할 의무를 갖는다. 그러므로 재무분석에서 가장 중요한 관심사항은 "어떻게 이러한 부채상환에 대한 요구를 적절하게 대응할 것인가?"를 결정하는 것이다. 이를 위해서 회사의 경영활동에서 부채(재무레버리지) 사용의 정도를 우선 다음과 같이 검토한다.

- 자산 취득을 위한 부채사용의 정도를 파악하기 위해 재무상태표를 검토한다.
- 영업이익이 발생된 고정비용(부채이자)을 상환하는 정도를 파악하기 위해 손익계산서를 검토한다.

부채비율(debt ratio)과 **이자보상비율**(times-interest-earned ratio)은 회사의 장기채무 상환능력을 보여주는 핵심적인 지표로써 부채관리분석(debt management analysis)의 대표적인 재무비율이다.

부채비율

부채비율(debt ratio)은 총자산에 대한 총부채의 비율로 정의되며, 자산의 일정부분이 부채로 구성되어 있음을 알려준다.

$$부채비율 = \frac{총부채}{총자산} \tag{13.1}$$

㈜ABC의 20×1년도 부채비율을 계산하면 다음과 같다.

$$부채비율 = \frac{1,587,549}{4,057,394} = 39.13\%$$

부채는 유동부채와 장기부채로 구성된다. 만일 부채비율이 '1' 이면, 회사는 모든 자산을 부채만 사용하여 취득했다는 의미이다. 20×1년도 12월 31일 ㈜ABC의 부채비율은 39.13%이므로 ㈜ABC의 총자본 중 약 40%는 부채라는 의미이다. 채권자들은 일반적으로 부채비율이 낮은 것을 선호한다. 그 이유는 부채비율이 낮을수록, 회사를 청산할 때 채권자들의 손실을 막을 수 있는 가능성이 더욱 커지기 때문이다. 만일 이미 막대한 부채를 지고 있는 회사가 추가로 자금을 융자하고자 한다면, 이러한 부채는 회사 경영에 매우 큰 부담이 될 것이다. 그러므로 이러한 회사가 추가로 융자를 해야 할 경우에 채권자들은 자신들의 위험을 보호하기 위해 회사에 더 높은 이자를 요구할 것이다. 재무레버리지를 자본에 대한 부채비율로 나타낼 수도 있다.

$$부채-자본비율 = \frac{장기부채}{총자본} \tag{13.2}$$

만일 이 비율이 1 이상이라면 자본조달의 많은 부분이 부채를 통해서 이루어졌음을 의미하고, 반대로 1 이하라면, 기본적으로 자기자본을 통해 자산이 취득되었음을 의미한다. ㈜ABC의 20×1년 부채-자기자본비율은 0.299로 자산의 70% 정도는 자기자본으로 취득하였음을 알 수 있다.

$$부채-자본비율 = \frac{738,488}{2,469,845} = 0.2990$$

이자보상비율

회사의 장기부채 상환능력을 보여주는 가장 일반적인 척도가 **이자보상비율**(times-interest-earned ratio)이다. 이자보상비율은 이자와 세금을 지불하기 이전의 수익(earnings before interest and income taxes: EBIT)을 연간 지불이자금액으로 나누어 구한다. ㈜ABC는 약속어음과 장기채권에 대한 장기부채 738,488만원에 대한 지불이자로 5,380만원이 발생하였다. 그러므로 이자보상비율은 아래와 같다.

$$\text{이자보상비율} = \frac{819{,}857}{5{,}380} = 152.39(\text{배})$$

이 비율은 얼마나 영업이익이 줄어들면, 회사가 부채에 대한 지불이자를 상환할 수 없는 상태가 되는가를 파악할 수 있는 척도이다. 이자 상환을 하지 못하게 되면 채권자는 법적 조치를 취하게 되는데, 일반적으로 이 경우 회사는 파산한다. 여기서 주목할 것은 분자를 당기순이익이 아닌 이자와 세금을 지불하기 이전의 소득(EBIT)을 사용한 것이다. ㈜ABC는 세전 수익으로 이자를 지불하기 때문에 이자를 지불할 수 있는 능력은 소득세에 영향을 받지 않는다. 이는 모든 이자를 지불한 후에 남은 소득에 대해서만 소득세가 부과되기 때문이다. ㈜ABC의 20×1년도의 이자보상비율은 약 150배이다.

13.3.2 유동성분석(Liquidity Analysis)

유동부채 채권자들 또한 회사의 부채수준에 관심을 갖는다. 유동부채 채권자는 부채가 상환기간 내에 어김없이 상환되기를 원하므로, 회사의 현금흐름과 운전자본에 주된 관심을 갖는다. 이 이유는 현금흐름과 운전자본이 미래에 회사의 주요한 자금출처이기 때문이다. 유동부채를 초과하는 유동자산의 가치를 **운전자본**(working capital)이라 하는데, 이는 유동부채의 상환요구에 대응하기 위하여 확보할 수 있는 자산의 유동성의 정도를 나타낸다. 그러므로 일반적으로 운전자본이 크면 클수록, 회사의 유동부채 상환능력은 더 크다고 할 수 있다. 이러한 재무비율분석을 **유동성분석**(liquidity analysis)이라고 한다.

유동비율

유동비율(current ratio)은 유동자산을 유동부채로 나누어 구한다.

$$유동비율 = \frac{유동자산}{유동부채} \qquad (13.3)$$

㈜ABC의 20×1년도 유동비율은 다음과 같다.

$$유동비율 = \frac{3,276,792}{684,286} = 4.79(배)$$

회사가 재정적 어려움에 처하면, 회사는 외상매입금의 상환을 좀 더 늦추거나, 은행으로부터 자금을 융자하는 등의 방법을 동원한다. 그러나 유동부채가 유동자산보다 훨씬 빠르게 증가하게 되면 유동비율은 줄어들게 되고, 회사는 결국 재정적인 어려움에 직면할 수밖에 없다. 그렇다면 최소한 유동비율은 어느 정도를 유지하여야 하겠는가? 산업의 특성에 따라 각각 다르지만, 2 대 1 정도가 일반적으로 기대하는 최소비율이라고 한다. 그러나 유동비율은 자산의 구성에 따라 그 의미가 크게 달라지므로 이 비율은 예외의 경우가 많이 존재한다.

당좌비율

회사의 유동부채 상환능력을 나타내는 다른 척도로 당좌비율(quick ratio, acid test ratio)이 사용된다. 이는 만일 회사의 유동부채를 일시에 한꺼번에 상환할 능력이 있는지 여부를 알려준다. 이는 유동자산에서 재고자산을 제외한 나머지 유동자산을 유동부채로 나누어 구한다.

$$당좌비율 = \frac{유동자산-재고자산}{유동부채} \qquad (13.4)$$

㈜ABC의 20×1년도 당좌비율은 다음과 같다.

$$당좌비율 = \frac{3,276,792-396,607}{684,286} = 4.21(배)$$

당좌비율은 유동자산 중 재고처분에 의존하지 않고, 유동부채 상환에 대한 요구에 대응할 수 있는 능력을 측정하는 척도이다. 재고는 일반적으로 회사의 유동자산 중 유동화가 가장 오래 걸리는 자산이다. 그러므로 청산할 경우

재고는 가장 큰 손실요소가 된다. ㈜ABC의 20×1년도 유동비율은 4.79이고 당좌비율이 4.21이므로, 매우 안정된 유동성을 확보하고 있다. 다시 말하면, 전체 유동자산 3,276,792만원 중 396,607만원(12.1%)만 재고자산으로 유동자산 중에 재고자산이 차지하는 비율이 매우 적은 편이라고 할 수 있다.

13.3.3 자산관리분석(Asset Management Analysis)

재고를 판매할 능력과 외상매출금을 회수할 수 있는 능력은 회사경영의 효율성과 직결된다. 그러므로 투자자들의 지대한 관심은 "재무상태표에 기록된 각종 자산항목들의 총액이 현재 또는 미래의 매출액을 고려할 때 적정하다고 할 수 있는가?"이다. 이 같은 질문에 대한 답을 찾으려면, 회사의 효과적 자산관리능력을 측정할 수 있는 세 가지 재무비율을 고려해야 한다: (1) 재고회전율, (2) 외상매출회전율, (3) 총자산회전율.

모든 자산의 취득은 자본지출을 요구한다. 만약 회사가 과도한 자산을 보유하고 있다면 이 회사의 자본비용은 매우 높을 것이고 그 결과로 인하여 이익은 감소하게 될 것이다. 반면에 회사가 너무 적은 자산으로 운영된다면, 이 회사는 수익성 있는 사업기회를 잃을 가능성이 매우 높아진다.

재고회전율

재고회전율(inventory turnover ratio)은 재고자산이 1년에 몇 번이나 당좌자산(현금 또는 외상매출금)으로 전환되었는가를 측정한다. 이 비율은 총수익을 평균재고량으로 나누어 구한다. 여기서 평균재고량은 기초재고량과 기말재고량의 평균값을 의미한다. ㈜ABC의 20×1년도 기초재고량이 318,479만원이고, 기말재고량이 396,607만원이므로 ABC회사의 평균재고량은 357,543만원이다. 그러므로 ㈜ABC의 20×1도 재고회전율은 다음과 같다.

$$\text{재고회전율} = \frac{\text{총수익}}{\text{평균재고량}} \tag{13.5}$$

$$= \frac{3{,}237{,}693}{357{,}543} = 9.06(\text{회})$$

㈜ABC는 20×1년도에 재고를 팔고, 다시 채우는 과정을 9.06회 반복한 것이라 볼 수 있다. 재고회전율 9.06회는 같은 기간 동안 동종 산업계의 평균 재고회전율과 비교함으로써 그 효율성을 가늠할 수 있다. 가령, 이 평균재고회전율이 7.2회라면 ㈜ABC의 재고회전율이 조금 빠른 것이다. 다시 말하면, 경쟁사들이 상대적으로 ㈜ABC보다 과도한 재고량을 유지하면서 사업을 하였다는 사실을 의미하는 것으로 과도한 재고량은 비생산적인 투자이며 이는 궁극적으로 낮은 투자수익률이라는 결과를 얻게 된다.

외상매출회전율

외상매출회전율(account receivable turnover ratio)은 회사의 외상매출금이 1년에 몇 번이나 현금으로 회수되는지를 측정한다. 외상매출회전율(평균회수기간이라고도 함)은 외상매출금을 일일 평균매출액으로 나누어 얻게 된다. 달리 표현하면 이 비율은 회사가 제품을 판매하고 현금으로 회수하는 데 걸리는 시간을 의미한다. ㈜ABC의 20×1년 외상매출회전율은 다음과 같다.

$$\text{외상매출회전율} = \frac{\text{외상매출금}}{\text{평균 일매출}} = \frac{\text{외상매출금}}{\text{연간 총수익}/365} \tag{13.6}$$

$$= \frac{590{,}568}{3{,}237{,}693/365} = \frac{590{,}568}{8{,}807}$$

$$= 66.58(\text{일})$$

그러므로, ㈜ABC는 20×1년도에 외상판매를 현금으로 회수하는데 평균 66.58일이 걸렸고, 이 ㈜ABC의 외상매출회전율이 좋고 나쁨은 회사가 고객에게 제공한 지불조건에 의해 결정된다. 만일 지불조건이 90일이라면, ABC 회사의 고객들은 평균적으로 요구된 기한보다 빨리 외상금액을 지불했다는 것을 알 수 있다. 일반적으로 고객들은 그들의 운전자금 상태를 향상시키기 위해서 외상매출금에 대한 지불조건이 허락하는 한도 내에서는 외상대금의 지불을 최대한 늦추려고 할 것이다. 외상매출금 회수기간이 길어지는 것은 고객들이 자금문제에 직면해 있거나, 혹은 회사의 외상판매에 대한 관리가 잘못되었음을 알려주는 신호일 수도 있다.

총자산회전율

총자산회전율(total asset turnover ratio)은 회사가 매출을 위해 자산을 얼마나 효과적으로 사용하였는지를 측정하는 재무비율이다. 즉, 기업이 보유하고 있는 총자산이 1년 동안 몇 번 회전되었는가를 나타낸다. 이는 회사의 총자산에 대한 총수익의 비율로 표시된다. 20×1년도 ㈜ABC의 총자산회전율은 다음과 같다.

$$\begin{aligned} \text{총자산회전율} &= \frac{\text{총수익}}{\text{총자산}} \qquad (13.7) \\ &= \frac{3,237,693}{4,057,394} \\ &= 0.80(\text{회}) \end{aligned}$$

㈜ABC의 총자산회전율은 0.80회로 산업계의 평균인 0.90회보다 11.11% 더 느리다. 이는 ㈜ABC가 다른 경쟁사보다 자산을 11.11% 덜 효과적으로 사용하였음을 의미한다. 만일 ㈜ABC의 총자산회전율이 증가하지 않는다면, ㈜ABC는 상대적으로 재고 혹은 플랜트와 장비 등에 많은 투자를 한다고 볼 수 있다.

13.3.4 수익성분석(Profitability Analysis)

모든 사업의 가장 중요한 목표 중 하나는 이익을 실현하는 것이다. 지금까지 위에서 언급한 비율들은 기업의 경영 효율성을 파악하는 데 유용한 정보를 제공하지만 기업의 수익성을 보여주지는 못한다. 수익성분석(profitability analysis)에 이용되는 재무비율은 유동성, 자산관리, 부채 등이 경영활동의 결과에 미치는 결합효과를 보여주므로 이러한 비율들은 경영의사결정에 매우 큰 영향을 미친다.

매출이익률

당기순이익을 총수익으로 나누어 구하는 매출이익률(net profit margin on sale)은 단위당 매출액에 대한 순이익을 나타낸다. ㈜ABC의 20×1년도 매출이익률은 다음과 같다.

$$\text{매출이익률} = \frac{\text{보통주 투자자의 순이익}}{\text{총수익} } \qquad (13.8)$$

$$= \frac{723,748}{3,237,693} = 22.35(\%)$$

㈜ABC의 매출이익은 매출액 100원당 22.35원이다. 이는 산업계 평균 매출이익률인 16.8%보다 높으며, 이러한 차이는 ㈜ABC가 다른 경쟁회사보다 경영효율성이 높다는 것을 의미한다. 당기순이익은 세후 소득이므로 만일 두 회사의 매출액, 운영비, 세전 소득 등이 동일한 상태에서 한 회사가 다른 회사보다 부채가 더 많다면, 이는 더 많은 이자를 지불해야 한다는 것을 의미한다. 매출액은 동일한 상태에서 이러한 이자 부담은 당기순이익을 감소시키기 때문에 결과적으로 매출이익률이 하락하게 된다.

총자산이익률

총자산이익률(return on total asset: ROA)은 이익을 위해 총자산을 얼마나 효율적으로 이용하였는가를 나타내는 재무비율이다. 총자산에 대한 당기순이익의 비율은 세금과 이자를 공제한 후의 총자산에 대한 수익성을 측정하는 지표이다. ㈜ABC의 20×1년도 총자산이익률은 다음과 같다.

$$\text{총자산이익률} = \frac{\text{당기순이익+이자비용(1-세율)}}{\text{평균 총자산}} \qquad (13.9)$$

$$= \frac{723,748+5,380(1-0.20)}{(2,487,392+4,057,394)/2} = 22.25(\%)$$

당기순이익에 이자지불액을 합하면 이는 회사의 모든 자산이 자기자본에 의하여 취득되었다는 가정 하에서 얻은 소득과 같다(이 회사의 20×1년도 실질 법인세율은 20%라고 가정하자). 이렇게 수정된 소득을 사용하면 부채규모가 다른 회사들의 총자산이익률과 비교가 가능하다. ㈜ABC의 총자산이익률 22.25%는 동종 산업계의 평균 총자산이익률 18.7%보다 높다. ㈜ABC의 높은 총자산이익률은 (1) 기본적으로 회사의 높은 수익력과 (2) 낮은 부채 사용에 기인한다. 이 두 가지는 상대적으로 ㈜ABC의 당기순이익을 높이는 요소로 작용한다.

자기자본이익률

또 다른 수익성의 척도는 보통주에 대한 자기자본이익률(return on equity: ROE)이다. ROE는 당기순이익과 보통주 투자의 관계를 보여주는데, 보통주에 투자된 1원당 당기순이익을 나타낸다. 이 비율은 먼저 당기순이익에서 우선주에 할당되는 배당금을 제외하고 나머지(이를 보통주 투자자의 순이익이라 함)를 당해 연도의 평균 보통주 총액으로 나누어 구한다. 평균 보통주 총액은 기초와 기말 보통주 총액을 평균하여 얻는다. 20×1년도 기초와 기말의 ㈜ABC 보통주 총액은 각각 1,768,135만원과 2,469,845만원이므로 20×1년도 평균 보통주 총액은 2,118,990만원이 된다. 그러므로 ㈜ABC의 20×1년도 자기자본이익률은 다음과 같이 계산된다.

$$\text{자기자본이익률(ROE)} = \frac{\text{보통주 투자자의 순이익}}{\text{평균 보통주 총액}} \qquad (13.10)$$

$$= \frac{723{,}748}{(1{,}768{,}135+2{,}469{,}845)/2}$$

$$= \frac{723{,}748}{2{,}118{,}990} = 34.16\%$$

㈜ABC의 20×1년도 자기자본이익률은 34.16%이다.

그렇다면 ROE를 높이기 위해서 어떠한 경영전략이 필요할까? 이를 알아보기 위해 ROE를 구하는 식을 아래와 같이 3가지 요소로 나누어 보자. 식 (13.11)에서 보는 바와 같이, ROE는 (1) 매출이익률, (2) 총자산회전율, (3) 재무레버리지의 세 가지 핵심요소로 구성된다.

$$\text{ROE} = \frac{\text{보통주 투자자의 순이익}}{\text{평균 보통주 총액}} \qquad (13.11)$$

$$= \left(\frac{\text{보통주 투자자의 순이익}}{\text{총수익}}\right) \times \left(\frac{\text{총수익}}{\text{총자산}}\right) \times \left(\frac{\text{총자산}}{\text{평균 보통주 총액}}\right)$$

$$\text{ROE} = (\text{매출이익률}) \times (\text{총자산회전율}) \times (\text{재무레버리지})$$
$$= (22.35\%) \times (0.80) \times \left(\frac{4,057,394}{2,118,990}\right)$$
$$= 34.24\%^{5)}$$

위 식은 ROE 관리를 위한 3가지 핵심 재무비율의 존재를 알려준다. (1) 매출에 의한 이익(매출이익률), (2) 투입된 자산의 단위당 수익(총자산회전율), (3) 경영활동에 필요한 자산취득을 위해 투입된 자기자본의 양(재무레버리지).

그림 13.9를 보면, 자기자본에 대한 부채비율이 자기자본이익률에 미치는 영향을 알 수 있다.

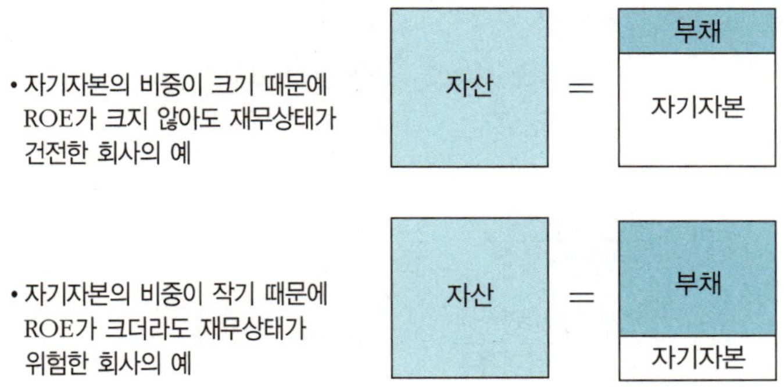

그림 13.9 | 자기자본-부채비율이 자기자본이익률에 미치는 영향

13.3.5 시장가치분석(Market Trend Analysis)

주식을 매입하려고 할 때, 기업의 주식가치를 평가하는 가장 주요한 평가요소는 무엇인가? 투자자들은 주식을 구매하는 것은 일반적으로 자신의 투자를 통하여 수익을 얻고자 하는 것이 그 목적이다. 주식을 통한 수익은 다음의 두 가지 종류로 나눌 수 있다. (1) 시세차익-매입가격과 다른 가격으로 주식을 매도하여 얻은 소득(혹은 손실), (2) 배당금-주식소유자에게 할당되는 정기적

5) 앞에서 구한 수치(34.16%)와 다른 것은 반올림오차(round-off error)에 의한 것이다.

이익. 주가이익률(price-earnings ratio: P/E비율), 주당순자산(book value per share), 시가-장부가비율(market-book ratio) 등이 시장가치비율에 속한다.

이러한 비율들은 과거와 미래의 경영성과에 대한 투자자들의 평가에 관한 정보를 기업경영자들에게 제공한다. 만일 기업의 자산과 부채관리가 건전하고 이익이 증가하면, 시장가치비율은 커지고 또한 주가도 상승할 것이다. 시장가치분석(market-value-analysis)은 기업의 재무상태와 경영성과에 대한 투자자들의 평가를 나타내는 재무비율분석이다.

주가이익률

주가이익률(P/E비율)은 단위당 당기순이익에 대하여 투자자들이 지불하고자 하는 금액을 나타낸다. ㈜ABC의 20×1년 12월의 주가가 43,220원이라고 가정하면, 주당이익(earning per share: EPS)은 5,859원이고 주가이익률은 7.38이다.

$$\text{EPS} = \frac{\text{당기순이익}}{\text{보통주식수} } \tag{13.12}$$

$$= \frac{723,748(\text{만원})}{123.539(\text{만주})} = 5,859(\text{원})$$

$$\text{P/E비율} = \frac{\text{주당가격}}{\text{EPS}} \tag{13.13}$$

$$= \frac{43,220(\text{원})}{5,859(\text{원})} = 7.38$$

여기서 주가이익률(P/E비율) 7.38은 ㈜ABC의 주식이 주당이익(EPS)의 7.38배에 팔렸다는 의미이다. 일반적으로 다른 모든 경영조건들이 동일하다면 미래성장성이 높은 회사의 주가이익률이 그렇지 않은 회사의 주가이익률보다 상대적으로 높은 것이 일반적이다.

㈜ABC는 향후 5년 동안 연간 영업이익증가율을 16%로 기대하고 있다. ㈜ABC의 증가율이 해당 산업계의 평균증가율 7.14%보다 훨씬 크기 때문에, 투자자들은 동종업계의 다른 회사 주가보다 ㈜ABC의 주가에 높은 가치를

줄 것이라고 판단할 수 있다. 그러나, 예상했던 기대성장률에 미치지 못할 가능성도 존재하므로, 높은 주가이익률을 보이는 주식들은 높은 위험도 동시에 가진다고 볼 수 있다. 그러므로 이러한 회사가 약간의 만족스럽지 못한 수익성을 보이는 경우에도 상당한 주가하락을 초래할 수도 있다.

주당순자산

투자된 보통주의 안전성을 평가하는 또 다른 척도로 자주 사용되는 것이 주당순자산 비율이다. 주당순자산(혹은 주당장부가, book value per share)은 회사의 모든 자산이 재무상태표상의 금액으로 처분되고 모든 부채가 상환된 후에 보통주에 할당되는 금액이다. ㈜ABC의 20×1년 주당순자산은 다음과 같이 계산된다.

$$\text{주당순자산} = \frac{\text{총자기자본} - \text{우선주}}{\text{보통주식수} } \tag{13.14}$$

$$= \frac{2{,}469{,}845(\text{만원}) - 0}{123.539(\text{만주})} = 19{,}994(\text{원})$$

$$\text{시가} - \text{장부가비율} = \frac{\text{주당가격}}{\text{주당순자산}} \tag{13.15}$$

$$= \frac{43{,}220}{19{,}994(\text{원})} = 2.16(\text{배})$$

만약 이 주당순자산을 연간 보고서 작성시점의 시장가격 43,220원과 비교한다면, 이 주식의 시장가격이 주당순자산(장부가)의 2.16배 더 높게 평가된 것을 알 수 있다. 여기서 주목할 것은 시장가격은 미래 수익과 배당금에 대한 기대치를 반영하는 반면, 장부가격은 과거에 발생한 경영활동의 결과를 반영한다. 그러므로 주식의 시장가격은 일반적으로 장부가격을 초과하는 경향을 갖는다.

지금까지 재무분석에 이용되는 여러 가지 재무비율을 살펴보았지만, 실제로 사용되는 재무비율은 이보다 훨씬 다양하다. 또한, 동일한 이름의 경우라도 분석의 목적에 따라 다르게 계산되기도 하기 때문에 보고서에 따라 계산된 수치가 약간 다를 수도 있다는 점도 참고로 알아두기 바란다.

표 13.5 ▎ 주요 재무비율 요약

분류	계산식	비고
부채관리 분석	• 부채비율 = $\frac{\text{총부채}}{\text{총자산}}$ • 부채-자본비율 = $\frac{\text{장기부채}}{\text{총자본}}$ • 이자보상비율 = $\frac{\text{EBIT}}{\text{지불이자}}$	부채비율은 여러 다른 형태로 측정될 수 있음. EBIT: 이자와 세금지불전수익
유동성분석	• 유동비율 = $\frac{\text{유동자산}}{\text{유동부채}}$ • 당좌비율 = $\frac{\text{유동자산}-\text{재고자산}}{\text{유동부채}}$	
자산관리 분석	• 재고회전율 = $\frac{\text{총수익}}{\text{평균재고량}}$ • 외상매출회전율 = $\frac{\text{외상매출금}}{\text{평균 일매출}} = \frac{\text{외상매출금}}{\text{연간 총수익}/365}$ • 총자산회전율 = $\frac{\text{총수익}}{\text{총자산}}$	총수익을 매출원가로 대체하여 비율을 계산할 경우도 있음. 총자산을 평균자산으로 하여 계산하는 경우도 있음
수익성분석	• 매출이익률 = $\frac{\text{보통주 투자자의 순이익}}{\text{총수익}}$ • 총자산이익률 = $\frac{\text{당기순이익}+\text{이자비용}(1-\text{세율})}{\text{평균 총자산}}$ • 자기자본이익률 = $\frac{\text{보통주 투자자의 순이익}}{\text{평균 보통주 총액}}$	
시장가치 분석	• P/E비율 = $\frac{\text{주당가격}}{\text{주당이익}}$ • 주당순자산 = $\frac{\text{총자기자본}-\text{우선주}}{\text{보통주식수}}$	P/E비율: 주가이익률

13.3.6 경영의사결정에서 재무비율의 한계

경영의사결정은 매우 불확실한 현실에서 이루어지기 때문에, 재무비율분석이 매우 유용하기는 하지만 그 유용성의 한계를 갖는다. 이해를 돕기 위하여 경영의사결정에 있어서 재무비율분석의 유용성과 의사의 체온계의 유용성을 비교하여 생각해보자. 어느 환자의 체온이 38°C라면, 이 환자의 건강상태가 정상이 아니라는 사실은 바로 알 수 있다. 그러나, 이러한 높은 체온의 원인이 무엇인지 혹은 어떠한 치료를 해야 하는지를 알려주지는 못한다. 바꾸어 말하면, 재무비율분석이 유용하기는 하지만, 모든 것을 알려주지는 못한다는 것이다. 그러므로, 회사는 끊임없이 변화하는 시장 상황을 파악하고 필요에 따라 이에 적절하게 대응해야 한다. 또한 특정한 재무비율이 '좋다' 혹은 '나쁘다' 라고 일반화하여 결론을 내리는 것도 적절하지 않다. 예를 들어, 높은 유동비율을 갖는다는 것은 좋은 것이기는 하지만, 단지 이를 위하여 과도하게 많은 현금을 은행에 쌓아놓기만 하는 것은 절대 바람직한 자본운영이라고 할 수 없다.

또한, 1년 단위의 비율분석이 실질적인 경영상태를 전부 반영하고 있다고 할 수도 없다. 재무비율의 절대적 수준을 분석하는 것뿐만 아니라 그 경향을 분석하는 것 또한 매우 중요하기 때문이다. 이러한 재무비율의 경향분석은 향후 재무상태가 좋아질 것인지 아니면 나빠질 것인지를 알려주는 실마리를 제공하기 때문이다. 경향분석은 복잡한 것이 아니라 단순히 시간 축에 재무비율들을 대응시켜 작성하여 분석하는 것이다.

많은 엔지니어들이 기술적 분야에는 탁월한 재능을 겸비하고 있지만 회계나 재무비율분석에는 익숙하지는 않을 것이다. 그러나, 앞으로 현실에서 실질적인 여러 형태의 경영의사결정 문제들을 접하게 되면 이러한 재무비율들을 자주 접하게 될 것이므로 그 분석 능력을 미리 갖추고 익숙해져야 할 필요가 있다. 여기서 강조하고 싶은 것은 회계는 기업의 언어이고 엔지니어인 독자들은 이러한 기업의 언어를 자주 사용하여 익숙해져야 한다. 이를 통하여 기업경영에 관한 유익한 통찰력을 얻을 수 있고, 기업경영에 능동적으로 참여할 수 있기 때문이다.

13.4 요약

- 본 장의 목적은 (1) 기본적인 재무제표, (2) 현금흐름과 수익성에 관한 숨겨진 정보, 또한 (3) 재무제표들을 분석하기 위해 투자자와 경영자들이 이용하는 방법들에 관한 내용들을 이해하는 것이다.
- 경영의사결정을 내리기 이전에 이러한 의사결정이 회사의 재무제표에 미치는 영향을 이해하는 것이 매우 중요하다.
- 연간 보고서에 포함된 세 가지 기본 재무제표는 재무상태표, 손익계산서, 현금흐름표이다. 투자자들은 회사의 위험도, 배당금, 이익 등의 수준에 관한 기대치를 추정하기 위해 이러한 재무제표에서 제공되는 다양한 정보들을 이용한다.
  - **재무상태표**는 특정한 시점에서의 회사의 재무상태를 보여준다.
  - **손익계산서**는 일정기간 동안 회사의 경영결과를 보고하고 주당이익을 보여준다.
  - **현금흐름표**는 회계기간 동안 발생한 운영, 투자, 재무활동이 현금흐름에 미치는 효과를 보여준다.
- 재무비율을 계산하는 목적은 두 가지이다: (1) 동일 산업에 속하는 경쟁회사와 비교하여 회사의 상대적인 장 · 단점을 검토, (2) 회사의 재무상태의 향상 여부를 파악.
  - **부채관리분석**은 (1) 회사의 부채상태, (2) 채무불이행 위험도를 분석한다. 부채비율과 이자보상비율 등이 부채관리분석에 이용되는 재무비율이다.
  - **유동성분석**은 회사의 유동부채에 대한 유동자산의 비율로 유동부채의 상환능력을 보여준다. 유동비율과 당좌비율이 이에 속한다.
  - **자산관리분석**은 회사가 자산을 얼마나 효과적 관리하고 있는지를 분석한다. 주요 재무비율로 재고회전율, 외상매출회전율, 총자산회전율 등이 있다.
  - **수익성분석**은 유동성, 자산관리, 부채관리 등과 관련된 경영정책의 결

합효과가 운영결과에 미치는 영향을 보여준다. 수익성비율의 종류는 매출이익률, 총자산이익률, 자기자본이익률 등이 있다.

– **시장가치분석**은 회사의 주가를 회사의 수익과 주당 장부가격에 연계하여 고려한다. 이는 회사 경영자들에게 시장의 투자자들이 그 회사의 과거와 미래의 경영실적에 관하여 어떻게 생각하고 있는지에 대한 정보를 제공한다. 주가이익률과 주당순자산이 이 비율에 속한다.

• 시간 경과에 따른 재무비율의 추세분석은 재무비율의 향상성 여부를 파악할 수 있으므로 매우 중요하다.

연습문제

재무제표

13.1 아래의 항목들은 재무제표와 관련된 용어들이다.

• 재무상태표 • 손익계산서
• 현금흐름표 • 영업활동
• 투자활동 • 재무활동
• 자사주계정 • 자본계정

위의 8가지 항목 중에서 아래에 기술된 내용에 가장 적합한 용어를 선택하여 괄호 안에 적어 넣어라.

• 외부 투자자가 기업의 수익성을 판단하기 위한 정보를 얻기 위해 참고해야 하는 중요한 재무보고서는 ( )이다.
• ( )에 보고된 유보잉여금은 투자자들에게 배당되지 않고 기업이 보유한 이익이다.
• 일정기간 동안 발생한 기업의 현금유입 및 유출을 나타내는 재무제표는 ( )이다.
• 기업의 현금흐름표는 다음과 같은 세 가지 활동으로 구성된다. ( ), ( ), ( ).
• 기업에서 주식을 발행하였을 때, 액면가 이상의 수입은 재무상태표의 ( )에 나타난다.

13.2 아래의 항목은 재무비율분석과 관련된 용어들이다.

• 주당순자산 • 재고회전율
• 부채-자기자본 비율 • 평균회수기간
• 평균판매기간 • 자기자본이익률
• 주당이익(EPS) • 주가이익률
• 총자산회전율 • 유동비율
• 외상매출회전율

위의 11가지 항목 중에서 아래에 기술된 내용에 가장 적합한 용어를 선택하여 괄호 안을 채워 넣어라.

• ( )은 주가수익률 계산을 위해 사용된 값으로 시장주가 형성에 영향을 끼친다.
• ( )은 당해 연도 이익과 관련하여 주가가 과대 혹은 과소평가되었다는 기준의 자료로 사용된다.
• ( )은 재무상태표상의 모든 자산이 처분되고 모든 채권자들의 채무가 변상된 후 보통주 투자자들에게 배분되는 금액을 측정하는 재무비율이다.
• ( )은 회계기간 동안 외상매출금이 현금으로 회수되는 횟수를 측정하는 척도이다.
• ( )은 자기자본으로 취득된 자산 1원당 부채에 의해 조달된 자산의 가치를 측정한다.
• ( )은 투자자산이 얼마나 잘 관리되고 있는지를 측정하는 재무비율이다.

13.3 다음은 ㈜HY의 재무상태표이다.

㈜HY

재무상태표

2013년 12월 31일	(단위: 만원)
자산:	
현금	₩150,000
단기금융상품	200,000
외상매출금	150,000
재고자산	50,000
선급법인세 및 보험료	30,000
고정자산	600,000
감가상각누적액	100,000
고정자산	500,000
무형자산	20,000
부채 및 자기자본:	
지급어음	₩50,000
외상매입금	100,000
미지급법인세	80,000

장기담보채권	400,000
우선주, 6%, 액면가 100,000원	
(1,000주)	100,000
보통주, 액면가 15,000원	
(10,000주)	150,000
자본잉여금	150,000
유보잉여금	70,000

(ㄱ) 다음 각 항목과 관련된 금액을 결정하여라.

유동자산: (₩)

유동부채: (₩)

운전자본: (₩)

자기자본: (₩)

(ㄴ) 당기순이익이 5억원이라면 주당이익(EPS)을 구하여라.

(ㄷ) ㈜HY가 보통주를 발행했을 때, 이 주식의 주당가격을 계산하여라.

13.4 다음은 ㈜BS철강의 재무상태표와 손익계산서의 일부이다.

재무상태표 (단위: 억원)

	2012	2011
자산		
유동자산	200	100
고정자산	700	600
부채 및 자기자본		
유동부채	90	60
장기부채	550	450

손익계산서, 2012	
수익	2,350
매출원가	1,130
감가상각	420
지불이자	210

(ㄱ) 각 연도의 자기자본총액을 구하여라.

(ㄴ) 각 연도의 순운전자본은 얼마인가?

(ㄷ) 20%의 법인세율을 적용받는다면, 2012년도의 법인세를 계산하여라.

(ㄹ) 2012년도에 영업활동으로부터 발생된 현금흐름을 계산하여라.

재무비율분석

13. 5 동종 업계에 있는 두 회사의 재무정보가 아래와 같다.

(단위: 만원)

항목	애플	오라클
총수익	4,290,500	2,325,300
이자와 세금지불전 수익	1,206,600	846,400
지불이자	0	63,000
세금 지불전수익	1,206,600	783,400
소득세	383,100	224,100
세후수익(당기순이익)	823,500	559,300
부채	1,586,100	2,232,600
자기자본	3,164,000	2,509,000

(ㄱ) 각 회사의 자기자본이익률(ROE)와 총자산이익률(ROA)을 계산하여라.

(ㄴ) 수익성 측면에서 어느 회사가 더 선호되는가?

(ㄷ) 만일 두 회사가 합병된다면, ROE에는 어떤 영향을 미치겠는가? 합병이 타당하려면, 어떠한 조건이 필요하겠는가?

13.6 다음은 어느 주식회사의 손익계산서 정보를 요약한 것이다.

(단위: 만원)

	2012	2011
총수익	465,812	377,639
기초재고	23,131	20,279
매출	51,071	56,614
기말재고	36,610	23,131

(ㄱ) 각 연도의 재고회전율을 계산하여라.

(ㄴ) 위 결과로부터 재고관리와 관련하여 얻을 수 있는 결론은 무엇인가?

13.7 A기업은 B기업보다 부채의 비중이 더 많지만, 두 기업 모두 판매, 운영비용 등의 측면에서 양호한 경영상태를 유지하고 있다. 다음 문항 중에 맞는 것을 선택하여라.

(ㄱ) B기업의 유동비율이 더 높다.

(ㄴ) B기업의 매출이익률이 더 높다.

(ㄷ) 두 기업의 매출이익률은 동일하다.

(ㄹ) B기업의 총자산이익률이 더 높다.

13.8 최근 급성장하고 있는 회사의 주식을 매입하려고 한다. 다음의 재무비율 중에 회사의 성장가능성을 가장 잘 나타내는 것은 어느 것인가

(ㄱ) 부채비율

(ㄴ) 주가이익률(P/E비율)

(ㄷ) 매출이익률

(ㄹ) 총자산회전율

13.9 다음 문항 중에 틀린 것은 어느 것인가?

(ㄱ) 회사가 과도한 부채를 갖고 있는지 여부를 판단하는 가장 빠른 방법은 부채-자기자본비율을 계산해보는 것이다.

(ㄴ) 회사의 유동성을 판단하는 최적의 방법은 유동비율을 계산하는 것이다.

(ㄷ) 투자자의 관점에서 볼 때, 보통주에 대한 자기자본이익률은 투자자들에게 받아들일만한 수익을 주고 있는지의 여부를 판단하는 좋은 지표이다.

(ㄹ) 총수익 대비 당기순이익의 비율을 이용하여 영업이익을 계산할 수 있다.

13.10 다음의 표는 4개의 기업에 대한 2012년도 재무정보를 요약한 것이다. 이 정보를 이용하여 어느 기업이 가장 높은 자기자본이익률을 보였는지 선택하여라.

회사	매출이익률 (%)	자산회전율 (회)	총자산 (백만원)	총자기자본 (백만원)
A	12%	0.5	12,510	4,500
B	5.6%	1.6	6,800	3,250
C	7%	1.3	7,791	4,900
D	10%	0.8	10,368	7,200

13.11 ㈜JC화학의 2012년도 주당이익(EPS)은 8,000원이고, 연말에 주당 4,000원의 배당금을 지급하였다. 또한 주당순자산은 80,000원이고, 이 기간에 회사 내에 유보된 이익잉여금은 240억원이 증가하였다. 지금까지 발행된 우선주는 없으며, 2012년에 보통주를 추가로 발행하지 않았다. 연말의 부채총액이 2,400억원이라고 하면, ㈜JC화학의 연말 부채비율은 얼마인가?

13.12 다음은 어느 대기업의 연말 회계보고서를 요약한 것이다.

손익계산서 (단위: 만원)

회계기간 말	20×1.12.31	20×0.12.31
총수익	6,149,400	5,290,200
매출원가	5,009,800	5,290,200
매출총이익	1,139,600	4,364,100
운영비용		
연구개발비	66,100	4,474
판매 및 일반관리비	730,200	74,314
영업이익	343,300	217,200
이자/세금 지불전 수익	335,000	202,400
지불이자	0	0
세전 수익	335,000	202,400
소득세	71,500	202,400
당기순이익	263,500	143,300
보통주 순이익	263,500	143,300

재무상태표 (단위: 만원)

회계기간 말	20×1.12.31	20×0.12.31
자산		
유동자산		
현금과 현금등가물	1,391,300	1,063,500
단기투자자산	45,200	37,300
외상매출금	1,013,600	854,300
재고자산	130,100	105,100
기타 유동자산	321,900	364,300
총유동자산	2,902,100	2,424,500
장기투자자산	150,300	111,300
공장과 장비	195,300	218,100
영업권	436,500	407,400
무형자산	149,500	169,400
기타 자산	26,200	34,500
총자산	3,859,900	3,365,200
부채		
유동부채		
외상매입금	1,547,400	1,525,700
단기부채	85,100	66,300
기타 유동부채	315,800	304,000
총유동부채	1,948,300	1,896,000
장기부채	514,600	341,700
기타 부채	268,600	260,500
이연 장기부채	351,800	302,900
총부채	3,083,300	2,801,100
자기자본		
우선주	–	–
보통주	1,179,700	1,147,200
유보잉여금	2,474,400	2,211,000
자본잉여금	(2,874,400)	(2,790,400)
기타 자기자본	(7,100)	(3,700)
총자기자본	776,600	564,100

20×1년 1월 말 이 회사의 주가는 134,700원이었고, 발행된 총주식수는 20×1년 말에 모두 194.4만주로 20×1년에 신규로 발행된 주식은 없었다. 실질 법인소득세율은 20×1년에는 21.3%, 20×0년 29.2%이다. 위에 제시된 회계보고서를 이용하여 20×1년도 재무비율(20×1년도)을 계산하고, 이 회사의 재무건전성에 대해 분석하여라.

- 부채비율
- 이자보상비율
- 유동비율
- 당좌비율
- 재고회전율
- 외상매출회전율
- 총자산회전율
- 매출이익률
- 총자산이익률
- 자기자본이익률(보통주)
- 주가이익률
- 주당순자산

13.13 다음은 ㈜서해산업의 손익계산서와 재무상태표의 정보 중 일부이다.

손익계산서 (단위: 만원)

회계기간 말	20×0.12.31
총수익	180,000
(차감) 매출원가	A
매출총이익	90,000
(차감) 운영비용	B
영업이익	C
(차감)지불이자	4,500
세전이익	D
(차감) 소득세	E
당기순이익	F

재무상태표 (단위: 만원)

	20×1.12.31	20×0.12.31
유동자산		
현금	0	
외상매출금	1	16,000
재고자산	2	28,000
총유동자산	3	
공장 및 장비	4	
총자산	5	120,000
유동부채	25,000	
장기채권 10%	6	
총부채	7	
자기자본		
보통주, 액면가 2,500원	8	
유보잉여금	9	
총자기자본	10	
총부채와 자기자본	5	

손익계산서

A	B	C	D	E	F

재무상태표

0	1	2	3	4	5	6	7	8	9	10

아래와 같은 정보를 추가로 얻었다고 할 때, 불완전한 손익계산서와 재무상태표의 빈 칸 수치를 계산하여 완성하여라.

① 위의 재무제표로부터 계산된 재무비율이 다음과 같다.

• 유동비율	2.40배
• 당좌비율	1.12배
• 외상매출회전율	24.33일
• 재고회전율	6.0회
• 부채-자기자본비율	0.875배
• 주가이익률	4,050원
• 총자산이익률	14%

② 회계기간 중의 모든 거래는 외상매출이다.

③ 손익계산서의 지불이자는 모두 채권에 의한 것이다. 회계기간 동안 채권총액의 변동은 없었다.

④ 회계기간 중 보통주의 신규발행이나 자사주 매입은 없었다.

부 록

Appendix

부록 A

- 주요 엑셀재무함수 I
- 주요 엑셀재무함수 II

부록 B

부록 C

- [표 A] 표준화 정규분포 누적확률표: $P(Z \leq z)$
- [표 B] 표준화 정규분포 누적확률표: $P(Z \leq z)$

부록 A

주요 엑셀재무함수 I

<table>
<tr><th colspan="2">함수설명</th><th>엑셀재무함수</th><th>예제</th><th>풀이</th></tr>
<tr><td rowspan="2">단일
현금흐름</td><td>탐색: F
조건: P</td><td>=FV(i%, N, 0, P)</td><td>이자율이 연 8%일 때, 현재 500만원의 5년후 미래가치</td><td>=FV(8%,5,0,−500)
=734.66</td></tr>
<tr><td>탐색: P
조건: F</td><td>=PV(i%, N, 0, F)</td><td>이자율이 연 16%일 때, 10년후 1,300만원의 현재가치</td><td>=PV(16%,10,0,−1300)
=294.69</td></tr>
<tr><td rowspan="4">동일
자금열</td><td>탐색: F
조건: A</td><td>=FV(i%, N, A)</td><td>이자율이 연 6%일 때, 12년의 연간 동일자금열 200만원의 미래가치</td><td>=FV(6%,12,−200)
=3,373.99</td></tr>
<tr><td>탐색: P
조건: A</td><td>=PV(i%, N, A)</td><td>이자율이 연 8%일 때, 5년의 연간 동일자금열 900만원의 현재가치</td><td>=PV(8%,5,−900)
=3,593.44</td></tr>
<tr><td>탐색: A
조건: P</td><td>=PMT(i%, N, P)</td><td>이자율이 연 9%일 때, 25,000만원(P)의 상환을 위한 5년의 연간상환금</td><td>=PMT(9%,5,−25000)
=6,427.31</td></tr>
<tr><td>탐색: A
조건: F</td><td>=PMT(i%, N, 0, F)</td><td>이자율이 연 7%일 때, 3년후 50,000만원(F)의 적립을 위한 연간적립금</td><td>=PMT(7%,3,0,−50000)
=15,552.58</td></tr>
<tr><td rowspan="3">투자가치
측정</td><td>탐색: NPW
조건: 자금열</td><td>=NPV(i%, series)</td><td rowspan="3">이자율이 연 12%일 때, 아래의 현금흐름을 갖는 투자대안을 고려하자.
<table><tr><th></th><th>A</th><th>B</th></tr><tr><td>1</td><td>연말</td><td>현금흐름</td></tr><tr><td>2</td><td>0</td><td>−200</td></tr><tr><td>3</td><td>1</td><td>150</td></tr><tr><td>4</td><td>2</td><td>300</td></tr><tr><td>5</td><td>3</td><td>250</td></tr></table></td><td>=NPV(12%,B3:B5)+B2
=351.03</td></tr>
<tr><td>탐색: IRR
조건: 자금열</td><td>=IRR(values,guess)</td><td>=IRR(B2:B5,10%)
=89%</td></tr>
<tr><td>탐색: AE
조건: 자금열</td><td>=PMT(i%, N, NPW)</td><td>=PMT(12%,3,−351.03)
=146.15</td></tr>
</table>

주: 엑셀재무함수에 양수로 현금흐름을 입력하면, 출력되는 값은 음수로 표현된다.

주요 엑셀재무함수 Ⅱ

함수설명		엑셀재무함수	예제	풀이
대부분석 함수	동일상환금	=PMT(*i*%,*N*,*P*)	융자금 10,000만원을 연간 9%의 이자율로 48개월 동안 상환할 때, 월간 동일상환금	=PMT(9%/12,48,10000) =(248.45)
	이자상환분	=IMPT(*i*%,*n*,*N*,*P*)	10번째 상환금 중 이자상환분	=IPMT(9%/12,10,48,10000) =(62.91)
	원금상환분	=PPMT(*i*%,*n*,*N*,*P*)	10번째 상환금 중 원금상환분	=PPMT(9%/12,10,48,10000) =(185.94)
	누적 이자상환금	=CUMIMPT((*i*%,*N*, *P*, start_period, end_period,type)	48개월 동안 누적된 이자상환금총액	=CUMIPMT(9%/12,48,10000,1,48,0)=(1,944.82) (type 0 →연말상환, 1 →연초상환)
	이자율	=RATE(*N*,*A*,*P*,*F*)	조건이 다음과 같을 때, 명목이자율(APR)은 얼마인가? ■융자금: 10,000(만원) ■상환기간: 60(개월) ■월상환금: 207.58(만원).	=RATE(60,207.58,−10000) =0.7499% APR = 0.7499%×12 = 9%
	상환횟수	=NPER(*i*%,*A*,*P*,*F*)	조건이 다음과 같을 때, 완전상환을 위해 필요한 기간은? ■융자금: 10,000(만원) ■APR: 12% ■월상환금: 200(만원).	= NPER(12%/12,200,−10000) = 69.66 (개월)
감가상각 함수	정액법	=SLN(cost, salvage, life)	초기투자 = 100,000만원 잔존가치 = 없음 내용연수 = 5년 연간 감가상각액?	= SLN(100000,0,5) = 20,000(만원)
	정률법(DB*)	=DB(cost, salvage, life, period)	초기투자 = 100,000만원 잔존가치 = 5,000만원 내용연수 = 5년 3년말 감가상각액?	= DB(100000,5000,5,3) = 13,539(만원)

cost (*I*) 자산의 초기비용; salvage (*S*) 잔존가치; life (*N*) 내용연수; Period (*n*) 내용연수 내의 임의의 기간
*Declining-Balance Method

부록 B

	이자계수표 (0.25%)								
	단일 현금흐름		동일 자금열				등차 자금열		
N	복리할증 계수 (F/P,i,N)	복리할인 계수 (P/F,i,N)	미래가치 계수 (F/A,i,N)	감채기금 계수 (A/F,i,N)	현재가치 계수 (P/A,i,N)	자본회수 계수 (A/P,i,N)	연간등가 계수 (A/G,i,N)	현재가치 계수 (P/G,i,N)	N
1	1.0025	0.9975	1.0000	1.0000	0.9975	1.0025	0.0000	0.0000	1
2	1.0050	0.9950	2.0025	0.4994	1.9925	0.5019	0.4994	0.9950	2
3	1.0075	0.9925	3.0075	0.3325	2.9851	0.3350	0.9983	2.9801	3
4	1.0100	0.9901	4.0150	0.2491	3.9751	0.2516	1.4969	5.9503	4
5	1.0126	0.9876	5.0251	0.1990	4.9627	0.2015	1.9950	9.9007	5
6	1.0151	0.9851	6.0376	0.1656	5.9478	0.1681	2.4927	14.8263	6
7	1.0176	0.9827	7.0527	0.1418	6.9305	0.1443	2.9900	20.7223	7
8	1.0202	0.9802	8.0704	0.1239	7.9107	0.1264	3.4869	27.5839	8
9	1.0227	0.9778	9.0905	0.1100	8.8885	0.1125	3.9834	35.4061	9
10	1.0253	0.9753	10.1133	0.0989	9.8639	0.1014	4.4794	44.1842	10
11	1.0278	0.9729	11.1385	0.0898	10.8368	0.0923	4.9750	53.9133	11
12	1.0304	0.9705	12.1664	0.0822	11.8073	0.0847	5.4702	64.5886	12
13	1.0330	0.9681	13.1968	0.0758	12.7753	0.0783	5.9650	76.2053	13
14	1.0356	0.9656	14.2298	0.0703	13.7410	0.0728	6.4594	88.7587	14
15	1.0382	0.9632	15.2654	0.0655	14.7042	0.0680	6.9534	102.2441	15
16	1.0408	0.9608	16.3035	0.0613	15.6650	0.0638	7.4469	116.6567	16
17	1.0434	0.9584	17.3443	0.0577	16.6235	0.0602	7.9401	131.9917	17
18	1.0460	0.9561	18.3876	0.0544	17.5795	0.0569	8.4328	148.2446	18
19	1.0486	0.9537	19.4336	0.0515	18.5332	0.0540	8.9251	165.4106	19
20	1.0512	0.9513	20.4822	0.0488	19.4845	0.0513	9.4170	183.4851	20
21	1.0538	0.9489	21.5334	0.0464	20.4334	0.0489	9.9085	202.4634	21
22	1.0565	0.9466	22.5872	0.0443	21.3800	0.0468	10.3995	222.3410	22
23	1.0591	0.9442	23.6437	0.0423	22.3241	0.0448	10.8901	243.1131	23
24	1.0618	0.9418	24.7028	0.0405	23.2660	0.0430	11.3804	264.7753	24
25	1.0644	0.9395	25.7646	0.0388	24.2055	0.0413	11.8702	287.3230	25
26	1.0671	0.9371	26.8290	0.0373	25.1426	0.0398	12.3596	310.7516	26
27	1.0697	0.9348	27.8961	0.0358	26.0774	0.0383	12.8485	335.0566	27
28	1.0724	0.9325	28.9658	0.0345	27.0099	0.0370	13.3371	360.2334	28
29	1.0751	0.9301	30.0382	0.0333	27.9400	0.0358	13.8252	386.2776	29
30	1.0778	0.9278	31.1133	0.0321	28.8679	0.0346	14.3130	413.1847	30
31	1.0805	0.9255	32.1911	0.0311	29.7934	0.0336	14.8003	440.9502	31
32	1.0832	0.9232	33.2716	0.0301	30.7166	0.0326	15.2872	469.5696	32
33	1.0859	0.9209	34.3547	0.0291	31.6375	0.0316	15.7736	499.0386	33
34	1.0886	0.9186	35.4406	0.0282	32.5561	0.0307	16.2597	529.3528	34
35	1.0913	0.9163	36.5292	0.0274	33.4724	0.0299	16.7454	560.5076	35
36	1.0941	0.9140	37.6206	0.0266	34.3865	0.0291	17.2306	592.4988	36
40	1.1050	0.9050	42.0132	0.0238	38.0199	0.0263	19.1673	728.7399	40
48	1.1273	0.8871	50.9312	0.0196	45.1787	0.0221	23.0209	1040.0552	48
50	1.1330	0.8826	53.1887	0.0188	46.9462	0.0213	23.9802	1125.7767	50
60	1.1616	0.8609	64.6467	0.0155	55.6524	0.0180	28.7514	1600.0845	60
72	1.1969	0.8355	78.7794	0.0127	65.8169	0.0152	34.4221	2265.5569	72
80	1.2211	0.8189	88.4392	0.0113	72.4260	0.0138	38.1694	2764.4568	80
84	1.2334	0.8108	93.3419	0.0107	75.6813	0.0132	40.0331	3029.7592	84
90	1.2520	0.7987	100.7885	0.0099	80.5038	0.0124	42.8162	3446.8700	90
96	1.2709	0.7869	108.3474	0.0092	85.2546	0.0117	45.5844	3886.2832	96
100	1.2836	0.7790	113.4500	0.0088	88.3825	0.0113	47.4216	4191.2417	100
108	1.3095	0.7636	123.8093	0.0081	94.5453	0.0106	51.0762	4829.0125	108
120	1.3494	0.7411	139.7414	0.0072	103.5618	0.0097	56.5084	5852.1116	120
240	1.8208	0.5492	328.3020	0.0030	180.3109	0.0055	107.5863	19398.9852	240
360	2.4568	0.4070	582.7369	0.0017	237.1894	0.0042	152.8902	36263.9299	360

이자계수표 (0.50%)									
	단일 현금흐름		동일 자금열				등차 자금열		
N	복리할증 계수 (*F/P,i,N*)	복리할인 계수 (*P/F,i,N*)	미래가치 계수 (*F/A,i,N*)	감채기금 계수 (*A/F,i,N*)	현재가치 계수 (*P/A,i,N*)	자본회수 계수 (*A/P,i,N*)	연간등가 계수 (*A/G,i,N*)	현재가치 계수 (*P/G,i,N*)	*N*
1	1.0050	0.9950	1.0000	1.0000	0.9950	1.0050	0.0000	0.0000	1
2	1.0100	0.9901	2.0050	0.4988	1.9851	0.5038	0.4988	0.9901	2
3	1.0151	0.9851	3.0150	0.3317	2.9702	0.3367	0.9967	2.9604	3
4	1.0202	0.9802	4.0301	0.2481	3.9505	0.2531	1.4938	5.9011	4
5	1.0253	0.9754	5.0503	0.1980	4.9259	0.2030	1.9900	9.8026	5
6	1.0304	0.9705	6.0755	0.1646	5.8964	0.1696	2.4855	14.6552	6
7	1.0355	0.9657	7.1059	0.1407	6.8621	0.1457	2.9801	20.4493	7
8	1.0407	0.9609	8.1414	0.1228	7.8230	0.1278	3.4738	27.1755	8
9	1.0459	0.9561	9.1821	0.1089	8.7791	0.1139	3.9668	34.8244	9
10	1.0511	0.9513	10.2280	0.0978	9.7304	0.1028	4.4589	43.3865	10
11	1.0564	0.9466	11.2792	0.0887	10.6770	0.0937	4.9501	52.8526	11
12	1.0617	0.9419	12.3356	0.0811	11.6189	0.0861	5.4406	63.2136	12
13	1.0670	0.9372	13.3972	0.0746	12.5562	0.0796	5.9302	74.4602	13
14	1.0723	0.9326	14.4642	0.0691	13.4887	0.0741	6.4190	86.5835	14
15	1.0777	0.9279	15.5365	0.0644	14.4166	0.0694	6.9069	99.5743	15
16	1.0831	0.9233	16.6142	0.0602	15.3399	0.0652	7.3940	113.4238	16
17	1.0885	0.9187	17.6973	0.0565	16.2586	0.0615	7.8803	128.1231	17
18	1.0939	0.9141	18.7858	0.0532	17.1728	0.0582	8.3658	143.6634	18
19	1.0994	0.9096	19.8797	0.0503	18.0824	0.0553	8.8504	160.0360	19
20	1.1049	0.9051	20.9791	0.0477	18.9874	0.0527	9.3342	177.2322	20
21	1.1104	0.9006	22.0840	0.0453	19.8880	0.0503	9.8172	195.2434	21
22	1.1160	0.8961	23.1944	0.0431	20.7841	0.0481	10.2993	214.0611	22
23	1.1216	0.8916	24.3104	0.0411	21.6757	0.0461	10.7806	233.6768	23
24	1.1272	0.8872	25.4320	0.0393	22.5629	0.0443	11.2611	254.0820	24
25	1.1328	0.8828	26.5591	0.0377	23.4456	0.0427	11.7407	275.2686	25
26	1.1385	0.8784	27.6919	0.0361	24.3240	0.0411	12.2195	297.2281	26
27	1.1442	0.8740	28.8304	0.0347	25.1980	0.0397	12.6975	319.9523	27
28	1.1499	0.8697	29.9745	0.0334	26.0677	0.0384	13.1747	343.4332	28
29	1.1556	0.8653	31.1244	0.0321	26.9330	0.0371	13.6510	367.6625	29
30	1.1614	0.8610	32.2800	0.0310	27.7941	0.0360	14.1265	392.6324	30
31	1.1672	0.8567	33.4414	0.0299	28.6508	0.0349	14.6012	418.3348	31
32	1.1730	0.8525	34.6086	0.0289	29.5033	0.0339	15.0750	444.7618	32
33	1.1789	0.8482	35.7817	0.0279	30.3515	0.0329	15.5480	471.9055	33
34	1.1848	0.8440	36.9606	0.0271	31.1955	0.0321	16.0202	499.7583	34
35	1.1907	0.8398	38.1454	0.0262	32.0354	0.0312	16.4915	528.3123	35
36	1.1967	0.8356	39.3361	0.0254	32.8710	0.0304	16.9621	557.5598	36
40	1.2208	0.8191	44.1588	0.0226	36.1722	0.0276	18.8359	681.3347	40
48	1.2705	0.7871	54.0978	0.0185	42.5803	0.0235	22.5437	959.9188	48
50	1.2832	0.7793	56.6452	0.0177	44.1428	0.0227	23.4624	1035.6966	50
60	1.3489	0.7414	69.7700	0.0143	51.7256	0.0193	28.0064	1448.6458	60
72	1.4320	0.6983	86.4089	0.0116	60.3395	0.0166	33.3504	2012.3478	72
80	1.4903	0.6710	98.0677	0.0102	65.8023	0.0152	36.8474	2424.6455	80
84	1.5204	0.6577	104.0739	0.0096	68.4530	0.0146	38.5763	2640.6641	84
90	1.5666	0.6383	113.3109	0.0088	72.3313	0.0138	41.1451	2976.0769	90
96	1.6141	0.6195	122.8285	0.0081	76.0952	0.0131	43.6845	3324.1846	96
100	1.6467	0.6073	129.3337	0.0077	78.5426	0.0127	45.3613	3562.7934	100
108	1.7137	0.5835	142.7399	0.0070	83.2934	0.0120	48.6758	4054.3747	108
120	1.8194	0.5496	163.8793	0.0061	90.0735	0.0111	53.5508	4823.5051	120
240	3.3102	0.3021	462.0409	0.0022	139.5808	0.0072	96.1131	13415.5395	240
360	6.0226	0.1660	1004.5150	0.0010	166.7916	0.0060	128.3236	21403.3041	360

이자계수표 (0.75%)

	단일 현금흐름		동일 자금열				등차 자금열		
N	복리할증 계수 (F/P,i,N)	복리할인 계수 (P/F,i,N)	미래가치 계수 (F/A,i,N)	감채기금 계수 (A/F,i,N)	현재가치 계수 (P/A,i,N)	자본회수 계수 (A/P,i,N)	연간등가 계수 (A/G,i,N)	현재가치 계수 (P/G,i,N)	N
1	1.0075	0.9926	1.0000	1.0000	0.9926	1.0075	0.0000	0.0000	1
2	1.0151	0.9852	2.0075	0.4981	1.9777	0.5056	0.4981	0.9852	2
3	1.0227	0.9778	3.0226	0.3308	2.9556	0.3383	0.9950	2.9408	3
4	1.0303	0.9706	4.0452	0.2472	3.9261	0.2547	1.4907	5.8525	4
5	1.0381	0.9633	5.0756	0.1970	4.8894	0.2045	1.9851	9.7058	5
6	1.0459	0.9562	6.1136	0.1636	5.8456	0.1711	2.4782	14.4866	6
7	1.0537	0.9490	7.1595	0.1397	6.7946	0.1472	2.9701	20.1808	7
8	1.0616	0.9420	8.2132	0.1218	7.7366	0.1293	3.4608	26.7747	8
9	1.0696	0.9350	9.2748	0.1078	8.6716	0.1153	3.9502	34.2544	9
10	1.0776	0.9280	10.3443	0.0967	9.5996	0.1042	4.4384	42.6064	10
11	1.0857	0.9211	11.4219	0.0876	10.5207	0.0951	4.9253	51.8174	11
12	1.0938	0.9142	12.5076	0.0800	11.4349	0.0875	5.4110	61.8740	12
13	1.1020	0.9074	13.6014	0.0735	12.3423	0.0810	5.8954	72.7632	13
14	1.1103	0.9007	14.7034	0.0680	13.2430	0.0755	6.3786	84.4720	14
15	1.1186	0.8940	15.8137	0.0632	14.1370	0.0707	6.8606	96.9876	15
16	1.1270	0.8873	16.9323	0.0591	15.0243	0.0666	7.3413	110.2973	16
17	1.1354	0.8807	18.0593	0.0554	15.9050	0.0629	7.8207	124.3887	17
18	1.1440	0.8742	19.1947	0.0521	16.7792	0.0596	8.2989	139.2494	18
19	1.1525	0.8676	20.3387	0.0492	17.6468	0.0567	8.7759	154.8671	19
20	1.1612	0.8612	21.4912	0.0465	18.5080	0.0540	9.2516	171.2297	20
21	1.1699	0.8548	22.6524	0.0441	19.3628	0.0516	9.7261	188.3253	21
22	1.1787	0.8484	23.8223	0.0420	20.2112	0.0495	10.1994	206.1420	22
23	1.1875	0.8421	25.0010	0.0400	21.0533	0.0475	10.6714	224.6682	23
24	1.1964	0.8358	26.1885	0.0382	21.8891	0.0457	11.1422	243.8923	24
25	1.2054	0.8296	27.3849	0.0365	22.7188	0.0440	11.6117	263.8029	25
26	1.2144	0.8234	28.5903	0.0350	23.5422	0.0425	12.0800	284.3888	26
27	1.2235	0.8173	29.8047	0.0336	24.3595	0.0411	12.5470	305.6387	27
28	1.2327	0.8112	31.0282	0.0322	25.1707	0.0397	13.0128	327.5416	28
29	1.2420	0.8052	32.2609	0.0310	25.9759	0.0385	13.4774	350.0867	29
30	1.2513	0.7992	33.5029	0.0298	26.7751	0.0373	13.9407	373.2631	30
31	1.2607	0.7932	34.7542	0.0288	27.5683	0.0363	14.4028	397.0602	31
32	1.2701	0.7873	36.0148	0.0278	28.3557	0.0353	14.8636	421.4675	32
33	1.2796	0.7815	37.2849	0.0268	29.1371	0.0343	15.3232	446.4746	33
34	1.2892	0.7757	38.5646	0.0259	29.9128	0.0334	15.7816	472.0712	34
35	1.2989	0.7699	39.8538	0.0251	30.6827	0.0326	16.2387	498.2471	35
36	1.3086	0.7641	41.1527	0.0243	31.4468	0.0318	16.6946	524.9924	36
40	1.3483	0.7416	46.4465	0.0215	34.4469	0.0290	18.5058	637.4693	40
48	1.4314	0.6986	57.5207	0.0174	40.1848	0.0249	22.0691	886.8404	48
50	1.4530	0.6883	60.3943	0.0166	41.5664	0.0241	22.9476	953.8486	50
60	1.5657	0.6387	75.4241	0.0133	48.1734	0.0208	27.2665	1313.5189	60
72	1.7126	0.5839	95.0070	0.0105	55.4768	0.0180	32.2882	1791.2463	72
80	1.8180	0.5500	109.0725	0.0092	59.9944	0.0167	35.5391	2132.1472	80
84	1.8732	0.5338	116.4269	0.0086	62.1540	0.0161	37.1357	2308.1283	84
90	1.9591	0.5104	127.8790	0.0078	65.2746	0.0153	39.4946	2577.9961	90
96	2.0489	0.4881	139.8562	0.0072	68.2584	0.0147	41.8107	2853.9352	96
100	2.1111	0.4737	148.1445	0.0068	70.1746	0.0143	43.3311	3040.7453	100
108	2.2411	0.4462	165.4832	0.0060	73.8394	0.0135	46.3154	3419.9041	108
120	2.4514	0.4079	193.5143	0.0052	78.9417	0.0127	50.6521	3998.5621	120
240	6.0092	0.1664	667.8869	0.0015	111.1450	0.0090	85.4210	9494.1162	240
360	14.7306	0.0679	1830.7435	0.0005	124.2819	0.0080	107.1145	13312.3871	360

이자계수표 (1.00%)									
	단일 현금흐름		동일 자금열				등차 자금열		
N	복리할증 계수 (*F*/*P*,*i*,*N*)	복리할인 계수 (*P*/*F*,*i*,*N*)	미래가치 계수 (*F*/*A*,*i*,*N*)	감채기금 계수 (*A*/*F*,*i*,*N*)	현재가치 계수 (*P*/*A*,*i*,*N*)	자본회수 계수 (*A*/*P*,*i*,*N*)	연간등가 계수 (*A*/*G*,*i*,*N*)	현재가치 계수 (*P*/*G*,*i*,*N*)	*N*
1	1.0100	0.9901	1.0000	1.0000	0.9901	1.0100	0.0000	0.0000	1
2	1.0201	0.9803	2.0100	0.4975	1.9704	0.5075	0.4975	0.9803	2
3	1.0303	0.9706	3.0301	0.3300	2.9410	0.3400	0.9934	2.9215	3
4	1.0406	0.9610	4.0604	0.2463	3.9020	0.2563	1.4876	5.8044	4
5	1.0510	0.9515	5.1010	0.1960	4.8534	0.2060	1.9801	9.6103	5
6	1.0615	0.9420	6.1520	0.1625	5.7955	0.1725	2.4710	14.3205	6
7	1.0721	0.9327	7.2135	0.1386	6.7282	0.1486	2.9602	19.9168	7
8	1.0829	0.9235	8.2857	0.1207	7.6517	0.1307	3.4478	26.3812	8
9	1.0937	0.9143	9.3685	0.1067	8.5660	0.1167	3.9337	33.6959	9
10	1.1046	0.9053	10.4622	0.0956	9.4713	0.1056	4.4179	41.8435	10
11	1.1157	0.8963	11.5668	0.0865	10.3676	0.0965	4.9005	50.8067	11
12	1.1268	0.8874	12.6825	0.0788	11.2551	0.0888	5.3815	60.5687	12
13	1.1381	0.8787	13.8093	0.0724	12.1337	0.0824	5.8607	71.1126	13
14	1.1495	0.8700	14.9474	0.0669	13.0037	0.0769	6.3384	82.4221	14
15	1.1610	0.8613	16.0969	0.0621	13.8651	0.0721	6.8143	94.4810	15
16	1.1726	0.8528	17.2579	0.0579	14.7179	0.0679	7.2886	107.2734	16
17	1.1843	0.8444	18.4304	0.0543	15.5623	0.0643	7.7613	120.7834	17
18	1.1961	0.8360	19.6147	0.0510	16.3983	0.0610	8.2323	134.9957	18
19	1.2081	0.8277	20.8109	0.0481	17.2260	0.0581	8.7017	149.8950	19
20	1.2202	0.8195	22.0190	0.0454	18.0456	0.0554	9.1694	165.4664	20
21	1.2324	0.8114	23.2392	0.0430	18.8570	0.0530	9.6354	181.6950	21
22	1.2447	0.8034	24.4716	0.0409	19.6604	0.0509	10.0998	198.5663	22
23	1.2572	0.7954	25.7163	0.0389	20.4558	0.0489	10.5626	216.0660	23
24	1.2697	0.7876	26.9735	0.0371	21.2434	0.0471	11.0237	234.1800	24
25	1.2824	0.7798	28.2432	0.0354	22.0232	0.0454	11.4831	252.8945	25
26	1.2953	0.7720	29.5256	0.0339	22.7952	0.0439	11.9409	272.1957	26
27	1.3082	0.7644	30.8209	0.0324	23.5596	0.0424	12.3971	292.0702	27
28	1.3213	0.7568	32.1291	0.0311	24.3164	0.0411	12.8516	312.5047	28
29	1.3345	0.7493	33.4504	0.0299	25.0658	0.0399	13.3044	333.4863	29
30	1.3478	0.7419	34.7849	0.0287	25.8077	0.0387	13.7557	355.0021	30
31	1.3613	0.7346	36.1327	0.0277	26.5423	0.0377	14.2052	377.0394	31
32	1.3749	0.7273	37.4941	0.0267	27.2696	0.0367	14.6532	399.5858	32
33	1.3887	0.7201	38.8690	0.0257	27.9897	0.0357	15.0995	422.6291	33
34	1.4026	0.7130	40.2577	0.0248	28.7027	0.0348	15.5441	446.1572	34
35	1.4166	0.7059	41.6603	0.0240	29.4086	0.0340	15.9871	470.1583	35
36	1.4308	0.6989	43.0769	0.0232	30.1075	0.0332	16.4285	494.6207	36
40	1.4889	0.6717	48.8864	0.0205	32.8347	0.0305	18.1776	596.8561	40
48	1.6122	0.6203	61.2226	0.0163	37.9740	0.0263	21.5976	820.1460	48
50	1.6446	0.6080	64.4632	0.0155	39.1961	0.0255	22.4363	879.4176	50
60	1.8167	0.5504	81.6697	0.0122	44.9550	0.0222	26.5333	1192.8061	60
72	2.0471	0.4885	104.7099	0.0096	51.1504	0.0196	31.2386	1597.8673	72
80	2.2167	0.4511	121.6715	0.0082	54.8882	0.0182	34.2492	1879.8771	80
84	2.3067	0.4335	130.6723	0.0077	56.6485	0.0177	35.7170	2023.3153	84
90	2.4486	0.4084	144.8633	0.0069	59.1609	0.0169	37.8724	2240.5675	90
96	2.5993	0.3847	159.9273	0.0063	61.5277	0.0163	39.9727	2459.4298	96
100	2.7048	0.3697	170.4814	0.0059	63.0289	0.0159	41.3426	2605.7758	100
108	2.9289	0.3414	192.8926	0.0052	65.8578	0.0152	44.0103	2898.4203	108
120	3.3004	0.3030	230.0387	0.0043	69.7005	0.0143	47.8349	3334.1148	120
240	10.8926	0.0918	989.2554	0.0010	90.8194	0.0110	75.7393	6878.6016	240
360	35.9496	0.0278	3494.9641	0.0003	97.2183	0.0103	89.6995	8720.4323	360

	이자계수표 (1.25%)								
	단일 현금흐름		동일 자금열				등차 자금열		
N	복리할증 계수 (F/P,i,N)	복리할인 계수 (P/F,i,N)	미래가치 계수 (F/A,i,N)	감채기금 계수 (A/F,i,N)	현재가치 계수 (P/A,i,N)	자본회수 계수 (A/P,i,N)	연간등가 계수 (A/G,i,N)	현재가치 계수 (P/G,i,N)	n
1	1.0125	0.9877	1.0000	1.0000	0.9877	1.0125	0.0000	0.0000	1
2	1.0252	0.9755	2.0125	0.4969	1.9631	0.5094	0.4969	0.9755	2
3	1.0380	0.9634	3.0377	0.3292	2.9265	0.3417	0.9917	2.9023	3
4	1.0509	0.9515	4.0756	0.2454	3.8781	0.2579	1.4845	5.7569	4
5	1.0641	0.9398	5.1266	0.1951	4.8178	0.2076	1.9752	9.5160	5
6	1.0774	0.9282	6.1907	0.1615	5.7460	0.1740	2.4638	14.1569	6
7	1.0909	0.9167	7.2680	0.1376	6.6627	0.1501	2.9503	19.6571	7
8	1.1045	0.9054	8.3589	0.1196	7.5681	0.1321	3.4348	25.9949	8
9	1.1183	0.8942	9.4634	0.1057	8.4623	0.1182	3.9172	33.1487	9
10	1.1323	0.8832	10.5817	0.0945	9.3455	0.1070	4.3975	41.0973	10
11	1.1464	0.8723	11.7139	0.0854	10.2178	0.0979	4.8758	49.8201	11
12	1.1608	0.8615	12.8604	0.0778	11.0793	0.0903	5.3520	59.2967	12
13	1.1753	0.8509	14.0211	0.0713	11.9302	0.0838	5.8262	69.5072	13
14	1.1900	0.8404	15.1964	0.0658	12.7706	0.0783	6.2982	80.4320	14
15	1.2048	0.8300	16.3863	0.0610	13.6005	0.0735	6.7682	92.0519	15
16	1.2199	0.8197	17.5912	0.0568	14.4203	0.0693	7.2362	104.3481	16
17	1.2351	0.8096	18.8111	0.0532	15.2299	0.0657	7.7021	117.3021	17
18	1.2506	0.7996	20.0462	0.0499	16.0295	0.0624	8.1659	130.8958	18
19	1.2662	0.7898	21.2968	0.0470	16.8193	0.0595	8.6277	145.1115	19
20	1.2820	0.7800	22.5630	0.0443	17.5993	0.0568	9.0874	159.9316	20
21	1.2981	0.7704	23.8450	0.0419	18.3697	0.0544	9.5450	175.3392	21
22	1.3143	0.7609	25.1431	0.0398	19.1306	0.0523	10.0006	191.3174	22
23	1.3307	0.7515	26.4574	0.0378	19.8820	0.0503	10.4542	207.8499	23
24	1.3474	0.7422	27.7881	0.0360	20.6242	0.0485	10.9056	224.9204	24
25	1.3642	0.7330	29.1354	0.0343	21.3573	0.0468	11.3551	242.5132	25
26	1.3812	0.7240	30.4996	0.0328	22.0813	0.0453	11.8024	260.6128	26
27	1.3985	0.7150	31.8809	0.0314	22.7963	0.0439	12.2478	279.2040	27
28	1.4160	0.7062	33.2794	0.0300	23.5025	0.0425	12.6911	298.2719	28
29	1.4337	0.6975	34.6954	0.0288	24.2000	0.0413	13.1323	317.8019	29
30	1.4516	0.6889	36.1291	0.0277	24.8889	0.0402	13.5715	337.7797	30
31	1.4698	0.6804	37.5807	0.0266	25.5693	0.0391	14.0086	358.1912	31
32	1.4881	0.6720	39.0504	0.0256	26.2413	0.0381	14.4438	379.0227	32
33	1.5067	0.6637	40.5386	0.0247	26.9050	0.0372	14.8768	400.2607	33
34	1.5256	0.6555	42.0453	0.0238	27.5605	0.0363	15.3079	421.8920	34
35	1.5446	0.6474	43.5709	0.0230	28.2079	0.0355	15.7369	443.9037	35
36	1.5639	0.6394	45.1155	0.0222	28.8473	0.0347	16.1639	466.2830	36
40	1.6436	0.6084	51.4896	0.0194	31.3269	0.0319	17.8515	559.2320	40
48	1.8154	0.5509	65.2284	0.0153	35.9315	0.0278	21.1299	759.2296	48
50	1.8610	0.5373	68.8818	0.0145	37.0129	0.0270	21.9295	811.6738	50
60	2.1072	0.4746	88.5745	0.0113	42.0346	0.0238	25.8083	1084.8429	60
72	2.4459	0.4088	115.6736	0.0086	47.2925	0.0211	30.2047	1428.4561	72
80	2.7015	0.3702	136.1188	0.0073	50.3867	0.0198	32.9822	1661.8651	80
84	2.8391	0.3522	147.1290	0.0068	51.8222	0.0193	34.3258	1778.8384	84
90	3.0588	0.3269	164.7050	0.0061	53.8461	0.0186	36.2855	1953.8303	90
96	3.2955	0.3034	183.6411	0.0054	55.7246	0.0179	38.1793	2127.5244	96
100	3.4634	0.2887	197.0723	0.0051	56.9013	0.0176	39.4058	2242.2411	100
108	3.8253	0.2614	226.0226	0.0044	59.0865	0.0169	41.7737	2468.2636	108
120	4.4402	0.2252	275.2171	0.0036	61.9828	0.0161	45.1184	2796.5694	120
240	19.7155	0.0507	1497.2395	0.0007	75.9423	0.0132	67.1764	5101.5288	240
360	87.5410	0.0114	6923.2796	0.0001	79.0861	0.0126	75.8401	5997.9027	360

이자계수표 (1.50%)									
	단일 현금흐름		동일 자금열				등차 자금열		
N	복리할증 계수 (*F*/*P*,*i*,*N*)	복리할인 계수 (*P*/*F*,*i*,*N*)	미래가치 계수 (*F*/*A*,*i*,*N*)	감채기금 계수 (*A*/*F*,*i*,*N*)	현재가치 계수 (*P*/*A*,*i*,*N*)	자본회수 계수 (*A*/*P*,*i*,*N*)	연간등가 계수 (*A*/*G*,*i*,*N*)	현재가치 계수 (*P*/*G*,*i*,*N*)	*N*
1	1.0150	0.9852	1.0000	1.0000	0.9852	1.0150	0.0000	0.0000	1
2	1.0302	0.9707	2.0150	0.4963	1.9559	0.5113	0.4963	0.9707	2
3	1.0457	0.9563	3.0452	0.3284	2.9122	0.3434	0.9901	2.8833	3
4	1.0614	0.9422	4.0909	0.2444	3.8544	0.2594	1.4814	5.7098	4
5	1.0773	0.9283	5.1523	0.1941	4.7826	0.2091	1.9702	9.4229	5
6	1.0934	0.9145	6.2296	0.1605	5.6972	0.1755	2.4566	13.9956	6
7	1.1098	0.9010	7.3230	0.1366	6.5982	0.1516	2.9405	19.4018	7
8	1.1265	0.8877	8.4328	0.1186	7.4859	0.1336	3.4219	25.6157	8
9	1.1434	0.8746	9.5593	0.1046	8.3605	0.1196	3.9008	32.6125	9
10	1.1605	0.8617	10.7027	0.0934	9.2222	0.1084	4.3772	40.3675	10
11	1.1779	0.8489	11.8633	0.0843	10.0711	0.0993	4.8512	48.8568	11
12	1.1956	0.8364	13.0412	0.0767	10.9075	0.0917	5.3227	58.0571	12
13	1.2136	0.8240	14.2368	0.0702	11.7315	0.0852	5.7917	67.9454	13
14	1.2318	0.8118	15.4504	0.0647	12.5434	0.0797	6.2582	78.4994	14
15	1.2502	0.7999	16.6821	0.0599	13.3432	0.0749	6.7223	89.6974	15
16	1.2690	0.7880	17.9324	0.0558	14.1313	0.0708	7.1839	101.5178	16
17	1.2880	0.7764	19.2014	0.0521	14.9076	0.0671	7.6431	113.9400	17
18	1.3073	0.7649	20.4894	0.0488	15.6726	0.0638	8.0997	126.9435	18
19	1.3270	0.7536	21.7967	0.0459	16.4262	0.0609	8.5539	140.5084	19
20	1.3469	0.7425	23.1237	0.0432	17.1686	0.0582	9.0057	154.6154	20
21	1.3671	0.7315	24.4705	0.0409	17.9001	0.0559	9.4550	169.2453	21
22	1.3876	0.7207	25.8376	0.0387	18.6208	0.0537	9.9018	184.3798	22
23	1.4084	0.7100	27.2251	0.0367	19.3309	0.0517	10.3462	200.0006	23
24	1.4295	0.6995	28.6335	0.0349	20.0304	0.0499	10.7881	216.0901	24
25	1.4509	0.6892	30.0630	0.0333	20.7196	0.0483	11.2276	232.6310	25
26	1.4727	0.6790	31.5140	0.0317	21.3986	0.0467	11.6646	249.6065	26
27	1.4948	0.6690	32.9867	0.0303	22.0676	0.0453	12.0992	267.0002	27
28	1.5172	0.6591	34.4815	0.0290	22.7267	0.0440	12.5313	284.7958	28
29	1.5400	0.6494	35.9987	0.0278	23.3761	0.0428	12.9610	302.9779	29
30	1.5631	0.6398	37.5387	0.0266	24.0158	0.0416	13.3883	321.5310	30
31	1.5865	0.6303	39.1018	0.0256	24.6461	0.0406	13.8131	340.4402	31
32	1.6103	0.6210	40.6883	0.0246	25.2671	0.0396	14.2355	359.6910	32
33	1.6345	0.6118	42.2986	0.0236	25.8790	0.0386	14.6555	379.2691	33
34	1.6590	0.6028	43.9331	0.0228	26.4817	0.0378	15.0731	399.1607	34
35	1.6839	0.5939	45.5921	0.0219	27.0756	0.0369	15.4882	419.3521	35
36	1.7091	0.5851	47.2760	0.0212	27.6607	0.0362	15.9009	439.8303	36
40	1.8140	0.5513	54.2679	0.0184	29.9158	0.0334	17.5277	524.3568	40
48	2.0435	0.4894	69.5652	0.0144	34.0426	0.0294	20.6667	703.5462	48
50	2.1052	0.4750	73.6828	0.0136	34.9997	0.0286	21.4277	749.9636	50
60	2.4432	0.4093	96.2147	0.0104	39.3803	0.0254	25.0930	988.1674	60
72	2.9212	0.3423	128.0772	0.0078	43.8447	0.0228	29.1893	1279.7938	72
80	3.2907	0.3039	152.7109	0.0065	46.4073	0.0215	31.7423	1473.0741	80
84	3.4926	0.2863	166.1726	0.0060	47.5786	0.0210	32.9668	1568.5140	84
90	3.8189	0.2619	187.9299	0.0053	49.2099	0.0203	34.7399	1709.5439	90
96	4.1758	0.2395	211.7202	0.0047	50.7017	0.0197	36.4381	1847.4725	96
100	4.4320	0.2256	228.8030	0.0044	51.6247	0.0194	37.5295	1937.4506	100
108	4.9927	0.2003	266.1778	0.0038	53.3137	0.0188	39.6171	2112.1348	108
120	5.9693	0.1675	331.2882	0.0030	55.4985	0.0180	42.5185	2359.7114	120
240	35.6328	0.0281	2308.8544	0.0004	64.7957	0.0154	59.7368	3870.6912	240
360	212.7038	0.0047	14113.5854	0.0001	66.3532	0.0151	64.9662	4310.7165	360

이자계수표 (1.75%)									
	단일 현금흐름		동일 자금열				등차 자금열		
N	복리할증 계수 (F/P,i,N)	복리할인 계수 (P/F,i,N)	미래가치 계수 (F/A,i,N)	감채기금 계수 (A/F,i,N)	현재가치 계수 (P/A,i,N)	자본회수 계수 (A/P,i,N)	연간등가 계수 (A/G,i,N)	현재가치 계수 (P/G,i,N)	N
1	1.0175	0.9828	1.0000	1.0000	0.9828	1.0175	0.0000	0.0000	1
2	1.0353	0.9659	2.0175	0.4957	1.9487	0.5132	0.4957	0.9659	2
3	1.0534	0.9493	3.0528	0.3276	2.8980	0.3451	0.9884	2.8645	3
4	1.0719	0.9330	4.1062	0.2435	3.8309	0.2610	1.4783	5.6633	4
5	1.0906	0.9169	5.1781	0.1931	4.7479	0.2106	1.9653	9.3310	5
6	1.1097	0.9011	6.2687	0.1595	5.6490	0.1770	2.4494	13.8367	6
7	1.1291	0.8856	7.3784	0.1355	6.5346	0.1530	2.9306	19.1506	7
8	1.1489	0.8704	8.5075	0.1175	7.4051	0.1350	3.4089	25.2435	8
9	1.1690	0.8554	9.6564	0.1036	8.2605	0.1211	3.8844	32.0870	9
10	1.1894	0.8407	10.8254	0.0924	9.1012	0.1099	4.3569	39.6535	10
11	1.2103	0.8263	12.0148	0.0832	9.9275	0.1007	4.8266	47.9162	11
12	1.2314	0.8121	13.2251	0.0756	10.7395	0.0931	5.2934	56.8489	12
13	1.2530	0.7981	14.4565	0.0692	11.5376	0.0867	5.7573	66.4260	13
14	1.2749	0.7844	15.7095	0.0637	12.3220	0.0812	6.2184	76.6227	14
15	1.2972	0.7709	16.9844	0.0589	13.0929	0.0764	6.6765	87.4149	15
16	1.3199	0.7576	18.2817	0.0547	13.8505	0.0722	7.1318	98.7792	16
17	1.3430	0.7446	19.6016	0.0510	14.5951	0.0685	7.5842	110.6926	17
18	1.3665	0.7318	20.9446	0.0477	15.3269	0.0652	8.0338	123.1328	18
19	1.3904	0.7192	22.3112	0.0448	16.0461	0.0623	8.4805	136.0783	19
20	1.4148	0.7068	23.7016	0.0422	16.7529	0.0597	8.9243	149.5080	20
21	1.4395	0.6947	25.1164	0.0398	17.4475	0.0573	9.3653	163.4013	21
22	1.4647	0.6827	26.5559	0.0377	18.1303	0.0552	9.8034	177.7385	22
23	1.4904	0.6710	28.0207	0.0357	18.8012	0.0532	10.2387	192.5000	23
24	1.5164	0.6594	29.5110	0.0339	19.4607	0.0514	10.6711	207.6671	24
25	1.5430	0.6481	31.0275	0.0322	20.1088	0.0497	11.1007	223.2214	25
26	1.5700	0.6369	32.5704	0.0307	20.7457	0.0482	11.5274	239.1451	26
27	1.5975	0.6260	34.1404	0.0293	21.3717	0.0468	11.9513	255.4210	27
28	1.6254	0.6152	35.7379	0.0280	21.9870	0.0455	12.3724	272.0321	28
29	1.6539	0.6046	37.3633	0.0268	22.5916	0.0443	12.7907	288.9623	29
30	1.6828	0.5942	39.0172	0.0256	23.1858	0.0431	13.2061	306.1954	30
31	1.7122	0.5840	40.7000	0.0246	23.7699	0.0421	13.6188	323.7163	31
32	1.7422	0.5740	42.4122	0.0236	24.3439	0.0411	14.0286	341.5097	32
33	1.7727	0.5641	44.1544	0.0226	24.9080	0.0401	14.4356	359.5613	33
34	1.8037	0.5544	45.9271	0.0218	25.4624	0.0393	14.8398	377.8567	34
35	1.8353	0.5449	47.7308	0.0210	26.0073	0.0385	15.2412	396.3824	35
36	1.8674	0.5355	49.5661	0.0202	26.5428	0.0377	15.6399	415.1250	36
40	2.0016	0.4996	57.2341	0.0175	28.5942	0.0350	17.2066	492.0109	40
48	2.2996	0.4349	74.2628	0.0135	32.2938	0.0310	20.2084	652.6054	48
50	2.3808	0.4200	78.9022	0.0127	33.1412	0.0302	20.9317	693.7010	50
60	2.8318	0.3531	104.6752	0.0096	36.9640	0.0271	24.3885	901.4954	60
72	3.4872	0.2868	142.1263	0.0070	40.7564	0.0245	28.1948	1149.1181	72
80	4.0064	0.2496	171.7938	0.0058	42.8799	0.0233	30.5329	1309.2482	80
84	4.2943	0.2329	188.2450	0.0053	43.8361	0.0228	31.6442	1387.1584	84
90	4.7654	0.2098	215.1646	0.0046	45.1516	0.0221	33.2409	1500.8798	90
96	5.2882	0.1891	245.0374	0.0041	46.3370	0.0216	34.7556	1610.4716	96
100	5.6682	0.1764	266.7518	0.0037	47.0615	0.0212	35.7211	1681.0886	100
108	6.5120	0.1536	314.9738	0.0032	48.3679	0.0207	37.5494	1816.1852	108
120	8.0192	0.1247	401.0962	0.0025	50.0171	0.0200	40.0469	2003.0269	120
240	64.3073	0.0156	3617.5602	0.0003	56.2543	0.0178	53.3518	3001.2678	240
360	515.6921	0.0019	29410.9747	0.0000	57.0320	0.0175	56.4434	3219.0833	360

	이자계수표 (2.0%)								
	단일 현금흐름		동일 자금열				등차 자금열		
N	복리할증 계수 (F/P,i,N)	복리할인 계수 (P/F,i,N)	미래가치 계수 (F/A,i,N)	감채기금 계수 (A/F,i,N)	현재가치 계수 (P/A,i,N)	자본회수 계수 (A/P,i,N)	연간등가 계수 (A/G,i,N)	현재가치 계수 (P/G,i,N)	N
1	1.0200	0.9804	1.0000	1.0000	0.9804	1.0200	0.0000	0.0000	1
2	1.0404	0.9612	2.0200	0.4950	1.9416	0.5150	0.4950	0.9612	2
3	1.0612	0.9423	3.0604	0.3268	2.8839	0.3468	0.9868	2.8458	3
4	1.0824	0.9238	4.1216	0.2426	3.8077	0.2626	1.4752	5.6173	4
5	1.1041	0.9057	5.2040	0.1922	4.7135	0.2122	1.9604	9.2403	5
6	1.1262	0.8880	6.3081	0.1585	5.6014	0.1785	2.4423	13.6801	6
7	1.1487	0.8706	7.4343	0.1345	6.4720	0.1545	2.9208	18.9035	7
8	1.1717	0.8535	8.5830	0.1165	7.3255	0.1365	3.3961	24.8779	8
9	1.1951	0.8368	9.7546	0.1025	8.1622	0.1225	3.8681	31.5720	9
10	1.2190	0.8203	10.9497	0.0913	8.9826	0.1113	4.3367	38.9551	10
11	1.2434	0.8043	12.1687	0.0822	9.7868	0.1022	4.8021	46.9977	11
12	1.2682	0.7885	13.4121	0.0746	10.5753	0.0946	5.2642	55.6712	12
13	1.2936	0.7730	14.6803	0.0681	11.3484	0.0881	5.7231	64.9475	13
14	1.3195	0.7579	15.9739	0.0626	12.1062	0.0826	6.1786	74.7999	14
15	1.3459	0.7430	17.2934	0.0578	12.8493	0.0778	6.6309	85.2021	15
16	1.3728	0.7284	18.6393	0.0537	13.5777	0.0737	7.0799	96.1288	16
17	1.4002	0.7142	20.0121	0.0500	14.2919	0.0700	7.5256	107.5554	17
18	1.4282	0.7002	21.4123	0.0467	14.9920	0.0667	7.9681	119.4581	18
19	1.4568	0.6864	22.8406	0.0438	15.6785	0.0638	8.4073	131.8139	19
20	1.4859	0.6730	24.2974	0.0412	16.3514	0.0612	8.8433	144.6003	20
21	1.5157	0.6598	25.7833	0.0388	17.0112	0.0588	9.2760	157.7959	21
22	1.5460	0.6468	27.2990	0.0366	17.6580	0.0566	9.7055	171.3795	22
23	1.5769	0.6342	28.8450	0.0347	18.2922	0.0547	10.1317	185.3309	23
24	1.6084	0.6217	30.4219	0.0329	18.9139	0.0529	10.5547	199.6305	24
25	1.6406	0.6095	32.0303	0.0312	19.5235	0.0512	10.9745	214.2592	25
26	1.6734	0.5976	33.6709	0.0297	20.1210	0.0497	11.3910	229.1987	26
27	1.7069	0.5859	35.3443	0.0283	20.7069	0.0483	11.8043	244.4311	27
28	1.7410	0.5744	37.0512	0.0270	21.2813	0.0470	12.2145	259.9392	28
29	1.7758	0.5631	38.7922	0.0258	21.8444	0.0458	12.6214	275.7064	29
30	1.8114	0.5521	40.5681	0.0246	22.3965	0.0446	13.0251	291.7164	30
31	1.8476	0.5412	42.3794	0.0236	22.9377	0.0436	13.4257	307.9538	31
32	1.8845	0.5306	44.2270	0.0226	23.4683	0.0426	13.8230	324.4035	32
33	1.9222	0.5202	46.1116	0.0217	23.9886	0.0417	14.2172	341.0508	33
34	1.9607	0.5100	48.0338	0.0208	24.4986	0.0408	14.6083	357.8817	34
35	1.9999	0.5000	49.9945	0.0200	24.9986	0.0400	14.9961	374.8826	35
36	2.0399	0.4902	51.9944	0.0192	25.4888	0.0392	15.3809	392.0405	36
40	2.2080	0.4529	60.4020	0.0166	27.3555	0.0366	16.8885	461.9931	40
48	2.5871	0.3865	79.3535	0.0126	30.6731	0.0326	19.7556	605.9657	48
50	2.6916	0.3715	84.5794	0.0118	31.4236	0.0318	20.4420	642.3606	50
60	3.2810	0.3048	114.0515	0.0088	34.7609	0.0288	23.6961	823.6975	60
72	4.1611	0.2403	158.0570	0.0063	37.9841	0.0263	27.2234	1034.0557	72
80	4.8754	0.2051	193.7720	0.0052	39.7445	0.0252	29.3572	1166.7868	80
84	5.2773	0.1895	213.8666	0.0047	40.5255	0.0247	30.3616	1230.4191	84
90	5.9431	0.1683	247.1567	0.0040	41.5869	0.0240	31.7929	1322.1701	90
96	6.6929	0.1494	284.6467	0.0035	42.5294	0.0235	33.1370	1409.2973	96
100	7.2446	0.1380	312.2323	0.0032	43.0984	0.0232	33.9863	1464.7527	100
108	8.4883	0.1178	374.4129	0.0027	44.1095	0.0227	35.5774	1569.3025	108
120	10.7652	0.0929	488.2582	0.0020	45.3554	0.0220	37.7114	1710.4160	120
240	115.8887	0.0086	5744.4368	0.0002	49.5686	0.0202	47.9110	2374.8800	240
360	1247.5611	0.0008	62328.0564	0.0000	49.9599	0.0200	49.7112	2483.5679	360

이자계수표 (3.0%)									
	단일 현금흐름		동일 자금열				등차 자금열		
N	복리할증 계수 (*F*/*P*,*i*,*N*)	복리할인 계수 (*P*/*F*,*i*,*N*)	미래가치 계수 (*F*/*A*,*i*,*N*)	감채기금 계수 (*A*/*F*,*i*,*N*)	현재가치 계수 (*P*/*A*,*i*,*N*)	자본회수 계수 (*A*/*P*,*i*,*N*)	연간등가 계수 (*A*/*G*,*i*,*N*)	현재가치 계수 (*P*/*G*,*i*,*N*)	*N*
1	1.0300	0.9709	1.0000	1.0000	0.9709	1.0300	0.0000	0.0000	1
2	1.0609	0.9426	2.0300	0.4926	1.9135	0.5226	0.4926	0.9426	2
3	1.0927	0.9151	3.0909	0.3235	2.8286	0.3535	0.9803	2.7729	3
4	1.1255	0.8885	4.1836	0.2390	3.7171	0.2690	1.4631	5.4383	4
5	1.1593	0.8626	5.3091	0.1884	4.5797	0.2184	1.9409	8.8888	5
6	1.1941	0.8375	6.4684	0.1546	5.4172	0.1846	2.4138	13.0762	6
7	1.2299	0.8131	7.6625	0.1305	6.2303	0.1605	2.8819	17.9547	7
8	1.2668	0.7894	8.8923	0.1125	7.0197	0.1425	3.3450	23.4806	8
9	1.3048	0.7664	10.1591	0.0984	7.7861	0.1284	3.8032	29.6119	9
10	1.3439	0.7441	11.4639	0.0872	8.5302	0.1172	4.2565	36.3088	10
11	1.3842	0.7224	12.8078	0.0781	9.2526	0.1081	4.7049	43.5330	11
12	1.4258	0.7014	14.1920	0.0705	9.9540	0.1005	5.1485	51.2482	12
13	1.4685	0.6810	15.6178	0.0640	10.6350	0.0940	5.5872	59.4196	13
14	1.5126	0.6611	17.0863	0.0585	11.2961	0.0885	6.0210	68.0141	14
15	1.5580	0.6419	18.5989	0.0538	11.9379	0.0838	6.4500	77.0002	15
16	1.6047	0.6232	20.1569	0.0496	12.5611	0.0796	6.8742	86.3477	16
17	1.6528	0.6050	21.7616	0.0460	13.1661	0.0760	7.2936	96.0280	17
18	1.7024	0.5874	23.4144	0.0427	13.7535	0.0727	7.7081	106.0137	18
19	1.7535	0.5703	25.1169	0.0398	14.3238	0.0698	8.1179	116.2788	19
20	1.8061	0.5537	26.8704	0.0372	14.8775	0.0672	8.5229	126.7987	20
21	1.8603	0.5375	28.6765	0.0349	15.4150	0.0649	8.9231	137.5496	21
22	1.9161	0.5219	30.5368	0.0327	15.9369	0.0627	9.3186	148.5094	22
23	1.9736	0.5067	32.4529	0.0308	16.4436	0.0608	9.7093	159.6566	23
24	2.0328	0.4919	34.4265	0.0290	16.9355	0.0590	10.0954	170.9711	24
25	2.0938	0.4776	36.4593	0.0274	17.4131	0.0574	10.4768	182.4336	25
26	2.1566	0.4637	38.5530	0.0259	17.8768	0.0559	10.8535	194.0260	26
27	2.2213	0.4502	40.7096	0.0246	18.3270	0.0546	11.2255	205.7309	27
28	2.2879	0.4371	42.9309	0.0233	18.7641	0.0533	11.5930	217.5320	28
29	2.3566	0.4243	45.2189	0.0221	19.1885	0.0521	11.9558	229.4137	29
30	2.4273	0.4120	47.5754	0.0210	19.6004	0.0510	12.3141	241.3613	30
31	2.5001	0.4000	50.0027	0.0200	20.0004	0.0500	12.6678	253.3609	31
32	2.5751	0.3883	52.5028	0.0190	20.3888	0.0490	13.0169	265.3993	32
33	2.6523	0.3770	55.0778	0.0182	20.7658	0.0482	13.3616	277.4642	33
34	2.7319	0.3660	57.7302	0.0173	21.1318	0.0473	13.7018	289.5437	34
35	2.8139	0.3554	60.4621	0.0165	21.4872	0.0465	14.0375	301.6267	35
36	2.8983	0.3450	63.2759	0.0158	21.8323	0.0458	14.3688	313.7028	36
40	3.2620	0.3066	75.4013	0.0133	23.1148	0.0433	15.6502	361.7499	40
48	4.1323	0.2420	104.4084	0.0096	25.2667	0.0396	18.0089	455.0255	48
50	4.3839	0.2281	112.7969	0.0089	25.7298	0.0389	18.5575	477.4803	50
60	5.8916	0.1697	163.0534	0.0061	27.6756	0.0361	21.0674	583.0526	60
72	8.4000	0.1190	246.6672	0.0041	29.3651	0.0341	23.6036	693.1226	72
80	10.6409	0.0940	321.3630	0.0031	30.2008	0.0331	25.0353	756.0865	80
84	11.9764	0.0835	365.8805	0.0027	30.5501	0.0327	25.6806	784.5434	84
90	14.3005	0.0699	443.3489	0.0023	31.0024	0.0323	26.5667	823.6302	90
96	17.0755	0.0586	535.8502	0.0019	31.3812	0.0319	27.3615	858.6377	96
100	19.2186	0.0520	607.2877	0.0016	31.5989	0.0316	27.8444	879.8540	100
108	24.3456	0.0411	778.1863	0.0013	31.9642	0.0313	28.7072	917.6013	108
120	34.7110	0.0288	1123.6996	0.0009	32.3730	0.0309	29.7737	963.8635	120
240	1204.8526	0.0008	40128.4209	0.0000	33.3057	0.0300	33.1340	1103.5491	240
360	41821.6241	0.0000	1394020.8023	0.0000	33.3325	0.0300	33.3247	1110.7976	360

이자계수표 (4.0%)									
	단일 현금흐름		동일 자금열				등차 자금열		
N	복리할증 계수 (F/P,i,N)	복리할인 계수 (P/F,i,N)	미래가치 계수 (F/A,i,N)	감채기금 계수 (A/F,i,N)	현재가치 계수 (P/A,i,N)	자본회수 계수 (A/P,i,N)	연간등가 계수 (A/G,i,N)	현재가치 계수 (P/G,i,N)	N
1	1.0400	0.9615	1.0000	1.0000	0.9615	1.0400	0.0000	0.0000	1
2	1.0816	0.9246	2.0400	0.4902	1.8861	0.5302	0.4902	0.9246	2
3	1.1249	0.8890	3.1216	0.3203	2.7751	0.3603	0.9739	2.7025	3
4	1.1699	0.8548	4.2465	0.2355	3.6299	0.2755	1.4510	5.2670	4
5	1.2167	0.8219	5.4163	0.1846	4.4518	0.2246	1.9216	8.5547	5
6	1.2653	0.7903	6.6330	0.1508	5.2421	0.1908	2.3857	12.5062	6
7	1.3159	0.7599	7.8983	0.1266	6.0021	0.1666	2.8433	17.0657	7
8	1.3686	0.7307	9.2142	0.1085	6.7327	0.1485	3.2944	22.1806	8
9	1.4233	0.7026	10.5828	0.0945	7.4353	0.1345	3.7391	27.8013	9
10	1.4802	0.6756	12.0061	0.0833	8.1109	0.1233	4.1773	33.8814	10
11	1.5395	0.6496	13.4864	0.0741	8.7605	0.1141	4.6090	40.3772	11
12	1.6010	0.6246	15.0258	0.0666	9.3851	0.1066	5.0343	47.2477	12
13	1.6651	0.6006	16.6268	0.0601	9.9856	0.1001	5.4533	54.4546	13
14	1.7317	0.5775	18.2919	0.0547	10.5631	0.0947	5.8659	61.9618	14
15	1.8009	0.5553	20.0236	0.0499	11.1184	0.0899	6.2721	69.7355	15
16	1.8730	0.5339	21.8245	0.0458	11.6523	0.0858	6.6720	77.7441	16
17	1.9479	0.5134	23.6975	0.0422	12.1657	0.0822	7.0656	85.9581	17
18	2.0258	0.4936	25.6454	0.0390	12.6593	0.0790	7.4530	94.3498	18
19	2.1068	0.4746	27.6712	0.0361	13.1339	0.0761	7.8342	102.8933	19
20	2.1911	0.4564	29.7781	0.0336	13.5903	0.0736	8.2091	111.5647	20
21	2.2788	0.4388	31.9692	0.0313	14.0292	0.0713	8.5779	120.3414	21
22	2.3699	0.4220	34.2480	0.0292	14.4511	0.0692	8.9407	129.2024	22
23	2.4647	0.4057	36.6179	0.0273	14.8568	0.0673	9.2973	138.1284	23
24	2.5633	0.3901	39.0826	0.0256	15.2470	0.0656	9.6479	147.1012	24
25	2.6658	0.3751	41.6459	0.0240	15.6221	0.0640	9.9925	156.1040	25
26	2.7725	0.3607	44.3117	0.0226	15.9828	0.0626	10.3312	165.1212	26
27	2.8834	0.3468	47.0842	0.0212	16.3296	0.0612	10.6640	174.1385	27
28	2.9987	0.3335	49.9676	0.0200	16.6631	0.0600	10.9909	183.1424	28
29	3.1187	0.3207	52.9663	0.0189	16.9837	0.0589	11.3120	192.1206	29
30	3.2434	0.3083	56.0849	0.0178	17.2920	0.0578	11.6274	201.0618	30
31	3.3731	0.2965	59.3283	0.0169	17.5885	0.0569	11.9371	209.9556	31
32	3.5081	0.2851	62.7015	0.0159	17.8736	0.0559	12.2411	218.7924	32
33	3.6484	0.2741	66.2095	0.0151	18.1476	0.0551	12.5396	227.5634	33
34	3.7943	0.2636	69.8579	0.0143	18.4112	0.0543	12.8324	236.2607	34
35	3.9461	0.2534	73.6522	0.0136	18.6646	0.0536	13.1198	244.8768	35
36	4.1039	0.2437	77.5983	0.0129	18.9083	0.0529	13.4018	253.4052	36
40	4.8010	0.2083	95.0255	0.0105	19.7928	0.0505	14.4765	286.5303	40
48	6.5705	0.1522	139.2632	0.0072	21.1951	0.0472	16.3832	347.2446	48
50	7.1067	0.1407	152.6671	0.0066	21.4822	0.0466	16.8122	361.1638	50
60	10.5196	0.0951	237.9907	0.0042	22.6235	0.0442	18.6972	422.9966	60
72	16.8423	0.0594	396.0566	0.0025	23.5156	0.0425	20.4552	481.0170	72
80	23.0498	0.0434	551.2450	0.0018	23.9154	0.0418	21.3718	511.1161	80
84	26.9650	0.0371	649.1251	0.0015	24.0729	0.0415	21.7649	523.9431	84
90	34.1193	0.0293	827.9833	0.0012	24.2673	0.0412	22.2826	540.7369	90
96	43.1718	0.0232	1054.2960	0.0009	24.4209	0.0409	22.7236	554.9312	96
100	50.5049	0.0198	1237.6237	0.0008	24.5050	0.0408	22.9800	563.1249	100
108	69.1195	0.0145	1702.9877	0.0006	24.6383	0.0406	23.4146	576.8949	108
120	110.6626	0.0090	2741.5640	0.0004	24.7741	0.0404	23.9057	592.2428	120
240	12246.2024	0.0001	306130.0591	0.0000	24.9980	0.0400	24.9804	624.4590	240
360	1355196.1137	0.0000	33879877.8425	0.0000	25.0000	0.0400	24.9997	624.9929	360

이자계수표 (5.0%)									
	단일 현금흐름		동일 자금열				등차 자금열		
N	복리할증 계수 (*F*/*P*,*i*,*N*)	복리할인 계수 (*P*/*F*,*i*,*N*)	미래가치 계수 (*F*/*A*,*i*,*N*)	감채기금 계수 (*A*/*F*,*i*,*N*)	현재가치 계수 (*P*/*A*,*i*,*N*)	자본회수 계수 (*A*/*P*,*i*,*N*)	연간등가 계수 (*A*/*G*,*i*,*N*)	현재가치 계수 (*P*/*G*,*i*,*N*)	*N*
1	1.0500	0.9524	1.0000	1.0000	0.9524	1.0500	0.0000	0.0000	1
2	1.1025	0.9070	2.0500	0.4878	1.8594	0.5378	0.4878	0.9070	2
3	1.1576	0.8638	3.1525	0.3172	2.7232	0.3672	0.9675	2.6347	3
4	1.2155	0.8227	4.3101	0.2320	3.5460	0.2820	1.4391	5.1028	4
5	1.2763	0.7835	5.5256	0.1810	4.3295	0.2310	1.9025	8.2369	5
6	1.3401	0.7462	6.8019	0.1470	5.0757	0.1970	2.3579	11.9680	6
7	1.4071	0.7107	8.1420	0.1228	5.7864	0.1728	2.8052	16.2321	7
8	1.4775	0.6768	9.5491	0.1047	6.4632	0.1547	3.2445	20.9700	8
9	1.5513	0.6446	11.0266	0.0907	7.1078	0.1407	3.6758	26.1268	9
10	1.6289	0.6139	12.5779	0.0795	7.7217	0.1295	4.0991	31.6520	10
11	1.7103	0.5847	14.2068	0.0704	8.3064	0.1204	4.5144	37.4988	11
12	1.7959	0.5568	15.9171	0.0628	8.8633	0.1128	4.9219	43.6241	12
13	1.8856	0.5303	17.7130	0.0565	9.3936	0.1065	5.3215	49.9879	13
14	1.9799	0.5051	19.5986	0.0510	9.8986	0.1010	5.7133	56.5538	14
15	2.0789	0.4810	21.5786	0.0463	10.3797	0.0963	6.0973	63.2880	15
16	2.1829	0.4581	23.6575	0.0423	10.8378	0.0923	6.4736	70.1597	16
17	2.2920	0.4363	25.8404	0.0387	11.2741	0.0887	6.8423	77.1405	17
18	2.4066	0.4155	28.1324	0.0355	11.6896	0.0855	7.2034	84.2043	18
19	2.5270	0.3957	30.5390	0.0327	12.0853	0.0827	7.5569	91.3275	19
20	2.6533	0.3769	33.0660	0.0302	12.4622	0.0802	7.9030	98.4884	20
21	2.7860	0.3589	35.7193	0.0280	12.8212	0.0780	8.2416	105.6673	21
22	2.9253	0.3418	38.5052	0.0260	13.1630	0.0760	8.5730	112.8461	22
23	3.0715	0.3256	41.4305	0.0241	13.4886	0.0741	8.8971	120.0087	23
24	3.2251	0.3101	44.5020	0.0225	13.7986	0.0725	9.2140	127.1402	24
25	3.3864	0.2953	47.7271	0.0210	14.0939	0.0710	9.5238	134.2275	25
26	3.5557	0.2812	51.1135	0.0196	14.3752	0.0696	9.8266	141.2585	26
27	3.7335	0.2678	54.6691	0.0183	14.6430	0.0683	10.1224	148.2226	27
28	3.9201	0.2551	58.4026	0.0171	14.8981	0.0671	10.4114	155.1101	28
29	4.1161	0.2429	62.3227	0.0160	15.1411	0.0660	10.6936	161.9126	29
30	4.3219	0.2314	66.4388	0.0151	15.3725	0.0651	10.9691	168.6226	30
31	4.5380	0.2204	70.7608	0.0141	15.5928	0.0641	11.2381	175.2333	31
32	4.7649	0.2099	75.2988	0.0133	15.8027	0.0633	11.5005	181.7392	32
33	5.0032	0.1999	80.0638	0.0125	16.0025	0.0625	11.7566	188.1351	33
34	5.2533	0.1904	85.0670	0.0118	16.1929	0.0618	12.0063	194.4168	34
35	5.5160	0.1813	90.3203	0.0111	16.3742	0.0611	12.2498	200.5807	35
36	5.7918	0.1727	95.8363	0.0104	16.5469	0.0604	12.4872	206.6237	36
40	7.0400	0.1420	120.7998	0.0083	17.1591	0.0583	13.3775	229.5452	40
48	10.4013	0.0961	188.0254	0.0053	18.0772	0.0553	14.8943	269.2467	48
50	11.4674	0.0872	209.3480	0.0048	18.2559	0.0548	15.2233	277.9148	50
60	18.6792	0.0535	353.5837	0.0028	18.9293	0.0528	16.6062	314.3432	60
72	33.5451	0.0298	650.9027	0.0015	19.4038	0.0515	17.7877	345.1485	72
80	49.5614	0.0202	971.2288	0.0010	19.5965	0.0510	18.3526	359.6460	80
84	60.2422	0.0166	1184.8448	0.0008	19.6680	0.0508	18.5821	365.4727	84
90	80.7304	0.0124	1594.6073	0.0006	19.7523	0.0506	18.8712	372.7488	90
96	108.1864	0.0092	2143.7282	0.0005	19.8151	0.0505	19.1044	378.5555	96
100	131.5013	0.0076	2610.0252	0.0004	19.8479	0.0504	19.2337	381.7492	100
108	194.2872	0.0051	3865.7450	0.0003	19.8971	0.0503	19.4412	386.8236	108
120	348.9120	0.0029	6958.2397	0.0001	19.9427	0.0501	19.6551	391.9751	120
240	121739.5737	0.0000	2434771.4748	0.0000	19.9998	0.0500	19.9980	399.9573	240
360	42476396.4087	0.0000	849527908.1736	0.0000	20.0000	0.0500	20.0000	399.9998	360

	이자계수표 (6.0%)								
	단일 현금흐름		동일 자금열				등차 자금열		
N	복리할증 계수 (*F*/*P*,*i*,*N*)	복리할인 계수 (*P*/*F*,*i*,*N*)	미래가치 계수 (*F*/*A*,*i*,*N*)	감채기금 계수 (*A*/*F*,*i*,*N*)	현재가치 계수 (*P*/*A*,*i*,*N*)	자본회수 계수 (*A*/*P*,*i*,*N*)	연간등가 계수 (*A*/*G*,*i*,*N*)	현재가치 계수 (*P*/*G*,*i*,*N*)	*N*
1	1.0600	0.9434	1.0000	1.0000	0.9434	1.0600	0.0000	0.0000	1
2	1.1236	0.8900	2.0600	0.4854	1.8334	0.5454	0.4854	0.8900	2
3	1.1910	0.8396	3.1836	0.3141	2.6730	0.3741	0.9612	2.5692	3
4	1.2625	0.7921	4.3746	0.2286	3.4651	0.2886	1.4272	4.9455	4
5	1.3382	0.7473	5.6371	0.1774	4.2124	0.2374	1.8836	7.9345	5
6	1.4185	0.7050	6.9753	0.1434	4.9173	0.2034	2.3304	11.4594	6
7	1.5036	0.6651	8.3938	0.1191	5.5824	0.1791	2.7676	15.4497	7
8	1.5938	0.6274	9.8975	0.1010	6.2098	0.1610	3.1952	19.8416	8
9	1.6895	0.5919	11.4913	0.0870	6.8017	0.1470	3.6133	24.5768	9
10	1.7908	0.5584	13.1808	0.0759	7.3601	0.1359	4.0220	29.6023	10
11	1.8983	0.5268	14.9716	0.0668	7.8869	0.1268	4.4213	34.8702	11
12	2.0122	0.4970	16.8699	0.0593	8.3838	0.1193	4.8113	40.3369	12
13	2.1329	0.4688	18.8821	0.0530	8.8527	0.1130	5.1920	45.9629	13
14	2.2609	0.4423	21.0151	0.0476	9.2950	0.1076	5.5635	51.7128	14
15	2.3966	0.4173	23.2760	0.0430	9.7122	0.1030	5.9260	57.5546	15
16	2.5404	0.3936	25.6725	0.0390	10.1059	0.0990	6.2794	63.4592	16
17	2.6928	0.3714	28.2129	0.0354	10.4773	0.0954	6.6240	69.4011	17
18	2.8543	0.3503	30.9057	0.0324	10.8276	0.0924	6.9597	75.3569	18
19	3.0256	0.3305	33.7600	0.0296	11.1581	0.0896	7.2867	81.3062	19
20	3.2071	0.3118	36.7856	0.0272	11.4699	0.0872	7.6051	87.2304	20
21	3.3996	0.2942	39.9927	0.0250	11.7641	0.0850	7.9151	93.1136	21
22	3.6035	0.2775	43.3923	0.0230	12.0416	0.0830	8.2166	98.9412	22
23	3.8197	0.2618	46.9958	0.0213	12.3034	0.0813	8.5099	104.7007	23
24	4.0489	0.2470	50.8156	0.0197	12.5504	0.0797	8.7951	110.3812	24
25	4.2919	0.2330	54.8645	0.0182	12.7834	0.0782	9.0722	115.9732	25
26	4.5494	0.2198	59.1564	0.0169	13.0032	0.0769	9.3414	121.4684	26
27	4.8223	0.2074	63.7058	0.0157	13.2105	0.0757	9.6029	126.8600	27
28	5.1117	0.1956	68.5281	0.0146	13.4062	0.0746	9.8568	132.1420	28
29	5.4184	0.1846	73.6398	0.0136	13.5907	0.0736	10.1032	137.3096	29
30	5.7435	0.1741	79.0582	0.0126	13.7648	0.0726	10.3422	142.3588	30
31	6.0881	0.1643	84.8017	0.0118	13.9291	0.0718	10.5740	147.2864	31
32	6.4534	0.1550	90.8898	0.0110	14.0840	0.0710	10.7988	152.0901	32
33	6.8406	0.1462	97.3432	0.0103	14.2302	0.0703	11.0166	156.7681	33
34	7.2510	0.1379	104.1838	0.0096	14.3681	0.0696	11.2276	161.3192	34
35	7.6861	0.1301	111.4348	0.0090	14.4982	0.0690	11.4319	165.7427	35
36	8.1473	0.1227	119.1209	0.0084	14.6210	0.0684	11.6298	170.0387	36
40	10.2857	0.0972	154.7620	0.0065	15.0463	0.0665	12.3590	185.9568	40
48	16.3939	0.0610	256.5645	0.0039	15.6500	0.0639	13.5485	212.0351	48
50	18.4202	0.0543	290.3359	0.0034	15.7619	0.0634	13.7964	217.4574	50
60	32.9877	0.0303	533.1282	0.0019	16.1614	0.0619	14.7909	239.0428	60
72	66.3777	0.0151	1089.6286	0.0009	16.4156	0.0609	15.5654	255.5146	72
80	105.7960	0.0095	1746.5999	0.0006	16.5091	0.0606	15.9033	262.5493	80
84	133.5650	0.0075	2209.4167	0.0005	16.5419	0.0605	16.0330	265.2163	84
90	189.4645	0.0053	3141.0752	0.0003	16.5787	0.0603	16.1891	268.3946	90
96	268.7590	0.0037	4462.6505	0.0002	16.6047	0.0602	16.3081	270.7909	96
100	339.3021	0.0029	5638.3681	0.0002	16.6175	0.0602	16.3711	272.0471	100

이자계수표 (7.0%)

	단일 현금흐름		동일 자금열				등차 자금열		
N	복리할증계수 (*F/P,i,N*)	복리할인계수 (*P/F,i,N*)	미래가치계수 (*F/A,i,N*)	감채기금계수 (*A/F,i,N*)	현재가치계수 (*P/A,i,N*)	자본회수계수 (*A/P,i,N*)	연간등가계수 (*A/G,i,N*)	현재가치계수 (*P/G,i,N*)	*N*
1	1.0700	0.9346	1.0000	1.0000	0.9346	1.0700	0.0000	0.0000	1
2	1.1449	0.8734	2.0700	0.4831	1.8080	0.5531	0.4831	0.8734	2
3	1.2250	0.8163	3.2149	0.3111	2.6243	0.3811	0.9549	2.5060	3
4	1.3108	0.7629	4.4399	0.2252	3.3872	0.2952	1.4155	4.7947	4
5	1.4026	0.7130	5.7507	0.1739	4.1002	0.2439	1.8650	7.6467	5
6	1.5007	0.6663	7.1533	0.1398	4.7665	0.2098	2.3032	10.9784	6
7	1.6058	0.6227	8.6540	0.1156	5.3893	0.1856	2.7304	14.7149	7
8	1.7182	0.5820	10.2598	0.0975	5.9713	0.1675	3.1465	18.7889	8
9	1.8385	0.5439	11.9780	0.0835	6.5152	0.1535	3.5517	23.1404	9
10	1.9672	0.5083	13.8164	0.0724	7.0236	0.1424	3.9461	27.7156	10
11	2.1049	0.4751	15.7836	0.0634	7.4987	0.1334	4.3296	32.4665	11
12	2.2522	0.4440	17.8885	0.0559	7.9427	0.1259	4.7025	37.3506	12
13	2.4098	0.4150	20.1406	0.0497	8.3577	0.1197	5.0648	42.3302	13
14	2.5785	0.3878	22.5505	0.0443	8.7455	0.1143	5.4167	47.3718	14
15	2.7590	0.3624	25.1290	0.0398	9.1079	0.1098	5.7583	52.4461	15
16	2.9522	0.3387	27.8881	0.0359	9.4466	0.1059	6.0897	57.5271	16
17	3.1588	0.3166	30.8402	0.0324	9.7632	0.1024	6.4110	62.5923	17
18	3.3799	0.2959	33.9990	0.0294	10.0591	0.0994	6.7225	67.6219	18
19	3.6165	0.2765	37.3790	0.0268	10.3356	0.0968	7.0242	72.5991	19
20	3.8697	0.2584	40.9955	0.0244	10.5940	0.0944	7.3163	77.5091	20
21	4.1406	0.2415	44.8652	0.0223	10.8355	0.0923	7.5990	82.3393	21
22	4.4304	0.2257	49.0057	0.0204	11.0612	0.0904	7.8725	87.0793	22
23	4.7405	0.2109	53.4361	0.0187	11.2722	0.0887	8.1369	91.7201	23
24	5.0724	0.1971	58.1767	0.0172	11.4693	0.0872	8.3923	96.2545	24
25	5.4274	0.1842	63.2490	0.0158	11.6536	0.0858	8.6391	100.6765	25
26	5.8074	0.1722	68.6765	0.0146	11.8258	0.0846	8.8773	104.9814	26
27	6.2139	0.1609	74.4838	0.0134	11.9867	0.0834	9.1072	109.1656	27
28	6.6488	0.1504	80.6977	0.0124	12.1371	0.0824	9.3289	113.2264	28
29	7.1143	0.1406	87.3465	0.0114	12.2777	0.0814	9.5427	117.1622	29
30	7.6123	0.1314	94.4608	0.0106	12.4090	0.0806	9.7487	120.9718	30
31	8.1451	0.1228	102.0730	0.0098	12.5318	0.0798	9.9471	124.6550	31
32	8.7153	0.1147	110.2182	0.0091	12.6466	0.0791	10.1381	128.2120	32
33	9.3253	0.1072	118.9334	0.0084	12.7538	0.0784	10.3219	131.6435	33
34	9.9781	0.1002	128.2588	0.0078	12.8540	0.0778	10.4987	134.9507	34
35	10.6766	0.0937	138.2369	0.0072	12.9477	0.0772	10.6687	138.1353	35
36	11.4239	0.0875	148.9135	0.0067	13.0352	0.0767	10.8321	141.1990	36
40	14.9745	0.0668	199.6351	0.0050	13.3317	0.0750	11.4233	152.2928	40
48	25.7289	0.0389	353.2701	0.0028	13.7305	0.0728	12.3447	169.4981	48
50	29.4570	0.0339	406.5289	0.0025	13.8007	0.0725	12.5287	172.9051	50
60	57.9464	0.0173	813.5204	0.0012	14.0392	0.0712	13.2321	185.7677	60
72	130.5065	0.0077	1850.0922	0.0005	14.1763	0.0705	13.7298	194.6365	72
80	224.2344	0.0045	3189.0627	0.0003	14.2220	0.0703	13.9273	198.0748	80
84	293.9255	0.0034	4184.6506	0.0002	14.2371	0.0702	13.9990	199.3046	84
90	441.1030	0.0023	6287.1854	0.0002	14.2533	0.0702	14.0812	200.7042	90
96	661.9766	0.0015	9442.5233	0.0001	14.2641	0.0701	14.1405	201.7016	96
100	867.7163	0.0012	12381.6618	0.0001	14.2693	0.0701	14.1703	202.2001	100

이자계수표 (8.0%)									
	단일 현금흐름		동일 자금열				등차 자금열		
N	복리할증 계수 (F/P,i,N)	복리할인 계수 (P/F,i,N)	미래가치 계수 (F/A,i,N)	감채기금 계수 (A/F,i,N)	현재가치 계수 (P/A,i,N)	자본회수 계수 (A/P,i,N)	연간등가 계수 (A/G,i,N)	현재가치 계수 (P/G,i,N)	N
1	1.0800	0.9259	1.0000	1.0000	0.9259	1.0800	0.0000	0.0000	1
2	1.1664	0.8573	2.0800	0.4808	1.7833	0.5608	0.4808	0.8573	2
3	1.2597	0.7938	3.2464	0.3080	2.5771	0.3880	0.9487	2.4450	3
4	1.3605	0.7350	4.5061	0.2219	3.3121	0.3019	1.4040	4.6501	4
5	1.4693	0.6806	5.8666	0.1705	3.9927	0.2505	1.8465	7.3724	5
6	1.5869	0.6302	7.3359	0.1363	4.6229	0.2163	2.2763	10.5233	6
7	1.7138	0.5835	8.9228	0.1121	5.2064	0.1921	2.6937	14.0242	7
8	1.8509	0.5403	10.6366	0.0940	5.7466	0.1740	3.0985	17.8061	8
9	1.9990	0.5002	12.4876	0.0801	6.2469	0.1601	3.4910	21.8081	9
10	2.1589	0.4632	14.4866	0.0690	6.7101	0.1490	3.8713	25.9768	10
11	2.3316	0.4289	16.6455	0.0601	7.1390	0.1401	4.2395	30.2657	11
12	2.5182	0.3971	18.9771	0.0527	7.5361	0.1327	4.5957	34.6339	12
13	2.7196	0.3677	21.4953	0.0465	7.9038	0.1265	4.9402	39.0463	13
14	2.9372	0.3405	24.2149	0.0413	8.2442	0.1213	5.2731	43.4723	14
15	3.1722	0.3152	27.1521	0.0368	8.5595	0.1168	5.5945	47.8857	15
16	3.4259	0.2919	30.3243	0.0330	8.8514	0.1130	5.9046	52.2640	16
17	3.7000	0.2703	33.7502	0.0296	9.1216	0.1096	6.2037	56.5883	17
18	3.9960	0.2502	37.4502	0.0267	9.3719	0.1067	6.4920	60.8426	18
19	4.3157	0.2317	41.4463	0.0241	9.6036	0.1041	6.7697	65.0134	19
20	4.6610	0.2145	45.7620	0.0219	9.8181	0.1019	7.0369	69.0898	20
21	5.0338	0.1987	50.4229	0.0198	10.0168	0.0998	7.2940	73.0629	21
22	5.4365	0.1839	55.4568	0.0180	10.2007	0.0980	7.5412	76.9257	22
23	5.8715	0.1703	60.8933	0.0164	10.3711	0.0964	7.7786	80.6726	23
24	6.3412	0.1577	66.7648	0.0150	10.5288	0.0950	8.0066	84.2997	24
25	6.8485	0.1460	73.1059	0.0137	10.6748	0.0937	8.2254	87.8041	25
26	7.3964	0.1352	79.9544	0.0125	10.8100	0.0925	8.4352	91.1842	26
27	7.9881	0.1252	87.3508	0.0114	10.9352	0.0914	8.6363	94.4390	27
28	8.6271	0.1159	95.3388	0.0105	11.0511	0.0905	8.8289	97.5687	28
29	9.3173	0.1073	103.9659	0.0096	11.1584	0.0896	9.0133	100.5738	29
30	10.0627	0.0994	113.2832	0.0088	11.2578	0.0888	9.1897	103.4558	30
31	10.8677	0.0920	123.3459	0.0081	11.3498	0.0881	9.3584	106.2163	31
32	11.7371	0.0852	134.2135	0.0075	11.4350	0.0875	9.5197	108.8575	32
33	12.6760	0.0789	145.9506	0.0069	11.5139	0.0869	9.6737	111.3819	33
34	13.6901	0.0730	158.6267	0.0063	11.5869	0.0863	9.8208	113.7924	34
35	14.7853	0.0676	172.3168	0.0058	11.6546	0.0858	9.9611	116.0920	35
36	15.9682	0.0626	187.1021	0.0053	11.7172	0.0853	10.0949	118.2839	36
40	21.7245	0.0460	259.0565	0.0039	11.9246	0.0839	10.5699	126.0422	40
48	40.2106	0.0249	490.1322	0.0020	12.1891	0.0820	11.2758	137.4428	48
50	46.9016	0.0213	573.7702	0.0017	12.2335	0.0817	11.4107	139.5928	50
60	101.2571	0.0099	1253.2133	0.0008	12.3766	0.0808	11.9015	147.3000	60
72	254.9825	0.0039	3174.7814	0.0003	12.4510	0.0803	12.2165	152.1076	72
80	471.9548	0.0021	5886.9354	0.0002	12.4735	0.0802	12.3301	153.8001	80
84	642.0893	0.0016	8013.6168	0.0001	12.4805	0.0801	12.3690	154.3714	84
90	1018.9151	0.0010	12723.9386	0.0001	12.4877	0.0801	12.4116	154.9925	90
96	1616.8902	0.0006	20198.6274	0.0000	12.4923	0.0800	12.4406	155.4112	96
100	2199.7613	0.0005	27484.5157	0.0000	12.4943	0.0800	12.4545	155.6107	100

	이자계수표 (9.0%)								
	단일 현금흐름		동일 자금열				등차 자금열		
N	복리할증 계수 (F/P,i,N)	복리할인 계수 (P/F,i,N)	미래가치 계수 (F/A,i,N)	감채기금 계수 (A/F,i,N)	현재가치 계수 (P/A,i,N)	자본회수 계수 (A/P,i,N)	연간등가 계수 (A/G,i,N)	현재가치 계수 (P/G,i,N)	N
1	1.0900	0.9174	1.0000	1.0000	0.9174	1.0900	0.0000	0.0000	1
2	1.1881	0.8417	2.0900	0.4785	1.7591	0.5685	0.4785	0.8417	2
3	1.2950	0.7722	3.2781	0.3051	2.5313	0.3951	0.9426	2.3860	3
4	1.4116	0.7084	4.5731	0.2187	3.2397	0.3087	1.3925	4.5113	4
5	1.5386	0.6499	5.9847	0.1671	3.8897	0.2571	1.8282	7.1110	5
6	1.6771	0.5963	7.5233	0.1329	4.4859	0.2229	2.2498	10.0924	6
7	1.8280	0.5470	9.2004	0.1087	5.0330	0.1987	2.6574	13.3746	7
8	1.9926	0.5019	11.0285	0.0907	5.5348	0.1807	3.0512	16.8877	8
9	2.1719	0.4604	13.0210	0.0768	5.9952	0.1668	3.4312	20.5711	9
10	2.3674	0.4224	15.1929	0.0658	6.4177	0.1558	3.7978	24.3728	10
11	2.5804	0.3875	17.5603	0.0569	6.8052	0.1469	4.1510	28.2481	11
12	2.8127	0.3555	20.1407	0.0497	7.1607	0.1397	4.4910	32.1590	12
13	3.0658	0.3262	22.9534	0.0436	7.4869	0.1336	4.8182	36.0731	13
14	3.3417	0.2992	26.0192	0.0384	7.7862	0.1284	5.1326	39.9633	14
15	3.6425	0.2745	29.3609	0.0341	8.0607	0.1241	5.4346	43.8069	15
16	3.9703	0.2519	33.0034	0.0303	8.3126	0.1203	5.7245	47.5849	16
17	4.3276	0.2311	36.9737	0.0270	8.5436	0.1170	6.0024	51.2821	17
18	4.7171	0.2120	41.3013	0.0242	8.7556	0.1142	6.2687	54.8860	18
19	5.1417	0.1945	46.0185	0.0217	8.9501	0.1117	6.5236	58.3868	19
20	5.6044	0.1784	51.1601	0.0195	9.1285	0.1095	6.7674	61.7770	20
21	6.1088	0.1637	56.7645	0.0176	9.2922	0.1076	7.0006	65.0509	21
22	6.6586	0.1502	62.8733	0.0159	9.4424	0.1059	7.2232	68.2048	22
23	7.2579	0.1378	69.5319	0.0144	9.5802	0.1044	7.4357	71.2359	23
24	7.9111	0.1264	76.7898	0.0130	9.7066	0.1030	7.6384	74.1433	24
25	8.6231	0.1160	84.7009	0.0118	9.8226	0.1018	7.8316	76.9265	25
26	9.3992	0.1064	93.3240	0.0107	9.9290	0.1007	8.0156	79.5863	26
27	10.2451	0.0976	102.7231	0.0097	10.0266	0.0997	8.1906	82.1241	27
28	11.1671	0.0895	112.9682	0.0089	10.1161	0.0989	8.3571	84.5419	28
29	12.1722	0.0822	124.1354	0.0081	10.1983	0.0981	8.5154	86.8422	29
30	13.2677	0.0754	136.3075	0.0073	10.2737	0.0973	8.6657	89.0280	30
31	14.4618	0.0691	149.5752	0.0067	10.3428	0.0967	8.8083	91.1024	31
32	15.7633	0.0634	164.0370	0.0061	10.4062	0.0961	8.9436	93.0690	32
33	17.1820	0.0582	179.8003	0.0056	10.4644	0.0956	9.0718	94.9314	33
34	18.7284	0.0534	196.9823	0.0051	10.5178	0.0951	9.1933	96.6935	34
35	20.4140	0.0490	215.7108	0.0046	10.5668	0.0946	9.3083	98.3590	35
36	22.2512	0.0449	236.1247	0.0042	10.6118	0.0942	9.4171	99.9319	36
40	31.4094	0.0318	337.8824	0.0030	10.7574	0.0930	9.7957	105.3762	40
48	62.5852	0.0160	684.2804	0.0015	10.9336	0.0915	10.3317	112.9625	48
50	74.3575	0.0134	815.0836	0.0012	10.9617	0.0912	10.4295	114.3251	50
60	176.0313	0.0057	1944.7921	0.0005	11.0480	0.0905	10.7683	118.9683	60
72	495.1170	0.0020	5490.1891	0.0002	11.0887	0.0902	10.9654	121.5917	72
80	986.5517	0.0010	10950.5741	0.0001	11.0998	0.0901	11.0299	122.4306	80
84	1392.5982	0.0007	15462.2021	0.0001	11.1031	0.0901	11.0507	122.6979	84
90	2335.5266	0.0004	25939.1842	0.0000	11.1064	0.0900	11.0726	122.9758	90
96	3916.9119	0.0003	43510.1321	0.0000	11.1083	0.0900	11.0866	123.1529	96
100	5529.0408	0.0002	61422.6755	0.0000	11.1091	0.0900	11.0930	123.2335	100

이자계수표 (10%)									
	단일 현금흐름		동일 자금열				등차 자금열		
N	복리할증 계수 (*F/P,i,N*)	복리할인 계수 (*P/F,i,N*)	미래가치 계수 (*F/A,i,N*)	감채기금 계수 (*A/F,i,N*)	현재가치 계수 (*P/A,i,N*)	자본회수 계수 (*A/P,i,N*)	연간등가 계수 (*A/G,i,N*)	현재가치 계수 (*P/G,i,N*)	*N*
1	1.1000	0.9091	1.0000	1.0000	0.9091	1.1000	0.0000	0.0000	1
2	1.2100	0.8264	2.1000	0.4762	1.7355	0.5762	0.4762	0.8264	2
3	1.3310	0.7513	3.3100	0.3021	2.4869	0.4021	0.9366	2.3291	3
4	1.4641	0.6830	4.6410	0.2155	3.1699	0.3155	1.3812	4.3781	4
5	1.6105	0.6209	6.1051	0.1638	3.7908	0.2638	1.8101	6.8618	5
6	1.7716	0.5645	7.7156	0.1296	4.3553	0.2296	2.2236	9.6842	6
7	1.9487	0.5132	9.4872	0.1054	4.8684	0.2054	2.6216	12.7631	7
8	2.1436	0.4665	11.4359	0.0874	5.3349	0.1874	3.0045	16.0287	8
9	2.3579	0.4241	13.5795	0.0736	5.7590	0.1736	3.3724	19.4215	9
10	2.5937	0.3855	15.9374	0.0627	6.1446	0.1627	3.7255	22.8913	10
11	2.8531	0.3505	18.5312	0.0540	6.4951	0.1540	4.0641	26.3963	11
12	3.1384	0.3186	21.3843	0.0468	6.8137	0.1468	4.3884	29.9012	12
13	3.4523	0.2897	24.5227	0.0408	7.1034	0.1408	4.6988	33.3772	13
14	3.7975	0.2633	27.9750	0.0357	7.3667	0.1357	4.9955	36.8005	14
15	4.1772	0.2394	31.7725	0.0315	7.6061	0.1315	5.2789	40.1520	15
16	4.5950	0.2176	35.9497	0.0278	7.8237	0.1278	5.5493	43.4164	16
17	5.0545	0.1978	40.5447	0.0247	8.0216	0.1247	5.8071	46.5819	17
18	5.5599	0.1799	45.5992	0.0219	8.2014	0.1219	6.0526	49.6395	18
19	6.1159	0.1635	51.1591	0.0195	8.3649	0.1195	6.2861	52.5827	19
20	6.7275	0.1486	57.2750	0.0175	8.5136	0.1175	6.5081	55.4069	20
21	7.4002	0.1351	64.0025	0.0156	8.6487	0.1156	6.7189	58.1095	21
22	8.1403	0.1228	71.4027	0.0140	8.7715	0.1140	6.9189	60.6893	22
23	8.9543	0.1117	79.5430	0.0126	8.8832	0.1126	7.1085	63.1462	23
24	9.8497	0.1015	88.4973	0.0113	8.9847	0.1113	7.2881	65.4813	24
25	10.8347	0.0923	98.3471	0.0102	9.0770	0.1102	7.4580	67.6964	25
26	11.9182	0.0839	109.1818	0.0092	9.1609	0.1092	7.6186	69.7940	26
27	13.1100	0.0763	121.0999	0.0083	9.2372	0.1083	7.7704	71.7773	27
28	14.4210	0.0693	134.2099	0.0075	9.3066	0.1075	7.9137	73.6495	28
29	15.8631	0.0630	148.6309	0.0067	9.3696	0.1067	8.0489	75.4146	29
30	17.4494	0.0573	164.4940	0.0061	9.4269	0.1061	8.1762	77.0766	30
31	19.1943	0.0521	181.9434	0.0055	9.4790	0.1055	8.2962	78.6395	31
32	21.1138	0.0474	201.1378	0.0050	9.5264	0.1050	8.4091	80.1078	32
33	23.2252	0.0431	222.2515	0.0045	9.5694	0.1045	8.5152	81.4856	33
34	25.5477	0.0391	245.4767	0.0041	9.6086	0.1041	8.6149	82.7773	34
35	28.1024	0.0356	271.0244	0.0037	9.6442	0.1037	8.7086	83.9872	35
36	30.9127	0.0323	299.1268	0.0033	9.6765	0.1033	8.7965	85.1194	36
40	45.2593	0.0221	442.5926	0.0023	9.7791	0.1023	9.0962	88.9525	40
48	97.0172	0.0103	960.1723	0.0010	9.8969	0.1010	9.5001	94.0217	48
50	117.3909	0.0085	1163.9085	0.0009	9.9148	0.1009	9.5704	94.8889	50
60	304.4816	0.0033	3034.8164	0.0003	9.9672	0.1003	9.8023	97.7010	60
72	955.5938	0.0010	9545.9382	0.0001	9.9895	0.1001	9.9246	99.1419	72
80	2048.4002	0.0005	20474.0021	0.0000	9.9951	0.1000	9.9609	99.5606	80
84	2999.0628	0.0003	29980.6275	0.0000	9.9967	0.1000	9.9720	99.6866	84
90	5313.0226	0.0002	53120.2261	0.0000	9.9981	0.1000	9.9831	99.8118	90
96	9412.3437	0.0001	94113.4365	0.0000	9.9989	0.1000	9.9898	99.8874	96
100	13780.6123	0.0001	137796.1234	0.0000	9.9993	0.1000	9.9927	99.9202	100

	이자계수표 (11%)								
	단일 현금흐름		동일 자금열				등차 자금열		
N	복리할증 계수 (F/P,i,N)	복리할인 계수 (P/F,i,N)	미래가치 계수 (F/A,i,N)	감채기금 계수 (A/F,i,N)	현재가치 계수 (P/A,i,N)	자본회수 계수 (A/P,i,N)	연간등가 계수 (A/G,i,N)	현재가치 계수 (P/G,i,N)	N
1	1.1100	0.9009	1.0000	1.0000	0.9009	1.1100	0.0000	0.0000	1
2	1.2321	0.8116	2.1100	0.4739	1.7125	0.5839	0.4739	0.8116	2
3	1.3676	0.7312	3.3421	0.2992	2.4437	0.4092	0.9306	2.2740	3
4	1.5181	0.6587	4.7097	0.2123	3.1024	0.3223	1.3700	4.2502	4
5	1.6851	0.5935	6.2278	0.1606	3.6959	0.2706	1.7923	6.6240	5
6	1.8704	0.5346	7.9129	0.1264	4.2305	0.2364	2.1976	9.2972	6
7	2.0762	0.4817	9.7833	0.1022	4.7122	0.2122	2.5863	12.1872	7
8	2.3045	0.4339	11.8594	0.0843	5.1461	0.1943	2.9585	15.2246	8
9	2.5580	0.3909	14.1640	0.0706	5.5370	0.1806	3.3144	18.3520	9
10	2.8394	0.3522	16.7220	0.0598	5.8892	0.1698	3.6544	21.5217	10
11	3.1518	0.3173	19.5614	0.0511	6.2065	0.1611	3.9788	24.6945	11
12	3.4985	0.2858	22.7132	0.0440	6.4924	0.1540	4.2879	27.8388	12
13	3.8833	0.2575	26.2116	0.0382	6.7499	0.1482	4.5822	30.9290	13
14	4.3104	0.2320	30.0949	0.0332	6.9819	0.1432	4.8619	33.9449	14
15	4.7846	0.2090	34.4054	0.0291	7.1909	0.1391	5.1275	36.8709	15
16	5.3109	0.1883	39.1899	0.0255	7.3792	0.1355	5.3794	39.6953	16
17	5.8951	0.1696	44.5008	0.0225	7.5488	0.1325	5.6180	42.4095	17
18	6.5436	0.1528	50.3959	0.0198	7.7016	0.1298	5.8439	45.0074	18
19	7.2633	0.1377	56.9395	0.0176	7.8393	0.1276	6.0574	47.4856	19
20	8.0623	0.1240	64.2028	0.0156	7.9633	0.1256	6.2590	49.8423	20
21	8.9492	0.1117	72.2651	0.0138	8.0751	0.1238	6.4491	52.0771	21
22	9.9336	0.1007	81.2143	0.0123	8.1757	0.1223	6.6283	54.1912	22
23	11.0263	0.0907	91.1479	0.0110	8.2664	0.1210	6.7969	56.1864	23
24	12.2392	0.0817	102.1742	0.0098	8.3481	0.1198	6.9555	58.0656	24
25	13.5855	0.0736	114.4133	0.0087	8.4217	0.1187	7.1045	59.8322	25
26	15.0799	0.0663	127.9988	0.0078	8.4881	0.1178	7.2443	61.4900	26
27	16.7386	0.0597	143.0786	0.0070	8.5478	0.1170	7.3754	63.0433	27
28	18.5799	0.0538	159.8173	0.0063	8.6016	0.1163	7.4982	64.4965	28
29	20.6237	0.0485	178.3972	0.0056	8.6501	0.1156	7.6131	65.8542	29
30	22.8923	0.0437	199.0209	0.0050	8.6938	0.1150	7.7206	67.1210	30
31	25.4104	0.0394	221.9132	0.0045	8.7331	0.1145	7.8210	68.3016	31
32	28.2056	0.0355	247.3236	0.0040	8.7686	0.1140	7.9147	69.4007	32
33	31.3082	0.0319	275.5292	0.0036	8.8005	0.1136	8.0021	70.4228	33
34	34.7521	0.0288	306.8374	0.0033	8.8293	0.1133	8.0836	71.3724	34
35	38.5749	0.0259	341.5896	0.0029	8.8552	0.1129	8.1594	72.2538	35
36	42.8181	0.0234	380.1644	0.0026	8.8786	0.1126	8.2300	73.0712	36
40	65.0009	0.0154	581.8261	0.0017	8.9511	0.1117	8.4659	75.7789	40
48	149.7970	0.0067	1352.6996	0.0007	9.0302	0.1107	8.7683	79.1799	48
50	184.5648	0.0054	1668.7712	0.0006	9.0417	0.1106	8.8185	79.7341	50
60	524.0572	0.0019	4755.0658	0.0002	9.0736	0.1102	8.9762	81.4461	60
72	1833.3884	0.0005	16658.0761	0.0001	9.0860	0.1101	9.0516	82.2425	72
80	4225.1128	0.0002	38401.0250	0.0000	9.0888	0.1100	9.0720	82.4529	80
84	6414.0186	0.0002	58300.1695	0.0000	9.0895	0.1100	9.0778	82.5127	84
90	11996.8738	0.0001	109053.3983	0.0000	9.0902	0.1100	9.0834	82.5695	90
96	22439.1274	0.0000	203982.9760	0.0000	9.0905	0.1100	9.0866	82.6021	96
100	34064.1753	0.0000	309665.2297	0.0000	9.0906	0.1100	9.0880	82.6155	100

이자계수표 (12%)									
	단일 현금흐름		동일 자금열				등차 자금열		
N	복리할증 계수 $(F/P,i,N)$	복리할인 계수 $(P/F,i,N)$	미래가치 계수 $(F/A,i,N)$	감채기금 계수 $(A/F,i,N)$	현재가치 계수 $(P/A,i,N)$	자본회수 계수 $(A/P,i,N)$	연간등가 계수 $(A/G,i,N)$	현재가치 계수 $(P/G,i,N)$	N
1	1.1200	0.8929	1.0000	1.0000	0.8929	1.1200	0.0000	0.0000	1
2	1.2544	0.7972	2.1200	0.4717	1.6901	0.5917	0.4717	0.7972	2
3	1.4049	0.7118	3.3744	0.2963	2.4018	0.4163	0.9246	2.2208	3
4	1.5735	0.6355	4.7793	0.2092	3.0373	0.3292	1.3589	4.1273	4
5	1.7623	0.5674	6.3528	0.1574	3.6048	0.2774	1.7746	6.3970	5
6	1.9738	0.5066	8.1152	0.1232	4.1114	0.2432	2.1720	8.9302	6
7	2.2107	0.4523	10.0890	0.0991	4.5638	0.2191	2.5515	11.6443	7
8	2.4760	0.4039	12.2997	0.0813	4.9676	0.2013	2.9131	14.4714	8
9	2.7731	0.3606	14.7757	0.0677	5.3282	0.1877	3.2574	17.3563	9
10	3.1058	0.3220	17.5487	0.0570	5.6502	0.1770	3.5847	20.2541	10
11	3.4785	0.2875	20.6546	0.0484	5.9377	0.1684	3.8953	23.1288	11
12	3.8960	0.2567	24.1331	0.0414	6.1944	0.1614	4.1897	25.9523	12
13	4.3635	0.2292	28.0291	0.0357	6.4235	0.1557	4.4683	28.7024	13
14	4.8871	0.2046	32.3926	0.0309	6.6282	0.1509	4.7317	31.3624	14
15	5.4736	0.1827	37.2797	0.0268	6.8109	0.1468	4.9803	33.9202	15
16	6.1304	0.1631	42.7533	0.0234	6.9740	0.1434	5.2147	36.3670	16
17	6.8660	0.1456	48.8837	0.0205	7.1196	0.1405	5.4353	38.6973	17
18	7.6900	0.1300	55.7497	0.0179	7.2497	0.1379	5.6427	40.9080	18
19	8.6128	0.1161	63.4397	0.0158	7.3658	0.1358	5.8375	42.9979	19
20	9.6463	0.1037	72.0524	0.0139	7.4694	0.1339	6.0202	44.9676	20
21	10.8038	0.0926	81.6987	0.0122	7.5620	0.1322	6.1913	46.8188	21
22	12.1003	0.0826	92.5026	0.0108	7.6446	0.1308	6.3514	48.5543	22
23	13.5523	0.0738	104.6029	0.0096	7.7184	0.1296	6.5010	50.1776	23
24	15.1786	0.0659	118.1552	0.0085	7.7843	0.1285	6.6406	51.6929	24
25	17.0001	0.0588	133.3339	0.0075	7.8431	0.1275	6.7708	53.1046	25
26	19.0401	0.0525	150.3339	0.0067	7.8957	0.1267	6.8921	54.4177	26
27	21.3249	0.0469	169.3740	0.0059	7.9426	0.1259	7.0049	55.6369	27
28	23.8839	0.0419	190.6989	0.0052	7.9844	0.1252	7.1098	56.7674	28
29	26.7499	0.0374	214.5828	0.0047	8.0218	0.1247	7.2071	57.8141	29
30	29.9599	0.0334	241.3327	0.0041	8.0552	0.1241	7.2974	58.7821	30
31	33.5551	0.0298	271.2926	0.0037	8.0850	0.1237	7.3811	59.6761	31
32	37.5817	0.0266	304.8477	0.0033	8.1116	0.1233	7.4586	60.5010	32
33	42.0915	0.0238	342.4294	0.0029	8.1354	0.1229	7.5302	61.2612	33
34	47.1425	0.0212	384.5210	0.0026	8.1566	0.1226	7.5965	61.9612	34
35	52.7996	0.0189	431.6635	0.0023	8.1755	0.1223	7.6577	62.6052	35
36	59.1356	0.0169	484.4631	0.0021	8.1924	0.1221	7.7141	63.1970	36
40	93.0510	0.0107	767.0914	0.0013	8.2438	0.1213	7.8988	65.1159	40
48	230.3908	0.0043	1911.5898	0.0005	8.2972	0.1205	8.1241	67.4068	48
50	289.0022	0.0035	2400.0182	0.0004	8.3045	0.1204	8.1597	67.7624	50
60	897.5969	0.0011	7471.6411	0.0001	8.3240	0.1201	8.2664	68.8100	60
72	3497.0161	0.0003	29133.4675	0.0000	8.3310	0.1200	8.3127	69.2530	72
80	8658.4831	0.0001	72145.6925	0.0000	8.3324	0.1200	8.3241	69.3594	80
84	13624.2908	0.0001	113527.4232	0.0000	8.3327	0.1200	8.3272	69.3880	84
90	26891.9342	0.0000	224091.1185	0.0000	8.3330	0.1200	8.3300	69.4140	90
96	53079.9098	0.0000	442324.2485	0.0000	8.3332	0.1200	8.3315	69.4281	96
100	83522.2657	0.0000	696010.5477	0.0000	8.3332	0.1200	8.3321	69.4336	100

이자계수표 (13%)									
	단일 현금흐름		동일 자금열				등차 자금열		
N	복리할증 계수 (F/P,i,N)	복리할인 계수 (P/F,i,N)	미래가치 계수 (F/A,i,N)	감채기금 계수 (A/F,i,N)	현재가치 계수 (P/A,i,N)	자본회수 계수 (A/P,i,N)	연간등가 계수 (A/G,i,N)	현재가치 계수 (P/G,i,N)	N
1	1.1300	0.8850	1.0000	1.0000	0.8850	1.1300	0.0000	0.0000	1
2	1.2769	0.7831	2.1300	0.4695	1.6681	0.5995	0.4695	0.7831	2
3	1.4429	0.6931	3.4069	0.2935	2.3612	0.4235	0.9187	2.1692	3
4	1.6305	0.6133	4.8498	0.2062	2.9745	0.3362	1.3479	4.0092	4
5	1.8424	0.5428	6.4803	0.1543	3.5172	0.2843	1.7571	6.1802	5
6	2.0820	0.4803	8.3227	0.1202	3.9975	0.2502	2.1468	8.5818	6
7	2.3526	0.4251	10.4047	0.0961	4.4226	0.2261	2.5171	11.1322	7
8	2.6584	0.3762	12.7573	0.0784	4.7988	0.2084	2.8685	13.7653	8
9	3.0040	0.3329	15.4157	0.0649	5.1317	0.1949	3.2014	16.4284	9
10	3.3946	0.2946	18.4197	0.0543	5.4262	0.1843	3.5162	19.0797	10
11	3.8359	0.2607	21.8143	0.0458	5.6869	0.1758	3.8134	21.6867	11
12	4.3345	0.2307	25.6502	0.0390	5.9176	0.1690	4.0936	24.2244	12
13	4.8980	0.2042	29.9847	0.0334	6.1218	0.1634	4.3573	26.6744	13
14	5.5348	0.1807	34.8827	0.0287	6.3025	0.1587	4.6050	29.0232	14
15	6.2543	0.1599	40.4175	0.0247	6.4624	0.1547	4.8375	31.2617	15
16	7.0673	0.1415	46.6717	0.0214	6.6039	0.1514	5.0552	33.3841	16
17	7.9861	0.1252	53.7391	0.0186	6.7291	0.1486	5.2589	35.3876	17
18	9.0243	0.1108	61.7251	0.0162	6.8399	0.1462	5.4491	37.2714	18
19	10.1974	0.0981	70.7494	0.0141	6.9380	0.1441	5.6265	39.0366	19
20	11.5231	0.0868	80.9468	0.0124	7.0248	0.1424	5.7917	40.6854	20
21	13.0211	0.0768	92.4699	0.0108	7.1016	0.1408	5.9454	42.2214	21
22	14.7138	0.0680	105.4910	0.0095	7.1695	0.1395	6.0881	43.6486	22
23	16.6266	0.0601	120.2048	0.0083	7.2297	0.1383	6.2205	44.9718	23
24	18.7881	0.0532	136.8315	0.0073	7.2829	0.1373	6.3431	46.1960	24
25	21.2305	0.0471	155.6196	0.0064	7.3300	0.1364	6.4566	47.3264	25
26	23.9905	0.0417	176.8501	0.0057	7.3717	0.1357	6.5614	48.3685	26
27	27.1093	0.0369	200.8406	0.0050	7.4086	0.1350	6.6582	49.3276	27
28	30.6335	0.0326	227.9499	0.0044	7.4412	0.1344	6.7474	50.2090	28
29	34.6158	0.0289	258.5834	0.0039	7.4701	0.1339	6.8296	51.0179	29
30	39.1159	0.0256	293.1992	0.0034	7.4957	0.1334	6.9052	51.7592	30
31	44.2010	0.0226	332.3151	0.0030	7.5183	0.1330	6.9747	52.4380	31
32	49.9471	0.0200	376.5161	0.0027	7.5383	0.1327	7.0385	53.0586	32
33	56.4402	0.0177	426.4632	0.0023	7.5560	0.1323	7.0971	53.6256	33
34	63.7774	0.0157	482.9034	0.0021	7.5717	0.1321	7.1507	54.1430	34
35	72.0685	0.0139	546.6808	0.0018	7.5856	0.1318	7.1998	54.6148	35
36	81.4374	0.0123	618.7493	0.0016	7.5979	0.1316	7.2448	55.0446	36
40	132.7816	0.0075	1013.7042	0.0010	7.6344	0.1310	7.3888	56.4087	40
48	352.9923	0.0028	2707.6334	0.0004	7.6705	0.1304	7.5559	57.9580	48
50	450.7359	0.0022	3459.5071	0.0003	7.6752	0.1303	7.5811	58.1870	50
60	1530.0535	0.0007	11761.9498	0.0001	7.6873	0.1301	7.6531	58.8313	60
72	6632.0521	0.0002	51008.0933	0.0000	7.6911	0.1300	7.6814	59.0792	72
80	17630.9405	0.0001	135614.9266	0.0000	7.6919	0.1300	7.6878	59.1333	80
84	28746.7831	0.0000	221121.4087	0.0000	7.6920	0.1300	7.6894	59.1471	84
90	59849.4155	0.0000	460372.4271	0.0000	7.6922	0.1300	7.6908	59.1590	90
96	124603.5955	0.0000	958481.5041	0.0000	7.6922	0.1300	7.6915	59.1652	96
100	203162.8742	0.0000	1562783.6479	0.0000	7.6923	0.1300	7.6918	59.1675	100

이자계수표 (14%)									
	단일 현금흐름		동일 자금열				등차 자금열		
N	복리할증 계수 (*F*/*P*,*i*,*N*)	복리할인 계수 (*P*/*F*,*i*,*N*)	미래가치 계수 (*F*/*A*,*i*,*N*)	감채기금 계수 (*A*/*F*,*i*,*N*)	현재가치 계수 (*P*/*A*,*i*,*N*)	자본회수 계수 (*A*/*P*,*i*,*N*)	연간등가 계수 (*A*/*G*,*i*,*N*)	현재가치 계수 (*P*/*G*,*i*,*N*)	*N*
1	1.1400	0.8772	1.0000	1.0000	0.8772	1.1400	0.0000	0.0000	1
2	1.2996	0.7695	2.1400	0.4673	1.6467	0.6073	0.4673	0.7695	2
3	1.4815	0.6750	3.4396	0.2907	2.3216	0.4307	0.9129	2.1194	3
4	1.6890	0.5921	4.9211	0.2032	2.9137	0.3432	1.3370	3.8957	4
5	1.9254	0.5194	6.6101	0.1513	3.4331	0.2913	1.7399	5.9731	5
6	2.1950	0.4556	8.5355	0.1172	3.8887	0.2572	2.1218	8.2511	6
7	2.5023	0.3996	10.7305	0.0932	4.2883	0.2332	2.4832	10.6489	7
8	2.8526	0.3506	13.2328	0.0756	4.6389	0.2156	2.8246	13.1028	8
9	3.2519	0.3075	16.0853	0.0622	4.9464	0.2022	3.1463	15.5629	9
10	3.7072	0.2697	19.3373	0.0517	5.2161	0.1917	3.4490	17.9906	10
11	4.2262	0.2366	23.0445	0.0434	5.4527	0.1834	3.7333	20.3567	11
12	4.8179	0.2076	27.2707	0.0367	5.6603	0.1767	3.9998	22.6399	12
13	5.4924	0.1821	32.0887	0.0312	5.8424	0.1712	4.2491	24.8247	13
14	6.2613	0.1597	37.5811	0.0266	6.0021	0.1666	4.4819	26.9009	14
15	7.1379	0.1401	43.8424	0.0228	6.1422	0.1628	4.6990	28.8623	15
16	8.1372	0.1229	50.9804	0.0196	6.2651	0.1596	4.9011	30.7057	16
17	9.2765	0.1078	59.1176	0.0169	6.3729	0.1569	5.0888	32.4305	17
18	10.5752	0.0946	68.3941	0.0146	6.4674	0.1546	5.2630	34.0380	18
19	12.0557	0.0829	78.9692	0.0127	6.5504	0.1527	5.4243	35.5311	19
20	13.7435	0.0728	91.0249	0.0110	6.6231	0.1510	5.5734	36.9135	20
21	15.6676	0.0638	104.7684	0.0095	6.6870	0.1495	5.7111	38.1901	21
22	17.8610	0.0560	120.4360	0.0083	6.7429	0.1483	5.8381	39.3658	22
23	20.3616	0.0491	138.2970	0.0072	6.7921	0.1472	5.9549	40.4463	23
24	23.2122	0.0431	158.6586	0.0063	6.8351	0.1463	6.0624	41.4371	24
25	26.4619	0.0378	181.8708	0.0055	6.8729	0.1455	6.1610	42.3441	25
26	30.1666	0.0331	208.3327	0.0048	6.9061	0.1448	6.2514	43.1728	26
27	34.3899	0.0291	238.4993	0.0042	6.9352	0.1442	6.3342	43.9289	27
28	39.2045	0.0255	272.8892	0.0037	6.9607	0.1437	6.4100	44.6176	28
29	44.6931	0.0224	312.0937	0.0032	6.9830	0.1432	6.4791	45.2441	29
30	50.9502	0.0196	356.7868	0.0028	7.0027	0.1428	6.5423	45.8132	30
31	58.0832	0.0172	407.7370	0.0025	7.0199	0.1425	6.5998	46.3297	31
32	66.2148	0.0151	465.8202	0.0021	7.0350	0.1421	6.6522	46.7979	32
33	75.4849	0.0132	532.0350	0.0019	7.0482	0.1419	6.6998	47.2218	33
34	86.0528	0.0116	607.5199	0.0016	7.0599	0.1416	6.7431	47.6053	34
35	98.1002	0.0102	693.5727	0.0014	7.0700	0.1414	6.7824	47.9519	35
36	111.8342	0.0089	791.6729	0.0013	7.0790	0.1413	6.8180	48.2649	36
40	188.8835	0.0053	1342.0251	0.0007	7.1050	0.1407	6.9300	49.2376	40
48	538.8065	0.0019	3841.4753	0.0003	7.1296	0.1403	7.0536	50.2894	48
50	700.2330	0.0014	4994.5213	0.0002	7.1327	0.1402	7.0714	50.4375	50
60	2595.9187	0.0004	18535.1333	0.0001	7.1401	0.1401	7.1197	50.8357	60
72	12506.8890	0.0001	89327.7787	0.0000	7.1423	0.1400	7.1371	50.9752	72
80	35676.9818	0.0000	254828.4415	0.0000	7.1427	0.1400	7.1406	51.0030	80
84	60257.0009	0.0000	430400.0064	0.0000	7.1427	0.1400	7.1415	51.0096	84
90	132262.4674	0.0000	944724.7670	0.0000	7.1428	0.1400	7.1422	51.0152	90
96	290312.4951	0.0000	2073653.5362	0.0000	7.1428	0.1400	7.1425	51.0179	96
100	490326.2381	0.0000	3502323.1295	0.0000	7.1428	0.1400	7.1427	51.0188	100

이자계수표 (15%)									
	단일 현금흐름		동일 자금열				등차 자금열		
N	복리할증 계수 (*F*/*P*,*i*,*N*)	복리할인 계수 (*P*/*F*,*i*,*N*)	미래가치 계수 (*F*/*A*,*i*,*N*)	감채기금 계수 (*A*/*F*,*i*,*N*)	현재가치 계수 (*P*/*A*,*i*,*N*)	자본회수 계수 (*A*/*P*,*i*,*N*)	연간등가 계수 (*A*/*G*,*i*,*N*)	현재가치 계수 (*P*/*G*,*i*,*N*)	*N*
1	1.1500	0.8696	1.0000	1.0000	0.8696	1.1500	0.0000	0.0000	1
2	1.3225	0.7561	2.1500	0.4651	1.6257	0.6151	0.4651	0.7561	2
3	1.5209	0.6575	3.4725	0.2880	2.2832	0.4380	0.9071	2.0712	3
4	1.7490	0.5718	4.9934	0.2003	2.8550	0.3503	1.3263	3.7864	4
5	2.0114	0.4972	6.7424	0.1483	3.3522	0.2983	1.7228	5.7751	5
6	2.3131	0.4323	8.7537	0.1142	3.7845	0.2642	2.0972	7.9368	6
7	2.6600	0.3759	11.0668	0.0904	4.1604	0.2404	2.4498	10.1924	7
8	3.0590	0.3269	13.7268	0.0729	4.4873	0.2229	2.7813	12.4807	8
9	3.5179	0.2843	16.7858	0.0596	4.7716	0.2096	3.0922	14.7548	9
10	4.0456	0.2472	20.3037	0.0493	5.0188	0.1993	3.3832	16.9795	10
11	4.6524	0.2149	24.3493	0.0411	5.2337	0.1911	3.6549	19.1289	11
12	5.3503	0.1869	29.0017	0.0345	5.4206	0.1845	3.9082	21.1849	12
13	6.1528	0.1625	34.3519	0.0291	5.5831	0.1791	4.1438	23.1352	13
14	7.0757	0.1413	40.5047	0.0247	5.7245	0.1747	4.3624	24.9725	14
15	8.1371	0.1229	47.5804	0.0210	5.8474	0.1710	4.5650	26.6930	15
16	9.3576	0.1069	55.7175	0.0179	5.9542	0.1679	4.7522	28.2960	16
17	10.7613	0.0929	65.0751	0.0154	6.0472	0.1654	4.9251	29.7828	17
18	12.3755	0.0808	75.8364	0.0132	6.1280	0.1632	5.0843	31.1565	18
19	14.2318	0.0703	88.2118	0.0113	6.1982	0.1613	5.2307	32.4213	19
20	16.3665	0.0611	102.4436	0.0098	6.2593	0.1598	5.3651	33.5822	20
21	18.8215	0.0531	118.8101	0.0084	6.3125	0.1584	5.4883	34.6448	21
22	21.6447	0.0462	137.6316	0.0073	6.3587	0.1573	5.6010	35.6150	22
23	24.8915	0.0402	159.2764	0.0063	6.3988	0.1563	5.7040	36.4988	23
24	28.6252	0.0349	184.1678	0.0054	6.4338	0.1554	5.7979	37.3023	24
25	32.9190	0.0304	212.7930	0.0047	6.4641	0.1547	5.8834	38.0314	25
26	37.8568	0.0264	245.7120	0.0041	6.4906	0.1541	5.9612	38.6918	26
27	43.5353	0.0230	283.5688	0.0035	6.5135	0.1535	6.0319	39.2890	27
28	50.0656	0.0200	327.1041	0.0031	6.5335	0.1531	6.0960	39.8283	28
29	57.5755	0.0174	377.1697	0.0027	6.5509	0.1527	6.1541	40.3146	29
30	66.2118	0.0151	434.7451	0.0023	6.5660	0.1523	6.2066	40.7526	30
31	76.1435	0.0131	500.9569	0.0020	6.5791	0.1520	6.2541	41.1466	31
32	87.5651	0.0114	577.1005	0.0017	6.5905	0.1517	6.2970	41.5006	32
33	100.6998	0.0099	664.6655	0.0015	6.6005	0.1515	6.3357	41.8184	33
34	115.8048	0.0086	765.3654	0.0013	6.6091	0.1513	6.3705	42.1033	34
35	133.1755	0.0075	881.1702	0.0011	6.6166	0.1511	6.4019	42.3586	35
36	153.1519	0.0065	1014.3457	0.0010	6.6231	0.1510	6.4301	42.5872	36
40	267.8635	0.0037	1779.0903	0.0006	6.6418	0.1506	6.5168	43.2830	40
48	819.4007	0.0012	5456.0047	0.0002	6.6585	0.1502	6.6080	43.9997	48
50	1083.6574	0.0009	7217.7163	0.0001	6.6605	0.1501	6.6205	44.0958	50
60	4383.9987	0.0002	29219.9916	0.0000	6.6651	0.1500	6.6530	44.3431	60
72	23455.4898	0.0000	156363.2650	0.0000	6.6664	0.1500	6.6636	44.4221	72
80	71750.8794	0.0000	478332.5293	0.0000	6.6666	0.1500	6.6656	44.4364	80
84	125492.7365	0.0000	836611.5768	0.0000	6.6666	0.1500	6.6660	44.4396	84
90	290272.3252	0.0000	1935142.1680	0.0000	6.6666	0.1500	6.6664	44.4422	90
96	671417.5268	0.0000	4476110.1785	0.0000	6.6667	0.1500	6.6665	44.4434	96
100	1174313.4507	0.0000	7828749.6713	0.0000	6.6667	0.1500	6.6666	44.4438	100

이자계수표 (16%)									
	단일 현금흐름		동일 자금열				등차 자금열		
N	복리할증 계수 (F/P,i,N)	복리할인 계수 (P/F,i,N)	미래가치 계수 (F/A,i,N)	감채기금 계수 (A/F,i,N)	현재가치 계수 (P/A,i,N)	자본회수 계수 (A/P,i,N)	연간등가 계수 (A/G,i,N)	현재가치 계수 (P/G,i,N)	N
1	1.1600	0.8621	1.0000	1.0000	0.8621	1.1600	0.0000	0.0000	1
2	1.3456	0.7432	2.1600	0.4630	1.6052	0.6230	0.4630	0.7432	2
3	1.5609	0.6407	3.5056	0.2853	2.2459	0.4453	0.9014	2.0245	3
4	1.8106	0.5523	5.0665	0.1974	2.7982	0.3574	1.3156	3.6814	4
5	2.1003	0.4761	6.8771	0.1454	3.2743	0.3054	1.7060	5.5858	5
6	2.4364	0.4104	8.9775	0.1114	3.6847	0.2714	2.0729	7.6380	6
7	2.8262	0.3538	11.4139	0.0876	4.0386	0.2476	2.4169	9.7610	7
8	3.2784	0.3050	14.2401	0.0702	4.3436	0.2302	2.7388	11.8962	8
9	3.8030	0.2630	17.5185	0.0571	4.6065	0.2171	3.0391	13.9998	9
10	4.4114	0.2267	21.3215	0.0469	4.8332	0.2069	3.3187	16.0399	10
11	5.1173	0.1954	25.7329	0.0389	5.0286	0.1989	3.5783	17.9941	11
12	5.9360	0.1685	30.8502	0.0324	5.1971	0.1924	3.8189	19.8472	12
13	6.8858	0.1452	36.7862	0.0272	5.3423	0.1872	4.0413	21.5899	13
14	7.9875	0.1252	43.6720	0.0229	5.4675	0.1829	4.2464	23.2175	14
15	9.2655	0.1079	51.6595	0.0194	5.5755	0.1794	4.4352	24.7284	15
16	10.7480	0.0930	60.9250	0.0164	5.6685	0.1764	4.6086	26.1241	16
17	12.4677	0.0802	71.6730	0.0140	5.7487	0.1740	4.7676	27.4074	17
18	14.4625	0.0691	84.1407	0.0119	5.8178	0.1719	4.9130	28.5828	18
19	16.7765	0.0596	98.6032	0.0101	5.8775	0.1701	5.0457	29.6557	19
20	19.4608	0.0514	115.3797	0.0087	5.9288	0.1687	5.1666	30.6321	20
21	22.5745	0.0443	134.8405	0.0074	5.9731	0.1674	5.2766	31.5180	21
22	26.1864	0.0382	157.4150	0.0064	6.0113	0.1664	5.3765	32.3200	22
23	30.3762	0.0329	183.6014	0.0054	6.0442	0.1654	5.4671	33.0442	23
24	35.2364	0.0284	213.9776	0.0047	6.0726	0.1647	5.5490	33.6970	24
25	40.8742	0.0245	249.2140	0.0040	6.0971	0.1640	5.6230	34.2841	25
26	47.4141	0.0211	290.0883	0.0034	6.1182	0.1634	5.6898	34.8114	26
27	55.0004	0.0182	337.5024	0.0030	6.1364	0.1630	5.7500	35.2841	27
28	63.8004	0.0157	392.5028	0.0025	6.1520	0.1625	5.8041	35.7073	28
29	74.0085	0.0135	456.3032	0.0022	6.1656	0.1622	5.8528	36.0856	29
30	85.8499	0.0116	530.3117	0.0019	6.1772	0.1619	5.8964	36.4234	30
31	99.5859	0.0100	616.1616	0.0016	6.1872	0.1616	5.9356	36.7247	31
32	115.5196	0.0087	715.7475	0.0014	6.1959	0.1614	5.9706	36.9930	32
33	134.0027	0.0075	831.2671	0.0012	6.2034	0.1612	6.0019	37.2318	33
34	155.4432	0.0064	965.2698	0.0010	6.2098	0.1610	6.0299	37.4441	34
35	180.3141	0.0055	1120.7130	0.0009	6.2153	0.1609	6.0548	37.6327	35
36	209.1643	0.0048	1301.0270	0.0008	6.2201	0.1608	6.0771	37.8000	36
40	378.7212	0.0026	2360.7572	0.0004	6.2335	0.1604	6.1441	38.2992	40
48	1241.6051	0.0008	7753.7818	0.0001	6.2450	0.1601	6.2113	38.7894	48
50	1670.7038	0.0006	10435.6488	0.0001	6.2463	0.1601	6.2201	38.8521	50
60	7370.2014	0.0001	46057.5085	0.0000	6.2492	0.1600	6.2419	39.0063	60
72	43749.7146	0.0000	273429.4663	0.0000	6.2499	0.1600	6.2484	39.0513	72
80	143429.7159	0.0000	896429.4743	0.0000	6.2500	0.1600	6.2494	39.0587	80
84	259699.4890	0.0000	1623115.5562	0.0000	6.2500	0.1600	6.2497	39.0603	84
90	632730.8800	0.0000	3954561.7500	0.0000	6.2500	0.1600	6.2499	39.0615	90
96	1541583.1894	0.0000	9634888.6835	0.0000	6.2500	0.1600	6.2499	39.0621	96
100	2791251.1994	0.0000	17445313.7461	0.0000	6.2500	0.1600	6.2500	39.0623	100

	이자계수표 (17%)								
	단일 현금흐름		동일 자금열				등차 자금열		
N	복리할증 계수 (F/P,i,N)	복리할인 계수 (P/F,i,N)	미래가치 계수 (F/A,i,N)	감채기금 계수 (A/F,i,N)	현재가치 계수 (P/A,i,N)	자본회수 계수 (A/P,i,N)	연간등가 계수 (A/G,i,N)	현재가치 계수 (P/G,i,N)	N
1	1.1700	0.8547	1.0000	1.0000	0.8547	1.1700	0.0000	0.0000	1
2	1.3689	0.7305	2.1700	0.4608	1.5852	0.6308	0.4608	0.7305	2
3	1.6016	0.6244	3.5389	0.2826	2.2096	0.4526	0.8958	1.9793	3
4	1.8739	0.5337	5.1405	0.1945	2.7432	0.3645	1.3051	3.5802	4
5	2.1924	0.4561	7.0144	0.1426	3.1993	0.3126	1.6893	5.4046	5
6	2.5652	0.3898	9.2068	0.1086	3.5892	0.2786	2.0489	7.3538	6
7	3.0012	0.3332	11.7720	0.0849	3.9224	0.2549	2.3845	9.3530	7
8	3.5115	0.2848	14.7733	0.0677	4.2072	0.2377	2.6969	11.3465	8
9	4.1084	0.2434	18.2847	0.0547	4.4506	0.2247	2.9870	13.2937	9
10	4.8068	0.2080	22.3931	0.0447	4.6586	0.2147	3.2555	15.1661	10
11	5.6240	0.1778	27.1999	0.0368	4.8364	0.2068	3.5035	16.9442	11
12	6.5801	0.1520	32.8239	0.0305	4.9884	0.2005	3.7318	18.6159	12
13	7.6987	0.1299	39.4040	0.0254	5.1183	0.1954	3.9417	20.1746	13
14	9.0075	0.1110	47.1027	0.0212	5.2293	0.1912	4.1340	21.6178	14
15	10.5387	0.0949	56.1101	0.0178	5.3242	0.1878	4.3098	22.9463	15
16	12.3303	0.0811	66.6488	0.0150	5.4053	0.1850	4.4702	24.1628	16
17	14.4265	0.0693	78.9792	0.0127	5.4746	0.1827	4.6162	25.2719	17
18	16.8790	0.0592	93.4056	0.0107	5.5339	0.1807	4.7488	26.2790	18
19	19.7484	0.0506	110.2846	0.0091	5.5845	0.1791	4.8689	27.1905	19
20	23.1056	0.0433	130.0329	0.0077	5.6278	0.1777	4.9776	28.0128	20
21	27.0336	0.0370	153.1385	0.0065	5.6648	0.1765	5.0757	28.7526	21
22	31.6293	0.0316	180.1721	0.0056	5.6964	0.1756	5.1641	29.4166	22
23	37.0062	0.0270	211.8013	0.0047	5.7234	0.1747	5.2436	30.0111	23
24	43.2973	0.0231	248.8076	0.0040	5.7465	0.1740	5.3149	30.5423	24
25	50.6578	0.0197	292.1049	0.0034	5.7662	0.1734	5.3789	31.0160	25
26	59.2697	0.0169	342.7627	0.0029	5.7831	0.1729	5.4362	31.4378	26
27	69.3455	0.0144	402.0323	0.0025	5.7975	0.1725	5.4873	31.8128	27
28	81.1342	0.0123	471.3778	0.0021	5.8099	0.1721	5.5329	32.1456	28
29	94.9271	0.0105	552.5121	0.0018	5.8204	0.1718	5.5736	32.4405	29
30	111.0647	0.0090	647.4391	0.0015	5.8294	0.1715	5.6098	32.7016	30
31	129.9456	0.0077	758.5038	0.0013	5.8371	0.1713	5.6419	32.9325	31
32	152.0364	0.0066	888.4494	0.0011	5.8437	0.1711	5.6705	33.1364	32
33	177.8826	0.0056	1040.4858	0.0010	5.8493	0.1710	5.6958	33.3163	33
34	208.1226	0.0048	1218.3684	0.0008	5.8541	0.1708	5.7182	33.4748	34
35	243.5035	0.0041	1426.4910	0.0007	5.8582	0.1707	5.7380	33.6145	35
36	284.8991	0.0035	1669.9945	0.0006	5.8617	0.1706	5.7555	33.7373	36
40	533.8687	0.0019	3134.5218	0.0003	5.8713	0.1703	5.8073	34.0965	40
48	1874.6550	0.0005	11021.5002	0.0001	5.8792	0.1701	5.8567	34.4330	48
50	2566.2153	0.0004	15089.5017	0.0001	5.8801	0.1701	5.8629	34.4740	50
60	12335.3565	0.0001	72555.0381	0.0000	5.8819	0.1700	5.8775	34.5707	60
72	81167.4768	0.0000	477449.8637	0.0000	5.8823	0.1700	5.8815	34.5964	72
80	285015.8024	0.0000	1676557.6612	0.0000	5.8823	0.1700	5.8821	34.6003	80
84	534087.4668	0.0000	3141685.0988	0.0000	5.8823	0.1700	5.8822	34.6011	84
90	1370022.0504	0.0000	8058947.3554	0.0000	5.8823	0.1700	5.8823	34.6017	90
96	3514331.5194	0.0000	20672532.4668	0.0000	5.8824	0.1700	5.8823	34.6019	96
100	6585460.8858	0.0000	38737999.3285	0.0000	5.8824	0.1700	5.8823	34.6020	100

	이자계수표 (18%)								
	단일 현금흐름		동일 자금열				등차 자금열		
N	복리할증 계수 (F/P,i,N)	복리할인 계수 (P/F,i,N)	미래가치 계수 (F/A,i,N)	감채기금 계수 (A/F,i,N)	현재가치 계수 (P/A,i,N)	자본회수 계수 (A/P,i,N)	연간등가 계수 (A/G,i,N)	현재가치 계수 (P/G,i,N)	N
1	1.1800	0.8475	1.0000	1.0000	0.8475	1.1800	0.0000	0.0000	1
2	1.3924	0.7182	2.1800	0.4587	1.5656	0.6387	0.4587	0.7182	2
3	1.6430	0.6086	3.5724	0.2799	2.1743	0.4599	0.8902	1.9354	3
4	1.9388	0.5158	5.2154	0.1917	2.6901	0.3717	1.2947	3.4828	4
5	2.2878	0.4371	7.1542	0.1398	3.1272	0.3198	1.6728	5.2312	5
6	2.6996	0.3704	9.4420	0.1059	3.4976	0.2859	2.0252	7.0834	6
7	3.1855	0.3139	12.1415	0.0824	3.8115	0.2624	2.3526	8.9670	7
8	3.7589	0.2660	15.3270	0.0652	4.0776	0.2452	2.6558	10.8292	8
9	4.4355	0.2255	19.0859	0.0524	4.3030	0.2324	2.9358	12.6329	9
10	5.2338	0.1911	23.5213	0.0425	4.4941	0.2225	3.1936	14.3525	10
11	6.1759	0.1619	28.7551	0.0348	4.6560	0.2148	3.4303	15.9716	11
12	7.2876	0.1372	34.9311	0.0286	4.7932	0.2086	3.6470	17.4811	12
13	8.5994	0.1163	42.2187	0.0237	4.9095	0.2037	3.8449	18.8765	13
14	10.1472	0.0985	50.8180	0.0197	5.0081	0.1997	4.0250	20.1576	14
15	11.9737	0.0835	60.9653	0.0164	5.0916	0.1964	4.1887	21.3269	15
16	14.1290	0.0708	72.9390	0.0137	5.1624	0.1937	4.3369	22.3885	16
17	16.6722	0.0600	87.0680	0.0115	5.2223	0.1915	4.4708	23.3482	17
18	19.6733	0.0508	103.7403	0.0096	5.2732	0.1896	4.5916	24.2123	18
19	23.2144	0.0431	123.4135	0.0081	5.3162	0.1881	4.7003	24.9877	19
20	27.3930	0.0365	146.6280	0.0068	5.3527	0.1868	4.7978	25.6813	20
21	32.3238	0.0309	174.0210	0.0057	5.3837	0.1857	4.8851	26.3000	21
22	38.1421	0.0262	206.3448	0.0048	5.4099	0.1848	4.9632	26.8506	22
23	45.0076	0.0222	244.4868	0.0041	5.4321	0.1841	5.0329	27.3394	23
24	53.1090	0.0188	289.4945	0.0035	5.4509	0.1835	5.0950	27.7725	24
25	62.6686	0.0160	342.6035	0.0029	5.4669	0.1829	5.1502	28.1555	25
26	73.9490	0.0135	405.2721	0.0025	5.4804	0.1825	5.1991	28.4935	26
27	87.2598	0.0115	479.2211	0.0021	5.4919	0.1821	5.2425	28.7915	27
28	102.9666	0.0097	566.4809	0.0018	5.5016	0.1818	5.2810	29.0537	28
29	121.5005	0.0082	669.4475	0.0015	5.5098	0.1815	5.3149	29.2842	29
30	143.3706	0.0070	790.9480	0.0013	5.5168	0.1813	5.3448	29.4864	30
31	169.1774	0.0059	934.3186	0.0011	5.5227	0.1811	5.3712	29.6638	31
32	199.6293	0.0050	1103.4960	0.0009	5.5277	0.1809	5.3945	29.8191	32
33	235.5625	0.0042	1303.1253	0.0008	5.5320	0.1808	5.4149	29.9549	33
34	277.9638	0.0036	1538.6878	0.0006	5.5356	0.1806	5.4328	30.0736	34
35	327.9973	0.0030	1816.6516	0.0006	5.5386	0.1806	5.4485	30.1773	35
36	387.0368	0.0026	2144.6489	0.0005	5.5412	0.1805	5.4623	30.2677	36
40	750.3783	0.0013	4163.2130	0.0002	5.5482	0.1802	5.5022	30.5269	40
48	2820.5665	0.0004	15664.2586	0.0001	5.5536	0.1801	5.5385	30.7587	48
50	3927.3569	0.0003	21813.0937	0.0000	5.5541	0.1800	5.5428	30.7856	50
60	20555.1400	0.0000	114189.6665	0.0000	5.5553	0.1800	5.5526	30.8465	60
72	149797.4864	0.0000	832202.7024	0.0000	5.5555	0.1800	5.5551	30.8613	72
80	563067.6604	0.0000	3128148.1133	0.0000	5.5555	0.1800	5.5554	30.8634	80
84	1091663.0573	0.0000	6064789.2074	0.0000	5.5556	0.1800	5.5555	30.8637	84
90	2947003.5401	0.0000	16372236.3340	0.0000	5.5556	0.1800	5.5555	30.8640	90
96	7955595.6457	0.0000	44197748.0317	0.0000	5.5556	0.1800	5.5555	30.8641	96
100	15424131.9055	0.0000	85689616.1414	0.0000	5.5556	0.1800	5.5555	30.8642	100

이자계수표 (19%)									
	단일 현금흐름		동일 자금열				등차 자금열		
N	복리할증 계수 $(F/P,i,N)$	복리할인 계수 $(P/F,i,N)$	미래가치 계수 $(F/A,i,N)$	감채기금 계수 $(A/F,i,N)$	현재가치 계수 $(P/A,i,N)$	자본회수 계수 $(A/P,i,N)$	연간등가 계수 $(A/G,i,N)$	현재가치 계수 $(P/G,i,N)$	N
1	1.1900	0.8403	1.0000	1.0000	0.8403	1.1900	0.0000	0.0000	1
2	1.4161	0.7062	2.1900	0.4566	1.5465	0.6466	0.4566	0.7062	2
3	1.6852	0.5934	3.6061	0.2773	2.1399	0.4673	0.8846	1.8930	3
4	2.0053	0.4987	5.2913	0.1890	2.6386	0.3790	1.2844	3.3890	4
5	2.3864	0.4190	7.2966	0.1371	3.0576	0.3271	1.6566	5.0652	5
6	2.8398	0.3521	9.6830	0.1033	3.4098	0.2933	2.0019	6.8259	6
7	3.3793	0.2959	12.5227	0.0799	3.7057	0.2699	2.3211	8.6014	7
8	4.0214	0.2487	15.9020	0.0629	3.9544	0.2529	2.6154	10.3421	8
9	4.7854	0.2090	19.9234	0.0502	4.1633	0.2402	2.8856	12.0138	9
10	5.6947	0.1756	24.7089	0.0405	4.3389	0.2305	3.1331	13.5943	10
11	6.7767	0.1476	30.4035	0.0329	4.4865	0.2229	3.3589	15.0699	11
12	8.0642	0.1240	37.1802	0.0269	4.6105	0.2169	3.5645	16.4340	12
13	9.5964	0.1042	45.2445	0.0221	4.7147	0.2121	3.7509	17.6844	13
14	11.4198	0.0876	54.8409	0.0182	4.8023	0.2082	3.9196	18.8228	14
15	13.5895	0.0736	66.2607	0.0151	4.8759	0.2051	4.0717	19.8530	15
16	16.1715	0.0618	79.8502	0.0125	4.9377	0.2025	4.2086	20.7806	16
17	19.2441	0.0520	96.0218	0.0104	4.9897	0.2004	4.3314	21.6120	17
18	22.9005	0.0437	115.2659	0.0087	5.0333	0.1987	4.4413	22.3543	18
19	27.2516	0.0367	138.1664	0.0072	5.0700	0.1972	4.5394	23.0148	19
20	32.4294	0.0308	165.4180	0.0060	5.1009	0.1960	4.6268	23.6007	20
21	38.5910	0.0259	197.8474	0.0051	5.1268	0.1951	4.7045	24.1190	21
22	45.9233	0.0218	236.4385	0.0042	5.1486	0.1942	4.7734	24.5763	22
23	54.6487	0.0183	282.3618	0.0035	5.1668	0.1935	4.8344	24.9788	23
24	65.0320	0.0154	337.0105	0.0030	5.1822	0.1930	4.8883	25.3325	24
25	77.3881	0.0129	402.0425	0.0025	5.1951	0.1925	4.9359	25.6426	25
26	92.0918	0.0109	479.4306	0.0021	5.2060	0.1921	4.9777	25.9141	26
27	109.5893	0.0091	571.5224	0.0017	5.2151	0.1917	5.0145	26.1514	27
28	130.4112	0.0077	681.1116	0.0015	5.2228	0.1915	5.0468	26.3584	28
29	155.1893	0.0064	811.5228	0.0012	5.2292	0.1912	5.0751	26.5388	29
30	184.6753	0.0054	966.7122	0.0010	5.2347	0.1910	5.0998	26.6958	30
31	219.7636	0.0046	1151.3875	0.0009	5.2392	0.1909	5.1215	26.8324	31
32	261.5187	0.0038	1371.1511	0.0007	5.2430	0.1907	5.1403	26.9509	32
33	311.2073	0.0032	1632.6698	0.0006	5.2462	0.1906	5.1568	27.0537	33
34	370.3366	0.0027	1943.8771	0.0005	5.2489	0.1905	5.1711	27.1428	34
35	440.7006	0.0023	2314.2137	0.0004	5.2512	0.1904	5.1836	27.2200	35
36	524.4337	0.0019	2754.9143	0.0004	5.2531	0.1904	5.1944	27.2867	36
40	1051.6675	0.0010	5529.8290	0.0002	5.2582	0.1902	5.2251	27.4743	40
48	4229.1603	0.0002	22253.4753	0.0000	5.2619	0.1900	5.2518	27.6345	48
50	5988.9139	0.0002	31515.3363	0.0000	5.2623	0.1900	5.2548	27.6523	50
60	34104.9709	0.0000	179494.5838	0.0000	5.2630	0.1900	5.2614	27.6908	60

이자계수표 (20%)									
	단일 현금흐름		동일 자금열				등차 자금열		
N	복리할증 계수 (F/P,i,N)	복리할인 계수 (P/F,i,N)	미래가치 계수 (F/A,i,N)	감채기금 계수 (A/F,i,N)	현재가치 계수 (P/A,i,N)	자본회수 계수 (A/P,i,N)	연간등가 계수 (A/G,i,N)	현재가치 계수 (P/G,i,N)	N
1	1.2000	0.8333	1.0000	1.0000	0.8333	1.2000	0.0000	0.0000	1
2	1.4400	0.6944	2.2000	0.4545	1.5278	0.6545	0.4545	0.6944	2
3	1.7280	0.5787	3.6400	0.2747	2.1065	0.4747	0.8791	1.8519	3
4	2.0736	0.4823	5.3680	0.1863	2.5887	0.3863	1.2742	3.2986	4
5	2.4883	0.4019	7.4416	0.1344	2.9906	0.3344	1.6405	4.9061	5
6	2.9860	0.3349	9.9299	0.1007	3.3255	0.3007	1.9788	6.5806	6
7	3.5832	0.2791	12.9159	0.0774	3.6046	0.2774	2.2902	8.2551	7
8	4.2998	0.2326	16.4991	0.0606	3.8372	0.2606	2.5756	9.8831	8
9	5.1598	0.1938	20.7989	0.0481	4.0310	0.2481	2.8364	11.4335	9
10	6.1917	0.1615	25.9587	0.0385	4.1925	0.2385	3.0739	12.8871	10
11	7.4301	0.1346	32.1504	0.0311	4.3271	0.2311	3.2893	14.2330	11
12	8.9161	0.1122	39.5805	0.0253	4.4392	0.2253	3.4841	15.4667	12
13	10.6993	0.0935	48.4966	0.0206	4.5327	0.2206	3.6597	16.5883	13
14	12.8392	0.0779	59.1959	0.0169	4.6106	0.2169	3.8175	17.6008	14
15	15.4070	0.0649	72.0351	0.0139	4.6755	0.2139	3.9588	18.5095	15
16	18.4884	0.0541	87.4421	0.0114	4.7296	0.2114	4.0851	19.3208	16
17	22.1861	0.0451	105.9306	0.0094	4.7746	0.2094	4.1976	20.0419	17
18	26.6233	0.0376	128.1167	0.0078	4.8122	0.2078	4.2975	20.6805	18
19	31.9480	0.0313	154.7400	0.0065	4.8435	0.2065	4.3861	21.2439	19
20	38.3376	0.0261	186.6880	0.0054	4.8696	0.2054	4.4643	21.7395	20
21	46.0051	0.0217	225.0256	0.0044	4.8913	0.2044	4.5334	22.1742	21
22	55.2061	0.0181	271.0307	0.0037	4.9094	0.2037	4.5941	22.5546	22
23	66.2474	0.0151	326.2369	0.0031	4.9245	0.2031	4.6475	22.8867	23
24	79.4968	0.0126	392.4842	0.0025	4.9371	0.2025	4.6943	23.1760	24
25	95.3962	0.0105	471.9811	0.0021	4.9476	0.2021	4.7352	23.4276	25
26	114.4755	0.0087	567.3773	0.0018	4.9563	0.2018	4.7709	23.6460	26
27	137.3706	0.0073	681.8528	0.0015	4.9636	0.2015	4.8020	23.8353	27
28	164.8447	0.0061	819.2233	0.0012	4.9697	0.2012	4.8291	23.9991	28
29	197.8136	0.0051	984.0680	0.0010	4.9747	0.2010	4.8527	24.1406	29
30	237.3763	0.0042	1181.8816	0.0008	4.9789	0.2008	4.8731	24.2628	30
31	284.8516	0.0035	1419.2579	0.0007	4.9824	0.2007	4.8908	24.3681	31
32	341.8219	0.0029	1704.1095	0.0006	4.9854	0.2006	4.9061	24.4588	32
33	410.1863	0.0024	2045.9314	0.0005	4.9878	0.2005	4.9194	24.5368	33
34	492.2235	0.0020	2456.1176	0.0004	4.9898	0.2004	4.9308	24.6038	34
35	590.6682	0.0017	2948.3411	0.0003	4.9915	0.2003	4.9406	24.6614	35
36	708.8019	0.0014	3539.0094	0.0003	4.9929	0.2003	4.9491	24.7108	36
40	1469.7716	0.0007	7343.8578	0.0001	4.9966	0.2001	4.9728	24.8469	40
48	6319.7487	0.0002	31593.7436	0.0000	4.9992	0.2000	4.9924	24.9581	48
50	9100.4382	0.0001	45497.1908	0.0000	4.9995	0.2000	4.9945	24.9698	50
60	56347.5144	0.0000	281732.5718	0.0000	4.9999	0.2000	4.9989	24.9942	60

이자계수표 (25%)									
	단일 현금흐름		동일 자금열				등차 자금열		
N	복리할증 계수 (F/P,i,N)	복리할인 계수 (P/F,i,N)	미래가치 계수 (F/A,i,N)	감채기금 계수 (A/F,i,N)	현재가치 계수 (P/A,i,N)	자본회수 계수 (A/P,i,N)	연간등가 계수 (A/G,i,N)	현재가치 계수 (P/G,i,N)	N
1	1.2500	0.8000	1.0000	1.0000	0.8000	1.2500	0.0000	0.0000	1
2	1.5625	0.6400	2.2500	0.4444	1.4400	0.6944	0.4444	0.6400	2
3	1.9531	0.5120	3.8125	0.2623	1.9520	0.5123	0.8525	1.6640	3
4	2.4414	0.4096	5.7656	0.1734	2.3616	0.4234	1.2249	2.8928	4
5	3.0518	0.3277	8.2070	0.1218	2.6893	0.3718	1.5631	4.2035	5
6	3.8147	0.2621	11.2588	0.0888	2.9514	0.3388	1.8683	5.5142	6
7	4.7684	0.2097	15.0735	0.0663	3.1611	0.3163	2.1424	6.7725	7
8	5.9605	0.1678	19.8419	0.0504	3.3289	0.3004	2.3872	7.9469	8
9	7.4506	0.1342	25.8023	0.0388	3.4631	0.2888	2.6048	9.0207	9
10	9.3132	0.1074	33.2529	0.0301	3.5705	0.2801	2.7971	9.9870	10
11	11.6415	0.0859	42.5661	0.0235	3.6564	0.2735	2.9663	10.8460	11
12	14.5519	0.0687	54.2077	0.0184	3.7251	0.2684	3.1145	11.6020	12
13	18.1899	0.0550	68.7596	0.0145	3.7801	0.2645	3.2437	12.2617	13
14	22.7374	0.0440	86.9495	0.0115	3.8241	0.2615	3.3559	12.8334	14
15	28.4217	0.0352	109.6868	0.0091	3.8593	0.2591	3.4530	13.3260	15
16	35.5271	0.0281	138.1085	0.0072	3.8874	0.2572	3.5366	13.7482	16
17	44.4089	0.0225	173.6357	0.0058	3.9099	0.2558	3.6084	14.1085	17
18	55.5112	0.0180	218.0446	0.0046	3.9279	0.2546	3.6698	14.4147	18
19	69.3889	0.0144	273.5558	0.0037	3.9424	0.2537	3.7222	14.6741	19
20	86.7362	0.0115	342.9447	0.0029	3.9539	0.2529	3.7667	14.8932	20
21	108.4202	0.0092	429.6809	0.0023	3.9631	0.2523	3.8045	15.0777	21
22	135.5253	0.0074	538.1011	0.0019	3.9705	0.2519	3.8365	15.2326	22
23	169.4066	0.0059	673.6264	0.0015	3.9764	0.2515	3.8634	15.3625	23
24	211.7582	0.0047	843.0329	0.0012	3.9811	0.2512	3.8861	15.4711	24
25	264.6978	0.0038	1054.7912	0.0009	3.9849	0.2509	3.9052	15.5618	25
26	330.8722	0.0030	1319.4890	0.0008	3.9879	0.2508	3.9212	15.6373	26
27	413.5903	0.0024	1650.3612	0.0006	3.9903	0.2506	3.9346	15.7002	27
28	516.9879	0.0019	2063.9515	0.0005	3.9923	0.2505	3.9457	15.7524	28
29	646.2349	0.0015	2580.9394	0.0004	3.9938	0.2504	3.9551	15.7957	29
30	807.7936	0.0012	3227.1743	0.0003	3.9950	0.2503	3.9628	15.8316	30
31	1009.7420	0.0010	4034.9678	0.0002	3.9960	0.2502	3.9693	15.8614	31
32	1262.1774	0.0008	5044.7098	0.0002	3.9968	0.2502	3.9746	15.8859	32
33	1577.7218	0.0006	6306.8872	0.0002	3.9975	0.2502	3.9791	15.9062	33
34	1972.1523	0.0005	7884.6091	0.0001	3.9980	0.2501	3.9828	15.9229	34
35	2465.1903	0.0004	9856.7613	0.0001	3.9984	0.2501	3.9858	15.9367	35
36	3081.4879	0.0003	12321.9516	0.0001	3.9987	0.2501	3.9883	15.9481	36
40	7523.1638	0.0001	30088.6554	0.0000	3.9995	0.2500	3.9947	15.9766	40
48	44841.5509	0.0000	179362.2034	0.0000	3.9999	0.2500	3.9989	15.9954	48
50	70064.9232	0.0000	280255.6929	0.0000	3.9999	0.2500	3.9993	15.9969	50
60	652530.4468	0.0000	2610117.7872	0.0000	4.0000	0.2500	3.9999	15.9996	60

이자계수표 (30%)									
	단일 현금흐름		동일 자금열				등차 자금열		
N	복리할증 계수 (F/P,i,N)	복리할인 계수 (P/F,i,N)	미래가치 계수 (F/A,i,N)	감채기금 계수 (A/F,i,N)	현재가치 계수 (P/A,i,N)	자본회수 계수 (A/P,i,N)	연간등가 계수 (A/G,i,N)	현재가치 계수 (P/G,i,N)	N
1	1.3000	0.7692	1.0000	1.0000	0.7692	1.3000	0.0000	0.0000	1
2	1.6900	0.5917	2.3000	0.4348	1.3609	0.7348	0.4348	0.5917	2
3	2.1970	0.4552	3.9900	0.2506	1.8161	0.5506	0.8271	1.5020	3
4	2.8561	0.3501	6.1870	0.1616	2.1662	0.4616	1.1783	2.5524	4
5	3.7129	0.2693	9.0431	0.1106	2.4356	0.4106	1.4903	3.6297	5
6	4.8268	0.2072	12.7560	0.0784	2.6427	0.3784	1.7654	4.6656	6
7	6.2749	0.1594	17.5828	0.0569	2.8021	0.3569	2.0063	5.6218	7
8	8.1573	0.1226	23.8577	0.0419	2.9247	0.3419	2.2156	6.4800	8
9	10.6045	0.0943	32.0150	0.0312	3.0190	0.3312	2.3963	7.2343	9
10	13.7858	0.0725	42.6195	0.0235	3.0915	0.3235	2.5512	7.8872	10
11	17.9216	0.0558	56.4053	0.0177	3.1473	0.3177	2.6833	8.4452	11
12	23.2981	0.0429	74.3270	0.0135	3.1903	0.3135	2.7952	8.9173	12
13	30.2875	0.0330	97.6250	0.0102	3.2233	0.3102	2.8895	9.3135	13
14	39.3738	0.0254	127.9125	0.0078	3.2487	0.3078	2.9685	9.6437	14
15	51.1859	0.0195	167.2863	0.0060	3.2682	0.3060	3.0344	9.9172	15
16	66.5417	0.0150	218.4722	0.0046	3.2832	0.3046	3.0892	10.1426	16
17	86.5042	0.0116	285.0139	0.0035	3.2948	0.3035	3.1345	10.3276	17
18	112.4554	0.0089	371.5180	0.0027	3.3037	0.3027	3.1718	10.4788	18
19	146.1920	0.0068	483.9734	0.0021	3.3105	0.3021	3.2025	10.6019	19
20	190.0496	0.0053	630.1655	0.0016	3.3158	0.3016	3.2275	10.7019	20
21	247.0645	0.0040	820.2151	0.0012	3.3198	0.3012	3.2480	10.7828	21
22	321.1839	0.0031	1067.2796	0.0009	3.3230	0.3009	3.2646	10.8482	22
23	417.5391	0.0024	1388.4635	0.0007	3.3254	0.3007	3.2781	10.9009	23
24	542.8008	0.0018	1806.0026	0.0006	3.3272	0.3006	3.2890	10.9433	24
25	705.6410	0.0014	2348.8033	0.0004	3.3286	0.3004	3.2979	10.9773	25
26	917.3333	0.0011	3054.4443	0.0003	3.3297	0.3003	3.3050	11.0045	26
27	1192.5333	0.0008	3971.7776	0.0003	3.3305	0.3003	3.3107	11.0263	27
28	1550.2933	0.0006	5164.3109	0.0002	3.3312	0.3002	3.3153	11.0437	28
29	2015.3813	0.0005	6714.6042	0.0001	3.3317	0.3001	3.3189	11.0576	29
30	2619.9956	0.0004	8729.9855	0.0001	3.3321	0.3001	3.3219	11.0687	30
31	3405.9943	0.0003	11349.9811	0.0001	3.3324	0.3001	3.3242	11.0775	31
32	4427.7926	0.0002	14755.9755	0.0001	3.3326	0.3001	3.3261	11.0845	32
33	5756.1304	0.0002	19183.7681	0.0001	3.3328	0.3001	3.3276	11.0901	33
34	7482.9696	0.0001	24939.8985	0.0000	3.3329	0.3000	3.3288	11.0945	34
35	9727.8604	0.0001	32422.8681	0.0000	3.3330	0.3000	3.3297	11.0980	35
36	12646.2186	0.0001	42150.7285	0.0000	3.3331	0.3000	3.3305	11.1007	36
40	36118.8648	0.0000	120392.8827	0.0000	3.3332	0.3000	3.3322	11.1071	40
48	294632.6763	0.0000	982105.5877	0.0000	3.3333	0.3000	3.3332	11.1105	48
50	497929.2230	0.0000	1659760.7433	0.0000	3.3333	0.3000	3.3332	11.1108	50
60	6864377.1727	0.0000	22881253.9091	0.0000	3.3333	0.3000	3.3333	11.1111	60

이자계수표 (35%)									
	단일 현금흐름		동일 자금열				등차 자금열		
N	복리할증 계수 (F/P,i,N)	복리할인 계수 (P/F,i,N)	미래가치 계수 (F/A,i,N)	감채기금 계수 (A/F,i,N)	현재가치 계수 (P/A,i,N)	자본회수 계수 (A/P,i,N)	연간등가 계수 (A/G,i,N)	현재가치 계수 (P/G,i,N)	N
1	1.3500	0.7407	1.0000	1.0000	0.7407	1.3500	0.0000	0.0000	1
2	1.8225	0.5487	2.3500	0.4255	1.2894	0.7755	0.4255	0.5487	2
3	2.4604	0.4064	4.1725	0.2397	1.6959	0.5897	0.8029	1.3616	3
4	3.3215	0.3011	6.6329	0.1508	1.9969	0.5008	1.1341	2.2648	4
5	4.4840	0.2230	9.9544	0.1005	2.2200	0.4505	1.4220	3.1568	5
6	6.0534	0.1652	14.4384	0.0693	2.3852	0.4193	1.6698	3.9828	6
7	8.1722	0.1224	20.4919	0.0488	2.5075	0.3988	1.8811	4.7170	7
8	11.0324	0.0906	28.6640	0.0349	2.5982	0.3849	2.0597	5.3515	8
9	14.8937	0.0671	39.6964	0.0252	2.6653	0.3752	2.2094	5.8886	9
10	20.1066	0.0497	54.5902	0.0183	2.7150	0.3683	2.3338	6.3363	10
11	27.1439	0.0368	74.6967	0.0134	2.7519	0.3634	2.4364	6.7047	11
12	36.6442	0.0273	101.8406	0.0098	2.7792	0.3598	2.5205	7.0049	12
13	49.4697	0.0202	138.4848	0.0072	2.7994	0.3572	2.5889	7.2474	13
14	66.7841	0.0150	187.9544	0.0053	2.8144	0.3553	2.6443	7.4421	14
15	90.1585	0.0111	254.7385	0.0039	2.8255	0.3539	2.6889	7.5974	15
16	121.7139	0.0082	344.8970	0.0029	2.8337	0.3529	2.7246	7.7206	16
17	164.3138	0.0061	466.6109	0.0021	2.8398	0.3521	2.7530	7.8180	17
18	221.8236	0.0045	630.9247	0.0016	2.8443	0.3516	2.7756	7.8946	18
19	299.4619	0.0033	852.7483	0.0012	2.8476	0.3512	2.7935	7.9547	19
20	404.2736	0.0025	1152.2103	0.0009	2.8501	0.3509	2.8075	8.0017	20
21	545.7693	0.0018	1556.4838	0.0006	2.8519	0.3506	2.8186	8.0384	21
22	736.7886	0.0014	2102.2532	0.0005	2.8533	0.3505	2.8272	8.0669	22
23	994.6646	0.0010	2839.0418	0.0004	2.8543	0.3504	2.8340	8.0890	23
24	1342.7973	0.0007	3833.7064	0.0003	2.8550	0.3503	2.8393	8.1061	24
25	1812.7763	0.0006	5176.5037	0.0002	2.8556	0.3502	2.8433	8.1194	25
26	2447.2480	0.0004	6989.2800	0.0001	2.8560	0.3501	2.8465	8.1296	26
27	3303.7848	0.0003	9436.5280	0.0001	2.8563	0.3501	2.8490	8.1374	27
28	4460.1095	0.0002	12740.3128	0.0001	2.8565	0.3501	2.8509	8.1435	28
29	6021.1478	0.0002	17200.4222	0.0001	2.8567	0.3501	2.8523	8.1481	29
30	8128.5495	0.0001	23221.5700	0.0000	2.8568	0.3500	2.8535	8.1517	30
31	10973.5418	0.0001	31350.1195	0.0000	2.8569	0.3500	2.8543	8.1545	31
32	14814.2815	0.0001	42323.6613	0.0000	2.8569	0.3500	2.8550	8.1565	32
33	19999.2800	0.0001	57137.9428	0.0000	2.8570	0.3500	2.8555	8.1581	33
34	26999.0280	0.0000	77137.2228	0.0000	2.8570	0.3500	2.8559	8.1594	34
35	36448.6878	0.0000	104136.2508	0.0000	2.8571	0.3500	2.8562	8.1603	35
36	49205.7285	0.0000	140584.9385	0.0000	2.8571	0.3500	2.8564	8.1610	36
40	163437.1347	0.0000	466960.3848	0.0000	2.8571	0.3500	2.8569	8.1625	40
48	1803104.4606	0.0000	5151724.1732	0.0000	2.8571	0.3500	2.8571	8.1632	48
50	3286157.8795	0.0000	9389019.6556	0.0000	2.8571	0.3500	2.8571	8.1632	50
60	66073316.9964	0.0000	188780902.8469	0.0000	2.8571	0.3500	2.8571	8.1633	60

부록 C

[표 A] 표준화 정규분포 누적확률표: $P(Z \le z)$

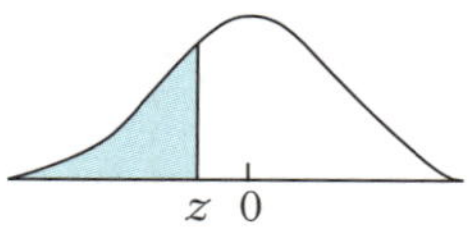

z	0.00	0.01	0.02	0.03	0.04	0.05	0.06	0.07	0.08	0.09
−3.0	0.00135	0.00131	0.00126	0.00122	0.00118	0.00114	0.00111	0.00107	0.00104	0.00100
−2.9	0.00187	0.00181	0.00175	0.00169	0.00164	0.00159	0.00154	0.00149	0.00144	0.00139
−2.8	0.00256	0.00248	0.00240	0.00233	0.00226	0.00219	0.00212	0.00205	0.00199	0.00193
−2.7	0.00347	0.00336	0.00326	0.00317	0.00307	0.00298	0.00289	0.00280	0.00272	0.00264
−2.6	0.00466	0.00453	0.00440	0.00427	0.00415	0.00402	0.00391	0.00379	0.00368	0.00357
−2.5	0.00621	0.00604	0.00587	0.00570	0.00554	0.00539	0.00523	0.00508	0.00494	0.00480
−2.4	0.00820	0.00798	0.00776	0.00755	0.00734	0.00714	0.00695	0.00676	0.00657	0.00639
−2.3	0.01072	0.01044	0.01017	0.00990	0.00964	0.00939	0.00914	0.00889	0.00866	0.00842
−2.2	0.01390	0.01355	0.01321	0.01287	0.01255	0.01222	0.01191	0.01160	0.01130	0.01101
−2.1	0.01786	0.01743	0.01700	0.01659	0.01618	0.01578	0.01539	0.01500	0.01463	0.01426
−2.0	0.02275	0.02222	0.02169	0.02118	0.02068	0.02018	0.01970	0.01923	0.01876	0.01831
−1.9	0.02872	0.02807	0.02743	0.02680	0.02619	0.02559	0.02500	0.02442	0.02385	0.02330
−1.8	0.03593	0.03515	0.03438	0.03362	0.03288	0.03216	0.03144	0.03074	0.03005	0.02938
−1.7	0.04457	0.04363	0.04272	0.04182	0.04093	0.04006	0.03920	0.03836	0.03754	0.03673
−1.6	0.05480	0.05370	0.05262	0.05155	0.05050	0.04947	0.04846	0.04746	0.04648	0.04551
−1.5	0.06681	0.06552	0.06426	0.06301	0.06178	0.06057	0.05938	0.05821	0.05705	0.05592
−1.4	0.08076	0.07927	0.07780	0.07636	0.07493	0.07353	0.07215	0.07078	0.06944	0.06811
−1.3	0.09680	0.09510	0.09342	0.09176	0.09012	0.08851	0.08691	0.08534	0.08379	0.08226
−1.2	0.11507	0.11314	0.11123	0.10935	0.10749	0.10565	0.10383	0.10204	0.10027	0.09853
−1.1	0.13567	0.13350	0.13136	0.12924	0.12714	0.12507	0.12302	0.12100	0.11900	0.11702
−1.0	0.15866	0.15625	0.15386	0.15151	0.14917	0.14686	0.14457	0.14231	0.14007	0.13786
−0.9	0.18406	0.18141	0.17879	0.17619	0.17361	0.17106	0.16853	0.16602	0.16354	0.16109
−0.8	0.21186	0.20897	0.20611	0.20327	0.20045	0.19766	0.19489	0.19215	0.18943	0.18673
−0.7	0.24196	0.23885	0.23576	0.23270	0.22965	0.22663	0.22363	0.22065	0.21770	0.21476
−0.6	0.27425	0.27093	0.26763	0.26435	0.26109	0.25785	0.25463	0.25143	0.24825	0.24510
−0.5	0.30854	0.30503	0.30153	0.29806	0.29460	0.29116	0.28774	0.28434	0.28096	0.27760
−0.4	0.34458	0.34090	0.33724	0.33360	0.32997	0.32636	0.32276	0.31918	0.31561	0.31207
−0.3	0.38209	0.37828	0.37448	0.37070	0.36693	0.36317	0.35942	0.35569	0.35197	0.34827
−0.2	0.42074	0.41683	0.41294	0.40905	0.40517	0.40129	0.39743	0.39358	0.38974	0.38591
−0.1	0.46017	0.45620	0.45224	0.44828	0.44433	0.44038	0.43644	0.43251	0.42858	0.42465
0.0	0.50000	0.50399	0.50798	0.51197	0.51595	0.51994	0.52392	0.52790	0.53188	0.53586

주1: 표준화 정규분포함수식은 $f(z) = \dfrac{1}{\sigma\sqrt{2\pi}} e^{\frac{-z^2}{2}}$ 이고, $z = \pm 1$에서 변곡점을 갖는 종 모양의 그래프이다.

[표 B] 표준화 정규분포 누적확률표: $P(Z \le z)$

z	0.00	0.01	0.02	0.03	0.04	0.05	0.06	0.07	0.08	0.09
0.0	0.50000	0.50399	0.50798	0.51197	0.51595	0.51994	0.52392	0.52790	0.53188	0.53586
0.1	0.53983	0.54380	0.54776	0.55172	0.55567	0.55962	0.56356	0.56749	0.57142	0.57535
0.2	0.57926	0.58317	0.58706	0.59095	0.59483	0.59871	0.60257	0.60642	0.61026	0.61409
0.3	0.61791	0.62172	0.62552	0.62930	0.63307	0.63683	0.64058	0.64431	0.64803	0.65173
0.4	0.65542	0.65910	0.66276	0.66640	0.67003	0.67364	0.67724	0.68082	0.68439	0.68793
0.5	0.69146	0.69497	0.69847	0.70194	0.70540	0.70884	0.71226	0.71566	0.71904	0.72240
0.6	0.72575	0.72907	0.73237	0.73565	0.73891	0.74215	0.74537	0.74857	0.75175	0.75490
0.7	0.75804	0.76115	0.76424	0.76730	0.77035	0.77337	0.77637	0.77935	0.78230	0.78524
0.8	0.78814	0.79103	0.79389	0.79673	0.79955	0.80234	0.80511	0.80785	0.81057	0.81327
0.9	0.81594	0.81859	0.82121	0.82381	0.82639	0.82894	0.83147	0.83398	0.83646	0.83891
1.0	0.84134	0.84375	0.84614	0.84849	0.85083	0.85314	0.85543	0.85769	0.85993	0.86214
1.1	0.86433	0.86650	0.86864	0.87076	0.87286	0.87493	0.87698	0.87900	0.88100	0.88298
1.2	0.88493	0.88686	0.88877	0.89065	0.89251	0.89435	0.89617	0.89796	0.89973	0.90147
1.3	0.90320	0.90490	0.90658	0.90824	0.90988	0.91149	0.91309	0.91466	0.91621	0.91774
1.4	0.91924	0.92073	0.92220	0.92364	0.92507	0.92647	0.92785	0.92922	0.93056	0.93189
1.5	0.93319	0.93448	0.93574	0.93699	0.93822	0.93943	0.94062	0.94179	0.94295	0.94408
1.6	0.94520	0.94630	0.94738	0.94845	0.94950	0.95053	0.95154	0.95254	0.95352	0.95449
1.7	0.95543	0.95637	0.95728	0.95818	0.95907	0.95994	0.96080	0.96164	0.96246	0.96327
1.8	0.96407	0.96485	0.96562	0.96638	0.96712	0.96784	0.96856	0.96926	0.96995	0.97062
1.9	0.97128	0.97193	0.97257	0.97320	0.97381	0.97441	0.97500	0.97558	0.97615	0.97670
2.0	0.97725	0.97778	0.97831	0.97882	0.97932	0.97982	0.98030	0.98077	0.98124	0.98169
2.1	0.98214	0.98257	0.98300	0.98341	0.98382	0.98422	0.98461	0.98500	0.98537	0.98574
2.2	0.98610	0.98645	0.98679	0.98713	0.98745	0.98778	0.98809	0.98840	0.98870	0.98899
2.3	0.98928	0.98956	0.98983	0.99010	0.99036	0.99061	0.99086	0.99111	0.99134	0.99158
2.4	0.99180	0.99202	0.99224	0.99245	0.99266	0.99286	0.99305	0.99324	0.99343	0.99361
2.5	0.99379	0.99396	0.99413	0.99430	0.99446	0.99461	0.99477	0.99492	0.99506	0.99520
2.6	0.99534	0.99547	0.99560	0.99573	0.99585	0.99598	0.99609	0.99621	0.99632	0.99643
2.7	0.99653	0.99664	0.99674	0.99683	0.99693	0.99702	0.99711	0.99720	0.99728	0.99736
2.8	0.99744	0.99752	0.99760	0.99767	0.99774	0.99781	0.99788	0.99795	0.99801	0.99807
2.9	0.99813	0.99819	0.99825	0.99831	0.99836	0.99841	0.99846	0.99851	0.99856	0.99861
3.0	0.99865	0.99869	0.99874	0.99878	0.99882	0.99886	0.99889	0.99893	0.99896	0.99900

주2: 정규확률분포표 X는 식 $\left(z = \dfrac{x-\mu}{\sigma}\right)$에 의해 표준화된다. 정규분포곡선에서 누적확률은 다음의 관계식을 이용하여 표준정규분포 누적확률표를 이용하여 구할 수 있다. $P(X \le x) = \phi\left(z = \dfrac{x-\mu}{\sigma}\right)$ and $\Phi(-z) = 1 - \Phi(z)$.

예를 들면, 확률변수 NPW가 평균 20(만원), 분산 400의 정규분포한다면, NPW가 음수일 확률은 다음과 같이 구할 수 있다.

$$P(\text{NPW} \le 0) = \Phi\left(z = \frac{0-20}{\sqrt{400}} = -1\right) = 0.15866$$

또한, NPW가 50(만원) 이상일 확률은 다음과 같이 계산된다.

$$P(\text{NPW} \ge 50) = 1 - P(NPW \le 50) = 1 - \Phi\left(z = \frac{50-20}{\sqrt{400}} = -1.5\right) = 1 - 0.93319 = 0.0668$$

■ 찾아보기 ■

ㅇ

ㅈ

ㅊ

ㅌ

ㅍ

[저자소개]

박 찬 석

저자 박찬석은 현재 미국 어번대학교(Auburn University)에서 석좌교수(Daniel and Josephine Breeden Distinguished Professor of Engineering)로 재직 중이다. 그는 퍼듀대학교(Purdue University)에서 산업공학 석사(MS)와 조지아공대(Georgia Institute of Technology)에서 산업공학 박사학위(Ph.D.)를 취득하였다.
30년 넘는 그의 학술경력기간 동안 공학 분야의 경제시스템을 주제로 한 연구, 강의, 그리고 전문 컨설팅 등의 다양한 분야에 활동적으로 참여하고 있으며, 공학경제 분야 대표적인 저서인 Fundamentals of Engineering Economics, 3rd ed.(Prentice Hall, 2013), Contemporary Engineering Economics, 5th ed.(Prentice Hall, 2011)과 Advanced Engineering Economics(John Wiley, 1990) 등을 포함하여 각종 저서와 학술지 등 100여 편의 출판물의 저자 혹은 공저자이기도 하다. 공학 분야의 경제시스템에 관한 선도적인 위치를 차지하고 있는 그의 연구성과는 공학경제학, 에너지경제학, 위험분석, 제조 및 생산경제학, 금융공학(실물옵션 가치평가) 등의 분야에서 국제적으로 그 전문성를 크게 인정받고 있다.
그는 IIE(Institute of Industrial Engineers), the American Society for Engineering Education, the Society of Manufacturing Engineers, Sigma Xi 등의 각종 학회로부터 이와 같은 학술저서의 공로를 인정받아 national research award를 수 차례 수상한 바 있으며, 미국 산업공학회 Fellow, 그리고 공학경제 분야의 최고 연구학술지(The Engineering Economist)의 편집장을 15년간 지낸 경력을 가지고 있다.

최 성 호

저자 최성호는 현재 강릉원주대학교 산업정보경영공학과 교수로 재직 중이며, 연세대학교 상경대학 경제학과를 졸업하고, 한국과학기술원에서 산업공학 석사(MS)와 박사(Ph.D.)를 취득하였다.
박사학위 취득 후, 한국전자통신연구원에서 수년간 정보통신 분야의 경제성분석과 관련된 연구를 진행하였으며, 현재까지 통신보조금의 경제적 효과, 유무선통신 접속료 산정, 통신네트워크의 망중립성 이슈 등의 다양한 분야에서 연구를 진행해오고 있는 등 공학 분야의 경제성분석과 관련된 연구, 자문, 강연 등에 적극적으로 참여하고 있다. 대표적 저서로는 경제성공학(2004), 공학경제(2009) 등 다수의 전공교재와 정보통신 분야의 전략적 기술제휴(2007), 21세기 정보통신 · 핵심기술과 산업전망(2007) 등의 정보통신 관련 저서가 있다.
또한 대한산업공학회, 한국경영과학회, 정보통신학회, 정보통신정책학회 등의 전문 학술학회의 이사 및 회원으로 가입하여 활동하고 있고, 국책연구소, 기업 및 정부기관 등에 초청되어 자문 및 강연 등의 활동을 하고 있다.

공학경제개론(Second Edition)

2014년 2월 10일 1판 1쇄 발행
2021년 2월 20일 2판 4쇄 발행

저 자 | 박찬석 · 최성호
발 행 인 | 이수영
발 행 처 | 도서출판 청람
서울시 마포구 독막로 288(대흥동, 세양상가 109호)
전 화 | 02)3272-2601(대)~2
팩 스 | 02)3272-2603
홈페이지 | www.crbooks.co.kr
이 메 일 | crbooks@daum.net
등 록 | 2000년 8월 26일 제6-0509호

ISBN 978-89-5972-516-8 93320 [정가 29,000원]